Culture en intérieur

MASTER EDITION

Jardino Scope®

Première édition française, traduite et adaptée de l'anglais (américain)
Indoor Horticulture : The Indoor Bible © Jorge Cervantes

Adaptation : Michka Seeliger-Chatelain / Édition : Tigrane Hadengue

Pour la présente édition :
traduction, adaptation, ajouts, illustrations, maquette, couverture et Jardinoscope®

ISBN 978-2-84594-018-5

Mama Éditions, 7 rue Pache, 75011 Paris (France)

JORGE CERVANTES

Culture en intérieur

LA BIBLE DU JARDINAGE INDOOR

Traduction : Claire Bernet-Rollande
Illustrations : Loriel Verlomme

MAMA EDITIONS

Table des matières

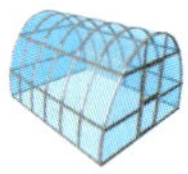

1 INTÉRIEUR ET EXTÉRIEUR 11

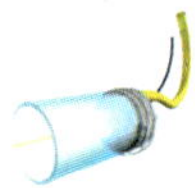

2 LUMIÈRE, LAMPES ET ÉLECTRICITÉ 27

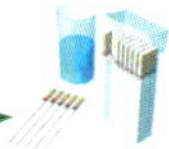

3 SUPPORTS DE CULTURE ET CONTENEURS 115

4 EAU ET NUTRIMENTS 143

PH+
PH-
CO2

1 Intérieur et extérieur

En matière de jardinage, la clé du succès réside dans la compréhension des besoins des plantes. Les plantes ont les mêmes besoins qu'elles soient cultivées en intérieur ou en extérieur. Six facteurs influencent leur croissance et leur floraison : la lumière, l'air, l'eau, les nutriments, le support de culture et la température. Il faut que le spectre lumineux et l'intensité de la lumière soient adaptés, que l'air soit chaud et riche en dioxyde de carbone, que l'eau soit abondante, que le support de culture soit aéré et contienne des nutriments en quantités adéquates. Lorsque tous ces besoins sont satisfaits, la croissance des plantes est optimale.

En extérieur, **les plantes annuelles** ont un cycle de vie qui s'étale sur une année. Semée au printemps, la graine se développe tout au long de l'été, fleurit à l'automne et donne des graines avant de mourir. Un nouveau cycle annuel recommence lorsque ces graines germent au printemps suivant.

Les graines sont magiques ; à l'intérieur de chacune d'entre elles se trouve la programmation génétique d'une vie. La graine est entourée d'une coque rigide qui protège l'embryon de plante et sa réserve alimentaire. Si des conditions favorables se présentent – humidité, chaleur et air – une graine saine germe. L'enveloppe de la graine se fendille pour laisser passer une minuscule racine qui pointe vers le centre de la terre, puis un germe avec ses cotylédons qui monte vers la lumière. Un semis est né.

La racine de la graine commence à s'enfoncer dans la terre, puis se ramifie, de même qu'au-dessus du sol la tige principale donne naissance à des tiges latérales. De minuscules radicelles absorbent l'eau et les nutriments (minéraux nécessaires à la vie). Les racines servent aussi à arrimer la plante dans le sol. Au fur et à mesure qu'elles gagnent en maturité, les racines se diversifient de manière à remplir des fonctions spécifiques. Leur centre, et leurs parties les plus anciennes, abritent un système d'irrigation et stockent des réserves alimentaires. Leur extrémité élabore des cellules allongées qui continuent à s'enfoncer de plus en plus profondément dans le sol pour y puiser davantage d'eau et de nutriments. Ce sont ces poils délicats qui absorbent l'eau et la nourriture. Privés d'eau, ils se dessèchent et meurent. Ils sont d'une grande fragilité et facilement endommagés par la lumière, l'exposition à l'air et les manipulations maladroites. Il faut donc les traiter avec soin lors de la transplantation.

Tout comme les racines, la tige croît par élongation, tout en élaborant de nouvelles pousses sur la tige principale. Celle-ci continue à monter, tandis que les bourgeons latéraux deviennent des branches ou des feuilles. La tige transporte l'eau et les nutriments des poils délicats des racines jusqu'aux pousses, feuilles et fleurs. Les sucres et les amidons synthétisés par les feuilles sont distribués au reste de la plante par le biais de la tige. Cette circulation de fluides a lieu sous la surface de la tige. Si celle-ci est trop serrée par une attache, la libre circulation des fluides est entravée et la plante meurt par étranglement. La tige assure aussi le maintien vertical de la plante grâce à de la cellulose rigide située dans sa partie centrale. Dehors, la pluie et le vent bousculent la plante, ce qui l'incite à augmenter sa production de cellulose rigide pour tenir debout. En intérieur, où il n'y a ni vent ni pluie, la production de cellulose rigide est moindre, si bien que les plantes peuvent développer des tiges faibles. Un tuteur peut s'avérer nécessaire, surtout en période de floraison.

C'est par les racines que les plantes prennent dans le support de culture l'eau et les nutriments nécessaires à leur croissance.

Au fur et à mesure que les feuilles se développent, elles commencent à synthétiser de la nourriture (des hydrates de carbone). La chlorophylle, substance qui donne aux plantes leur couleur verte, convertit, à l'aide de l'énergie lumineuse, le gaz carbonique (CO_2) présent dans l'air et l'eau en hydrates de carbone et en oxygène. Ce processus est appelé photosynthèse. Il suppose que l'eau puisée par les racines soit transportée par la tige jusqu'aux feuilles où elle entre en contact avec le gaz carbonique. De minuscules pores en forme d'entonnoirs, situés sur la face inférieure des feuilles et appelés stomates, mettent le CO_2 en contact avec l'eau. Pour que la photosynthèse ait lieu, les tissus internes de la plante doivent rester humides. Les stomates s'ouvrent et se ferment pour réguler le flot d'humidité et éviter la déshydratation. Ils permettent aussi l'évacuation de vapeur d'eau et de déchets métaboliques comme l'oxygène. Ils sont indispensables au bien-être de la plante et doivent toujours demeurer propres pour permettre une croissance vigoureuse. Sales et bouchés, les stomates respirent à peu près aussi bien que nous avec un sac sur la tête !

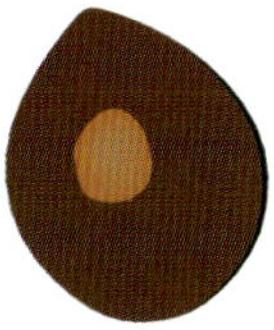

La graine.

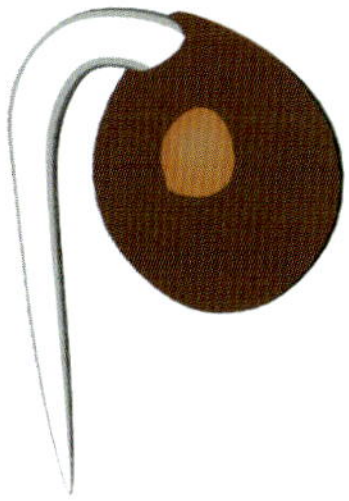

Le germe pousse vers le bas : c'est la racine.

La racine pénètre la terre puis se divise et pousse en profondeur.

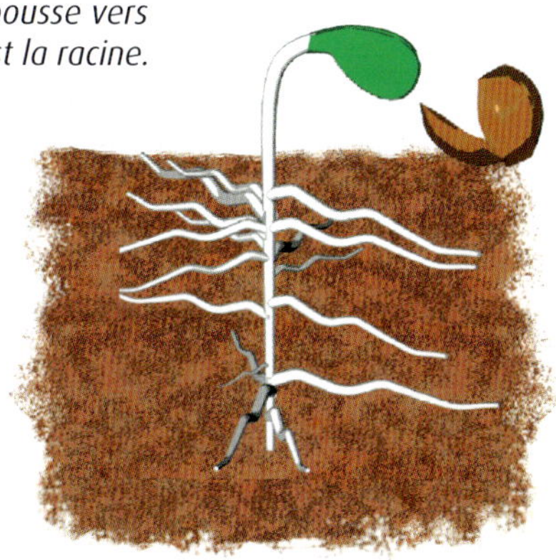

La première paire de vraies feuilles apparaît après le cotylédon.

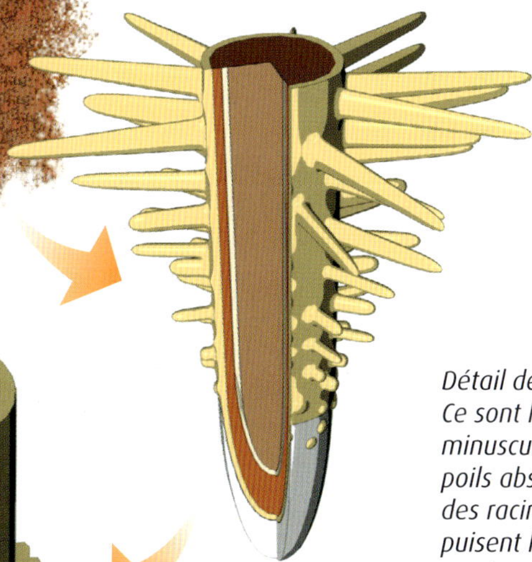

Détail de la racine. Ce sont les minuscules poils absorbants des racines qui puisent l'eau et les nutriments dans le support de culture.

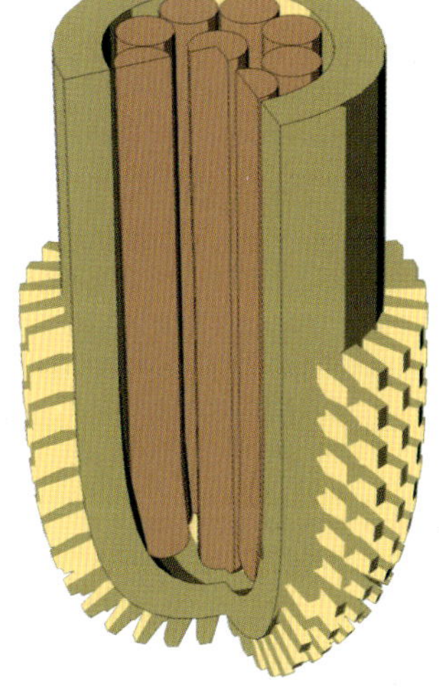

Détail de la pointe de la racine.

Les plantes annuelles fleurissent quand les jours raccourcissent et que les nuits rallongent. À l'automne, elles reçoivent le message que leur cycle annuel touche à sa fin. Leurs fonctions vitales se modifient. Le développement des feuilles s'interrompt et les fleurs commencent à se former.

Les plantes annuelles dioïques ont des fleurs mâles et femelles sur des pieds distincts. Quand les fleurs mâles et femelles arrivent à maturité, le pollen des mâles se dépose sur les fleurs femelles et les féconde. Le mâle meurt après avoir produit et disséminé autant de pollen que possible. Les graines se forment et mûrissent au sein des fleurs femelles. Quand les graines arrivent à maturité, les plantes femelles meurent progressivement. Les graines mûres tombent ensuite sur le sol où elles germeront naturellement, ou sont récoltées pour être semées au printemps suivant. Toutefois, si les fleurs femelles ne sont pas pollinisées, elles continuent à grossir et à produire une résine protectrice en attendant le pollen des mâles pour compléter leur cycle de vie.

Horticulture en intérieur ou en extérieur ?

La culture en intérieur est très différente de la culture en extérieur, même si les besoins des plantes demeurent identiques. Les facteurs critiques de l'environnement naturel doivent être reproduits en intérieur pour que les plantes se portent bien. En extérieur, un jardinier peut se contenter d'un minimum d'efforts car mère nature gère les facteurs qui influencent la croissance. En intérieur, c'est l'horticulteur qui assume ce rôle. Comme très peu de gens ont joué à remplacer mère nature, ils n'imaginent pas la complexité de la tâche. L'horticulteur en intérieur doit recréer lui-même les éléments les plus importants de l'environnement naturel. Cela suppose une bonne connaissance de l'environnement à recréer, ainsi que des règles générales qui régissent la croissance des plantes.

En extérieur, la culture des plantes annuelles est en général limitée à une récolte par an. Les graines semées au printemps poussent pendant l'été et fleurissent à l'automne, quand les jours raccourcissent. Les longues nuits automnales leur annoncent que l'hiver approche et qu'il est temps de fleurir. Le froid met un terme à la floraison et finit par tuer les plantes, ou alors c'est la pluie qui ralentit leur croissance et des moisissures se développent sur les inflorescences.

En extérieur, la lumière est parfois insuffisante, particulièrement l'hiver. Surtout si l'on habite dans un appartement en ville. Dehors, l'air est habituellement frais, mais il peut aussi arriver qu'il soit trop humide, trop sec ou trop froid, ou bien qu'il y ait trop de vent. L'eau et les nutriments sont généralement disponibles, mais il peut arriver qu'un sol trop acide ou trop alcalin entrave la bonne assimilation des nutriments.

Dans le cas d'une culture en intérieur, la lumière, l'air, la température, l'humidité, la ventilation, le gaz carbonique, le sol, l'eau et les nutriments sont autant de facteurs qui peuvent être contrôlés avec une grande précision pour créer un environnement parfaitement adapté. Quand seuls les néons étaient disponibles, une source de lumière capable de fournir l'intensité lumineuse requise à un prix abordable était le facteur limitant pour la culture en intérieur des plantes à croissance rapide.

Les progrès de la technologie et de la recherche scientifique ont fait apparaître des lampes à décharge de haute intensité (HID) : les lampes aux halogénures métalliques, communément appelées « métal halides » (MH) et celles à vapeur de sodium à haute pression (HPS). On trouve maintenant des lampes dont le spectre lumineux et l'intensité sont adéquats, et le prix abordable. Avec ces lampes, qui sont comme un soleil dans la maison, et quelques fournitures supplémentaires, l'horticulteur peut contrôler tous les aspects de l'environnement intérieur. Les lampes à sodium haute pression peuvent être utilisées en complément des lampes métal halides, ou même en serre, pour compléter l'éclairage naturel. Il existe aussi des lampes à conversion qui permettent d'utiliser une ampoule à sodium haute pression (HPS) sur une lampe initialement prévue pour fonctionner avec des MH. Les lampes HPS génèrent une lumière similaire à celle de l'automne quand les récoltes mûrissent sous les intenses rayons rouges et jaune orangé du soleil. Lorsqu'on utilise une lampe HPS, on obtient des fleurs de 20 à 100 % plus grosses qu'avec une lampe MH seule. En utilisant un minuteur (ou *timer*), on peut mettre en place une alternance régulière de jour et de nuit (photopériode). Une HID et son minuteur peuvent même s'avérer plus fidèles que le soleil lui-même. Ainsi, on exerce un contrôle précis sur les heures de lumière distribuées aux plantes chaque jour. En intérieur, l'horticulteur recrée les saisons au gré de ses désirs : le printemps, l'été et l'automne sont recréés indéfiniment, tandis que l'hiver passe à la trappe.

Les MH sont aussi utilisées avec efficacité pour démarrer des cultures précoces. Étant donné l'intensité de la lumière générée par les lampes à décharge de haute intensité (HID), les plantules démarrent leur vie dans d'excellentes conditions et cela leur donne une longueur d'avance qu'elles conservent toute leur vie.

Les plantes peuvent être cultivées en serre. Les lampes à sodium haute pression constituent un excellent complément à la lumière naturelle. Les jeunes semis ont un démarrage précoce grâce aux heures supplémentaires de lumière. Les plantes qui mûrissent tardivement peuvent être forcées à fleurir plus tôt.

En intérieur, les facteurs qui favorisent la croissance sont contrôlés pour induire le stade souhaité du cycle de vie d'une plante. La lumière artificielle permet de déclencher la floraison en passant de 18 à 12 heures de jour par cycle de 24 heures.

Dehors, l'air est habituellement frais et contient entre 0,03 et 0,04 % de gaz carbonique. La ventilation est généralement adéquate, mais il arrive que le vent souffle assez fort pour dessécher les feuilles, voire coucher les plantes au sol, ou même les déraciner. La température et l'humidité sont quasiment impossibles à contrôler.

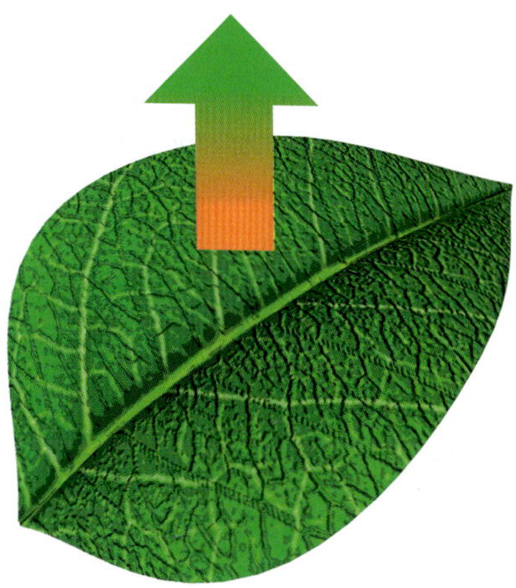

Une plante pousse aussi vite que le facteur le plus limitant de son environnement le lui permet : qu'un seul élément vienne à manquer, et la croissance est limitée.

En intérieur, l'air est facilement régulé de manière à stimuler la croissance des plantes et créer un environnement hostile aux parasites et aux maladies. Il peut être enrichi en gaz carbonique, ce qui a pour effet de doubler la vitesse de croissance. Une porte ouverte ou un extracteur d'air procurent une ventilation suffisante pour rafraîchir l'atmosphère. On peut accroître l'humidité ambiante en pulvérisant de l'eau, ou la faire baisser grâce à la chaleur générée par les lampes HID, un chauffage d'appoint, ou en utilisant un déshumidificateur. On régule la ventilation, l'humidité et la température de manière à décourager l'apparition d'insectes et de maladies cryptogamiques (champignons). Les boutures s'enracinent plus vite dans l'environnement chaud et humide d'une chambre de culture. Les lampes HID apportent de la chaleur (les plantes s'épanouissent entre 21 et 24°C tandis que la plupart des boutures s'enracinent parfaitement entre 27 et 30°C). On fait monter la température en introduisant un chauffage, et on la fait baisser grâce à un extracteur d'air commandé par un thermostat.

En extérieur, la qualité du sol varie énormément. Il peut être trop acide ou trop alcalin, contenir des substances toxiques, drainer mal ou encore abriter des insectes, acariens, champignons ou autres micro-organismes nuisibles.

Pour la culture en intérieur, on peut acheter des supports — terreaux ou supports de culture inertes — dans les jardineries et magasins spécialisés. Ces supports, en principe exempts de champignons, d'insectes ou de mauvaises herbes, sont d'un équilibre acido-basique (pH) approprié. Les terreaux contiennent habituellement toute la gamme des nutriments tandis que les supports inertes peuvent être enrichis en nutriments ou n'en contenir aucun. Il est facile de mesurer leur teneur en nutriments, puis d'en ajouter ou d'en éliminer par rinçage, de façon à exercer un contrôle total sur le sol. La teneur en humidité du support de culture est facile à mesurer elle aussi, avec un hygromètre à sonde. Les terreaux et les supports inertes sont élaborés de manière à retenir l'eau et l'oxygène de manière uniforme, pour permettre un développement optimal des racines.

En extérieur, les insectes nuisibles et les champignons sont naturellement régulés par mère nature et posent peu de problèmes. En intérieur, l'horticulteur doit se substituer à mère nature. Il peut protéger la chambre de culture des insectes nuisibles en adoptant quelques simples mesures d'hygiène : se laver les mains, utiliser des outils propres et balayer le sol régulièrement. Si, malgré tout, des insectes ou des champignons apparaissent, il est possible d'éviter leur prolifération dans un espace clos, puisque l'horticulteur contrôle les facteurs qui nuisent à leur bien-être. Pour lutter contre les insectes, il module l'humidité, la ventilation et la température, employant, le cas échéant, des pulvérisations biologiques ou chimiques.

En un mot, la culture en intérieur peut s'avérer préférable pour nombre d'horticulteurs, surtout ceux qui vivent sous des climats tempérés ou froids. Elle permet d'exercer un contrôle précis sur tous les facteurs qui induisent la croissance des plantes. Et de faire jusqu'à six récoltes par an.

Chambres de culture

Le meilleur emplacement pour une chambre de culture est un coin inoccupé du sous-sol. C'est le meilleur endroit dans la plupart des maisons, car il est facile d'y maintenir une température constante tout au long de l'année. Un taux d'humidité qui serait inacceptable dans le reste de la maison est facile à gérer dans la chambre de culture.

Il n'est pas nécessaire d'exposer à la vue de tous des systèmes de culture qui ne sont pas forcément décoratifs. Le sous-sol est bien isolé par les murs en béton et la terre qui l'entoure. C'est un endroit qui reste frais et évite toutes sortes de complications liées à un excès de chaleur.

Dans une chambre de culture en sous-sol, la température demeure constante. Une humidité relativement importante de l'air y pose moins de problèmes que dans une pièce d'habitation.

La surface consacrée à la chambre de culture et l'intensité lumineuse requise sont les deux facteurs qui déterminent le nombre de lampes et la puissance (watts) d'éclairage nécessaire. Installée de façon optimale, une lampe de 400 watts suffit pour une surface de 1 à 3 m^2 ; pour les espaces plus importants il vaut mieux se tourner vers une ou plusieurs lampes de 600 watts.

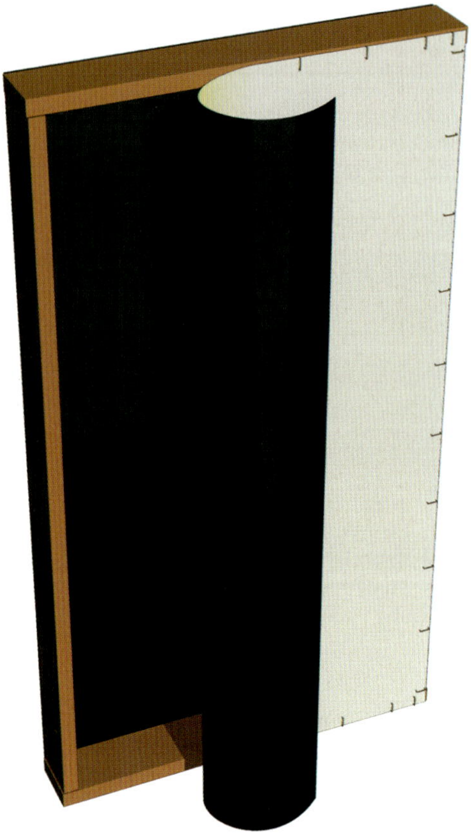

Monter des cloisons légères permet de délimiter simplement des espaces différents dans une chambre de culture.

Il n'est pas compliqué de cloisonner une partie du sous-sol ou de n'importe quelle autre pièce pour y installer un jardin intérieur. On monte un châssis du sol au plafond avec des tasseaux de 3 x 4 cm espacés d'un mètre, puis on le couvre de contreplaqué léger ou de placoplâtre sur sa face extérieure et d'une feuille de plastique blanc sur l'autre, après avoir rempli l'espace entre les deux avec un matériau isolant. S'il est difficile de monter un mur, on peut utiliser des parois coulissantes.

Différentes configurations sont possibles. La plupart des horticulteurs démarrent avec des plantes qui poussent dans un seul et même espace. Après la récolte, ils font démarrer un nouveau lot de boutures, règlent à nouveau le minuteur sur les 18 heures de lumière par 24 heures propices à la croissance végétative, et le cycle recommence.

Une méthode plus productive consiste à créer deux chambres de culture distinctes. La première est consacrée à la croissance végétative, à l'enracinement des boutures, au démarrage des semis et aux plantes mères. Elle peut aussi être utilisée pour démarrer des plantes destinées au jardin extérieur. Cet espace occupe environ un quart de la place du second espace, consacré à la floraison. Quand les plantes de la chambre de floraison arrivent à maturité, on les récolte et on les remplace par les boutures ou les semis qui ont grandi dans l'espace réservé à la croissance végétative.

La meilleure productivité est atteinte sur le principe d'une culture en continu. Plusieurs boutures sont prélevées tous les jours ou toutes les semaines. Plusieurs plantes sont récoltées tous les 1 ou 2 jours. À chaque fois qu'on retire une plante, une bouture vient la remplacer.

Une méthode productive consiste à créer deux chambres de culture distinctes : celle du bas, consacrée à la multiplication et à la croissance végétative, celle du haut, à la floraison.

ÉTAPE PAR ÉTAPE

Installer une chambre de culture

1. Choisir un endroit à l'écart, avec peu de passage. L'idéal est un coin de sous-sol. S'assurer que la taille choisie pour cet espace est adéquate. Une HID de 600 watts correctement installée peut suffire à éclairer jusqu'à 6 m^2 de surface, si l'on prend la précaution de la monter sur un rail qui permet de la déplacer. Le plafond doit être au minimum à 1,50 mètre du sol. Les plantes sont surélevées d'environ 30 cm par les bacs, et une distance d'au moins 30 cm est nécessaire entre le plafond et les lampes. Cela ne laisse donc que 90 cm de hauteur pour les plantes elles-mêmes. On peut cultiver des plantes dans un espace encore plus bas de plafond (1,20 m) à condition de compenser le manque de hauteur par des techniques appropriées, comme la taille ou la flexion des tiges, et en éclairant avec des lampes moins puissantes.

2. Fermer l'espace s'il n'est pas déjà clos. En retirer tout ce qui n'est pas en rapport avec le jardin : le mobilier, et plus particulièrement les tissus et rideaux, qui peuvent abriter des spores de champignons. Clore l'espace permet d'exercer un contrôle sur les objets et les individus qui entrent ou sortent, ainsi que sur tout ce qui se passe à l'intérieur. Pour la plupart des horticulteurs, fermer la chambre de culture se résume à monter un mur de placoplâtre et à le peindre en blanc mat ou à le tapisser d'un matériau réfléchissant. C'est le bon moment pour penser à installer un détecteur de fumée.

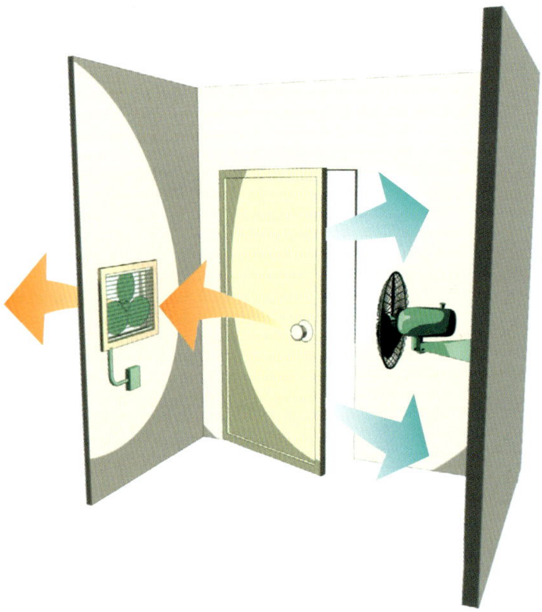

Un extracteur d'air et un ventilateur oscillant sont indispensables à toute chambre de culture.

3. Voir la partie « Installer un extracteur », pages 244-245. Une bonne ventilation et l'approvisionnement en air frais sont essentiels. Dans un espace de 3 x 3 m, une source d'air frais est un minimum et deux restent préférables. Une porte ou une

fenêtre entrouvertes peuvent servir de conduit d'aération. On peut aussi utiliser un extracteur évacuant vers l'extérieur afin de créer un appel d'air par une porte entrouverte. Un ventilateur oscillant assure un bon brassage de l'air, à condition qu'il ne soit pas installé en position fixe, dirigé sur de jeunes plantes, ce qui pourrait provoquer des brûlures ou même le dessèchement des jeunes boutures ou semis. Si la pièce est déjà équipée d'un conduit d'aération, le laisser ouvert. Dans l'idéal, chaque feuille de chaque plante doit bouger légèrement.

4 Plus le jardin est grand, et plus il consomme d'eau. Un jardin de 3 x 3 mètres peut consommer près de 200 litres par semaine. Transporter toute cette eau, un récipient à la fois, est laborieux et répétitif. Il est bien plus facile de faire courir un tuyau d'arrosage muni d'une valve. On peut ajouter une lance rigide de 90 cm au bout du tuyau pour faciliter l'arrosage des plantes les moins accessibles sans risquer de casser les branches quand le feuillage est dense. Connecter le tuyau à une arrivée d'eau chaude et froide permet d'en régler la température (entre 18 et 24°C).

5 Tapisser murs et plafond d'un revêtement à haut pouvoir réfléchissant comme la peinture blanc mat. Plus la lumière est réfléchie, plus il y a d'énergie lumineuse disponible pour les plantes. Une lampe HID qui ne couvre que 3 m^2 peut éclairer efficacement une surface de 6 m^2 si l'on prend la peine d'investir quelques dizaines d'euros en peinture sur les murs.

6 Un sol de béton ou autre surface lisse qui se balaie et se lave facilement est idéal. Une évacuation d'eau dans le sol est très pratique. S'il s'agit de moquette ou de parquet, une grande bâche plastique blanche comme en utilisent les peintres protègera le sol de l'humidité. Un plateau individuel placé sous chaque bac offre une protection supplémentaire.

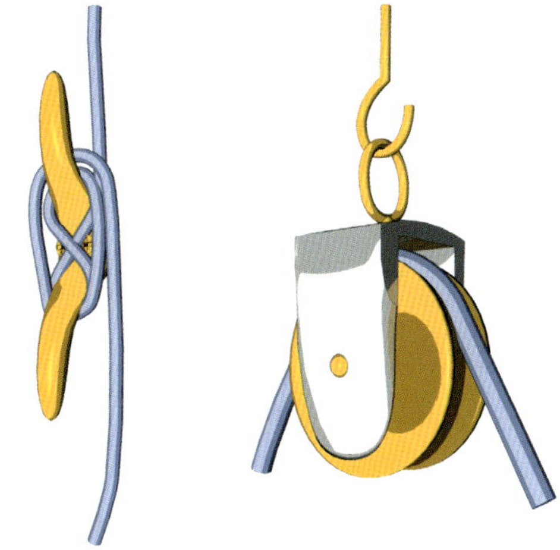

Accrocher la lampe à une corde qui passe sur une poulie permet de la monter au fur et à mesure que les plantes grandissent.

7 Fixer au centre du plafond un crochet assez résistant pour supporter une quinzaine de kilos par lampe. Utiliser une corde munie d'une poulie ou bien une chaîne ajustable pour suspendre la ou les lampes. Cela permet d'ajuster la

hauteur des lampes au fur et à mesure de la croissance des plantes ou encore de les écarter pour jardiner plus commodément.

8 Certains instruments sont indispensables, tandis que d'autres valent l'investissement parce qu'ils permettent une plus grande précision. Ces quelques instruments facilitent la tâche de l'horticulteur qui se substitue à mère nature et augmentent l'efficacité de la chambre de culture au point d'être rapidement remboursés. Il faut acheter tous les instruments nécessaires avant d'introduire les plantes dans la chambre de culture, ou aller les chercher aux quatre coins de la maison et les réunir. Si les instruments sont disponibles quand on en a besoin, il y a plus de chances pour qu'on s'en serve. Un bon exemple est l'hygromètre. Si des plantes sont chétives et donnent des signes de croissance ralentie à cause d'un excès d'humidité, la plupart des horticulteurs n'en identifient pas la cause immédiatement. Ils cherchent, cherchent encore et, avec un peu de chance, finissent par en trouver la raison avant qu'un champignon attaque la plante et qu'elle en meurt. Quand un hygromètre est installé avant l'arrivée des plantes, le jardinier sait d'emblée si l'humidité est trop élevée et risque de provoquer une croissance maladive.

9 Lire la section « Installer l'éclairage HID », page 111.

10 Introduire les semis et les boutures enracinées dans la chambre de culture. Les rassembler les uns contre les autres sous la lampe. S'assurer que la lampe n'est pas trop proche des plantes et ne risque pas de les brûler. Descendre la ou les lampes au plus près des semis et des boutures en respectant les distances minimales : les 400 watts à 50 cm, les 600 watts à 65 cm et les 1 000 watts à 80 cm. Vérifier cette distance quotidiennement. Pour faciliter la mesure, faire pendre un fil accroché au réflecteur. Les semis doivent recevoir une intensité lumineuse comprise entre 200 et 500 lumens. Il peut s'avérer nécessaire de les couvrir d'un voile d'ombrage pour obtenir l'intensité lumineuse souhaitée.

Une serre accolée à une maison est une source de chaleur supplémentaire.

Serres

Les serres, ou tout autre environnement combinant éclairage naturel et artificiel, bénéficient d'un excellent rendement. Les mêmes principes s'appliquent pour la culture en intérieur et la culture en serre, bien que la chaleur et l'intensité lumineuse soient substantiellement différentes.

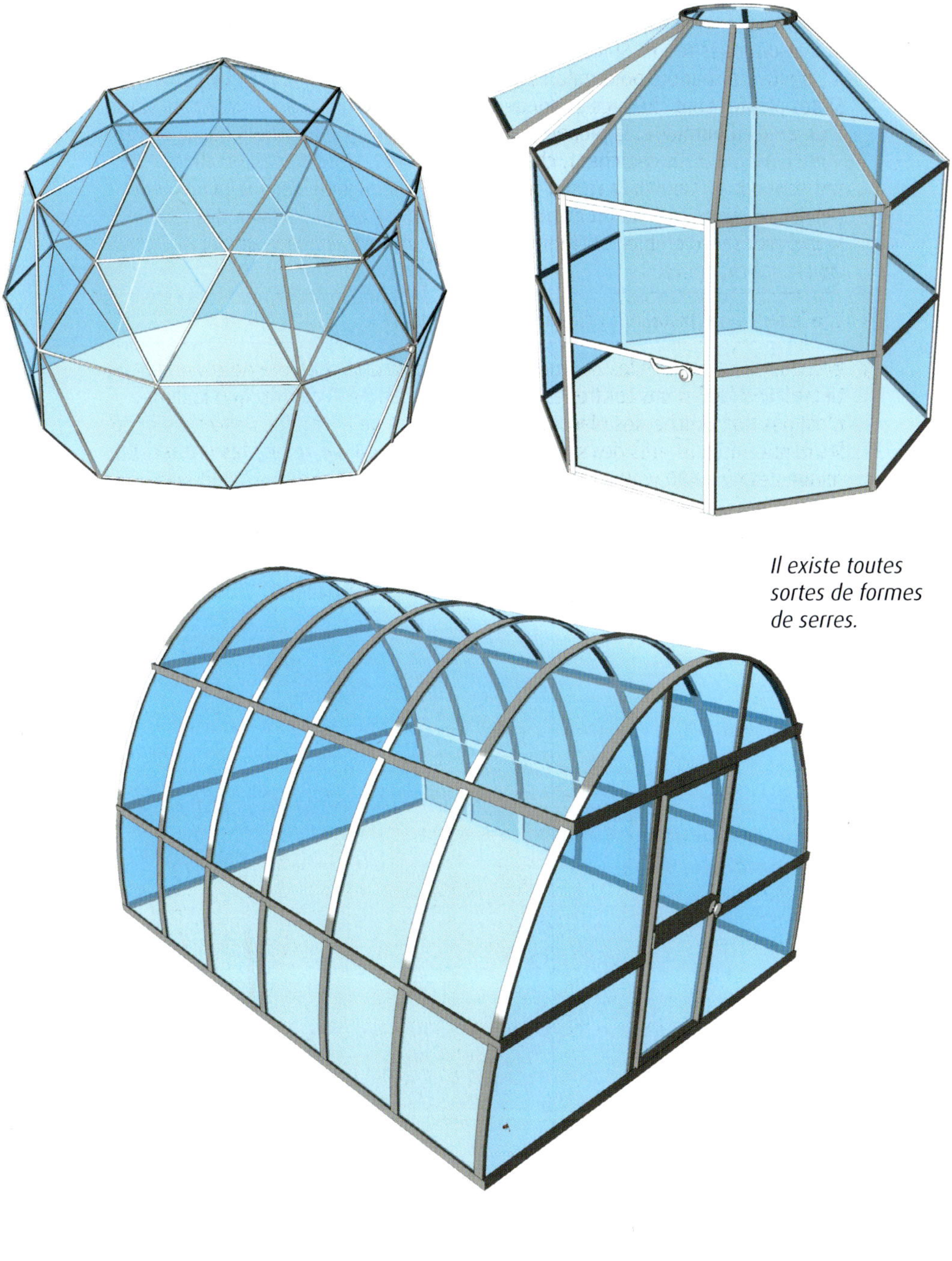

Il existe toutes sortes de formes de serres.

Quand un éclairage artificiel vient compléter l'éclairage naturel, il est plus rentable de l'utiliser en dehors des heures de jour. En serre, on allume les lampes quand le soleil commence à baisser et on les éteint quand il prend de la force. L'intensité de la lumière se mesure avec un luxmètre ; les lampes à décharge de haute intensité (HID) s'allument lorsque la lumière du jour est deux fois plus faible que celle de la lampe et s'éteignent lorsque la lumière du jour est deux fois plus forte. Il ne faut toutefois pas oublier que la plupart des plantes ont besoin d'un minimum de 6 heures d'obscurité pour être en bonne santé.

RÈGLE D'OR

Dans une serre, on allume les HID à l'heure où le soleil se couche et on les éteint lorsqu'il se lève.

AVERTISSEMENT

Une ampoule HID chaude risque d'exploser si une goutte d'eau froide tombe dessus. Il faut toujours écarter soigneusement les HID quand on arrose. Si le verre de l'ampoule casse, éteindre immédiatement, et surtout ne pas regarder le tube à arc électrique, qui émet des ultraviolets.

C'est sur les jeunes plantes que la lumière supplémentaire a le plus d'effet. Elles coûtent moins cher à éclairer quand elles sont petites car on peut utiliser des lampes moins puissantes.

La chambre de culture doit être complètement installée avant d'y introduire la moindre plante. Sa construction demande de l'organisation et un peu de place.

Outils nécessaires :

- Un thermomètre.
- Un vaporisateur.
- Un testeur de pH.
- Du liquide vaisselle biodégradable.
- Un hygromètre.
- Des sécateurs ou des ciseaux.
- Du fil métallique souple.
- Des vis.
- Un tournevis.
- Un verre gradué.
- Un carnet de notes et un crayon.
- Un luxmètre.
- Un mètre pour mesurer la croissance des plantes.

Une étagère permet de ranger les outils et les fournitures de façon à les avoir toujours sous la main : il y a alors plus de chances pour qu'on les utilise au bon moment.

2 Lumière, lampes et électricité

Dans les années 1980, le manque d'intensité lumineuse était encore le facteur limitant pour la culture en intérieur des plantes qui ont besoin de beaucoup de soleil. Aujourd'hui, on comprend mieux comment les plantes utilisent la lumière, et les horticulteurs mettent à profit la technologie offerte notamment par les lampes à décharge de haute intensité (*High Intensity Discharge* – HID) pour cultiver ce type de plantes en intérieur. On en découvre chaque jour davantage sur la façon dont les végétaux utilisent la lumière et le sujet s'avère d'une étonnante complexité. Dans ce chapitre, la question a été simplifiée pour pouvoir être comprise de tous.

Luminosité, spectre et photopériode

Une plante combine l'énergie lumineuse au gaz carbonique, à l'eau et à des nutriments pour synthétiser des hydrates de carbone tout en dégageant de l'oxygène, sous-produit de cette transformation. Ce processus est appelé photosynthèse. Privées de lumière, les feuilles jaunissent rapidement et la plante finit par mourir. Privée d'eau, elle ne peut pas synthétiser d'hydrates de carbone et commence à décomposer la molécule de chlorophylle afin d'y trouver le carbone dont elle a besoin. Lorsque l'intensité et le spectre de la lumière sont appropriés, la photosynthèse est accélérée et la croissance rapide.

PAR et spectre de la lumière visible

En extérieur, le soleil fournit en général plus de lumière qu'il n'en faut aux plantes pour une croissance rapide. La lumière du soleil visible par les humains ne représente qu'une petite partie du spectre électromagnétique, située entre l'ultraviolet et l'infrarouge. Les plantes, quant à elles, n'utilisent que certaines portions du spectre de la lumière visible, essentiellement la portion bleue et la portion rouge. Ces radiations bleues et rouges sont les plus importantes pour une abondante production de chlorophylle et une bonne réaction photosynthétique. Paradoxalement, les plantes sont vertes parce qu'elles réfléchissent la lumière verte, qu'elles utilisent à peine.

La bande de lumière utilisée par les plantes a reçu le nom de **PAR** (*Photosynthetically Active Radiation*, ou Radiation Active de Photosynthèse). D'où une nouvelle mesure de l'énergie lumineuse, le watt PAR. Les watts PAR mesurent les radiations comprises entre 400 et 700 nanomètres (du bleu au rouge) utilisées par les plantes pour la photosynthèse. En matière d'horticulture, les PAR constituent donc une meilleure mesure de l'énergie lumineuse que les lux ou les lumens qui mesurent surtout la lumière visible par les êtres humains (essentiellement la portion verte du spectre). Certains scientifiques contestent les limites exactes de la zone de Radiation Active de Photosynthèse (PAR) et basent leurs calculs sur une portion qui s'étend plutôt de 350 à 750 nanomètres (nm). Les PAR mesurés selon cette échelle sont un peu plus élevés.

INFO TECHNIQUE

Mis au point par les photobiologistes, les watts PAR mesurent l'énergie lumineuse réellement utilisée par les plantes.

Les photobiologistes ont mis au point les watts PAR afin de mesurer l'énergie lumineuse que les plantes utilisent pour leur croissance. À titre d'exemple, une ampoule à incandescence de 400 watts ne procure qu'approximativement 24 watts PAR, une lampe métal halides (MH) avec une tonalité (température de couleur) de 3 000 K (degrés Kelvin) et une puissance de 400 watts donne 160 watts PAR, tandis qu'une lampe à vapeur de sodium à haute pression (HPS) de 400 watts génère près de 130 watts PAR. Ce simple exemple montre qu'une lampe métal halide (MH) de 400 watts produit 30 watts PAR de plus qu'une lampe sodium à haute pression (HPS) de 400 watts. Autrement dit, la lampe métal halide (MH) produit environ 20 % de lumière supplémentaire utilisable par les plantes, et cela en dépit du fait que la lampe sodium à haute pression (HPS) produise davantage de lumens !

Bien que les watts PAR soient la façon la plus efficace de mesurer l'intensité lumineuse utilisable par les plantes, celle-ci est ordinairement mesurée en lux ou en lumens. Un lux correspond à l'intensité lumineuse d'une bougie à 1 mètre de distance sur une surface de 1 m^2. L'échelle des lux est comparable à celle des lumens ; 1 lumen = 10,76 lux. Cependant, les uns comme les autres ne prennent en compte que les longueurs d'onde perceptibles par la vision humaine (± 500 nm, lumière verte). Or celle-ci n'est quasiment pas affectée par les radiations bleues et rouges utilisées par les plantes pour la photosynthèse. Nous percevons surtout la lumière comprise entre 525 et 625 nanomètres. En revanche, une courbe de réponse photosynthétique des plantes présente deux pics dans les longueurs d'onde de 400 nm (bleu) et 700 nm (rouge) alors qu'elle est quasiment nulle aux alentours de 500 nm (lumière verte) : voir graphique page 30.

INFO TECHNIQUE

La température des couleurs d'une source est exprimée en degrés Kelvin (K). Cette température de la couleur indique la tonalité de la source lumineuse. Les sources supérieures à 3 000 K sont dites froides tandis que les sources inférieures à 3 000 K sont dites chaudes. Les degrés Kelvin indiquent la teinte de la lumière blanche émise (bleutée, orangée...).

INFO TECHNIQUE

L'énergie, mesurée en joules, est appelée watt lorsqu'un joule par seconde est produit.

La lumière est à la fois une particule (le photon) et une onde électromagnétique, mesurée en nanomètres (nm). 1 nm = 0,000000001 mètre, ou un milliardième de mètre.

Les photons sont les particules élémentaires de la lumière. Ces particules peuvent être isolées ou groupées et n'ont pas de masse. Les photons ont une charge électrique nulle et une durée de vie illimitée. L'énergie lumineuse est irradiée et assimilée sous forme de photons. La photosynthèse est activée par l'assimilation des photons. Pour savoir à quelle vitesse se déroule la photosynthèse, les scientifiques mesurent le nombre de photons qui tombent à la surface d'une feuille chaque seconde. Les photons situés dans la zone PAR du spectre de la lumière visible stimulent la photosynthèse et sont les seuls pris en compte dans les mesures PAR.

Flux radiant

Le flux radiant de photons est le terme utilisé par les photobiologistes pour décrire le flux des photons qui tombent à la surface d'une feuille par seconde. Le flux radiant de photons indique la quantité de lumière utilisable par une plante. Cette notion constitue la base d'une mesure de l'énergie lumineuse connue sous le nom de Flux de Photons Photosynthétiques, ou **PPF** (*Photosynthetic Photon Flux*). Cette mesure compte le nombre exact de photons qui tombent sur un mètre carré de surface chaque seconde (photons/m^2/sec). La mesure de la lumière peut s'avérer encore plus précise. Le système **YPF PAR** (*Yield Photon Flux Photosynthetically Active Radiation*) mesure les photons effectivement utilisés par les plantes.

Les systèmes PPF et YPF PAR se basent tous deux sur les minuscules photons comme unité de mesure. Une lampe HID génère des milliards de photons chaque seconde, photons qui en plus d'être générés en quantité astronomique sont extrêmement petits. C'est la raison pour laquelle les scientifiques expriment les PPF et les YPF PAR en micromoles (micro = millionième et mole = poids atomique) de photons. Une seule mole (µmol) équivaut à 6 x 10^{23} photons. L'énergie lumineuse est mesurée en micromoles de photons par mètre carré par seconde, ou µmol m^{-2} s^{-1}.

Micro-Einstein (Es)

Également utilisés, ils sont équivalents à une mole par mètre carré par seconde. Un micro-Es = 6 x 10^{23} photons qui tombent sur un mètre carré de surface de feuilles. Ainsi, la quantité de flux radiant qui déclenche la photosynthèse peut être exprimée en micro-Einstein, en µmol m^{-2} s^{-1} ou encore en watt PAR par mètre carré.

La mesure de l'énergie lumineuse utilisable pour la photosynthèse se complique du fait qu'un photon bleu équivaut à plus de watts PAR qu'un photon rouge, mais que les scientifiques ont du mal à estimer dans quelle mesure.

Mesurer l'énergie lumineuse utilisée par une plante est une science récente. La recherche scientifique sur l'utilisation de portions spécifiques du spectre lumineux se poursuit. Quoi qu'il en soit, le système de mesure PAR est fait pour durer. Les horticulteurs qui l'utilisent pour mesurer la lumière utile obtiennent de meilleures récoltes. Pour rester au fait des dernières découvertes en matière d'éclairage, consulter les sites Internet et la presse spécialisée.

Phototropisme

C'est le mouvement que fait une partie de la plante vers la lumière. Un tropisme positif signifie que le feuillage s'en rapproche, un tropisme négatif, qu'il s'en éloigne. Le tropisme positif est à son maximum dans la gamme bleue du spectre, aux alentours de 450 nm. Dans ces conditions optimales, les plantes s'orientent vers la lumière, déployant leurs feuilles à l'horizontale afin d'en absorber un maximum.

La courbe orange à un pic représente le spectre de lumière visible par l'œil. La courbe verte à deux pics représente le spectre de lumière dont les plantes ont besoin pour croître. La lumière bleue favorise la croissance végétative tandis que la lumière rouge favorise la floraison et la fructification.

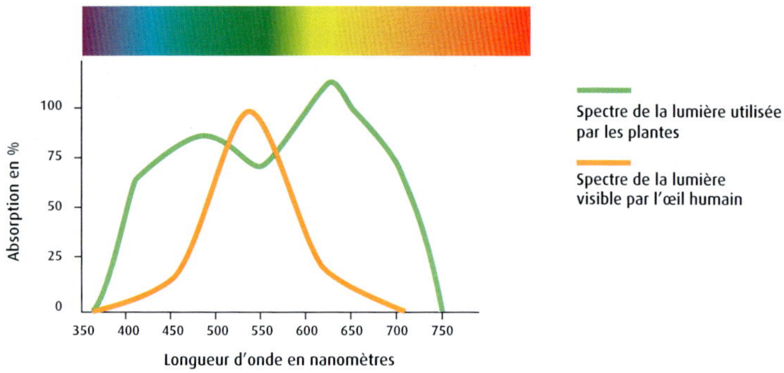

Spectres de la photosynthèse et de la chlorosynthèse

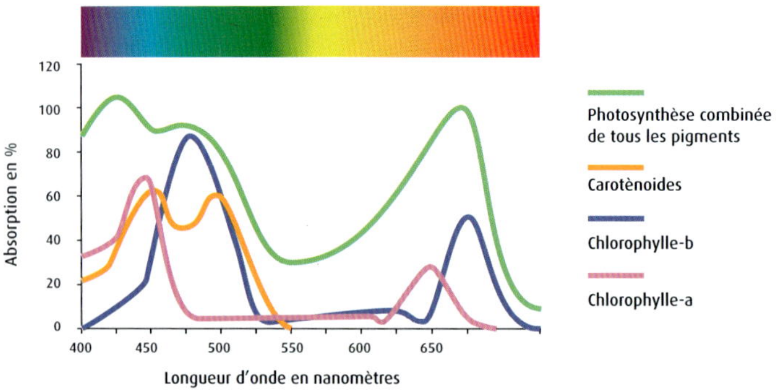

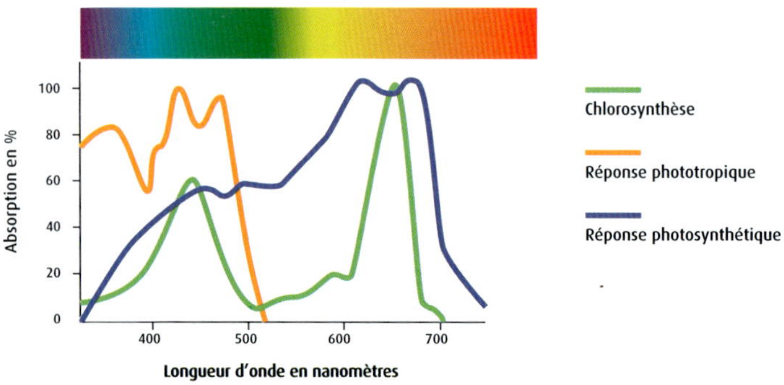

ÉCHELLE DE KELVIN

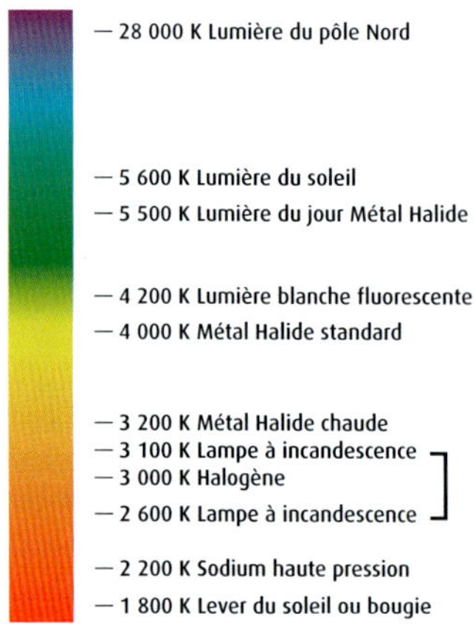

INTÉRIEUR LUMIÈRE SUPPORTS EAU HYDROPONIE AIR MALADIES CROISSANCE PLANTES SUIVI

Mesurer la lumière

Les humains et les plantes ne «voient» pas la lumière de la même façon. Le graphique ci-contre montre que la portion du spectre perceptible par l'œil humain se situe au centre alors que les plantes perçoivent la portion PAR du spectre, dont une large portion n'est pas mesurée par les luxmètres.

Le spectre de la lumière est aussi mesuré par la température Kelvin, qui exprime la couleur exacte émise par un bulbe. En dessous de 3 000 K, la source lumineuse est dite chaude tandis qu'au-dessus de 3 000 K, la lumière est froide. Les ampoules ayant une température Kelvin comprise entre 3 000 K et 5 500 K sont les meilleures pour faire pousser les plantes annuelles à croissance rapide. La température Kelvin indique la couleur de la lumière générée. Le spectre est le résultat d'un mélange spécifique de diverses couleurs. Les ampoules HID d'une même catégorie (ampoules à couche phosphorée, ampoules transparentes, à conversion, etc.) sont équivalentes en spectre, avec peu de surprises. C'est-à-dire que si la même quantité de gaz halogènes ou de vapeur de sodium se trouve dans le tube à arc, le rendu en couleur sera le même.

Luxmètres

La plupart des luxmètres disponibles dans le commerce mesurent la lumière en lumens ou en lux, c'est-à-dire uniquement la lumière à laquelle l'œil humain est sensible. Ils ne mesurent pas la réaction photosynthétique des plantes à la lumière. De nombreuses études mesurent les lumens ou les lux. Bien qu'incomplètes, ces mesures sont précieuses car elles enregistrent la quantité de lumière réfléchie sur une surface donnée. Le spectre de la lampe est tout à fait autre chose. Indépendamment de la lampe utilisée, la quantité de lumière réfléchie est constante tant que l'arc du tube et les enveloppes extérieures sont uniformes. Une fois qu'on a trouvé le meilleur réflecteur pour un emploi spécifique, et qu'on l'utilise avec une ampoule jaugée en PAR, on est prêt pour de superbes récoltes.

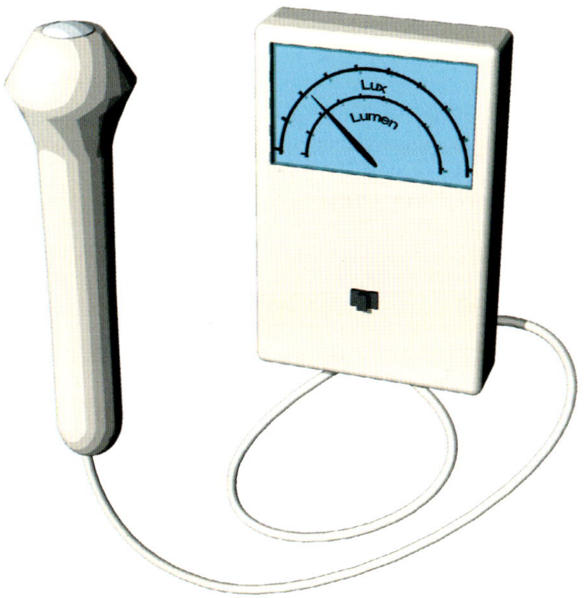

Un luxmètre permet de mesurer la lumière en lumens et non pas en PAR ; il donne quand même une indication utile sur la distribution de la lumière.

Photopériode

La photopériode est le rapport entre les durées respectives du jour et de la nuit. Elle affecte le cycle de vie des plantes. Les plantes demeurent en phase de croissance végétative aussi longtemps qu'une photopériode de 18 à 24 heures de lumière et de 6 à 0 heures d'obscurité est maintenue. Dix-huit heures de lumière par jour leur apportent toute la lumière nécessaire pour la croissance végétative. Une photopériode plus longue risque d'entraîner l'apparition d'un plus grand nombre de mâles (voir « Les graines féminisées » au chapitre 8). Certains horticulteurs éclairent les boutures et les semis 24 heures sur 24. Ceux-ci se comportent alors comme si chaque jour était le plus long de l'année, le 21 juin.

Les plantes annuelles dioïques de type *sativa*, originaires des tropiques, répondent lentement à une photopériode de 12 heures (certaines variétés originaires de Thaïlande peuvent fleurir très longuement, jusqu'à 3 mois ou même plus). Les plantes à prédominance *indica*, originaires de latitudes plus nordiques, fleurissent moins longtemps et répondent rapidement à une photopériode de 12 heures. La façon la plus efficace d'induire la floraison pour la plupart des variétés est de leur donner 12 heures d'obscurité sur une photopériode de 24 heures. Récemment encore, on pensait que pour atteindre le potentiel de floraison maximale, il fallait allier à ce régime une forte intensité lumineuse dans la partie rouge du spectre. L'intensité lumineuse est cruciale, cependant donner exclusivement aux plantes la lumière des lampes à sodium qui contient davantage de rouge n'est pas aussi avantageux qu'on a pu le penser.

La photopériode de 12 heures de jour par période de 24 heures qui, sous les latitudes nordiques, est celle de l'équinoxe, est la relation jour/nuit optimale pour la floraison. Quand les plantes sont âgées d'au moins un mois, passer à une photopériode de 12 heures sur 12 induit des signes de floraison visibles entre 1 et 3 semaines. Les plantes plus âgées ont tendance à réagir plus vite, et celles qui sont originaires des tropiques mettent plus longtemps. La recherche a montré que réduire la lumière à moins de 12 heures par cycle de 24 heures ne déclenche pas la floraison plus tôt mais risque de diminuer la productivité et la formation de fleurs de façon substantielle. Plus de 12 heures de lumière prolonge souvent la floraison. Certains horticulteurs ont obtenu une production plus importante en déclenchant la floraison par une photopériode de 12 heures, suivie, au bout de 2 à 4 semaines, d'un cycle de 13 à 14 heures de lumière ; cependant, ce système rallonge la durée de floraison. Différents horticulteurs rapportent une augmentation de la productivité d'environ 10 % lorsqu'ils rajoutent une heure de lumière après avoir déclenché la floraison, laquelle dure en moyenne 1 semaine de plus (différentes variétés réagissent différemment).

Diminuer graduellement la durée de l'éclairage tout en augmentant la durée de l'obscurité pour simuler la photopériode naturelle prolonge la floraison de plusieurs semaines sans augmenter proportionnellement la récolte.

Certains horticulteurs qui cultivent des variétés *sativa* originaires des régions équatoriales donnent aux plantes une photopériode de 12 heures pendant toute leur durée de vie, pour simuler la photopériode naturelle dans cette partie du monde. À l'équateur, les jours ont la même durée que les nuits à peu près toute l'année. Avec ce système, les plantes ont tendance à fleurir quand elles sont chronologiquement prêtes, après avoir mené à bien leur croissance végétative. Les plantes poussent moins vite et la floraison prend plus longtemps.

RÈGLE D'OR

La photopériode est l'alternance du jour (la lumière) et de la nuit (l'obscurité) sur une période de 24 heures.
Une photopériode de 12 heures sur 24 induit la floraison.

ASTUCE CROISSANCE

Allumer les lampes pendant quelques minutes plusieurs soirs de suite au cours de la période de floraison peut suffire à remettre les plantes en croissance végétative. Les fleurs « végétativées » poussent en abondance mais leur maturation est retardée.

La photopériode signale aux plantes que l'heure est venue de fleurir mais peut tout aussi bien les maintenir en phase de croissance végétative, ou les y faire revenir. Elles ont besoin de 12 heures d'obscurité totale et ininterrompue pour bien fleurir. Des expériences ont montré que même une lumière faible pendant la floraison, ou pendant la période qui la précède, empêche les plantes de fleurir. Lorsque la période d'obscurité est interrompue par la lumière, elles perdent leurs repères. La lumière leur dit : « Il fait jour, mets-toi en croissance végétative. » C'est ce qu'elles font, et la floraison est retardée ou interrompue.

Les plantes ne vont pas jusqu'à interrompre leur floraison si la lumière n'est allumée que pendant quelques minutes à une ou deux reprises pendant la période de floraison. Si une lumière est allumée, ou même simplement qu'elle s'infiltre pendant la période d'obscurité, il faut qu'elle soit aussi faible que possible pour en limiter l'effet. Une brève exposition à la lumière répétée plusieurs soirs de suite suffit à faire revenir les plantes en phase végétative. Les horticulteurs qui mettent toutes les chances de leur côté laissent la lumière soigneusement éteinte toute la nuit.

Une ampoule spécialement conçue pour donner une lumière verte qui n'est pas perçue par les plantes permet d'éclairer la chambre de culture sans perturber la photopériode.

Pour se rendre dans une chambre de floraison pendant la période d'obscurité, on s'éclaire avec une lumière verte, car les plantes ne sont pas sensibles à la portion verte du spectre.

INFO TECHNIQUE

Éclairer la chambre de floraison à l'aide d'une lumière verte conçue à cet effet permet d'inspecter les lieux sans gêner les plantes pendant la période d'obscurité.

RÈGLE D'OR

Exposer les plantes à 12 heures d'obscurité totale et ininterrompue chaque jour pour les faire fleurir.

Certains horticulteurs préfèrent laisser les lampes allumées 24 h sur 24 pendant la phase végétative. Comme tous les êtres vivants, les plantes ont besoin de repos. Certaines de leurs fonctions, comme le cycle de l'oxygène et du dioxyde de carbone, s'inversent pendant la nuit, ce qui leur permet de rester saines.

Elles ne peuvent pas utiliser efficacement plus de 16 à 18 heures de lumière par jour. Au-delà, un point de saturation est atteint et l'électricité est consommée en vain (voir « Les graines féminisées » au chapitre 8). Il est conseillé d'éteindre les lampes au bout de 18 heures et de laisser les plantes se reposer dans l'obscurité pendant un minimum de 6 heures.

Certains affirment que leurs plantes fleurissent parfaitement bien si elles sont exposées à 6 heures d'obscurité et 12 heures de lumière, et que la productivité s'en trouve augmentée de 25 %. Ce système est censé fonctionner mais laisse dubitatif, d'autant que ce cycle raccourci de 18 heures ne consomme pas moins d'électricité. D'autres déclenchent la floraison avec des jours de 10 heures et des nuits de 14 heures. La floraison en est retardée mais les fleurs sont plus grosses.

Distance et intensité lumineuse

La lumière des lampes à décharge de haute intensité (HID) est très, très vive. Les horticulteurs qui savent gérer cette intensité récoltent proportionnellement davantage pour chaque watt dépensé. L'intensité exprime l'importance de l'énergie lumineuse par unité de surface. Celle-ci est plus importante près de l'ampoule et diminue au fur et à mesure que l'on s'en éloigne. C'est la loi de la distance photométrique, illustrée par le schéma ci-dessous. L'intensité lumineuse diminue au carré de la distance qui la sépare de la source lumineuse. Les plantes qui sont à 1,20 mètre de la lampe reçoivent 1/16e de la quantité de lumière reçue par les plantes qui ne sont qu'à 30 cm. Une lampe métal halide (MH) de 1 000 watts qui émet 115 000 lumens à la source n'en fournit plus que 7 180 à une distance de 1,20 m. Une lampe à sodium (HPS) de 400 watts qui émet 50 000 lumens à la source fournit 3 100 lumens à 1,20 m. Qu'on ajoute à ce maigre score un réflecteur mal adapté, et de belles récoltes potentielles ne connaîtront jamais leur plein développement. Plus les plantes sont près de la source lumineuse et plus elles reçoivent de lumens, plus elles s'épanouissent, à condition bien sûr de ne pas les en approcher au point que la chaleur brûle leur feuillage.

Loi de la distance photométrique : $I = lm/D^2$

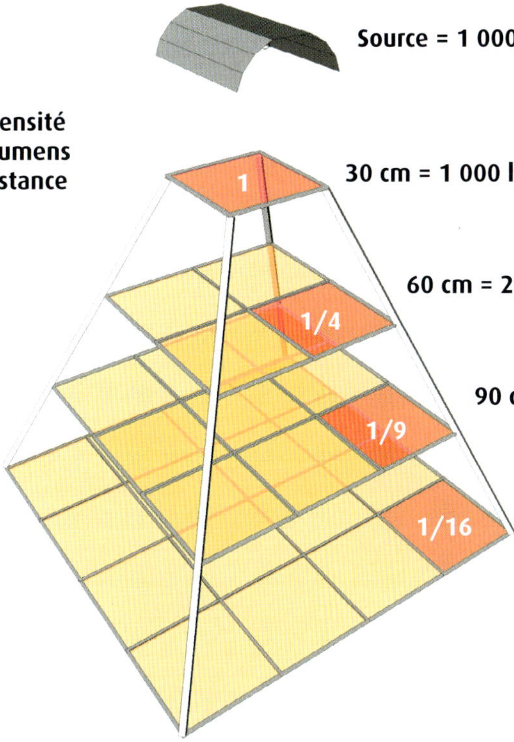

Intensité = nombre de lumens émis à la source divisé par le carré de la distance.

Le soleil est si loin de nous que s'en rapprocher d'un mètre ne fait aucune différence. Avec les lampes, au contraire, chaque centimètre compte. Au fur et à mesure que l'on s'éloigne de la source lumineuse, l'intensité de la lumière diminue de manière exponentielle. Cette illustration est l'une des plus importantes du livre.

ASTUCE CROISSANCE

Maintenir au moins 30 cm entre les plantes et une lampe montée sur rail. Plus la lampe s'approche des plantes — sans les brûler — et plus elles reçoivent de lumière.

ÉCLAIRAGE ET TEMPÉRATURE

Suspendre une petite bouteille pleine d'eau près de l'ampoule (attention, la moindre goutte d'eau sur une ampoule chaude peut la faire exploser) et prendre régulièrement la température de l'eau à l'aide d'un thermomètre électronique. Ajuster la hauteur des lampes pour que la température de l'eau soit comprise entre 24 et 35°C. Il ne faut jamais que la température de l'eau — et donc celle des feuilles — monte au-dessus de 40°C. Au-delà, les huiles essentielles deviennent volatiles, les stomates se ferment et les processus vitaux de la plante s'interrompent.

Faire pendre une cordelette de 30 à 90 cm de long attachée au réflecteur de la lampe HID. Cette cordelette permet de mesurer facilement la distance qui sépare l'ampoule du sommet des plantes.

RÈGLE D'OR

Suspendre les lampes de 600 et 1 000 watts entre 60 et 90 cm au-dessus des plantes, les ampoules de 400 watts entre 45 et 60 cm et les HID, moins puissantes, entre 15 et 30 cm.

Une lampe métal halide (MH) standard de 1 000 watts émet 80 000 à 110 000 lm à la source et 65 000 à 88 000 lm à moyenne distance. Un lumen (lm) correspond à la quantité de lumière émise par une bougie éclairant une surface de 90 cm^2 à 30 cm de distance.

Les ampoules super MH émettent 115 000 lumens à la source et 92 000 lumens à moyenne distance. Une lampe à sodium (HPS) de 1 000 watts émet 140 000 lumens à la source tandis qu'une HPS de 600 watts en émet 90 000 ; cela correspond à 7 % de lumens en plus par watt par rapport à la lampe HPS de 1 000 watts.

Les lumens émis ne sont qu'une partie de l'équation. Les lumens *effectivement* reçus par la plante sont bien plus importants pour l'horticulteur.

Les lumens reçus sont mesurés en watt par pied carré (un pied carré égale approximativement 90 cm^2). La quantité de watts par mètre carré est facile à calculer mais c'est une façon erronée d'évaluer la quantité de lumière dont un jardin bénéficie car elle se contente de mesurer les watts mis à disposition par une source de lumière sur une surface donnée. Par exemple, une ampoule à incandescence de 400 watts donne la même quantité de watts au mètre carré qu'une lampe métal halide de 400 watts.

Avec les mesures en watt par mètre carré, la hauteur de la lampe n'est pas prise en compte (elle pourrait être à 1 ou 2 mètres de hauteur), pas plus que l'efficacité du réflecteur, les watts PAR ou l'efficacité de l'ampoule.

Mesurer les lumens ou les lux permet de connaître la quantité de lumière reçue par les plantes mais manque de précision quant à la quantité de lumière qu'elles utilisent. Si la puissance de l'ampoule est exprimée directement en watts PAR, utiliser un simple luxmètre qui mesure l'intensité lumineuse en lumens ou en lux pourra faire l'affaire.

INFO TECHNIQUE

On peut constater à l'aide d'un luxmètre à quel point l'intensité de la lumière diminue rapidement quand on s'éloigne de sa source.

Pour savoir à quel point un éclairage de faible intensité retarde la croissance des plantes, il suffit de faire un petit tour dans un jardin potager d'extérieur. Qui n'a jamais semé des graines de plantes supposées atteindre leur maturité en 65 jours et qui n'ont mûri qu'au bout de 100 jours ? La plupart des horticulteurs ont connu cette mésaventure. Les plantes ont-elles été en plein soleil tout au long de la journée ? Les sociétés qui commercialisent les graines partent du principe que les graines sont plantées dans des conditions parfaites – plein soleil et températures idéales. Les plantes qui reçoivent moins de lumière PAR arrivent à maturité plus lentement et produisent moins que les plantes qui sont en plein soleil tout au long de la journée. Il en va de même en intérieur ; les plantes qui reçoivent moins de lumière poussent mal.

ASTUCE CROISSANCE

Éviter de donner aux plantes une lumière filtrée ou de moindre intensité, qui les fait produire moins et arriver à maturité plus tardivement.

Distance entre les plantes et les lampes

Quand l'intensité lumineuse est faible, les plantes s'étirent vers la lumière. Une faible intensité lumineuse est souvent le résultat d'une trop grande distance entre la lampe et les plantes. Une faible luminosité se traduit par un feuillage clairsemé et des branches maigrelettes, trop espacées sur la tige.

On peut accroître le rendement d'une chambre de culture en répartissant uniformément l'intensité lumineuse. Une répartition inégale de la lumière incite l'extrémité des branches les plus fortes à croître vers la source de lumière. Quand l'éclairage n'est pas uniforme, le feuillage des zones les moins éclairées demeure dans l'ombre.

RÈGLE D'OR

Accroître le rendement d'une chambre de culture en répartissant uniformément l'intensité lumineuse.

En définitive, ce sont les réflecteurs de lumière qui dictent la répartition des lampes et à quelle distance des plantes elles doivent être accrochées. Pratiquement toutes les lampes fixes génèrent des points lumineux (chauds) vers lesquels poussent les plantes. Les sommités en croissance prospèrent dans ces zones lumineuses.

L'éclairage HID est plus efficace quand il est émis par plusieurs sources. L'intensité lumineuse est régie par la loi de la distance photométrique ; l'intensité est divisée par le carré de la distance ; elle faiblit donc très, très vite au fur et à mesure que l'on s'éloigne de la source.

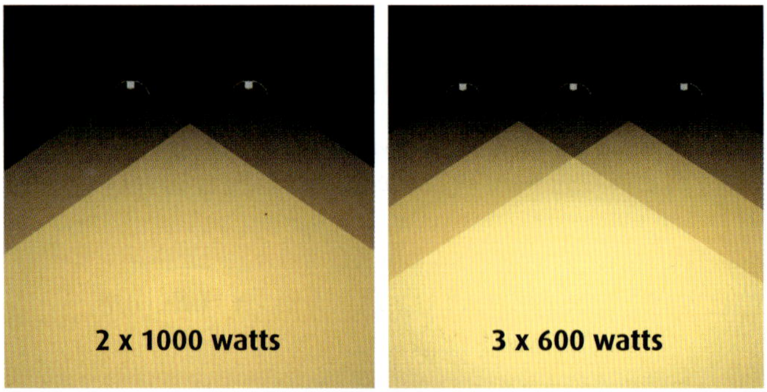

Deux lampes HID de 1 000 watts fournissent moins de lumière que trois lampes HID de 600 watts. Démultiplier les sources de lumière permet aussi de placer les lampes plus près des plantes.

RÈGLE D'OR

Améliorer l'efficacité de l'éclairage HID en le répartissant sur plusieurs sources.

INTÉRIEUR LUMIÈRE SUPPORTS EAU HYDROPONIE AIR MALADIES CROISSANCE PLANTES SUIVI

Les horticulteurs disposent de plusieurs stratégies :

- → Utiliser des lampes puissantes.
- → Placer les lampes plus près des plantes.
- → Utiliser davantage de lampes.
- → Utiliser des réflecteurs efficaces.
- → Peindre les murs en blanc mat ou les tapisser d'un matériau réfléchissant comme le Mylar®.

Les lampes les plus puissantes — 400 watts, 600 watts, 1 000 watts — offrent un meilleur taux de lumens par watt (lm/W) que les lampes moins fortes. Des lampes plus puissantes, et donc plus éloignées des plantes que des 400 ou 600 watts, fournissent davantage de lumière utile.

Une 400 watts produit moins de lumens par watt qu'une 1 000 watts ; cependant, si elle est placée correctement, elle distribue davantage de lumière utilisable par les plantes. La 600 watts est celle qui offre le meilleur rendement lumineux (150 lm/W), et elle peut être placée plus près du feuillage que les lampes de 1 000 watts.

Il faut placer la lampe le plus près possible des plantes. Toutefois, une puissante lampe HID de 1 000 watts génère également beaucoup de chaleur et il faut l'écarter davantage du sommet des plantes. Il est souvent plus efficace d'utiliser des lampes plus faibles. Par exemple, deux ampoules de 400 watts peuvent être suspendues plus près des plantes qu'une seule ampoule de 1 000 watts. L'inconvénient, c'est que le système à deux ampoules de 400 watts revient plus cher que le système à une ampoule de 1 000 watts.

Les avantages à utiliser un plus grand nombre de lampes de moindre intensité sont les suivants :

- → Plus de sources de lumière.
- → Meilleure distribution de la lumière.
- → Possibilité de rapprocher les ampoules des plantes.

Certaines études montrent les variations de l'intensité lumineuse selon la taille des chambres de culture. Les horticulteurs qui se réfèrent à ces études affinent l'éclairage de leur jardin à l'aide d'un simple luxmètre.

En prenant quelques mesures très simples, on voit à quel point il est plus efficace d'utiliser des lampes de plus faible puissance (de 400 à 600 watts) correctement placées.

QUANTITÉ DE LUMENS REÇUE PAR LES PLANTES EN FONCTION DE LA DISTANCE D'UNE LAMPE

L'objectif est de fournir aux plantes 10 000 lumens (lm)

→ **HPS de 1 000 watts ; lm/W = 140**
30 cm de distance = 140 000 lumens
60 cm de distance = 35 000 lumens
90 cm de distance = 15 555 lumens

120 cm de distance = 9 999 lumens
Donc une HPS de 1 000 watts située à 1,20 mètre = 10 000 lm
1,20 x 1,20 = 1,44 m²; 1 000 watts ÷ 1,44 m² = 694 watts/m².

→ **MH de 1 000 watts ; lm/W = 115**
30 cm de distance = 115 000 lumens
60 cm de distance = 28 750 lumens
90 cm de distance = 12 777 lumens
120 cm de distance = 8 214 lumens
Donc une MH de 1 000 watts située à 1 mètre = 10 000 lm
1 x 1 = 1 m²; 1 000 watts ÷ 1 m² = 1 000 watts/m².

→ **HPS de 600 watts ; lm/W = 150**
30 cm de distance = 90 000 lumens
60 cm de distance = 22 500 lumens
90 cm de distance = 9 999 lumens
120 cm de distance = 6 428 lumens
Donc une HPS de 600 watts située à 0,90 mètre = 10 000 lm
0,9 x 0, 9 = 0,81 m²; 600 watts ÷ 0,81 m² = 740 watts/m².

→ **HPS de 400 watts ; lm/W = 125**
30 cm de distance = 50 000 lumens
60 cm de distance = 12 500 lumens
90 cm de distance = 5 555 lumens
120 cm de distance = 3 571 lumens
Donc une HPS de 400 watts située à 0,68 mètre = 10 000 lm
0,68 x 0,68 = 0,46 m²; 400 watts ÷ 0,46 m² = 869 watts/m².

→ **MH de 400 watts ; lm/W = 100**
30 cm de distance = 40 000 lumens
60 cm de distance = 10 000 lumens
90 cm de distance = 4 444 lumens
120 cm de distance = 2 857 lumens
Donc une MH de 400 watts située à 0,61 mètre = 10 000 lm
0,61 x 0,61 = 0,37 m²; 400 watts ÷ 0,37 m² = 1 081 watts/m².

Ainsi, si on utilise 3 HPS de 600 watts, on obtient un total de 270 000 lm pour un coût de 0,18 euros par heure (en basant les calculs sur un coût du kWh = 0,10 euros). Si on utilise 2 HPS de 1 000 watts, on obtient un total de 280 000 lm pour un coût de 0,20 euros par heure.

ASTUCE CROISSANCE

Quand on se rapproche des lampes HID, l'intensité lumineuse double tous les 2 mètres.

Ces exemples montrent que les lampes à sodium de 1 000 watts offrent plus de watts par mètre carré pour le total souhaité de 10 000 lumens. Cependant, l'ampoule produit un point chaud au centre de la zone éclairée. Les plantes ont tendance à pousser plus vite vers le point chaud, ce qui crée de l'ombre.

Bien qu'elles fournissent une plus faible quantité de lumens par watt, les lampes de 400 watts peuvent s'avérer plus efficaces que les ampoules plus puissantes à condition d'être utilisées correctement. Une MH de 1 000 watts fournit 115 000 lumens à la source tandis qu'une MH de 400 watts n'en produit que 40 000. Cela suppose que chacune des lampes de 400 watts devra être placée plus près du jardin pour obtenir la même quantité de lumière. Cela signifie aussi que plusieurs sources de lumière fournissent une luminosité plus intense et mieux répartie.

L'intensité lumineuse est plus forte juste en dessous de l'ampoule. Varier la disposition des plantes sous les lampes pour les exposer à la même intensité lumineuse favorise une croissance harmonieuse.

Éclairage latéral

L'éclairage latéral participe à la bonne distribution de la lumière. Un éclairage latéral seul n'est pas aussi efficace qu'un éclairage par le haut. Néanmoins, la lumière doit pénétrer le feuillage qui borde le jardin, dont la teneur hormonale est moindre et qui pousse plus lentement. On bouge les plantes de façon à placer les plus petites au centre et les plus grandes en bordure. Il peut s'avérer profitable de surélever les petites plantes afin d'harmoniser le profil du jardin. On veille à installer les plantes de telle sorte que leur sommet suive une courbe concave permettant à toutes de profiter d'un maximum de lumière.

La rotation des plantes sur elles-mêmes permet une meilleure distribution de la lumière. Les horticulteurs opèrent une rotation des plantes d'un quart ou d'un demi-tour chaque jour ou tous les 2 jours. Cette rotation permet aux plantes de pousser de façon harmonieuse et leur feuillage se développe pleinement.

Faire également tourner les plantes autour de la lampe leur permet de recevoir le plus de lumière possible.

Monter le jardin sur roulettes (jardinières ou autres conteneurs) facilite rotation et déplacements.

Au besoin, surélever les plantes pour les placer à une distance adéquate de la source lumineuse.

Une bonne solution pour obtenir une harmonieuse distribution de la lumière consiste à ajouter un éclairage latéral à l'éclairage vertical ; on installe des lampes supplémentaires sur les côtés. La consommation électrique s'en trouve augmentée mais cela permet aux plantes de profiter d'un éclairage plus harmonieux et d'une plus grande intensité lumineuse. L'éclairage latéral est installé là où il y a le moins de lumière – le long des murs. Si l'on veut vraiment fournir aux plantes un maximum de lumière, on combine l'éclairage latéral et l'utilisation d'un rail pour l'éclairage vertical.

On peut aussi mettre à profit les différents niveaux d'intensité lumineuse en installant en bordure de jardin les semis et les boutures qui ont besoin de moins de lumière et en plaçant juste sous les lampes les plantes qui nécessitent une plus forte intensité lumineuse.

Certains réflecteurs réfléchissent la lumière plus uniformément que d'autres. Ceux qui réfléchissent la lumière uniformément – sans générer de points chauds – peuvent être placés plus près des plantes, qui bénéficient d'une luminosité plus intense. L'intensité de la lumière diminuant rapidement avec la distance, plus les plantes sont proches de la lumière, mieux c'est. Par exemple, une lampe de 1 000 watts, équipée d'un réflecteur qui génère un point chaud, doit être installée à 90 cm au-dessus du jardin tandis qu'une lampe de 600 watts, montée sur un réflecteur qui distribue la lumière uniformément, peut être placée à seulement 45 cm au-dessus du jardin. Dans les deux cas, l'intensité lumineuse fournie aux plantes sera la même.

Quand un jardin est éclairé uniquement par le haut, les feuilles du sommet reçoivent une lumière plus intense que celles du bas, et leur font de l'ombre. Quand les feuilles du bas ne reçoivent pas assez de lumière, elles jaunissent puis meurent. Il ne faut pas pour autant retirer des feuilles du haut en parfaite santé sous prétexte d'apporter de la lumière à celles du bas. En intérieur, les tiges des plantes sont moins solides par manque de stimulation — absence de la pluie et du vent — et les grandes plantes ont tendance à fléchir sous le poids des fleurs qui se développent en haut de la plante. Il devient parfois nécessaire de les soutenir à l'aide d'un tuteur. Les plantes de taille plus modeste supportent mieux le poids.

Tourner les plantes sur elles-mêmes permet d'exposer la totalité du feuillage à la lumière qui reste fixe. Pour déplacer les plantes ou les soumettre à un quart ou un demi-tour de rotation, il peut être pratique de les installer sur des roulettes.

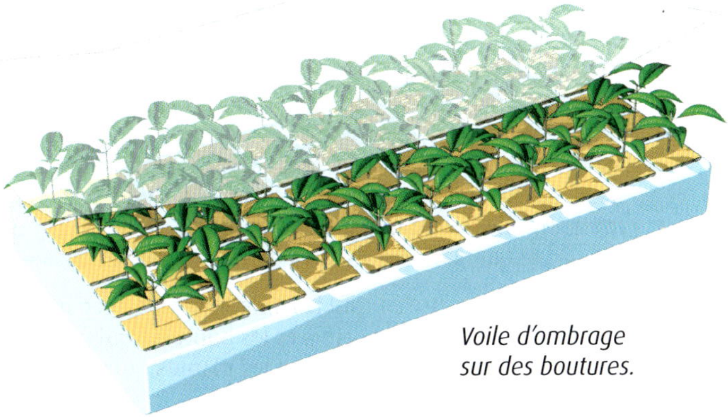

Voile d'ombrage sur des boutures.

RÈGLE D'OR

Placer les lampes HID à au moins 30 centimètres au-dessus des plantes. Les jeunes boutures, les semis et les plantes rempotées sont installés à une distance d'au moins 60 à 90 centimètres. On peut aussi utiliser un voile d'ombrage.

On peut mettre tous les semis ou les boutures directement sous une seule HID. Les jeunes plantes auront besoin de plus en plus de place au fur et à mesure de leur croissance. Si elles manquent de place, elles le perçoivent et ne se développent pas au maximum de leur potentiel. L'ombre que les feuilles d'une plante font à une autre plante retarde le développement tout entier de celle-ci. Il est très important d'espacer les jeunes plantes juste assez pour que leurs feuilles ne se touchent pas. Cela minimise l'ombre qu'elles se font et optimise leur croissance. Il faut à nouveau ajuster cet espacement au bout de quelques jours.

Réflecteurs

Les réflecteurs augmentent la luminosité disponible de plus de 30 %. Un réflecteur bien adapté à la lampe et des murs réfléchissants peuvent avoir pour effet de doubler voire tripler la chambre de culture. Les horticulteurs qui emploient les réflecteurs les plus efficaces obtiennent jusqu'à deux fois plus de récolte.

Les réflecteurs se présentent sous diverses tailles et formes ; certains sont plus efficaces que d'autres pour un usage spécifique. Toute la difficulté réside dans l'achat du réflecteur adapté.

Les semis, les boutures et les plantes en phase végétative requièrent moins de lumière que les plantes en floraison. Durant leurs premières semaines d'existence, les semis et les boutures peuvent facilement vivre sous tubes fluorescents (néons). Par la suite, la phase de croissance végétative proprement dite exige un peu plus de lumière. Les lampes métal halides (MH) procurent une luminosité suffisante pour entretenir une bonne croissance végétative.

CONDITIONS D'ÉCLAIRAGE NÉCESSAIRES AU COURS DU CYCLE DE VIE D'UNE PLANTE

	LUMENS	LUX	TEMPS D'EXPOSITION
SEMIS	375	4 000	16-24 heures
BOUTURES	375	4 000	18-24 heures
CROISSANCE VÉGÉTATIVE	2 500	27 000	18 heures
FLORAISON	10 000	107 500	12 heures

Les réflecteurs sont faits en tôle d'acier, d'aluminium ou d'acier inoxydable. L'acier peut être laminé à froid ou galvanisé avant qu'une texture réfléchissante ne soit appliquée. L'acier galvanisé est plus résistant à la rouille que l'acier laminé à froid. Ce métal peut être peint, poli, texturé. Les réflecteurs sont généralement peints en blanc. Les fabricants de réflecteurs de première qualité appliquent la peinture blanche grâce à un procédé de poudre recouvrante. Il existe différentes teintes de blanc, certains sont plus lumineux que d'autres. Le blanc titanium mat est le plus réfléchissant et celui qui diffuse le mieux la lumière. La peinture laquée blanche est facile à laver, mais a tendance à engendrer des points chauds. Les réflecteurs en tôle d'acier sont moins chers que ceux en aluminium car le coût du matériau est moins élevé. Les modèles en aluminium martelé sont très réfléchissants.

Les réflecteurs se déclinent en plusieurs finitions :

- → Miroir.
- → Miroir poli.
- → Finement martelé.
- → Grossièrement martelé.

Les réflecteurs en métal poli (1) ont tendance à créer des points chauds ; le métal martelé (2) offre davantage de surface de réflexion ; les réflecteurs recouverts de blanc titanium mat (3) diffusent la lumière le plus efficacement.

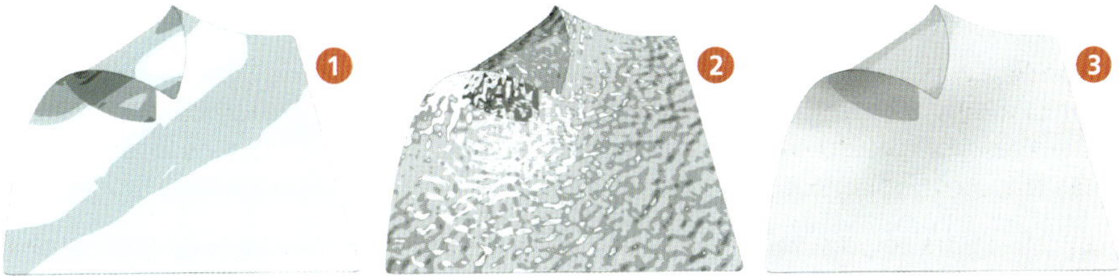

Les réflecteurs martelés offrent une bonne diffusion de la lumière et une plus grande surface pour la réfléchir. La tendance à créer des points chauds est un inconvénient fréquent des revêtements en texture polie ou miroir. Les réflecteurs en miroir poli se rayent facilement et la distribution de la lumière en pâtit.

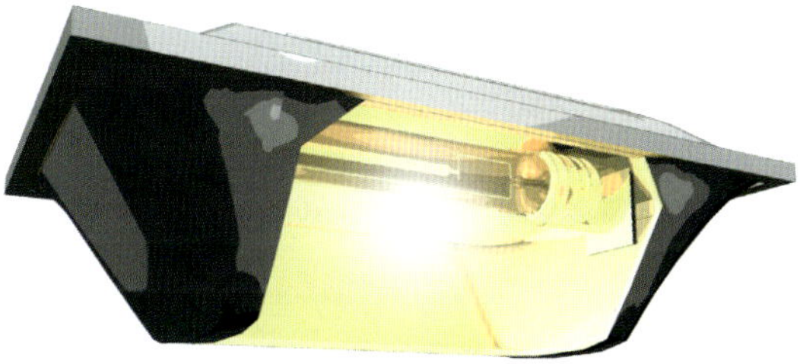

Modèle de réflecteur fréquemment utilisé.

Réflecteur muni d'un verre protégeant l'ampoule et réduisant l'émission de chaleur.

Réflecteurs à ampoule horizontale

Les réflecteurs sur lesquels l'ampoule se visse à l'horizontale sont les plus performants, et une valeur sûre pour les horticulteurs. Un réflecteur horizontal permet à l'ampoule de distribuer jusqu'à 40 % de lumière en plus qu'un réflecteur sur lequel l'ampoule se visse à la verticale. La lumière est émise le long du tube à arc. Lorsque la lampe est en position horizontale, la moitié de la lumière est dirigée directement vers le bas, c'est-à-dire vers les plantes. Seule l'autre moitié de la lumière aura besoin d'être réfléchie vers les plantes par le réflecteur. Les réflecteurs horizontaux sont donc de façon inhérente plus efficaces que les réflecteurs verticaux car la moitié de la lumière est directe et seule l'autre moitié de la lumière doit être réfléchie.

INFO TECHNIQUE

Les réflecteurs sur lesquels l'ampoule est vissée à l'horizontale sont les plus performants. Ils procurent jusqu'à 40 % de lumière en plus que la plupart des réflecteurs sur lesquels l'ampoule se visse à la verticale.

Les réflecteurs horizontaux se présentent sous différentes formes, toutes conçues pour réfléchir la lumière vers le bas. Plus le réflecteur sera proche de l'arc électrique de la lampe HID et plus petite sera la distance parcourue par la lumière avant d'être réfléchie. Plus la distance à parcourir sera courte et plus il y aura de lumière réfléchie.

Les réflecteurs horizontaux ont tendance à engendrer un point chaud juste sous l'ampoule. Afin de dissiper ce point chaud et de tempérer la chaleur créée, certains fabricants installent un déflecteur de lumière sous l'ampoule. Le déflecteur diffuse la lumière et la chaleur accumulées juste sous l'ampoule. Les réflecteurs équipés d'un déflecteur peuvent être placés plus près des plantes en raison de l'absence de point chaud.

Les lampes à sodium (HPS) horizontales utilisent un petit réflecteur pour la culture en serre. Le réflecteur est installé à quelques centimètres seulement au-dessus de la longue ampoule (HPS) horizontale pour que la totalité de la lumière soit réfléchie vers le bas en direction des plantes et que le réflecteur ne fasse qu'un minimum d'ombre. Plusieurs fabricants ont équipé leurs lampes d'un verre protecteur pour protéger l'ampoule des éclaboussures lors de l'arrosage.

Réflecteurs à ampoule verticale

Les réflecteurs sur lesquels l'ampoule se visse à la verticale sont moins efficaces que ceux sur lesquels l'ampoule se visse à l'horizontale. Tout comme les ampoules horizontales, les ampoules verticales émettent leurs précieux photons tout le long du tube à arc électrique. Quand on utilise un réflecteur vertical, la quasi-totalité de la lumière émise par l'ampoule doit d'abord être projetée sur les faces intérieures du réflecteur avant d'être réfléchie vers les plantes. La lumière directe est toujours plus intense que la lumière réfléchie ce qui explique pourquoi, par essence, les réflecteurs verticaux sont moins efficaces : une plus grande partie de la lumière doit être réfléchie avant d'éclairer les plantes, ce qui entraîne une perte d'intensité lumineuse.

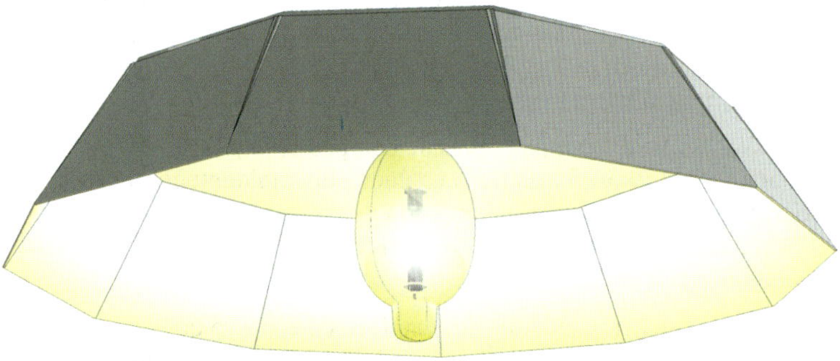

Réflecteur pour ampoules verticales, longtemps les plus utilisées en Amérique du Nord.

RÈGLE D'OR

Les réflecteurs sur lesquels l'ampoule se visse à la verticale sont moins efficaces et moins rentables à long terme.

Les dômes paraboliques sont les réflecteurs verticaux les plus efficaces. Ils réfléchissent la lumière de façon assez harmonieuse, bien qu'ils fournissent une moindre quantité de lumière comparés aux réflecteurs horizontaux. Les réflecteurs coniques et autres réflecteurs à ampoule verticale gaspillent beaucoup de lumière et sont très inefficaces. Les horticulteurs qui achètent un réflecteur conique par souci d'économie paient en définitive davantage en facture d'électricité.

Les grands dômes paraboliques répartissent la lumière uniformément et réfléchissent suffisamment de lumière pour entretenir une croissance végétative. La lumière est diffusée sous le réflecteur avant d'être réfléchie vers le bas, sur les plantes. Les réflecteurs paraboliques classiques sont de fabrication peu onéreuse et fournissent une bonne quantité de lumière pour le prix.

Les réflecteurs paraboliques polis sont en forme de dôme. Ils ont tendance à concentrer la lumière juste sous la source. Ils conviennent mieux à des lampes montées sur un rail.

Les modèles paraboliques de 1,20 mètre sont habituellement constitués de neuf éléments. Le modèle inférieur rend l'expédition et la manipulation plus aisées. Il suffit ensuite d'assembler les différentes pièces à l'aide de petites vis et d'écrous.

Supposons qu'un horticulteur achète un réflecteur conique à 20 euros au lieu de s'offrir un réflecteur horizontal haut de gamme à 40 euros. Commençons par comparer leurs performances. Le rendement du réflecteur conique n'est que de 60 % tandis que celui du réflecteur horizontal est de 100 %, soit 40 % de plus. Chaque lampe coûte environ 28 euros par mois pour fonctionner 12 heures par jour à 0,077 euros par kilowattheure. Si 100 % = 0,077 euros par kilowattheure, alors un rendement à 60 % = 0,06 euros, soit une perte de 0,05 euros pour chaque kilowattheure. Avec cette information : 36 euros ÷ 0,05 euros pour chaque kilowattheure, nous pouvons déduire qu'au bout de 750 heures, on a amorti le surcoût initial de 20 euros du réflecteur horizontal. Non seulement le réflecteur conique vertical diminue de 40 % l'intensité lumineuse, mais il coûte aussi 40 % de plus en fonctionnement.

Quand le 63e jour (x 12h = 756 heures) est dépassé, l'horticulteur se retrouve encombré d'un réflecteur inefficace qui, dans l'ensemble, coûte plus cher pour moins de lumens chaque seconde où la lampe est allumée. (Voir « Étude comparative sur les réflecteurs », pages 52-53).

Les réflecteurs légers, ouverts sur les côtés ou équipés de fentes d'aération, dissipent mieux la chaleur. L'aluminium dissipe la chaleur plus rapidement que l'acier. Il est conseillé d'orienter un ventilateur en direction des réflecteurs car ils créent une accumulation de chaleur. L'air soufflé en direction du réflecteur s'y engouffre et dissipe la chaleur qui s'y accumule.

Du fait que la lumière artificielle diminue au fur et à mesure que l'on s'éloigne de l'ampoule, plus le réflecteur est installé près de l'ampoule et plus la lumière réfléchie est intense.

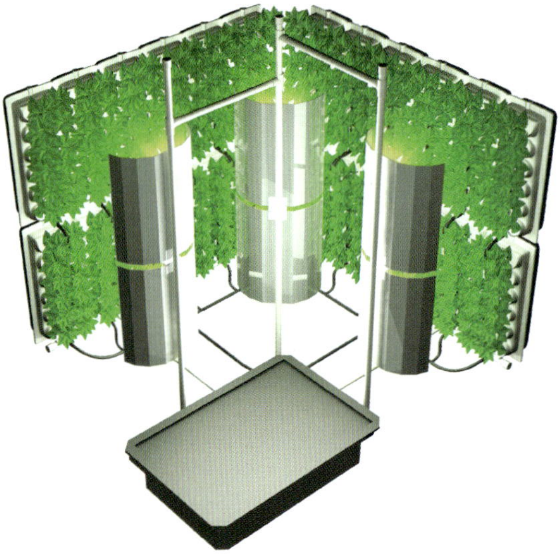

Les jardins verticaux intérieurs se multiplient aujourd'hui. Ils permettent de cultiver même lorsqu'on dispose de très peu de place au sol et offrent une utilisation optimale de la lumière des lampes HID suspendues à la verticale. Ce GroWall® est constitué d'unités séparées s'emboîtant les unes dans les autres. Chaque pot est muni d'un couvercle et une tuyauterie externe est reliée à un réservoir central.

Les réflecteurs fermés, munis d'un verre de protection pour l'ampoule, fonctionnent à plus haute température mais protègent l'ampoule des dégâts que pourraient causer d'éventuelles éclaboussures. Le verre de protection sert aussi d'écran entre les plantes et l'ampoule brûlante. Il faut que les réflecteurs fermés aient suffisamment de fentes d'aération pour éviter qu'une trop grande accumulation de la chaleur ne fasse griller l'ampoule prématurément. Ce type de réflecteur est souvent équipé d'un petit ventilateur pour évacuer l'air chaud.

Pas de réflecteur

Une autre option, particulièrement utile si le jardin est trop haut — ou le plafond trop bas — consiste à ne pas utiliser de réflecteur du tout. Sans réflecteur, la lampe chauffe moins. Le plafond blanc réfléchit la lumière, moins qu'un réflecteur cependant. Si la lampe est trop près du plafond (moins de 60 cm), il faut tapisser le plafond d'un revêtement ignifuge. Voir la section intitulée « Installation des lampes ».

Il existe des systèmes de culture vertical (EcoSystem®, The Cage®, etc.) faisant appel à la fois à des innovations de haute technologie et à des phénomènes naturels. L'éclairage, placé au centre à la verticale, y est idéal pour trois raisons : premièrement la lumière n'est pas réfléchie mais directe, deuxièmement la distance qui sépare la lumière des plantes est très petite et troisièmement, la petite taille des plantes cultivées (jamais plus de 20 cm) permet une bonne pénétration de la lumière dans toute la masse végétale. En un mot, la lumière qui éclaire ce jardin vertical profite mieux aux plantes que celle d'un jardin horizontal ordinaire.

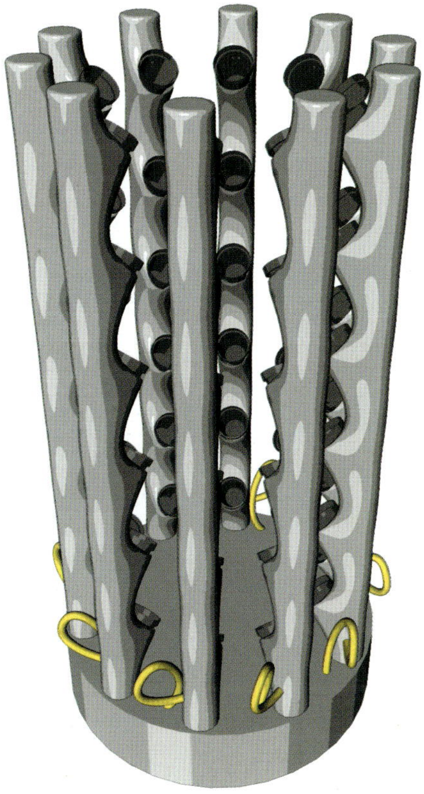

Les systèmes de culture conçus pour placer la lampe au centre à la verticale et les plantes en périphérie (ici, The Cage®) sont particulièrement productifs.

Le PiRack® est composé d'éléments circulaires s'emboîtant les uns sur les autres. Trois lampes HPS de 600 watts chacune sont suspendues à la verticale dans un tube de refroidissement situé au centre du dispositif, si bien que les plantes reçoivent toutes la même quantité de lumière. Chaque pot est alimenté et drainé séparément.

Étude comparative sur les réflecteurs

L'expérience suivante a été réalisée. Nous avons construit une pièce où tout était noir afin de mesurer la quantité de lumière réfléchie par divers modèles de réflecteurs. La pièce était peinte en noir et mesurait 9 m^2. Le sol aussi était noir. Pas plus de 3 % de lumière pouvait être réfléchie par les surfaces noires. Aucune lumière (autre que celle de la lampe testée) n'éclairait la pièce. Au sol, un quadrillage (30 cm entre chaque ligne) servait à prendre les mesures. Les murs étaient gradués tous les 30 cm aussi.

Cinq lampes différentes ont servi pour cette expérience : une MH de 1 000 watts, une HPS de 1 000 watts également, une HPS de 600 watts, une MH de 400 watts et enfin une HPS de 400 watts. Les mesures au sol ont été relevées précisément à 90 cm entre le culot de l'ampoule et le sol. Chaque lampe a été préchauffée 15 minutes avant la prise des mesures.

L'intensité lumineuse (en lumens) a été mesurée tous les 30 cm au sol et les résultats ont ensuite été mis en graphique par un logiciel.

Cette étude comparative a fait apparaître une différence énorme entre les réflecteurs (ils ne sont pas tous testés par les compagnies qui les fabriquent). Certains d'entre eux concentraient toute la lumière au centre de la pièce, n'en distribuant que très peu en périphérie. D'autres réflecteurs étaient simplement très peu efficaces. Afin de protéger ses plantes, on peut soumettre quelques réflecteurs à une batterie de tests de ce genre. On peut ainsi déterminer quel réflecteur est le mieux adapté. Il est indispensable de prendre les mesures aux mêmes endroits pour les différents réflecteurs : deux ou trois points fixes suffiront à évaluer la distribution des lumens.

Quand la distribution de la lumière est uniforme, la lampe peut être placée plus près des plantes. Le schéma « Distance et intensité lumineuse », page 35, montre combien la luminosité diminue rapidement. À 90 cm de l'ampoule, il n'y a plus que 1/9e de l'intensité lumineuse présente à 30 cm ! De toute évidence, les plantes qui ont besoin de beaucoup de lumière poussent mieux sous un réflecteur qui réfléchit une lumière vive sur la plus grande partie du jardin et qui permet de placer la lampe le plus près possible des plantes.

En général, plus la lampe à décharge est puissante en watts et plus elle est efficace. Cependant, comme l'intensité lumineuse diminue très vite avec la distance, les ampoules doivent être placées le plus près possible des plantes. Cela veut dire que davantage de lampes sont nécessaires pour obtenir une répartition harmonieuse d'une lumière de grande intensité.

Le coût de fonctionnement de trois lampes à sodium (HPS) de 600 watts est inférieur à celui de deux sodium (HPS) de 1 000 watts. Les lampes à sodium à haute pression de 600 watts produisent plus de lumens pour le même coût, de plus, elles peuvent être placées plus près des plantes. Il y aura aussi trois sources distinctes de lumière (au lieu de deux) ce qui permet une meilleure répartition de la lumière.

Une fente d'aération placée à proximité de l'ampoule permet de dissiper la chaleur. Les ampoules qui surchauffent ont tendance à griller plus vite que les autres.

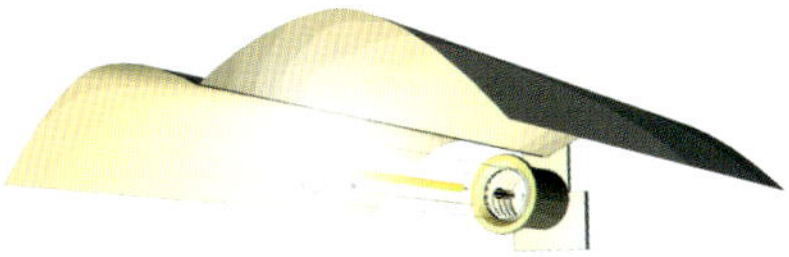

HPS 600 W

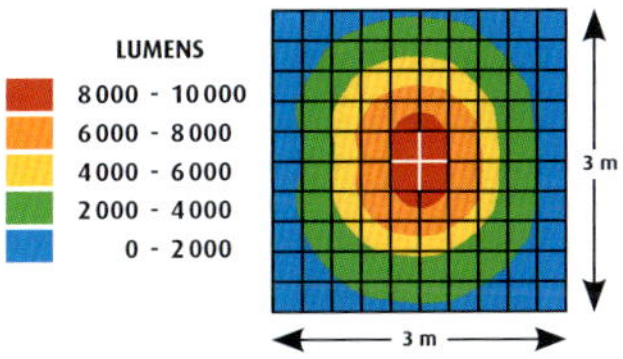

HPS 1 000 W

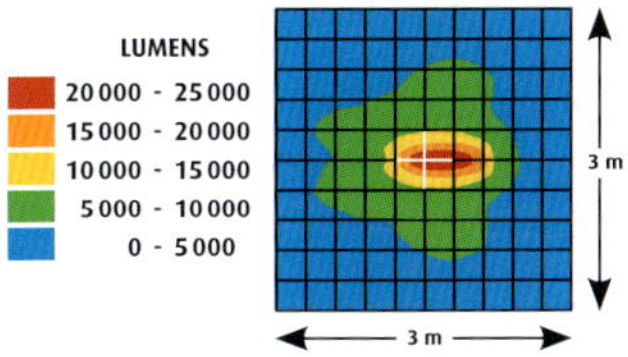

MH 1 000 W

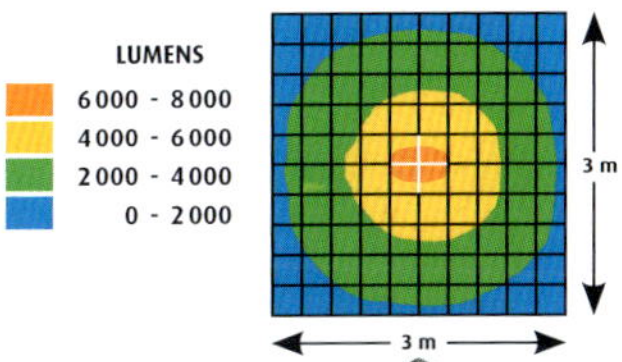

HPS 1 000 W

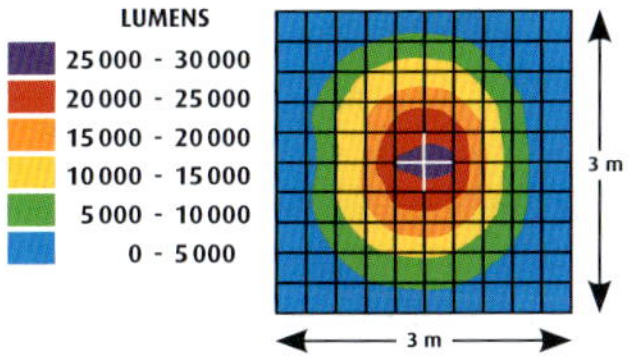

HPS 250 W

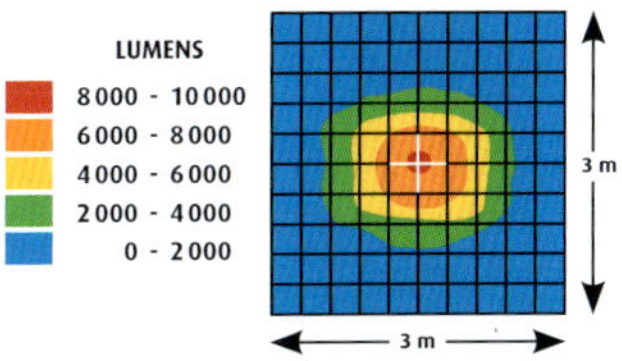

MH 400 W

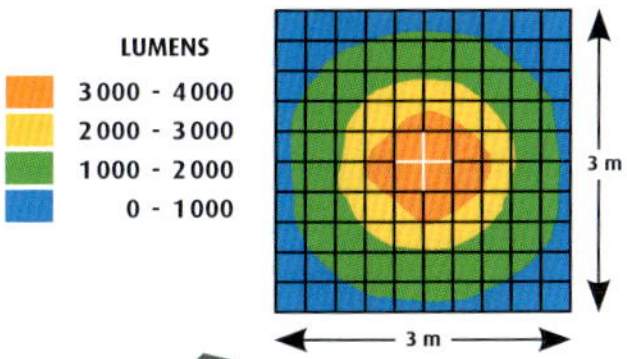

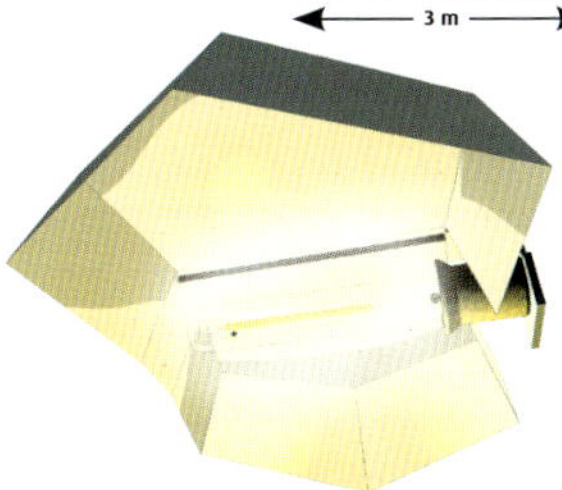

HPS 600 W

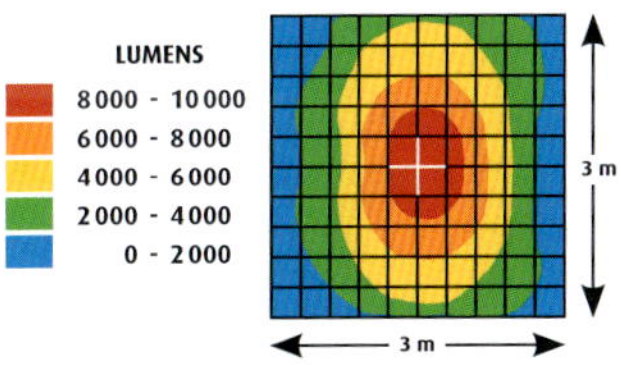

HPS 400 W

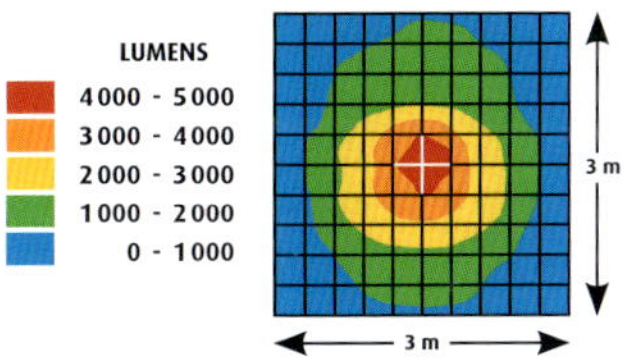

La forme du réflecteur détermine la répartition plus ou moins harmonieuse de la lumière, ainsi que la présence de points chauds indésirables. Les ordinateurs et la technique d'imagerie en 3D sont de plus en plus souvent utilisés pour dessiner des réflecteurs qui répartissent uniformément la lumière.

INTÉRIEUR
LUMIÈRE
SUPPORTS
EAU
HYDROPONIE
AIR
MALADIES
CROISSANCE
PLANTES
SUIVI

ASTUCE CROISSANCE

Pour une réflexion optimale, peindre l'intérieur des réflecteurs en blanc titanium. Les réflecteurs blanc titanium réfléchissent 5 à 10 % de lumière en plus.

Lampes à système intégré de refroidissement

Lampes à système intégré de refroidissement par l'eau

Bien installée, une lampe à refroidissement par l'eau permet d'abaisser de 80 % la température de la chambre de culture. Néanmoins, l'eau et le plastique engendrent une perte de 10 % des lumens. Les horticulteurs compensent cette perte en plaçant les plantes plus près des lampes. En moyenne, une lampe de 1 000 watts consomme 25 litres d'eau par jour si celle-ci n'est pas recyclée. Pour la recycler, il faut un très, très grand réservoir et il faut la refroidir. Les systèmes de refroidissement par l'eau peuvent coûter cher. Cependant, dans les pays chauds, les dégâts causés par la chaleur peuvent être supprimés de cette manière.

Lampes à refroidissement par l'air

Plusieurs lampes à refroidissement par l'air sont disponibles sur le marché. Des ventilateurs sont intégrés à la structure du réflecteur qui est clos. Un mouvement d'air constant est maintenu autour de l'ampoule, à l'intérieur du réflecteur. Quelques-unes de ces lampes sont équipées d'un réflecteur muni d'un verre de protection et de deux ventilateurs latéraux (en forme d'escargot) qui font tourbillonner l'air avant de l'évacuer. En raison de la trajectoire courbe de ces modèles, l'air doit être expulsé avec plus de force qu'il n'est normalement nécessaire. D'autres réflecteurs sont munis de ventilateurs latéraux droits qui évacuent l'air tout aussi efficacement. Culture Indoor Systems, un fabricant français de lampes et de réflecteurs, propose la lampe ventilée XTraCool®.

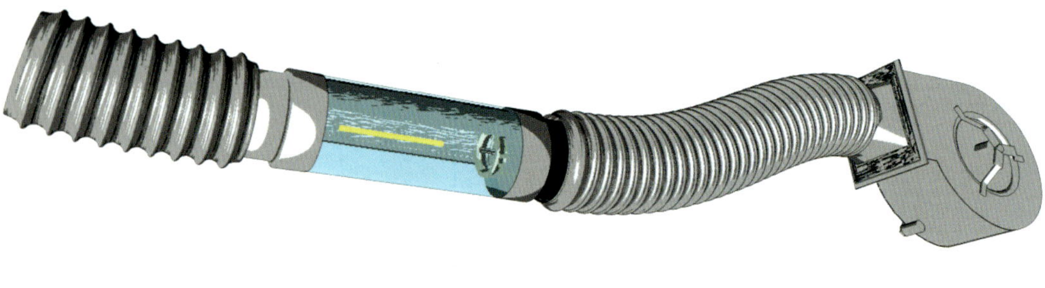

Avec les lampes à refroidissement par l'air, la chaleur dégagée par l'ampoule est évacuée par une gaine.

Dans une chambre de culture trop chaude, une lampe à système intégré de refroidissement par l'eau peut être une solution.

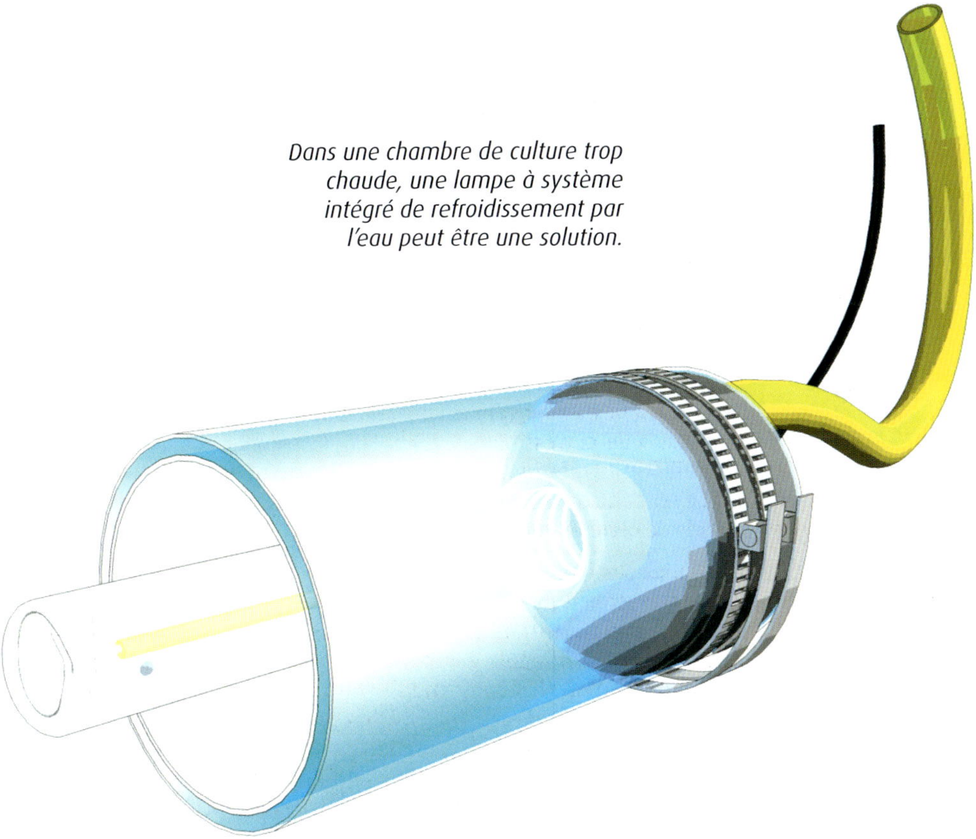

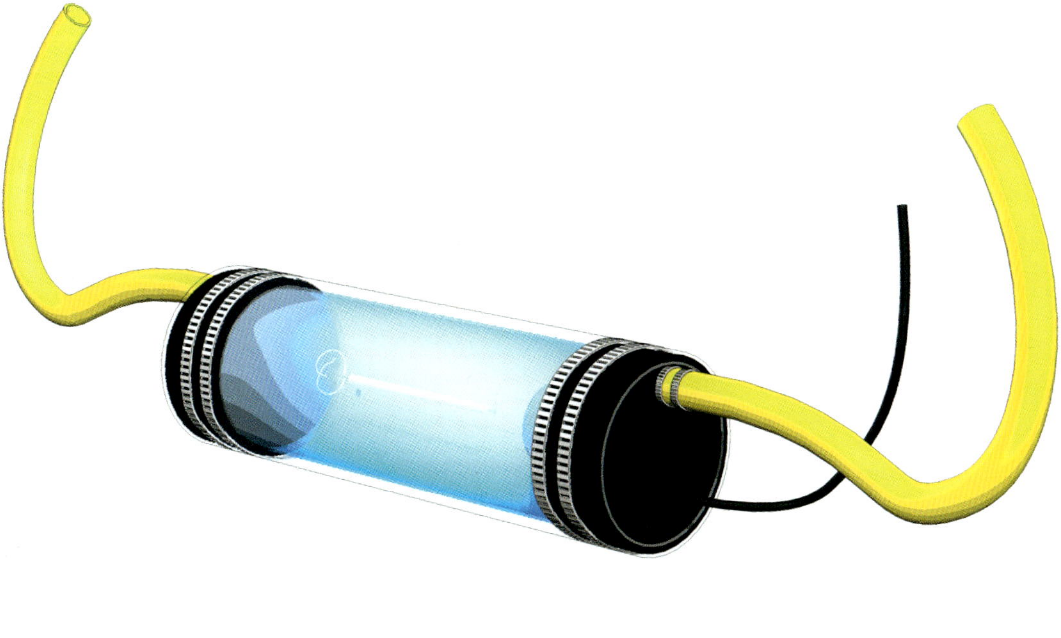

ASTUCE CROISSANCE

Les lampes à système de refroidissement par l'eau ou l'air gagnent en popularité, surtout sous les climats chauds. Ces lampes sont faciles à installer et fonctionnent à une température moins élevée, ce qui permet de les placer plus près des plantes. Cependant, la protection autour de l'ampoule peut entraîner une perte de 10 % du rendement lumineux. Il faut garder la lampe propre et éviter de la rayer.

Lumière réfléchie

La lumière réfléchie accroît la luminosité de la chambre de culture. Bien qu'elle soit moins intense que la lumière directe, elle participe activement à la croissance du jardin. Pour s'en rendre compte, se reporter à « Étude comparative sur les réflecteurs », pages 52-53. La lumière plus faible en périphérie du jardin est perdue à moins d'être réfléchie par les murs de la pièce. Si 90 % de 1 000 lumens sont réfléchis vers les plantes, ce sont 900 lumens qui sinon seraient perdus. Ces 900 lumens de plus par mètre carré sont déjà payés et vous appartiennent.

Tendre une bâche de plastique blanc (noir au dos) est la façon la plus rapide de blanchir les murs d'une chambre de culture.

Pour une réflexion optimale, les murs réfléchissants doivent être au maximum à 30 cm des plantes. La loi de la distance photométrique (voir « Distance et intensité lumineuse », page 35) s'applique aussi à la lumière réfléchie. La solution idéale consiste à rapprocher les murs des plantes. La façon la plus simple de rapprocher les murs des plantes consiste à installer des murs amovibles (deux murs sur quatre). On accroche la lampe près de l'angle que forment les deux murs fixes. Les deux autres sont des cloisons amovibles que l'on déplace en fonction de l'espace nécessaire à la croissance des plantes. On peut facilement monter des cloisons amovibles en contreplaqué fin, en polystyrène ou en tendant de la bâche plastique blanche.

ASTUCE CROISSANCE

Se reporter au schéma « Distance et intensité lumineuse », page 35, pour voir ce qui se passe si l'on place les lampes 30 cm plus près des plantes.

INFO TECHNIQUE

Lorsque la lumière éclaire un objet vert, les pigments verts de l'objet absorbent toutes les longueurs d'onde du spectre de la lumière visible excepté la lumière verte, qui est réfléchie. C'est pour cette raison que notre œil perçoit cet objet comme vert. Le blanc mat contient peu ou pas de pigments absorbants. Il n'absorbe quasiment pas de lumière, celle-ci étant réfléchie en quasi-totalité. Le blanc mat est plus blanc et réfléchit mieux la lumière que le blanc brillant. La peinture laquée (brillante) contient du vernis qui absorbe une partie de la lumière. Par ailleurs, sa surface se prête à la création de points chauds. La peinture mate contient moins de vernis et entrave moins la réflexion de la lumière.

RÈGLE D'OR

Améliorer de 10 % ou plus l'intensité lumineuse en périphérie du jardin en peignant les murs en blanc mat.

Tapisser les murs à l'aide de bâche plastique blanche est une façon rapide de « blanchir » une pièce. On peut aussi l'utiliser pour créer des cloisons, ce qui est très pratique pour faire une séparation entre les espaces de culture. Ces cloisons peuvent s'écarter au fur et à mesure que le jardin grandit, procurant, par leur proximité constante, une réflexion latérale optimale. La bâche plastique blanche étanche protège les murs et le sol des dégâts causés par l'eau. C'est un matériau léger, facile à découper et qui peut être agrafé, ou maintenu en place par du ruban adhésif.

Pour rendre opaque une bâche plastique, on la double d'une bâche noire à l'extérieur. L'air pris entre les deux épaisseurs améliore l'isolation thermique. Seuls inconvénients de la bâche plastique blanche : elle n'est pas aussi réfléchissante que la peinture blanche mate, elle devient cassante après quelques années d'utilisation sous lampes HID et il peut être difficile de s'en procurer.

Peindre les murs en blanc mat est l'un des moyens les plus efficaces et les plus économiques de créer une réflexion optimale. La peinture blanc titanium est plus chère mais plus réfléchissante. La peinture laquée, plus facile à nettoyer, n'est pas aussi réfléchissante que la peinture mate.

Quelle que soit la peinture utilisée, un agent antifongique doit être ajouté lors de la dilution de la peinture. Il faut en choisir un qui ne soit pas nocif pour les plantes. On peut demander au vendeur d'ajouter l'agent antifongique. Un quart de litre de peinture de qualité coûte moins de 25 euros et suffit pour blanchir une chambre de culture.

Il ne faut pas peindre le sol en blanc, car la réflexion de la lumière est nuisible à la face inférieure des feuilles, qui est plus fragile. On passe une sous-couche avant de peindre afin d'éviter la diffusion de traces sombres et de taches, ou encore si les murs sont rugueux ou n'ont jamais été peints. Il vaut mieux installer le système d'aération avant de peindre. Les émanations de peinture sont désagréables et provoquent des maux de tête. Peindre est fatigant et salissant, mais une surface peinte protège mieux des problèmes liés à l'humidité, comme les champignons et moisissures.

ASTUCE CROISSANCE

Utiliser une bâche de plastique blanc permet de monter des cloisons amovibles faciles à rapprocher des plantes pour une réflexion optimale de la lumière.

D'après un ingénieur dont le métier est de mesurer l'intensité lumineuse, ajouter un matériau réfléchissant en périphérie du jardin équivaut à ajouter une HID en éclairage latéral. En d'autres termes, la lumière réfléchie par les murs augmente de façon substantielle la luminosité présente en bordure de jardin. Par exemple, si 500 lumens s'échappant en périphérie du jardin sont réfléchis à 50 %, 250 lumens de plus deviennent disponibles à cet endroit. Lors des tests effectués pour comparer des réflecteurs, les murs étaient noirs afin qu'aucune lumière réfléchie ne soit mesurée. Cela explique pourquoi les mesures prises dans les angles et en périphérie diminuent si rapidement.

Reflect-a-Gro™
C'est un matériau qui présente la particularité d'être blanc d'un côté et métallisé de l'autre, donc à la fois réfléchissant et utile pour isoler les plantes de toute lumière parasite.

Foylon™
C'est un matériau qui réfléchit de façon harmonieuse la lumière et la chaleur, appréciable pour sa solidité et sa capacité à réfléchir près de 95 % de la lumière qui frappe sa surface. Le Foylon™ contient des fibres qui évitent les déchirures et il est assez épais pour faire office d'isolant. Il est aussi relativement résistant à la chaleur et au feu.

Miroirs
Ils réfléchissent la lumière mais beaucoup moins bien que le Mylar®. La lumière doit d'abord traverser le verre du miroir avant d'être réfléchie puis traverser ce même verre une seconde fois. Une partie de la lumière est perdue lors de cet aller et retour au travers du verre.

Mylar® réfléchissant
C'est un des matériaux les plus réfléchissants. Il ressemble à un miroir très fin. Contrairement à la peinture qui absorbe une fraction de la lumière, le Mylar® la réfléchit presque totalement. Pour tapisser la chambre de culture à l'aide de Mylar®, il suffit de le scotcher ou de l'agrafer aux murs. Pour éviter les accrocs ou les déchirures, on colle un morceau d'adhésif à l'endroit où l'agrafe, le clou ou la punaise sont plantés. Bien que son prix soit relativement élevé, beaucoup d'horticulteurs préfèrent le My-

lar® aux autres matériaux réfléchissants. La seule difficulté consiste à le tendre bien à plat. S'il ne l'est pas, la lumière est mal réfléchie. Il faut le garder bien propre pour optimiser son efficacité.

Un matériau comme le Mylar argenté réfléchit la quasi-totalité de la lumière.

Papier aluminium

C'est l'une des pires surfaces réfléchissantes. Il a une fâcheuse tendance à se froisser et à réfléchir la lumière dans toutes les directions, ce qui en perd une grande partie. Quand elle vient frapper la surface froissée, elle est réfléchie dans la mauvaise direction et n'arrive pas jusqu'aux plantes. L'aluminium réfléchit aussi plus d'ultraviolets que les autres surfaces, ce qui est nocif aux chloroplastes des feuilles. Le tableau ci-dessous indique la capacité de plusieurs matériaux à réfléchir la lumière.

POURCENTAGE DE RÉFLEXION DES MATÉRIAUX

MATÉRIAUX	RÉFLEXION
Foylon™	94 – 95 %
Mylar® réfléchissant	90 - 95 %
Peinture blanche mate	85 - 93 %
Peinture blanche laquée	75 - 80 %
Bâche de plastique blanc	75 - 80 %
Peinture jaune mate	70 - 80 %
Papier aluminium	70 - 75 %
Peinture noire	moins de 10 %

Utilisation optimale de la lumière

Une rotation manuelle des plantes les aide à mieux s'étoffer de sorte que le développement de la plante entière est plus harmonieux. Plus leur floraison est longue et plus les plantes ont besoin de lumière. Pendant les 3 à 4 premières semaines de floraison, les plantes transforment moins de lumière que pendant les 3 à 4 dernières semaines. Les plantes en fin de floraison (3 à 4 dernières semaines) doivent être placées juste sous les lampes, là où la luminosité est la plus intense, tandis que les plantes qui viennent d'arriver dans l'espace de floraison peuvent rester en périphérie jusqu'à ce que les plus âgées aient été récoltées. Cette simple astuce peut facilement accroître la récolte de 5 à 10 %.

Quand les plantes sont grandes ou qu'elles sont attachées, il est laborieux de les déplacer. Or une tâche ardue demeure souvent inaccomplie. On peut se simplifier la vie en montant les lampes sur rail ou rotateur ou encore, quand les plantes ne sont pas attachées, en installant des roulettes sous les jardinières ou autres conteneurs.

On peut installer une étagère peu profonde sur le pourtour du jardin afin d'utiliser la lumière projetée dans cette zone. Cette lumière périphérique est souvent très vive et pourtant perdue. On utilise des tasseaux ou des équerres pour fixer une étagère (dont la profondeur ne dépasse pas 10 à 15 cm) sur le pourtour du jardin. L'étagère peut être tapissée de toile plastique et montée avec un léger angle pour faciliter l'écoulement de l'eau qui s'y répandrait. Cette planche sera réservée aux petites plantes dont les pots n'excèdent pas 15 cm. On prendra soin de tourner régulièrement les pots afin d'encourager un développement harmonieux. Ces plantes pourront fleurir sur la petite étagère ou bien après avoir été déplacées sous les lampes.

Des étagères autour de la chambre de culture permettent une meilleure utilisation de l'espace. Les plantes poussent partout où la lumière est présente.

Les plateaux de culture mobiles permettent de supprimer les allées fixes et d'écarter les plantes selon les besoins. Il y a déjà longtemps que les horticulteurs en serre ont appris à optimiser l'espace de cette manière, particulièrement sur les grandes surfaces. Les mêmes techniques peuvent être utilisées en intérieur lorsqu'une partie de la lumière est gaspillée au-dessus d'allées d'accès éclairées en pure perte. Pour y remédier, on peut placer des cylindres en bois ou des tubes en métal de 5 cm de diamètre sous les plateaux sur lesquels les pots sont disposés. Les tubes permettent de faire rouler les plateaux d'avant en arrière de sorte que seule une allée à la fois soit dégagée. Ce simple aménagement permet généralement d'accroître la chambre de culture de 25 %.

Garder un espace pour la croissance végétative et ne faire fleurir qu'une partie du jardin permet d'avoir plus de plantes dans un petit espace, avec en prime une plus grosse récolte globale. Un plus grand nombre de plantes reçoit une lumière intense ; aucune lumière n'est perdue dans ce type de culture.

Une plus grande luminosité pour le même prix

Toute lumière non utilisée est gaspillée. Il y a plusieurs façons d'obtenir une plus grande luminosité pour la même quantité de watts consommés :

→ Utiliser plusieurs lampes de 400 watts ou 600 watts plutôt qu'une seule de 1 000 watts.

→ Opérer régulièrement une rotation manuelle des plantes.

→ Installer une étagère sur le pourtour de la chambre de culture.

→ Installer des plateaux de culture mobiles.

→ Réserver un espace à la croissance végétative.

→ Installer les lampes sur rail.

Lampes sur rails ou rotateurs

La manière la plus efficace de simuler la trajectoire du soleil dans le ciel est d'utiliser un rail ou un rotateur servant à déplacer les lampes au-dessus des plantes. Un rail (ou un rotateur du type Sun Twist®) déplace la ou les lampes d'avant en arrière (ou en cercle), sur le plafond d'une chambre de culture. Motorisés ou manuels, les rails et les rotateurs simulent le passage du soleil dans le ciel, même si la lumière ne se déplace pas d'est en ouest. Ce déplacement linéaire ou circulaire des lampes permet une distribution plus homogène de la lumière. Les dispositifs les plus lents sont généralement plus fiables que les plus rapides. Ceux qui se déplacent vite font souvent osciller ou sautiller les réflecteurs légers. Les rails et les rotateurs distribuent la lumière de façon plus harmonieuse, ce qui induit une croissance plus harmonieuse des plantes. Lorsque les lampes sont immobiles, les branches ont tendance à pousser dans leur direction ; celles qui se trouvent directement en dessous poussent mieux et font de l'ombre aux autres. Ce procédé ne remplace pas une lampe supplémentaire mais permet une utilisation plus efficace des lampes HID, particulièrement celles de 1 000 watts.

Les lampes mobiles peuvent être placées plus près du sommet des plantes, qui profitent d'une lumière plus forte.

ASTUCE CROISSANCE

Utiliser un rail ou un rotateur pour amener les lampes plus près des plantes. Une lumière plus proche est une lumière plus intense.

Un rail de bonne qualité est un atout précieux.

Une ampoule stationnaire éclaire toujours les mêmes zones avec la même intensité. Si le feuillage du haut fait de l'ombre à celui du bas, la croissance est ralentie et inégale. Lorsque la lumière provient de différentes directions, elle est mieux répartie sur le feuillage et l'énergie lumineuse est assimilée plus harmonieusement. Dans la nature, le soleil suit une trajectoire en forme d'arc, si bien que la plante entière bénéficie de la lumière, ce qui donne aux plantes la forme classique du sapin de Noël. C'est la meilleure configuration pour les plantes car elle permet à la lumière de pénétrer jusqu'au cœur du feuillage.

Les rails et les rotateurs permettent d'apporter davantage d'intensité lumineuse à un plus grand nombre de plantes pour un moindre coût. Les horticulteurs rapportent que ce type d'appareil permet d'utiliser moins de lampes pour une récolte identique. Ils augmentent de 25 à 35 % la surface recevant une forte intensité lumineuse. Selon certains, trois lampes montées sur des rails ou des rotateurs sont aussi efficaces que quatre lampes fixes.

Les rotateurs qui déplacent les lampes selon une trajectoire circulaire sont préférables car ils maintiennent un profil de jardin plus équilibré. Il peuvent être particulièrement utile lorsque le circuit électrique ne permet pas d'installer une lampe HID supplémentaire (le moteur qui bouge la lampe ne tire que 1 ampère).

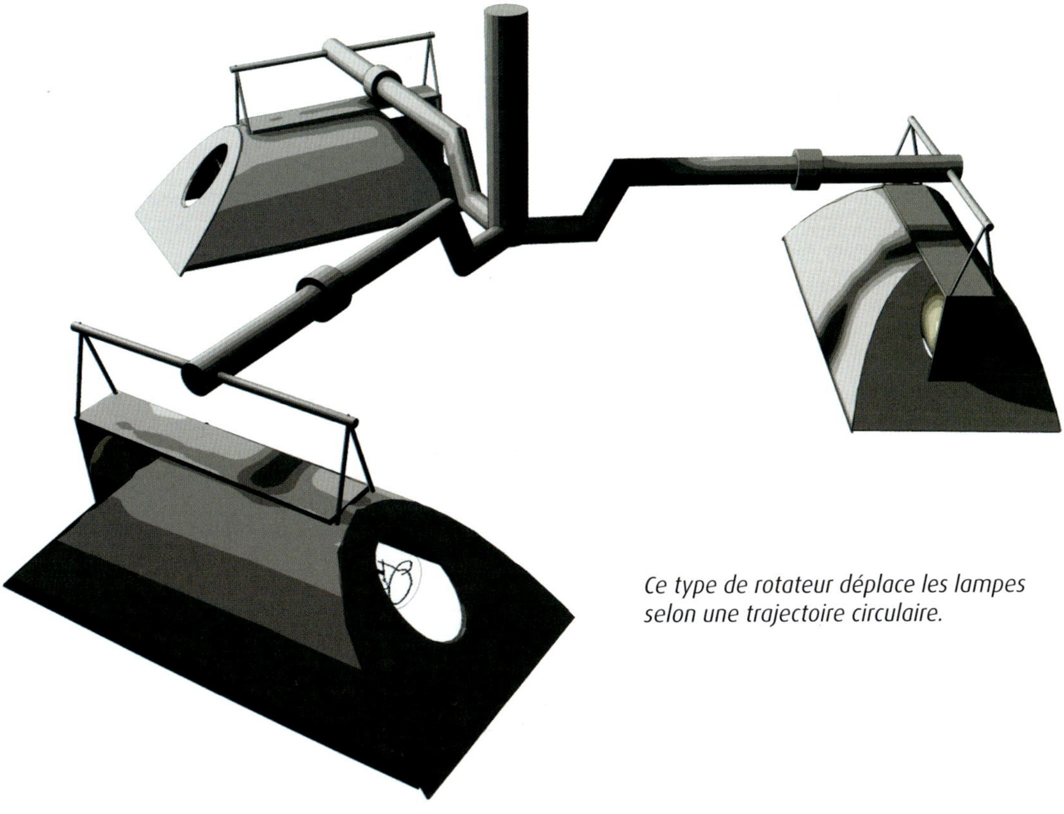

Ce type de rotateur déplace les lampes selon une trajectoire circulaire.

Diversifier les angles de projection de la lumière augmente l'intensité lumineuse reçue par chaque plante.

Les rails qui déplacent les lampes selon une trajectoire linéaire simulent le passage du soleil dans le ciel. Un dispositif linéaire dispense une lumière intense sur une surface ovale. La surface couverte dépend de la longueur du rail et du nombre de lampes. La lampe, guidée par le rail, et attachée à lui par une chaîne ou une corde ajustable, se déplace d'avant en arrière le long du plafond. Ces appareils varient en longueur et en vitesse de déplacement des lampes. Certains sont conçus pour une seule lampe, tandis que d'autres sont capables d'en déplacer jusqu'à six. Un rail de 1,80 m accroît la superficie couverte par la lumière de 3 à 7 m².

Les rails et les rotateurs déplacent les lampes HID au-dessus des plantes de manière à simuler le passage du soleil dans le ciel.

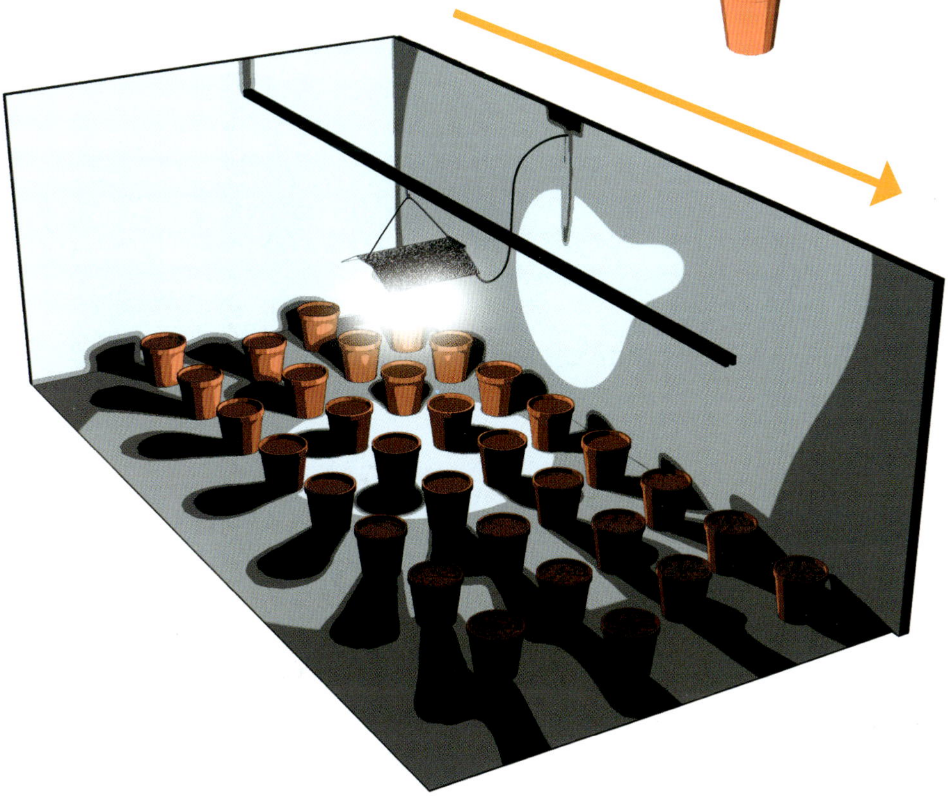

Avantages d'un rail ou d'un rotateur de lampes :

- Les lampes peuvent être placées plus près des plantes.
- Un plus grand nombre de plantes profite d'une plus forte intensité lumineuse.
- La lumière est projetée selon différents angles, ce qui permet une meilleure assimilation.
- Augmentation de près de 25 % de la surface couverte par une luminosité intense.
- Utilisation économique de la lumière.

RÈGLE D'OR

Commencer à utiliser les rails et les rotateurs lorsque les plantes ont atteint 30 cm de hauteur et qu'elles ont plusieurs séries de feuilles (les jeunes boutures et les semis prennent une allure longiligne si la lumière s'en éloigne trop). Les rails et les rotateurs sont surtout appréciables quand les plantes ne reçoivent pas assez de lumière d'une lampe fixe.

Les rails non motorisés de fabrication artisanale sont réservés aux horticulteurs qui peuvent déplacer manuellement une ou plusieurs lampes deux ou trois fois par jour. Ce type d'installation bricolée doit être solide et permettre de déplacer facilement la lampe et son réflecteur. Les points d'attache doivent être suffisamment solides pour supporter le poids de la lampe et du réflecteur. Si l'installation s'effondrait, non seulement elle écraserait le précieux jardin mais cela pourrait même déclencher un incendie. Il faut être tout à fait sûr de la solidité de la fixation au plafond. Les fils électriques ne doivent en aucun cas entraver ou ralentir le déplacement des lampes.

On peut bricoler un rail artisanal sur le modèle de la corde à linge circulaire qui coulisse sur deux poulies. Pour cela, on fixe des pitons de part et d'autre du plafond ou encore dans des angles opposés. On y attache des poulies dans lesquelles on fait passer une corde en Nylon de faible diamètre. On noue les deux extrémités de la corde bien tendue de manière à créer une grande boucle. Pour finir, on fixe la lampe à la corde dans la partie inférieure de cette boucle. Comme avec une corde à linge sur poulies, on peut faire coulisser la lampe d'avant en arrière aussi souvent qu'on le souhaite. Une variation consiste à installer simplement une corde bien tendue entre deux pitons, sur laquelle on place une poulie. Un horticulteur inventif s'est fabriqué un rail à partir d'un système d'ouverture récupéré sur une vieille porte de garage. Les possibilités sont infinies.

Quand on utilise ce genre de rail non motorisé, il est primordial de surveiller les plantes pour que la lumière soit distribuée de manière homogène. Les rails non motorisés n'ont pas de cycle particulier à accomplir. La lampe doit simplement être placée selon les besoins.

Les boutures et les jeunes semis sont réunis sous la lampe HID lorsqu'ils sont encore petits, puis rempotés dans de plus grands pots quand ils commencent à se gêner. Quand l'éclairage fixe ne distribue plus la lumière à toutes les plantes, il est temps d'utiliser un rail. Auparavant, un rail risque de ne pas apporter suffisamment de lumière aux jeunes plantes, qui risquent d'avoir un développement trop longiligne.

Symptômes d'une mauvaise utilisation d'un rail ou d'un rotateur de lampes :

- Plantes trop longilignes.
- Feuilles fragiles ou jaunies.
- Brûlure du feuillage.
- Mauvaise répartition de la lumière.
- Rail qui grippe ou s'accroche.

Des bacs sur roulettes offrent une bonne alternative aux rails. On choisit de déplacer les plantes au lieu de déplacer les lampes. La rotation des bacs est quotidienne. Grâce aux roulettes, cette manœuvre devient un jeu d'enfant. La lumière éclaire alors tous les recoins du jardin sans avoir à déplacer la lampe. Cette méthode donne les mêmes résultats que de déplacer la lampe au-dessus, mais cela représente plus de travail de déplacer toutes les plantes qu'une lampe ou deux.

Les HID de 400 watts offrent une meilleure distribution de la lumière et permettent de placer les lampes plus près des plantes car elles accumulent moins de chaleur que les HID de 1 000 watts. Les ampoules de 400 watts offrent des avantages incontestables surtout si le manque de place est un problème. Un horticulteur en utilise deux dans un espace étroit de 1,20 x 2,40 m avec un succès étonnant. Les lampes métal halides de 400 watts ont une durée de vie plus longue que les lampes de 1 000 watts et ont une courbe de maintien du rendement lumineux identique. Pour la quantité de lumens produits, leur coût à l'achat est bien supérieur. Cependant, leur durée de vie est deux fois plus longue, près de 20 000 heures. En tous cas, il ne faut pas utiliser une ampoule de 400 watts sur une installation prévue pour une 1 000 watts. Cela fonctionnerait le premier jour, ou même pendant un mois, pour finir par se casser, voire exploser.

ÉTAPE PAR ÉTAPE

Installer un rail ou un rotateur de lampes

1. Choisir le bon emplacement. Fixer une planche au plafond et installer le rail sur la planche (elle-même fixée de préférence aux poutres du plafond). Réduire les vibrations en doublant l'autre côté de la planche avec un matériau qui les absorbe.

2. Faire courir un fil électrique passant par le *timer* jusqu'au rail.

3. Faire courir les cordons d'alimentation électrique le long du rail en les fixant à l'aide de cavaliers ou d'agrafes. Il peut s'avérer nécessaire de placer quelques crochets le long du rail pour empêcher le fil de pendre.

Lampes à décharge de haute intensité (HID)

Les horticulteurs en intérieur utilisent les lampes à décharge pour remplacer la lumière du soleil et faire pousser des récoltes d'excellente qualité. Dans une lampe à décharge, la lumière est produite directement ou indirectement par une décharge électrique dans un gaz, une vapeur métallique ou un mélange de plusieurs gaz et vapeurs. Parmi les lampes à décharge, on compte les lampes à vapeur de sodium à haute pression (HPS), les lampes métal halides (MH), les lampes à vapeur de mercure à haute pression et les lampes fluorescentes (compactes ou non) ; ces dernières ne faisant pas partie des lampes à décharge de *haute intensité*. Les lampes à décharge de haute intensité (HID), et plus particulièrement les lampes à vapeur de sodium à haute pression et les lampes métal halides, surpassent toutes les autres lampes en ce qui concerne à la fois l'efficacité lumineuse (lm/W), la courbe spectrale et l'intensité. Le spectre et l'intensité lumineuse des HID aident les horticulteurs à reproduire les réponses naturellement induites par la lumière du soleil (voir, page 30, les graphiques représentant les réponses photosynthétiques, chlorosynthétiques, et phototropiques des plantes).

La famille des lampes HID est composée des lampes à vapeur de mercure à haute pression, des lampes métal halides (MH), des lampes à vapeur de sodium à haute pression (HPS) et des ampoules à conversion. Les HPS, les MH et les ampoules à conversion ont un spectre comparable à la lumière du soleil, très efficace en intérieur. Les lampes à vapeur de mercure ont été les premières lampes HID disponibles sur le marché. Devenues obsolètes, les lampes à vapeur de mercure à haute pression sont inefficaces car elles génèrent un spectre peu adapté à la croissance des plantes. À l'heure actuelle, les performances des autres lampes à décharge de haute intensité (HPS et MH) sont beaucoup plus intéressantes.

Les HID sont disponibles en 150 watts, 175 watts, 250 watts, 400 watts, 430 watts, 600 watts, 1 000 watts et 1 100 watts. Il existe aussi une lampe métal halide de 1 500 watts mais elle n'est pas adaptée à la culture des plantes. Les lampes de 1 500 watts sont conçues pour éclairer les stades et génèrent trop de chaleur et de lumière pour pouvoir être utilisées en intérieur avec efficacité. Les ampoules les moins fortes, de 150 watts à 250 watts, sont d'usage courant pour les petits jardins mesurant jusqu'à 1 mètre de côté. Les ampoules plus fortes, de 400 watts à 1 100 watts, conviennent mieux aux plus grands jardins. Les ampoules de 400 watts à 600 watts sont les plus utilisées en Europe tandis que les horticulteurs nord-américains préfèrent les ampoules de 600 à 1 000 watts. Les lampes métal halides de 1 100 watts sont apparues sur le marché en l'an 2 000.

Lorsqu'on compare la conversion en lumens-par-watt de différentes sortes de lampes, on remarque qu'exceptées les HPS de 600 watts, le facteur de conversion en lumens-par-watt des lampes augmente avec leur puissance. Le système des lumens-par-watt est utilisé pour mesurer leur rendement lumineux. Les watts qui ne sont pas convertis en lumière sont convertis en chaleur.

Développées dans les années 1970, les MH et les HPS étaient, à l'origine, caractérisées par une limitation technique : plus l'ampoule était puissante et plus la conversion en lumens-par-watt était grande. Pour chaque watt consommé, une HPS de 1 000 watts produit à peu près 12 % de lumière en plus qu'une HPS de 400 watts et près de 25 % en plus qu'une HPS de 150 watts. Des scientifiques astucieux ont dépassé cette limitation en mettant au point la HPS de 600 watts. Pour chaque watt consommé, une HPS de 600 watts produit 7 % de lumens en plus qu'une HPS de 1 000 watts.

Les lampes HID génèrent de la lumière en faisant passer l'électricité à travers des gaz ou des vapeurs métalliques enfermés sous très haute pression dans un tube à arc électrique en céramique transparente. Le spectre généré est déterminé par le dosage ou la combinaison des substances chimiques présentes dans le tube à arc électrique. Le mélange de diverses substances dans le tube des lampes métal halides (MH) permet de générer le spectre de lumière le plus large et le plus varié. Le spectre des HPS est quelque peu limité par la moindre diversification des substances chimiques utilisées. Le tube à arc électrique est fixé à l'intérieur d'une ampoule en verre de plus grande taille. La majorité des rayons ultraviolets générés sont filtrés par le verre de protection de l'ampoule. Le verre de certaines ampoules est couvert d'une couche de phosphore à l'intérieur. Cette couche de phosphore leur donne un spectre légèrement différent.

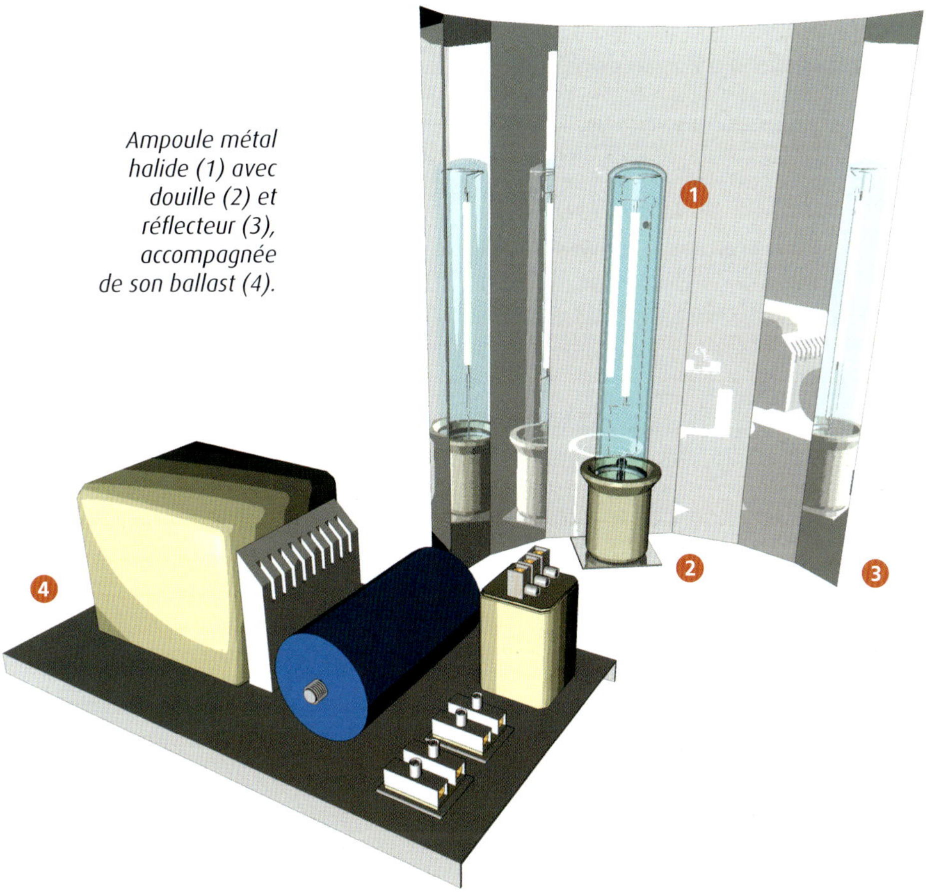

Ampoule métal halide (1) avec douille (2) et réflecteur (3), accompagnée de son ballast (4).

AVERTISSEMENT

Ne jamais regarder le tube à arc électrique si l'ampoule se casse pendant qu'elle est allumée. L'éteindre immédiatement.

Les ampoules HID sont fabriquées par General Electric, Iwasaki, Lumenarc, Osram/ Sylvania, Philips, Natrium, SunMaster et Venture. Ces compagnies fabriquent quantité d'ampoules possédant exactement les mêmes caractéristiques techniques. D'après certains horticulteurs, certaines marques sont meilleures que d'autres en raison du lieu de fabrication. Ils en arrivent généralement à cette conclusion après avoir acheté deux ampoules de marques différentes et avoir eu plus de chance avec l'une que l'autre. Ce que ces horticulteurs ignorent, c'est que beaucoup de fabricants utilisent les mêmes composants, souvent fabriqués par leurs concurrents !

Les lampes métal halides à starter pulsé (de Sylvania ou SunMaster) sont équipées d'un starter dans le ballast et non pas dans le tube à arc électrique comme les autres modèles. Ces lampes utilisent des ballasts plus petits qui conservent la ligne de tension dans les 10 % du voltage du tube à arc électrique.

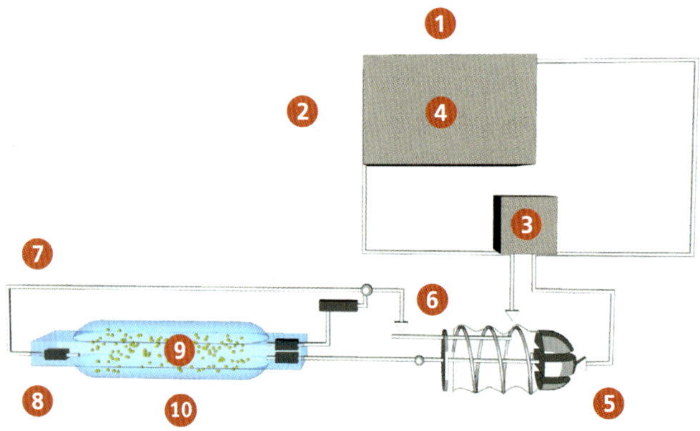

Le système d'allumage d'une ampoule HID se met en route avec l'impulsion électrique ou ligne de tension.

GROS PLAN SUR LES LAMPES HID

L'électricité ou ligne de tension (1) passe au travers du ballast ou platine d'amorçage (2), boîtier qui abrite un condensateur (3) qui fournit une haute et rapide décharge d'électricité pour démarrer les lampes. Pour obtenir un flux d'électricité (9) entre les électrodes (7) et (8) dans le tube à arc électrique (10), un haut voltage, tension ou courant est indispensable. Ce courant est envoyé dans le mécanisme de démarrage de la lampe (5). En ce qui concerne les HPS, l'électrode de démarrage et l'électrode de fonctionnement ne font qu'un.

L'électricité est ensuite mise en arc ou littéralement propulsée au travers du tube à arc électrique (10) à partir de l'électrode de démarrage (6) jusqu'à l'électrode de fonctionnement (8) qui se trouve à l'autre extrémité du tube à arc. Dès que l'arc électrique est créé et que les gaz sont vaporisés, l'arc électrique saute de l'électrode de démarrage aux électrodes de fonctionnement (7) et (8). Une fois que l'arc électrique est établi et que la lampe préchauffe, la ligne de voltage pourrait devenir incontrôlable, puisque qu'il y a alors un flux non restreint d'électricité entre les deux électrodes. Le ballast (2) régule la ligne de tension en faisant passer l'électricité via une bobine de fil enroulée autour d'un noyau en fer (transformateur) (4). Grâce à l'utilisation de ce noyau, la lampe est alimentée par un courant stable et constant.

RÈGLE D'OR

Acheter en une seule fois, et chez un bon fournisseur, le système HID dans son intégralité : ballast, lampe, douille, ampoule, cordon d'alimentation et timer, afin d'être certain que le ballast et la lampe sont compatibles.

INFO TECHNIQUE

Les MH à starter pulsé n'ont pas de starter dans l'ampoule mais dans le ballast. L'éclairage est plus intense et plus efficace.

Ballasts de HID

Toutes les lampes HID fonctionnent sur le même principe. Cependant, chaque modèle possède un design, des conditions de démarrage, une ligne de voltage et des caractéristiques fonctionnelles spécifiques. Il est vivement déconseillé d'utiliser n'importe quel ballast sur n'importe quelle lampe. Ce n'est pas parce qu'une lampe s'adapte sur une douille qu'elle va bien fonctionner. Si l'on utilise un transformateur, un condensateur, ou un starter inadaptés à la lampe, celle-ci ne générera pas la quantité supposée de lumens et grillera prématurément. Une lampe inadéquate sur un ballast inadéquat augmente les risques de court-circuit.

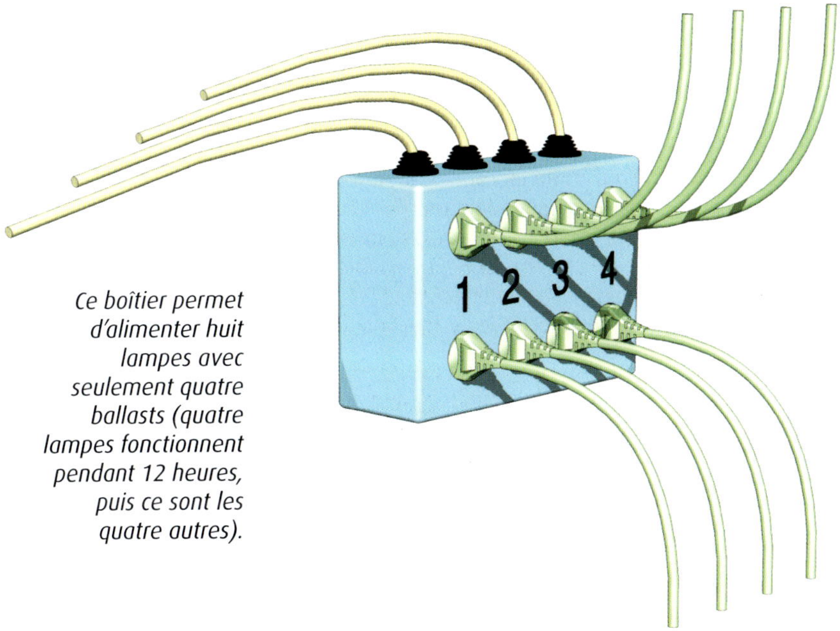

Ce boîtier permet d'alimenter huit lampes avec seulement quatre ballasts (quatre lampes fonctionnent pendant 12 heures, puis ce sont les quatre autres).

Toutes les HID ont besoin d'un ballast. Les lampes de 150 watts à 1 100 watts utilisent des ballasts plus anciens, de type transformateur à bobines. Les lampes moins fortes (puissance inférieure à 100 watts) utilisent des ballasts électroniques. Les ballasts électroniques fonctionnent en silence et à basse température. Les scientifiques continuent de mettre au point des ballasts électroniques pour les lampes HID plus puissantes. Il est très important d'acheter le ballast adapté au modèle de la lampe HID. C'est pourquoi ils sont en général vendus en kit. Par souci d'économie, on peut aussi envisager d'acheter un kit à monter soi-même. Des ballasts en kit peuvent être commandés auprès de General Electric, Sylvania, ETI, ELT, Philips et Universal. Les instructions de montage sont livrées sous la forme d'un schéma de raccordement électrique collé sur le dessus du transformateur.

Les ballasts en kit contiennent un transformateur, un condensateur, un starter (les HPS et certaines MH), un boîtier de protection, et quelquefois du fil électrique. Il est possible d'acheter les composants séparément auprès des fabricants – Jefferson, Advance, General Electric, Sola, Sylvania, ETI, ELT, Philips et Venture Lighting Systems – mais c'est trop compliqué pour en valoir la peine. Les condensateurs sont fabriqués entre autres par Cornell, GE, Duviler et Dayton. Ceux qui ne sont pas très au fait de la marche à suivre pour assembler des composants électriques d'après un schéma de montage feront bien d'acheter l'installation complète (ballast, lampe et réflecteur) déjà montée. Mieux vaut ne pas acheter de vieilles pièces détachées dans un entrepôt et n'utiliser qu'un ballast dont on connaît les caractéristiques techniques. Ce n'est pas parce qu'une ampoule s'adapte à un ballast que cette installation fonctionne bien. La façon la plus sûre de se retrouver avec un jardin pitoyable consiste à vouloir faire des économies sur le ballast.

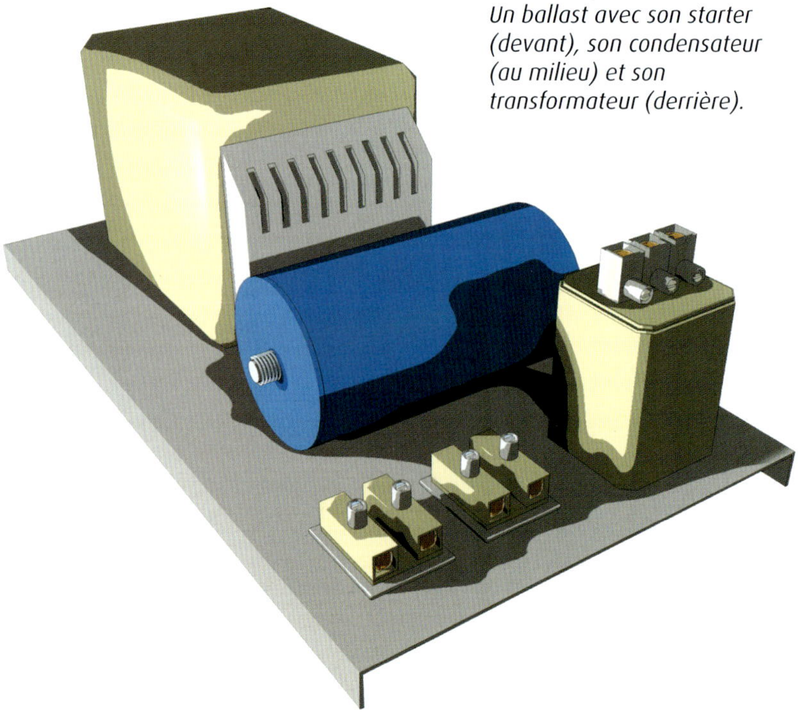

Un ballast avec son starter (devant), son condensateur (au milieu) et son transformateur (derrière).

Même si les HID ont des exigences spécifiques en matière de ballasts, tous ces ballasts ont beaucoup de points communs. Leurs caractéristiques les plus communes sont la chaleur et le bruit. Les ballasts fonctionnent à des températures comprises entre 35 et 75°C (une loi européenne de 2003 a mis en place de nouveaux standards de protection thermique). Pour évaluer le bon fonctionnement d'un ballast, on peut placer contre lui une de ces allumettes qui s'allument par frottement sur n'importe quelle surface [NdT : ces allumettes, dites *strike anywhere*, ne sont pas commercialisées en France]. Si elle s'enflamme, c'est que le ballast est trop chaud et doit être porté à réviser. Un ballast qui fonctionne à trop haute température est non seulement bruyant mais peut engendrer un court-circuit. La chaleur est l'ennemi numéro un des ballasts. Les ballasts sont manufacturés avec un boîtier de protection en métal. Cette protection abrite le transformateur, le condensateur, parfois le starter et les cordons d'alimentation. En construisant une autre boite (en carton ou en bois par exemple) dans laquelle on insère le ballast, on peut réduire la nuisance sonore quand il est en fonctionnement. Il faut néanmoins s'assurer que la circulation d'air autour du ballast demeure suffisante. S'il tourne à trop haute température, il risque d'être moins performant, de tomber en panne ou même de déclencher un incendie.

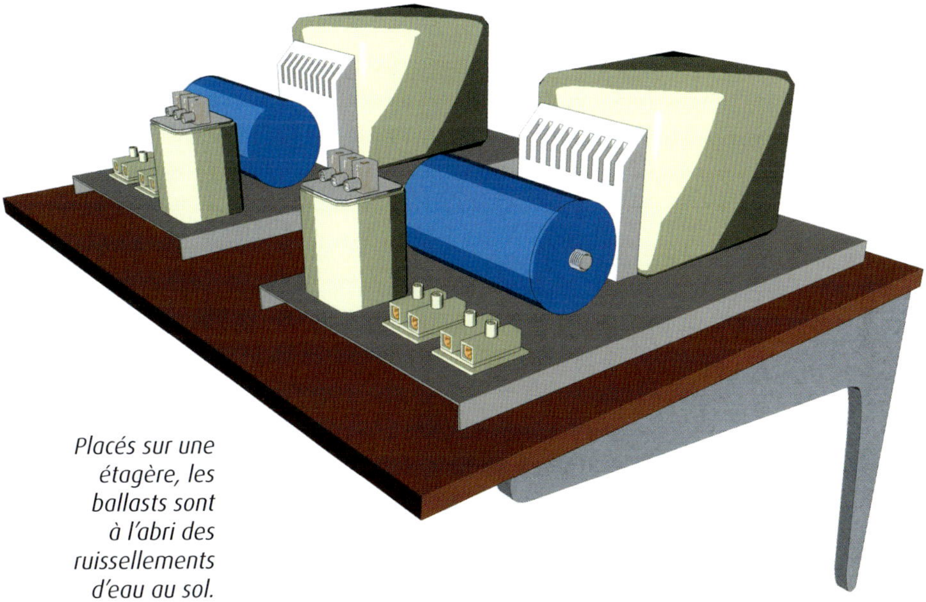

Placés sur une étagère, les ballasts sont à l'abri des ruissellements d'eau au sol.

Afin de maintenir la température dans une fourchette raisonnable, certains modèles de ballasts ont une grille d'aération sur le boîtier. C'est souvent le cas des modèles les plus chers. Il est néanmoins impératif que les aérations ne permettent pas aux éclaboussures d'atteindre les éléments internes du ballast.

Il existe des ballasts industriels qui sont scellés dans de la fibre de verre ou un matériau similaire pour les rendre étanches aux intempéries. Ces ballasts ne sont pas recommandés. Ils ont été conçus pour une utilisation en extérieur, où l'accumulation de chaleur n'est pas un problème. En intérieur, la protection contre les intempéries est inutile et entraîne une accumulation de chaleur et un fonctionnement inefficace.

Les ballasts équipés d'une poignée sont plus pratiques. Un ballast pour une MH de 400 watts pèse à peu près 15 kilos et un gros ballast pour une HPS de 1 000 watts fait basculer la balance aux alentours de 30 kilos. Cela fait une petite boite bien lourde et pas facile à déplacer sans poignée.

La plupart des ballasts sont à voltage unique et tournent à 50 cycles/seconde (50 Hz). Cependant, certains modèles ont deux positions et s'accommodent d'une alimentation en 115 ou en 220 volts. Pour passer du 115 volts au 220 volts sur ce genre de ballast, il suffit de brancher le cordon d'alimentation dans la prise correspondante. Le schéma de raccordement se trouve sur chaque transformateur. Il n'y a pas de différence de consommation électrique dans l'utilisation d'un système en 115 ou en 220 volts. L'installation en 115 volts tire à peu près 9,6 ampères tandis que l'installation en 220 volts tire près de 4,3 ampères. Les deux consomment le même nombre de watts comme la formule suivante l'illustre :

LA LOI D'OHM

Volts x ampères = watts
Tension **U** x Intensité **I** = Puissance **P**

Les ballasts en 220 volts sont faciles à mettre en boucle. C'est la façon la plus efficace d'utiliser des ballasts de lampes HID. Il y a une moindre résistance à l'électricité quand les ballasts sont montés en série sur un circuit. Moins d'électricité est perdue lors de la transmission. Seuls les électriciens qualifiés doivent réaliser ce montage pourtant relativement simple. Beaucoup plus de courant alimente les ballasts montés en série ; la prise de terre doit donc être plus puissante. N'importe quel électricien compétent est capable d'installer des ballasts en boucle.

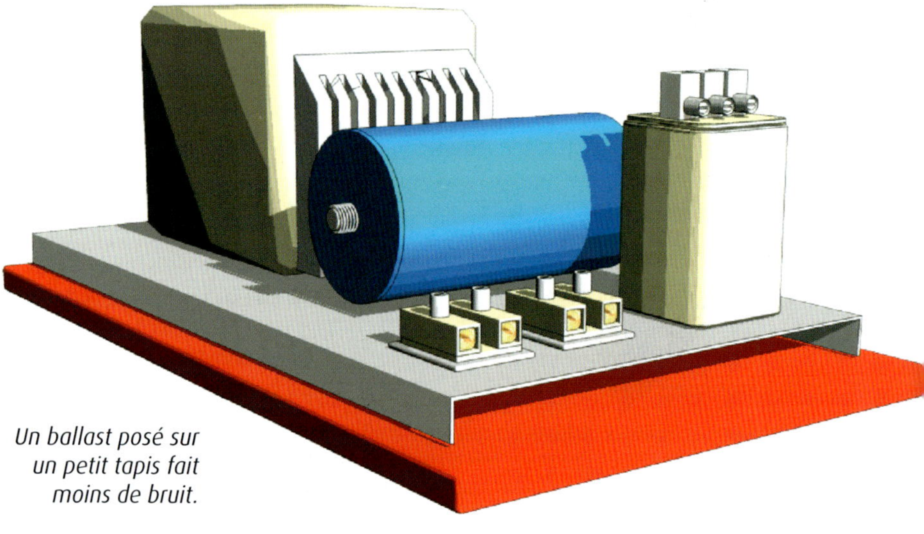

Un ballast posé sur un petit tapis fait moins de bruit.

Le ballast est parcouru par un courant électrique puissant. Il ne faut pas le toucher quand il est en marche. On ne pose jamais un ballast directement sur un sol mouillé ou n'importe quel sol qui pourrait être humide et donc conducteur. Pour cette raison, on place toujours le ballast dans un endroit surélevé, de même qu'on le met à l'abri de toute humidité. Il peut être suspendu ou posé sur une étagère fixée au mur. Il n'a pas besoin d'être placé très en hauteur, juste assez pour rester au sec.

Poser le ballast sur un petit tapis absorbe les vibrations et diminue le nombre de décibels. Les vibrations sont causées par des composants assemblés de manière trop lâche dans le ballast et qui peuvent être resserrés pour limiter le bruit.

Les ballasts peuvent être intégrés à l'installation lumineuse, ou séparés. Ceux qui sont séparés offrent une plus grande marge de manoeuvre et constituent en général le meilleur choix. Séparé, un ballast est plus facile à déplacer. Le maintien d'une température modérée (20 à 25°C) est plus facile quand le ballast est placé assez près du sol pour que la chaleur se dégage dans l'endroit le plus frais de la chambre de culture. On peut aussi le placer à l'extérieur. Les ballasts intégrés sont fixés au réflecteur et requièrent une plus grande hauteur de plafond. Ils sont par ailleurs très lourds et dégagent beaucoup de chaleur autour de la lampe.

RÈGLE D'OR

Installer le ballast sur un épais tapis en mousse réduit les vibrations. Orienter un ventilateur en direction du ballast le refroidit. Les ballasts qui génèrent le moins de chaleur sont les plus efficaces ; l'éclairage est plus intense.

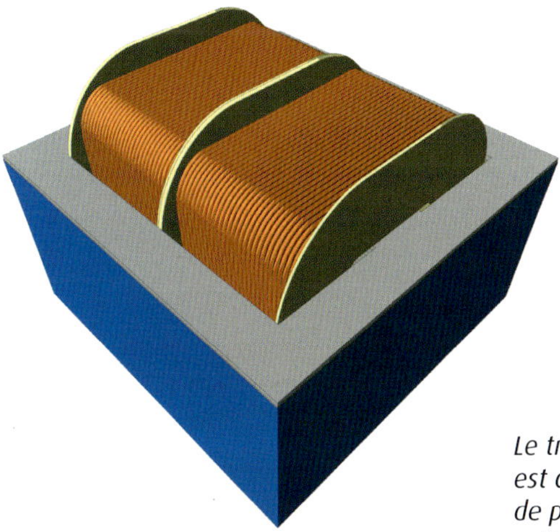

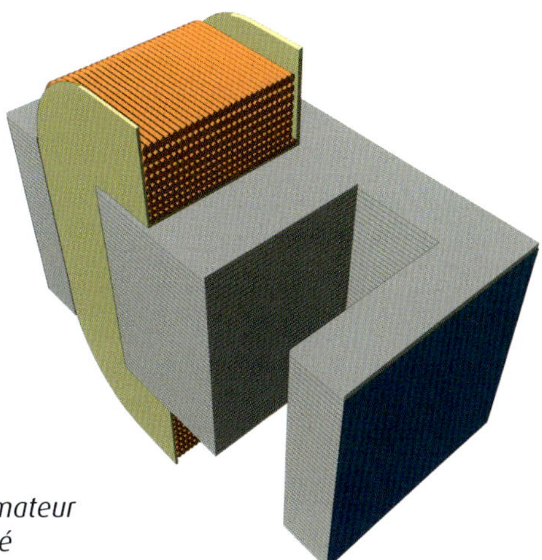

Le transformateur est composé de plaques de métal collées par de la résine autour desquelles s'enroule un fil de cuivre (bobine).

Les ballasts industriels sont courants dans les entrepôts et les grands bâtiments commerciaux. Ces systèmes sont mis au point pour éclairer une grande surface à partir d'une source placée à une hauteur de 4,5 à 6 mètres. Les ballasts sont parfois équipés d'un *timer* intégré. Ces modèles sont très pratiques mais il faut que le *timer* soit fabriqué dans un matériau résistant à la chaleur. S'il est en plastique léger, la chaleur dégagée par le ballast peut facilement le faire fondre. Certains fabricants consciencieux placent un fusible à l'intérieur du ballast. C'est une double sécurité face à des incidents qui peuvent aller de l'ampoule grillée à l'incendie.

Certains ballasts peuvent fonctionner avec deux installations en alternance. Cette invention est parfaite pour éclairer deux chambres de floraison. Les lampes sont allumées pendant 12 heures dans l'une des chambres pendant que l'autre est éteinte. Quand les lampes s'éteignent dans la première chambre, les mêmes ballasts servent à faire tourner l'installation de la seconde. Ce type d'installation est très populaire au Canada.

Il existe aussi des ballasts qui peuvent faire fonctionner aussi bien les lampes HPS que les MH. Ces ballasts à double emploi sont maintenant fiables. Ils sont particulièrement appréciables pour les petits budgets. Le même ballast peut faire tourner la MH pendant la croissance végétative et la HPS pendant la floraison. Pour adapter le spectre de lumière de l'éclairage au cycle de vie des plantes (phase végétative ou floraison), on peut aussi utiliser une ampoule à conversion (voir la section de ce chapitre intitulée « Ampoules à conversion »).

Ballasts électroniques

Les ballasts électroniques commencent à se répandre sur le marché. Désormais disponibles à des prix compétitifs, ces ballasts régulent volts et watts de manière électronique avec une consommation électrique quasiment nulle. Le noyau des ballasts traditionnels génère une résistance électrique et de la chaleur tandis que les ballasts électroniques sont silencieux, et ne créent pas de résistance, donc quasiment pas de chaleur. Ils ont d'autres qualités uniques, comme de pouvoir s'utiliser avec une MH ou une HPS, quelle que soit la puissance de l'ampoule entre 400 watts et 1 100 watts.

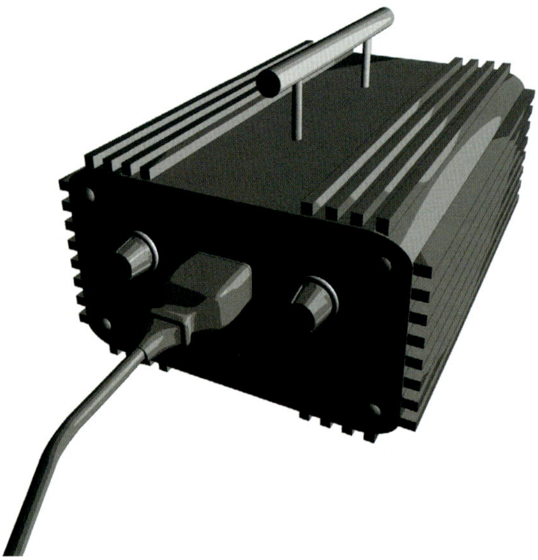

Ce ballast électronique peut aussi bien faire fonctionner des MH que des HPS d'une puissance de 400 à 1 000 watts, et ce n'importe où dans le monde. Il est silencieux et ne produit presque pas de chaleur.

Le ballast fonctionne avec un courant de 50 Hz (Europe) ou de 60 Hz (Amérique). Eh oui, un seul et même ballast que l'on peut utiliser avec des ampoules de différentes puissances. Il existe même un modèle muni d'une prise téléphonique qui permet d'exercer un contrôle à distance par ordinateur.

Ampoules à décharge de haute intensité (HID)

Un grand nombre d'ampoules à décharge sont récemment apparues sur le marché, les plus remarquables étant les HPS de 430 watts, les lampes métal halides à starter pulsé, les ampoules SunMaster PAR (radiation active de photosynthèse) et les MH de 1 000 watts. Les ampoules HID sont aussi disponibles sous différentes formes (bulbe, tube, ballon) afin de pouvoir s'adapter sur différents modèles de réflecteurs.

Les ampoules HID sont conçues pour être solides et durables. Elles peuvent être expédiées à des milliers de kilomètres par des transporteurs peu attentionnés. Neuves, elles sont plus résistantes qu'usagées. Quand l'ampoule a été allumée pendant quelques heures, le tube à arc électrique devient opaque et les pièces plus fragiles. Quand elles ont fonctionné pendant plusieurs centaines d'heures, un choc un peu violent peut raccourcir la durée de vie de l'ampoule de manière significative et réduire sa luminosité.

Il ne faut jamais dévisser une ampoule encore chaude. La chaleur dilate la base du culot métallique dans la douille. Une ampoule chaude est plus difficile à dévisser et réclame l'emploi de la force. Une graisse spéciale pour matériaux électriques est disponible pour graisser les douilles (la vaseline convient aussi). Étaler une petite quantité de graisse sur le culot facilite le vissage et dévissage.

Il existe différentes tailles et formes d'ampoules HID. Les références utilisées par les fabricants pour spécifier leur taille et leur forme se trouvent sur chaque ampoule.

Si une ampoule HID vient à se briser au cours du vissage ou dévissage, il faut immédiatement débrancher le ballast en évitant tout contact avec les pièces métalliques pour se protéger d'une décharge électrique.

L'ampoule doit toujours rester propre. Il faut attendre qu'elle soit froide et l'essuyer toutes les 2 à 4 semaines avec un chiffon propre. Sans cette précaution, la saleté diminue l'émission de lumens de manière significative. Les sprays insecticides et les poussières encrassent l'ampoule. La saleté ternit l'intensité de la lumière comme les nuages cachent les rayons du soleil.

Il est vivement conseillé de ne pas toucher les ampoules avec les doigts sous peine de laisser des traces de gras qui cuisent sous la chaleur dégagée par l'ampoule et encrassent le verre. On utilise de l'alcool à brûler et un chiffon propre pour le nettoyer, ou même un chiffon propre seul.

Avec le temps, l'ampoule génère de moins en moins de lumens. Il faut noter la date à laquelle une ampoule commence à être utilisée afin de savoir quand la remplacer. Cette information est d'autant plus précieuse qu'on peut quasiment se rendre aveugle en regardant fixement l'ampoule d'une lampe à décharge de haute intensité pour déterminer s'il faut la changer ou non. Une bonne façon de savoir quand remplacer une ampoule est d'examiner le tube à arc électrique. Il est temps de changer l'ampoule quand il est devenu opaque et sombre.

Neuves, les ampoules HID seront conservées dans leur emballage d'origine.

Pour se débarasser d'une ampoule, certaines précautions doivent être prises :

→ Les lampes contiennent des substances nocives pour la peau et l'environnement.

→ Éviter tout contact et porter un vêtement de protection.

→ Ne pas jeter l'ampoule dans le feu ou à la poubelle.

→ Placer l'ampoule dans un emballage sec et la rapporter à un point de vente.

Lampes métal halides (MH)

Les lampes à décharge aux halogénures métalliques, couramment appelées métal halides (MH), sont la source la plus efficace de lumière artificielle blanche disponible pour les horticulteurs à l'heure actuelle. Elles existent en 175 watts, 250 watts, 400 watts, 1 000 watts, 1 100 watts et 1 500 watts. Les ampoules sont transparentes ou enduites d'une couche de phosphore et nécessitent toutes l'emploi d'un ballast spécifique. Les petites MH de 175 watts ou 250 watts sont les plus populaires pour les petites chambres de culture (environ 50 cm de côté). Les ampoules de 400 watts, 1 000 watts et 1 100 watts sont très populaires auprès des horticulteurs en intérieur. La MH de 1 500 watts est évincée en raison de sa durée de vie relativement courte (2 000 à 3 000 heures) et de son énorme production de chaleur. Les horticulteurs américains préfèrent généralement les lampes les plus puissantes (1 000 watts) tandis que les Européens utilisent presque exclusivement des lampes de 400 watts ou 600 watts.

RÈGLE D'OR

Appliquer une fine couche de vaseline, ou de graisse spéciale pour matériaux électriques, sur le pas de vis du culot d'une ampoule pour la visser ou la dévisser plus facilement.

Les principaux fabricants de lampes à décharge de haute intensité (HID) métal halides sont General Electric (Multivapor), Osram/Sylvania (Metalarc) et Westinghouse (Metal Halide), Iwasaki (Eye), Venture (SunMaster) et Philips (Son Agro). Chaque fabricant commercialise une super MH, toutes adaptables sur les ballasts et les lampes métal halides standard. Les super MH produisent environ 15 % de lumens en plus que les MH standard. Elles coûtent aussi quelques euros de plus, mais elles en valent la peine.

SunMaster, une filiale de Venture Lighting, a mis au point de nouvelles lampes métal halides spécialement conçues pour l'horticulture. Elles sont plus intenses et fournissent un spectre mieux adapté à la croissance des plantes. Les horticulteurs en intérieur affectionnent les ampoules Warm Deluxe.

Les lampes métal halides (MH) transparentes sont les plus communément utilisées par les horticulteurs en intérieur. Les MH transparentes fournissent l'intensité lumineuse idéale pour la croissance des plantes. Elles donnent de bons résultats aussi bien avec les semis qu'avec les plantes en croissance végétative ou celles en floraison.

Les MH de 1 000 watts enduites d'une couche de phosphore génèrent une lumière plus diffuse et plus douce à l'œil, émettant moins d'ultraviolets que les MH transparentes. Elles dispensent 4 000 lumens de moins que les MH standard et leur spectre de couleurs est légèrement différent. En Europe, Osram a développé une ampoule aux halogénures métalliques (MH), la Daylight, très renforcée dans les longueurs d'onde bleues (6 100 K en 400 watts, contre 4 000 K pour la plupart des métal halides).

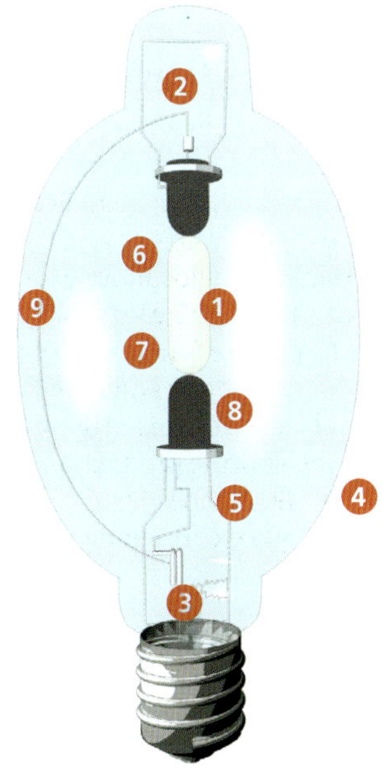

Lampe métal halide (MH) et ses différents composants.

GROS PLAN SUR LES LAMPES MH (*METAL HALIDE*)

Les lampes aux halogénures métalliques, communément appelées métal halides (MH), génèrent la lumière en créant un arc électrique qui traverse un mélange d'argon, de mercure, et d'halogénures de thorium, de sodium et de scandium, gaz vaporisés à l'intérieur du tube à arc en quartz transparent (1).

À l'extrémité du tube à arc se trouve un revêtement réfléchissant la chaleur pour contrôler la température pendant le fonctionnement. Les supports de suspension qui sont dans le dôme (2) et dans le cou (3) de l'ampoule extérieure (4) tiennent la structure du tube à arc (1) en place. Le commutateur bimétallique (5) se ferme quand la lampe est allumée, empêchant une chute de voltage entre l'électrode principale (6 et 7) et l'électrode de démarrage (8).

La plupart des ampoules sont équipées d'une résistance (9) qui empêche l'ampoule de se briser sous les variations de température. L'ampoule extérieure sert de protection au tube à arc électrique et au mécanisme de démarrage qu'elle maintient dans un environnement stable. Le verre extérieur de l'ampoule absorbe la radiation ultraviolette au passage. Des lunettes de soleil qui filtrent les rayons ultraviolets sont un accessoire précieux pour ceux qui passent beaucoup de temps dans une chambre de culture ou qui sont susceptibles de fixer des yeux une lampe HID.

La vaporisation initiale a lieu dans l'espace entre l'électrode principale (6 et 7) et l'électrode de démarrage (8) dès qu'un haut voltage initial est émis. Dès que l'ionisation est suffisante, l'électricité se met en arc entre les électrodes principales (6 et 7). Pendant que la lampe commence à chauffer, les halogénures métalliques commencent à se vaporiser dans l'arc. Dès qu'ils sont en justes proportions, une intense lumière blanche est émise. Ce processus prend de 3 à 5 minutes.

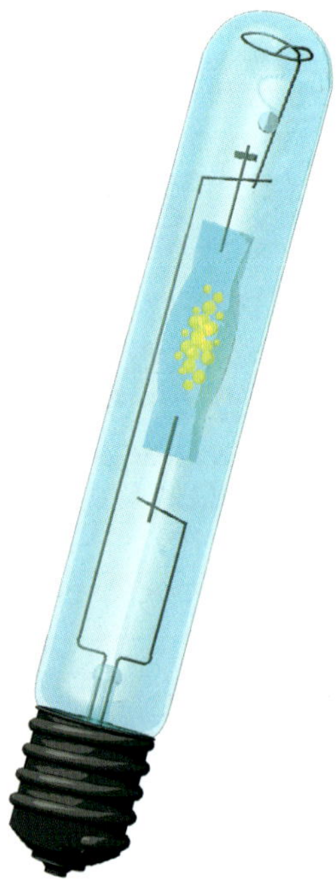

Les ampoules métal halide (MH) créent un arc électrique dans des gaz vaporisés à l'intérieur d'un tube en quartz transparent.

Quand on allume la lampe, un très haut voltage est nécessaire pour que le processus initial d'ionisation ait lieu. Allumer et éteindre la lampe plus d'une fois par jour cause un choc inutile au système HID et raccourcit sa durée de vie.

Les lampes métal halides fonctionnent avec plus d'efficacité en position verticale avec un angle d'inclinaison d'environ 15 degrés. Si l'angle d'inclinaison est supérieur à 15 degrés par rapport à la verticale, leur puissance, leur production de lumens et leur durée de vie diminuent ; l'arc électrique se courbe et chauffe de façon irrégulière les bords du tube à arc ; il en résulte une durée de vie raccourcie et un fonctionnement moins performant. Il existe aussi des ampoules spécialement conçues pour fonctionner en position horizontale ou toute position éloignée de plus de 15 degrés de la verticale. Ces ampoules portent l'abréviation « HOR » sur la couronne ou sur la base. « HOR » n'est pas une abréviation pour horticulture, mais pour horizontale.

INFO TECHNIQUE

Le système à arc électrique des lampes métal halides est très complexe et requiert un rodage d'une centaine d'heures de fonctionnement pour que tous les composants se stabilisent.

INFO TECHNIQUE

Si une surtension de courant se produit, ou tout autre incident qui éteigne la lampe, 5 à 15 minutes sont nécessaires pour qu'elle se rallume (les gaz et les vapeurs métalliques contenus dans l'arc doivent d'abord refroidir).

ASTUCE CROISSANCE

Noter la date précise à laquelle une ampoule commence à être utilisée. Remplacer les MH au bout de 12 mois, et les HPS au bout de 18 mois.

AVERTISSEMENT

Si le verre extérieur de l'ampoule se brise, il faut immédiatement éteindre et débrancher la lampe. Il ne faut en aucun cas regarder l'ampoule ou s'en approcher tant qu'elle est chaude. Le verre de protection brisé ne protège plus des rayons ultraviolets. Or, les ultraviolets sont très dangereux ; ils brûlent la peau et les yeux qui y sont exposés.

Stabilité du rendement lumineux et durée de vie des MH

Les lampes métal halides sont très stables au niveau du rendement lumineux au fil du temps, avantage doublé d'une longue durée de vie. Le déclin du rendement lumineux est très progressif. La durée de vie moyenne d'une MH est d'environ 12 000 heures – presque 2 ans en fonctionnant 18 heures par jour. Beaucoup dureront même plus longtemps. La lampe touche à sa fin quand elle ne démarre plus ou n'atteint plus sa pleine intensité. C'est généralement dû à une détérioration des électrodes avec le temps, une perte de transmission du tube à arc qui s'est obscurci ou une modification de l'équilibre chimique des métaux dans le tube à arc électrique. Il n'est pas conseillé d'attendre que l'ampoule soit grillée pour en changer. Une vieille ampoule est inefficace et coûteuse. Il faut remplacer les ampoules tous les 8 à 9 mois ou au bout de 5 000 heures. La plus grande détérioration des électrodes se produit à l'allumage et participe en grande partie à l'usure de la lampe.

Les MH peuvent produire un effet stroboscopique (clignotements). La lumière clignote : forte, faible, forte, faible, etc. Ce clignotement est provoqué par l'arc qui s'éteint 120 fois par seconde. La lampe reste allumée mais l'intensité de l'éclairage varie. C'est normal et il ne faut pas s'en inquiéter.

ASTUCE CROISSANCE

Les ampoules ne coûtent pas cher. En changer avant que leur efficacité ne décroisse pour améliorer les résultats.

RÈGLE D'OR

N'allumer une lampe qu'une fois par jour et utiliser un timer.

Ballasts pour lampes métal halides

Lire la section spécifiquement consacrée aux ballasts. Le ballast d'une MH de 1 000 watts fera fonctionner à la fois les lampes métal halides standard et les super MH, qu'elles soient transparentes ou à couche phosphorée sur un courant de 115 ou 220 volts. Chaque puissance requiert un ballast spécifique: 150 watts, 250 watts, 400 watts, 1 000 watts et 1 100 watts. Ce ballast fera fonctionner tous les types de MH, super ou standard, transparentes ou à couche phosphorée de la puissance prévue. Chaque ballast doit être spécifiquement conçu pour les MH de 150 watts, 250 watts, 400 watts, 1 000 watts et 1 100 watts car leurs caractéristiques d'allumage et de fonctionnement sont uniques.

Ampoules métal halides

Les ampoules universelles métal halides, conçues pour fonctionner dans toutes les positions, verticales ou horizontales, fournissent jusqu'à 10 % de lumière en moins et ont souvent une durée de vie raccourcie.

Les lampes d'horticulture SunMaster Warm Deluxe, Philips HPI-T Plus, Sylvania Britelux, émettent une lumière blanche équilibrée similaire à une source de 3 000 degrés Kelvin. Rehaussée de rouge orangé, elle favorise la floraison, l'élongation de la tige et la germination tandis que la partie bleue de son spectre assure une croissance végétative saine.

Venture fabrique l'AgroSun pour Hydrofarm. Il s'agit d'une ampoule métal halide avec plus de jaune/orange dans son spectre.

Lampes à vapeur de sodium à haute pression (HPS)

La caractéristique la plus étonnante d'une HPS de 600 watts est qu'elle produit 90 000 lumens à la source. Cela fait beaucoup de lumière. La HPS de 600 watts est aussi la plus performante des lampes à décharge de haute intensité. Les HPS existent en 35 watts, 50 watts, 70 watts, 100 watts, 150 watts, 200 watts, 250 watts, 310 watts, 400 watts, 600 watts et 1 000 watts. Pratiquement toutes les lampes HPS utilisées dans les chambres de culture en intérieur sont transparentes. À chaque puissance correspond un ballast. Les HPS sont fabriquées par Natrium, SunMaster, GE (Lucalox), Sylvania (Lumalux), Westinghouse (Ceramalux), Philips (Son Agro), Iwasaki (Eye) et Venture (High Pressure Sodium). Les horticulteurs américains utilisent le plus souvent les HPS de 600 et 1 000 watts tandis que les Européens préfèrent les 400 ou 600 watts.

Les lampes à vapeur de sodium à haute pression émettent une lumière orangée comparable aux rayons du soleil à la saison des moissons. Leur spectre est plus intense dans les portions jaune, orange, rouge. Pendant de nombreuses années, les scientifiques ont cru que cette portion du spectre favorisait la production de fleurs. Cependant, avec la nouvelle technologie PAR, les scientifiques reconsidèrent les vieilles théories. Au cours de la floraison, la croissance végétative ralentit et finit par s'interrompre totalement. La plante consacre toute son énergie à produire des fleurs afin d'achever son cycle de vie annuel. La lumière de la portion rouge en fin de spectre stimule les hormones florales de la plante, favorisant la production de fleurs. D'après certains horticulteurs, le poids et le volume des inflorescences augmentent de près de 20 % quand des HPS sont utilisées pendant la floraison. Cependant, d'autres données convaincantes démontrent la supériorité des nouvelles MH SunMaster. Les horticulteurs qui disposent d'un espace de 9 m² choisissent souvent une MH de 1 000 watts et lui ajoutent une HPS de 1 000 watts à la floraison. Cela se justifie par le fait que les plantes en floraison ont besoin de plus de lumière pour produire des fleurs plus denses et épaisses. Le fait d'ajouter une HPS permet non seulement de doubler la quantité de lumière disponible mais aussi d'accentuer l'intensité de l'éclairage dans la portion rouge de fin de spectre. Ce ratio 1/1 (une MH pour une HPS) est une combinaison populaire pour la floraison.

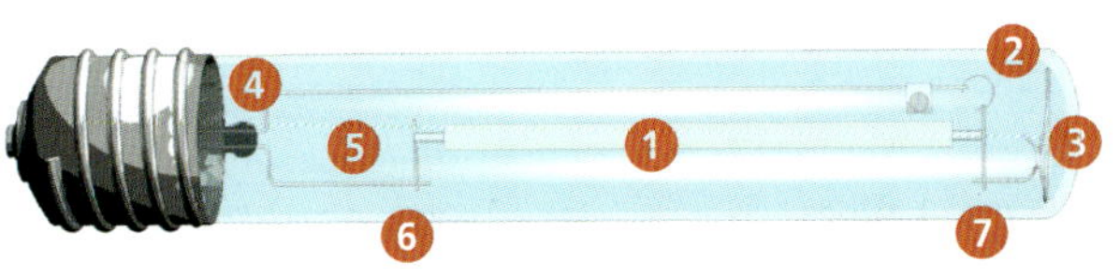

Le tube à arc électrique d'une ampoule HPS est long et émet de la lumière sur toute sa longueur.

GROS PLAN SUR LES LAMPES HPS

La lampe à vapeur de sodium à haute pression (HPS) génère des lumens en faisant passer l'électricité à travers de la vapeur de sodium et de mercure au sein du tube à arc électrique. Un peu de gaz xénon, utilisé pour l'allumage, est ajouté dans le tube à arc. La lampe HPS diffère complètement de la MH quant à ses caractéristiques physiques, électriques et son spectre de couleurs.

Un starter électronique fonctionne avec le composant magnétique du ballast pour fournir une courte impulsion de haut voltage. Cette impulsion électrique vaporise le xénon et initie le démarrage, qui prend 3 à 4 minutes. L'électricité passe, ou se met en arc, entre les deux électrodes principales (6) et (7). Si on éteint la lampe, ou qu'une coupure de courant se produit, il faut attendre que les gaz refroidissent pendant 3 à 15 minutes avant de la rallumer.

Tout comme la MH, la HPS est munie de deux verres : un verre extérieur de protection (2) et le verre interne du tube à arc (1). Le tube à arc électrique est monté (5) sur des supports flexibles dans le dôme (3) et le cou (4), de part et d'autre de l'ampoule. Le verre extérieur protège le tube à arc et comporte un vide afin de contenir la chaleur du tube. Les vapeurs de sodium, de mercure et le xénon à l'intérieur du tube à arc ont une température de fonctionnement constante ; la lampe peut fonctionner dans n'importe quelle position (360 degrés). Cependant, aux États-Unis, la plupart des horticulteurs préfèrent la suspendre en position verticale.

Stabilité du rendement lumineux et durée de vie des lampes HPS

Les lampes à vapeur de sodium à haute pression (HPS) ont la durée de vie la plus longue et le meilleur maintien de flux lumineux au fil du temps parmi toutes les HID. En fin de carrière, le sodium fuit hors du tube à arc électrique. Après une longue période d'utilisation quotidienne, la proportion sodium/mercure évolue et provoque une hausse du voltage dans l'arc. En fonctionnement, le voltage dans le tube à arc finit par dépasser la capacité du ballast. À ce stade, la lampe démarre, s'échauffe jusqu'à pleine intensité pour finalement s'éteindre. Ce phénomène se répète encore et encore et signifie que la lampe a fait son temps. La durée de vie d'une HPS de 1 000 watts est à peu près de 24 000 heures, soit un peu plus de 5 ans, en fonctionnant 12 heures par jour. Tout comme les autres HID, elle doit être remplacée avant de ne plus fonctionner du tout.

Ballasts à sodium

Lire la partie spécifiquement consacrée aux ballasts, pages 71-77. Un ballast spécifique est requis pour chaque puissance de HPS. Chaque puissance (exprimée en watt) a besoin, pour fonctionner, d'un voltage et d'un courant qui lui sont propres. Ceux-ci ne correspondent pas aux puissances des autres lampes HID et ne sont donc pas compatibles avec leurs ballasts. Les ballasts pour HPS contiennent un transformateur qui est plus puissant que celui d'une MH, un condensateur et un starter ou système d'allumage. Il est préférable d'acheter les systèmes HID complets dans un magasin.

ASTUCE CROISSANCE

**La HPS de 600 watts est l'ampoule la plus efficace disponible à l'heure actuelle.
Elle a le meilleur rendement lumineux au monde.**

Ampoules HPS

Les ampoules HPS sont partout. Les modèles les plus courants sont utilisés pour l'éclairage industriel, résidentiel ou horticole. Elles sont bon marché et faciles à trouver. Toutes les lampes HPS feront pousser un jardin d'intérieur. Cependant, même si elles sont les plus intenses, leur spectre contient peu de bleu et plus de jaune/orange. Il en résulte un allongement de l'espace entre deux nœuds sur la tige – ce qui ne nuit pas forcément à la récolte globale.

Philips a mis au point la Son Agro de 400 watts spécifiquement pour augmenter la lumière naturelle du soleil et cultiver des plantes. Cette ampoule a plus de bleu dans son spectre qu'une HPS classique. Le fait d'ajouter un peu plus de bleu prévient un développement trop longiligne des plantes. Une autre ampoule rehaussée de bleu et performante est l'Hortilux de Eye (Iwasaki).

Deux ampoules HPS ont changé le regard que les horticulteurs portent sur l'éclairage. En terme de rendement lumineux (exprimé en lm/W), la HPS de 600 watts remporte la palme toutes catégories confondues avec une augmentation de 7 %. La HPS de 600 watts est, toutes proportions gardées, la lampe la plus performante sur le marché. Les ampoules Sylvania HPS Grolux de 400 et 600 watts sont très populaires en Europe. Les ampoules HPS de 430 watts Son Agro ont plus de bleu dans leur spectre et fonctionnent à une température un peu plus élevée que leurs consœurs de 400 watts. Certains horticulteurs les apprécient parce que l'ajout de bleu dans l'ampoule attire les insectes, qui foncent sur l'ampoule et grillent.

On obtient un maximum de luminosité par rapport au coût avec la Warm Deluxe Grow ou la HPS de 600 watts.

Ampoules Gavita

Les ampoules Gavita ne ressemblent à aucune autre. Situé en Norvège, le siège social de Gavita Ligthing a les droits d'exploitation d'une ampoule conçue lors d'un programme spatial russe. Cette ampoule s'utilise sans réflecteur car celui-ci est intégré à l'intérieur du verre protecteur. Ce réflecteur intégré se trouve au-dessus du tube à arc électrique, dans la moitié supérieure de l'ampoule. La partie supérieure du verre protecteur de l'ampoule abrite le mini-réflecteur en matériau argenté réfléchissant. Les ampoules Gavita sont disponibles uniquement en sodium à haute pression de 400 watts ou 600 watts.

Ces ampoules présentent différents avantages. Par exemple, la lumière émise par le tube à arc électrique est réfléchie directement à l'intérieur de l'ampoule. Elle n'a pas besoin de traverser une première fois le verre protecteur de l'ampoule avant d'être réfléchie par le réflecteur externe puis de traverser une seconde fois ce même verre avant d'atteindre les plantes. La réflexion de la lumière est plus efficace et les plantes bénéficient d'une luminosité plus intense.

La surface réfléchissante est parallèle au tube à arc électrique. Elle en est aussi bien plus proche qu'un réflecteur externe. Cette ampoule a la réputation de mieux distribuer la lumière qu'aucune autre. Toutefois, l'usine de fabrication a récemment été délocalisée en Hongrie.

Un organisme indépendant a testé cette ampoule et a déclaré qu'au bout de quelques semaines d'utilisation de petits trous de la taille d'une épingle étaient apparus sur l'ampoule. D'après le fabricant, ces trous ne laissent pas passer suffisamment de lumière pour qu'il soit possible de la mesurer, et toutes les ampoules Gavita ne présentent pas cet inconvénient.

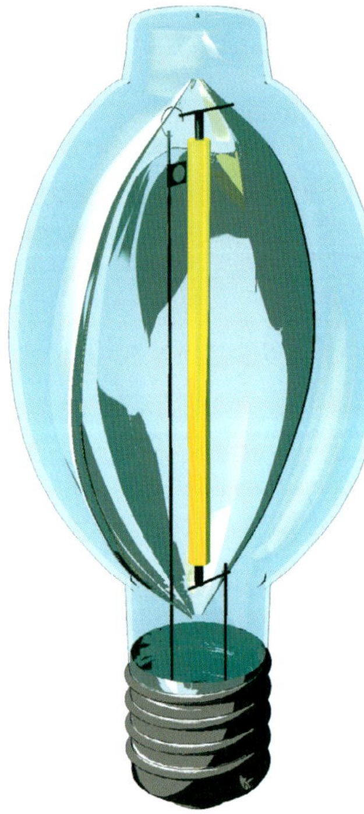

Ce type d'ampoule Gavita s'utilise sans réflecteur car celui-ci est intégré à côté du tube à arc électrique. Le verre protecteur abrite le mini-réflecteur en matériau réfléchissant.

Ampoules à conversion

Les ampoules à conversion permettent une plus grande souplesse d'utilisation. Un type d'ampoule à conversion permet d'utiliser un système MH (ou une lampe à vapeur de mercure) avec une ampoule qui émet un spectre similaire à celui d'une HPS. Cette ampoule ressemble à un mariage entre une lampe métal halide et une lampe à sodium à haute pression. Alors que le verre de l'ampoule ressemble à celui d'une MH, le tube à arc interne est similaire à celui d'une HPS. Un petit démarreur est situé à la base de l'ampoule. D'autres ampoules à conversion rétrogradent les systèmes HPS pour les convertir en un système MH.

Les ampoules à conversion sont fabriquées en 150 watts, 215 watts, 360 watts, 400 watts, 880 watts, 940 watts et 1 000 watts. Aucun adaptateur ou équipement supplémentaire n'est nécessaire. Il suffit de visser l'ampoule à un ballast compatible. Ces ampoules fonctionnent à moindre puissance et ne sont pas aussi intenses que les HPS. Bien qu'elles aient moins de bleu que les MH, elles sont jusqu'à 25 % plus intenses que ces dernières et leur rendement lumineux (lm/W) est meilleur que celle des super MH. L'ampoule à conversion de 940 watts à un rendement lumineux de 138 lm/W. Comme la HPS, l'ampoule à conversion a une durée de vie de 24 000 heures. Contrairement à la plupart des lampes à sodium à haute pression qui clignotent en fin de carrière, les ampoules à conversion s'éteignent et restent éteintes quand elles sont hors service.

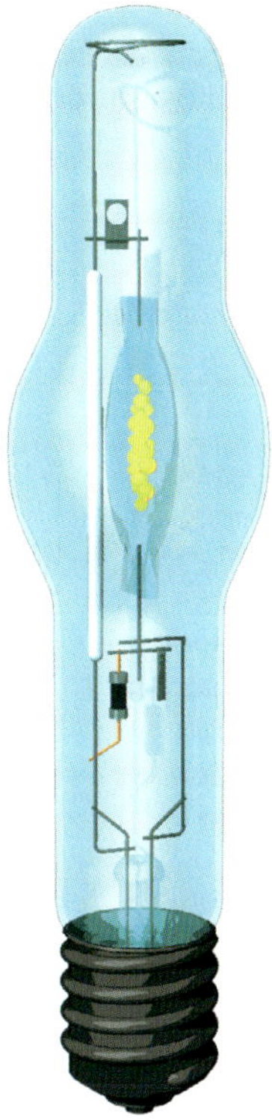

Certaines ampoules à conversion permettent d'obtenir le spectre d'une ampoule HPS avec un système destiné à une ampoule métal halide.

Bien que les ampoules à conversion soient assez chères, elles restent plus abordables que l'achat d'un système HPS dans son intégralité. Pour les jardiniers qui possèdent une lampe métal halide ou qui considèrent son acquisition, les ampoules à conversion offrent une heureuse alternative pour une luminosité intense. La Britelux de Sylvania, la Sunlux Super Ace et la Sunlux Ultra Ace sont des ampoules à conversion de qualité.

Venture, Iwasaki et Sunlight Supply fabriquent des ampoules à conversion qui, à l'inverse, permettent de passer d'un système HPS à un système MH. La White-Lux de Venture et la White Ace d'Iwasaki sont des MH qui fonctionnent sur les systèmes HPS. Les ampoules à conversion de 250 watts, 400 watts, 1 000 watts peuvent être utilisées sur des systèmes compatibles HPS sans modification ni équipement supplémentaire. Elles conviendront bien à ceux qui sont équipés d'un éclairage HPS mais souhaitent se rapprocher du spectre d'une MH.

RÈGLE D'OR

Les ampoules à conversion sont une façon économique de changer le spectre de lumière, mais elles sont moins performantes que les ampoules à sodium à haute pression ou métal halides.

Nombreux sont les horticulteurs qui utilisent avec succès les ampoules à conversion. Ceux qui possèdent une lampe métal halide, mais qui, par moments, ont besoin d'un supplément de rouge et de jaune (plus caractéristique du spectre des HPS) pour favoriser la floraison, peuvent se contenter d'adapter une ampoule à conversion sur leur système MH. Au lieu d'investir à la fois dans deux systèmes distincts (MH plus HPS), ils pourront se contenter de se baser sur un système MH et d'utiliser une ampoule à conversion quand c'est nécessaire ou vice-versa. L'inconvénient majeur des ampoules à conversion est la perte en rendement lumineux lors du processus de conversion.

Spectre d'une HPS sur une installation MH

Les Sunlux Super Ace et Ultra Ace (Iwasaki) et Retrolux (Philips) génèrent un spectre similaire à celui d'une HPS tout en fonctionnant sur un ballast normalement conçu pour les MH. La baisse du rendement lumineux est le prix à payer lorsque l'on opte pour cette solution. Une HPS de 1 000 watts produit 140 000 lumens à la source. Une ampoule à conversion de MH en HPS émet 130 000 lumens à la source. Pour ceux qui ne peuvent s'offrir deux systèmes (MH et HPS), une ampoule à conversion est un choix judicieux quand vient la période de floraison.

Spectre d'une MH sur une installation HPS

La White Ace (Iwasaki) et la White Lux (Venture) sont des ampoules à conversion. Elles ont un spectre de MH et sont utilisées sur un système HPS. Le fait de convertir une HPS en une MH produit exactement 110 000 lumens à la source avec un spectre similaire à celui d'une MH.

INFO TECHNIQUE

Les ampoules à vapeur de mercure ont été les premières ampoules HID sur le marché. Elles sont maintenant dépassées car elles sont peu performantes (faible rendement lumineux) et donnent des plantes étiolées.

Lampes à vapeur de mercure à haute pression

La lampe à vapeur de mercure à haute pression est la plus ancienne et la plus connue des lampes à décharge de haute intensité (HID). Le principe des lampes à décharge de haute intensité fut mis en application pour la première fois avec la fabrication des lampes à vapeur de mercure au début du siècle dernier. Mais ce n'est qu'au milieu des années 1930 qu'elle connut une réelle utilisation commerciale.

Comme le montrent les études portant sur le rendement lumineux de différentes lampes, les lampes à vapeur de mercure produisent seulement 60 lm/W. En comparant le spectre de la lampe à vapeur de mercure et celui qui induit la réponse photosynthétique, on se rend vite compte à quel point cette lampe est inadaptée à l'horticulture. Non seulement, elle coûte cher en fonctionnement, mais la plus grande partie de la lumière qu'elle produit se trouve dans les bandes spectrales qui ne sont pas utiles à la croissance des plantes.

Ces anciennes lampes à vapeur de mercure à haute pression génèrent de la lumière en mettant en arc l'électricité à travers de la vapeur de mercure et un peu d'argon, gaz utilisé pour l'allumage. Ces ampoules sont disponibles de 40 watts à 1 000 watts. Les lampes au mercure ont une bonne stabilité du rendement lumineux au fil du temps et une durée de vie relativement longue. La plupart des puissances durent jusqu'à 3 ans avec un fonctionnement quotidien de 18 heures.

Les ampoules à vapeur de mercure à haute pression requièrent habituellement un ballast indépendant. Néanmoins, certaines d'entre elles, de faible puissance, ont un ballast intégré. Des horticulteurs peu fortunés et mal informés essaient à l'occasion de récupérer un ballast de lampe à vapeur de mercure dans un entrepôt ou ailleurs et l'utilisent à la place du ballast approprié à une MH ou une HPS. Les inconscients qui essayent de modifier ces ballasts, ou de les utiliser avec une autre lampe à décharge, rencontrent toutes sortes de problèmes et finissent toujours par acheter le bon ballast. Essayer d'économiser de l'argent sur le ballast fait généralement perdre en productivité.

En résumé, la lampe à vapeur de mercure produit un spectre qui n'est pas aussi efficace que celui des MH ou HPS pour la culture en intérieur. Ce n'est donc pas une lampe à utiliser pour le jardinage. Les horticulteurs qui les utilisent consomment beaucoup d'électricité et leur jardin produit peu.

Autres types de lampes

Lampes fluorescentes (néons)

L'intérieur du tube hermétique des lampes fluorescentes est recouvert de substances fluorescentes et contient par ailleurs un gaz inerte et une petite quantité de mercure. Excité par la décharge électrique, le mercure émet un rayonnement ultraviolet que les substances fluorescentes transforment en rayonnement visible.

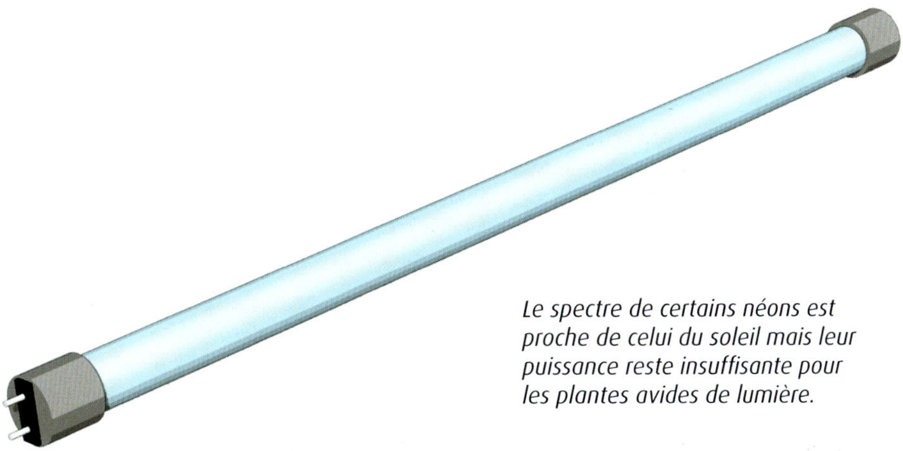

Le spectre de certains néons est proche de celui du soleil mais leur puissance reste insuffisante pour les plantes avides de lumière.

Jusqu'au milieu des années 1970, les tubes fluorescents (néons) étaient l'éclairage le plus efficace et le plus largement utilisé pour les jardins d'intérieur. Certains tubes fluorescents ont une courbe spectrale presque identique au spectre solaire, mais ils ne sont généralement pas assez puissants pour faire pousser les plantes qui ont besoin de beaucoup de lumière. Le meilleur emploi de ces lampes demeure l'enracinement des boutures. Il existe plusieurs types de lampes fluorescentes : les lampes fluorescentes linéaires, de forme tubulaire droite et munies de deux broches à chaque extrémité, les lampes fluorescentes compactes (les « fluocompactes » — CFL) à culot unique et dont le tube à décharge gazeuse est mince et courbé, et enfin les lampes fluorescentes compactes à induction. On trouve beaucoup de lampes fluorescentes dans les bâtiments commerciaux ou résidentiels. La longueur du tube d'une lampe fluorescente linéaire peut aller de 30 cm à 3,20 m. Pour beaucoup d'horticulteurs, les tubes de 1,20 et de 2,40 mètres sont plus pratiques et plus faciles à trouver.

Les tubes fluorescents existent en plusieurs puissances qui nécessitent des ballasts spécifiques. Plusieurs sociétés fabriquent à la fois les tubes et les ballasts. Les tubes standard utilisent 10 watts par 30 cm de long. Le tube fluorescent standard de 1,20 mètre est défini comme ayant une puissance de 40 watts, celui de la même longueur mais à haut rendement (*high output* — HO) tourne autour de 60 watts et enfin celui à très haut rendement (*very high output* — VHO) fait entre 110 watts et 160 watts. Les tubes fluorescents standard conviennent très bien pour l'enracinement des boutures. Ils fournissent une lumière « froide » (*cool light*) et diffuse dont la courbe spectrale est appropriée au développement des racines.

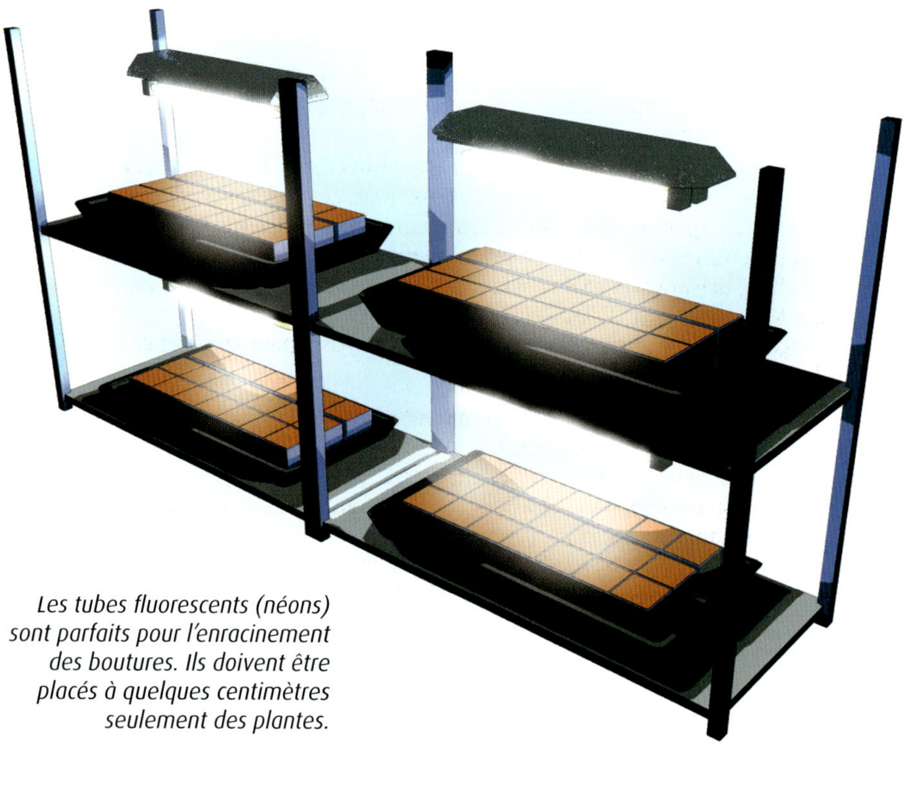

Les tubes fluorescents (néons) sont parfaits pour l'enracinement des boutures. Ils doivent être placés à quelques centimètres seulement des plantes.

ASTUCE CROISSANCE

Les tubes fluorescents (néons) «lumière naturelle» aident au bon démarrage des boutures, qui développent de belles racines.

Les horticulteurs utilisent à peu près n'importe quel tube fluorescent « lumière naturelle » pour enraciner les boutures. Comme pour les HID, l'intensité lumineuse des tubes fluorescents diminue au fur et à mesure que l'on s'éloigne de la source. Étant donné que les tubes fluorescents produisent beaucoup moins de lumière que les HID, ils doivent être placés très près (2,5 à 5 cm) des plantes pour les meilleurs résultats. Les tubes fluorescents et leur support sont relativement bon marché.

Quelques horticulteurs ajoutent des tubes fluorescents à l'éclairage HID pour accroître l'intensité lumineuse globale. Étant donné que les tubes fluorescents doivent être placés plus près des plantes que les lampes HID, ils présentent l'inconvénient de faire de l'ombre par rapport à l'éclairage HID qui est suspendu plus haut.

Les tubes fluorescents type *Power Twist* ou *Groove* offrent plus de lumens pour la même longueur de tube. Les *Groove* extra larges ont une plus grande surface de verre et génèrent plus de lumière. Plusieurs compagnies commercialisent des tubes fluorescents de type *Power Twist*.

INFO TECHNIQUE

Il est possible de cultiver des plantes qui ont besoin de beaucoup de soleil sous tubes fluorescents. Avec suffisamment de tubes, on parvient à mener une récolte à maturité, mais les fleurs sont petites.

Les tubes fluorescents existent en différents diamètres (T2, T5, T8, T10, T12), avec divers gaz inertes de remplissage et couches fluorescentes. Leurs propriétés chromatiques sont déterminées par les substances fluorescentes utilisées pour recouvrir les parois intérieures du tube de la lampe. Un mélange de substances fluorescentes est utilisé pour produire une apparence de couleur blanche, mais la tonalité de la lampe (température Kelvin) peut varier en fonction des substances fluorescentes utilisées dans le mélange. Les tubes fluorescents ont besoin de ballasts pour amorcer et contrôler la décharge.

Les tubes fluorescents affichent une grande variété de courbes spectrales. Sylvania propose la GroLux standard et la GroLux Wide Spectrum (à large spectre). Les deux existent en trois intensités *regular*, *high output* (HO) ou *very high output* (VHO). La GroLux standard est une lampe à courbe spectrale riche en bleu et en rouge, elle convient donc à la croissance des plantes. Westinghouse propose l'AgroLight qui produit un spectre très similaire à celui du soleil. La combinaison d'une ampoule *warm white* à une *cool white* est excellente pour enraciner les boutures, surtout si ce sont des tubes fluorescents à haut rendement. Osram propose le Biolux (1 000 lumens en 18 watts pour une température de 6 500 K), associé à un Fluora de teinte très particulière (700 K seulement) qui favorise un enracinement très rapide.

Fabrication et fonctionnement

Comme la famille des HID, les tubes fluorescents nécessitent un support adapté comprenant un ballast (bien plus petit que celui des HID) et le courant domestique ordinaire de 220 volts. Les douilles sont généralement intégrées au réflecteur. Il existe plusieurs types de supports. Certaines lampes fluorescentes n'ont qu'une fiche à chaque extrémité (fluocompactes, « turbo-néons ») tandis que d'autres sont des modèles à double fiche (tubes fluorescents linéaires). Il faut donc être sûr de se procurer le bon modèle quand on achète un nouveau tube fluorescent. Le support peut être prévu pour accueillir un, deux ou quatre tubes.

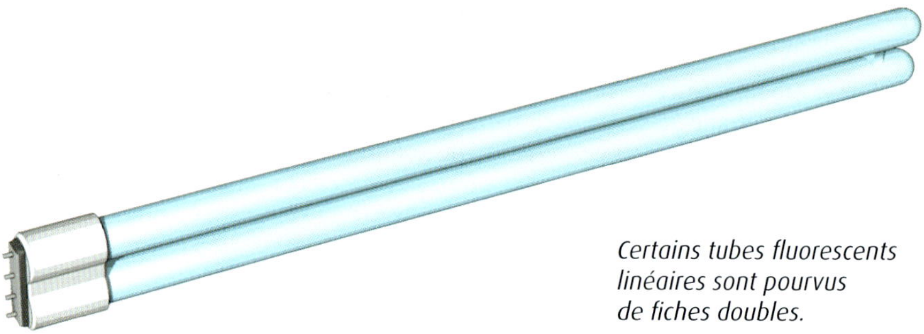

Certains tubes fluorescents linéaires sont pourvus de fiches doubles.

Le ballast, qui est intégré dans le support, est presque l'unique source de chaleur générée par le système. Il est situé suffisamment loin des tubes pour que les plantes puissent les toucher sans être brûlées. Néanmoins, les lampes fluorescentes de forte puissance peuvent brûler les plantes fragiles si elles sont trop proches.

Le ballast ou transformateur régule l'électricité. La plupart des ballasts et des supports sont prévus pour une utilisation avec des tubes standard de 40 watts ou 80 watts. Un ballast spécifique est requis pour chaque intensité (standard, HO et VHO). Les exigences opérationnelles des VHO sont plus élevées que celles des néons standard. Il est préférable d'acquérir un système d'éclairage fluorescent en un seul achat effectué chez un revendeur réputé.

Le transformateur du ballast abaisse le courant dans le tube jusqu'au voltage opérationnel requis par la lampe. Le ballast durera normalement entre 10 et 12 ans. Même usagés, les ballasts des lampes fluorescentes demeurent d'une utilisation acceptable, contrairement aux ballasts usagés des lampes à vapeur de mercure. En fin de service, ils dégagent généralement de la fumée et une odeur chimique détestable. Quand le ballast est grillé, il faut simplement le retirer et en acheter un autre. Si une sorte de pâte ou colle suinte du ballast, elle risque de contenir des produits toxiques et il faut s'en débarrasser. De nos jours, la plupart des tubes fluorescents sont à allumage automatique, mais les modèles plus anciens requièrent un starter spécifique. Ce starter peut être intégré et caché dans la structure du support ou bien se présenter sous la forme d'un petit tube en métal (d'environ 2,5 cm de diamètre et 1 cm de long) fixé sous le support. Ce type de starters se remplace facilement tandis qu'un starter intégré ne peut être changé que s'il est porté en réparation.

La plupart des électriciens sont à même de tester un starter. Si un tube fluorescent ne marche pas et que son propriétaire n'a pas les compétences requises pour diagnostiquer la panne, un électricien saura le faire. Il devra tester tous les éléments et repérer ceux qui doivent être remplacés. Parfois, l'achat d'une nouvelle lampe coûte moins cher que de réparer l'ancienne.

L'intérieur du tube en verre est enduit d'une couche fluorescente. La combinaison des substances chimiques fluorescentes du revêtement du tube et des gaz contenus à l'intérieur détermine la courbe spectrale de la lampe. L'ampoule contient un mélange de gaz inertes : argon, néon ou krypton et vapeur de mercure, scellés à basse température. L'émission de lumière est plus forte vers le centre du tube et plus faible aux extrémités. Pour faire enraciner seulement quelques boutures avec les meilleures chances de succès, on les place toutes sous le milieu de l'installation.

Une fois le tube fluorescent (néon) allumé, quelques secondes de préchauffage sont nécessaires avant que l'électricité se mette en arc à travers le tube. Avec le temps, le verre des tubes s'obscurcit et l'intensité de la lumière diminue. Il est conseillé de remplacer les tubes quand 70 % de leur durée de vie (indiquée sur l'emballage) s'est écoulé. Un tube qui clignote est sur le point de griller et doit être remplacé. La durée de vie s'échelonne de 9 000 heures (environ un an et demi à 18 heures par jour) pour les VHO, à 18 000 heures (près de 3 ans à 18 heures par jour) pour les tubes standards.

Lampes fluorescentes compactes (CFL)

Sur le marché depuis un certain temps, les lampes fluocompactes ont longtemps été trop faibles en intensité lumineuse pour permettre la croissance des plantes. Désormais, il existe des modèles plus puissants : 65 watts, 70 watts, 95 watts, 125 et 200 watts. Ils génèrent de la chaleur, mais bien moins que les lampes à décharge de haute intensité de même puissance. Le feuillage peut se trouver à 5 cm d'une lampe fluorescente compacte de 95 watts et à 2,5 cm d'une fluocompacte de 65 watts. Certaines CFL sont à spectre rouge (chaud – 2 700 degrés Kelvin) tandis que d'autres sont à spectre bleu (froid – 6 400 degrés Kelvin), spectre qui se rapproche de la lumière naturelle. Les « turbo-néons » appartiennent à la famille des lampes fluorescentes compactes.

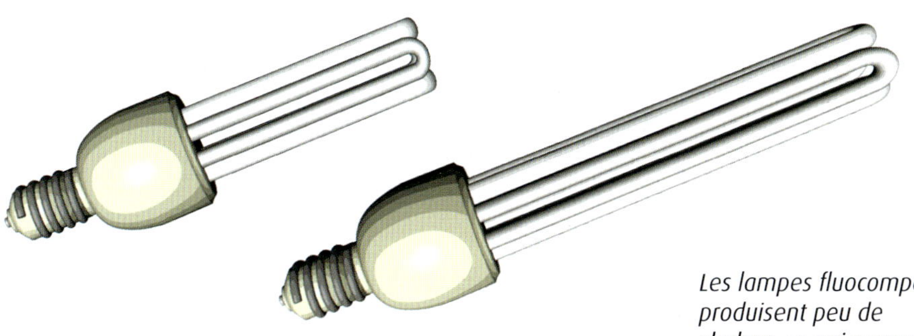

Les lampes fluocompactes produisent peu de chaleur, ce qui permet de les placer très près des plantes.

INTÉRIEUR LUMIÈRE SUPPORTS EAU HYDROPONIE AIR MALADIES CROISSANCE PLANTES SUIVI

L'EnviroLite (125 ou 200 watts), une lampe fluocompacte plus récemment apparue sur le marché, peut facilement être suspendue à la verticale au centre d'une boîte de 60 x 60 x 120 cm. Nous avons mesuré l'intensité lumineuse à l'intérieur de la boîte (dans un périmètre de 30 cm autour de l'ampoule) à l'aide d'un luxmètre de qualité. Les mesures étaient comprises entre 1 000 et 5 000 lumens partout dans la boîte, la plupart étant égales ou supérieures à 2 000 lumens. Une lampe sodium à haute pression (HPS) de 430 watts équipé d'un bon réflecteur horizontal et suspendue à 90 cm au-dessus d'un espace de 1,20 x 1,20 m émet entre 6 000 et 12 000 lumens. Cette intensité lumineuse sera suffisante pour faire pousser de belles plantes. À 30 cm, une lampe fluorescente compacte de 95 watts génère un quart de la lumière distribuée par une HPS de 430 watts située à 90 ou 120 cm. Cependant, la lampe fluocompacte génère une intensité lumineuse suffisante pour cultiver correctement. Bien que cette lumière ne soit pas aussi efficace que celle du soleil ou encore celle d'une lampe à décharge de haute intensité, elle demeure suffisante pour amener des récoltes à maturité. Les lampes fluocompactes génèrent une certaine quantité de chaleur et peuvent brûler le feuillage si celui-ci reste trop longtemps au contact du tube. Une autre option consiste à utiliser deux tubes de 55 watts plutôt qu'un seul de 125 watts. Cette alternative est d'ailleurs moins coûteuse étant donné que deux fluocompactes de 65 watts coûtent en fait moins cher qu'un seul EnviroLite de 95 watts. Certaines fluocompactes de 65 watts sont livrées avec une armature solide contenant le ballast. Un petit extracteur est généralement nécessaire pour extraire à la fois l'excès de chaleur et d'humidité d'une petite chambre de culture. Des trous percés dans le bas de la boîte peuvent servir à faire entrer l'air frais tandis que des trous percés sur le dessus peuvent faire office d'extracteur. Le courant d'air ainsi créé peut suffire à renouveler l'air d'un petit espace. L'extracteur doit alors rester allumé pendant la nuit pour extraire l'air humide de la boîte.
Il faut mentionner les kits Greenbox 110 watts (deux fluocompactes de 55 watts) ou de 220 watts (quatre fluocompactes de 55 watts), équipés d'un ballast électronique intégré, qui dégagent plus de lumens par watt qu'une métal halide de 400 watts. Également disponibles : l'Ecolite ou la Nurturelite, en 125, 150 ou 200 watts.

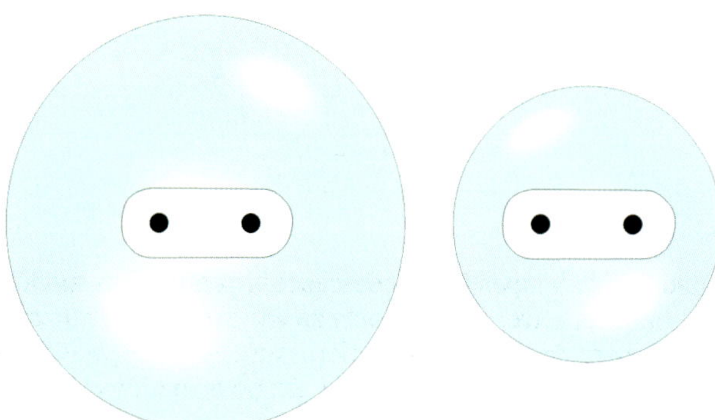

Vue de l'extrémité d'un néon standard T12 (diamètre de 38 mm) comparé au modèle T8 (diamètre de 26 mm) plus moderne et au design plus effilé.

Plusieurs autres lampes méritent d'être mentionnées bien qu'elles ne soient pas adaptées à la culture des plantes. Les lampes à incandescence ne sont pas assez puissantes, les halogènes au tungstène émettent une vive luminosité mais sont inefficaces et, pour finir, les lampes à « sodium basse pression » sont efficaces mais ont un spectre trop limité.

Lampes à incandescence

Les lampes à incandescence produisent de la lumière par le biais d'un filament chauffé par un courant électrique jusqu'à l'incandescence. Les lampes standard à incandescence et les halogènes en font partie.

La lampe à incandescence standard est une invention de Thomas Edison. La lumière est produite en envoyant l'électricité le long d'un filament de tungstène qui se trouve à l'intérieur de l'ampoule. Le filament résiste au flux d'électricité, ce qui a pour effet de le chauffer au point qu'il devienne incandescent et se mette à briller. Les ampoules à incandescence fonctionnent sur le courant domestique habituel et ne nécessitent donc pas de ballasts. Les filaments peuvent avoir différentes formes et tailles, mais sont presque toujours faits de tungstène solide, résistant à la chaleur. Il existe un grand choix d'ampoules à incandescence variant tant par leur puissance et leur forme que leur usage spécifique. La plupart des ampoules domestiques pour sapins de Noël, éclairage intérieur et frigidaires, sont des ampoules à incandescence.

Les lampes à incandescence classiques ne sont pas du tout efficaces pour l'éclairage dans la culture en intérieur, mais elle peuvent servir à apporter un peu de chaleur à des boutures éclairées par des néons froids.

Il existe de nombreux modèles de lampes à incandescence. Ces différents modèles présentent un filament de tungstène avec une ampoule en verre montée sur un culot à baïonnette ou à vis qui s'insère dans les douilles domestiques correspondantes. L'ampoule est habituellement sous vide ou contient un gaz pour minimiser l'usure du filament.

INFO TECHNIQUE

L'ampoule à incandescence standard remonte à Thomas Edison. C'est la moins efficace de toutes les lampes (en lm/W), et son spectre n'est pas approprié à la culture des plantes.

La plupart des lampes à incandescence ont un spectre principalement dans le rouge (aux alentours des 700 nm). Néanmoins, il existe des lampes à incandescence dont le spectre est plus équilibré. Éclairer des plantes à l'aide de lampes à incandescence coûte si cher pour une efficacité lumineuse si médiocre que le jeu n'en vaut pas la chandelle. Le meilleur usage que l'on puisse en faire dans le cadre d'une culture en intérieur est de les utiliser comme source de chaleur favorisant l'enracinement de boutures placées sous des néons froids. Pour cela, l'ampoule à incandescence est placée dans une boîte sur laquelle on pose le plateau de boutures. La chaleur dégagée par l'ampoule à incandescence chauffe le support de culture des jeunes boutures par en dessous. Dans cette utilisation, l'éclairage fournit par l'ampoule à incandescence n'est d'aucune utilité. Quelques horticulteurs utilisent les lampes à incandescence en complément de l'éclairage HID lors de la floraison pour obtenir un meilleur développement des fleurs, aussi bien en taille qu'en nombre.

Lampes halogènes à filament de tungstène

La lampe halogène à filament de tungstène présente un tube externe en quartz (pour sa résistance à la chaleur) qui contient un gaz halogène, souvent de l'iode. Il existe une large panoplie de lampes halogènes. Aujourd'hui, le brome, un des cinq halogènes, est celui que l'on retrouve le plus souvent dans ces lampes. Les lampes halogènes à filament de tungstène sont très similaires aux lampes à incandescence. Elles utilisent un filament en tungstène, ont une ampoule scellée et coûtent cher en fonctionnement, leur production de lumens étant très faible. Comme les autres ampoules à incandescence, les lampes halogènes fonctionnent sur un courant de 220 volts et ne requièrent donc pas de ballast. Elles sont aussi peu performantes que les autres ampoules à incandescence. Leur courbe spectrale est riche en rouge (700 nm).

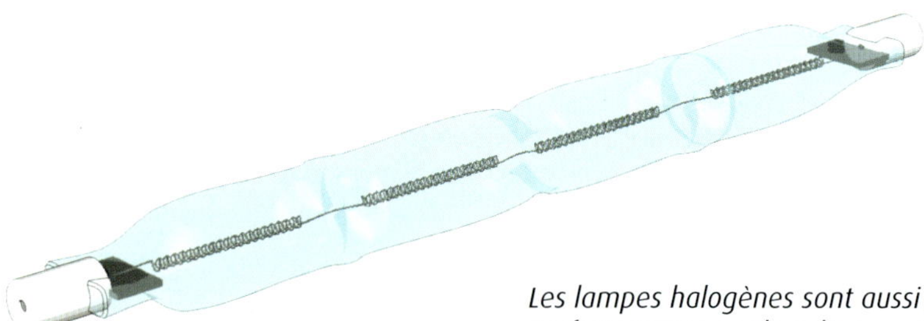

Les lampes halogènes sont aussi peu performantes pour la culture en intérieur que les lampes à incandescence.

Lampes à sodium à basse pression (LPS)

Les lampes à sodium à basse pression existent en 55 watts, 90 watts, 135 watts et 180 watts. Elles présentent, à l'heure actuelle, la meilleure efficacité lumineuse du marché. Cependant, en examinant attentivement leur courbe spectrale, on remarque qu'elles sont monochromes, c'est-à-dire qu'elles génèrent de la lumière uniquement dans une très petite portion du spectre inutile à la croissance des plantes (589 nm). La lampe à sodium à basse pression émet un halo jaune. Westinghouse commercialise des lampes à sodium à basse pression. Leur principal usage industriel est la sécurité et l'éclairage des entrepôts.

Chaque puissance requiert son propre ballast et support spécifique. Le ballast ou transformateur régule le courant électrique et est intégré au support. Le support d'une lampe de 180 watts est juste un peu plus grand que celui d'une lampe fluorescente avec deux néons de 40 watts et de 1,20 mètre chacun.

Westinghouse (Philips) distribue des lampes à sodium à basse pression. Le prix d'un ensemble ballast et support pour lampe LPS a beaucoup baissé. Comme pour les autres lampes, il est vivement conseillé d'acheter la lampe, le ballast et le support en kit complet.

INFO TECHNIQUE

La lampe à vapeur de sodium à basse pression est très efficace (lm/W), mais monochromatique. Son spectre n'est pas adapté à l'horticulture.

Lampes à fibres optiques

Il se pourrait qu'à un stade, les lampes à fibres optiques révolutionnent la culture sous éclairage artificiel. Les câbles à fibres optiques sont capables de transporter la lumière d'un bout à l'autre de la fibre avec une perte d'intensité ou une altération du spectre quasi nulles. Un inventeur a mis au point un prototype rudimentaire d'éclairage à fibres optiques pour un petit jardin. Ce système ingénieux utilise un projecteur de 150 watts orienté vers les câbles à fibres optiques. Ces derniers sont disposés à plat au-dessus des plantes. Des tests préliminaires ont fait apparaître une très bonne distribution de la lumière et une intensité lumineuse proche d'une lampe à décharge de haute intensité de 400 watts. Incroyable mais vrai.

La lumière diffusée par les fibres optiques peut être placée bien plus près du feuillage car aucune chaleur n'est générée à l'endroit où la lumière est diffusée. Plus les fibres optiques sont placées près du feuillage et plus celui-ci bénéficie d'une forte intensité lumineuse. Ce système d'éclairage n'est pas encore tout à fait au point et nécessite un peu de recherche et de développement avant son lancement sur le marché.

Au sujet de l'électricité

Il n'est pas nécessaire de connaître les bases de l'électricité pour cultiver un jardin sous lumière artificielle. Néanmoins, en connaître les rudiments peut faire gagner du temps et de l'argent à l'horticulteur, et lui éviter le choc électrique de sa vie. Tout d'abord, quelques notions et termes simples en électricité sont définis et brièvement expliqués. Une fois ces termes compris, on voit l'importance des fusibles, de la prise de terre, du diamètre du câble électrique (calibre), de l'ampérage d'un circuit, et la nécessité de vêtements de

Attention, l'eau et l'électricité ne doivent jamais entrer en contact. Il faut toujours travailler avec un circuit électrique relié à la terre et s'assurer qu'il n'y a pas d'eau sur le sol.

protection. Avant de toucher à quoique ce soit d'électrique, il est vivement conseillé de lire les instructions ci-après.

Les fibres optiques — qui transportent la lumière avec très peu de déperdition — sont prometteuses pour la culture en intérieur.

RÈGLE D'OR

Toujours travailler à reculons quand on installe des composants électriques ou qu'on fait un raccordement. Commencer par l'ampoule et finir par la prise. Brancher la lampe en dernier.

INFO TECHNIQUE

Installer des détecteurs de défaillance de la prise de terre met fin aux problèmes électriques avant même qu'ils aient commencé.

Ampères (A)

Tout comme l'eau, l'électricité peut être considérée en termes absolus de mesure. Un litre est une mesure absolue d'une quantité d'eau tout comme un coulomb est une mesure absolue d'une quantité d'électricité. L'eau en mouvement peut être mesurée en litres par seconde et l'électricité en mouvement peut être mesurée en coulombs par seconde. Quand un courant électrique est égal à 1 coulomb par seconde, on dit qu'il a 1 ampère. On pourrait dire 1 coulomb par seconde mais cela semblerait étrange car tout le monde utilise le terme ampère.

AVERTISSEMENT

Il faut faire très attention quand on utilise le courant électrique : l'accident peut être mortel.

LIMITE D'UTILISATION DU CIRCUIT ÉLECTRIQUE

INDICATION SUR LE FUSIBLE	UTILISATION MAXIMALE	SURCHARGE*
15 A	13 A	14 A
20 A	16 A	17 A
25 A	20 A	21 A
30 A	24 A	25 A
40 A	32 A	33 A

** Le circuit électrique est en surcharge dès que 80 % de l'ampérage disponible est utilisé. Par exemple, un circuit de 20 ampères est à son utilisation maximale quand 16 ampères sont utilisés.*

Boîtier à fusibles

Boîtier de circuit électrique contenant des fusibles.

Circuit

Parcours circulaire qu'empreinte l'électricité. Si son trajet est interrompu, le courant sera coupé. Si ce circuit en a l'opportunité, il traversera le corps humain, mieux vaut donc ne pas lui en donner l'occasion.

Conducteur

Matériau capable de conduire le courant facilement. Le cuivre, l'acier, l'eau, ainsi que le corps humain sont tous de bons conducteurs électriques.

Courant
Flux d'électricité en coulombs par seconde (c'est-à-dire en ampères). Dans la formule de la loi d'Ohm, les ampères sont symbolisés par la lettre **I**.

Court-circuit
Circuit hors de son parcours normal créé lorsque les conducteurs se croisent. Un court-circuit fait normalement sauter les plombs et les disjoncteurs.

Détecteur de défaillance de la prise de terre (AGCP)
Systèmes de détection de défaillance du raccord à la terre nécessaires partout où il y a de l'eau aussi bien sur un lieu d'habitation qu'un lieu de travail. Il est vivement conseillé d'installer ces systèmes dans les chambres de culture afin que, si nécessaire, le courant se coupe automatiquement.

Disjoncteur
Interrupteur Marche/Arrêt de sécurité qui éteindra l'électricité quand le circuit sera en surcharge.

Fusible
Mécanisme de sécurité électrique consistant en un petit cylindre de métal qui fond quand il y a surcharge, ce qui a pour effet de couper le circuit. Il ne faut jamais remplacer un fusible par des pièces ou du papier aluminium. Aucun de ces substituts de fusibles ne fondraient en cas de surcharge ; le circuit électrique ne serait pas coupé lors de la surcharge, ce qui risquerait de déclencher un incendie.

Hertz
Fréquence ou cycles de l'électricité dans un conducteur (fil électrique). En France, l'électricité court à 50 hertz (Hz) ou cycles par seconde.

Loi d'Ohm
Loi qui exprime la force d'un courant électrique :
Volts x ampères = watts
(Tension **U** x Intensité **I** = Puissance **P**)

Prise de terre
Raccordement du circuit électrique à la terre ou au sol. La prise de terre est une sécurité supplémentaire. Si un circuit a une bonne prise de terre et que l'électricité voyage en dehors de son circuit, elle ira à la terre via la prise de terre ce qui la rendra inoffensive. L'électricité passe toujours par le chemin qui offre la plus faible résistance. Hors circuit, ce chemin est celui offert par la prise de terre. La prise de terre est un fil électrique, habituellement de cuivre (normal ou vert), qui court parallèlement au circuit électrique et est relié à un piquet de métal enfoncé dans le sol (la terre). Les conduites d'eau ou d'évacuation font d'excellentes prises de terre. Ce réseau de tuyauterie conduit bien l'électricité et est relié à la terre. Les tuyaux en plastique que l'on trouve dans les constructions récentes ne font pas de bonne prise de terre.

Dans une bonne prise de terre, tout — tuyaux, fil de cuivre et piquet de métal planté dans la terre — conduit l'électricité qui s'échappe hors de son circuit jusqu'à la terre qui l'absorbe en toute sécurité.

Il faut que les systèmes HID soient équipés d'un fil de terre dont le circuit sera ininterrompu de la douille à la prise de terre de l'habitation en passant par le ballast et le boîtier à fusibles.

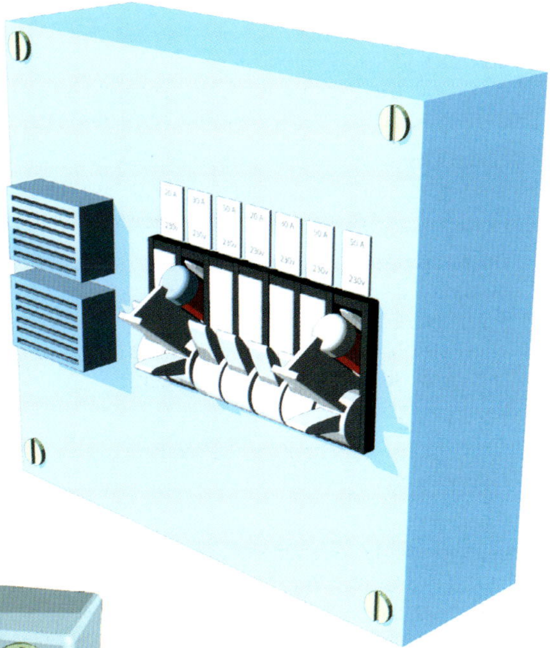

Le boîtier à fusibles est au cœur du dispositif de sécurité.

En cas de surchauffe, le disjoncteur interrompt automatiquement le circuit électrique.

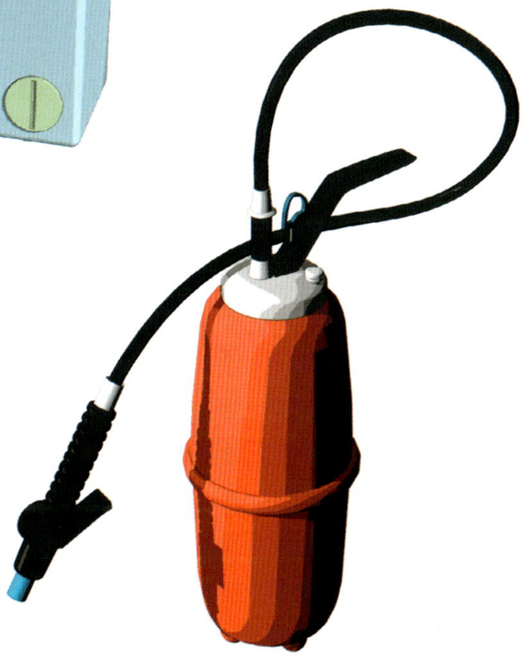

La plupart des incendies ont pour origine un dysfonctionnement électrique. L'extincteur doit être d'accès facile, son fonctionnement doit être maîtrisé et il doit être révisé périodiquement.

Les fusibles contiennent un fil de métal qui fond en cas de surchauffe, ce qui interrompt la transmission électrique.

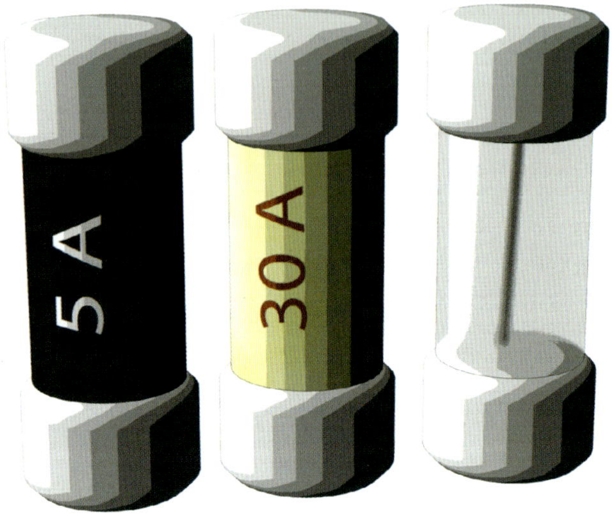

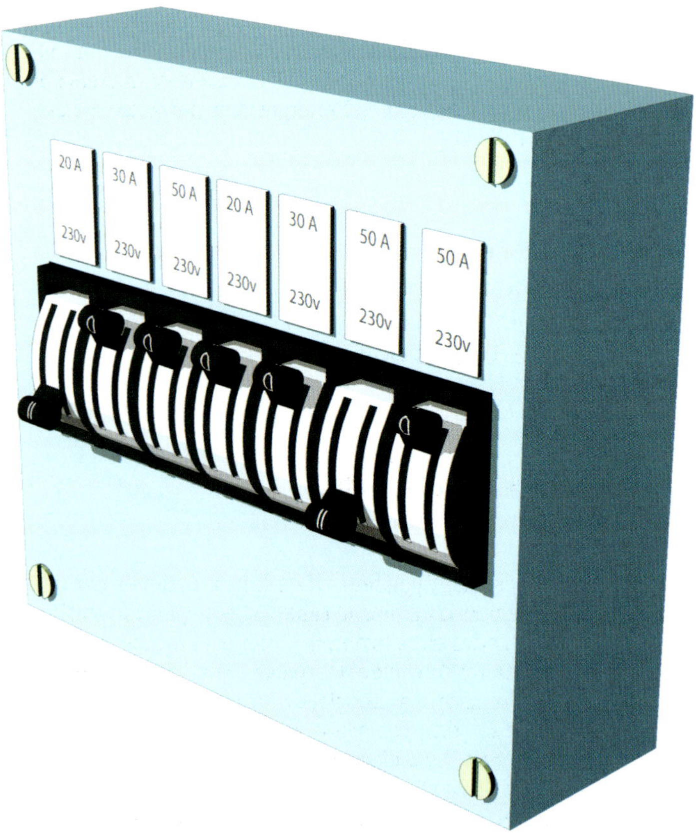

Le tableau électrique regroupe les fusibles et disjoncteurs des différents circuits.

Tableau électrique
Boîte de circuit électrique contenant des disjoncteurs.

Volts
Comme l'air, l'eau, ou le gaz, l'électricité peut être mise sous pression. Mais au lieu d'être mesurée en kilo par mètre carré (k/m^2) celle-ci est mesurée en volts pour l'électricité. La plupart des installations électriques domestiques sont sous une pression de 115 ou 220 volts. Dans la formule de la loi d'Ohm, les volts sont symbolisés par la lettre **U** (tension).

Wattheure
Mesure de la quantité de watts utilisés en 1 heure. Un wattheure équivaut à un watt utilisé par heure. Un kilowattheure est égal à 1 000 watts/heure. Une lampe HID de 1 000 watts utilise à peu près 1 kilowatt par heure et le ballast utilise 100 watts. L'électricité est facturée en kilowattheure (kWh) (voir le tableau « Coût de la consommation électrique », page 105).

Watts
Mesure de travail. Les watts mesurent la quantité d'électricité qui parcourt un câble électrique. Quand les ampères (unité d'électricité par seconde) sont multipliés par les volts (pression), on obtient les watts. (1 000 watts = 1 kilowatt). Dans la formule de la loi d'Ohm, les watts sont symbolisés par la lettre **P**.

Une lampe métal halide qui tire 4,5 ampères x 220 volts = 1 100 watts. Pourtant, la réponse devrait être 990 watts. Qu'est-ce qui cloche ? L'électricité court au travers du ballast qui consomme de l'énergie pour fonctionner. L'énergie tirée par le ballast est donc probablement équivalente à 110 watts.

AVERTISSEMENT

Une lampe HID qui fonctionne sur un circuit en surcharge peut faire sauter les plombs, couper les interrupteurs et brûler les câbles. Elle peut endommager le système HID et déclencher un incendie. La plus grande prudence s'impose.

RÈGLE D'OR

N'utiliser qu'une lampe HID de 600 watts par circuit de 15 ampères.

Les câbles électriques existent en plusieurs épaisseurs ou calibres, indiqués par un chiffre. En Europe, plus le chiffre est important, plus le câble est gros ; plus le chiffre est petit, plus le câble est fin. La plupart des circuits domestiques sont raccordés avec du câble de calibre 3G 1,5 mm^2. Le diamètre du câble est important pour deux raisons : la capacité en ampères et la chute de tension. La capacité en ampères est la quantité d'ampères qu'un câble est capable de conduire en toute sécurité. En parcourant un câble, l'électricité crée de la chaleur. Plus il y a d'ampères qui affluent, plus grande est la production de chaleur. La chaleur est de l'énergie électrique perdue. Pour éviter de perdre de l'énergie, on utilise du câble bien isolé et d'un diamètre adapté, avec un fil de terre.

Le fait d'utiliser un diamètre de câble trop fin provoque également une chute de tension — du voltage (de la tension) se perd dans le câble. Par exemple, si l'on force un câble de calibre 3G 0,75 mm² à conduire du 9,2 ampères à 220 volts, il va non seulement surchauffer, peut-être même faire sauter les plombs, mais en plus la tension de 220 volts peut descendre jusqu'à 198 volts 3 mètres plus loin. Pourquoi payer plus qu'il n'est nécessaire ? Le ballast et la lampe fonctionnent moins efficacement lorsque moins de volts sont disponibles. Une lampe conçue pour fonctionner sur du 220 volts et qui n'en reçoit que 198 (90 % de la puissance prévue) ne génère plus que 70 % de la quantité normale de lumière. Plus la distance parcourue par l'électricité est grande, plus la chaleur générée est importante et la chute de tension conséquente.

Il est conseillé d'utiliser au moins du câble de calibre 3G 1,5 mm² pour toute extension câblée et plutôt du calibre 3G 2,5 mm² si le câble doit conduire le courant sur plus de 18 mètres.

INFO TECHNIQUE

Une chute de tension de 10 % peut provoquer une baisse de 30 % de la luminosité.

Si l'électricité voyage sur une distance supérieure à 3 mètres, une chute de tension se produit. Plus la distance est grande et plus la chute de tension est importante. Lorsque la tension (volts) est faible, les ballasts fonctionnent en sous-régime et la lumière est moins intense.

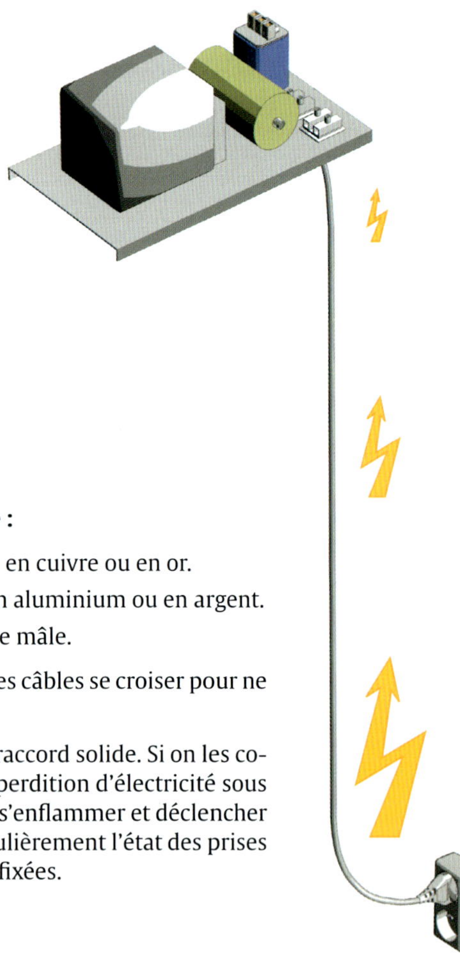

Les fils sont généralement (en Europe) :

- Marron = Phase.
- Bleu = Neutre.
- Jaune ou vert = Terre.

Pour raccorder une douille ou une prise :

- Le câble de phase se raccorde à la vis en cuivre ou en or.
- Le câble neutre se raccorde à la vis en aluminium ou en argent.
- Le câble de terre se raccorde à la fiche mâle.

Il faut bien prendre soin de ne pas laisser les câbles se croiser pour ne pas créer de court-circuit.

Les prises et les douilles doivent avoir un raccord solide. Si on les cogne et que l'électricité saute, il y a une déperdition d'électricité sous forme de chaleur, les fiches peuvent alors s'enflammer et déclencher un incendie. Il est conseillé de vérifier régulièrement l'état des prises afin de s'assurer qu'elles sont solidement fixées.

Pour installer un nouveau circuit ou un disjoncteur, il faut faire appel à un électricien, ou suivre à la lettre les conseils donnés dans un livre qui traite de cette question. Installer un nouveau circuit sur un disjoncteur reste relativement simple tandis qu'ajouter un nouveau fusible sur un tableau à fusibles est déjà plus compliqué. Avant d'entreprendre quoique ce soit de cette envergure, il est tout à fait crucial de bien se documenter sur la question et d'en discuter avec des professionnels. Une décharge électrique peut être mortelle.

Consommation électrique

RÈGLE D'OR

Pour tirer le meilleur profit d'une chambre de culture, faire en sorte d'obtenir le meilleur poids de récolte par watt consommé, sachant que les lumens par watt sont le facteur limitant.

COÛT DE LA CONSOMMATION ÉLECTRIQUE D'UNE LAMPE DE 1 000 WATTS EN PHASE DE CROISSANCE OU DE FLORAISON

TARIF HORAIRE PAR KWH		FLORAISON 12 HEURES/ JOUR		CROISSANCE 18 HEURES/JOUR	
		JOUR	MOIS	JOUR	MOIS
Professionnel heures creuses	0,04 €	0,48 €	14,40 €	0,72 €	21,60 €
Particulier heures creuses	0,06 €	0,72 €	21,60 €	1,08 €	32,40 €
Professionnel heures pleines	0,07 €	0,84 €	25,20 €	1,26 €	37,80 €
Particulier heures pleines	0,10 €	1,20 €	36 €	1,80 €	54 €

Il existe de nombreuses façons de maintenir la consommation électrique dans les limites du raisonnable. Un horticulteur a emménagé dans une maison équipée d'une cheminée mais chauffée par des convecteurs électriques. Au sous-sol, il a installé trois lampes HID générant une quantité non négligeable de chaleur. Il a ensuite dispersé celle-ci via un ventilateur commandé par un thermostat/hygrostat. Il a éteint tous les chauffages électriques, installé un insert dans sa cheminée et s'est mis à chauffer la maison au bois. Même avec les trois lampes consommant 3 kilowatts par heure à elles seules, sa facture d'électricité a baissé. Les factures électriques sont contrôlées et établies par ordinateur. La consommation électrique mensuelle des 12 derniers mois est présentée sous forme de graphique à barres. Cette présentation met en évidence toute fluctuation dans la consommation électrique.

Un appartement de 1 à 3 pièces peut facilement alimenter deux à trois lampes de 600 watts tandis qu'un 4 pièces peut en alimenter trois à cinq. Un nombre supplémentaire de lampes nécessite généralement l'installation de nouveaux circuits électriques sous peine de sévèrement limiter les circuits électriques déjà existants.

INFO TECHNIQUE

Une lampe de 600 watts par pièce consomme moins d'électricité qu'un chauffage électrique d'appoint.

La consommation électrique et le nombre d'individus qui vivent dans une maison sont proportionnels. Une augmentation de la consommation électrique est souvent normale. Par exemple, la consommation électrique augmente toujours avec l'arrivée d'un enfant ou d'un nouvel habitant dans une maison. Utiliser une chaudière, une cuisinière ou encore un chauffe-eau à gaz ou à bois fait toujours baisser le montant de la facture électrique. Des amis ont investi dans un chauffe-eau électrique neuf et performant et ont économisé 17 euros par mois. Ce simple changement leur a permis d'ajouter une lampe de 600 watts. Une horticultrice a réglé son chauffe-eau sur 55°C au lieu de 76. Ce simple réglage lui a fait économiser 25 kWh par mois.

AVERTISSEMENT

Il ne faut pas abaisser la température d'un chauffe-eau électrique en dessous de 55°C, car des bactéries pathogènes pourraient s'y développer.

INFO TECHNIQUE

On peut utiliser un régulateur de tension pour diminuer la consommation électrique de 40 %.

Générateurs

Les générateurs sont populaires chez ceux qui vivent loin de tout et qui n'ont pas l'électricité. Les facteurs à prendre en considération lors de l'acquisition d'un générateur sont la fiabilité, l'ampérage et le bruit.

Un générateur s'achète neuf. Il doit être équipé d'un système de refroidissement à eau et être complètement automatique. Toutes les grandes marques sont fiables, mais il faut vérifier le bruit qu'un générateur fait avant de l'acheter. Il faut veiller à en acheter un suffisamment puissant pour l'usage que l'on veut en faire. Une petite marge est nécessaire. Il faut que le générateur puisse fournir à peu près 1 300 watts par lampe de 1 000 watts. Le ballast, de même que les câbles, etc., consomme quelques watts. Un générateur de 5 500 watts alimentera quatre lampes sans problème.

Les générateurs qui tournent au diesel sont plus économiques mais sont aussi très bruyants et dégagent une fumée toxique. Il est important de veiller à ce qu'un générateur à essence soit correctement ventilé. Les gaz d'échappement contiennent du monoxyde de carbone, toxique pour les humains, les animaux et les plantes. Les gaz qui sortent du pot d'échappement doivent être évacués.

Le moteur du générateur à essence peut être converti de manière à fonctionner au propane, combustible beaucoup plus propre et dont les gaz d'échappement peuvent être utilisés comme source de CO_2. Un moniteur de contrôle de gaz carbonique devrait être utilisé pour mesurer la composition de ces gaz d'échappement avant de les recycler comme source de CO_2.

Les générateurs au diesel, utilisés pour les frigidaires de train ou de bus, sont faciles à acquérir et durent des années. Une fois installé, un gros générateur peut facilement alimenter toute une maisonnée ou une ferme, y compris un jardin d'intérieur. Les ferrailleurs ont parfois de vieux bus dans lesquels on peut récupérer un de ces générateurs. Avec une bonne bouche d'aération pour l'évacuation des gaz et une bonne insonorisation du moteur, le bruit ne pose généralement pas de problème. L'insonorisation est un peu compliquée à réaliser mais très efficace. Les gaz doivent pouvoir se dissiper librement dans l'atmosphère.

Un générateur exige beaucoup d'entretien et doit tourner au minimum 12 heures par jour. Il a besoin d'être alimenté en essence et d'être bien entretenu.

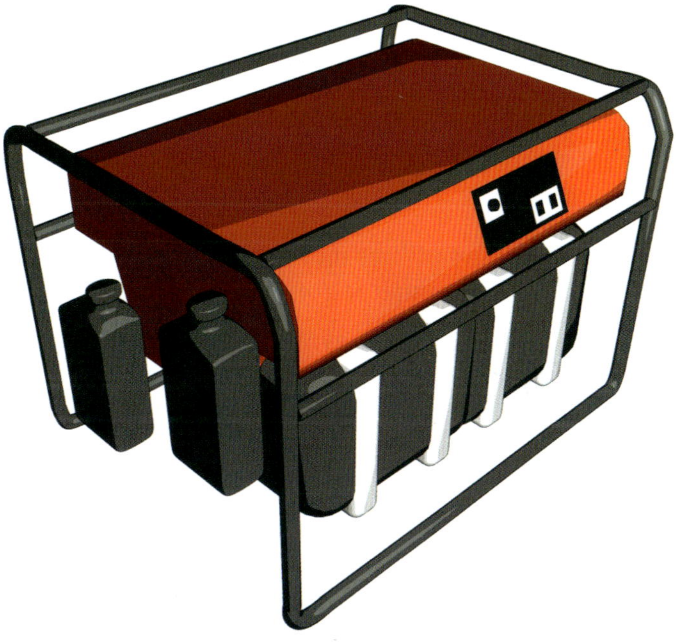

Pour ceux qui vivent loin de tout, les générateurs apportent une autonomie précieuse. Certains modèles sont si bruyants qu'il faut les entourer d'un caisson d'isolation phonique.

Timers (minuteurs)

Un *timer* est un investissement peu coûteux qui sert à programmer l'heure à laquelle une lampe ou autre appareil électrique s'allume et s'éteint chaque jour. Par exemple, un *timer* peut être programmé pour allumer une lampe à 8 h du matin et l'éteindre à 20 h. Le *timer* assure une parfaite régularité de la durée (et de l'horaire) d'éclairage dont les plantes bénéficient chaque jour.

Il est préférable d'investir dans un *timer* professionnel équipé d'une prise de terre et dont l'ampérage est satisfaisant par rapport à l'usage que l'on compte en faire. Les *timers* qui contrôlent plus d'une lampe coûtent plus chers car ils nécessitent une plus grande puissance. Des *timers* déjà raccordés sont disponibles dans les magasins qui vendent des lampes HID. Dans sa version la plus simple, le *timer* ne sert qu'à la programmation des lampes. Ajouter une pompe, un chauffage, un ventilateur, etc. augmente l'ampérage nécessaire et peut causer une surcharge du circuit électrique.

L'horticulteur s'informera toujours du nombre de lampes (watts) que le *timer* peut supporter. Ecotechnics propose un *timer* cyclique idéal pour programmer de courtes séquences.

Le tableau de contrôle (ici en bleu) permet d'exercer une gestion permanente de tous les dispositifs électriques de la chambre de culture.

Certains tableaux contiennent plusieurs timers *permettant de programmer tous les appareils électriques nécessaires dans une chambre de culture.*

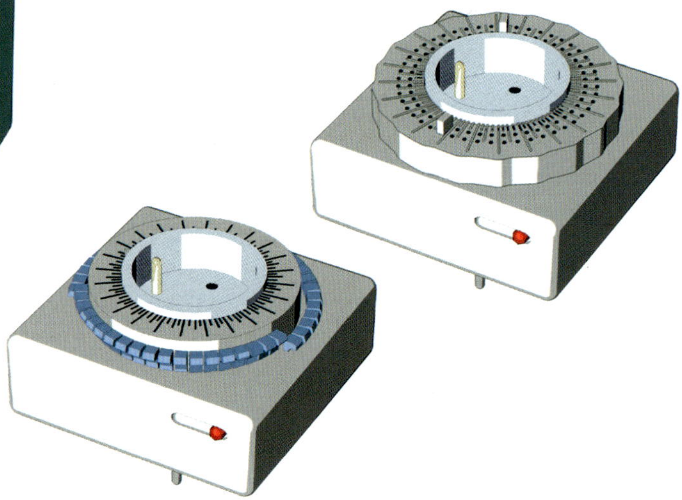

De nombreux timers *sont disponibles dans les magasins d'articles pour la culture en intérieur.*

Désormais, les cultures peuvent être contrôlées par ordinateur.

Culture assistée par ordinateur

De nos jours, les instruments de contrôle des cultures par ordinateur sont accessibles aux horticulteurs. L'un des tableaux de contrôle climatique les plus intéressants, compatible avec le système Microsoft® Windows™, coûte moins de 1 000 euros. Les horticulteurs qui souhaitent simplement éclairer leur espace de culture à l'aide d'une ou deux lampes HID de 400 watts n'ont évidemment pas besoin d'installer un système de contrôle assisté par ordinateur.

Le tableau de contrôle assisté par ordinateur est relié à des sondes réparties de manière stratégique dans la chambre de culture, qui mesurent tout — l'eau, la température, l'humidité, le CO_2, les teneurs en nutriments, les cycles d'éclairage, le taux d'hydratation, etc., ce qui permet de les contrôler de minute en minute. On peut utiliser les données rassemblées de manière à optimiser chacun des facteurs qui influencent la croissance des plantes. Les récoltes qui en résultent sont impressionnantes.

Certains horticulteurs incluent le bruit et le mouvement détectés par les caméras pour gérer leur chambre de culture, et en interdisent l'accès à toute personne étrangère en installant une serrure magnétique qui fonctionne avec une clé type carte de crédit.

Pour exercer un contrôle de culture par ordinateur, il suffit de raccorder un ordinateur classique à un tableau de contrôle climatique. Auparavant, ces systèmes ne pouvaient que mesurer et contrôler la qualité de l'air ou de la solution nutritive. Dorénavant, ils peuvent mesurer et contrôler tous les paramètres qui influent sur la croissance des plantes. L'information enregistrée est facile à relever et à interpréter en vue d'une amélioration des pratiques culturales.

Des électrodes et des sondes de la taille d'un petit crayon, installées en divers points de la chambre de culture, relèvent la température, le taux d'humidité, la teneur en CO_2, etc. Ces électrodes transmettent l'information au tableau de contrôle climatique, lui-même raccordé à l'ordinateur où un logiciel fonctionnant sous Windows™ interprète et compile les données. Le logiciel envoie des instructions aux divers instruments de contrôle (via le tableau de contrôle climatique) — extracteur, ventilateur, humidificateur, déshumidificateur, chauffage — qui régulent les conditions climatiques en permanence.

Le logiciel interprète les données et les retranscrit sous forme de graphique, de statistiques ou autre synthèse. On peut ainsi conserver en mémoire tout l'historique d'une plantation. Le logiciel rassemble et enregistre toutes ces informations. En mettant en relation dans le temps la température, l'humidité et le CO_2, on peut facilement observer comment ces facteurs interagissent. Par exemple, l'extracteur se met en route quand l'humidité augmente. Or l'humidité augmente pendant une courte période avant que l'extracteur se mette en route, et cette « période de stress » ralentit la croissance.

Un thermostat met en route l'extracteur qui fonctionne jusqu'à ce que la température souhaitée soit atteinte.

Les tableaux de contrôle climatiques, munis de plusieurs voyants lumineux, compteurs et prises, contrôlent la chambre de culture et peuvent être raccordés à un ordinateur via un port RS-232. Le tableau de contrôle climatique est muni de prises sur lesquelles on peut brancher un extracteur, un ventilateur, des pompes, un distributeur de CO_2, un chauffage, un testeur de pH et un testeur d'EC ainsi qu'un humidificateur. Il suffit de programmer les paramètres souhaités et, commandé par le logiciel, le microprocesseur transmet l'information au tableau de contrôle climatique qui contrôle les différents appareils.

Le modèle GHC-3 des tableaux de contrôle de Green Air gère les teneurs en nutriments par le biais de sondes qui mesurent l'EC et le pH. Si besoin est, la pompe est activée. En raccordant ce tableau de contrôle climatique à un ordinateur, on peut obtenir en temps réel des graphiques et autres types de synthèses. Les ajustements peuvent être faits soit directement sur le tableau de contrôle GHC-3 soit par le biais de l'ordinateur. Les logiciels qui fonctionnent sous Windows™ permettent de programmer et de contrôler tous les paramètres avec une simplicité enfantine.

ÉTAPE PAR ÉTAPE

Installer l'éclairage HID

1. Avant d'installer le système HID, lire la section « Installer la chambre de culture » (pages 20-22) et suivre les instructions étape par étape.

2. La lampe et le ballast dégagent tous deux pas mal de chaleur. Il faut veiller à les placer à une distance d'au moins 15 à 30 cm des plantes, des murs ou encore du plafond. Sans cette distance minimale de sécurité, la lampe et le ballast pourraient déclencher un incendie. Si l'espace est petit ou bas de plafond, il faut le couvrir d'un matériau non inflammable. Une plaque de métal entre la lampe et le plafond empêchera celui-ci de prendre feu. Dans quasiment toutes les chambres de culture, un extracteur est nécessaire pour tempérer la chaleur. Le meilleur emplacement pour un ballast est le plus près possible du sol. La chaleur qu'il dégage pose moins de problème s'il est placé le plus bas possible (mais pas à même le sol car il craint l'eau). On peut aussi le placer en dehors de la chambre de culture s'il y fait trop chaud. En accrochant la ou les lampes, veiller à ce que les fils électriques ne soient ni emmêlés ni à proximité d'une source de chaleur.

3. Un bon horticulteur en intérieur ne saurait se passer d'un bon *timer*. Si la photopériode est soumise à des fluctuations, la chambre de culture sera pleine de plantes déboussolées et la récolte sera pitoyable. Un *timer* correct ne coûte pas cher.

4. Pour brancher la lampe HID, il faut trouver la prise adéquate. Une lampe de 1 000 watts tire 10,3 ampères sur un courant domestique classique de 220 volts.*

5. Il faut toujours brancher la lampe sur une prise de terre. Si la pièce n'est pas équipée de prises de terre, il vaut mieux faire le nécessaire pour en installer une. Il faudra raccorder le fil de terre à un objet en métal relié à la terre comme un tuyau de canalisation ou un piquet en cuivre planté dans la terre. On est toujours amené à manipuler de l'eau à proximité du système HID. L'eau conduisant l'électricité presque aussi bien que le corps humain, la décharge est garantie.

6. Une fois que le bon circuit est choisi, que la douille et le réflecteur sont montés et que le ballast est en place près du sol (mais pas encore branché), on visse l'ampoule HID bien serrée dans la douille, mais sans forcer. Une fois l'ampoule bien vissée, il faut l'essuyer pour qu'elle soit plus lumineuse.

7. On branche la prise, munie d'une fiche terre, dans le *timer* en position Arrêt. On branche ensuite le *timer* sur la prise de terre et on programme la photopériode désirée. Il ne reste plus qu'à allumer le *timer* et, oh miracle, le ballast se met à ronronner tandis que la lampe clignote et préchauffe pour atteindre sa pleine intensité au bout de 5 minutes.

*En général, une habitation est équipée d'un tableau électrique qui abrite des fusibles ou des disjoncteurs. Chaque fusible contrôle l'un des circuits électriques. Les fusibles sont chiffrés en 10, 15, 20, 25, 30 ou 40 ampères. Les circuits sont considérés en surcharge quand plus de 80 % des ampères sont utilisés (voir, page 99, « Limite d'utilisation du circuit électrique »). Le fusible a son ampérage marqué sur le cylindre tandis que l'ampérage des disjoncteurs est indiqué sur l'interrupteur.

Une chambre de culture type comprend un ballast relié à une lampe munie de son réflecteur et un ventilateur qui brasse l'air happé hors de la pièce par un extracteur.

Pour trouver quelles prises sont contrôlées par un fusible ou un disjoncteur, on retire le fusible (ou on éteint le disjoncteur). On teste ensuite une à une toutes les prises de la maison pour trouver celles qui ne sont plus alimentées en électricité. Toutes les prises qui ne marchent plus sont sur ce circuit. Une fois que l'on a trouvé un circuit qui alimente peu ou pas de lumières, radios, TV, stéréos, etc., on en regarde l'ampérage. S'il indique 15 ampères, on ne branche qu'une lampe HID dessus. Une marge de sécurité de 4,7 ampères est là pour couvrir toute surtension ou fantaisie du courant électrique. Si le circuit a un ampérage de 20 ou plus, il peut être utilisé pour la lampe HID et un néon ou autre appareil de faible ampérage. Pour savoir combien d'ampères sont utilisés par chaque appareil, on additionne le nombre de watts de chacun d'entre eux puis on divise par 220 volts.

Exemple, un circuit de 15 ampères, alimentant les articles suivants :

- Un four de 1 400 watts.
- Une ampoule à incandescence de 100 watts.
- Une radio de 20 watts.
- Au total, 1 520 watts que l'on divise par 220 volts = 6,9 ampères utilisés.

Dans cet exemple, quand tout est allumé en même temps, 6,9 ampères sont utilisés. En ajoutant 10,3 ampères tirés par une lampe HID supplémentaire, on obtient un total de 17,2 ampères. Le circuit est donc en surcharge. Trois solutions s'offrent alors :

- Retirer un ou tous les appareils à gros ampérage et les brancher sur un autre circuit.
- Trouver un autre circuit sur lequel peu ou pas d'ampères sont tirés par d'autres appareils électriques.
- Installer un nouveau circuit.

Il ne faut jamais mettre un fusible de plus grand ampérage que celui indiqué sur l'interrupteur. Le fusible doit être le chaînon faible du circuit. Si un fusible de 20 ampères est placé sur un circuit de 15 ampères, le fusible sera capable de conduire plus d'électricité que le câble. En cas de court-circuit ce sera donc le câble qui grillera au lieu du fusible.

Si le cordon d'alimentation n'est pas assez long pour être branché sur la prise prévue, il faut utiliser une rallonge de calibre 3G 2,5 mm^2. Ce type de rallonge est plus difficile à trouver et il se peut qu'il faille la fabriquer. Une rallonge de plus petit calibre (3G 1,5 mm^2) ne conduira pas l'électricité de façon adéquate et surchauffera. Il faut prendre soin de couper la rallonge à la bonne longueur car plus grande sera la distance parcourue par l'électricité et plus celle-ci sera faible et génèrera de chaleur, ce qui met aussi le système à rude épreuve.

Pour ceux qui souhaitent cultiver quelques plantes en intérieur mais qui reculent devant la complexité de la mise en œuvre, il existe un nombre croissant de chambres de culture intégrées prêtes à l'emploi, faciles à monter, étanches à la lumière et d'entretien facile, comme la BudBox™, la DarkRoom™, ou la HomeBox™.

3 Supports de culture et conteneurs

Mélange de particules minérales et de matière organique aussi bien vivante que morte, la terre contient de l'eau et de l'air. Trois facteurs sont essentiels au bon développement des racines dans un sol : la texture, le pH (équilibre acido-basique) et la teneur en nutriments.

La texture d'une terre résulte de la taille et des caractéristiques physiques des particules minérales qu'elle contient. Sa texture doit être propice à une bonne pénétration des racines, à une rétention et un drainage adéquats de l'eau et de l'oxygène, ainsi qu'au bon déroulement de multiples réactions biologiques. Les sols argileux sont constitués de particules très fines. Quand un sol argileux prend l'eau, ces particules s'agglutinent les unes aux autres, ce qui a pour effet de ralentir, ou même d'empêcher complètement, la pénétration de l'eau et des racines. Le sol contient si peu d'oxygène que les racines étouffent. L'eau pénètre très difficilement dans ces sols tassés, et lorsqu'elle y parvient, le drainage se fait très lentement. Les sols sablonneux, en revanche, sont composés de particules beaucoup plus grosses, qui permettent une bonne aération (apport d'eau et d'oxygène) ainsi qu'un bon drainage. Par contre, ils requièrent un arrosage très fréquent, car la rétention d'eau est mauvaise. La capacité d'un sol à retenir l'eau et l'air est fonction de la texture du sol ; il en va de même pour la pénétration des racines.

Pour connaître la texture d'un sol, on prend dans la main un peu de terre humide (et non pas détrempée) et on la serre doucement. Elle doit avoir une consistance légèrement élastique, sans pour autant rester d'un seul bloc lorsqu'on rouvre la main. Pour la culture en intérieur, les sols qui ne correspondent pas à ces critères doivent être jetés ou amendés (voir, pages 127-132, « Amendements »).

pH du support

Le pH est une échelle de mesure allant de 1 à 14 qui sert à évaluer l'équilibre acido-basique. 1 est le plus acide, 7 est neutre et 14 est le plus alcalin (ou basique). Chaque point de la graduation représente un écart à la puissance 10 en concentration d'ions vers plus ou moins d'acidité ou de basicité. Par exemple, un sol ou une eau de pH 5 est 10 fois plus acide qu'un sol ou une eau de pH 6. Une eau de pH 5 est 100 fois plus acide qu'une eau de pH 7. Étant donné cet écart de puissance 10 entre chaque point de la graduation, il est facile de comprendre combien la mesure et le contrôle précis du pH sont essentiels à la santé d'un jardin.

Les plantes annuelles à croissance rapide poussent mieux dans un sol au pH compris entre 6,5 et 7. Un pH à l'intérieur de cette fourchette favorise une meilleure absorption et transformation des nutriments. Si le pH est trop bas (acide), les sels acides se lient chimiquement aux nutriments, ce qui entrave leur absorption par les racines. Il en va de même avec un sol au pH élevé, donc alcalin. Une accumulation toxique de sels limite également l'absorption d'eau par les racines et pose de sérieux problèmes. Les solutions hydroponiques sont plus efficaces avec un pH compris entre 5,8 et 6,8, c'est-à-dire un peu plus faible que celui recommandé pour la terre. Certains horticulteurs déclarent n'avoir aucun problème d'absorption des nutriments même avec un pH plus acide.

On mesure le pH à l'aide d'un test réactif colorimétrique, du papier spécial pH, ou encore un testeur de pH électronique, tous disponibles dans la plupart des jardineries. Pour tester le pH d'un sol, il est conseillé de prélever deux ou trois échantillons et de suivre les instructions du fabricant à la lettre. Les tests réactifs vendus pour mesurer le pH et les principaux nutriments du sol s'utilisent en mélangeant une solution chimique à un échantillon de terre dilué dans un peu d'eau et en comparant la couleur obtenue avec l'échelle chromatique fournie. En général, ces tests sont trop compliqués à utiliser pour qu'un jardinier novice puisse obtenir des mesures précises. La comparaison de la couleur de la solution avec celles de l'échelle chromatique laisse souvent des doutes. Ceux qui souhaitent utiliser ces tests doivent s'assurer qu'un mode d'emploi clair est fourni et demander conseil au vendeur sur la marche à suivre.

Pour faire un test avec du papier pH, on prélève des échantillons représentatifs du sol. On place les échantillons dans un bocal propre avec un peu d'eau distillée. On plonge ensuite deux bandelettes de papier pH dans l'eau terreuse, on attend une dizaine de secondes puis on retire une des deux bandelettes. On patiente une minute de plus avant de retirer l'autre bandelette. Les deux bandelettes doivent révéler la même couleur. Sur la boîte qui contient le papier pH est indiquée l'échelle chromatique correspondant aux différents pH. Il suffit donc de comparer la couleur des bandelettes avec celles qui figurent sur la boîte. Le papier donne une mesure du pH dans une fourchette de un point (un pH de 6,2 donnera la même couleur qu'un pH de 6,8). Le résultat ne sera pas fiable si le test est réalisé avec une eau au pH acide ou basique, ou encore si un engrais liquide contenant un agent colorant de traçabilité a été utilisé.

Les testeurs de pH électroniques sont économiques et pratiques. Les modèles bas de gamme sont suffisamment fiables pour ce type d'utilisation. Il faut faire attention à ce que la terre soit humide quand on mesure le pH avec un testeur électronique. L'appareil mesure le courant électrique entre deux sondes et si la terre est sèche, les sondes ne peuvent pas donner une mesure précise. Les testeurs de pH électroniques sont préférables aux kits réactifs ou au papier pH car ils sont plus précis, plus pratiques et plus économiques à long terme. Un testeur de pH électronique peut mesurer le pH des milliers de fois tandis que les kits réactifs ne sont valables que pour une douzaine de tests. Il existe même des testeurs de pH électroniques qui mesurent le pH d'une solution en continu.

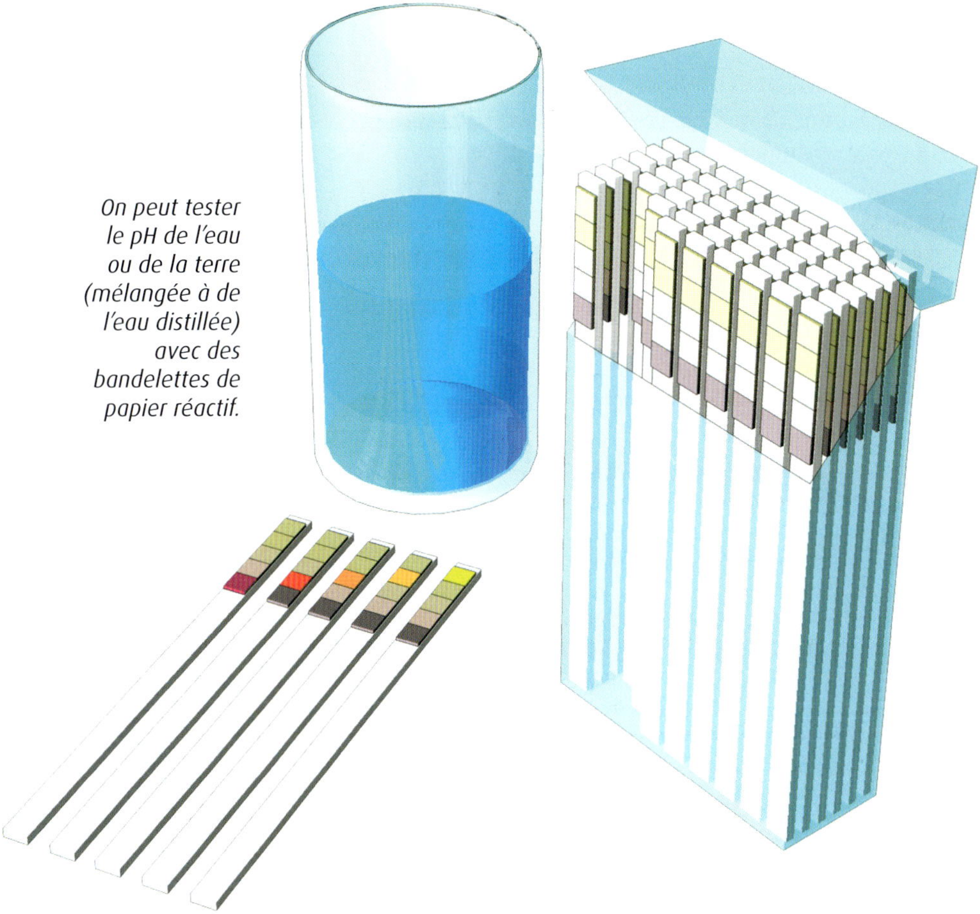

On peut tester le pH de l'eau ou de la terre (mélangée à de l'eau distillée) avec des bandelettes de papier réactif.

RÈGLE D'OR

Tester d'abord le pH de l'eau du réseau (au robinet), puis celui de la solution nutritive (après ajout d'engrais) et enfin celui de l'eau qui s'écoule du support de culture.

POUR MESURER PRÉCISÉMENT LE pH AVEC UN TESTEUR ÉLECTRONIQUE

→ Arroser la terre avec de l'eau distillée ou de pH neutre avant d'effectuer les mesures.

→ Tasser la terre autour des sondes.

→ Nettoyer les sondes du testeur après chaque mesure et les essuyer pour éviter la corrosion.

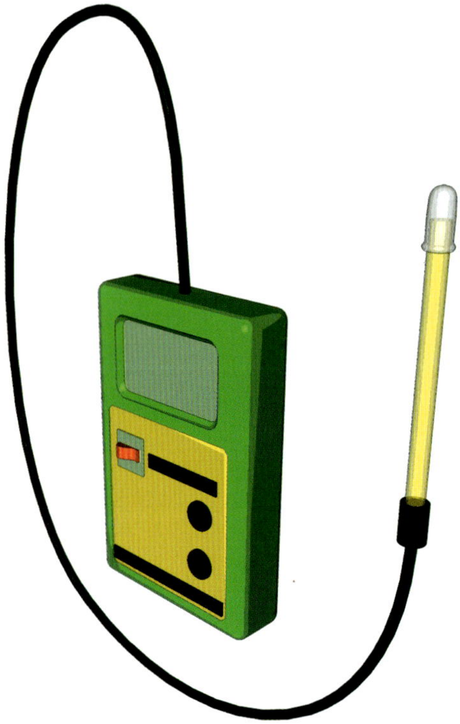

Les testeurs de pH électroniques sont préférables aux kits réactifs car ils sont plus précis, plus pratiques et plus économiques à long terme.

Il faut toujours commencer par mesurer le pH de l'eau du réseau de distribution. Sous les climats secs comme ceux que l'on trouve dans le désert du sud-ouest américain, en Espagne, en Australie, etc., l'eau du réseau est souvent alcaline (pH > 7) tandis que celle des régions pluvieuses comme le nord-ouest de l'Amérique du Nord, le Royaume-Uni ou les côtes du Nord de l'Europe, est souvent acide (pH < 6). Des arrosages répétés avec une eau au pH trop élevé, ou trop bas, finissent par modifier le pH du support de culture, surtout s'il s'agit d'une terre qui a reçu un amendement organique.

Les conditions climatiques peuvent elles aussi modifier le pH de l'eau d'irrigation. Par exemple, le pH peut devenir plus acide à la fin de l'automne lorsque les feuilles mortes tombent et se décomposent. Les grandes municipalités surveillent et corrigent le pH de l'eau de distribution. Les problèmes relatifs à la qualité de l'eau sont donc rares, mais il est prudent de rester attentif aux changements environnementaux majeurs qui seraient susceptibles d'altérer le pH de l'eau. Vérifier le pH de l'eau au moins une fois par semaine.

Les plantes annuelles à croissance rapide poussent dans la plupart des sols, mais prospèrent quand le pH est compris entre 6,5 et 7. Les terreaux de rempotage du commerce n'ont presque jamais un pH supérieur à 7,5. Un pH inférieur est plus courant ; il peut même descendre jusqu'à 5,5. On trouve dans les jardineries des terreaux de rempotage qui ont un pH équilibré et proche de 7. Cependant, la plupart des terreaux de rempotage ont tendance à être acides. La façon la plus simple de tamponner cet excès d'acidité consiste à mélanger 1 tasse de fleur de chaux dolomitique à 30 litres de terreau de rempotage. Il faut prendre soin de bien mélanger la chaux à la terre sèche. On mélange à nouveau le tout dans le bac après avoir arrosé.

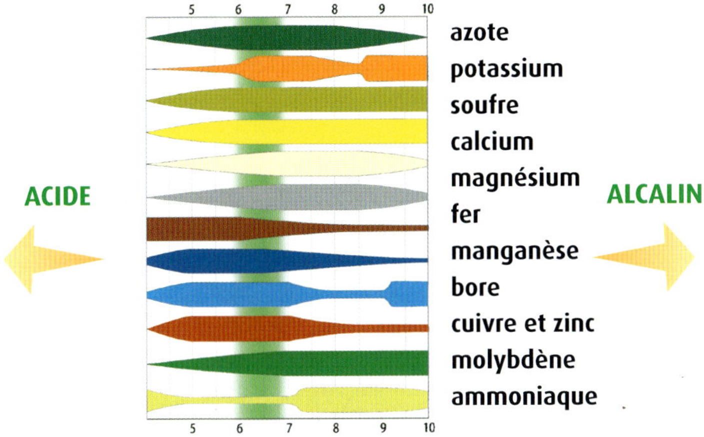

L'assimilation des nutriments est fonction du pH. La zone de sécurité se situe entre 5,8 et 6,8.

INFO TECHNIQUE

Utiliser une eau dont le pH est supérieur à 6 pour prévenir l'acidification excessive de la solution nutritive.

Certains horticulteurs étalent au fond des bacs une couche de charbon de bois destinée à absorber les sels en excès et à conserver un sol sain lorsque les plantes sont cultivées pendant une durée excédant quelques mois.

Chaux hydratée

Encore nommée chaux calcitique (CL), elle ne contient que du calcium, pas de magnésium. Comme l'appellation hydratée le suggère, elle est soluble dans l'eau et modifie rapidement le pH du sol. Il faut la dissoudre dans de l'eau chaude et en mettre à chaque arrosage pour obtenir le résultat le plus rapide possible. De nombreux horticulteurs utilisent un mélange de 1/4 de tasse de chaux hydratée (CL) et 3/4 de tasse de chaux dolomitique (DL). La chaux hydratée est immédiatement disponible tandis que la dolomite, dont l'action est plus longue, stabilise le pH à long terme. Ne pas utiliser plus d'une demi-tasse de chaux hydratée pour 30 litres de terre ; sa rapidité d'action pourrait devenir toxique et retarder la croissance des plantes, ou même les tuer. L'avantage de cette chaux est qu'elle disparaît du sol en 2 semaines. On peut l'éliminer plus vite en lessivant la terre avec de grandes quantités d'eau. La chaux calcitique est aussi utilisée comme fongicide pour les chambres de culture. On en répand sur le sol et un peu partout. Les moisissures meurent à son contact.

Il ne faut surtout pas utiliser de chaux vive ; elle est toxique pour les plantes.

On peut rehausser le pH du support de culture ou de l'eau d'irrigation en y ajoutant une substance alcaline comme le carbonate de calcium, l'hydroxyde de potassium ou l'hydroxyde de sodium. Les deux hydroxydes sont caustiques et requièrent une attention particulière lors de la manipulation. Ces composés sont généralement utilisés pour rehausser le pH des solutions nutritives en hydroponie mais peuvent aussi être utilisés pour équilibrer les solutions nutritives acides utilisées dans une culture en terre. Ajouter de la chaux dolomitique (DL) et de la chaux calcitique (CL) avant de planter reste le moyen le plus simple de rehausser et équilibrer le pH de la terre.

Les coquilles d'œufs, d'huîtres et autres coquillages pulvérisés, ainsi que les cendres de bois, ont un pH élevé (alcalin) et rehaussent le pH de la terre. Les coquilles d'œufs et d'huîtres mettent longtemps à atteindre un stade de décomposition suffisant pour modifier le pH. Les cendres de bois ont un pH compris entre 9 et 11 et il ne faut pas en abuser. Les cendres sont souvent recueillies dans les cheminées ou des poêles à bois où l'on a brûlé toutes sortes de déchets, ce qui les rend peu fiables. N'utiliser que des cendres de bois dont on connaît l'origine, le pH et la composition.

Les terreaux de rempotage et les supports inertes que l'on trouve dans le commerce sont généralement acides. Il est très rare que l'on ait besoin d'abaisser leur pH.

INFO TECHNIQUE

Pour hausser le pH d'un point (par exemple passer de 5 à 6), ajouter 3 tasses de fleur de chaux dolomitique à 30 litres de terre. Pour une action plus rapide, utiliser 2,5 tasses de chaux dolomitique (DL) et 0,5 tasse de chaux calcitique (CL).

Les engrais sont naturellement acides et font baisser le pH du support de culture. Le soufre abaisse le pH mais il est d'usage difficile. Le mieux est d'utiliser un acide. Ajouter du vinaigre d'alcool, dit vinaigre blanc (il est transparent), à raison d'une cuillère à thé (5 ml) pour 4 litres d'eau d'irrigation – ou mieux, du jus de citron, qui n'agresse pas les racines. Laisser reposer quelques minutes avant de vérifier de nouveau le pH. Il doit descendre d'un point entier. Si ce n'est pas le cas, ajouter à nouveau du jus de citron en petites quantités. Avec le vinaigre, il arrive souvent que le pH remonte pendant la nuit, il faut donc le vérifier de nouveau le jour suivant. Les horticulteurs en hydroponie utilisent de l'acide phosphorique et de l'acide nitrique pour abaisser le pH. Il est indispensable d'être très attentif au pH et de le modifier au besoin. Après avoir ajusté le pH, on le contrôle de nouveau quelques heures plus tard, puis le jour suivant, et une ou deux fois dans la semaine pour s'assurer qu'il reste stable. Le nitrate de calcium est aussi utilisé, mais plus rarement.

L'aspirine abaisse le pH mais, selon certains, elle peut entraîner l'apparition de plantes hermaphrodites.

RÈGLE D'OR

Changer la terre au lieu de chercher à la modifier si son pH est inférieur à 6 ou supérieur à 8.

Fleur de chaux dolomitique (DL)

C'est le stabilisateur de pH favori des horticulteurs depuis des années. Il est difficile d'en mettre trop tant qu'elle est bien mélangée à la terre. La dolomite a un pH neutre, proche de 7, et ne peut jamais faire monter le pH au-dessus de 7. Elle stabilise donc le pH en toute sécurité. On rééquilibre les sols trop acides en mélangeant de la dolomite à la terre avant de planter. Cela aide à maintenir un pH stable, mais il faut tout de même corriger le pH des engrais acides avant de les administrer aux plantes. La dolomite, combinaison de magnésium (Mg) et de calcium (Ca), est populaire chez les horticulteurs en intérieur. Néanmoins, contrairement à ce que l'on pourrait croire, elle n'empêche pas l'accumulation toxique de sels minéraux dans le support de culture si l'eau du robinet elle-même est trop chargée ou si la solution nutritive est trop riche en engrais. Une fertilisation adéquate et des rinçages réguliers restent la meilleure prévention contre l'accumulation de sels dans le support de culture. La fleur de chaux dolomitique très fine, si possible réduite en poudre, est préférable car son action est plus rapide. La chaux dolomitique classique peut ne devenir assimilable par les racines qu'au bout d'un an. On prend soin de bien mélanger la fleur de chaux à la terre avant de planter. Mal mélangée, la dolomite se dépose en strates et forme une masse ou une couche qui brûle les racines.

RÈGLE D'OR

Amender la terre avant de planter en y ajoutant 1 tasse de fleur de chaux dolomitique pour 30 litres (30 g pour 4 l) de support de culture afin de stabiliser le pH et l'enrichir en calcium et en magnésium.

Terreaux

Tout frais sorti du sac, un terreau satisfait souvent à toutes les exigences : une texture propice à une bonne pénétration des racines, une rétention d'eau et un drainage satisfaisants, un pH stabilisé aux alentours de 6 et une teneur minimale en nutriments. Les terreaux de première qualité ont une texture suffisamment aérée pour ne pas se tasser trop vite et faciliter le drainage de l'eau. C'est un excellent choix. Les terreaux disponibles chez les pépiniéristes sont élaborés pour retenir l'air et l'eau (grâce à un agent mouillant), bien drainer et favoriser une bonne pénétration des racines. Les terreaux biologiques gagnent en popularité. Ils sont souvent enrichis en matières organiques à teneur élevée en azote comme des déjections de vers de terre (le lombri-compost), du guano d'oiseaux marins ou de chauve-souris.

Le terreau qui n'a jamais servi se laisse plus facilement pénétrer par les racines ; il retient davantage d'air et d'eau tout en drainant mieux.

Étant donné leur poids et le coût du transport, les terreaux disponibles dans le commerce ont souvent été produits dans les environs. Il existe de nombreuses marques de terreaux de première qualité. Se renseigner auprès d'un pépiniériste local pour trouver un terreau adapté aux plantes annuelles à croissance rapide.

Nombreux sont les terreaux suffisamment riches en nutriments pour fournir tous les minéraux nécessaires aux semis, aux boutures ainsi qu'aux plantes rempotées pendant leurs 2 à 4 premières semaines de croissance. Au-delà, une fertilisation supplémentaire (ajout d'engrais) devient nécessaire pour maintenir une croissance rapide et saine. Ajouter de la fleur de chaux dolomitique (DL) pour tamponner et stabiliser le pH. Les oligoéléments contenus dans les mélanges « enrichis » et les supports sans terre sont lessivés par l'arrosage, il faut donc les fournir sous une forme chélatée. Ceux qui pratiquent l'horticulture biologique ajoutent souvent leur propre mélange d'oligoéléments à des terreaux qui contiennent déjà des algues, du guano et des engrais.

Il ne faut pas utiliser du terreau qui a déjà servi pour une plantation. Des micro-organismes indésirables, des insectes nuisibles et autres champignons risquent de s'y développer. Par ailleurs, ce terreau ne contient plus de nutriments, et surtout il a perdu sa capacité de rétention de l'eau et de l'air. Avec le temps, il s'est compacté et draine mal. Certains horticulteurs incorporent du vieux terreau provenant de cultures précédentes au terreau neuf. Ces petites économies leur coûtent généralement plus en perte de production que ce qu'ils ont économisé en terreau.

INFO TECHNIQUE

Certains terreaux contiennent plus de 30 % de pierre ponce ou de perlite, deux supports très légers qui peuvent remonter à la surface ou créer des strates lorsqu'on arrose le terreau avant une plantation. Bien l'humidifier et le mélanger à la main avant d'y installer des plantes.

Compost à champignonnières

Le compost à champignonnières est un terreau de rempotage riche en matières organiques bénéfiques. Il est stérilisé chimiquement avant de servir de support de culture pour les champignons. Une fois la croissance des champignons terminée, on s'en débarrasse. En général, la législation exige qu'il soit mis en jachère pendant 2 ans au moins, le temps que les produits stérilisants dangereux disparaissent. Lorsqu'il est resté en jachère pendant plusieurs années, le compost à champignonnières est très fertile et contient de nombreux micro-organismes bénéfiques qui accélèrent l'assimilation des nutriments. Il semblerait que ce compost de haute qualité stimule les propriétés antifongiques et bactéricides des feuilles et des racines, propriété précieuse dans la prévention des maladies. Il faut toutefois l'amender avec de la perlite pour en améliorer le drainage. Certaines des récoltes les plus abondantes qu'il m'ait été donné de voir avaient poussé sur ce compost.

Supports inertes

Les supports inertes sont des milieux de culture légers et stériles très populaires et bon marché, utilisés dans les pépinières commerciales depuis des décennies. Ces mélanges sont généralement composés d'un ou plusieurs des ingrédients suivants : pierre ponce, perlite, vermiculite, sable, mousse de tourbe et fibre de coco. Les supports inertes prêts à l'emploi que l'on trouve dans le commerce permettent une bonne pénétration des racines et une croissance harmonieuse. La teneur en nutriments, le taux d'humidité et le pH sont faciles à contrôler avec précision dans les supports de culture sans terre.

Les horticulteurs avertis savent que ces supports ont une bonne texture, retiennent l'eau et drainent bien. À moins d'avoir été enrichis, ils ne contiennent pas de nutriments, ont un pH équilibré autour de 6 ou 7 et permettent d'accélérer la croissance des plantes par une fertilisation importante. Comme ils drainent rapidement, on peut les rincer facilement, ce qui permet d'éviter une accumulation toxique de sels minéraux. Se procurer des sacs de supports inertes enrichis et prêts à l'emploi comme Light-Mix®, Coco-Mix®, Coco Peat® (tourbe de coco), ou des supports non enrichis qui permettent d'utiliser des engrais hydroponiques, comme Gardex®. Pour améliorer la capacité du support inerte à drainer l'eau, on ajoute 10 à 30 % de grosse perlite avant de planter. Les nutriments ajoutés aux supports enrichis peuvent suffire à alimenter la croissance des plantes pendant un mois. L'utilisation d'un engrais complet conçu pour la culture hydroponique et contenant des oligoéléments chélatés est toutefois recommandée.

Les divers supports inertes peuvent être achetés séparément et mélangés pour obtenir la texture souhaitée. Il est plus facile de les mélanger à sec. Une fois la mixture sèche préparée, on la mouille en utilisant un agent mouillant, comme du détergent pour la vaisselle, qui a la propriété de diminuer la tension de surface et permet une meilleure pénétration de l'eau et des sprays.

En petites quantités, le mélange sec peut être préparé dans un sac. Les quantités plus volumineuses doivent être mélangées dans une brouette ou sur une dalle de béton. Réaliser soi-même son terreau ou son support inerte est un travail salissant, qui occasionne de la poussière et nécessite un peu de place. Pour diminuer la production de poussière, on peut pulvériser de l'eau à plusieurs reprises pendant la préparation du mélange. Il faut toujours porter un masque protecteur.

La texture d'un support de culture inerte doit être grossière, légère et spongieuse. Ce genre de texture draine efficacement tout en permettant une rétention d'eau et d'air adéquate, ainsi qu'un enracinement de qualité. Les supports inertes de consistance plus fine retiennent davantage l'humidité et conviennent surtout pour les petits pots. Ceux qui contiennent beaucoup de perlite ou de sable drainent plus vite, ce qui les rend plus appropriés à une fertilisation massive sans accumulation de sels minéraux. La vermiculite et la tourbe retiennent l'eau plus longtemps et sont de bons ingrédients pour les petits pots destinés à l'enracinement des boutures et autres cas nécessitant une bonne rétention d'eau.

Le pH de ces supports est généralement proche de la neutralité, aux alentours de 7. Si l'on y incorpore plus de 15 % de tourbe, il faut corriger et stabiliser le pH en y ajoutant de la chaux dolomitique ou blanche.

RÈGLE D'OR

Pour réaliser soi-même son propre support inerte, mélanger les différents ingrédients à sec, si possible en extérieur et en portant un masque.

Vérifier le pH chaque semaine. Les supports inertes sont essentiellement composés de particules minérales qui ne sont pas affectées par une décomposition organique modifiant le pH. Le pH est modifié par les engrais acides ajoutés, et par l'eau si son pH est trop élevé ou trop bas. Mesurer le pH de l'eau qui s'écoule des bacs pour s'assurer que le pH du support n'est pas trop acide.

Cubes d'enracinement et autres supports inertes

Les cubes d'enracinement en laine de roche et ou en tourbe sont des blocs préformés propices à l'enracinement des boutures et au démarrage des semis. Ils facilitent la transplantation et favorisent la formation d'un bon réseau de racines. Les blocs en tourbe sont de la mousse de tourbe compressée, prise dans un filet extensible. Lors de l'arrosage, ces petits disques de mousse gonflent et deviennent des blocs à semis.

On place une graine ou une bouture dans le cube en tourbe réhydratée ou le cube de laine de roche. Si le cube n'a pas de trou pour la plantation, on en fait un avec une baguette ou un gros clou, puis on y insère la graine ou la bouture. On finit en rebouchant le trou par dessus la graine ou autour de la tige, afin de permettre un contact maximal avec le support. En l'espace de 1 à 3 semaines, les racines se développent et apparaissent sous le cube. On coupe le filet qui entoure les pots en tourbe avant que les racines ne s'y emmêlent. Lors de la transplantation, on place le cube de tourbe ou de laine de roche dans un trou préparé au préalable dans un pot plus grand. L'avantage d'utiliser les cubes d'enracinement en laine de roche ou en tourbe est que les plantes n'ont aucun choc de transplantation.

On vérifie tous les jours le taux d'humidité des cubes. Le but est de maintenir une hydratation uniforme tout en veillant à ce qu'ils ne soient pas trop imbibés d'eau non plus. Les cubes d'enracinement, qu'ils soient en laine de roche ou en tourbe, ne contiennent pas de nutriments. Les semis n'en ont pas besoin pour démarrer. On commence à fertiliser les semis au bout de la première semaine et les boutures dès qu'elles ont pris racine.

Le sable grossier, la vermiculite et la perlite fines sont adaptés à l'enracinement des boutures. Le sable et la perlite drainent rapidement et ne sont donc pas susceptibles de rester trop imbibés d'eau. La vermiculite retient l'eau plus longtemps, ce qui facilite l'enracinement des boutures. Un bon mélange est composé d'un tiers de chaque – sable, perlite fine et vermiculite fine. Les mélanges pour semis vendus prêts à l'emploi sous le nom de Light-Mix®, Coco-Mix®, Grow-Mix®, All-Mix®, etc. sont les plus économiques et les plus faciles à utiliser pour l'enracinement des boutures et le démarrage des semis. Les supports inertes permettent aussi un contrôle complet des teneurs en nutriments critiques ou en hormones de bouturage, essentiels à une propagation asexuelle (bouturage).

La laine de roche est un support inerte efficace — mais non biodégradable — qui retient bien l'air et l'eau.

Dès que les racines apparaissent en dessous du bloc d'enracinement, il est temps de transplanter (ici l'horticulteur a attendu un peu trop longtemps).

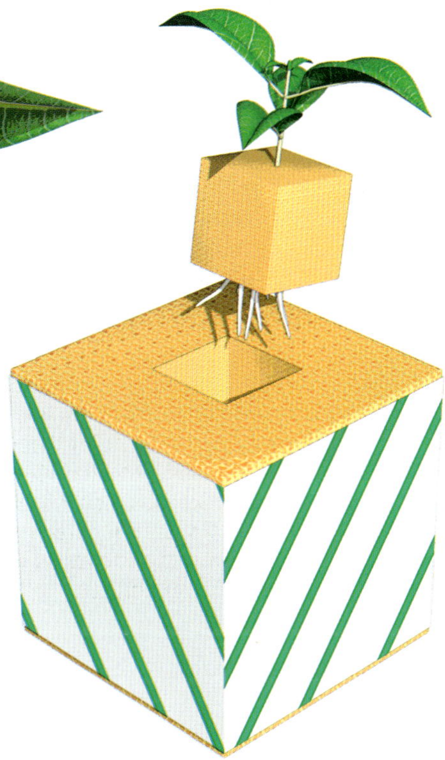

La bouture est transplantée avec son cube d'enracinement dans de la laine de roche, ou dans un autre support.

Température du sol

L'élévation de la température du sol accélère les processus chimiques et l'assimilation des nutriments. Dans l'idéal, la température du support doit être comprise entre 18°C et 24°C pour induire une activité chimique optimale. On peut le chauffer en installant des câbles ou un tapis chauffants. On attache les câbles chauffants à une planche ou une table et on place dessus un tapis pour conduire et répartir équitablement la chaleur. On installe les boutures et les semis dans des plateaux placés sur le tapis. La chaleur accélère la croissance de plusieurs jours.

Les câbles chauffants coûtent moins chers que les tapis chauffants mais il faut disposer d'un tapis pour pouvoir installer les câbles seuls. La plupart des pépiniéristes vendent les câbles tandis que les magasins de culture hydroponique ou d'aquariophilie commercialisent les tapis. En ce qui concerne l'enracinement des boutures, les câbles chauffants garantissent le succès en accélérant le développement des racines.

Les supports froids ralentissent l'absorption de l'eau et des nutriments et entravent la croissance. Les horticulteurs arrosent souvent les plantes à l'excès alors que le sol est trop froid ou que la température de la chambre de culture baisse de façon inattendue, ce qui a pour effet d'entraver la croissance. Des pots posés à même une dalle de béton restent aussi froids que la dalle elle-même, qui est toujours plus froide que la température de l'air. On élève facilement la température du support en surélevant les pots de quelques centimètres au-dessus du sol. Il suffit de les installer sur une planche de contreplaqué ou une plaque de polystyrène.

Un système de câbles chauffants installé sous le support de culture procure une légère chaleur qui accélère la germination et l'enracinement des boutures.

Les supports de culture dont la température dépasse 24°C déshydratent les racines et les températures plus élevées les cuisent littéralement. La température du support de culture monte facilement. Si l'éclairage, ou toute autre source de chaleur, est placé trop près de pots de petite taille, la surface du support de culture, où se trouve la majorité des racines nourricières, sèche facilement. Une fois détruites, les racines mettent 1 à 2 semaines à repousser. Or 2 semaines représentent un quart de la durée du cycle de floraison.

Amendements

Les amendements améliorent la capacité du sol à retenir l'air et l'eau. Ils se divisent en deux catégories : minérale et organique.

Amendements minéraux

Les amendements minéraux sont tous d'un pH quasiment neutre et contiennent peu ou pas de nutriments disponibles pour les plantes. Ils se décomposent sous l'effet des conditions climatiques et de l'érosion et présentent l'avantage de ne créer aucune activité bactérienne susceptible d'altérer la teneur en nutriments ou le pH du support de culture. Les amendements minéraux secs sont aussi très légers et faciles à manipuler dans les espaces exigus.

ASTUCE CROISSANCE

Pour accroître l'aération, la rétention d'eau et le drainage du support de culture, on l'amende en y ajoutant de la perlite, de la pierre ponce ou de l'argile expansée.

Perlite

C'est du sable ou du verre volcanique expansé comme du pop corn sous l'effet de la chaleur. Elle retient l'eau et les nutriments sur ses nombreuses facettes irrégulières et s'avère particulièrement efficace pour augmenter l'aération du support de culture. C'est un bon ingrédient pour améliorer le drainage pendant la croissance végétative et la floraison, ce qui aide à prévenir l'accumulation toxique des sels minéraux. La perlite est disponible en trois calibres : fin, moyen ou gros. La plupart des horticulteurs la préfèrent grosse quand il s'agit d'amender un sol. Elle ne doit pas dépasser un tiers du mélange, sous peine de remonter à la surface ou de former des strates lors de l'arrosage.

Pierre ponce

C'est une roche volcanique très légère qui retient l'eau, les nutriments et l'air au sein de nombreuses cavités semblables à de petites grottes. C'est un excellent amendement pour une rétention d'air et d'eau uniforme dans le support de culture. Tout comme la perlite, la pierre ponce flotte et ne doit pas dépasser un tiers du mélange afin d'éviter les complications.

Vermiculite

C'est du mica traité et expansé par la chaleur. Elle retient l'eau, les nutriments et l'air à l'intérieur de sa fibre et donne du corps aux supports de culture à drainage rapide. La vermiculite fine retient trop d'eau pour les boutures ; on l'incorpore plutôt à un support de culture au drainage rapide. Elle retient mieux l'eau que la perlite et la pierre ponce. Utilisée dans les systèmes hydroponiques à mèche, la vermiculite absorbe une bonne quantité d'humidité. Elle est disponible en trois calibres : fin, moyen ou gros. Fine, elle entre dans la composition des mélanges pour boutures. Si celle-ci s'avère introuvable, on peut écraser de la vermiculite moyenne ou grosse entre les mains en les frottant l'une contre l'autre. La grosse vermiculite est utilisée comme amendement pour les supports de culture destinés à la croissance végétative ou à la floraison.

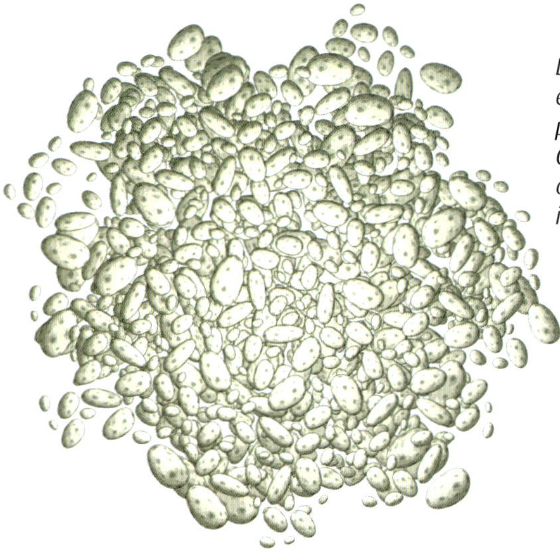

La perlite est une roche volcanique expansée, particulièrement efficace pour aérer un support trop dense. Cependant, lorsqu'elle est manipulée à sec elle dégage une fine poussière irritante pour les voies respiratoires.

La pouzzolane est une roche volcanique riche en minéreaux, utilisée pour améliorer le drainage des sols.

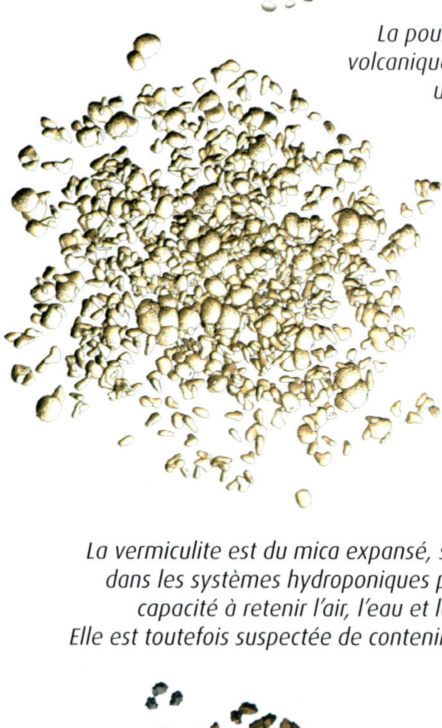

La pierre ponce est une roche légère d'origine volcanique qui peut constituer jusqu'à un tiers du support de culture.

La vermiculite est du mica expansé, souvent utilisé dans les systèmes hydroponiques passifs pour sa capacité à retenir l'air, l'eau et les nutriments. Elle est toutefois suspectée de contenir de l'amiante.

La zéolithe contient de minuscules galeries qui retiennent l'eau et l'air.

Amendements organiques

Les amendements organiques contiennent du carbone et se décomposent grâce à l'activité bactérienne pour produire finalement de l'humus. L'humus est une matière souple et spongieuse qui lie les minuscules particules du sol entre elles, ce qui améliore la texture du sol. Les amendements organiques peu décomposés ont besoin d'azote pour mener à bien cette décomposition bactérienne. S'il ne contient pas au minimum 1,5 % d'azote, ce type d'amendements prélève l'azote nécessaire à sa décomposition directement dans le sol, au détriment des racines. Lorsque l'on utilise des amendements organiques, il faut s'assurer qu'ils aient été complètement compostés (pendant au moins un an) et qu'ils libèrent de l'azote plutôt que de le prélever dans le sol. Une couleur d'un noir profond est signe de fertilité.

Les matières organiques riches et longuement compostées amendent la texture du sol et lui apportent des nutriments. Des feuilles décomposées, du compost de jardin (âgé d'au moins un an) et de nombreux types de fumiers bien compostés contiennent en général suffisamment d'azote pour en produire plutôt que d'en consommer. On veille à acheter les amendements organiques chez un bon pépiniériste. Il est bon de lire attentivement les indications figurant sur l'emballage pour s'assurer que l'amendement a été stérilisé et qu'il est garanti sans insectes nuisibles, larves, oeufs et champignons ou micro-organismes nocifs. Une fois contaminés, les supports de culture apportent toutes sortes de problèmes qui auraient facilement pu être évités par l'emploi d'un amendement organique sain.

RÈGLE D'OR

Cultivés dans les règles de l'art, les produits de culture biologique offrent une qualité et des arômes exceptionnels.

Compost de jardin

Le compost et les feuilles décomposées sont généralement riches en nutriments organiques et en organismes bénéfiques qui accélèrent l'absorption des nutriments, mais ils peuvent aussi abriter quantités d'insectes nuisibles et autres maladies. Les tas de compost sont propices à l'élevage des larves de scarabées et de nématodes. La présence d'un seul nématode dans un pot assure une mort certaine à la plante sans défense.

Fibre de coco

Également appelée tourbe de palmier, ou tourbe de coco, ou coir, elle est la partie ligneuse qui entoure la noix de coco comestible. Elle est mise à tremper (à « rouir ») dans l'eau pendant une période qui peut aller jusqu'à 9 mois afin de la débarrasser de ses sels, de ses résines et de ses gommes, puis battue pour séparer la fibre.

La fibre de coco est biodégradable et constitue un bon support de culture unique, de la propagation à la croissance et la fructification. La fibre de coco retient beaucoup d'eau tout en gardant une certaine structure. C'est un matériau durable, résistant à la putréfaction et qui offre de plus une bonne isolation thermique.

ASTUCE CROISSANCE

En horticulture, la fibre de coco gagne en popularité. Elle ne coûte pas cher, est facile à contrôler et retient beaucoup d'air.

La fibre de coco retient beaucoup d'air et d'eau. Elle est biodégradable, si bien qu'elle est de plus en plus souvent utilisée comme alternative écologique à la laine de roche.

Les pains de fibre de coco lavée et pressée sont quasiment inertes. Ils pèsent de 600 g à 1 kilo. Leur pH est compris entre 5,5 et 6,8. Parmi les meilleures fibres de coco, on trouve celle importée des régions intérieures des Philippines, là où l'environnement n'est pas saturé de sels marins. La fibre de coco de qualité est garantie à teneur en sodium inférieure à 50 parties par million (ppm).

Les horticulteurs utilisent la fibre de coco seule ou mélangée à parties égales à de la perlite ou de l'argile expansée afin d'améliorer les capacités de drainage du mélange. Certains horticulteurs en répandent une couche sur les blocs d'enracinement en laine de roche pour empêcher leur surface de sécher.

Les briques de fibre de coco peuvent être cassées à la main ou, tout simplement, être mises à tremper dans un seau d'eau pendant une quinzaine de minutes. Une fois hydratée, une brique fait neuf fois son volume initial ! La culture en fibre de coco est similaire à la culture sur n'importe quel support inerte. Elle peut néanmoins retenir un petit peu trop d'humidité ; il faut donc s'assurer d'une bonne aération et circulation de l'air.

Fumier

C'est un excellent fertilisant pour les jardins en extérieur. Il contient souvent des niveaux toxiques de sels et de copieuses quantités de graines de mauvaises herbes ainsi que des spores de champignons qui déséquilibrent les jardins intérieurs. Ceux qui souhaitent utiliser du fumier doivent l'acheter emballé et de composition garantie. Il en existe de nombreuses sortes : de vache, de cheval, de lapin, de poulet, etc. Utilisés comme amendements, ils améliorent tous la texture du support de culture et sa capacité à retenir l'eau. Quand on utilise du fumier comme amendement, on n'en met jamais plus de 10 à 15 % afin d'éviter l'accumulation toxique de sels et une fertilisation excessive. La teneur en nutriments des fumiers varie en fonction du régime alimentaire des animaux et des facteurs de décomposition.

Tourbe

C'est le terme qui désigne de la végétation en décomposition partielle. La décomposition a été interrompue par l'humidité et les conditions climatiques rigoureuses du nord des États-Unis et du Canada, où on la trouve dans les vastes tourbières. Les tourbes les plus courantes sont celles de mousses d'hypnum et de sphaigne. Ces tourbes sont

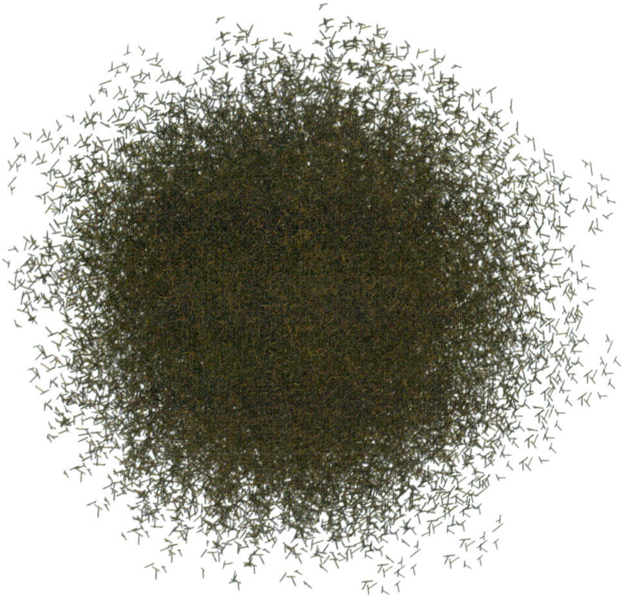

Formée de débris végétaux dont la décomposition a été interrompue, la tourbe peut être utilisée comme amendement ou comme support de culture. Elle est difficile à humidifier lorsqu'elle est sèche.

récoltées et utilisées comme amendement ou comme support de culture. La mousse de tourbe est très sèche et difficile à hydrater la première fois. Il arrive qu'elle soit commercialisée déjà hydratée ; dans ce cas elle pèse très lourd et est encombrante. Lorsqu'on amende un support de culture avec de la tourbe, mieux vaut mélanger les divers composants à sec et utiliser un agent mouillant (liquide pour la vaisselle par exemple). Une autre astuce pour mélanger de la tourbe consiste à donner des coups dans le sac avant de l'ouvrir pour casser la motte.

Pratiquement dépourvue de nutriments, la sphaigne peut absorber jusqu'à dix fois son poids en eau.

Mousse de tourbe de sphaigne

D'un brun clair, elle est la tourbe la plus courante chez les pépiniéristes. Cette tourbe épaisse donne du corps aux supports de culture et permet une bonne rétention d'eau, puisqu'elle en absorbe de 10 à 15 fois son propre poids. Elle ne contient pour ainsi dire aucun nutriment et a un pH allant de 3 à 5. Après une décomposition de plusieurs mois, il se peut que son pH continue de baisser et devienne trop acide. On peut rééquilibrer cette acidité et stabiliser le pH en ajoutant de la fleur de chaux dolomitique au mélange.

Mousse de tourbe d'hypnum
De couleur plus sombre, elle est davantage décomposée. Son pH est compris entre 5 et 7. Ce type de tourbe, moins courant, contient quelques nutriments. La tourbe d'hypnum est un bon amendement même si elle ne retient pas autant d'eau que la tourbe de sphaigne.

Supports de culture mélangés

Certains horticulteurs préparent eux-mêmes leur support de culture. Trop souvent, des débutants mal informés vont au fond du jardin prélever quelques pelletées d'une terre de bonne apparence, mais qui draine mal et retient l'eau et l'air de façon inégale. Le problème se corse quand ils mélangent cette terre à du compost de jardin mal mené, plein de micro-organismes nocifs et d'insectes nuisibles. Ce piètre mélange fait pousser de piètres plantes. En économisant quelques euros sur l'achat d'un terreau, ces jardiniers mal avertis se créent toutes sortes de problèmes et perdent plusieurs fois le montant de leur économie en volume de récolte. Mieux vaut éviter les problèmes en achetant tous les ingrédients du mélange et n'utiliser de la terre de jardin que si elle est de toute première qualité et exempte de pathogènes, riche, de couleur sombre et de bonne texture. L'idéal est de l'amender jusqu'à 80 % afin d'améliorer la rétention de l'eau et de l'air, ainsi que le drainage. Même un sol qui draine parfaitement bien en extérieur doit être amendé pour l'intérieur. Avant de creuser un trou dans le jardin, prélever un peu de terre pour vérifier que son pH est compris entre 6 et 7, puis ajouter de la fleur de chaux dolomitique pour le corriger et le stabiliser. Le vérifier à plusieurs reprises par la suite pour s'assurer de sa stabilité.

On peut stériliser de petites quantités de terre d'extérieur (moins de 4 litres) en l'étalant sur une plaque à pâtisserie et en la cuisant au four à 70°C pendant 10 minutes. La chaleur détruit les insectes, les bactéries et les champignons nuisibles tout en préservant une bonne partie de ceux qui sont bénéfiques. Il faut savoir que cette manipulation peut dégager une mauvaise odeur et qu'amener de la terre dans une cuisine est toujours salissant.

Compost

Certains horticulteurs n'ont aucun problème avec les composts organiques tandis que d'autres ont la poisse et perdent la totalité de leur récolte en cultivant sur compost de jardin. De bonnes recettes sont disponibles dans les publications spécialisées comme *Les Quatre saisons du jardinage* ou *Rustica* et auprès des sociétés spécialisées dans les composts organiques. Rares sont les horticulteurs qui utilisent du compost maison.

Un bon compost contient du fumier, et plus il est vieux, mieux c'est. Le fumier provenant d'écuries ou d'élevages est mélangé à de la paille ou de la sciure de bois. La sciure utilise l'azote disponible et est acide, elle n'est donc pas conseillée. Chercher le fumier le plus ancien et le plus décomposé ; il aura moins de chance de contenir des graines de mauvaises herbes viables et des insectes nuisibles. Les tontes fraîches de gazon sont une excellente source d'azote et l'un de mes ingrédients favoris pour un tas de compost. Enfoncer la main en profondeur dans un tas d'herbe fraîchement coupée : à 30 ou 60 cm de profondeur, la température atteint de 50° à 80°C. La chaleur générée par l'activité biologique tue les insectes nuisibles, dégrade la matière végétale et libère les nutriments.

Les tas de compost doivent être construits en hauteur, et il faut les retourner régulièrement. Les bonnes recettes de compost incluent l'ajout d'oligoéléments organiques, d'enzymes et de nutriments primaires. La matière organique utilisée doit être broyée jusqu'à n'être plus que des lambeaux de feuilles et d'herbe. Il vaut mieux ne pas incorporer de branchages qui pourraient mettre des années à se décomposer.

RÈGLE D'OR

S'assurer que le compost est totalement décomposé et refroidi avant de l'incorporer à la terre pour la culture en intérieur.

Avant d'utiliser du compost, on le passe à travers un tamis rigide à mailles de 1 cm pour l'émietter. Poser le tamis sur une grande poubelle ou une brouette qui servira à collecter le compost tamisé. Rendre leur liberté aux vers de terre trouvés sur le tamis et détruire les nématodes. Pour de plus amples informations, voir *Le Compost au jardin*, de Krafft von Heynitz (éditions Terre Vivante), et *Cultivons notre terre sans poisons, ou l'Art du compostage*, de A. Seifert (éditions du Courrier du Livre).

Certains horticulteurs incorporent jusqu'à 30 % de perlite dans les terreaux organiques contenant beaucoup de déjections de vers. Une grande quantité de lombricompost fait en effet une terre compacte qui laisse peu de place pour l'air autour des racines. Ajouter de la perlite ou un autre amendement minéral similaire aère la terre et améliore le drainage.

QUATRE EXEMPLES DE MÉLANGES DE TERRE ET DE COMPOST

① 1/2 compost
1/2 support inerte

② 1/3 compost
1/3 support inerte
1/3 fibre de coco

③ 1/2 compost
1/2 fibre de coco

④ 1/3 compost
1/3 support inerte
1/6 déjections de vers (lombricompost)
1/6 perlite

Dans ce bac à lombricompost, les débris végétaux placés dans le compartiment supérieur sont lentement dégradés par les vers de terre et descendent progressivement vers le compartiment inférieur, où ils sont récoltés sous forme de terreau.

Conteneurs

Le choix d'un conteneur est souvent une question de coût et de disponibilité locale. Cependant, la taille d'un conteneur peut facilement déterminer la taille et la santé d'une plante. Les bacs et pots sont de tailles, formes et matériaux divers. L'argile, le plastique, le bois, le métal et la fibre de bois sont parmi les plus communs. Les plantes poussent dans n'importe quel récipient propre qui n'a pas été utilisé pour des dérivés du pétrole ou des produits chimiques toxiques. Les pots en bois respirent mieux que ceux en métal ou en plastique. Les pots en argile épais sont friables et absorbent l'humidité de leur contenu, ce qui cause un assèchement rapide du sol. Les pots en métal ne sont pas souhaitables car ils s'oxydent et libèrent des éléments toxiques. Le bois, quoique relativement cher, compte parmi les meilleurs matériaux, surtout pour les jardinières sur roulettes et les couches de culture surélevées – cadres en bois sans fond. Les bacs en plastique sont économiques, durables, et représentent une valeur sûre pour les horticulteurs.

Couches ou planches de culture surélevées

Ce sont simplement des cadres sans fond. On peut les poser à même le sol en terre battue d'une cave ou d'un garage. L'intérieur du cadre est ensuite rempli d'un support (souvent du terreau). Si le drainage est mauvais, on peut placer une couche de gravier ou un drain sous la planche de culture. Certains horticulteurs vont jusqu'à défoncer la dalle de béton de leur sous-sol au marteau piqueur pour obtenir un meilleur drainage. Une solution plus simple consiste à faire un trou dans le sol et y installer un drain. Mais attention, creuser des trous dans le sol d'une cave ou d'un sous-sol peut causer une infiltration d'eau lorsque la nappe phréatique est haute. Quand il pleut, l'eau peut remonter sous la couche de culture. Dans ce cas, le jardin a rarement besoin d'être arrosé mais les plantes ont très vite trop d'humidité.

On peut mener une culture à même la terre battue d'une cave en posant sur le sol un cadre rempli de terreau.

Après plusieurs récoltes, on peut améliorer le contenu en matière organique d'une couche de culture contenant un grand volume de support. On ajoute des algues marines ou du fumier pour accélérer l'activité biologique du sol. Pour l'ajout de terreau ou d'amendements, n'utiliser que des composants biologiques de la meilleure qualité, en se conformant aux principes de l'agriculture biologique. Le drainage doit être efficace et le support aussi profond que possible (30 à 60 cm).

Les planches surélevées d'intérieur peuvent être traitées de la même manière que celles qui sont en extérieur, à cette différence près qu'après un arrosage abondant l'eau se met à couler sur le sol et doit être essuyée avec une serpillière. Même lorsque le volume de terre est important, la terre des couches de culture doit être lessivée au moins une fois par mois pour éviter l'accumulation toxique de sels minéraux.

La décomposition de matières organiques peut générer une chaleur importante. Non seulement la chaleur accélère l'assimilation des nutriments, mais elle aide à réchauffer la chambre de culture. Une bonne ventilation permet de maintenir la température et l'humidité de l'air dans une fourchette acceptable, ce qui aide à lutter contre les nuisibles et les maladies. Le principe d'une culture en terre, biologique de surcroît, est très séduisant, mais il faut beaucoup de travail pour reproduire les merveilleuses conditions naturelles. La plupart des adeptes de la culture « bio » optent, en intérieur, pour un terreau « bio » et des engrais liquides (voir, pages 223-228, « Bioponie », une nouvelle forme de culture hydroponique basée sur l'introduction de micro-organismes.)

Les bacs doivent être :

- → Propres.
- → Percés de trous de drainage adéquats.
- → Assez grands pour répondre aux besoins des plantes.

Grandes jardinières

Elles peuvent être installées sur des briques ou des roulettes pour favoriser une bonne circulation d'air par en dessous. Le support de culture reste plus chaud et l'entretien est facilité. Les jardinières doivent être aussi grandes que possible tout en laissant un accès facile aux plantes. Les racines disposent de plus de place pour se développer et sont moins limitées dans leur progression latérale. Elles peuvent s'entremêler et pousser à leur guise.

Pots en fibre ou pulpe de papier

Ils sont populaires parmi les jardiniers qui sortent leurs plantes en extérieur. Néanmoins, le fond de ces pots finit par se décomposer. Enduire l'intérieur d'une couche de peinture latex retarde ce moment de plusieurs récoltes.

Pots en plastique rigide

Ce sont les conteneurs les plus utilisés en intérieur. Bon marché et faciles à se procurer, ils permettent à chaque plante d'être soignée individuellement, avec un contrôle spécifique de sa teneur en eau et en nutriments.

Les plantes cultivées individuellement sont faciles à déplacer. Il suffit de faire tourner régulièrement d'un quart de tour celles qui reçoivent toujours la lumière du même côté pour que leur feuillage se développe harmonieusement. Quand elles sont de petite taille, on peut aussi les réunir les unes contre les autres directement sous la lampe, puis les espacer quand elles commencent à grandir. On peut surélever les plus petites pour les rapprocher de la lumière.

Les plantes en pots individuels sont faciles à mettre en quarantaine en cas de maladie ou, le cas échéant, à tremper dans une solution médicinale. Les plantes à problèmes, ou malades, sont facilement éliminées.

Sacs de culture

Ce sont mes pots favoris. Ils sont bon marché, durables, prennent peu de place et sont très légers. Une boîte de cent sacs de 12 litres pèse moins de 2,5 kilos et occupe moins de 90 cm^2. Cent sacs de culture de 12 litres peuvent être stockés dans deux sacs de même taille. Imaginez la place nécessaire pour stocker le même nombre de pots rigides !

Souples et réutilisables, les sacs de culture prennent très peu de place lorsqu'ils ne sont pas utilisés.

Les sacs de culture sont très faciles à laver et à réutiliser. On vide le support usagé puis on les immerge une nuit dans un grand volume d'eau savonneuse. Le lendemain, on les lave à la main un par un et on les remplit à nouveau de terre ou autre support. Les sacs sont beaucoup plus pratiques que les pots rigides.

Les sacs d'emballage de terreau peuvent servir de pot. Les plantes y poussent convenablement, bien que les racines n'utilisent pas vraiment toute la place disponible. La terre humide garde la forme du sac et celui-ci se dilate ou se contracte en même temps qu'elle, ce qui diminue les risques de dessèchement des racines qui poussent contre les parois.

Drainage

Tout conteneur doit avoir un système de drainage. Les trous de drainage permettent au surplus d'eau et de solution nutritive de s'écouler librement par le fond. Ils doivent être suffisamment gros pour permettre un drainage efficace sans que le support de culture puisse passer à travers. Les bacs doivent avoir au moins trois trous de 1 à 1,5 cm par mètre carré de fond. La plupart des bacs en ont deux fois plus. Pour ralentir le drainage et empêcher le support de passer à travers lors de l'arrosage et du rinçage, on peut ajouter une couche de 2,5 cm de gravier au fond du bac. La tension de surface créée par les différences de tailles entre les particules du sol et le gravier entraîne une meilleure rétention d'eau dans le fond du bac. On peut aussi étaler une couche de papier journal au fond du pot si le drainage est trop rapide ou que le support s'échappe ; cela ralentit beaucoup le drainage, il faut donc veiller à ce que les racines ne pourrissent pas.

RÈGLE D'OR

S'assurer que les bacs sont pourvus d'au moins trois trous de 1 à 1,5 cm par mètre carré de fond. Ne jamais laisser l'eau stagner dans les coupelles ou plateaux sous les pots pendant plus d'une journée (l'eau stagnante fait pourrir les racines et favorise le développement de champignons).

On place des plateaux ou des coupelles sous les pots ou bacs pour recueillir l'eau en excès. Mais si les pots séjournent dans des coupelles pleines d'eau, les racines ont tendance à pourrir. Mieux vaut surélever les pots de quelques centimètres au-dessus des coupelles en les plaçant sur des briques.

Les plateaux de culture utilisés par les pépiniéristes pour les boutures et les semis doivent être pourvus d'un drainage efficace sur toute la surface du fond. Une fois les boutures et les semis placés dans le plateau, le drainage doit toujours s'effectuer sans qu'il y ait stagnation d'eau.

Inscrire l'identité des plantes (et éventuellement celle de leurs parents) au feutre indélébile sur des plaquettes imperméables.

Forme, taille et entretien des pots

Le volume d'un bac peut facilement déterminer la taille d'une plante. Les plantes annuelles à croissance rapide ont un développement très rapide et leur système racinaire a besoin de place pour soutenir cette croissance accélérée. Les pots les plus populaires sont rectangulaires ou cylindriques, et profonds pour que les racines puissent pousser en profondeur. Un conteneur doit être suffisamment grand pour permettre un développement adéquat des racines, mais juste assez pour les contenir au moment de la récolte. S'il est trop petit, les racines sont confinées, l'absorption d'eau et de nutriments est limitée et la croissance ralentie ; s'il est trop grand, il utilise trop de support de culture coûteux, devient trop lourd et difficile à manier.

Les racines des plantes annuelles à croissance rapide se développent et s'allongent très vite, formant des ramifications qui s'éloignent de la racine centrale. Vers le milieu de l'été, on peut souvent voir chez les pépiniéristes des plants de tomates qui n'ont pas été vendus et sont restés dans leur pot d'origine, hauts de 10 cm seulement. Ces plantes rachitiques portent des fleurs et même parfois des tomates. Cependant les plantes sont grêles, avec des feuilles recroquevillées sur elles-mêmes et une allure chétive. Leur croissance, et celle de leurs racines, a été limitée par la taille du pot. Une fois qu'une plante a atteint ce niveau de détérioration, il est souvent plus simple de la jeter et de la remplacer par une plante saine.

Les racines se heurtent vite aux côtés du conteneur et descendent vers le fond où elles finissent par former un tapis. L'environnement artificiel du pot a souvent pour conséquence l'apparition d'une épaisse couche de racines sur les pourtours et le fond du bac. Cette portion des racines est la plus vulnérable à l'excès d'humidité ou de chaleur et c'est celle qui est la plus exposée.

Quand le support de culture sèche dans un pot, il rétrécit et se rétracte, si bien qu'il se décolle des parois. Cette situation est au pire dans les pots en plastique lisse. Quand une fente apparaît entre le bord intérieur du pot et le support de culture, les poils absorbants des racines se trouvent exposés et meurent rapidement, desséchés par l'air qui s'y infiltre. L'eau aussi coule directement dans cette fente. Le jardinier pense avoir arrosé mais la boule de racines reste sèche. Pour éviter les ravages provoqués par ces fentes, on travaille la surface du support de façon à l'ameublir, particulièrement celle qui se trouve en bordure du pot. On répète régulièrement cette opération et l'on veille à maintenir le support uniformément humide pour éviter l'assèchement des poils absorbants situés en bordure du pot.

ASTUCE CROISSANCE

Émietter du doigt le bord de la terre pour ameublir le support de culture et combler l'espace qui le sépare du pot. Puis arroser de manière à combler cet espace, pour que les poils absorbants des racines restent humides en permanence.

Il ne faut pas exposer les bacs à la chaleur directe. Si la température du support de culture dépasse 24°C, cela peut endommager les racines. Les pots qui sont exposés à la chaleur directe doivent être protégés par un morceau de carton ou de plastique.

Travailler la surface de la terre compactée avec le bout d'une fourchette en bois permet une bonne aération des racines. Attention de ne pas les endommager, elles sont très fragiles.

On transplante les plantes avant que les racines soient limitées par la taille du bac et que la croissance s'en trouve ralentie. Une plante dont la croissance s'est trouvée ralentie a besoin de plusieurs semaines pour développer suffisamment de nouvelles racines nourricières et reprendre une croissance normale. Pour assurer une récolte productive, il faut transplanter les boutures et les semis au bon moment, afin qu'ils puissent croître rapidement à tous les stades de leur vie.

Les semis et les boutures peuvent être transplantés directement dans des bacs de 12 à 20 litres. Cela prend moins de pots, moins de travail, et diminue les risques de stress au moment de la transplantation. Le plus grand volume de terre ou autre support retient l'eau et les nutriments plus longtemps si bien qu'on peut arroser moins souvent. Cependant, quand on transplante les petites boutures et semis directement dans des bacs de 20 litres, les racines poussent jusqu'à rencontrer le fond et les parois du conteneur, qu'elles suivent ensuite. Une grande partie du support demeure inemployée.

ASTUCE CROISSANCE

Installer d'abord les boutures bien enracinées dans des pots de 10 cm de diamètre et les transplanter par la suite dans des pots de 12 litres. Une transplantation correcte incite les racines à se développer pleinement.

Pour que les racines forment un chevelu dense et compact, on transplante juste avant qu'elles n'aient dépassé les limites de leur récipient. Chaque bouture bien enracinée dans son cube est transplantée dans un pot de 10 cm, et plus tard dans un bac ou un sac de culture de 12 litres. Cela lui permet de développer un système extensif de racines dans un volume restreint. Une transplantation réussie génère le moins de stress possible. Les plantes annuelles à croissance rapide restent en terre pour une période si courte que, proportionnellement à leur durée de vie, les transplantations mal faites font perdre un temps précieux et représentent une sérieuse perte de production.

On peut transplanter les boutures et les semis dans des planches de culture surélevées ou de grandes jardinières dès que les pots de 10 cm deviennent trop petits. Près de vingt plantes peuvent être placées dans une jardinière de 60 x 60 x 30 cm mais on obtiendra le même volume de récolte si l'on y installe entre six et douze plantes. Une fois qu'elles commencent à être serrées et à se faire de l'ombre, on fléchit les tiges vers l'extérieur et on les attache à un treillis, lui-même fixé à la jardinière. Les grands conteneurs demandent moins d'entretien. Un plus grand volume de terre permet une meilleure rétention de l'eau et des nutriments. Mais toutes les plantes reçoivent nécessairement la même quantité d'eau et de nutriments, ce qui n'est pas toujours souhaitable.

Les bacs d'une contenance de 12 litres sont suffisants pour accueillir une plante de 60 à 90 cm de haut. Il fut un temps où je recommandais plutôt des pots de 15 ou 20 litres pour des plantes récoltées au bout de 90 jours. Je considère maintenant que cela représente un gâchis de 8 litres de support. Les pots plus grands sont inutiles pour une plante qui ne passe pas plus de 1 ou 2 semaines en phase végétative et 6 à 8 en floraison. Les racines grandissent plus lentement pendant la floraison. Le pot devient trop petit quand le moment est venu de récolter. Les petits conteneurs de 12 litres sont faciles à manipuler, mais il faut les arroser plus souvent et les surveiller davantage.

La croissance des plantes mères, beaucoup plus volumineuses, dure beaucoup plus longtemps. Elles peuvent avoir besoin d'un bac de 100 litres. Cependant, elles s'accommodent très bien de bacs hydroponiques de 20 à 40 litres pour un an, ou même davantage. Si l'on projette de conserver une plante mère au-delà de quelques mois, la faire pousser en hydroponie dans son propre bac pour obtenir les meilleurs résultats.

RÈGLE D'OR

Prévoir 4 à 6 litres de terre ou autre support pour chaque mois que la plante passera dans un pot. Les pots de 8 à 12 litres suffisent aux plantes cultivées pour une période de 3 mois. Les pots de 12 à 20 litres sont parfaits pour une croissance rapide pendant 3 à 4 mois.

TAILLE DU CONTENEUR SELON L'ÂGE DE LA PLANTE

ÂGE DE LA PLANTE	TAILLE DU CONTENEUR
0 à 3 semaines	cubes ou godets d'enracinement
2 à 6 semaines	10 cm
6 à 8 semaines	8 litres
2 à 3 mois	12 litres
3 à 8 mois	20 litres
6 à 18 mois	40 litres

4
Eau et nutriments

Solvant universel, l'eau transporte les nutriments nécessaires à la vie des plantes et permet leur absorption par les racines. Elle doit être de qualité pour que ce processus se déroule dans les meilleures conditions. L'absorption de l'eau par les plantes est gouvernée par les lois de la physique. En respectant ces lois, un horticulteur peut leur apporter le parfait équilibre de nutriments et cultiver un magnifique jardin d'intérieur.

En présence d'oxygène, les microscopiques poils des racines absorbent l'eau et les nutriments présents dans le support de culture, qui sont ensuite transportés le long de la tige jusqu'aux feuilles. Ce courant d'eau et de nutriments puisés dans le sol et circulant dans la plante est appelé sève ascendante. Une fraction de cette eau est transformée lors de la photosynthèse ; le surplus, chargé des déchets métaboliques, s'évapore dans l'atmosphère à travers les stomates des feuilles. Ce processus est appelé transpiration. Une autre partie de l'eau charrie jusqu'aux racines les sucres et amidons synthétisés par la plante (sève descendante).

Les racines ancrent la plante, absorbent les nutriments dont elle a besoin, et constituent le point de départ du système vasculaire. Vue de près, la racine révèle le tissu vasculaire central comprenant le xylème et le phloème, enveloppés par le cortex, couche située entre le système vasculaire interne et l'épiderme. Les microscopiques poils absorbants des racines sont situés sur les cellules du tissu épidermique. Ces minuscules follicules sont extrêmement délicats et doivent rester humides. Ils doivent demeurer protégés des frottements, de la sécheresse, des fluctuations de température trop importantes ainsi que de trop fortes concentrations en substances chimiques. La santé et le bien-être d'une plante dépendent de la vigueur et de la santé de ses racines.

L'absorption des nutriments commence au niveau des racines et se prolonge dans la plante grâce à son système vasculaire. L'absorption repose sur la diffusion, processus par lequel les ions nutritifs sont distribués dans la plante entière. L'apoplaste, ensemble des parois et espaces intercellulaires, le milieu protoplasmique et le symplaste, réseau continu de cytoplasme cellulaire, sont les entrées qui permettent à l'eau, aux ions nutritifs et à diverses molécules de traverser l'épiderme et le cortex pour atteindre le système vasculaire central constitué du xylème et du phloème. Le xylème conduit la sève ascendante, puisée par les racines, dans toute la plante, assurant le transport des nutriments alors que le phloème assure la distribution des substances élaborées par la plante. Une fois que les nutriments ont été transportés jusqu'aux cellules, chacune d'entre elles accumule ceux qui lui sont nécessaires pour accomplir ses fonctions spécifiques.

La sève transportée par le système vasculaire remplit de nombreuses fonctions. Cette solution aqueuse achemine les nutriments jusqu'aux cellules et les débarrasse de leurs déchets. Elle procure aussi la pression nécessaire au maintien structurel de la plante et la rafraîchit grâce à l'évaporation qui se produit par les stomates.

Osmose

Les racines aspirent la solution nutritive par un processus appelé osmose. L'osmose est la tendance des fluides à traverser une membrane semi-perméable jusqu'à ce que les solutions qui se trouvent de part et d'autre de cette membrane aient atteint la même concentration. L'eau quitte la solution la moins concentrée pour aller diluer la plus concentrée. Les membranes semi-perméables situées sur les poils absorbants des racines permettent à l'eau et à certains nutriments qui y sont dissous de pénétrer la plante tandis que d'autres nutriments ou impuretés en sont exclus. Comme il y a une forte concentration de sels et de sucres dans les racines, l'électroconductivité (EC) à l'intérieur des racines est normalement plus élevée que celle de la solution qui les entoure. Cependant, le transport des nutriments par osmose repose sur la concentration respective de chacun d'entre eux des deux côtés de la membrane ; il ne dépend ni de la quantité totale d'éléments dissous (*TDS — Total Dissolved Solids*), ni de l'électroconductivité (EC) de la solution. Pour que les racines aspirent un nutriment par osmose, il doit être plus concentré dans le milieu nutritif qu'à l'intérieur des racines.

En revanche, le passage de l'eau à travers la membrane semi-perméable dépend de l'EC. Si l'EC est plus élevée à l'extérieur des racines qu'à l'intérieur, la plante se déshydrate puisque l'eau est attirée en dehors des racines. En d'autres termes, l'eau salée, dont l'EC est élevée, peut déshydrater les plantes.

Malheureusement, l'eau du robinet présente généralement des teneurs élevées en sodium, calcium, sels alcalins, soufre et chlore. Il arrive aussi que son pH ne soit pas compris dans la fourchette acceptable de 6,5 à 7. Il est facile d'identifier une eau chargée en soufre par son odeur et son goût caractéristiques. L'excès de sodium est déjà plus difficile à déceler. L'eau des régions côtières est généralement chargée en sel apporté par l'air marin. Les régions arides qui reçoivent moins de 50 cm de pluie par an souffrent elles aussi d'une alcalinité du sol et l'eau y est souvent chargée en sels alcalins.

Le sel de table ou chlorure de sodium ($NaCl$) est ajouté à l'eau de nombreux réseaux de distribution. Le sodium est nocif pour les plantes. Il ne faut pas utiliser d'eau adoucie au sel. Les eaux salées, saumâtres ou adoucies au sel sont nuisibles aux plantes. Une eau saline entrave l'absorption du potassium, du calcium et du magnésium. Elle est source de problèmes.

En petites quantités (moins de 140 parties par millions, ou ppm), le chlore n'affecte pas la santé de la plupart des plantes, mais un niveau plus élevé entraîne une chlorose du feuillage et inhibe la croissance. En applications répétées, le chlore a aussi tendance à acidifier le sol. La meilleure façon de débarrasser une eau d'un excès de chlore est de la laisser reposer 1 jour ou 2 dans un récipient ouvert. Au contact de

Lorsqu'une membrane poreuse sépare une solution contenant peu de sels dissous et une solution plus concentrée, l'eau se déplace spontanément vers la solution la plus concentrée pour la diluer (c'est l'osmose).

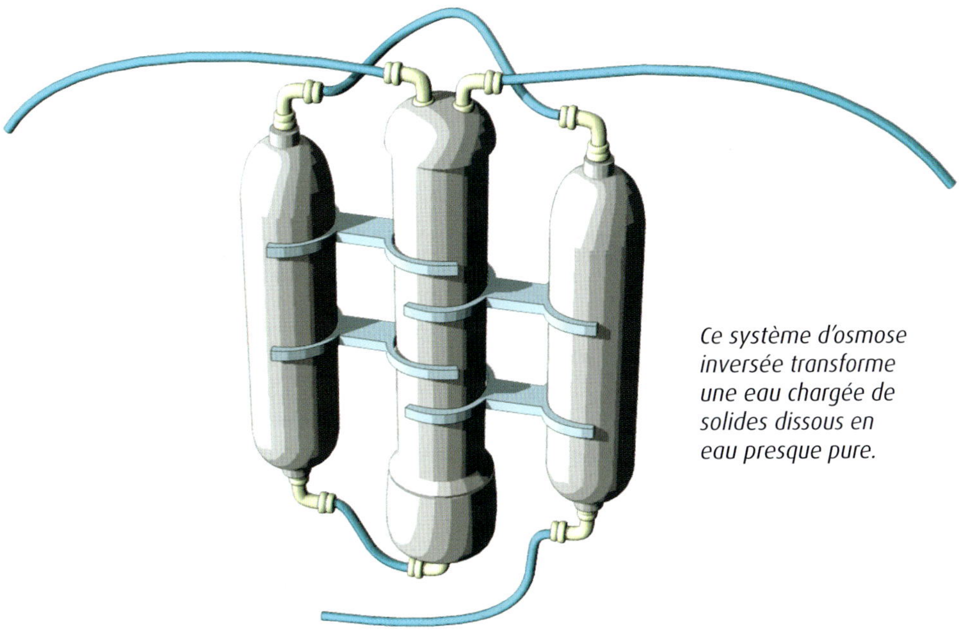

Ce système d'osmose inversée transforme une eau chargée de solides dissous en eau presque pure.

l'air, le chlore s'évapore sous forme de gaz. Si le chlore modifie le pH du sol de façon notable, on y remédie à l'aide d'un rehausseur de pH (*pH up*) ou en administrant de la chaux hydratée.

Pour mesurer les impuretés présentes dans l'eau, on en verse un litre sur un plateau et on la laisse s'évaporer. Les traces qui demeurent après évaporation constituent « les résidus secs par litre », et renseignent sur la charge d'impuretés. Les engrais ont du mal à traverser la membrane des racines quand ils entrent en compétition avec trop de solides déjà présents dans l'eau.

On peut tout de même utiliser une eau fortement chargée en sels minéraux, à condition de recourir à des stratégies spécifiques. Si elle ne contient pas plus de 300 ppm de solides dissous, il suffit de veiller à ce qu'environ 25 % de l'eau d'arrosage s'écoule hors du pot. Par contre, si l'eau contient plus de 300 ppm de solides dissous, on est obligé de faire appel à un système de filtration.

Rincer à grande eau le support de culture des plantes permet d'éliminer les accumulations toxiques de sels. On rince une deuxième fois avec une solution nutritive diluée.

L'utilisation d'un système de filtration par osmose inversée permet de séparer les solides dissous de l'eau elle-même. Ces appareils déplacent le solvant (l'eau) à travers une membrane semi-perméable mais, comme le nom l'indique, selon un processus inversé ; les ions se déplacent de la concentration la plus concentrée vers la moins concentrée. Pour cela, on exerce une pression sur l'eau chargée en solides dissous de façon à forcer l'eau pure à traverser la membrane. L'eau ainsi filtrée n'est pas totalement pure (son électroconductivité est proche de zéro), mais la plupart des solides dissous en sont éliminés. L'efficacité de la filtration par osmose inversée dépend du type de membrane utilisée, de la différence de pression entre les deux côtés de la membrane et de la composition chimique des solides dissous dans l'eau à nettoyer.

Dans le cas d'une culture en pots, une eau d'arrosage trop chargée ou trop riche en engrais conduit vite à une accumulation toxique de sels. Or un sol trop chargé en minéraux pose toutes sortes de problèmes : inhibition de la germination des graines, brûlure des poils absorbants du bout des racines, ou du pourtour des feuilles, et ralentissement général de la croissance. Pour y remédier, on rince le support de culture en l'arrosant avec 3 litres d'eau par litre de support de culture. On répète l'opération de rinçage avec une solution nutritive diluée, au pH corrigé.

Si l'eau d'arrosage est légèrement acide, ou saline, on rince le support de culture toutes les 2 à 4 semaines. L'eau dure, et celle des puits dans les régions sèches, est souvent alcaline et contient en général des quantités notables de calcium et de magnésium. Les plantes à croissance rapide absorbent de grandes quantités de ces deux nutriments, mais trop de calcium ou de magnésium finit par s'accumuler dans le sol. En général, l'eau qui plaît aux gens est aussi celle qui plaît aux plantes.

Qualité de l'eau

Dureté de l'eau

La concentration en calcium et en magnésium indique la dureté de l'eau. Une eau contenant de 100 à 150 milligrammes de calcium ($CaCO_3$) par litre est acceptable. Une eau très douce, contenant moins de 50 milligrammes de calcium par litre, doit être enrichie en calcium et en magnésium.

Teneur en chlorure de sodium

Une eau à forte teneur en chlorure contient en général des taux élevés de sodium, mais le contraire n'est pas vrai ; une eau à forte teneur en sodium ne contient pas forcément des taux de chlorure excessifs.

À faible concentration, le sodium semble propice à une bonne récolte, sans doute parce qu'il remédie, dans une certaine mesure, aux déficiences en potassium. Mais en excès, le sodium est toxique et induit des carences nutritives, surtout en potassium, en calcium et en magnésium.

Le chlorure, ou chlore, est essentiel à l'utilisation de l'oxygène lors de la photosynthèse, et nécessaire à la division cellulaire des racines et des feuilles. Il joue un rôle crucial dans l'augmentation de la pression osmotique cellulaire, il intervient dans l'action des stomates et augmente le contenu en eau du tissu cellulaire. Une solution dont la concentration est inférieure à 140 ppm est généralement inoffensive pour les plantes, mais certaines variétés peuvent se montrer particulièrement sensibles, ce qui se traduit par des feuilles d'un vert trop pâle suivi d'un flétrissement. Un excès de chlore peut entraîner une brûlure du pourtour et du bout des feuilles, qui prennent une teinte vert bronze.

Les filtres à eau les plus simples n'éliminent pas les solides dissous. Ils se bornent à filtrer les particules en émulsion. Rompre la liaison chimique qui lie les solides dissous est une opération plus complexe. Les systèmes de filtration par osmose inversée réalise cette opération grâce à des membranes semi-perméables en polymères qui laissent passer l'eau mais retiennent les solides dissous. La filtration par osmose inversée est la façon la plus simple et la plus efficace de purifier l'eau.

INFO TECHNIQUE

Filtrer à l'aide d'un appareil à osmose inversée
toute eau dont la charge en impuretés dépasse 300 ppm.

ASTUCE CROISSANCE

Ajouter les nutriments à de l'eau pure
pour éviter toutes sortes de problèmes de nutrition.

Irrigation

Les grandes plantes utilisent plus d'eau que les petites, mais d'autres variables déterminent également les besoins hydriques. L'âge d'une plante, la taille du récipient dans lequel elle se trouve, la texture du support de culture, la température, l'humidité ambiante et la ventilation ont tous une influence sur ses besoins. Si l'une de ces variables est modifiée, la consommation en eau change aussi. Une bonne aération est essentielle pour promouvoir la libre circulation des fluides, une bonne transpiration et une croissance rapide. Plus une plante est saine, plus elle pousse vite, et plus elle a besoin d'eau.

ASTUCE CROISSANCE

Arroser avec de l'eau tiède (21 à 26°C),
plus facilement absorbée par les plantes et le support
de culture, et qui protège mieux les fragiles poils
absorbants des racines ainsi que les semis.

RÈGLE D'OR

Arroser tôt le matin pour que l'eau en excès s'évapore
et que les feuilles transpirent tout au long de la journée.
Ne pas laisser les feuilles et le support de culture humides
toute la nuit, car cela favorise l'apparition de champignons.

Les plantes logées dans de petits pots ont un système racinaire limité qui exige un arrosage fréquent. Dès que la surface du sol s'assèche, il est temps d'arroser ou d'irriguer.

On arrose la terre ou le support de culture dès qu'ils sont secs en surface, et sur une profondeur de 2,5 cm. Tant que l'eau est bien drainée, il est difficile de trop arroser les plantes à croissance rapide. Les boutures âgées de 4 semaines qui sont en floraison dans des pots de 7 à 12 litres doivent être arrosées tous les jours. En fait, la plupart des horticulteurs préfèrent les pots de petite taille car ils sont plus faciles à gérer.

Un hygromètre de couche, ou à sonde, sert à mesurer la teneur en eau du support de culture. Il indique de façon fiable s'il faut arroser ou pas. Ils ne sont pas très chers et ils en valent la peine. L'hygromètre indique avec précision la teneur en eau du sol à n'importe quelle profondeur. Il arrive qu'un sol ne retienne pas l'eau uniformément et qu'il abrite des poches restées sèches. S'assurer de l'hydratation uniforme du support de culture en y plongeant un doigt risque d'endommager les racines et il est difficile d'en tirer des conclusions. Un hygromètre fournit des mesures précises sans gêner les racines.

Un hygromètre de couche, ou à sonde, sert à mesurer la teneur en eau du support de culture. Il indique de façon fiable s'il faut arroser ou pas.

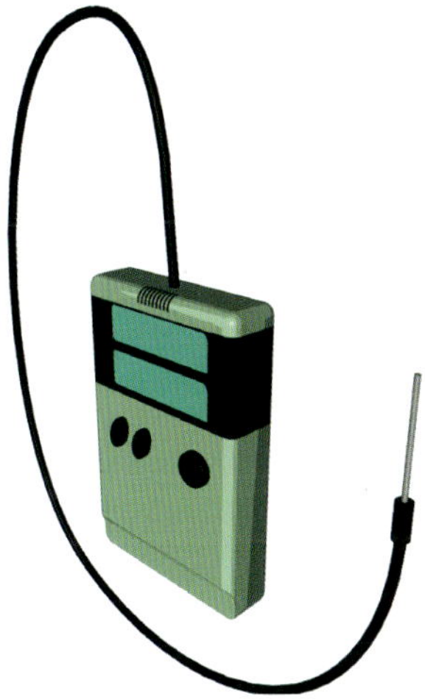

RÈGLE D'OR

Arroser abondamment, mélanger la solution nutritive avec soin et veiller à ce que 25 % d'eau superflue s'écoule librement lors de chaque arrosage.

Le pommeau de l'arrosoir permet d'arroser la terre sans la tasser.

ASTUCE CROISSANCE

Arroser les jeunes semis et les boutures dès que la surface du sol est sèche. Lorsqu'on utilise une mini-serre pour maintenir une meilleure humidité, il suffit d'arroser tous les 4 à 6 jours. Les boutures et les semis qui poussent à l'air libre ont besoin d'un arrosage plus fréquent.

Ameublir la surface du sol permet à l'eau de pénétrer de manière uniforme et prévient la formation de poches sèches. Cela empêche aussi que l'eau se faufile entre le pot et le support de culture et s'écoule directement au fond. Lorsqu'une croûte se forme à la surface de la terre, on l'émiette du bout des doigts ou avec le bout d'une fourchette en bois, en prenant soin de ne pas abîmer les fragiles poils absorbants. Le but de la manœuvre est de parvenir à un arrosage suffisamment abondant pour mouiller toute la terre sans qu'une quantité d'eau excessive s'écoule par les trous de drainage, emportant tous les nutriments avec elle. Il est important cependant qu'une petite quantité d'eau (au moins 10 %) s'écoule par les trous d'évacuation au fond du pot.

RÈGLE D'OR

Aligner les pots quand on irrigue, pour ne pas risquer d'arroser deux fois les mêmes.

Arroser à l'excès est un problème fréquent, surtout avec les petites plantes. Un excès d'eau noie les racines en les privant d'oxygène. Si les plantes donnent des signes d'arrosage excessif, investir dans un hygromètre qui permettra aussi bien au jardin qu'au jardinier de respirer tranquillement. Il arrive qu'une partie du sol trop arrosée avoisine une poche demeurée sèche. Travailler la surface de la terre permet une bonne pénétration de l'eau et l'emploi d'un hygromètre à sonde épargne bien des doutes et des désagréments.

L'une des causes principales d'un excès d'arrosage est une mauvaise ventilation. La plante a besoin de transpirer de l'eau dans l'air ambiant. S'il n'y a pas d'issue pour cet air humide, des litres d'eau demeurent bloqués dans l'atmosphère. Une bonne ventilation permet d'évacuer l'air humide et de le remplacer par de l'air frais et sec. Si des plateaux ou des coupelles récupèrent l'eau qui s'écoule par le fond des pots, utiliser une poire en caoutchouc, une grosse seringue ou une éponge pour absorber l'excédent d'eau qui y stagnerait. Un arrosage excessif se manifeste par des feuilles jaunies et recroquevillées, un support de culture imbibé, l'apparition de moisissures et le ralentissement de la croissance. Ces symptômes sont souvent subtils et les jardiniers inexpérimentés peuvent ne rien remarquer pendant longtemps.

Les plantes à croissance rapide n'aiment pas les sols détrempés. Une terre détrempée étouffe les racines par manque d'oxygène, avec un ralentissement de la croissance et l'apparition éventuelle de moisissures. Un mauvais drainage est souvent à l'origine d'un support de culture détrempé. Le problème est aggravé par une mauvaise ventilation et une hygrométrie élevée.

ASTUCE CROISSANCE

Principes de base d'un bon arrosage :

→ Les grandes plantes transpirent plus que les petites.
→ La chambre de culture doit être bien ventilée.
→ Il faut vérifier l'humidité du sol pour chaque plante.

Un arrosage insuffisant est assez rare, mais on le rencontre plus fréquemment lorsque la culture est faite en pots de petite taille (3 à 7 litres), surtout si le jardinier ignore que les plantes à croissance rapide ont d'importants besoins en eau. Les pots de petite taille sèchent plus rapidement et nécessitent un arrosage quotidien. Si on oublie les plantes assoiffées, leur croissance ralentit. Une fois que les tendres poils absorbants ont séché, ils meurent. La plupart des jardiniers paniquent quand ils découvrent leur plante chérie flétrie dans un pot de terre desséchée. De simples poches de terre mal arrosées suffisent à provoquer l'assèchement, puis la mort des poils absorbants des racines. Il faut une éternité avant que les racines élaborent de nouveaux poils absorbants et que la plante reprenne une croissance rapide.

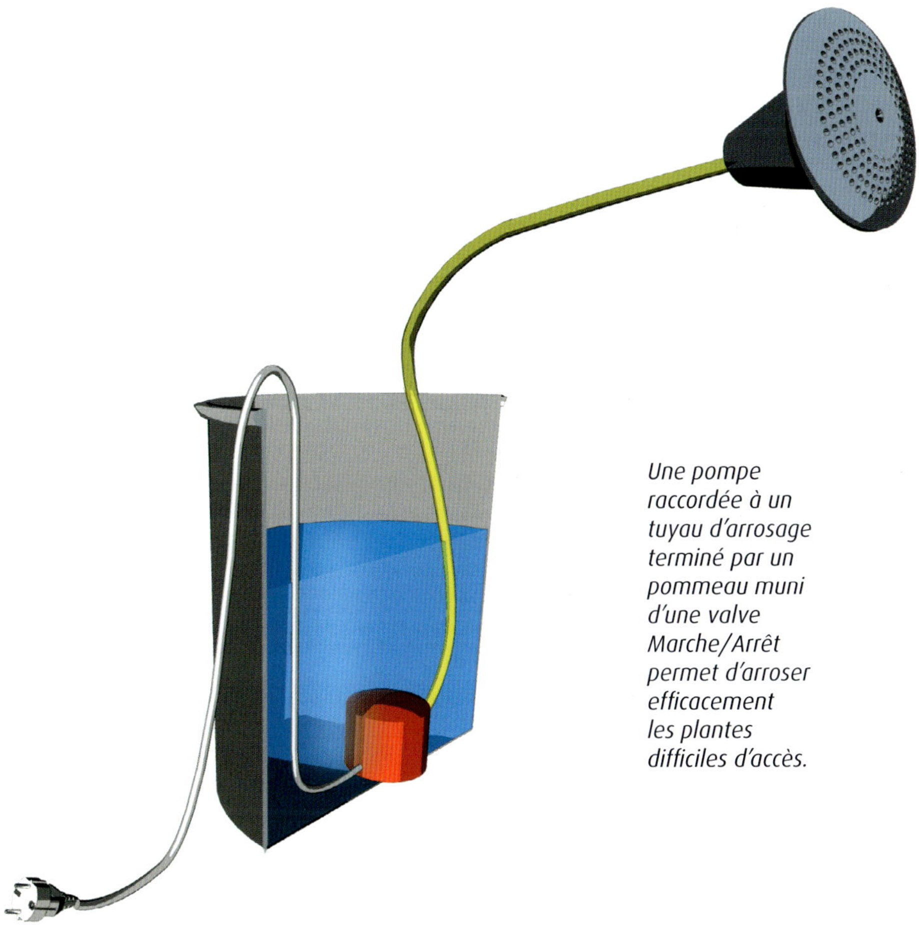

Une pompe raccordée à un tuyau d'arrosage terminé par un pommeau muni d'une valve Marche/Arrêt permet d'arroser efficacement les plantes difficiles d'accès.

Si le support de culture est vraiment desséché, il faut ajouter quelques gouttes (2 gouttes pour 1 litre) de produit à vaisselle ou de savon liquide biodégradable à l'eau d'arrosage. Cet agent mouillant lui permettra de pénétrer dans le sol uniformément et évitera la formation de poches sèches. La plupart des engrais liquides contiennent d'ailleurs un agent mouillant. Pour commencer, on arrose seulement avec le tiers de la quantité de solution nutritive présumée nécessaire, on patiente 10 à 15 minutes, le temps que l'absorption soit complète, puis on arrose avec le reste de la solution jusqu'à ce que le support de culture soit uniformément humide. S'il y a des plateaux sous les pots, on peut exceptionnellement laisser l'eau y séjourner pendant quelques heures ou même toute la nuit (puis on l'ôte à l'aide d'une poire, d'une grosse seringue ou d'une éponge).

Une façon efficace de réhumidifier en profondeur un sol desséché consiste à tremper tout le pot dans l'eau, ce qui est facile lorsqu'il est petit. Il suffit de remplir aux 2/3 un seau d'une quinzaine de litres. On immerge le pot pendant une minute ou plus, jusqu'à ce que le support de culture soit complètement saturé. Cette immersion prévient à coup sûr la formation de poches sèches.

Un point d'eau facile d'accès est extrêmement pratique et fait gagner du temps et de l'argent. Un jardin de 3 x 3 mètres contenant 24 plantes en pleine santé dans des bacs de 20 litres peut avoir besoin de 40 à 100 litres d'eau par semaine. Un jardin de taille similaire abritant 80 plantes dans des bacs de 12 litres peut consommer jusqu'à 185 litres d'eau par semaine. Un litre d'eau pèse 1 kilo, 100 litres pèsent donc 100 kilos ; cela fait beaucoup d'arrosoirs à remplir et à transporter sans les faire déborder. Porter l'eau de la salle de bain jusqu'au jardin ne pose pas de problèmes quand les plantes sont petites mais dès qu'elles grandissent, cela devient une lourde tâche, répétitive et salissante. Faire courir un tuyau d'arrosage jusqu'à la chambre de culture simplifie vraiment les choses. Un tuyau d'arrosage d'environ 1 cm de diamètre est facile à manier et aura moins tendance à abîmer les plantes que les tuyaux de plus gros calibre. Si le point d'eau est muni d'une arrivée d'eau chaude et d'eau froide s'écoulant par le même robinet, et d'un pas de vis, raccorder le tuyau et arroser les plantes à l'eau tiède. En l'absence de pas de vis, utiliser un raccord pour lave-vaisselle. L'extrémité du tuyau doit être équipée d'une valve Marche/Arrêt afin de pouvoir régler le débit pendant l'arrosage. Une lance rigide terminée par un pommeau évite de casser des branches en arrosant les plantes d'accès difficile. Ce type de lance s'achète dans les jardineries, ou se fabrique à partir d'un morceau de tuyau en PVC. Ne jamais laisser l'eau sous pression dans le tuyau pendant plus de quelques instants. Il risquerait d'éclater, car les tuyaux d'arrosage sont conçus pour acheminer l'eau et non pas pour la garder sous pression.

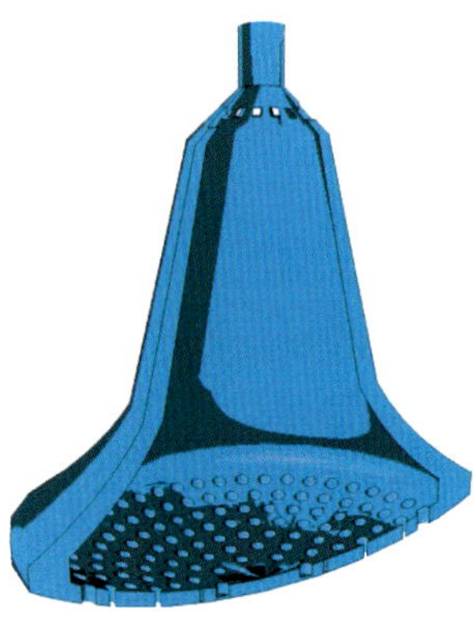

Un pommeau mélangeur incorpore de l'air à l'eau juste avant qu'elle sorte du tuyau.

RÈGLE D'OR

Toujours utiliser un filtre avec les systèmes d'arrosage au goutte-à-goutte.

Pour installer un système d'arrosage alimenté par un siphon, ou par gravité, on peut placer un baril à au moins 1,20 mètre de hauteur dans la chambre de culture. Si l'humidité est problématique, il suffit de le couvrir ou de le placer dans une pièce attenante. Le grenier est idéal : l'eau s'y réchauffe et la différence de niveau garantit la pression souhaitée. On place un tuyau qui fait office de siphon par le haut du baril, ou bien on installe une valve Marche/Arrêt près du fond. Pour éviter tout débordement, on peut se procurer dans un magasin de bricolage un système peu coûteux permettant de mesurer la quantité d'eau qui y entre. On peut aussi y installer une valve flottante, comme dans les réservoirs de chasse d'eau, de manière à assurer un remplissage constant.

RÈGLE D'OR

Les systèmes d'arrosage au goutte-à-goutte assurent une irrigation régulière. Il faut quand même vérifier l'humidité de chaque pot.

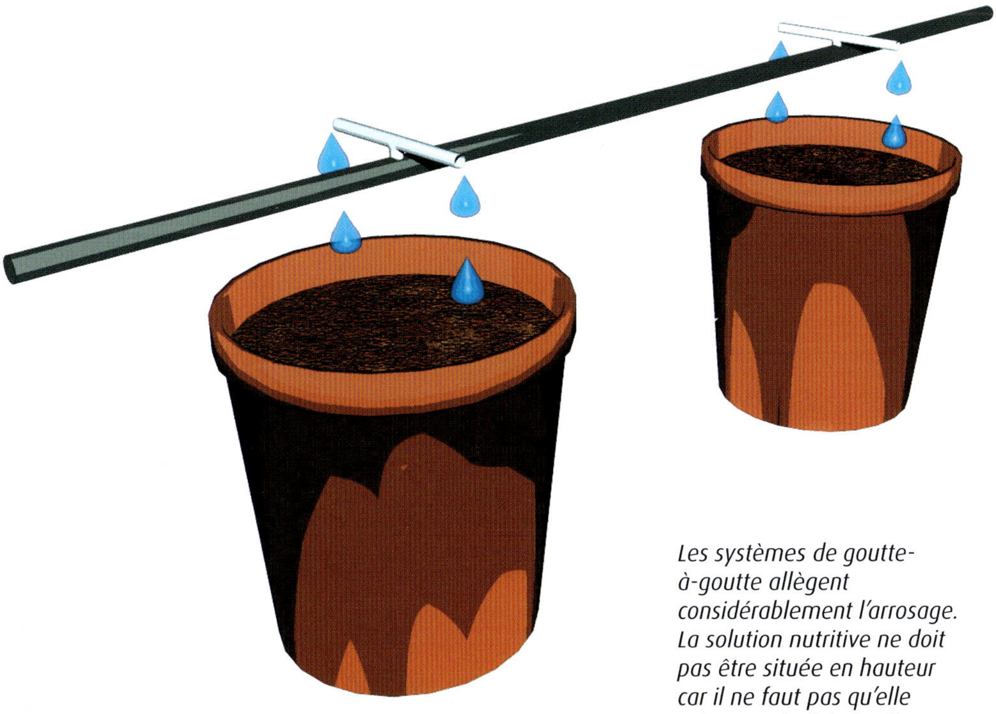

Les systèmes de goutte-à-goutte allègent considérablement l'arrosage. La solution nutritive ne doit pas être située en hauteur car il ne faut pas qu'elle soit exposée à la lumière.

Le piquet goutteur est composé d'un piquet qui se fiche dans le support de culture et d'un fin tuyau (qui peut se boucher accidentellement).

Les systèmes de goutte-à-goutte apportent l'eau ou la solution nutritive de manière constante ou à heure fixe. Il ne faut jamais les laisser plus de quatre jours consécutifs sans attention. Filtre tamis (1), tuyau 25 mm (2), raccord (3), robinet (4), raccord en T (5), raccord en coude (6), goutteur (7), tuyau 4 mm (8), piquet goutteur (9), bouchon final (10).

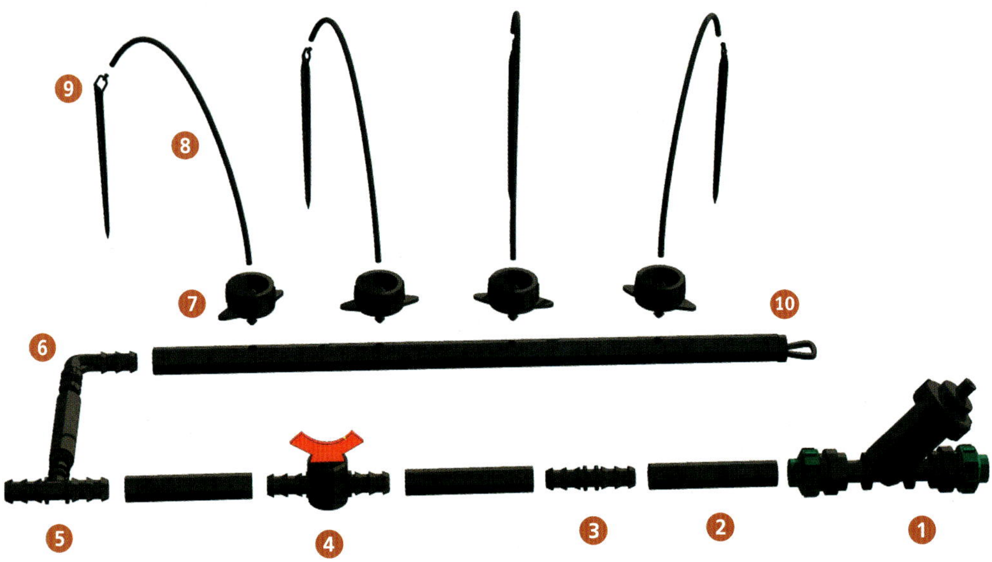

Les systèmes d'arrosage au goutte-à-goutte délivrent la solution nutritive en très petite quantité via un tuyau en plastique dans lequel l'eau circule à faible pression. L'eau afflue le long du tuyau et s'écoule par les goutteurs, une goutte après l'autre ou à très faible débit. Les goutteurs sont soit de petits tubes fins comme des spaghetti soit de petits embouts rigides en forme de T plantés à la verticale dans le tuyau principal.

De nombreux systèmes d'arrosage au goutte-à-goutte sont disponibles en kits mais on peut aussi construire son propre système à partir de pièces détachées. Les systèmes prêts à l'usage sont en vente dans les jardineries et les magasins de bricolage.

Les systèmes de goutte-à-goutte offrent plusieurs avantages. Une fois installés, ils allègent considérablement le travail relatif à l'arrosage. La solution nutritive (eau et engrais) peut être administrée par cette voie. Cela simplifie la fertilisation mais oblige à distribuer la même quantité d'eau et de fertilisant à chaque plante.

Lors de l'installation d'un goutte-à-goutte, il faut s'assurer que le support de culture draine bien pour éviter qu'il s'imbibe d'eau à l'excès ou que les minéraux s'accumulent de manière toxique. L'arrosage au goutte-à-goutte fonctionne à la perfection avec des boutures de même génération, donc à priori toutes égales en taille. En revanche, des plantes disparates auront besoin d'un traitement individualisé.

Le côté pratique et constant d'un système d'arrosage au goutte-à-goutte a quelque chose de merveilleux. La fertilisation se fait automatiquement par le biais d'une solution nutritive moyennement dosée, directement versée dans le réservoir et acheminée jusqu'aux plantes par le système d'arrosage au goutte-à-goutte. Grâce à ces systèmes d'irrigation, les boutures et les semis peuvent être cultivés dans des pots de plus petite taille. La croissance des racines est vigoureuse et saine grâce à l'apport constant d'eau et de nutriments.

Un timer *branché sur une pompe à eau permet de déclencher un système d'arrosage au goutte-à-goutte à heure fixe.*

Raccordé à un *timer*, un système d'arrosage au goutte-à-goutte distribue la solution nutritive à intervalles réguliers, mais il faut tout de même vérifier l'hydratation du support de culture tous les jours. On doit vérifier plusieurs pots, s'assurer qu'ils sont arrosés de manière uniforme et en profondeur.

Les systèmes d'arrosage au goutte-à-goutte sont très pratiques, et même indispensables pour pouvoir s'absenter quelques jours. Toutefois, il ne faut jamais les laisser sans surveillance pendant plus de 4 jours consécutifs sous peine de mauvaises surprises au retour.

L'installation d'un système d'arrosage au goutte-à-goutte représente un petit investissement financier, mais la régularité qu'il apporte au jardin est souvent récompensée par l'abondance de la récolte obtenue. Attention, un système automatisé favorise la négligence. Un jardin d'intérieur a besoin d'une attention quotidienne. Même quand tout est automatisé, une surveillance demeure nécessaire. Tous les signes vitaux (l'hydratation, le pH, l'aération, l'humidité, etc.) demandent une surveillance et un ajustement quotidien. L'automatisation apporte une régularité et une uniformité qui se soldent par une récolte plus abondante, à condition de l'utiliser à bon escient.

Diagnostics erronés

Dans la culture en intérieur, de nombreux problèmes sont diagnostiqués à tort comme dus à un manque d'engrais. Les maladies et les insectes en sont souvent la cause. D'autres fois, c'est le pH de l'eau ou du support de culture qui est en faute. Un pH compris entre 6,5 et 7 (5,8 et 6,5 en hydroponie) assure la disponibilité des nutriments. En dehors de cette fourchette, plusieurs d'entre eux cessent d'être utilisables par les plantes (voir graphique page 119). Une variation d'un point dans le pH représente un écart à la puissance 10 vers davantage d'alcalinité ou d'acidité. En clair, un pH de 5,5 est 10 fois plus acide qu'un pH de 6,5 et 100 fois plus acide qu'un pH de 7,5. Un support de culture au pH inférieur à 6,5 peut entraîner une carence en calcium et provoquer une brûlure du bout des racines ainsi qu'une éventuelle attaque fongique (taches sur les feuilles). Un pH supérieur à 7 ralentit l'absorption du fer et se manifeste par une chlorose des feuilles dont les veines jaunissent.

Un pH déséquilibré est responsable de la plupart des problèmes nutritionnels sérieux rencontrés dans les jardins d'intérieur cultivés sur terreau. Il se produit des interactions complexes entre le terreau et les engrais biologiques. Le pH est un facteur critique pour le bon déroulement de ces processus. En hydroponie, les fluctuations du pH sont moins critiques, car les nutriments demeurent disponibles sous forme liquide, et c'est plutôt l'EC (conductivité électrique) qui joue le rôle d'indicateur majeur de la santé des plantes et de la bonne absorption des nutriments.

Une fois que les symptômes deviennent visibles, une plante a déjà subi un stress nutritionnel sévère. Il va passer du temps avant qu'elle puisse reprendre une croissance vigoureuse. Dès la première alerte, il faut rincer abondamment le support de culture avec une solution nutritive diluée, puis ajuster le pH et utiliser des engrais dilués de moitié par rapport au dosage habituel.

Une identification correcte de chaque symptôme dès son apparition est essentielle. En intérieur, les plantes à croissance rapide ont un cycle de vie si court qu'elles n'ont pas le temps de se remettre des déséquilibres nutritionnels. Un petit déséquilibre peut se solder par la perte d'une semaine de croissance, soit un dixième de leur durée de vie.

Il faut prendre soin de ne pas confondre les carences ou les intoxications avec les dégâts causés par les insectes ou les maladies, ou encore par de mauvaises pratiques culturales.

PRATIQUES NUISIBLES AUX PLANTES

- Manque d'aération.
- Manque de lumière.
- Humidité excessive ou trop faible.
- Température trop élevée ou trop basse.
- Pulvérisations nocives ou trop abondantes.
- Excès d'ozone ou de monoxyde de carbone.
- Arrosage trop abondant ou drainage insuffisant, sol détrempé.
- Arrosage insuffisant, sol desséché.
- Brûlures provoquées par une trop grande proximité des lampes.
- Pollution de l'air ambiant, substances chimiques dégagées par l'aggloméré, la peinture, etc.

La température à l'intérieur d'une feuille peut s'élever jusqu'à 43°C. Cela se produit facilement car les feuilles stockent la chaleur irradiée par la lampe. À 43°C, la physiologie de la feuille est perturbée ; les protéines synthétisées sont décomposées et deviennent indisponibles. Quand leur température interne s'élève, les feuilles ont besoin de plus d'eau et elles transpirent davantage. Près de 70 % de l'énergie des plantes est alors mobilisé pour l'évaporation. À plus haute température (au-delà de 43°C), les stomates des feuilles se ferment et la plante flétrit

Les principaux éléments environnementaux doivent être vérifiés et maintenus à un niveau spécifique pour éviter les problèmes. Il faut contrôler chacun des facteurs vitaux – l'air, la lumière, le support de culture, l'eau, la température, l'humidité, etc. – et les ajuster précisément, en particulier en ce qui concerne la ventilation, avant de conclure à une carence nutritionnelle.

Les carences nutritionnelles sont moins fréquentes lorsqu'on utilise du terreau frais et enrichi en micronutriments. Si le support de culture ou l'eau sont acides, on ajoute de la fleur de chaux dolomitique pour tamponner le pH et le maintenir proche de la neutralité. L'emploi de terreaux ou supports de culture inertes « prêts à l'emploi », conjugués à une fertilisation régulière, permet d'éviter bien des problèmes.

Nutriments

Les nutriments sont des éléments dont la plante a besoin pour vivre. Le carbone, l'hydrogène et l'oxygène sont tirés de l'air et de l'eau. Les autres éléments, appelés nutriments, sont extraits du support de culture et de la solution nutritive. Un apport nutritionnel apporté sous la forme d'engrais permet aux plantes à croissance rapide cultivées sous lampes HID d'atteindre leur plein potentiel. Les nutriments sont classés en deux catégories, les macronutriments ou nutriments primaires et les micronutriments ou nutriments secondaires, encore appelés oligoéléments. Chaque nutriment appartenant à l'une ou l'autre de ces catégories peut encore être classé en « mobile » ou « immobile ».

Nutriments mobiles

L'azote (N), le phosphore (P), le potassium (K), le magnésium (Mg) et le zinc (Zn) sont capables de se déplacer d'une partie de la plante à une autre en fonction des besoins. Par exemple, l'azote accumulé dans les feuilles plus âgées peut migrer dans les feuilles plus jeunes pour combler une carence. Les symptômes de carence en azote apparaissent donc en premier sur les feuilles plus âgées, qui se trouvent en bas de la plante.

Nutriments immobiles

Le bore (B), le calcium (Ca), le chlore (Cl), le cobalt (Co), le cuivre (Cu), le fer (Fe), le manganèse (Mn), le molybdène (Mo), le sélénium (Se), le silicium (Si) et le soufre (S) ne migrent pas en fonction des besoins. Ils restent dans leur site d'origine, à savoir les feuilles les plus âgées. C'est la raison pour laquelle les carences en nutriments immobiles se manifestent en premier lieu sur les feuilles les plus jeunes, situées en haut de la plante.

NUTRIMENTS MOBILES ET IMMOBILES

NUTRIMENTS MOBILES	NUTRIMENTS IMMOBILES
Azote (N)	Bore (B)
Magnésium (Mg)	Calcium (Ca)
Phosphore (P)	Chlore (Cl)
Potassium (K)	Cobalt (Co)
Zinc (Zn)	Cuivre (Cu)
	Fer (Fe)
	Manganèse (Mn)
	Molybdène (Mo)
	Sélénium (Se)
	Silicium (Si)
	Soufre (S)

Les proportions N/P/K sont indiquées en gros caractères sur l'emballage des engrais.
N = Azote
P = Phosphore
K = Potassium

Nutriments primaires ou macronutriments

Les nutriments primaires sont les éléments qu'une plante utilise le plus. Sur l'emballage des engrais, on peut lire en gros caractères les pourcentages **N/P/K** (ex : 40/20/20) contenus. Ils sont toujours mentionnés dans le même ordre : N, P, K, (N pour l'azote, P pour le phosphore et K pour le potassium). Ces nutriments doivent être constamment disponibles pour alimenter les plantes en éléments de construction nécessaires à une croissance rapide.

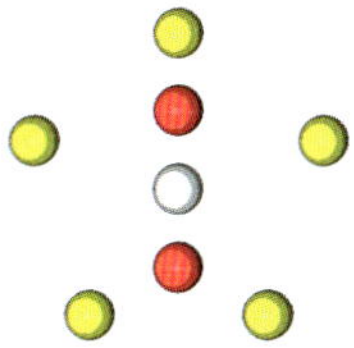

Molécule d'azote.

Azote (N) — mobile

Info pratique : Les plantes à croissance rapide en raffolent et en requièrent de grandes quantités lors de leur croissance végétative, et de plus faibles quantités à la floraison. L'azote est aisément lessivé et doit être apporté régulièrement, surtout lors de la croissance végétative. Il faut savoir qu'une fois récoltée, une plante dont la teneur en azote est élevée n'aura pas bon goût.

Info technique : L'azote régule la capacité d'une plante à fabriquer des protéines qui sont essentielles au nouveau protoplasme des cellules. Ce nutriment est crucial pour la production des acides aminés, des enzymes, des acides nucléiques et de la chlorophylle. Il est principalement responsable de la croissance des feuilles et de la tige ainsi que de la taille et de la vigueur de la totalité de la plante. L'azote est particulièrement actif au niveau des jeunes fleurs, pousses et feuilles. **L'ammonium** (NH_4) est la forme d'azote la plus facilement disponible. Il faut être vigilant en l'employant car il peut brûler les plantes. **Le nitrate** (NO_3) est une forme d'azote que les plantes assimilent beaucoup plus lentement que l'ammonium. Il est utilisé en hydroponie pour son absorption lente, en compagnie de l'ammonium auquel il est mélangé.

Carence : L'azote est le nutriment dont la carence est la plus répandue. La carence en azote se traduit par une croissance ralentie. Les feuilles du bas ne peuvent plus produire de chlorophylle et commencent à jaunir alors que les nervures demeurent vertes. Puis le jaunissement se propage à toute la feuille qui meurt et tombe. Les tiges et l'envers des feuilles peuvent tourner au rouge violacé, ce qui peut aussi être un signe de carence en phosphore. L'azote est très mobile, se dissipe rapidement dans l'environnement et les plantes doivent être souvent ravitaillées en azote pour satisfaire aux exigences d'une croissance rapide.

Progression des symptômes visibles de carence en azote :

→ Les feuilles les plus âgées jaunissent entre les nervures (chlorose internervaire).

- Les feuilles du bas deviennent complètement jaunes.
- De plus en plus de feuilles jaunissent. Les feuilles les plus atteintes tombent.
- La tige ainsi que les nervures de la face inférieure des feuilles peuvent virer au rouge violacé.
- Progressivement les feuilles les plus jeunes développent aussi une chlorose internervaire.
- Tout le feuillage jaunit et la chute de feuilles est importante.

Progression de la carence en azote.

Pour traiter les carences en azote, on fertilise avec un engrais azoté ou complet N/P/K. On doit constater une amélioration dans les 4 à 5 jours. Parmi les sources organiques d'azote à action rapide, on trouve le guano d'oiseaux marins, l'émulsion de poisson et la poudre de sang.

Toxicité : Un excès d'azote entraîne une luxuriance excessive du feuillage qui devient fragile et sensible au stress, y compris aux assauts des insectes et des moisissures. Les tiges deviennent faibles et peuvent ployer facilement. Le tissu vasculaire d'irrigation se détériore et l'absorption d'eau est limitée. Dans les cas les plus sérieux, les feuilles tournent au brun cuivré, sèchent et tombent. Les racines se développent très lentement, ont tendance à prendre une couleur sombre et à pourrir. Les fleurs sont rares et petites. Les doses toxiques d'ammonium sont les plus courantes dans les sols acides tandis que la toxicité par les nitrates est plus courante dans les sols alcalins.

Progression des symptômes visibles d'intoxication à l'azote :

- Feuillage d'une luxuriance et d'un vert excessif.
- Tiges fragiles qui ploient facilement (peut aussi résulter d'un manque de lumière).
- Développement ralenti des racines.
- Les fleurs sont petites et poussent lentement.
- Les feuilles deviennent marron, sèchent et tombent.

Pour traiter une intoxication à l'azote, on rince abondamment le support de culture à l'aide d'une solution nutritive complète et faiblement dosée. Les problèmes sévères requièrent un lessivage du support de culture à plus grande eau (au moins 3 litres d'eau par litre de support), et on cesse d'administrer de l'azote pendant 1 semaine afin que les teneurs excessives contenues dans le feuillage soient utilisées. Si les plantes demeurent excessivement vertes, on diminue les apports en azote.

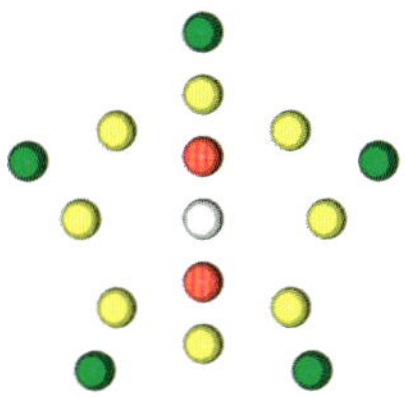

Molécule de phosphore.

Phosphore (P) — mobile

Info pratique : Les plantes à croissance rapide ont besoin de plus de phosphore lors de la germination, du semis, du bouturage et de la floraison. Les engrais « spécial floraison » contiennent des teneurs élevées en phosphore.

Info technique : Le phosphore est nécessaire à la photosynthèse et participe au mécanisme de transfert d'énergie au sein de la plante. Le phosphore entre dans la composition de l'ADN ainsi que de nombreuses enzymes et protéines. Il est associé à la vigueur générale de la plante ainsi qu'à sa production de résine et de graines. On trouve les plus fortes concentrations de phosphore dans les extrémités en croissance des racines, les jeunes pousses et le tissu vasculaire.

Carence : Un manque de phosphore cause un ralentissement important de la croissance. Les feuilles sont plus petites, d'un vert bleuté et souvent tachetées. Les tiges, les pétioles (tiges des feuilles) et les nervures principales tournent au rouge violacé en commençant par la face inférieure des feuilles. Le rougissement des tiges et des nervures n'est pas toujours prononcé. La pointe des feuilles les plus âgées prennent une coloration noire et se recroquevillent. Les feuilles sérieusement atteintes développent de larges taches nécrosées d'un noir violacé. Ces feuilles virent ensuite vers une teinte bronze aux reflets violacés, se dessèchent, vrillent et tombent. La floraison et la fructification sont souvent retardées, les bourgeons sont uniformément petits, la production de graines est faible et les plantes deviennent vulnérables aux assauts des champignons et des insectes. Les carences en phosphore sont aggravées par les sols détrempés, acides et argileux.

Les carences en phosphore sont relativement courantes et souvent mal diagnostiquées. Elles sont particulièrement fréquentes lorsque :

- → Le pH du support de culture est supérieur à 7, ce qui fait obstacle à l'absorption du phosphore.
- → Le sol est acide (pH inférieur à 5,8) et/ou qu'il présente une teneur excessive en zinc ou en fer.
- → Quand le sol a fixé des phosphates (liaisons chimiques).

Progression visible des symptômes de carence en phosphore :

- → Croissance très ralentie.
- → Les feuilles prennent une teinte vert bleuté sombre et présentent des taches sombres.
- → Les plantes sont globalement plus petites.
- → Quand les taches envahissent le pétiole (tige des feuilles), les feuilles prennent une teinte bronze pourpré, vrillent et tombent.

Progression de la carence en phosphore.

Pour traiter les carences en phosphore, on abaisse le pH entre 5,5 et 6,2 en hydroponie, 6 et 7 pour les sols argileux et 5,5 et 6,5 pour les terreaux, de manière à rendre le phosphore disponible pour les plantes. Si le sol est trop acide, ou si les teneurs en zinc et en fer sont excessives, le phosphore devient indisponible. Pour la culture en terre, on incorpore au terreau un engrais complet contenant du phosphore qu'on mélange bien avant de planter. En hydroponie, on fertilise à l'aide d'un engrais non organique contenant du phosphore. On peut aussi incorporer des engrais organiques (guano de chauve-souris, farine d'os cuits, phosphates naturels, fumiers) pour accroître les teneurs en phosphore du support de culture. On veille à toujours utiliser des engrais organiques finement broyés afin qu'ils soient disponibles rapidement.

Toxicité : Une intoxication au phosphore peut mettre plusieurs semaines à se manifester, particulièrement si les excès sont tamponnés par un pH stable. Les plantes à croissance rapide consomment de grandes quantités de phosphore tout au long de leur vie et nombreuses sont les variétés qui en tolèrent des doses élevées. L'excès de phosphore interfère avec la stabilité et l'absorption du calcium, du cuivre, du fer, du magnésium et du zinc. La surdose en phosphore se manifeste par une carence en zinc, fer, magnésium, calcium, ou cuivre ; la plus fréquente étant la carence en zinc.

Pour traiter l'intoxication au phosphore, on rince abondamment le support de culture des plantes intoxiquées à l'aide d'une solution nutritive complète et très faiblement dosée (au moins 3 litres par litre de terre). Les problèmes les plus sérieux exigent un rinçage plus conséquent, avec un volume d'eau au moins quatre fois supérieur à celui du support de culture.

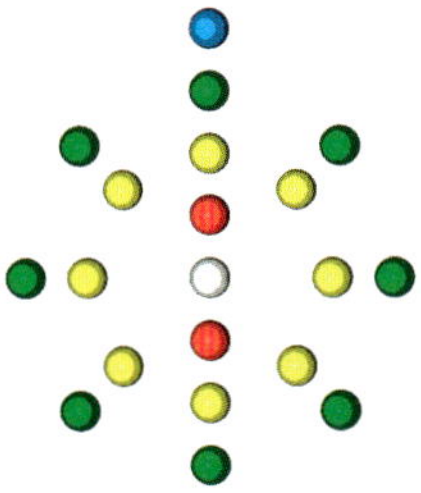

Molécule de potassium.

Potassium (K) – mobile

Info pratique : Le potassium est utilisé à tous les stades de la croissance. Les supports de culture à teneur élevée en potassium procurent aux plantes une meilleure résistance aux bactéries et aux moisissures.

Info technique : Le potassium est essentiel à la synthèse et au transport des sucres et des amidons, ainsi qu'à la croissance par division cellulaire. Il accroît la teneur des feuilles en chlorophylle et aide à la régulation de l'ouverture des stomates afin que la plante fasse le meilleur usage de l'air et de la lumière. Il favorise une solide croissance des racines et est associé à l'absorption d'eau et à la résistance face aux maladies. La potasse est de l'oxyde de potassium (K_2O).

Carence : Les plantes carencées en potassium apparaissent initialement saines. La carence en potassium se manifeste par un jaunissement (jaune foncé) des feuilles les plus âgées, d'abord au niveau de la pointe et des bords puis de la feuille entière, qui finit par mourir. Les tiges deviennent souvent faibles et parfois cassantes. Les plantes sont plus sensibles aux maladies. Le potassium est habituellement présent dans le support de culture, mais son assimilation peut être bloquée par une salinité élevée. On rince tout d'abord le support de culture pour éliminer l'accumulation toxique de sels, puis on applique une solution nutritive complète (N/P/K). Une carence en potassium induit une hausse de la température interne des feuilles qui résulte en brûlure et dégradation des cellules protéiniques. L'évaporation est normalement plus grande en bordure des feuilles, et c'est là que se produit la brûlure.

Progression des symptômes visibles de carence en potassium :

- → La plante semble saine avec un feuillage vert foncé.
- → Les feuilles perdent leur lustre.
- → La ramification peut augmenter mais les nouvelles pousses sont faibles et frêles.
- → La marge des feuilles devient grise et vire progressivement au brun rouille, puis elle s'enroule et se dessèche.
- → Les feuilles les plus âgées jaunissent, puis des taches de couleur rouille apparaissent.
- → Les feuilles se recroquevillent, la pourriture s'installe et les feuilles les plus âgées tombent.
- → La floraison est retardée et grandement diminuée.

Progression de la carence en potassium.

Pour traiter les carences en potassium, on fertilise avec un engrais complet N/P/K. Il arrive qu'un horticulteur ajoute directement du potassium à la solution nutritive. En culture biologique, on ajoute du potassium sous forme de potasse (cendres de bois) mélangée à de l'eau. Il faut faire attention lorsque l'on utilise de la cendre de bois car son pH est habituellement supérieur à 10. Utiliser un *pH down* pour abaisser le pH de la solution à 6,5 avant de l'appliquer. La pulvérisation de potassium sur les feuilles n'est pas recommandée pour traiter cette carence.

Toxicité : Elle se produit de façon occasionnelle et est difficile à diagnostiquer car ses symptômes se confondent avec ceux de carences en autres nutriments. Trop de potassium diminue et ralentit l'absorption du magnésium, du manganèse et quelquefois du zinc et du fer. Il faut penser à rechercher les signes d'une intoxication au potassium quand des symptômes de carences en magnésium, manganèse, zinc et fer se manifestent.

Pour traiter l'intoxication au potassium, on rince abondamment le support de culture des plantes affectées à l'aide d'une solution nutritive complète et faiblement dosée. Les problèmes les plus sérieux requièrent un rinçage avec un volume d'eau au moins trois fois supérieur à celui du support de culture.

Nutriments secondaires

Les nutriments secondaires (magnésium, calcium et soufre) sont aussi utilisés par les plantes en quantités importantes. En intérieur, les plantes à croissance rapide poussent si vite qu'elles sont capables d'assimiler davantage de nutriments que la plupart des engrais multi-usages n'en fournissent. De nombreux horticulteurs optent pour l'utilisation d'une ou deux parts d'engrais hydroponique qui apportent tous les nutriments secondaires et oligoéléments nécessaires. Cependant, il faut être prudent car les trois nutriments secondaires (Mg, Ca et S) peuvent être présents en quantité importante dans l'eau du robinet. Il est important d'en tenir compte quand on fertilise les plantes. Dans le cas d'une culture en terre ou sur support inerte au pH inférieur à 7, on incorpore 1 tasse de fleur de chaux dolomitique pour 4 litres de support pour garantir un apport adéquat en calcium et en magnésium.

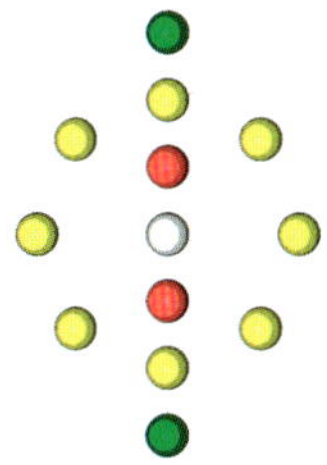

La carence en calcium est rare en intérieur.

Molécule de calcium.

Calcium (Ca) — immobile

Info pratique : Les plantes à croissance rapide ont besoin d'à peu près autant de calcium que de macronutriments. On prévient les carences en calcium, aussi bien en terre que dans la plupart des supports inertes, en ajoutant de la fleur de chaux dolomitique ou en utilisant des engrais hydroponiques solubles contenant un taux adéquat de calcium.

Info technique : Le calcium est fondamental à la synthèse et à la croissance des cellules. Ce nutriment permet de préserver la perméabilité de la membrane et l'intégrité de la cellule. Les plantes ont besoin de calcium au niveau de l'extrémité en croissance de chacune de leurs racines.

Carence : La carence en calcium est assez peu courante en intérieur. Cela dit, les plantes pourraient souvent assimiler davantage de calcium que ce qui se trouve à leur disposition. Les symptômes d'une carence en calcium débutent par une coloration vert sombre du feuillage et une croissance exceptionnellement lente. Les jeunes feuilles sont les plus touchées et sont les premières à montrer ces signes. Dans les cas sévères, les carences en calcium provoquent une coloration des jeunes pousses allant des tons jaunes aux violets. Par la suite, ces jeunes pousses se flétrissent et meurent. Le développement des inflorescences est inhibé, la croissance des plantes ralentie et la récolte réduite. Les extrémités en croissance peuvent montrer des signes de carence en calcium si l'humidité est très importante. À 100 % d'humidité, les stomates se ferment, interrompant la transpiration pour protéger la plante. Normalement transporté par la transpiration, le calcium devient immobile.

Pour traiter les carences en calcium, on dissout une demi cuillère à thé de chaux hydratée pour 4 litres d'eau. On arrose les plantes carencées avec de l'eau enrichie en calcium aussi longtemps que les symptômes persistent. On peut aussi choisir d'utiliser un engrais complet pour culture hydroponique contenant les teneurs requises en calcium. On maintient le pH du support de culture stable.

Progression des symptômes visibles de carence en calcium :

→ La croissance est lente et les jeunes feuilles ont une coloration vert très foncé.

→ Les nouvelles pousses se décolorent (tons allant du jaune au violet).

→ Les nouvelles pousses vrillent, se flétrissent et meurent.

→ Le développement des fleurs ralentit rapidement.

Toxicité : Elle est difficile à déceler sur le feuillage. La plante se fane. Des niveaux toxiques en calcium exacerbent les carences en potassium, magnésium, manganèse et fer. Ces nutriments deviennent indisponibles malgré leur présence. Si une quantité excessive de calcium soluble est administrée très tôt dans la vie de la plante, il peut en résulter un ralentissement de la croissance. En hydroponie, un excès de calcium précipite le soufre, ce qui a pour effet de rendre la solution nutritive opaque. Une fois que le calcium et le soufre se combinent (on dit qu'ils floculent), ils forment un résidu (du gypse) qui se dépose au fond du réservoir.

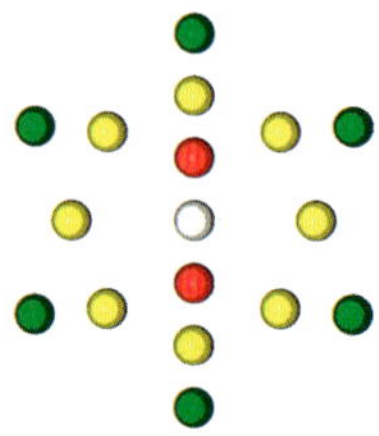

Molécule de magnésium.

Magnésium (Mg) — mobile

Info pratique : Les plantes à croissance rapide consomment beaucoup de magnésium et les carences sont donc courantes, surtout dans les supports de culture acides (pH < 7). Ajouter de la chaux dolomitique aux terreaux acides avant la plantation stabilise le pH et apporte en plus du calcium et du magnésium. On peut aussi ajouter 2 cuillerées à thé de sels d'Epsom (sulfate de magnésium) pour 4 litres d'eau à chaque arrosage pour corriger les carences en magnésium dans le cas où de la chaux dolomitique n'a pas été ajoutée avant la plantation.

Info technique : Le magnésium, atome central de la molécule de chlorophylle, est essentiel à l'absorption de l'énergie lumineuse. Il participe au métabolisme des nutriments, neutralise les sols acides et les composés toxiques produits par la plante.

Carence : La carence en magnésium est courante en intérieur. Sur les feuilles du bas, et plus tard du milieu de la plante, des taches jaunes apparaissent entre les nervures vert foncé. Des points brun rouille font leur apparition sur les bords ou la pointe des feuilles et entre les nervures au fur et à mesure que la carence s'aggrave. Les pointes brunes des feuilles se recroquevillent souvent avant que la feuille ne meurt. La plante entière peut se décolorer en quelques semaines et dans les cas de carence grave prendre une teinte jaune presque blanche avant de brunir et de mourir. Une carence mineure peut ne causer que très peu de problèmes de développement, ou même pas du tout. Cependant, les carences mineures ont tendance à s'aggraver au cours de la floraison et entraînent une récolte diminuée.

Il arrive que le magnésium soit présent mais indisponible pour la plante car le support de culture est trop humide et froid, ou trop acide et froid. Le magnésium peut aussi être lié de manière indissociable au support de culture, donc indisponible pour la plante, s'il contient un excès de potassium, d'ammoniaque (azote) et de calcium (carbonate). Les systèmes racinaires peu développés sont aussi incapables d'absorber suffisamment de magnésium pour subvenir à des besoins importants. Une EC élevée ralentit l'évaporation d'eau et diminue aussi la disponibilité du magnésium.

Progression des symptômes visibles de carence en magnésium :

- → Aucun symptôme n'est visible de la 3e à la 4e semaine.
- → Au cours de la 4e et de la 5e semaine, les symptômes de carences apparaissent : chlorose entre les nervures des feuilles et apparition de points brun rouille irréguliers sur les feuilles âgées ou moyennement âgées. Les feuilles les plus jeunes demeurent saines.
- → La pointe des feuilles devient marron et se recroqueville au fur et à mesure que la carence progresse.
- → Les points brun rouille se multiplient et la chlorose s'étend entre les nervures.
- → La chlorose et les taches brun rouille progressent du pied de la plante jusqu'à son sommet.
- → Les feuilles les plus jeunes commencent à développer des points de couleur rouille et une chlorose entre les nervures.
- → Les feuilles se dessèchent et meurent dans les cas les plus graves.

Progression de la carence en magnésium.

Pour traiter les carences en magnésium, on arrose avec 2 cuillerées à thé de sels d'Epsom (sulfate de magnésium) pour 4 litres d'eau. Pour des résultats plus rapides, on pulvérise une solution à 2 % de sulfate de magnésium (sels d'Epsom) sur le feuillage. Si la carence a déjà progressé jusqu'au sommet de la plante, cette partie sera la première à reprendre une couleur verte. En 4 à 6 jours, la couleur verte commence à se répandre vers le bas. On continue l'arrosage aux sels d'Epsom à intervalles réguliers jusqu'à disparition complète des symptômes. Il n'est pas nécessaire d'ajouter des sels d'Epsom si l'engrais utilisé contient déjà du magnésium biodisponible. Une alternative consiste à utiliser du monohydrate de sulfate de magnésium à la place des sels d'Epson. On ajoute de la fleur de chaux dolomitique à la terre ou au support inerte pour garantir un apport substantiel à la fois en calcium et en magnésium sur le long terme. Veiller à toujours utiliser la chaux dolomitique la plus fine possible.

Il faut aussi contrôler la température et l'humidité de la chambre de culture, le pH et l'EC de la solution nutritive ; maintenir la température de la zone racinaire et de la solution nutritive entre 21° et 24° C ; la température ambiante à 24° C le jour et 18° C la nuit. Utiliser un engrais complet contenant une quantité adéquate de magnésium.

En terre, le pH doit être maintenu au-dessus de 6,5, en hydroponie au-dessus de 5,5. Si l'EC est élevée, on la maintient à un bas niveau pendant 1 semaine. Un surplus de magnésium dans le sol n'est généralement pas nocif mais peut inhiber l'absorption de calcium.

Toxicité : L'intoxication au magnésium est rare et difficile à déceler à l'œil nu. Si elle est très élevée, le magnésium entre en compétition avec les autres ions nutritifs, habituellement le calcium, surtout dans les solutions nutritives destinées à l'hydroponie. Dans un support de culture apte à entretenir la croissance des plantes à croissance rapide, une accumulation toxique de magnésium est un phénomène rare.

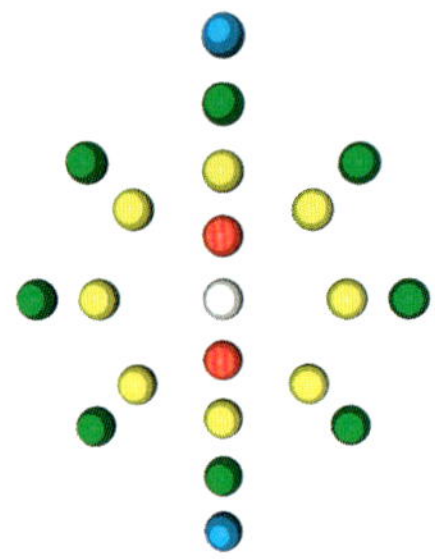

Molécule de soufre.

Soufre (S) – immobile

Info pratique : De nombreux engrais contiennent du soufre sous une forme ou une autre et il est rare que ce nutriment manque. Les horticulteurs évitent le soufre élémentaire (pur) et lui préfèrent les composés soufrés tel le sulfate de magnésium. Les nutriments combinés au soufre se mélangent mieux dans l'eau.

Info technique : Le soufre est un élément constitutif de nombreuses hormones, protéines et vitamines, y compris la vitamine B_1. C'est aussi un élément indispensable dans de nombreuses cellules de la plante dont celles des graines. La forme du soufre appelée sulfate tamponne le pH de l'eau. Quasiment toutes les eaux aussi bien souterraines que celles des lacs et des rivières contiennent du sulfate. Le sulfate participe à la synthèse des protéines et fait partie intégrante des acides aminés soufrés, la cystine et la thiamine, qui sont les blocs constitutifs des protéines. Le soufre est impliqué à la fois dans la structure et le métabolisme des plantes. Il est essentiel au processus de respiration ainsi qu'à la synthèse et à la dégradation des acides gras. Dans les engrais pour culture hydroponique, le soufre et le calcium sont séparés (bidons « A » et « B »). En dosage concentré, la combinaison du soufre et du calcium forme du gypse brut insoluble (sulfate de calcium) qui forme un dépôt au fond du bidon.

Carence : Les jeunes feuilles virent du vert pomme au jaune. Au fur et à mesure que le manque de soufre s'accentue, les feuilles jaunissent entre les nervures et manquent d'hydratation. Les nervures demeurent vertes. Les pétioles (tiges des feuilles) deviennent violets. La pointe des feuilles peut brûler, prendre une couleur sombre et se recroqueviller. En théorie, les feuilles les plus jeunes sont les premières à jaunir, mais de nombreux tests ont montré des symptômes plus flagrants sur les feuilles les plus âgées. La carence en soufre ressemble à celle en azote. Dans les cas sévères, les carences en soufre causent des tiges allongées qui deviennent ligneuses à la base. Les carences en soufre se rencontrent en intérieur quand le pH est trop élevé ou quand il y a trop de calcium présent et disponible.

Progression des symptômes visibles de carence en soufre :

- Similaires à la carence en azote : les feuilles les plus âgées virent au vert pâle.
- Le pétiole des feuilles tourne au violet. Davantage de feuilles prennent une coloration vert pâle.
- Les feuilles entières virent au jaune pâle.
- Chlorose entre les nervures.
- Les carences prononcées provoquent une coloration violette du pétiole et un jaunissement d'une quantité grandissante de feuilles.

Progression de la carence en soufre.

Pour traiter les carences en soufre, on fertilise avec un engrais pour culture hydroponique contenant du soufre. On abaisse le pH entre 5,5 et 6. On ajoute du soufre inorganique à un engrais contenant du sulfate de magnésium (sels d'Epsom). Parmi les sources de soufre, on compte le compost à champignonnières et la plupart des fumiers provenant d'animaux. Il faut bien veiller à n'appliquer que des fumiers bien décomposés pour éviter de brûler les racines.

Toxicité : Un excès de soufre dans le sol ne cause pas de problème si l'EC est relativement basse. Avec une EC élevée, les plantes ont tendance à absorber davantage de soufre biodisponible, ce qui bloque l'absorption des autres nutriments. Parmi les symptômes d'un excès de soufre, on constate des plantes globalement plus petites et un feuillage uniformément plus petit et d'un vert plus foncé. Le bord et le sommet des feuilles peuvent se décolorer et brûler quand l'intoxication est importante.

Pour traiter l'intoxication au soufre, on rince abondamment le support de culture des plantes affectées à l'aide d'un engrais complet et faiblement dosé. On vérifie le pH de la solution drainée. On corrige le pH de la solution nutritive à 6. Les problèmes sévères requièrent un rinçage avec un volume d'eau au moins trois fois supérieur à celui du support de culture.

Micronutriments

Les micronutriments, également appelés oligoéléments, sont essentiels à la formation de chlorophylle et doivent être présents en quantités minimes. Ils fonctionnent principalement comme catalyseurs du métabolisme de la plante favorisant l'utilisation des autres éléments. Pour de meilleurs résultats, on utilise des engrais conçus pour la culture hydroponique afin d'assurer un apport complet de la gamme des oligoéléments sous une forme biodisponible. Les engrais haut de gamme pour culture hydroponique utilisent des ingrédients de qualité alimentaire qui sont complètement solubles et ne laissent pas de résidus. Pour ceux qui utilisent un engrais bon marché ne précisant pas les teneurs en oligoéléments sur l'étiquette, il peut être utile d'ajouter des oligoéléments solubles sous une forme chélatée. Les micronutriments chélatés sont disponibles sous forme de poudre ou liquide. On prend soin d'ajouter et de mélanger soigneusement les oligoéléments au support de culture avant la plantation.

Les terreaux et les mélanges de supports inertes du commerce sont souvent enrichis en oligoéléments. Il faut vérifier sur l'emballage que tel est bien le cas. Les oligoéléments sont nécessaires en quantités minimes et atteignent facilement des niveaux toxiques. Il est indispensable de toujours suivre les instructions du fabricant à la lettre lorsque l'on administre des oligoéléments aux plantes car il est facile de surdoser.

La carence en bore est rare en intérieur.

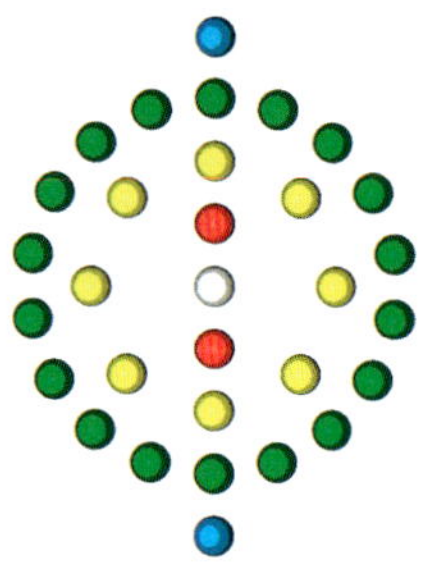

Molécule de bore.

Bore (B) — immobile

Info pratique : Ne cause généralement aucun problème.

Info technique : Les carences en bore sont rares en intérieur. Le bore demeure une sorte de mystère biochimique. Les scientifiques ont réuni un certain nombre de données indiquant que le bore participe à la synthèse de l'acide nucléique et qu'il joue un rôle dans la division et la différenciation cellulaires, la maturation et la respiration de la plante ainsi que dans l'élaboration du pollen.

Carence : Le bout des tiges et le bout des racines grandissent de façon anormale. L'extrémité des racines gonfle, se décolore et leur développement en longueur s'interrompt. Les pousses en croissance semblent brûlées comme si elles étaient trop proches des lampes HID. Les pousses du haut sont les premières à vriller et/ou à se rétracter, suivies progressivement par les pousses inférieures. Quand la carence est importante, les pousses en croissance meurent. Le bord des feuilles se décolore puis meurt. Des petites taches de nécrose apparaissent entre les nervures des feuilles. Les stèles (l'intérieur) des racines deviennent souvent spongieuses et constituent alors des abris parfaits pour les moisissures et les maladies. Les feuilles malades s'épaississent, se déforment et flétrissent. Elles sont mouchetées par la chlorose et la nécrose.

Pour traiter les carences en bore, on utilise 0,05 g d'acide borique pour 4 litres d'eau. On peut administrer cette solution comme un médicament à faire absorber par les racines. On peut aussi administrer un engrais pour culture hydroponique contenant, entre autres, du bore. Les horticulteurs en hydroponie ne doivent pas dépasser les doses de 20 parties par million (ppm) de bore car il devient vite toxique s'il est trop concentré dans la solution nutritive.

Toxicité : Dans un premier temps, la pointe des feuilles jaunit. Au fur et à mesure que l'intoxication s'aggrave, le bord des feuilles se nécrose par le milieu de la feuille. Après avoir jauni, les feuilles tombent.

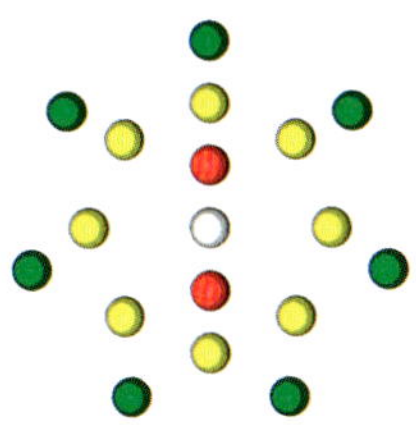

La carence en chlore est rare en intérieur.

Molécule de chlore.

Chlore (Cl) — immobile

Info pratique : Le chlore est souvent présent dans l'eau du robinet. Les plantes à croissance rapide le tolèrent en faible concentration. Le chlore n'entre d'ailleurs habituellement pas dans la composition des engrais et n'est presque jamais déficient dans les jardins d'intérieur.

Info technique : Sous forme de chlorure, le chlore est essentiel à la photosynthèse et à la division cellulaire au niveau des racines et du feuillage. Il augmente aussi la pression osmotique au sein des cellules, ce qui ouvre et ferme les stomates pour réguler le flux d'humidité à l'intérieur des tissus.

Carence : Elle est rare. Les jeunes feuilles pâlissent et flétrissent. Alors que la carence progresse, les feuilles deviennent chlorotiques et prennent une coloration bronze caractéristique. L'extrémité des racines s'épaissit et leur croissance est ralentie.

NOTE : La carence et l'excès de chlore sont caractérisés par le même symptôme : les feuilles prennent une coloration bronze.

Pour traiter les carences en chlore, on administre de l'eau faiblement chlorée.

Toxicité : Les jeunes feuilles développent des brûlures au niveau de leur bord et de leur sommet. Les très jeunes semis et boutures sont les plus susceptibles d'être endommagés. Plus tard, les symptômes s'étendent au reste de la plante. Les feuilles d'une teinte bronze aux reflets jaunes caractéristiques sont petites et se développent lentement.

Pour traiter l'intoxication au chlore, on laisse l'eau du réseau chargée en chlore reposer toute la nuit en la remuant de temps à autre. Le chlore se volatilise et disparaît dans l'atmosphère. On utilise cette eau pour préparer la solution nutritive (eau additionnée d'engrais) ou pour arroser.

Le cobalt n'est quasiment jamais déficient en intérieur.

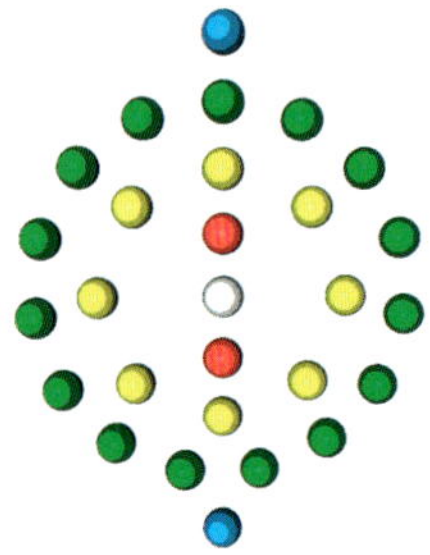

Molécule de cobalt.

Cobalt (Co) – immobile

Info pratique : Cet oligoélément est rarement mentionné comme étant nécessaire à la croissance des plantes et sa présence n'est pas signalée sur la plupart des étiquettes d'engrais. Le cobalt n'est quasiment jamais déficient dans les jardins d'intérieur.

Info technique : Le cobalt est nécessaire à la croissance et l'épanouissement d'une quantité indénombrable de bactéries bénéfiques. Les données scientifiques suggèrent que cet oligoélément est impliqué dans les processus enzymatiques nécessaires à la formation des composés aromatiques. Il est nécessaire en très faible quantité à la fixation de l'azote et à la synthèse de l'ADN.

Carence : La carence en cobalt affecte l'utilisation de l'azote et induit une carence en azote.

Pour traiter la carence en cobalt, il suffit d'ajouter une petite pincée de nitrate de cobalt (0,01g) pour 4 litres d'eau.

Toxicité : Flétrissement et mort de la plante à brève échéance.

LES CHÉLATES

Un chélate, mot qui vient du grec et qui signifie «pince», est une molécule organique qui forme des liaisons ressemblant à des pinces avec des particules métalliques libres et électriquement chargées. Cette propriété fait que les ions métalliques (le zinc, le fer, le manganèse, etc.) demeurent solubles dans l'eau. Ils ne peuvent pas réagir au contact d'un autre élément et demeurent donc disponibles pour la plante. Les racines absorbent les ions métalliques chélatés sous une forme soluble et stable qui les rend immédiatement utilisables.

Les chélates naturels comme l'acide humique et l'acide citrique peuvent être ajoutés aux terreaux biologiques ou organiques. Les racines et les bactéries libèrent aussi des chélates naturels pour promouvoir l'absorption des ions métalliques. Les chélates fabriqués par l'homme sont conçus pour divers usages. Le DTPA est plus efficace avec un pH en dessous de 6,5 ; l'EDDHA jusqu'à un pH de 8 ; l'EDTA risque moins d'induire une brûlure du feuillage.

Un faible niveau d'ultraviolets, qu'ils soient générés par les ampoules HID ou la lumière solaire, décompose rapidement les chélates. Il faut les conserver à l'abri de la lumière pour les protéger d'une décomposition accélérée.

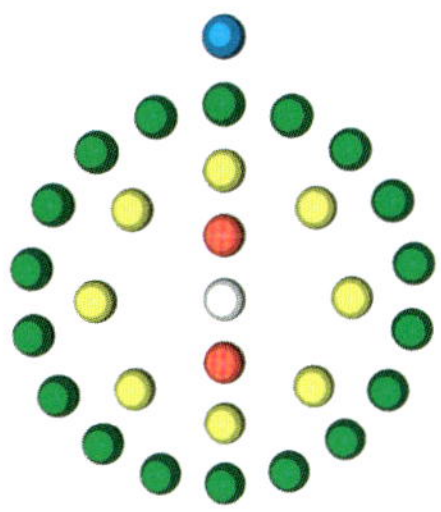

La carence en cuivre est rare chez les plantes à croissance rapide.

Molécule de cuivre.

Cuivre (Cu) — immobile

Info pratique : Le cuivre est aussi utilisé comme fongicide.

Info technique : Le cuivre entre dans la composition de nombreuses enzymes et protéines. Nécessaire en très faible quantité, il participe au métabolisme des hydrates de carbone, à la fixation de l'azote et au processus de réduction de l'oxygène.

Carence : Les carences en cuivre sont rares chez les plantes à croissance rapide. Les jeunes feuilles et les pousses en croissance se fanent. La pointe des feuilles et leur bord développent une nécrose et virent au gris cuivré foncé. Il arrive qu'une plante carencée en cuivre flétrisse entièrement, se fanant alors même qu'elle est correctement arrosée. La croissance est lente et la récolte maigre.

Pour traiter les carences en cuivre, on applique un fongicide à base de cuivre tel que le sulfate de cuivre. Il ne faut jamais l'appliquer quand la température dépasse 24°C pour ne pas brûler le feuillage. On peut aussi administrer un engrais pour culture hydroponique complet après s'être assuré qu'il contient bien du cuivre. Jeter une pièce de monnaie en cuivre dans le réservoir à eau ou dans l'arrosoir peut suffire. Le sulfate de cuivre, ou du cuivre chélaté, peuvent aussi être utilisés à raison de 0,01g pour 4 litres d'eau.

Toxicité : Bien qu'indispensable aux plantes, le cuivre en trop forte concentration est extrêmement toxique. Des concentrations toxiques ralentissent la croissance générale de la plante. Au fur et à mesure que la toxicité augmente, les symptômes évoluent vers une chlorose internervaire par carence en fer, une croissance ralentie, une diminution du nombre de branches et une couleur foncée des racines qui s'épaississent et dont la croissance est ralentie. Les conditions toxiques sont aggravées par les sols acides. Les horticulteurs en hydroponie doivent surveiller leur solution avec attention afin d'éviter les surcharges en cuivre.

Pour traiter l'intoxication au cuivre, on rince abondamment le support de culture pour éliminer l'excès de cuivre.

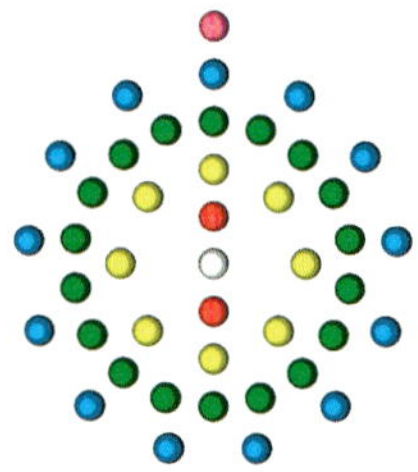

Molécule de fer.

Fer (Fe) — immobile

Info pratique : Le fer est disponible pour une absorption par les racines sous une forme chélatée et soluble. En intérieur, la carence est fréquente dans les sols alcalins.

Info technique : Le fer est fondamental aux systèmes enzymatiques et au transport des électrons lors de la photosynthèse et de la respiration. Catalyseur pour la production de chlorophylle, le fer est nécessaire pour la réduction et l'assimilation des nitrates et des sulfates. Le fer donne à la terre une teinte allant du brun au rouge en fonction de sa concentration. Les plantes ont des difficultés à absorber le fer. En général, les sols acides contiennent du fer en proportions adéquates pour la croissance des plantes à croissance rapide.

Carence : Les carences en fer sont courantes quand le pH est supérieur à 6,5 et rares quand il est inférieur à 6,5. Les symptômes peuvent apparaître lors d'une croissance rapide ou une période de stress, puis disparaître d'eux-mêmes. Les jeunes feuilles ne peuvent pas retirer le fer, micronutriment immobile, des feuilles plus âgées qui en contiennent, même s'il est présent dans le sol. Les symptômes apparaissent tout d'abord sur les feuilles les plus petites, sous la forme d'une chlorose caractérisée par une coloration jaune entre les nervures, qui restent vertes. À noter que cette chlorose internervaire commence à l'opposé du sommet de la feuille, donc là où elle s'attache au pétiole. Au fur et à mesure que la carence évolue, la chlorose s'aggrave. Dans les cas les plus sévères, les feuilles tombent. La carence en fer est quelquefois la conséquence d'un excès de cuivre.

Progression des symptômes visibles de carence en fer :

→ Les jeunes feuilles et pousses virent au vert pâle entre les nervures et progressent vers le jaune en commençant par la région du pétiole. Les nervures restent vertes.

→ De plus en plus de feuilles jaunissent et développent une chlorose internervaire.

→ Les feuilles les plus grandes se mettent à jaunir et développent cette chlorose à leur tour.

→ Dans les cas sévères, les feuilles se nécrosent et tombent.

Progression de la carence en fer.

Pour traiter les carences en fer, on abaisse le pH du sol à 6,5 ou moins. On évite les engrais contenant des quantités excessives de manganèse et de zinc, qui inhibent l'assimilation du fer. Il faut souvent améliorer la qualité du drainage car les supports de culture trop humides retiennent trop peu d'oxygène pour être propices à l'assimilation du fer. On augmente la température de la zone racinaire en lui administrant du fer chélaté sous forme liquide. Garder à l'esprit que les chélates sont facilement dégradés par la lumière et qu'ils doivent être soigneusement incorporés au support de culture pour avoir une efficacité maximale. Les feuilles doivent reprendre une coloration verte en l'espace de 4 à 5 jours. Les engrais complets pour culture hydroponique à teneur équilibrée en nutriments contiennent du fer, si bien que les carences en fer sont rares lorsque ce type d'engrais est utilisé. Parmi les sources organiques de fer et de chélates, on compte le fumier de vache, de cheval, et de poulet. N'utiliser que du fumier bien décomposé pour éviter de brûler les plantes.

Toxicité : Un excès de fer est rare. Un taux élevé de fer ne nuit pas aux plantes à croissance rapide ; cependant, il peut interférer avec l'assimilation du phosphore. Un surplus de fer provoque une coloration du feuillage dans les tons bronze, accompagnée de petites taches d'un brun foncé. Si du fer chélaté est appliqué en surdose, la plante meurt en quelques jours.

Pour traiter l'intoxication au fer, on rince abondamment le support de culture avec une solution nutritive très diluée (au moins 3 litres d'eau par litre de support).

Pour le groupe d'oligoéléments qui suit, on prévient les carences en utilisant un engrais pour culture hydroponique de haute qualité contenant des oligoéléments chélatés.

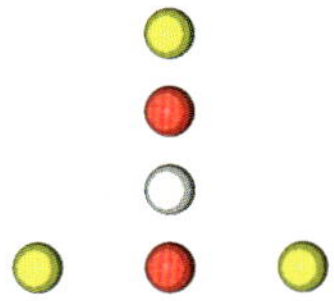

Molécule de manganèse.

Manganèse (Mn) – immobile

Info pratique : La carence en manganèse est relativement courante en intérieur.

Info technique : Le manganèse est impliqué dans le processus d'oxydo-réduction associé au transport d'électrons lors de la photosynthèse. Cet oligoélément active de nombreuses enzymes et joue un rôle fondamental dans le système membranaire des chloroplastes.

Carence : C'est sur les jeunes feuilles que les premiers symptômes de carence en manganèse se manifestent. Elles deviennent jaunes entre les nervures alors que celles-ci demeurent vertes. Les symptômes s'étendent des jeunes feuilles au plus vieilles au fur et à mesure que la carence progresse. Des petites taches de nécrose apparaissent sur les feuilles sévèrement touchées, puis elles tombent. La croissance de la plante est ralentie et la maturation prolongée. La carence sévère ressemble à un manque prononcé de magnésium.

Progression des symptômes visibles de carence en manganèse :

- → Chlorose entre les nervures des jeunes feuilles.
- → La chlorose internervaire se propage aux feuilles plus âgées.
- → Des petites taches de nécrose apparaissent sur les feuilles sévèrement atteintes.
- → La croissance globale de la plante est ralentie ou interrompue.

Progression de la carence en manganèse.

Toxicité : La végétation jeune et nouvelle développe une chlorose caractérisée par une coloration mouchetée allant de l'orange foncé au brun rouille profond. Les taches apparaissent sur les jeunes feuilles avant de se propager aux plus âgées. La croissance se fait plus lentement, une perte de vigueur générale est visible. La toxicité est aggravée par une faible humidité au sein de la chambre de culture : la transpiration supplémentaire provoque l'appel d'un surplus de manganèse au niveau des feuilles. Un excès de manganèse provoque une carence en fer et en zinc.

Molybdène (Mo) — immobile

Info pratique : Les carences en molybdène sont rares.

Info technique : Le molybdène entre dans la composition de deux systèmes enzymatiques majeurs qui transforment les nitrates en ammonium. Cet oligoélément

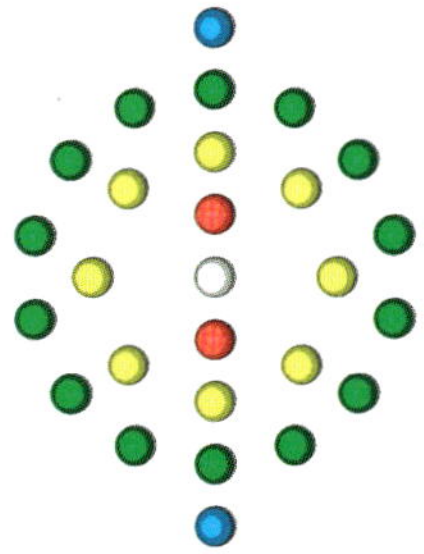

Les carences en molybdène sont très rares en intérieur.

Molécule de molybdène.

essentiel est utilisé par les plantes en très faible quantité et entre dans la réaction d'oxydation du soufre.

Carence : Les jardins d'intérieur ne sont pratiquement jamais carencés en molybdène. La carence se manifeste d'abord sur les feuilles âgées qui jaunissent ; certaines d'entre elles développent une chlorose internervaire. Les feuilles continuent de jaunir et leur bord se recroqueville au fur et à mesure que la carence progresse. Une carence aigue altère la forme des nouvelles feuilles qui deviennent longilignes, étroites et fortement vrillées. Ces feuilles meurent et tombent. La croissance est ralentie dans sa globalité. Les carences en molybdène sont aggravées par les sols acides. Une carence en molybdène induit une carence en soufre.

Pour traiter la carence en molybdène, on ajoute une très petite quantité (0,01g) d'acide molybdique ou de molybdate d'ammonium pour 4 litres d'eau.

Toxicité : La surdose est très peu répandue dans les jardins d'intérieur. Un excès de molybdène provoque une carence en fer et en cuivre. Toxique en concentrations supérieures à 0,2 ppm.

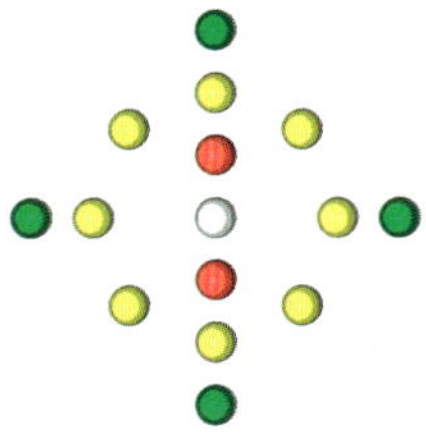

Le silicium ne pose pas de problème de carence.

Molécule de silicium.

Silicium (Si) – immobile

Info pratique : Le silicium est facilement disponible dans la plupart des supports de culture et des eaux. Il ne cause aucun problème de carences ou d'intoxications aux plantes à croissance rapide cultivées en intérieur.

Info technique : Le silicium est absorbé par les plantes sous la forme de silice. On le trouve principalement dans la membrane des cellules épidermiques où il est accumulé sous la forme de silice hydratée amorphe. Il s'accumule aussi dans la membrane d'autres cellules.

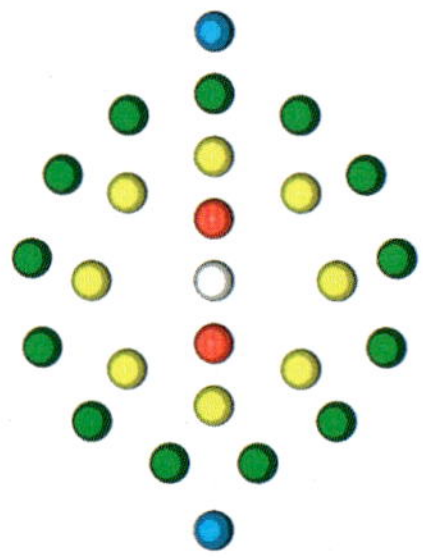

Molécule de zinc.

Zinc (Zn) — mobile

Info pratique : La carence en zinc est plus courante sous les climats arides et dans les sols alcalins.

Info technique : Le zinc fonctionne avec le magnésium et le manganèse pour promouvoir les mêmes fonctions enzymatiques. Il participe, avec d'autres éléments, à la formation de la chlorophylle ainsi qu'à sa conservation. Il est assez courant de rencontrer des plantes à croissance rapide carencées en zinc, surtout dans les sols alcalins.

Carence : Le zinc est l'oligoélément le plus souvent en carence. Les feuilles les plus jeunes sont les premières à montrer des signes de chlorose entre les nervures. Les nouvelles feuilles et pousses sont effilées et de petite taille. Elles vrillent et se plissent. Le sommet des feuilles, puis leur marge, se décolorent et brûlent. Ces symptômes sont souvent confondus avec un manque de manganèse ou de fer, mais quand la carence en zinc est sévère, les nouvelles feuilles se tordent et se dessèchent complètement. Les fleurs aussi vrillent et prennent des formes étranges. Elles se dessèchent et deviennent raides et friables. Un manque de zinc interrompt toute nouvelle croissance, y compris celle des fleurs.

Progression de la carence en zinc.

Progression des symptômes visibles de carence en zinc :

- → Chlorose entre les nervures des jeunes feuilles.
- → Les nouvelles feuilles sont effilées et de petite taille.
- → Le sommet des feuilles se décolore, prend une couleur sombre et meurt.
- → Les nouvelles pousses vrillent à l'horizontale.
- → Interruption de l'apparition et de la croissance des feuilles et des inflorescences.

Pour traiter les carences en zinc, on rince abondamment le support de culture avec une solution nutritive diluée et complète contenant des oligoéléments chélatés y compris du zinc, du fer et du manganèse. On peut aussi choisir d'ajouter un engrais de qualité pour culture hydroponique contenant des oligoéléments chélatés.

Toxicité : Le zinc est extrêmement toxique en excès. Les plantes sévèrement intoxiquées meurent rapidement. Un excès de zinc interfère avec la capacité du fer à fonctionner correctement et provoque une carence en fer.

ZINC, FER ET MANGANÈSE : LES TROIS CARENCES LES PLUS COURANTES

La carence en ces trois oligoéléments frappe de nombreuses chambres de culture. Ces trois carences se produisent souvent de façon concomitante, surtout quand le pH du sol ou de l'eau est supérieur à 6,5. Elles sont plus fréquentes sous les climats arides (Espagne, sud-ouest des États-Unis, Australie) ayant une eau et un sol alcalins. Elles débutent toutes trois par les mêmes symptômes : chlorose entre les nervures des jeunes feuilles. Il est souvent difficile de déterminer lequel de ces trois oligoéléments (zinc, fer, manganèse) est déficient. C'est la raison pour laquelle, on traite généralement ces carences en ajoutant à la fois les trois nutriments à la solution nutritive.

AVERTISSEMENT

Il est facile d'appliquer les micronutriments en excès.

Engrais

Le but d'un engrais est de fournir aux plantes les quantités adéquates de nutriments pour une croissance vigoureuse sans toutefois créer des conditions toxiques par un dosage excessif. Un bac de 20 ou 25 litres rempli de terreau fertile fournira aux plantes tous les nutriments nécessaires au premier mois de croissance, mais leur développement peut être lent. Une fois que les racines ont absorbé la plupart des nutriments disponibles, il faut renouveler le stock de nutriments disponibles dans le support de culture pour entretenir une croissance vigoureuse. À moins d'avoir été enrichis, les mélanges de supports inertes requièrent une fertilisation dès le début. Il faut commencer à fertiliser les mélanges de supports inertes au bout d'une ou deux semaines de croissance. La plupart de ces mélanges sont enrichis en oligoéléments.

RÈGLE D'OR

Lire en entier l'étiquette du bidon d'engrais et suivre les instructions à la lettre.

Il faut toujours lire entièrement les instructions avant d'utiliser un produit, quel qu'il soit.

Au cours de leur cycle de vie, le métabolisme des plantes à croissance rapide évolue, de même que leurs besoins nutritionnels. Tous les minéraux dont une plante a besoin pour se développer jusqu'à l'apparition des premières vraies feuilles sont contenus dans la graine. La germination et la croissance du semis requièrent beaucoup de phosphore. Le stade de croissance végétative nécessite de plus grandes quantités d'azote pour la croissance des feuilles vertes ; le phosphore et le potassium sont aussi nécessaires en quantités substantielles. Lors de cette croissance végétative, on utilise un engrais « multi-usage » ou un engrais pour la croissance (*Grow*) à teneur élevée en azote. Au stade de la floraison, l'azote perd de son importance par rapport au potassium, au phosphore et au calcium. On fertilise alors avec un engrais « floraison » (*Bloom*) qui contient moins d'azote et plus de potassium, de phosphore et de calcium incitant à la formation de fleurs épaisses et denses. Les plantes à croissance rapide ont besoin d'azote pendant la floraison, mais en très petite quantité. Cependant, sans azote, les fleurs n'atteignent pas leur plein potentiel de développement, ne se développant pas pleinement pendant les premières semaines de leur croissance. Il est conseillé de fertiliser avec deux fois moins d'azote que lors de la croissance végétative.

Nous arrivons maintenant à la partie délicate qui concerne « l'analyse garantie » des engrais du commerce. La législation exige que les concentrations en nutriments soient mentionnées sur l'emballage des engrais, même si l'exactitude des valeurs annoncées est incertaine.

On pourrait penser que les valeurs N/P/K qui figurent sur l'étiquette donnent le pourcentage d'azote, de phosphore et de potassium. En réalité, ce n'est pas si simple. La valeur des nutriments est mesurée selon différentes échelles. L'azote est listé par rapport à « la totalité des éléments combinés ». La plupart des engrais pour culture hydroponique distinguent le taux d'azote en nitrate (NO_3) dont l'action est lente et en ammonium (NH_4) dont l'action est plus rapide. Le phosphore est mentionné sous la forme d'anhydride phosphorique (P_2O_5) mais ce chiffre sous-estime le taux de phosphore de près de 44 %. Le reste, soit 56 % de la molécule de phosphore, est composé d'oxygène, si bien que 20 % de P_2O_5 ne représente en fait que 8,8 % de phosphore véritable. Le potassium (K) est listé sous forme de potasse (oxyde de potassium, K_2O) dont en réalité 83 % de la valeur annoncée est du potassium élémentaire.

Les autres minéraux sont listés dans leur forme élémentaire, qui représente leur valeur réelle. Le plus souvent, les minéraux qui entrent dans la composition des engrais sont mentionnés en composés chimiques sur les étiquettes. Il faut prendre soin de vérifier que les oligoéléments utilisés sont bien chélatés et donc rapidement disponibles pour les racines. Il faut aussi être vigilant en ce qui concerne un éventuel excès de sodium dans l'eau ou la solution nutritive. En surdose, le sodium bloque l'assimilation du potassium et de plusieurs autres nutriments et induit des carences ainsi qu'un ralentissement de la croissance.

Les nutriments sont souvent mesurés en parties par million (ppm), bien qu'ils soient mentionnés en pourcentage de concentration sur l'étiquette.

Les bases de l'échelle ppm sont simples : une partie par million est une partie par 1 000 000. Il suffit de diviser par un million pour trouver la valeur en parties par million. Pour convertir les pourcentages en ppm, on multiplie par 10 000 (on ajoute 4 zéros). Par exemple, 2 % = 20 000 ppm (voir au chapitre 5 les ppm et l'électroconductivité).

ASTUCE CROISSANCE

Utiliser des engrais solubles de qualité, immédiatement absorbables.

QUANTITÉ DE NUTRIMENTS RECOMMANDÉE

ÉLÉMENT	POIDS ATOMIQUE	MINIMA ET MAXIMA EN PPM	MOYENNE EN PPM
Azote (N)	14	150 – 1 000	250
Calcium (Ca)	40	100 - 200	150
Magnésium (Mg)	24,3	50 - 100	75
Phosphore (P)	31	50 - 100	80
Potassium (K)	39,1	100 - 400	300
Soufre (S)	32	200 – 1 000	400
Cuivre (Cu)	63,5	0,05 – 0,5	0,5
Bore (B)	10,8	0,5 – 5	1
Fer (Fe)	55,8	2 - 10	5
Manganèse (Mn)	55	0,1 – 5	2
Molybdène (Mo)	96	0,01 – 0,05	0,02
Zinc (Zn)	65,4	0,5 - 1	0,5

Ce tableau indique la quantité de sels solubles contenue dans les engrais recommandés pour la culture en intérieur des plantes à croissance rapide. Les valeurs sont exprimées en parties par million dans la solution. Les poids atomiques ne sont pas toujours des nombres entiers en raison de la présence naturelle d'isotopes.

Pour la plupart des engrais hydroponiques, on utilise généralement 2 cuillères à thé (10 g) pour 4 litres d'eau (engrais en poudre) ou 4 cuillères à thé (20 g) pour 4 litres d'eau (engrais liquides).

Engrais chimiques

La diversité des engrais hydroponiques disponibles est impressionnante et fournit un vaste choix. Les vendeurs des jardineries spécialisées sont en général bien renseignés sur la qualité de l'eau dans leur secteur et sur les besoins des horticulteurs. La plupart des fabricants (Advanced Hydroponics, Agroponics, Ferro, GHE, Growth Technology, Hesi, Hy-Pro et bien d'autres) proposent d'excellents produits.

Les engrais chimiques solubles sont un bon choix pour la culture en intérieur. Les engrais solubles se dissolvent dans l'eau et sont faciles à contrôler. On peut en ajouter ou bien en débarrasser le support de culture facilement en le rinçant abondamment. Ils permettent aux horticulteurs d'exercer un contrôle sur les quantités exactes de nutriments disponibles pour les plantes sous une forme biodisponible. Les engrais solubles peuvent être administrés aux plantes sous la forme d'une solution aqueuse. En général, les engrais hydroponiques haut de gamme qui utilisent des nutriments de qualité alimentaire et complètement solubles dans l'eau sont la valeur la plus sûre, sauf si l'on utilise des terreaux et engrais « bio » prêts à l'emploi (comme ceux élaborés entre autres par Atami, Biocanna, Bio Nova, Plagron, etc). Il est préférable d'éviter les engrais de qualité médiocre qui ne font pas mention de tous les oligoéléments nécessaires sur l'étiquette.

Les engrais chimiques sous forme de granules peuvent être facilement appliqués en excès et provoquer une intoxication. Il est quasiment impossible de les éliminer assez rapidement pour sauver la plante.

Il existe des engrais chimiques à absorption progressive (retardée), faciles à administrer et qui demandent seulement une application pour plusieurs mois. Ce type d'engrais peut être pratique, mais il signifie que l'on renonce à contrôler précisément les teneurs.

Engrais organiques

Les enthousiastes assurent que les produits cultivés biologiquement ont meilleur goût ; cependant, la mise en oeuvre d'un jardin biologique en intérieur requiert une connaissance certaine de l'horticulture. La limitation à la fois de l'espace global et du volume de support de culture ainsi que les nécessités sanitaires doivent être prises en considération dans la culture biologique. En extérieur, le jardinage biologique est facile, car toutes les ressources de la nature sont là, qui ne demandent qu'à entrer en jeu. En intérieur, il n'y a guère de ressources simples et gratuites. Comme nous l'avons vu, l'horticulteur en intérieur choisit de se substituer à mère nature et il doit tout créer lui-même. Par essence, les chambres de culture ne se prêtent pas facilement à la culture biologique ; pourtant, certains mettent des techniques biologiques en pratique avec un succès étonnant.

La plupart des jardins biologiques en intérieur emploient des terreaux à teneurs élevées en déjections de vers (lombricompost), de la tourbe, du sable, du fumier ou des feuilles bien décomposés, du compost et de la fleur de chaux dolomitique. Il y a peu de place dans un pot, même grand, pour élaborer un support de culture en mélangeant toutes sortes de composts sains et de nutriments organiques à dégradation progressive. Même s'il était possible d'élaborer un support de culture dans un pot, cela prendrait des mois et risquerait d'encourager le développement de champignons, d'insectes nuisibles, etc. Il est plus facile et plus sûr de se débarrasser de la terre déjà utilisée et de démarrer une nouvelle plantation avec un terreau biologique neuf.

Les engrais organiques comme le fumier, les déjections de vers (lombricompost), la poudre de sang et la poudre d'os sont excellents pour améliorer la teneur en nutriments d'un sol mais deviennent disponibles à des vitesses variables. Leur taux de disponibilité peut s'avérer difficile à estimer, mais la probabilité d'une intoxication résultant d'une application trop généreuse est pour ainsi dire nulle avec ce type d'engrais naturels.

La disponibilité des nutriments semble supérieure dès lors que plusieurs engrais organiques sont combinés. En général, les horticulteurs incorporent 20 % de lombricompost à d'autres engrais organiques dans le but de garantir au mélange un apport de base riche en azote biodisponible. Ils fertilisent avec du guano de chauve-souris, l'engrais biologique spécial floraison.

Les jardins d'intérieur cultivés dans des couches de culture surélevées (voir chapitre 3) permettent de mettre véritablement en œuvre les principes de la culture biologique. Les couches de culture surélevées contiennent un volume de terre suffisant pour retenir les nutriments, promouvoir l'activité biologique du sol et, quand elles sont gérées convenablement, assurer un apport constant en nutriments. La couche ou planche de culture surélevée doit avoir un volume de terre suffisant pour promouvoir la production de chaleur et les activités biologiques fondamentales.

Algues laminaires (forme liquide)
Elles contiennent de l'azote, du phosphore, de la potasse et tous les oligoéléments nécessaires sous une forme chélatée ainsi que des hormones végétales. La solution s'applique diluée pour traiter rapidement les carences nutritionnelles. Sous forme liquide, les algues se prêtent aussi très bien au trempage des graines ainsi qu'à celui des boutures et des racines nues avant leur plantation.

Cendres de bois
Les cendres de bois dur apportent jusqu'à 10 % de potasse et les cendres de bois tendres en contiennent environ 5 %. La potasse est rapidement lessivée, c'est pourquoi il faut récolter les cendres dès que le bois est consumé, sans qu'elles prennent la pluie, et les stocker dans un endroit sec. On les applique incorporées à un mélange contenant d'autres engrais à raison d'un quart de tasse par pot de 12 litres. La potasse s'élimine rapidement des cendres de bois et peut être la cause d'un sol compacté et collant. Il faut éviter d'utiliser les cendres de bois dans un sol au pH supérieur à 6,5 car elles sont alcalines.

Cendres de papier
Elles contiennent près de 5 % de phosphore et plus de 2 % de potasse. C'est un bon engrais soluble dans l'eau qu'il ne faut toutefois pas administrer en surdose car son pH est assez élevé (alcalin). Les cendres de papier contiennent malheureusement beaucoup d'encres d'imprimerie toxiques.

Chaux dolomitique
Elle sert à ajuster et à équilibrer le pH du support de culture mais aussi à rendre les phosphates biodisponibles. Elle est généralement administrée pour « adoucir » le support de culture (en rehausser le pH). Elle contient du calcium et du magnésium, quelquefois considérés comme des nutriments primaires mais plus généralement comme des nutriments secondaires.

Coquilles d'huîtres
Elles sont broyées et normalement utilisées comme source de calcium pour la volaille. Elles contiennent jusqu'à 55 % de calcium et des traces de nombreux autres nutriments à libération progressive. Elles ne sont pas d'usage pratique dans le cadre d'une culture en intérieur en raison de la lenteur à laquelle elles se décomposent.

Débris de crevettes et de crabes
Ils sont relativement riches en phosphore.

Émulsion de poisson
Liquide, soluble et bon marché, elle est riche en azote organique, en oligoéléments, en phosphore et en potassium. Cet engrais naturel est difficile à administrer en surdose et présente l'avantage supplémentaire d'être immédiatement disponible pour les plantes. Cependant, même désodorisée, l'émulsion de poisson sent toujours le vieux poisson. Certains fabricants y rajoutent de la potasse inorganique, le mélange devient donc « semi-organique ».

Farine de graines de coton
C'est un sous-produit issu de l'extraction de l'huile. D'après les fabricants, quasiment tous les résidus chimiques issus de la production industrielle du coton sont dissous dans l'huile et donc absents de la farine. Cet engrais acide contient près de 7 % d'azote, 2,5 % de phosphore et 1,5 % de potasse. Il faut le combiner à de la poudre d'os cuits et des algues pour préparer un engrais équilibré.

Farine de luzerne
Elle contient 2,5 % d'azote, 5 % de phosphore et près de 2 % de potasse. Les horticulteurs en extérieur utilisent des boulettes de luzerne destinées à l'alimentation animale en guise d'engrais à action retard.

Farine de poisson
Elle est obtenue à partir de poissons séchés et moulus. Cette farine est riche en azote (environ 8 %) et contient à peu près 7 % d'acide phosphorique et plusieurs oligoéléments. Elle a une odeur désagréable qui fait que les horticulteurs en intérieur évitent en général de l'employer. C'est un excellent accélérateur de compost. On peut l'appliquer comme engrais de surface à action assez rapide. Pour masquer son odeur, on peut l'incorporer au support de culture ou la recouvrir de *mulch* après application. Il faut toujours la conserver dans un sac hermétique pour qu'elle n'attire ni les chats, ni les chiens, ni les mouches. La farine et l'émulsion de poisson peuvent contenir jusqu'à 10 % d'azote. L'émulsion en contient généralement un peu moins que la farine.

Fumier de cheval
Il se trouve facilement dans les écuries et les champs de courses. Il est préférable d'utiliser le fumier qui contient de la paille ou de la tourbe car celui qui contient des copeaux de bois pourrait être source de maladies pour les plantes. Il faut composter le fumier de cheval pendant 2 mois ou plus avant de l'incorporer au jardin. Le compostage tue les graines de mauvaises herbes et permet une meilleure utilisation des nutri-

ments. La litière de paille consomme souvent une bonne partie de l'azote disponible. La teneur en nutriments du fumier de cheval est : N/0,6 %, P/0,6 %, K/0,4 %, assortie de toute une gamme d'oligoéléments.

Fumier de chèvre
Il ressemble au fumier de cheval en plus puissant. Il faut le composter et l'utiliser de la même manière que du fumier de cheval.

Fumier de lapin
C'est un excellent engrais mais il peut s'avérer difficile de s'en procurer en quantité. Il s'utilise de la même façon que le fumier de pigeon ou de volaille. D'après certains experts, la crotte de lapin est ce qu'il y a de mieux.

Fumier de mouton
Il est riche en nutriments et fait un excellent purin. Sa teneur moyenne en nutriments est : N/0,8 %, P/0,5 %, K/0,4 %, assortie d'une gamme complète d'oligoéléments. Le fumier de mouton contient peu d'eau et beaucoup d'air. Il élève rapidement la température d'un tas de compost. Inversement, les fumiers de vache et de porc sont froids car ils retiennent beaucoup d'eau. Leur structure est facilement compactée, ce qui chasse l'air.

Fumier de pigeon
Il est très riche en azote mais difficile à trouver. On l'utilise de la même façon que le fumier de volaille.

Fumier de porc
Il est riche en nutriments mais son action est lente et il est plus humide (il contient moins d'air) que les fumiers de vache et de cheval. Sa teneur moyenne en nutriments est : N/0,6 %, P/0,6 %, K/0,4 %, assortie d'une gamme complète d'oligoéléments.

Fumier de vache
Il est souvent vendu sous l'appellation fumier de bœuf, et provient en général de troupeaux laitiers. Les jardiniers utilisent le fumier de vache depuis des siècles, ce qui entretient la croyance qu'il s'agit d'un bon amendement et d'un bon engrais. Le fumier de vache est en effet un bon amendement pour le sol, surtout étendu en surface (le *mulch*, ou « paillage »). Il retient bien l'eau et maintient une bonne fertilité sur une longue durée. Mais sa teneur en nutriments est faible et on ne doit pas compter dessus comme principale source d'azote. La teneur moyenne en nutriments du fumier de vache est : N/0,6 %, P/0,3 %, K/0,3 %, ainsi qu'une gamme complète d'oligoéléments. On l'administre à raison de 10 à 15 kilos par mètre carré.

Fumier de volaille
Il est riche en azote, phosphore, potassium et oligoéléments biodisponibles. Les horticulteurs en intérieur préfèrent en général acheter du fumier de volaille composté, déshydraté et emballé. On l'utilise comme engrais de surface que l'on épand à la surface du support de culture ou on l'incorpore à ce dernier avant la plantation. Il arrive souvent que le fumier de volaille recueilli dans les élevages contiennent des plumes dont la teneur en azote est de 17 %, ce qui représente un bonus appréciable. La teneur moyenne en nutriments d'un fumier de poulet non déshydraté est : N/1,5 %, P/1,5 %, K/0,5 % tandis que celle du déshydraté est de : N/4 %, P/4 %, K/1,5 %. Tous deux recèlent toute une gamme d'oligoéléments.

Glauconie ou glauconite
C'est un silicate hydraté naturel de fer et de potassium qui donne aux minéraux qui en contiennent une teinte verte. Elle est extraite d'anciens dépôts de coquillages et de matières organiques riches en fer, phosphore, potasse (5 à 7 %) et autres oligoéléments présents dans les fonds marins. Certains horticulteurs biologiques n'utilisent pas de glauconie car il s'agit d'une ressource très limitée et non renouvelable qu'ils préfèrent préserver. La glauconie dispense ses trésors en l'espace de 4 ans, une lenteur considérable pour les jardins d'intérieur.

Guano d'oiseaux marins
Encore appelé guano du Pérou, il est riche en azote et autres nutriments. La présence du courant de Humboldt le long des côtes péruvienne et chilienne limite les précipitations, ce qui entraîne une faible décomposition des fientes déposées par les oiseaux marins sur les rochers. Le guano sud-américain est le meilleur au monde. Il est prélevé par grattage sur les rochers d'îles arides. Il est aussi récolté sur de nombreuses côtes de par le monde. Sa teneur en nutriments varie selon la provenance.

Guano de chauve-souris
Il est constitué de fientes et de débris provenant de chauve-souris. Il est riche en azote soluble, phosphore et oligoéléments. Ressource relativement limitée, cet engrais connu comme l'engrais de floraison organique et soluble est un peu cher. Extrait de grottes abritées, le guano sèche en se décomposant à peine. Le guano de chauve-souris peut être âgé de plusieurs milliers d'années. Les guanos plus récents sont très riches en azote et peuvent brûler le feuillage s'ils sont appliqués trop généreusement. Les guanos plus anciens, riches en phosphore, constituent un excellent engrais pour la floraison. Le guano de chauve-souris se présente habituellement sous la forme d'une poudre qui s'utilise à n'importe quelle période de l'année comme engrais de surface ou dilué en purin végétal. Il faut veiller à ne pas en respirer lors de la manipulation car il peut donner la nausée et provoquer des irritations (voir www.guanokalong.nl).

Le guano de chauve-souris est devenu l'engrais biologique « spécial floraison » par excellence.

Gypse
C'est du sulfate de calcium hydraté utilisé pour abaisser le pH du sol et en améliorer le drainage et l'aération. Il est aussi utilisé pour retenir l'azote ou en retarder la décomposition, mais rarement dans le cadre de la culture en intérieur.

Kelp
C'est la Rolls des oligoéléments. Le kelp de bonne qualité est frais, vert profond, avec une bonne odeur d'océan. L'algue contient de 60 à 70 oligoéléments qui sont déjà chélatés (présents sous une forme hydrosoluble et mobile dans le sol). Lire l'étiquette pour s'assurer que les nutriments n'ont pas été lessivés par la cuisson (voir « Algues » dans cette section).

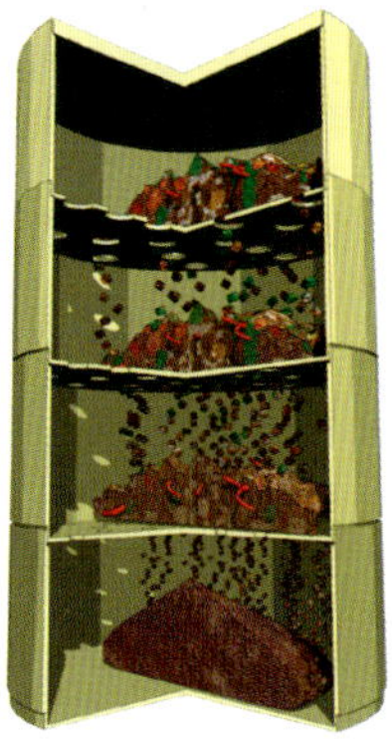

Lombricompost
Il est fait de déjections de vers de terre, c'est-à-dire d'humus et d'autres matières organiques digérés, contenant des quantités variables d'azote ainsi que d'autres éléments. C'est une excellente source d'azote soluble qui ne brûle pas les plantes et un excellent amendement qui améliore à la fois la structure et la fertilité de la terre. On le mélange au terreau pour obtenir un mélange riche et fertile. Le lombricompost pur, épais et dense, ressemble à de la graphite en granules. Il ne faut jamais en ajouter plus de 20 % car c'est une matière si lourde que la croissance des racines pourrait en être ralentie. Le lombricompost est un engrais organique qui remporte un vif succès et se trouve facilement dans les jardineries.

Macérations, tisanes et purins végétaux
Ils sont utilisés par de nombreux jardiniers comme unique source d'engrais. La consoude et l'ortie, deux plantes à croissance rapide, regorgent de nutriments au point que de nombreux jardiniers les cultivent exclusivement pour en faire du purin végétal (macérées quelques jours dans l'eau).

Marc de café
Il est acide et encourage la présence des bactéries acétiques dans le sol. Le marc de café filtré est le plus riche, avec une teneur d'environ 2 % d'azote et des traces d'autres nutriments. On l'ajoute au tas de compost ou on l'épand en surface en l'incorporant légèrement dans le sol. À utiliser avec modération, car les marcs de café sont très acides.

Phosphate (dur)
C'est une roche calcaire en poudre fine comme du talc, qui contient jusqu'à 30 % de phosphate et une foule d'oligoéléments mais il ne devient disponible que très, très lentement. Pour obtenir du superphosphate, on lui adjoint du gypse finement moulu.

Phosphate colloïdal (tendre)
C'est une poudre obtenue à partir d'un dépôt naturel de phosphate argileux. Il contient plus de 20 % d'acide phosphorique (P_2O_5), du calcium (CaO) et un peu de magnésium. Il ne livre que 2 % de son poids en phosphate utilisable pendant les premiers mois d'utilisation.

Phosphate de roche
Il fournit jusqu'à 8 % de potassium et peut contenir de nombreux oligoéléments. Son action est trop lente pour une utilisation en intérieur.

Plumes et farine de plumes
Elles contiennent de 12 à 15 % d'azote à action prolongée. Les plumes contenues dans le fumier de poulet ou celles obtenues dans les abattoirs constituent un excellent complément au tas de compost ou un très bon engrais à part entière. Pour en faire de la farine, elles sont cuites à la vapeur sous pression, séchées puis moulues. La farine de plumes contient environ 12,5 % d'azote à diffusion lente.

Poudre d'algues laminaires et poudre de kelp
Elles sont issues d'algues récoltées dans l'océan ou ramassées sur les plages qui sont ensuite débarrassées de l'eau de mer, séchées puis réduites en poudre. Ces poudres sont bourrées de potassium (potasse) et d'innombrables oligoéléments, vitamines, acides aminés et hormones végétales. Leur teneur en nutriments est variable selon la variété et les conditions de croissance. La poudre d'algues laminaires est facilement assimilée par les plantes et contribue à l'activité biologique et la structure du sol ainsi qu'à la fixation de l'azote. Elle peut aussi aider les plantes à résister aux maladies et aux gelées légères. La poudre de kelp peut aussi adoucir le choc subi par les plantes lors de la transplantation.

Poudre d'os
Elle est riche en phosphore et en azote. L'âge et le type d'os déterminent la teneur en nutriments de ce produit issu des abattoirs. Les os les plus âgés ont une teneur en phosphore plus élevée que les os plus jeunes. À utiliser avec d'autres engrais organiques pour obtenir les meilleurs résultats. Sa teneur en calcaire (carbonate de calcium) aide à réduire l'acidité du sol et agit plus rapidement dans les sols bien aérés.

Poudre d'os crus
Elle contient de 2 à 4 % d'azote et de 15 à 25 % de phosphore. La présence d'acides gras dans les os non cuits en retarde la décomposition.

Poudre d'os torréfiés
Elle est faite à partir d'os frais d'animaux qui ont été cuits à la vapeur sous haute pression pour éliminer les graisses. Le traitement à haute pression cause une légère perte en azote et une augmentation en phosphore. Les os cuits à la vapeur sont plus faciles à réduire en poudre fine, ce qui rend les nutriments disponibles plus rapidement. Cette poudre contient jusqu'à 30 % de phosphore et environ 1,5 % d'azote. Plus la poudre est moulue finement et plus sa rapidité d'absorption est grande.

Poudre de cornes et de sabots
C'est une excellente source d'azote à libération progressive. La poudre de cornes finement moulue rend l'azote disponible plus rapidement et présente peu de problèmes avec les mouches à asticots. Les bactéries du sol doivent la décomposer pour que son azote soit disponible pour les racines. S'applique 2 à 3 semaines avant la plantation. Elle reste présente dans le sol pendant 6 mois ou plus. La poudre de cornes ou de sabots contient 6 à 15 % d'azote et environ 2 % d'acide phosphorique.

Poudre de granit
Elle contient jusqu'à 5 % de potasse et plusieurs oligoéléments. Libérant les nutriments progressivement sur plusieurs années, la poudre de granit est une source peu coûteuse de potasse et n'affecte pas le pH. Elle n'est pas conseillée en intérieur car son action est trop lente.

Purins organiques

Les purins organiques contiennent des nutriments organiques solubles dilués dans l'eau. L'émulsion de poisson est le purin le plus souvent disponible dans le commerce. L'eau usagée des poissons rouges est un autre exemple de purin organique. Les algues solubles, le lombricompost, riches en azote et le guano de chauve-souris, riche en phosphore sont des ingrédients couramment employés dans les mélanges de purins car ils sont immédiatement disponibles. Si l'idée de rapporter du guano de chauve-souris, du fumier de vache ou tout autre excrément chez soi puis de le mélanger à de l'eau et de le verser sur les plantes est mal acceptée par l'horticulteur, il vaut mieux qu'il n'opte pas pour la culture biologique.

On remplit le pied d'un bas Nylon d'un mélange d'engrais organiques pour le faire macérer dans un seau d'eau. Au bout de quelques jours, on obtient une solution nutritive organique qui ne risque pas de boucher les petits trous des systèmes de culture (irrigation au goutte-à-goutte, etc.).

Pour préparer un purin organique, on mélange le ou les engrais organiques à de l'eau (de préférence dans un récipient non métallique) et on laisse reposer quelques jours en remuant de temps à autre. On filtre ensuite les grosses particules à l'aide d'un vieux bas Nylon avant d'administrer le purin aux plantes. Le purin s'applique dilué à chaque arrosage. On peut aussi confectionner un sachet de purin organique en remplissant le pied d'un bas Nylon d'engrais organiques divers et en le laissant macérer dans l'eau.

Sang séché

Il est recueilli dans les abattoirs, séché puis réduit en poudre. Il regorge d'azote soluble à action rapide (12 à 15 % de son poids) et contient environ 1,2 % de phosphore et moins de 1 % de potasse. À administrer avec précaution sous peine de brûler les feuilles.

Sulfate de potasse
Il est normalement issu du traitement chimique de poudres de roches à l'acide sulfurique ; cependant il peut parfois être d'origine naturelle, comme celui qui est extrait du Grand Lac Salé aux États-Unis.

Terre de diatomées
Encore appelée lithotamne, algues calcaires ou coralliennes ou maërl, elle est composée des restes de squelettes fossilisés de diatomées des eaux marines et contient une gamme complète d'oligoéléments. C'est également un bon insecticide. On peut en incorporer au sol lors de son élaboration ou en répandre une couche en surface.

NOTE : La teneur en nutriments des engrais organiques varie énormément selon leur origine, leur ancienneté, le climat, l'érosion, etc. Il est conseillé de s'adresser au vendeur pour en connaître la teneur exacte.

Préparation de la solution nutritive

Pour préparer la solution nutritive, on mélange les poudres, cristaux ou liquides dans un peu d'eau chaude (32°C à 38°C). Il faut s'assurer que tout est bien dissous avant d'ajouter la quantité d'eau tiède souhaitée. Cette méthode assure une parfaite dissolution des engrais dans l'eau.

Les bacs ne contiennent qu'un très petit volume de support de culture pour retenir les nutriments, ce qui peut engendrer une accumulation toxique de sels minéraux et être source de problèmes. Il est important de suivre les instructions relatives au dosage à la lettre. Une fertilisation excessive ne fait pas pousser les plantes plus rapidement, bien au contraire. Elle risque plutôt d'altérer l'équilibre chimique du sol et d'entraver l'assimilation d'autres nutriments.

LE RÉFRACTOMÈTRE

Le réfractomètre est un outil formidablement utile pour les horticulteurs, car il mesure le sucre naturellement présent dans les feuilles et permet de juger en un coup d'œil de l'assimilation des nutriments par une plante, donc de son état de santé. Les vignerons utilisent cet instrument très simple pour connaître le contenu en sucre du raisin.

Contrairement au testeur d'électroconductivité qui mesure les éléments présents dans une solution avant qu'ils soient absorbés par une plante, le réfractomètre mesure le contenu en sucre à l'intérieur même du tissu végétal. Plus le niveau de sucre y est élevé, meilleure est la santé de la plante, et sa productivité. Le réfractomètre permet de déceler les problèmes nutritionnels plusieurs jours, ou même plusieurs semaines, avant qu'ils se manifestent de façon visible. Une valeur inférieure à 10 au réfractomètre signale un problème nutritionnel (il n'est pas rare de trouver des valeurs faibles alors même que les nutriments sont présents en abondance dans le sol). Une valeur supérieure à 10 indique une plante en pleine santé. L'assimilation correcte par les plantes des nutriments mis à leur disposition est la clé de voûte d'une récolte réussie, et le réfractomètre permet d'en faire un ajustement très délicat.

Pour tester une plante, on prend une feuille que l'on met en boule et que l'on presse dans une pince propre de façon à extraire quelques gouttes de jus. On fait délicatement tomber ces gouttes sur la paroi en verre du réfractomètre. Il n'y a plus qu'à regarder dans le viseur pour lire le chiffre qui s'affiche.

Application d'engrais

Pour déterminer si les plantes ont besoin d'être fertilisées, on procède à une inspection visuelle, à des analyses des teneurs N/P/K dans le support de culture, ou on fait des expériences sur une plante cobaye. Quelle que soit la méthode utilisée, il faut se souvenir que les plantes qui sont dans des petits pots consomment rapidement les nutriments disponibles et qu'elles ont besoin d'être fertilisées plus souvent que les plantes cultivées dans de grandes jardinières disposant d'un plus grand volume de support de culture et donc de nutriments.

NUTRITION ASSISTÉE PAR ORDINATEUR

Il est aujourd'hui possible d'utiliser un logiciel pour élaborer une formulation d'engrais spécifiquement adaptée. Un programme informatique sur CD-ROM calcule pour chaque nutriment la teneur en ions nutritifs de l'engrais. Il prend en compte la qualité de l'eau, le pH, l'EC ainsi que le dosage et la fréquence d'application. La formulation exacte est calculée en quelques nanosecondes. Les horticulteurs peuvent ainsi élaborer eux-mêmes des engrais de composition optimale pour l'environnement spécifique de leur culture. Le fait de préparer soi-même les mélanges de nutriments parfaitement adaptés permet une économie financière dans le cadre des cultures à grande échelle.

Les plantes sont-elles bien nourries ?

Inspection visuelle : Si les plantes poussent bien et présentent des feuilles saines d'un vert profond, elles reçoivent probablement tous les nutriments dont elles ont besoin. Dès que la croissance ralentit ou que les feuilles commencent à pâlir, il faut fertiliser. Ne pas confondre des feuilles jaunies par manque de lumière avec des feuilles jaunies suite à une carence nutritionnelle.

Procéder à un test des teneurs en N/P/K du sol permet de connaître avec précision la biodisponibilité de chaque nutriment essentiel au développement de la plante. Les tests réactifs colorimétriques s'utilisent en mélangeant un échantillon de terre avec une substance chimique. Une fois que la terre s'est déposée au fond, on procède à une comparaison de la couleur fournie par le liquide avec une échelle chromatique fournie avec le test. On ajoute ensuite la dose appropriée d'engrais. Cette méthode est très précise mais il n'est pas très utile de se donner tant de mal.

L'expérimentation sur deux ou trois plantes cobayes est une méthode qui développe les talents de l'horticulteur en matière de diagnostic nutritionnel. Les boutures sont des cobayes parfaits pour ce type d'expérimentations étant donné que leur matériel génétique est identique. On administre de l'engrais aux plantes cobayes et on attend de voir si elles verdissent et poussent plus vite. Si la fertilisation est profitable pour une ou quelques plantes, elle devrait l'être pour toutes.

Une fois acquise la certitude qu'une fertilisation est nécessaire, la question de la dose reste entière. La réponse est simple : il suffit de mélanger l'engrais selon les instructions données par le fabricant et d'arroser comme d'habitude. Fertiliser tôt dans la journée afin de laisser aux plantes toute la journée pour absorber et assimiler l'engrais.

Il est quasiment impossible d'indiquer à quelle fréquence il faut administrer l'engrais. Les grandes plantes ont besoin de plus d'engrais que les petites ; plus un engrais est appliqué fréquemment, plus il doit être dilué. La fréquence à laquelle il faut fertiliser est l'un des grands sujets de désaccord parmi les horticulteurs. Les plantes à croissance rapide cultivées en intérieur peuvent être poussées jusqu'à une taille phénoménale, et dans ce cas, elles peuvent recevoir des quantités faramineuses d'engrais et se porter très bien. De nombreux horticulteurs mettent jusqu'à 12 ml d'engrais pour 3 litres d'eau à chaque arrosage.

Cette méthode fonctionne mieux avec les supports de culture qui drainent rapidement et sont faciles à rincer. D'autres utilisent uniquement un terreau biologique riche auquel seule de la fleur de chaux dolomitique est ajoutée. Aucun autre engrais n'est ajouté jusqu'à la floraison pendant laquelle une formule « spécial floraison » est administrée.

On utilise un doseur à siphon (disponible dans la plupart des jardineries) pour mélanger les engrais solubles à l'eau. Le doseur est simplement attaché au robinet, avec le siphon immergé dans la solution d'engrais concentré et le tuyau fixé à l'autre bout. Les doseurs sont souvent réglés pour un ratio 1/15 à savoir : 1 volume d'engrais liquide concentré est mélangé à 15 volumes d'eau. Un flot suffisant d'eau est nécessaire pour que la succion se déroule correctement. Les aspergeurs qui projettent une fine brume ont un flot trop restreint. Les doseurs fonctionnent sur le principe suivant : quand le robinet d'eau est ouvert, l'engrais est siphonné dans le système et s'écoule par le tuyau. L'engrais est alors généralement administré à chaque arrosage puisqu'il est généralement très dilué.

Placée entre 90 à 120 cm au-dessus du sol, une poubelle munie d'une perforation proche du fond à laquelle un tuyau d'arrosage est raccordé pourra servir de réservoir de solution nutritive alimenté par la gravité.

En matière de fertilisation, l'expérimentation avec différents systèmes de culture et différentes variétés est ce qui en apprend le plus. Il existe des centaines de mélanges d'engrais ternaires (N/P/K) et ils sont tous efficaces. En choisissant un engrais, il est important de lire l'étiquette en entier pour savoir ce qu'il est censé pouvoir faire. Il ne faut pas hésiter à questionner les vendeurs et à contacter le fabricant pour poser des questions.

Une fois la fréquence de fertilisation décidée, établir des horaires réguliers pour la fertilisation du jardin. La régularité donne en général de bons résultats, mais elle ne dispense pas de garder un oeil vigilant et attentif au moindre signe de fertilisation excessive ou de carence nutritive.

Engrais foliaire

Pratiquement tous les engrais foliaires liquides, émulsion de poisson comprise, contiennent des nitrates. Les feuilles des plantes convertissent les nitrates en N-nitrosamines réputées cancérigènes. C'est pourquoi il est déconseillé d'utiliser les engrais foliaires pour « verdir » les plantes.

Ne jamais utiliser d'engrais foliaire (absorbé au niveau des feuilles) sur les plantes destinées à la consommation.

Fertilisation excessive

Un excès de fertilisation peut être la plus grande source de problèmes pour l'horticulteur en intérieur. Trop d'engrais cause une accumulation de nutriments (sels) dans le support de culture au point d'atteindre des doses toxiques et d'en altérer la composition chimique. Quand la fertilisation est excessive, la croissance est rapide et la plante d'un vert luxuriant, jusqu'à ce que des niveaux toxiques soient atteints. Une fois la dose toxique atteinte, des taches apparaissent sur les feuilles, les bords et les pointes présentent souvent des brûlures et dans les cas les plus sévères, les feuilles prennent une forme vrillée comme les cornes d'un bouquetin.

RÈGLE D'OR

Rincer abondamment le sol tous les 1 ou 2 mois avec 4 à 8 litres de solution nutritive très diluée pour 4 litres de terre. C'est la meilleure mesure de prévention contre les accumulations toxiques de sels dans le sol.

Les risques de fertilisation excessive sont plus importants avec une petite quantité de terre qui ne peut pas absorber une grande quantité de nutriments. Un grand pot contient un plus grand volume de support de culture, qui peut retenir davantage de nutriments sans danger, mais il faut plus de temps pour le rincer correctement.

Pour traiter les plantes qui souffrent sérieusement d'avoir reçu trop d'engrais, on rince abondamment avec au moins 8 litres de solution nutritive diluée pour 4 litres de support de culture afin d'éliminer les nutriments en excès. Si le problème est sérieux et que les feuilles sont recroquevillées, il est possible que plusieurs rinçages s'avèrent nécessaires. Lorsque la plante reprend une croissance normale, on applique une solution nutritive diluée.

5 Culture hydroponique

L'hydroponie est l'art et la manière de faire pousser des plantes sans terre, le plus souvent sur un support de culture inerte. En fait, de nombreux jardiniers font déjà de l'hydroponie sans le savoir. Faire démarrer des boutures dans de la laine de roche, de la tourbe, de la fibre de coco, des billes d'argile ou même faire pousser des plantes adultes dans des mélanges de type Sunshine Mix™, Gardex™, Grow Mix™, Light Mix™ ou Terra-Lite™, même arrosées à la main, c'est de la culture hydroponique. En hydroponie, l'assimilation des nutriments et le contenu en oxygène du support sont facilement contrôlables. Il suffit de contrôler ces deux facteurs, et quelques autres, pour obtenir des récoltes impressionnantes.

Le support hydroponique inerte ne contient pour ainsi dire aucun nutriment. Ceux-ci sont entièrement apportés par la solution nutritive, qui circule en continu autour des racines, ou afflue puis s'écoule à intervalles réguliers. Les supports inertes contiennent beaucoup d'oxygène, ce qui permet aux poils absorbants des racines de capter les nutriments avec efficacité. Les plantes poussent très vite en hydroponie car elles peuvent capter des nutriments à la vitesse à laquelle ils sont consommés. En culture sur terre comme en hydroponie, les racines absorbent les nutriments et l'eau ; mais rares sont les terreaux, même parmi les meilleurs, qui retiennent autant d'oxygène que les supports inertes.

Contrairement à une croyance répandue, les jardins hydroponiques exigent souvent plus de soins que les jardins en terre. Ceux qui choisissent la culture hydroponique doivent s'attendre à passer plus de temps à s'en occuper. Les plantes cultivées en hydroponie poussent plus vite, il faut donc les avoir davantage à l'œil ; en outre, il y a davantage de choses qui peuvent clocher. Certains reprochent aux jardins hydroponiques de réclamer trop d'entretien. Ils peuvent pourtant être faciles à gérer, et devenir un vrai bonheur à contempler.

Souvent, les novices s'emballent et veulent en faire trop dès leur premier essai. Ils achètent des gadgets pour résoudre des problèmes inexistants et partent dans trop de directions à la fois. La principale difficulté rencontrée par les horticulteurs débutants est l'assemblage du système qu'ils viennent d'acheter. Avant de se lancer dans la construction de leur propre système hydroponique, les horticulteurs doivent s'assurer qu'ils sont capables d'assembler un modèle du commerce. Un mois ou deux sont nécessaires pour trouver une solution à toutes les difficultés qui peuvent surgir ; cela prend plus longtemps si c'est un système maison. Payer plusieurs centaines d'euros pour un système hydroponique n'est jamais une garantie de succès.

RÈGLE D'OR

Les jardins hydroponiques demandent plus d'attention car les plantes poussent plus vite.

Les jardins hydroponiques sont très exigeants, ils n'offrent pas la marge de manœuvre des jardins en terre. La terre joue le rôle de tampon pour les nutriments et les retient plus longtemps que les supports hydroponiques inertes. Certains systèmes, dits aéroponiques, n'utilisent aucun support de culture. Exposées à l'air libre, les racines sont aspergées de solution nutritive. La chambre d'aspersion est maintenue dans l'obscurité pour empêcher le développement d'algues qui entreraient en compétition avec les racines.

Les plantes développent moins de feuillage et plus de fleurs lorsque leur régime alimentaire est contrôlé avec précision. Les plantes cultivées en hydroponie fleurissent de manière plus précoce et peuvent être récoltées quelques jours plus tôt que les plantes cultivées en terre.

Les petites plantes en floraison se plaisent dans des petits pots ou dans des tubes horizontaux. Les plantes mères qui poussent plus longtemps ont besoin d'un conteneur plus important qui permette à leurs racines de se développer pleinement. Une plante mère a besoin d'un système racinaire énorme pour pouvoir absorber toute la nourriture qui lui permettra de produire des milliers de boutures au cours de sa vie.

Ce Rainforest™ comporte un choix de plateaux et de paniers permettant d'accommoder au choix 36 boutures, 18 plantes de petite taille ou 6 plantes de taille moyenne. Un petit moteur situé au centre asperge les racines d'une bruine de solution nutritive.

Dans un système hydroponique, le rapport entre le développement de la plante au-dessus et au-dessous du sol est différent de celui qui existe dans une culture en terre. En terre, cette proportion est de 50/50. En hydroponie, il n'est pas rare qu'elle soit de 90/10 (90 % de la plante au-dessus du sol et 10 % seulement en dessous), car les nutriments sont charriés jusqu'aux racines par la solution nutritive, tandis qu'en terre les racines doivent aller les chercher dans le sol.

Différents systèmes de culture hydroponique

Les systèmes hydroponiques se différencient par la façon dont la solution nutritive est distribuée. Une première distinction est faite entre les procédés d'absorption passive et les procédés actifs.

Systèmes hydroponiques passifs

Les systèmes passifs reposent sur la capillarité pour faire passer la solution nutritive du réservoir au support de culture. La solution est absorbée par une mèche et transportée jusqu'au support et aux racines. Les supports de culture absorbants comme la tourbe, la sciure de bois, la vermiculite, etc. sont parfaits pour les systèmes passifs. Dans ces systèmes, le support reste très humide. Un support imbibé présente l'inconvénient de retenir moins d'air et limite l'absorption rapide des nutriments par les racines. Les systèmes passifs ne sont pas extrêmement performants, mais ils ont leurs avantages. Tout d'abord, les systèmes à mèche n'ont pas de pièces mobiles, il est donc exceptionnel qu'un élément se casse ou ne marche pas. Leur faible coût d'achat et d'entretien contribue à leur popularité. Les systèmes à mèche sont efficaces pour l'enracinement des boutures et l'entretien des plantes mères.

Le type de support de culture utilisé, le nombre de mèches, leur calibre et la matière dont elles sont faites sont les seules variables. Il suffit d'augmenter le nombre de mèches pour que les racines disposent de davantage de nutriments.

Un système à mèche fonctionne tout seul. La mèche remonte la solution nutritive aux racines par capillarité, en l'absence de toute pièce susceptible de mal fonctionner.

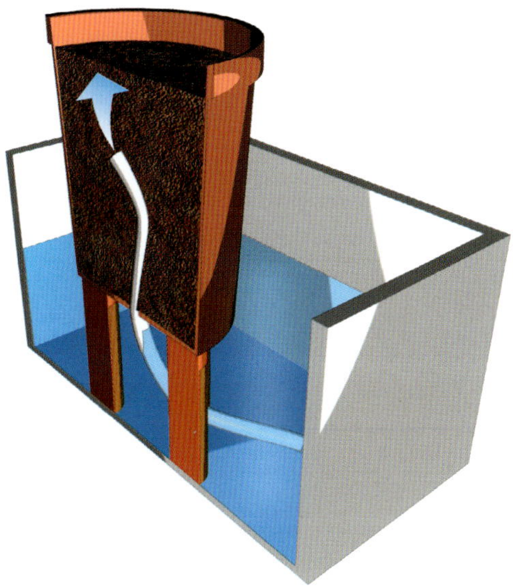

Systèmes hydroponiques actifs

Les systèmes hydroponiques actifs font circuler la solution nutritive de manière active. Parmi les systèmes actifs, on trouve les systèmes de remplissage/drainage alternés (tables à marée) ainsi que les systèmes d'irrigation au goutte-à-goutte (hydro-culture sur billes d'argile, etc.). Les systèmes hydroponiques actifs sont parfaitement adaptés à la culture des plantes à croissance rapide.

Les jardins hydroponiques actifs sont dits « recyclés » si la solution nutritive est récupérée et réutilisée après l'irrigation. À l'inverse, un système « non recyclé » distribue la solution nutritive une seule fois avant de l'évacuer définitivement. Ces systèmes sont peu appréciés car ils représentent un gaspillage de solution nutritive et polluent les nappes phréatiques qu'ils chargent en nitrates, phosphates et autres éléments.

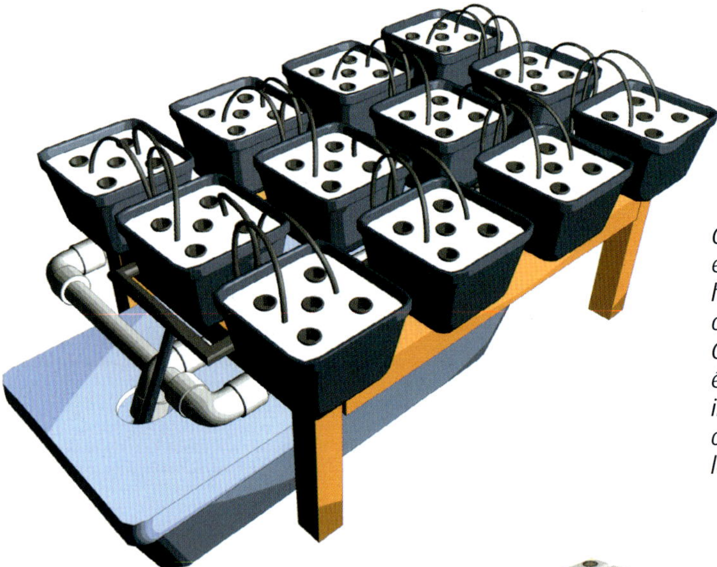

Ce type de système existe en version hydroponique ou aéroponique. Chaque pot peut être alimenté individuellement, ou déplacé selon les besoins.

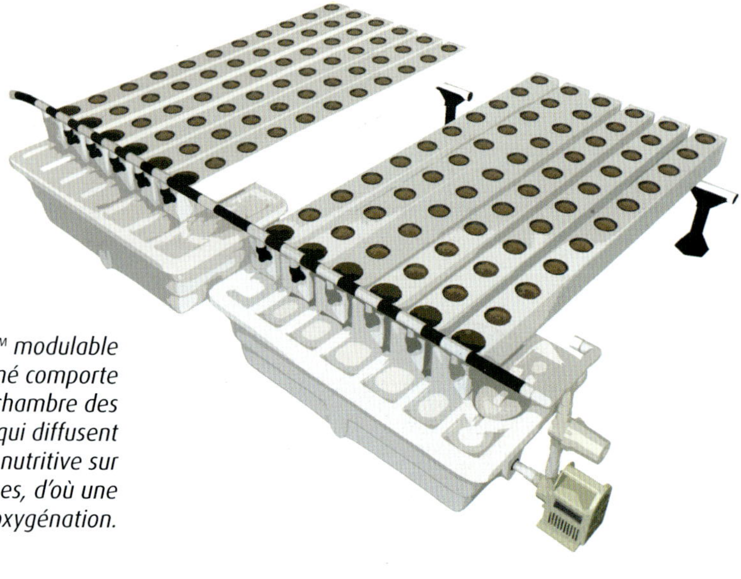

Cet AeroFlo™ modulable en circuit fermé comporte pour chaque chambre des injecteurs qui diffusent la solution nutritive sur les racines, d'où une bonne oxygénation.

Les systèmes actifs recyclés comme les tables à marée, les systèmes de goutte-à-goutte (bacs hydro avec billes d'argiles, Dutch Pots™, etc.) et le système NFT, ou Technique de Film Nutritif (*Nutrient Film Technique*) sont les plus utilisés et les plus productifs à l'heure actuelle. Ces trois types de systèmes recyclent tous la solution nutritive qui est redistribuée aux racines. La récupération et la réutilisation de la solution nutritive les rend plus complexes, mais avec un cycle régulier d'irrigation et une solution nutritive adaptée, cela reste facile à faire. Les systèmes actifs recyclés utilisent des supports qui drainent l'eau rapidement et retiennent beaucoup d'air, comme les billes d'argile, la pierre ponce, la brique écrasée, la laine de roche et la fibre de coco.

Tables à marée (Ebb and flood)

Les tables à marée, basées sur l'alternance du remplissage et du drainage, sont populaires car elles ont largement démontré leur facilité d'utilisation et d'entretien. De design simple, elles sont très efficaces. Les plantes, en pots individuels ou dans des cubes de laine de roche, sont installées sur une table spéciale. La table est en réalité un plateau de culture qui peut contenir de 2 à 5 cm de solution nutritive. Un labyrinthe de rigoles draine la solution qui s'écoule vers le réservoir. La solution monte jusqu'au plateau de croissance par pompage. Les blocs de laine de roche ou les pots sont immergés par le bas, ce qui a pour effet de chasser l'air appauvri en oxygène. En s'écoulant, l'eau crée un appel d'air riche en oxygène, qui entre en contact avec les racines.

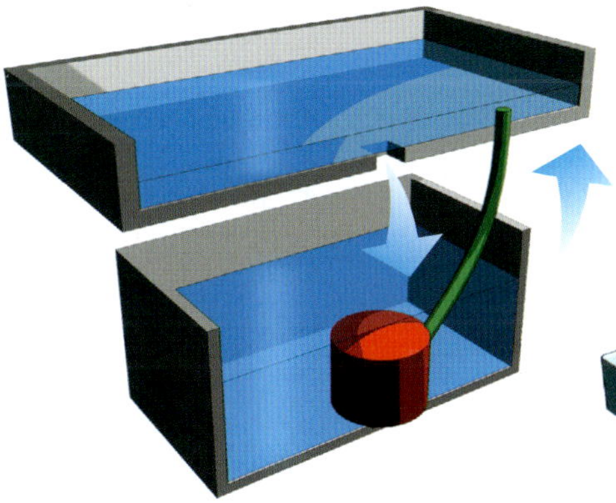

La solution nutritive est pompée du réservoir jusqu'au plateau de culture sur lequel les plantes sont disposées.

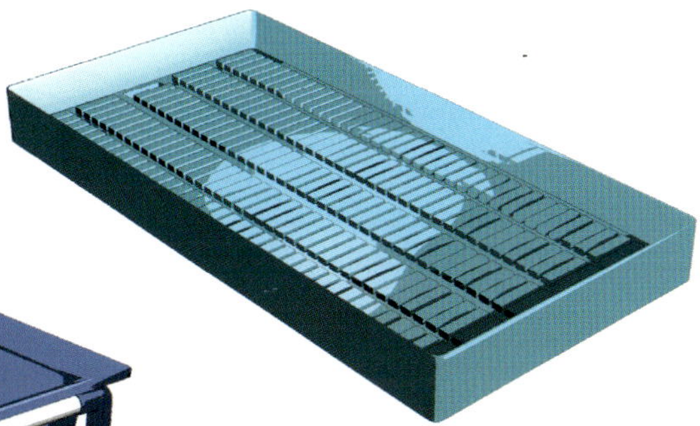

La solution nutritive immerge les plantes par le bas avant d'être drainée vers le réservoir jusqu'au prochain remplissage.

Systèmes hydroponiques de goutte-à-goutte

Les systèmes hydroponiques de goutte-à-goutte sont très efficaces et productifs. La solution nutritive est distribuée au goutte-à-goutte au pied de chaque plante par des tubes ou des anneaux. Une fois drainée par le support, la solution est recueillie dans le réservoir où elle est ré-oxygénée grâce à une petite pompe à air immergée. Elle est ensuite redistribuée au pied de la plante et ainsi de suite. La laine de roche, les gravillons, la fibre de coco, les billes d'argile et le mica expansé sont les supports de culture le plus souvent utilisés. Ces systèmes modulables peuvent être individuels ou reliés entre eux et alimentés par un grand réservoir commun.

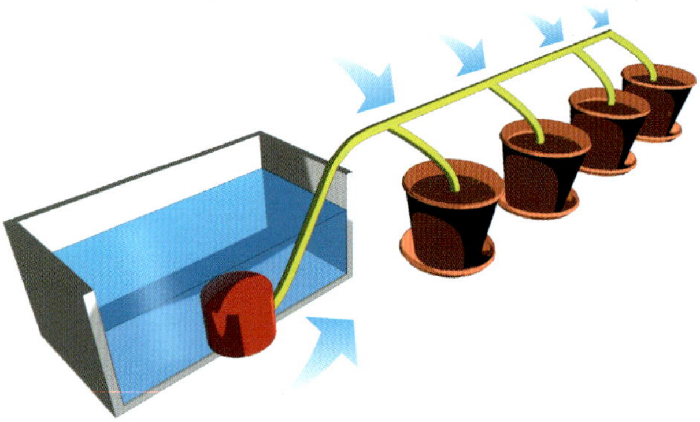

Les systèmes alimentés par le haut distribuent la solution nutritive par le biais d'un goutte-à-goutte placé près de la tige. Ce système est alimenté par une pompe à eau.

Dans ce WaterFarm™, la solution nutritive monte jusqu'au collier avec les bulles d'une pompe à air puis ruisselle à travers les billes d'argile jusqu'au réservoir situé au fond.

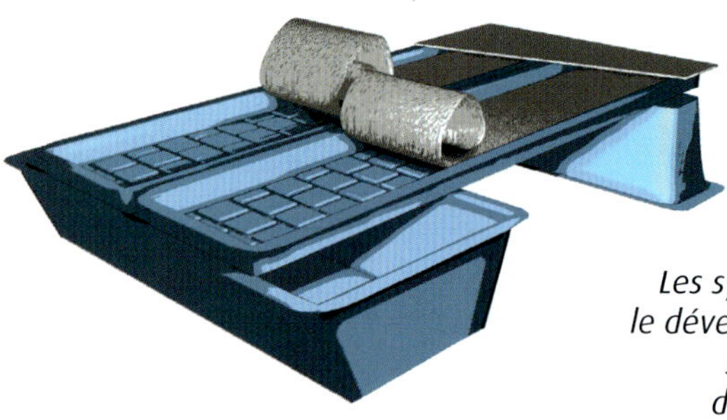

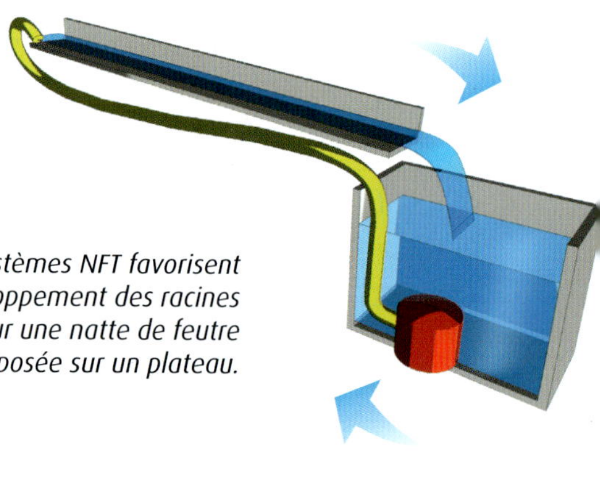

Les systèmes NFT favorisent le développement des racines sur une natte de feutre déposée sur un plateau.

Systèmes NFT (Nutrient Film Technique)

Les systèmes hydroponiques NFT, qui ont fait leur apparition plus récemment, sont très performants. Les semis et boutures sont placés sur une natte absorbante reposant au fond d'un plateau couvert. La solution nutritive s'écoule par gravité le long du plateau, baignant au passage les racines avant de s'égoutter dans le réservoir. En général, la solution circule 24 heures sur 24. Les racines reçoivent tout l'oxygène dont elles ont besoin pour absorber la solution nutritive. Quand tous les paramètres sont maîtrisés, la croissance est extrêmement rapide. Les systèmes NFT sont très efficaces, mais ils n'offrent aucune marge de sécurité. En l'absence de support de culture, les racines doivent être maintenues constamment humides par la solution nutritive en circulation. Si une pompe tombe en panne, les racines meurent. Si le système vient à s'assécher pendant 1 jour ou plus, les conséquences sont graves. En revanche, le système est très facile à nettoyer et à réinstaller après chaque récolte. Seuls les horticulteurs qui ont plusieurs années d'expérience derrière eux peuvent tenter les systèmes NFT s'ils cultivent seuls. À plusieurs, ces systèmes sont plus faciles à gérer.

Systèmes aéroponiques

Les systèmes aéroponiques n'utilisent aucun support de culture et offrent des performances inégalées. Les racines sont maintenues en suspension dans une chambre d'aspersion obscure. Aucun support n'est utilisé. La solution nutritive est pulvérisée sur les racines à intervalles réguliers. Dans la chambre d'aspersion, l'humidité demeure aux alentours de 100 %. Constamment exposées à l'oxygène, les racines atteignent leur potentiel d'absorption maximal. La chambre obscure ne contient que de l'air et de la solution nutritive. Ce système permet une croissance phénoménale mais peut être assez susceptible. Aucun support ne joue le rôle de réservoir pour l'eau et les nutriments. Si la pompe tombe en panne, les racines sèchent et la plante meurt. Si le pH s'altère et que la solution nutritive se modifie, aucun support ne fait tampon.

Dans les systèmes aéroponiques, les racines, suspendues dans une chambre obscure, sont aspergées de solution nutritive. Constamment exposées à l'oxygène, elles atteignent leur potentiel d'absorption maximal.

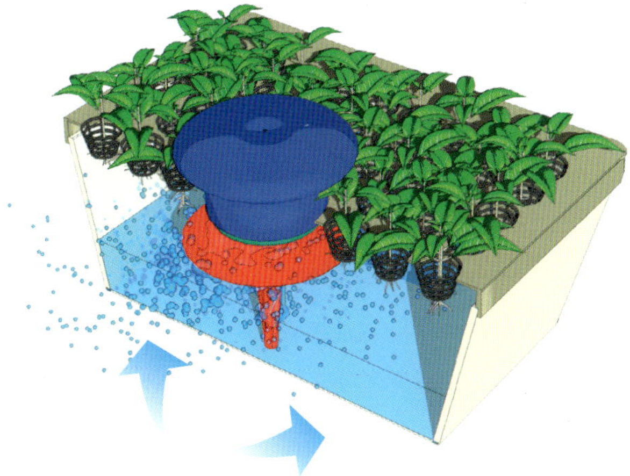

Les semis et les boutures enracinées cultivés en aéroponie poussent à une vitesse exceptionnelle. Pour faire démarrer une bouture, il suffit de placer la tige dans la chambre d'aspersion et de mettre le système en route. L'environnement y est idéal pour le développement des racines.

Supports de culture

Les supports de culture inertes procurent un ancrage pour la plante et retiennent l'oxygène, l'eau et les nutriments nécessaires aux racines. Trois facteurs contribuent à la croissance des racines dans un support : la texture, le pH et la teneur en nutriments, mesurée en EC.

La texture de tout support est déterminée par la taille et la structure physique des particules qui le constituent. Une texture appropriée favorise une bonne pénétration des racines, une bonne rétention d'oxygène et une bonne absorption des nutriments, ainsi qu'un drainage adéquat. Les supports de granulosité grossière permettent une meilleure aération ainsi qu'un meilleur drainage. L'irrigation doit être plus fréquente pour compenser la faible rétention d'eau. Plus les particules sont fines, plus elles s'assemblent en une masse compacte et plus le drainage est ralenti.

Les supports à texture irrégulière comme la perlite et certaines argiles expansées ont une plus grande surface et retiennent mieux l'eau que les supports aux formes arrondies régulières. Il faut éviter les graviers concassés dont les contours acérés risquent d'abîmer les racines lorsqu'on bouge la plante. Les gravillons aux formes arrondies, la brique pulvérisée et la pierre volcanique sont d'excellents supports pour les systèmes actifs recyclés. L'emploi d'une roche à base d'igné (volcanique) est conseillé, car elle est inerte, tend à avoir un pH neutre et ne s'émiette pas (moins de risques d'obstruction des tuyaux).

On rince abondamment les supports à base d'argile ou de roche afin d'en éliminer toute la poussière qui sinon se dépose en sédiment.

Les matériaux fibreux comme la vermiculite, la tourbe de mousse, la laine de roche et la fibre de coco retiennent beaucoup d'humidité dans leurs cavités. Ces supports sont parfaits pour les systèmes hydroponiques passifs qui font appel à l'imprégnation par capillarité.

Les racines passent sans difficulté à travers ces pots biodégradables en fibre de coco et colle latex si bien que les plantes sont transplantées directement avec leurs pots, que ce soit pour aller dans un système hydroponique ou en terre (où ils sont entièrement dégradés au bout de deux ans).

RÈGLE D'OR

Un support de culture à drainage rapide est essentiel au bon fonctionnement d'un système hydroponique actif recyclé.

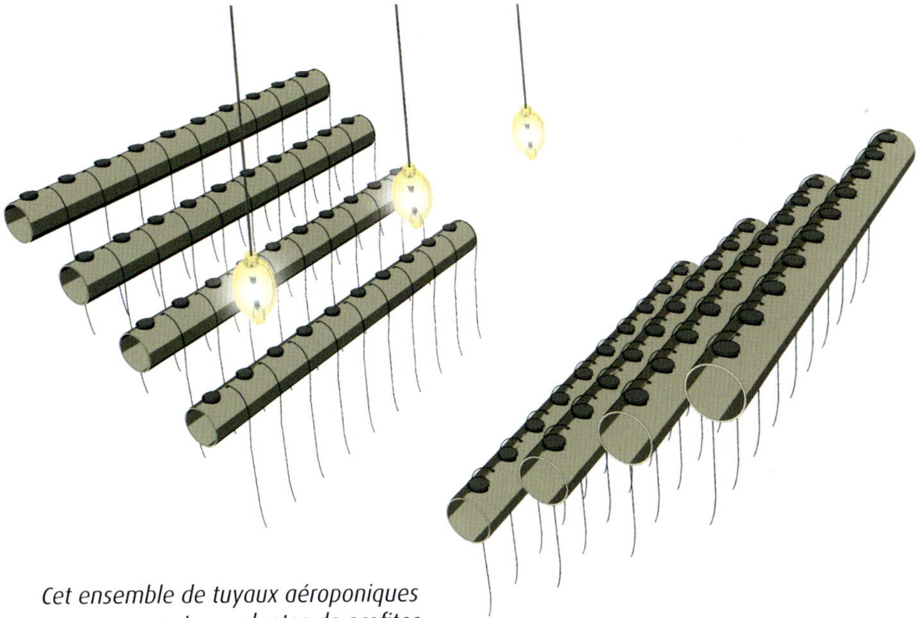

Cet ensemble de tuyaux aéroponiques permet aux plantes de profiter d'une intensité lumineuse maximale pour une surface au sol réduite.

Les supports minéraux sont inertes et ne réagissent pas au contact des organismes vivants ou des substances chimiques. Ils n'altèrent pas la composition de la solution nutritive. La fibre de coco et les tourbes sont eux aussi inertes.

Les supports qui ne sont pas inertes sont une source de problèmes imprévus. Par exemple, les gravillons de carrière calcaire contiennent beaucoup de carbonate de calcium et le vieux béton est bourré de chaux. Une fois le carbonate de calcium mélangé à l'eau, le pH de celle-ci augmente et il devient très difficile de l'abaisser. Les supports faits à partir de béton libèrent une telle quantité de chaux qu'ils tuent le jardin en peu de temps.

On évite également les supports qui ont été prélevés à proximité des côtes ou d'étendues d'eau salée. Ces supports sont fort probablement saturés de sels minéraux, toxiques en excès. Il est plus simple et économique de se procurer un nouveau support que d'essayer de lessiver les minéraux.

Argile expansée

Ce support est commercialisé par de nombreux fabricants. C'est un excellent matériau à ajouter à Peat-Lite™ pour faire pousser des plantes mères dans de grands bacs. On l'apprécie pour son excellente capacité à drainer tout en retenant une partie de la solution nutritive et beaucoup d'oxygène. Parmi les produits commercialisés, on trouve Hydroton®, Leca®, Grorox™, Geolite™.

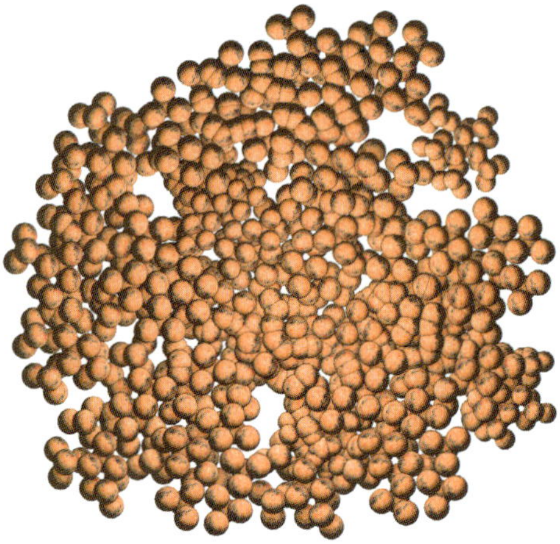

Les billes d'argile expansée drainent bien tout en retenant une partie de la solution nutritive et beaucoup d'air.

Fibre de coco

C'est un excellent support pour l'hydroponie (voir chapitre 3).

Gravillons

L'un des tout premiers supports utilisés en culture hydroponique. Le gravier est lourd mais inerte, il retient beaucoup d'air, draine bien et est bon marché. Toujours populaire à l'heure actuelle, il est difficile à irriguer en excès. Il retient l'humidité, les nutriments et l'oxygène à sa surface. Utiliser des gravillons ou du gravier de rivière lavés et de forme arrondie, sans arrêtes coupantes qui risqueraient de blesser les racines lorsqu'on bouge les plantes. Les gravillons doivent avoir un diamètre de 3 mm à 1 cm dont plus de la moitié avec un diamètre supérieur à 0,5 cm.

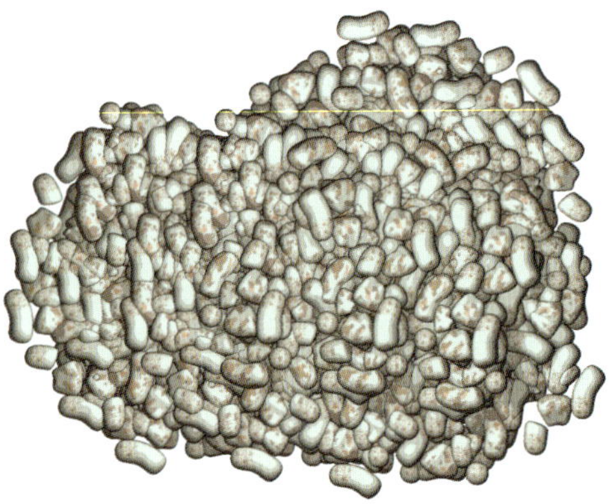

Lorsqu'il est de taille adéquate et sans arêtes coupantes, le gravier est un support de culture adéquat.

Laine de roche

Elle est non biodégradable, inerte, stérile, poreuse et procure aux racines un support ferme tout en retenant bien l'air et l'humidité. La laine de roche est probablement le support pour culture hydroponique le plus répandu. On la trouve dans le commerce entre autres sous les appellations suivantes : Grodan™, General Hydro™, HydroGro™ et Vacrok™.

Mica expansé
Support similaire à l'argile expansée. La vermiculite est du mica expansé. Ne pas utiliser ou manipuler de Thermalite, support qui contient du mica et de l'amiante, connu pour être carcinogène.

Mousse de caoutchouc
Les avis sont partagés sur ce support. Certains l'utilisent avec des résultats corrects. Elle retient beaucoup d'eau et ne s'égoutte pas aussi bien que d'autres supports. Les racines ne la pénètrent pas facilement.

La mousse de caoutchouc draine mal et se laisse difficilement pénétrer par les racines.

Perlite
Ce matériau draine bien mais il est si léger qu'il a tendance à remonter à la surface lors des arrosages abondants (voir chapitre 3).

Roche volcanique
Cette roche poreuse très légère retient l'air et l'humidité à sa surface bourrées de galeries. Légère et facile à utiliser, la roche volcanique peut parfois flotter et ses contours acérés peuvent meurtrir les racines. C'est malgré tout un support de qualité aux propriétés similaires à l'argile expansée (voir chapitre 3).

Sable
C'est un support très apprécié, et à juste titre. On pourrait l'utiliser pour faire pousser des boutures pendant des années. N'utiliser que du gros sable de rivière, pas du sable salé ramassé sur une plage. Le sable draine rapidement tout en retenant une certaine quantité d'humidité. Il est un peu lourd mais demeure un de nos favoris.

Le gros sable de rivière draine bien tout en retenant une certaine quantité d'humidité. Il est éternellement réutilisable.

Sciure de bois

Elle retient trop d'eau pour favoriser une bonne floraison des plantes à croissance rapide. De plus, elle est trop acide. Par contre, elle peut entrer dans la composition d'un mélange de support inerte de qualité avec de la perlite, de la vermiculite, de la paille et du sable.

La grosse sciure de bois est d'un pH acide mais retient beaucoup l'eau et peut entrer dans la composition d'un support inerte.

Tourbe de mousse

Ce n'est autre que de la végétation en décomposition partielle. La décomposition est lente dans les régions nordiques où elle se trouve. Les tourbes de mousses d'hypnum et de sphaigne sont les plus communes (voir chapitre 3).

Vermiculite

Elle retient beaucoup d'eau et convient mieux à l'enracinement des boutures quand elle est mélangée à du sable ou de la perlite. Elle est utilisée dans les systèmes hydroponiques passifs (voir chapitre 3).

RÈGLE D'OR

Vérifier tous les 1 ou 2 jours le pH de la solution nutritive pour s'assurer qu'il reste parfait, ou presque.

Le pH de la solution nutritive joue un rôle déterminant dans l'absorption des nutriments par les plantes. Utiliser les correcteurs de pH du commerce, stabilisés et d'emploi sûr, plutôt que d'en fabriquer à partir d'acides concentrés.

pH

Le pH d'une solution nutritive joue un rôle déterminant dans la disponibilité des nutriments que la plante a besoin d'assimiler. Les plantes à croissance rapide poussent bien en hydroponie lorsque le pH est compris entre 5,5 et 6,5, l'idéal se situant entre 5,8 et 6. Le pH des jardins hydroponiques demande de la vigilance. Tous les nutriments sont présents sous une forme soluble et donc plus assimilable que lorsqu'ils sont dans la terre. Le pH d'une solution peut fluctuer d'un demi point sans que cela pose de problème.

Les racines absorbent les différents nutriments à des vitesses variables, ce qui altère l'équilibre ionique de la solution et donc son pH. Quand le pH dépasse 7 ou est inférieur à 5,5, certains nutriments ne sont plus absorbés aussi rapidement qu'ils le pourraient.

Les variations du pH affectent souvent la solubilité des éléments. Les valeurs varient légèrement en fonction des plantes, des supports et des systèmes hydroponiques. En général, les systèmes hydroponiques fonctionnent avec un pH légèrement plus bas que celui des cultures en terre. L'efficacité optimale est obtenue avec des valeurs de pH différentes selon les supports utilisés. Il faut suivre les instructions du fabricant relatives au pH, et le corriger en utilisant les produits conseillés par lui, car il sait comment ceux-ci réagissent avec ses engrais. Une variation d'un point est courante dans les systèmes hydroponiques et ne porte pas à conséquence pour l'assimilation des nutriments.

CORRIGER LE pH D'UNE SOLUTION NUTRITIVE

Pour rehausser le pH (*pH up*), on utilise :

→ de l'hydroxyde de potassium.

Note : ne pas utiliser d'hydroxyde de sodium.
Ce composé est dangereux et caustique.

Pour abaisser le pH (*pH down*), on utilise :

→ de l'acide nitrique.
→ de l'acide phosphorique.
→ de l'acide citrique.
→ du vinaigre, ou mieux du jus de citron, qui n'agresse pas les racines.

Il est très important de suivre les instructions sur l'emballage et de mélanger soigneusement le correcteur de pH dans le réservoir. En général, les engrais sont acides et ont pour effet d'abaisser le pH de la solution nutritive. Cependant, la solution est absorbée par les plantes qui transpirent une partie de l'eau s'évaporant dans l'air, ce qui fait monter le pH. Le pH de l'eau doit être stabilisé AVANT d'y mélanger les engrais. Corriger le pH si une variation supérieure à un demi point apparaît.

EC, TDS, DS, CF et ppm

L'eau distillée pure offre une résistance nulle et ne conduit pas l'électricité. Cependant, lorsque des impuretés lui sont ajoutées, elle devient capable de conduire le courant

INTÉRIEUR LUMIÈRE SUPPORTS EAU HYDROPONIE AIR MALADIES CROISSANCE PLANTES SUIVI

électrique. L'analyse révèle les impuretés ou les solides dissous dans l'eau (du robinet, par exemple). Ces impuretés conduisent l'électricité. Lorsque l'on ajoute un engrais à de l'eau pure, l'EC monte.

Les concentrations en nutriments sont mesurées par leur capacité à conduire le courant électrique à travers une solution. Les ions (nutriments) dissous conduisent le courant électrique dans la solution. Les principaux constituants d'une solution hydroponique sont les sels ioniques. Plusieurs échelles sont couramment utilisées pour mesurer l'électricité conduite par les nutriments.

ABRÉVIATIONS

- **EC** = *Electrical Conductance*
  (Électroconductivité ou Conductivité électrique)
- **CF** = *Conductivity Factor*
  (Facteur de conductivité)
- **ppm** = parties par millions
- **TDS** = *Total Dissolved Solids*
  (Total des Solides dissous)
- **DS** = *Dissolved Solids*
  (Solides dissous)

La différence entre EC, CF, ppm, TDS et DS est plus complexe qu'il n'y paraît. Ces différents systèmes de mesure utilisent tous la même base mais interprète l'information de différentes manières.

Commençons par l'EC, la mesure la plus pertinente et la plus utile. Il est mesuré en : (a) milliSiemens par centimètre (mS/cm) ou (b) microSiemens par centimètre (μS/cm). Un mS/cm = 1 000 μS/cm.

Les testeurs d'EC qui affichent un résultat en ppm mesurent en fait l'EC en mS/cm ou en μS/cm et font la conversion en ppm. Malheureusement les deux mesures n'ont pas d'équivalence directe. Chaque nutriment donne une lecture différente. Pour surmonter cet obstacle, un standard arbitraire a été établi qui suppose qu'une « EC spécifique équivaut à une quantité spécifique de nutriments dans la solution ». Par conséquent, la lecture en ppm n'est pas précise, il ne s'agit que d'une approximation.

Mais ce qui complique encore les choses, c'est que les fabricants de testeurs d'EC utilisent des équivalences différentes pour convertir l'EC en ppm.

Hanna : 1 mS/cm = 500 ppm
Eutech : 1 mS/cm = 640 ppm
New Zealand Hydro : 1 mS/cm = 700 ppm

Les recommandations exprimées en ppm ne sont pas pertinentes et portent à confusion. Afin de clarifier un peu les choses, Graemme Plummer (Australie) a établi la table de conversion suivante :

1 mS/cm = 10 CF : par exemple une EC de 0,7 = 7 CF.

ÉQUIVALENCE DES PPM, EC ET CF SELON LES FABRICANTS

EC	CF	PPM		
		HANNA	**EUTECH**	**TRUNCHEON**
mS/cm	0	0,5	0,64	0,70
0,1	1	50	64	70
0,2	2	100	128	140
0,3	3	150	192	210
0,4	4	200	256	280
0,5	5	250	320	350
0,6	6	300	384	420
0,7	7	350	448	490
0,8	8	400	512	560
0,9	9	450	576	630
1	10	500	640	700
1,1	11	550	704	770
1,2	12	600	768	840
1,3	13	650	832	910
1,4	14	700	896	980
1,5	15	750	960	1 050
1,6	16	800	1 024	1 120
1,7	17	850	1 088	1 190
1,8	18	900	1 152	1 260
1,9	19	950	1 260	1 330
2	20	1 000	1 280	1 400
2,1	21	1 050	1 344	1 470
2,2	22	1 100	1 408	1 540
2,3	23	1 150	1 472	1 610
2,4	24	1 200	1 536	1 680
2,5	25	1 250	1 600	1 750
2,6	26	1 300	1 664	1 820
2,7	27	1 350	1 728	1 890
2,8	28	1 400	1 792	1 960
2,9	29	1 450	1 856	2 030
3	30	1 500	1 920	2 100
3,1	31	1 550	1 984	2 170
3,2	32	1 600	2 048	2 240

Chaque élément d'une solution a un facteur de conductivité dans ces mesures approximatives. L'eau pure ne conduit pas le courant électrique mais au fur et à mesure que des sels minéraux sont ajoutés, la conductivité électrique augmente. Les testeurs électroniques simples mesurent cette valeur et l'interprètent en teneur totale de solides dissous (TDS). Les solutions nutritives utilisées pour faire pousser les plantes à croissance rapide présentent généralement des teneurs allant de 500 à 2 000 ppm. Si la concentration de la solution est trop élevée, le système osmotique interne peut s'inverser et une déshydratation de la plante peut en résulter. En règle générale, il convient de maintenir la teneur en nutriments entre environ 800 et 1 200 ppm.

Les concentrations en sels ioniques de la solution sont affectées par l'absorption des nutriments par les racines et l'évaporation de l'eau. La solution devient moins concentrée au fur et à mesure que les plantes y puisent les nutriments mais, dans le même temps, une partie de l'eau s'évapore, ce qui augmente leur concentration. Pour ajuster la concentration de la solution, il suffit d'ajouter de l'engrais ou de l'eau.

INFO TECHNIQUE

Un testeur d'EC permet de mesurer l'électroconductivité de la solution nutritive.

De nombreux facteurs sont susceptibles de modifier l'EC d'un support. En cas d'arrosage insuffisant ou d'assèchement complet, l'EC augmente. L'EC de la solution peut être multipliée par deux ou trois par rapport aux valeurs initiales quand on arrose trop peu. Cette hausse de l'EC traduit une accumulation plus rapide de certains minéraux que d'autres. Par exemple, lorsque l'EC double, la quantité de sodium peut être multipliée par quatre, voire six, si les conditions s'y prêtent.

NOTE : Il n'y a pas de sodium dans la solution nutritive, sauf s'il est présent dans l'eau du réseau, auquel cas la teneur ne doit pas excéder les 50 ppm.

En laissant 10 à 20 % de la solution nutritive s'écouler du support de culture après chaque irrigation, on favorise la stabilité du facteur de conductivité. L'écoulement charrie toute accumulation de sels minéraux dans le support.

Dans une culture sur support inerte, si l'EC de la solution nutritive est trop élevée, on augmente la quantité de solution nutritive drainée à chaque arrosage. Par exemple, au lieu d'obtenir un écoulement de 10 à 20 %, on arrose de telle sorte que 20 à 30 % de la solution nutritive s'écoule. À l'inverse, pour augmenter l'EC, on ajoute de l'engrais à la solution nutritive ou bien on la renouvelle complètement.

La mesure des solides dissous (DS) indique combien de parties par million (ppm) de solides sont en suspension dans la solution. Une mesure de 1 800 ppm signifie donc qu'il y a 1 800 parties de solides dissous dans un million de parties de solution, ou 1 800/1 000 000.

Un testeur d'EC est un instrument utile pour mesurer le volume global ou la résistance des éléments dans l'eau du réseau ou dans la solution. Un testeur électronique à écran LCD indique la valeur mesurée entre ses deux électrodes. L'eau de pluie pure a une EC proche de 0. Cependant, il faut quand même vérifier l'EC et le pH de l'eau de pluie avant de l'utiliser afin de s'assurer qu'il ne s'agit pas d'une pluie acide.

L'eau distillée en bouteille qu'on trouve dans le commerce affiche souvent une petite résistance électrique car elle n'est pas parfaitement pure. Il est difficile de trouver une eau pure au point d'être dépourvue de toute résistance, et ce n'est d'ailleurs pas nécessaire pour une bonne solution nutritive.

La mesure de l'EC est sensible à la température. Les testeurs de bonne qualité sont équipés d'un système de compensation thermique manuel ou automatique. Pour que la mesure de l'EC soit pertinente, il faut tenir compte de la température. Le calibrage d'un testeur d'EC est similaire à celui d'un testeur de pH. Il suffit de suivre les instructions du fabricant. Pour que la mesure soit correcte, il faut s'assurer que la température de la solution nutritive est la même que celle du réservoir. Les testeurs bon marché ont une durée de vie réduite (en moyenne un an) tandis que les testeurs plus chers restent fiables pendant des années. En dehors de la qualité initiale d'un testeur d'EC, sa durée de vie dépend largement de la façon dont il est entretenu. Les sondes doivent rester humides et propres en permanence. Il est important de lire attentivement les instructions données par le fabricant sur l'entretien et le mode d'emploi. S'il y a de la corrosion sur les sondes, les relevés ne sont plus fiables.

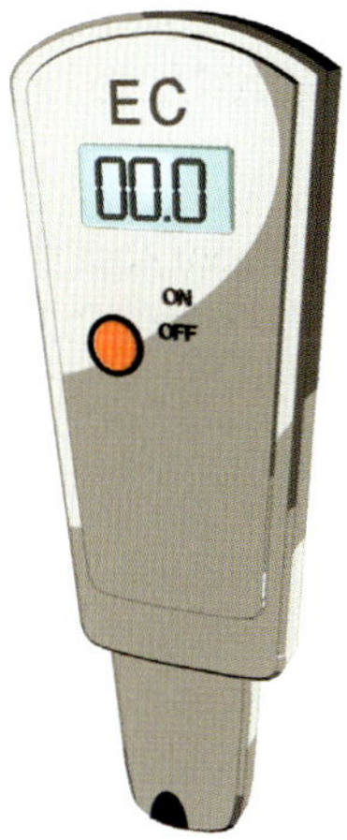

Un testeur d'EC permet de mesurer la teneur en sels minéraux de la solution nutritive.

Le relevé de l'EC n'est qu'une mesure globale de tous les nutriments. Il ne fournit pas d'information spécifique sur chaque nutriment. Par exemple, un relevé de l'EC indiquant 1 peut indiquer la présence de sodium et de soufre dans la solution. Mais ce relevé peut aussi correspondre à une solution nutritive complète et équilibrée contenant tous les nutriments nécessaires en justes proportions. La mesure de l'EC n'est pertinente que lorsqu'elle s'applique à une solution dont l'équilibre minéral est bon.

RÈGLE D'OR

Vérifier régulièrement l'EC de l'eau du réseau (au robinet), de la solution nutritive (contenant des engrais) et de l'eau de drainage (qui s'écoule du support de culture).

INTÉRIEUR LUMIÈRE SUPPORTS EAU HYDROPONIE AIR MALADIES CROISSANCE PLANTES SUIVI

Pour tester l'EC, on prélève des échantillons de solution nutritive à la fois dans le réservoir et dans le support. Pour aller plus vite, on prélève en même temps des échantillons pour tester le pH et l'EC. Pour prélever des échantillons dans le support, on utilise une seringue ou une poire que l'on plonge à au moins 5 cm de profondeur. À part, on prélève un échantillon du réservoir. On place ensuite chaque échantillon dans un bocal propre. À l'aide du testeur, on relève l'EC de chaque échantillon. En temps normal, les valeurs mesurées dans le support doivent être un peu plus élevées que celles de la solution nutritive du réservoir. Si l'EC du support est nettement plus élevée que celle du réservoir, cela traduit une accumulation de sels. On procède alors à un rinçage abondant du support à l'aide d'une solution nutritive diluée. On renouvelle ensuite la solution nutritive.

Stérilisation du support de culture

Pour réutiliser le support de culture après une récolte, il faut le stériliser en vue d'éliminer tous les germes de maladies et les œufs d'insectes ravageurs. La stérilisation du support coûte moins cher et s'avère souvent plus simple que son remplacement. La stérilisation convient mieux aux supports de culture solides dont la forme ne s'altère pas comme les gravillons, l'argile ou le mica expansés. On évite de réutiliser des supports qui deviennent compacts et perdent leur structure, comme la laine de roche, la fibre de coco, la tourbe de mousse, la perlite et la vermiculite. Mieux vaut écarter d'emblée les problèmes causés par un support trop compact et des racines mortes en le remplaçant à chaque récolte. Une fois stérilisé, le support de culture ne contient plus ni micro-organismes néfastes, comme des bactéries ou des moisissures, ni insectes nuisibles ou leurs œufs.

Avant de stériliser un support, on prend soin de bien retirer les débris de racines de la récolte précédente. Une plante à croissance rapide âgée de 3 à 4 mois a un volume racinaire atteignant les proportions d'un téléphone à l'ancienne. On fait en sorte de retirer du support la majeure partie des racines. Moins il y a de racines en décomposition dans le support et moins les risques de maladies ou d'invasion d'insectes sont élevés. Même chose pour les risques de boucher un tuyau alimentant ou drainant le système hydroponique.

Extraire les racines et stériliser le support de culture

- → Enlever à la main la natte de racines entremêlées qui s'est formée au fond du pot et en détacher les morceaux de support qui y sont attachés. Il est plus simple de compléter avec un peu de support neuf que de s'acharner à récupérer le moindre morceau pris dans la masse racinaire.
- → Passer les supports comme l'argile expansée ou les gravillons sur un tamis de taille adaptée, placé au-dessus d'un grand seau. La plupart des racines restent sur le tamis.
- → Étaler le support par terre en dirigeant un ventilateur oscillant dans sa direction afin d'assécher les racines qui y seraient encore présentes.
- → Le support peut aussi être lavé dans un baril ou une baignoire. Cette méthode convient mieux aux supports légers comme l'argile et le mica expansés. Les racines remontent à la surface, prêtes à être collectées.

→ Une fois les racines retirées, tremper le support dans une solution stérilisante, à 5 % d'eau de Javel par exemple, pendant au moins 1 heure. Vider la solution stérilisante et rincer très abondamment le support avec beaucoup d'eau fraîche. Une baignoire et un pommeau de douche sont l'équipement parfait. Mettre le support dans la baignoire, placer un filtre au-dessus du trou d'évacuation et utiliser le bras douche pour rincer et laver le support. Il est nécessaire de remplir la baignoire d'eau fraîche et de la vider une ou deux fois pour éliminer du support toute trace résiduelle de produit stérilisant.

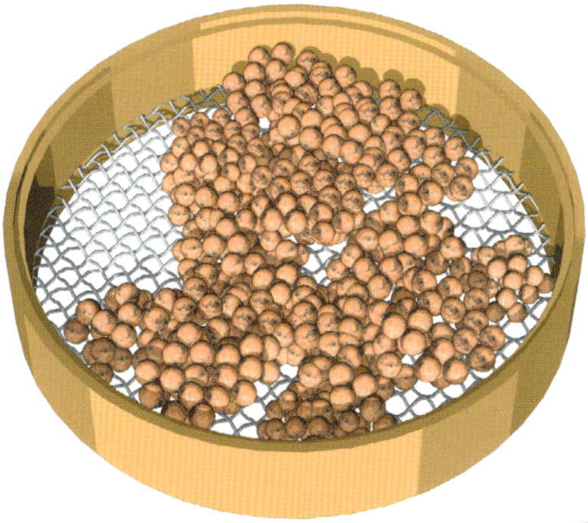

Entre deux cultures, on s'aide d'un tamis pour débarrasser les billes d'argile des petits morceaux de racines.

Lorsque les billes d'argile ont été nettoyées des débris de racines qui y étaient collés, elles sont stérilisées dans de l'eau faiblement javellisée.

Note : certains horticulteurs choisissent de réutiliser la laine de roche ou la fibre de coco pour une deuxième récolte. Certains obtiennent de bons résultats. D'autres rencontrent toutes sortes de maladies. En général, on conseille de ne réutiliser un support que s'il ne se détériore pas ou ne se compacte pas. Les gravillons, l'argile expansée, la roche volcanique, le sable, etc. remplissent ces conditions.

Pour stériliser le système hydroponique, on vide la solution nutritive du réservoir, de préférence dans le jardin extérieur. On évite en tout cas de la vider dans le système d'évacuation de l'habitation et surtout on ne la vide jamais dans une fosse septique (les nutriments qu'elle contient en altèreraient l'équilibre biochimique).

Pour préparer une solution stérilisante, il suffit d'utiliser de l'eau de Javel à raison de 1 part de Javel pour 9 parts d'eau. On peut aussi mélanger de l'acide chlorhydrique à de l'eau.

On immerge ensuite le support dans la solution stérilisante pendant au moins une heure et demie, puis on la vide et on rince de nouveau. On pompe la solution javellisée hors du système hydroponique par le biais du système de drainage. Il ne faut pas vider cette eau dans le jardin extérieur sous peine de faire tomber les feuilles des plantes exposées. On utilise une abondante quantité d'eau pour laver et rincer tout le système y compris les plateaux, les tuyaux de raccordement, les systèmes d'évacuation et le réservoir. Il est primordial de s'assurer que toutes les substances chimiques ont été éliminées en rinçant tout le système pendant au moins 1 heure (deux sessions d'une demi-heure chacune). On vide la solution du réservoir et on nettoie toute trace visible d'accumulation de sels minéraux (concrétions) en frottant avec une grosse éponge ou une brosse. Un seau d'eau propre à portée de main permet de rincer l'éponge à volonté.

Une autre méthode de stérilisation consiste à « solariser » le support. Dehors, on choisit un endroit bien exposé au soleil pour y entreposer le suppport emballé dans de la bâche plastique noire. On le laisse cuire au soleil pendant plusieurs jours. La température à l'intérieur de la bâche va s'élever jusqu'à 60°C ou plus, éliminant la majeure partie des maladies et insectes nuisibles.

Engrais hydroponiques

Les engrais hydroponiques de haute qualité sont solubles, contiennent tous les nutriments nécessaires et ne laissent pas de résidus. Il est conseillé de toujours utiliser le meilleur engrais possible. Il existe de nombreux engrais hydroponiques de très bonne qualité qui contiennent tous les nutriments dans des proportions idéales. Les engrais hydroponiques qui se présentent en deux ou trois formules doivent contenir tous les macro et micronutriments nécessaires pour une assimilation et une croissance rapides. Les engrais bon marché à base de composants impurs contiennent des résidus et des sédiments qui s'accumulent rapidement et entraînent un entretien plus important du système. Administrés correctement, les engrais hydroponiques solubles de bonne qualité sont immédiatement disponibles pour l'assimilation par les plantes. Une surveillance précise est bien plus facile quand les nutriments apportés sont de qualité.

ASTUCE CROISSANCE

N'utiliser que des engrais hydroponiques contenant des nutriments de haute qualité, c'est-à-dire alimentaires (les nutriments médiocres sont pleins d'impuretés).

Les nutriments sont nécessaires à la croissance et la floraison des plantes. Quelle que soit leur provenance, ils seront dégradés par des réactions chimiques à l'intérieur de la plante. Certains sont dérivés d'une substance organique naturelle et n'ont subi aucune transformation (par chauffage ou autre), certains sont de simples éléments et d'autres encore sont des corps composés. Administrés convenablement, ces différents engrais doivent engendrer les mêmes résultats. C'est pourquoi une bonne partie des principes de base de la culture en terre sont valables pour les supports hydroponiques (voir chapitre 4).

Solution nutritive

On renouvelle la solution nutritive au moins toutes les 2 semaines (au maximum toutes les 3 semaines). Penser à la renouveler plus souvent quand les plantes sont grandes car elles consomment plus de nutriments. Au-delà de 2 ou 3 semaines, le déséquilibre s'installe. Certains horticulteurs changent la solution toutes les semaines pour éviter les accumulations toxiques et prévenir les intoxications ou les carences nutritives. Les plantes n'absorbent pas tous les nutriments à la même vitesse et la solution nutritive se tarit plus rapidement en certains nutriments. La meilleure prévention consiste à la renouveler fréquemment et à rincer le support à l'eau pure tiède entre deux solutions nutritives

L'hydroponie permet d'optimiser la nutrition des plantes mais elle peut aussi les carencer ou les surfertiliser en un rien de temps. Si un dysfonctionnement se produit (une coupure de courant entraînant l'arrêt de la pompe ou bien un débris qui vient obstruer le système de drainage ou encore une fluctuation rapide du pH) les conséquences peuvent être lourdes pour le jardin hydroponique. Une simple bévue peut provoquer la mort des plantes ou ralentir leur croissance au point qu'elles ne s'en remettent jamais tout à fait.

RÈGLE D'OR

Changer la solution nutritive au moins toutes les 2 semaines.

ASTUCE CROISSANCE

Mieux encore, changer la solution nutritive chaque semaine.

ASTUCE CROISSANCE

Ne pas rincer le support à l'eau pure. Une solution nutritive faiblement dosée (un quart des quantités habituelles) élimine mieux les accumulations de sels minéraux.

Entretien de la solution

Les plantes consomment une quantité d'eau telle qu'il faut renouveler régulièrement la solution nutritive. L'eau est consommée bien plus rapidement que les nutriments, aussi peut-il être utile de rallonger la solution nutritive avec une eau au pH ajusté pour maintenir l'équilibre de la solution pendant 1 semaine ou 2. Il ne faut jamais laisser la solution nutritive en circulation au-delà de 4 semaines sans la renouveler. Les horticulteurs consciencieux changent la solution toutes les semaines ou toutes les 2 semaines au maximum. Ils procèdent au rinçage du système en utilisant une solution très faiblement dosée (un quart des doses habituelles) qu'ils laissent circuler pendant 2 heures avant de remplir le réservoir avec une nouvelle solution nutritive normalement dosée.

RÈGLE D'OR

Vérifier en même temps, tous les jours, l'EC du réservoir, du support et de la solution drainée.

Pour contrôler la teneur en solides dissous de la solution nutritive, on utilise un testeur d'EC électronique. De temps à autre, il peut s'avérer nécessaire d'ajouter un peu d'engrais liquide concentré et non pas simplement de l'eau pour rallonger la solution. Veiller à ce que le réservoir soit plein en permanence. Plus le réservoir est petit, plus grande est la proportion de nutriments absorbés et plus il est important de le garder plein. Les réservoirs de petites tailles doivent être remplis quotidiennement.

Composition de la solution nutritive

Le tableau ci-dessous indique la limite des quantités acceptables pour les nutriments, exprimées en ppm. Il ne faut pas trop s'éloigner de ces valeurs afin d'éviter les intoxications ou les carences nutritives.

TENEUR EN PPM POUR CHAQUE ÉLÉMENT

	VALEUR MINIMALE	VALEUR SOUHAITÉE	VALEUR MAXIMALE
AZOTE	150	250	1 000
BORE	0,5	1	5
CALCIUM	100	200	500
CHLORE	10	30	50
CUIVRE	0,1	0,5	0,5
FER	2	5	10
MAGNÉSIUM	50	75	100
MANGANÈSE	0,5	2	5
MOLYBDÈNE	0,01	0,02	0,05
PHOSPHORE	50	80	100
POTASSIUM	100	300	400
SOUFRE	50	90	200
ZINC	0,5	0,5	1

Le tableau ci-dessous indique la limite de **quantité globale** acceptable pour les nutriments, exprimées en milliSiemens (mS) pour l'électroconductivité (EC) et en parties par millions (ppm) pour la teneur totale en solides dissous (TDS).

TENEUR GLOBALE

VALEUR SOUHAITÉE	VALEUR ACCEPTABLE MAIS RISQUÉE	VALEUR PROBABLEMENT NOCIVE
EC = 0,75 à 2 mS*	2 à 3 mS	3 mS et plus
TDS = 500 à 1 300 ppm	1 300 à 2 000 ppm	2 000 ppm et plus

** 1 mS est à peu près équivalent à 650 ppm.*

Réservoirs

Un réservoir doit être aussi grand que possible. Plus il est grand, mieux c'est. Oublier de réapprovisionner en eau ou en solution nutritive peut s'avérer fatal à la récolte. Les plantes consomment beaucoup d'eau, et celle-ci s'évapore dans l'atmosphère. Les jardins consomment de 5 à 25 % de la solution nutritive chaque jour. La perte est plus grande dans les pièces chaudes et sèches contenant beaucoup de plantes. Les tables à marées présentent un taux d'évaporation élevé au moment où l'eau immerge les plantes.

Placer un couvercle sur le réservoir pour freiner l'évaporation. Lorsqu'une partie de l'eau s'évapore, la concentration de la solution s'élève, puisqu'il y a moins d'eau dans la solution et que la teneur en minéraux reste la même.

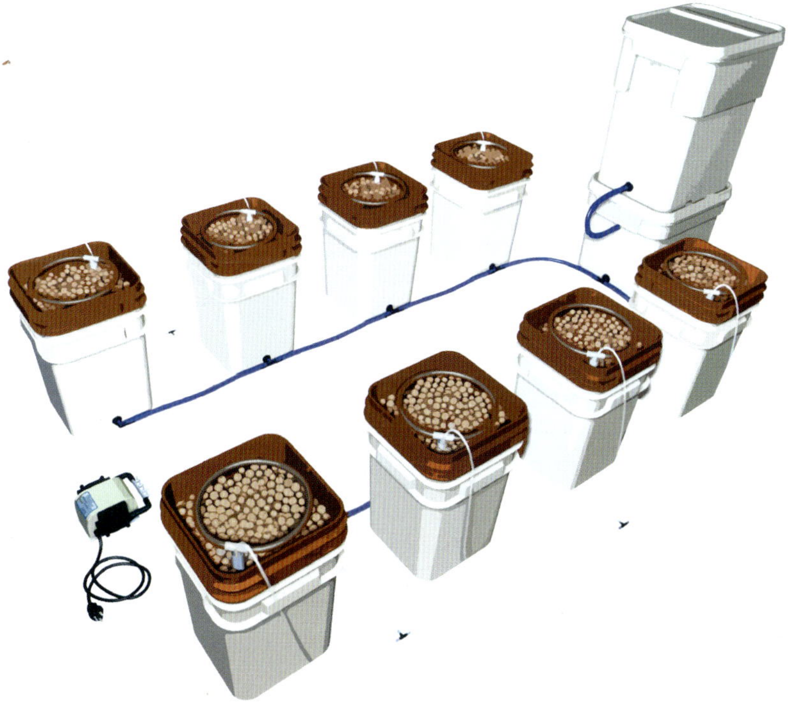

Ces systèmes peuvent être mis en batterie de façon à accueillir huit grandes plantes. Un flotteur dans le réservoir commun contrôle le débit de la solution nutritive qui ruisselle sur les billes d'argile.

Les systèmes élaborés sont équipés d'un flotteur servant à contrôler le niveau d'eau dans le réservoir. Tirer un trait à l'intérieur du réservoir pour savoir si le niveau est bas. Ajouter de l'eau dès que le niveau de la solution diminue. Pour compenser la perte quotidienne sur les tables à marée, le réservoir doit contenir au moins 25 % de solution nutritive en plus de ce qu'il faut pour remplir les plateaux. Plus le volume du réservoir est grand et plus la marge de manœuvre est souple et la surveillance facile.

La pompe doit être installée de façon à pouvoir pomper la solution hors du réservoir. Placer le réservoir à une hauteur suffisante pour qu'il puisse être vidangé par siphonage ou par l'action de la gravité. On peut récupérer la solution nutritive usagée pour fertiliser des plantes cultivées en terre aussi bien en intérieur qu'en extérieur.

RÈGLE D'OR

Contrôler le niveau du réservoir quotidiennement et le remplir si nécessaire.

Température de la solution nutritive

La température de la solution nutritive doit être comprise entre 15 et 25°C. Il est plus économique de chauffer la solution nutritive plutôt que l'air. Pour cela, on utilise un chauffage ou des câbles chauffants submersibles comme ceux commercialisés pour les aquariums. Si le volume de solution nutritive à chauffer est important, cela peut prendre 1 jour ou 2. Il ne faut pas laisser un système de chauffage submersible dans un réservoir vide ; la surchauffe le ferait griller. Il est rare que les systèmes chauffants pour aquarium soient munis d'une prise terre, ce qui semble une négligence de taille. Cela dit, je n'ai jamais entendu parler d'une électrocution causée par un chauffage submersible. Éviter les systèmes qui pourraient dégager des substances toxiques.

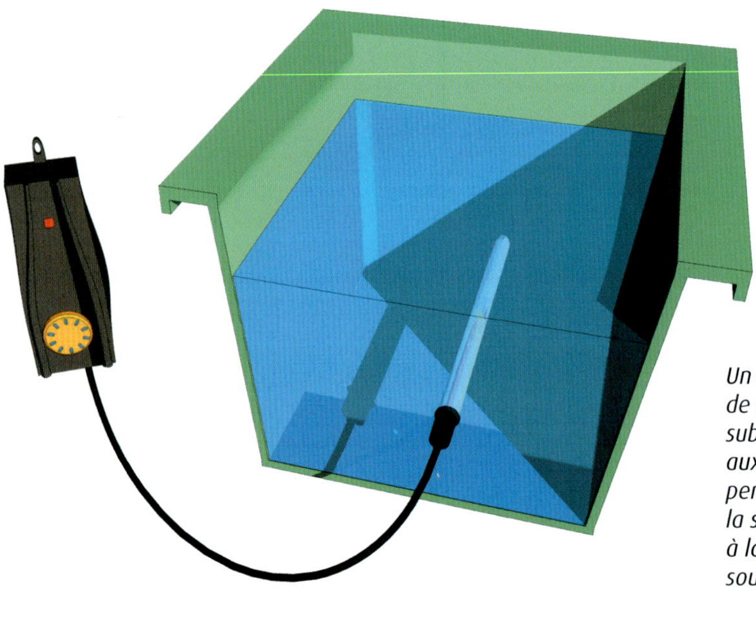

Un appareil de chauffage submersible destiné aux aquariums permet de maintenir la solution nutritive à la température souhaitée.

INFO TECHNIQUE

Une solution nutritive de 15 à 18°C contient beaucoup plus d'oxygène qu'une solution à 25°C.

Lorsque la température de l'air est inférieure à celle de l'eau, l'eau s'évapore rapidement dans l'atmosphère : plus l'écart de température est grand et plus l'humidité ambiante l'est. Maintenir la température de la solution aux alentours de 15-16°C aide à maîtriser la transpiration et l'humidité. De plus, l'assimilation des nutriments est meilleure. Les solutions nutritives dont la température est plus fraîche contiennent davantage d'oxygène, ce qui est propice à l'assimilation des nutriments.

AVERTISSEMENT

Veiller à ce que la température de la solution nutritive ne dépasse jamais 30°C. Les racines chaudes attirent toutes sortes de maladies et d'attaques parasitaires et assimilent moins bien l'oxygène.

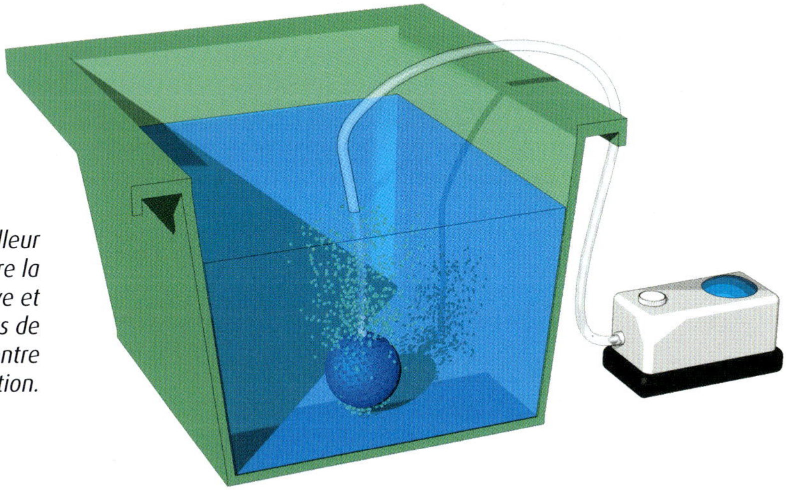

Un simple bulleur d'aquarium aère la solution nutritive et réduit les écarts de température entre l'air et la solution.

Préparer la solution nutritive avec de l'eau à 15°C. Plus chaude, l'eau dissout les nutriments plus rapidement mais retient moins d'oxygène.

Une pompe à air immergée dans le réservoir aide à maintenir une certaine harmonie entre la température du réservoir et celle de l'air.

La température de la solution nutritive ne doit jamais s'élever au-dessus de 30°C. Les racines souffrent rapidement de la chaleur. Les racines endommagées offrent un terrain très propice au pourrissement, au flétrissement et aux attaques de moucherons.

Cycles d'irrigation

Les cycles d'irrigation dépendent de la taille de la plante, des conditions climatiques et du type de support employé. Les supports aux particules grossières, rondes et polies, drainent rapidement et ont besoin d'être irriguées plus souvent : 4 à 12 cycles de 5 à 30 minutes par jour. Les supports fibreux, comme la vermiculite aux contours irréguliers, drainent plus lentement et ont besoin d'arrosages moins fréquents, une seule irrigation par jour la plupart du temps. Dans les tables à marée, l'eau monte jusqu'à quelques centimètres de la surface et doit normalement s'égoutter complètement après chaque immersion. Les systèmes au goutte-à-goutte ont des cycles de 5 minutes ou plus qui doivent se répéter au moins trois fois par jour. Souvent les horticulteurs alimentent les plantes 24 heures sur 24, surtout lorsqu'ils cultivent sur billes d'argile expansée ou autre support à drainage rapide.

Pendant l'irrigation, et peu de temps après, les teneurs en nutriments du support et celles de la solution nutritive sont similaires. Au fur et à mesure que le temps passe entre deux irrigations, l'EC et le pH changent progressivement. Si un laps de temps trop grand sépare deux irrigations, la solution nutritive peut se modifier au point que la plante ne soit plus capable de l'absorber.

Les alternatives sont innombrables en ce qui concerne le rythme des cycles d'irrigation. L'expérimentation est la meilleure façon d'apprendre. Au bout d'un certain temps, cela devient comme un sixième sens.

ASTUCE CROISSANCE

Accélérer l'activité biologique de la solution nutritive en la maintenant entre 15 et 18°C.

Problèmes nutritionnels

Lorsqu'un horticulteur s'occupe d'un jardin hydroponique sur une base régulière et qu'il connaît bien ses plantes, les problèmes nutritionnels sont en général évités. Si une carence ou un excès de nutriments affecte seulement quelques plantes, on commence par vérifier que les plantes en question reçoivent leur ration complète de solution nutritive. Ensuite on vérifie le support dans lequel elles poussent afin d'être certain que la solution nutritive s'y infiltre bien et que toutes les racines sont humides. Enfin, on inspecte l'état des racines pour s'assurer que le drainage est efficace et qu'elles ne baignent pas dans une eau stagnante.

On change la solution nutritive si elle circule correctement bien que les plantes aillent mal. On vérifie que le pH de l'eau est bien compris entre 5,5 et 6,5 avant de rajouter de l'engrais.

Si le renouvellement de la solution ne résout pas le problème, changer de marque d'engrais peut être le bon remède. (Consulter le chapitre 4 concernant les carences et les intoxications nutritionnelles pour déterminer la cause du problème). En cas de carence, ajouter 10 à 20 % du nutriment déficitaire sous une forme chélatée jusqu'à ce que tout soit rentré dans l'ordre. En cas d'intoxication, rincer abondamment le support de culture à l'aide d'une solution nutritive faiblement dosée.

Dans un jardin hydroponique, il n'y a pas de terre pour jouer le rôle de tampon si bien que les problèmes comme la décoloration du feuillage, le ralentissement de la croissance, l'apparition de taches, etc. se manifestent rapidement. Les horticulteurs novices doivent apprendre à identifier les problèmes nutritionnels à un stade précoce s'ils veulent éviter les problèmes sérieux dont les plantes ne se remettent qu'au bout d'un certain temps. Le traitement d'une carence ou d'une intoxication doit être rapide et infaillible. Une fois traitées, les plantes mettent plusieurs jours à réagir.

Diagnostiquer une carence ou une intoxication nutritionnelle devient difficile quand deux nutriments ou plus sont en déficit ou en excès en même temps. Les symptômes peuvent alors ne pas orienter directement vers ce qui les cause. Dans ce cas-là, il ne reste qu'à changer la solution nutritive en espérant que cela résoudra les problèmes. Un diagnostic précis n'est pas toujours indispensable quand on commence par renouveler la solution nutritive.

RÈGLE D'OR

Si un jardin montre des signes de problèmes nutritionnels, la première chose à faire est de renouveler la solution nutritive.

Si on diagnostique une fertilisation excessive, il est facile d'y remédier : on draine la solution nutritive, on rince le système au moins deux fois avec une solution nutritive faiblement dosée (un quart des doses habituelles) afin d'éliminer tous sédiments et accumulations de sels. On finit en administrant une solution nutritive équilibrée.

Les problèmes nutritionnels apparaissent souvent en même temps sur les plantes d'une même variété si elles sont alimentées avec la même solution nutritive. Inversement, les différentes variétés de plantes ne réagissent pas de manière identique à une même solution nutritive. L'horticulteur averti prendra soin de ne pas confondre les problèmes nutritionnels avec les autres : brûlure par assèchement dû à un excès de ventilation ou une trop grande proximité des lampes, manque de lumière, stress dû à la température, plantes endommagées par les champignons ou les parasites. Ces problèmes apparaissent généralement sur des plantes spécifiques qui sont seules affectées. Par exemple, le feuillage situé près d'un chauffage peut montrer des signes de sécheresse tandis que le reste affiche une parfaite santé. Une plante en bordure de jardin peut être petite et longiligne par manque de lumière.

« *Bio-hydro* »

La culture biologique en hydroponie gagne tellement en popularité qu'il est difficile de ne pas en entendre parler. La « bio-hydro » désigne une culture hors sol (dans un support inerte, dans l'eau ou dans l'air), dans laquelle les plantes sont alimentées avec des solutions nutritives liquides biologiques. Les engrais biologiques sont le plus souvent définis comme contenant des substances recélant une molécule de carbone, ou des substances naturelles non altérées, comme de la roche broyée.

Les horticulteurs passionnés sont prêts à se donner la peine de cultiver avec des produits biologiques (en général plus chers) pour la simple raison que les saveurs et arômes des produits ainsi cultivés sont meilleurs. Les plantations d'intérieur dont le cycle de vie n'excède pas 90 jours ne durent pas assez longtemps pour permettre aux nutriments biologiques de se décomposer. Ces derniers sont donc administrés sous une forme soluble prête à l'assimilation.

Avec l'hydroponie « bio », faire une lecture précise de l'EC ou mélanger la bonne quantité de nutriments spécifiques est difficile, contrairement aux produits chimiques qui sont faciles à mesurer et à administrer dans les quantités requises pour chaque stade de leur croissance.

Les nutriments biologiques ont une structure complexe ; ils sont difficiles à mesurer et, qui plus est, instables. Certains fabricants ont réussi à stabiliser leurs engrais, comme Earth Juice®, Ecolizer®, ou Fox Farm®. Lorsqu'on utilise des engrais « bio » il faut toujours acheter les mêmes et en apprendre le plus possible sur eux à la source.

Même en achetant un mélange du commerce prêt à l'emploi, il s'avère nécessaire d'essayer différents dosages et cycles de fertilisation pour trouver le bon rythme et le bon dosage.

Il est possible d'élaborer des mélanges maison en mélangeant divers engrais organiques solubles. Bien souvent, les horticulteurs tâtonnent avant de trouver le mélange parfait pour leur système. Le fait d'ajouter trop d'engrais peut surcharger le support et rendre les minéraux non assimilables. Si le cas est sérieux, les plantes grillent. Dans tous les cas, la croissance est ralentie et la récolte diminuée.

Une surdose d'engrais biologiques solubles est relativement facile à éliminer. Comme les engrais chimiques, les engrais « bio » peuvent facilement s'accumuler jusqu'à des niveaux toxiques. Les symptômes sont les mêmes que pour les cultures en terre : pointe des feuilles brûlée, feuilles décolorées ou friables, etc. Il faut un lessivage plus abondant pour éliminer les nutriments « bio » : on rince le support avec 3 litres d'eau pour chaque litre de support de culture. Certains horticulteurs rincent totalement le support pendant les 2 dernières semaines de floraison afin d'éliminer toute trace de goût d'engrais dans le produit final.

Un mélange d'algues contenant aussi bien des macronutriments primaires et secondaires que des micronutriments est nécessaire. La quantité de nutriments primaires et secondaires n'est pas aussi primordiale que toute la foule des oligoéléments qui se trouvent sous une forme assimilable dans les algues marines ou dans l'eau de mer. Les nutriments primaires peuvent être fournis par une émulsion de poissons en ce qui concerne l'azote, et par du guano de chauve-souris, de la farine d'os ou du fumier en ce qui concerne le phosphore et le potassium. De plus en plus d'horticulteurs biologiques ajoutent des stimulateurs de croissance comme l'acide humique, les trichodermes et les hormones.

Démarrer une culture hydroponique

On fait germer les graines ou on enracine les boutures dans de petits cubes de propagation. Il est quasiment impossible de faire germer des graines dans un support à grosse granulométrie comme les gravillons ou l'argile expansée (les petites graines sont lessivées et tombent au fond, ou sèchent). Dès que les racines apparaissent sur les bords ou le fond du cube ou du pot, on procède à la transplantation dans le support hydroponique. Une fois les boutures ou les semis placés dans le support, le cube d'enracinement sert encore à retenir l'humidité nécessaire entre deux irrigations.

Des graines ou des boutures démarrées dans un cube de laine de roche peuvent être transplantées dans un autre support, par exemple des billes d'argile.

La transplantation des cubes d'enracinement ou des petits pots de tourbe est facile en hydroponie. Il suffit de les placer directement dans le support. Les jeunes plantes souffrent moins de la transplantation que les plantes plus âgées. Il est préférable de transplanter avant que les racines sortent trop du cube pour éviter les traumatismes comme les racines écrasées ou cassées. Après la transplantation, on recueille un peu de solution nutritive, ou on lui ajoute une préparation à base de vitamine B_1 et on en arrose la plante à deux ou trois reprises. On enclenche ensuite manuellement un cycle d'irrigation afin que les jeunes racines des plantes transplantées soient abreuvées et humidifiées.

Bioponie

La bioponie se démarque des autres formes de culture hors sol, car elle a pour but de recréer, dans une culture hors terre, le processus qui se produit naturellement dans le sol et qui est à la base de la vie, tout en conservant les avantages de l'hydroponie.

Il existe plusieurs définitions de l'agriculture biologique. Tout le monde s'accorde sur quelques principes de base tels que : pas de pesticides chimiques ni d'herbicides, mais des procédures qui respectent la nature et nécessitent moins d'investissement en énergie.

Pour être admis en agriculture biologique, l'engrais doit être d'origine naturelle (pas d'adjonction de sels minéraux raffinés). Il faut aussi que les éléments minéraux soient introduits sous forme de molécules organiques complexes qui ne sont pas immédiatement assimilables par la plante, mais qui nécessitent un processus biologique de dégradation pour être transformées en ions. Ceux-ci, une fois dissous dans l'eau, deviennent assimilables.

En terre, les bactéries et champignons contenus dans la couche d'humus découpent les molécules organiques en deux parties : le carbone dont elles se nourrissent, et les minéraux qui sont alors utilisables par la plante, en présence d'eau.

En culture hydroponique, on administre des sels minéraux purifiés, dissous, et directement assimilables.

La bioponie, elle, reproduit à l'identique la dégradation qui s'opère naturellement dans la terre en utilisant un certain type d'engrais avec un mélange particulier de bactéries et de champignons qui le digèrent. Ces micro-organismes séparent le carbone et s'en nourrissent, comme dans la terre, libérant les minéraux qui sont immédiatement dissous dans l'eau sous forme d'ions assimilables. Dans les cultures à racines nues (aéroponie et aéro-hydroponie), ils vivent dans un filtre biologique qui leur procure l'oxygène et le support approprié à leur reproduction. Dans un support comme la fibre de coco, ils vivent directement dans la zone racinaire. Cette nouvelle technologie (brevetée par Terra Acquatica et distribuée par GHE) couvre l'utilisation de micro-organismes et la formulation d'engrais spécifiques.

Terre liquide

Dans son principe même, la bioponie va bien au-delà d'un simple changement d'engrais. Le concept est celui de terre liquide. L'engrais approprié en était le chaînon manquant. En le combinant avec certains produits déjà disponibles dans le commerce, la bioponie recrée dans une solution nutritive tout ce que la terre contient d'utile pour les plantes. L'eau est déjà là, bien sûr, et l'oxygène aussi, en abondance si le système est bien conçu.

Il faut y rajouter :

→ L'engrais qui apporte la fraction d'humus et les molécules organiques contenues dans le sol. C'est un engrais spécialement formulé pour cette utilisation étrange (reproduire les conditions de fertilité naturelle de la terre, mais sans terre). Attention : les engrais biologiques formulés pour la terre ne sont pas utilisables en bioponie ; en revanche, un engrais bioponique donne d'excellents résultats en terre.

→ Les micro-organismes qui apportent la vie microbienne et participent au cycle du carbone.

→ Un acide humique ou fulvique, disponible sous forme liquide auprès de nombreuses compagnies.

→ Un produit apportant de la silice et l'ensemble des métaux et oligoéléments contenus dans le sol (comme Minéral Magic® de GHE).

Cela donne une solution nutritive qui se veut l'équivalent d'une bonne terre légère, aérée, riche en nutriments et en vie microbienne, à laquelle il ne manque plus qu'un support inerte, comme les billes d'argile ou la fibre de coco utilisées en culture hydroponique.

Trois éléments au moins sont nécessaires à une culture bioponique :

→ **Un filtre sur la pompe.** Il est très important, surtout en situation de racines nues directement suspendues dans la solution nutritive. En effet, il faut filtrer les plus grosses particules contenues dans l'engrais car elles pourraient asphyxier les racines, surtout par forte chaleur. Il est toujours préférable de n'avoir que des ions assimilables dans la zone racinaire.

→ **Des organismes vivants.** Leur présence permet de reproduire le processus de décomposition du sol. Les conditions de vie dans l'eau ne sont pas très confortables pour eux, car ils ne bénéficient pas des capacités de tampon du sol pour les protéger de brusques changements de température ou de pH. Ils ont aussi besoin de se fixer et ne peuvent survivre et se multiplier simplement dans l'eau en mouvement. Ils ont besoin d'un lieu très oxygéné, loin des courants créés par la circulation de la solution nutritive. Ils doivent aussi impérativement rester humides. Secs, ils meurent. En hydroponie, on peut utiliser plusieurs types de supports, dont les plus naturels sont la bille d'argile et la fibre de coco. Si les bactéries peuvent vivre confortablement en fibre de coco, il n'en va pas de même avec les billes d'argile. Elles y sont généralement trop au sec. Dans ce cas, il faut utiliser un Bio Filtre®, qui est tout simplement un filtre du type « aquarium » que l'on place sur le réservoir. Une petite turbine pompe l'eau du réservoir dans le filtre, puis celle-ci retourne dans le réservoir. Ce filtre est toutefois agencé différemment de ceux qui sont destinés à l'aquariophilie. Il contient un pré-filtre, un support approprié, et un mélange spécifique de micro-organismes pour l'ensemencer.

→ **Un engrais adapté.** Tout engrais biologique n'est pas adapté à ce type de culture. Les engrais biologiques sont en général formulés pour se dégrader lentement en terre, et certains de leurs éléments pourriraient dans l'eau en dégageant une odeur désagréable ; enfin, ils boucheraient les filtres et les injecteurs. Un engrais bioponique doit être liquide ou parfaitement soluble. Il ne doit pas contenir de trop grosses particules et doit être très rapidement dégradable.

Gestion d'une culture bioponique

Parce qu'on remplace la solution nutritive minérale par une solution biologique, et parce qu'on y introduit la vie, la gestion de la culture est plus difficile. Des paramètres d'habitude aussi primordiaux que la conductivité et le pH deviennent secondaires. Les rendements ne sont pas non plus les mêmes qu'en hydroponie traditionnelle. Le rapport est à peu près le même qu'entre culture biologique et culture minérale en terre : de l'ordre de 25 à 30 % de rendement en moins. Mais, en compensation, on obtient une forte augmentation de la teneur en sucre et en principes actifs.

C'est un aspect très intéressant de cette culture : on crée très peu de masse végétale par rapport au rendement. Pour un même rendement, disons 1 kilo de tomates, la quantité de feuilles et de tiges est très inférieure à celle qui permet de récolter 1 kilo de tomates en hydroponie classique (et même en terre). Les consommations en eau et en engrais sont donc proportionnellement plus faibles que pour n'importe quel autre type de culture.

En revanche, la gestion de la culture bioponique demande beaucoup plus d'attention qu'une culture hydroponique traditionnelle, non pas en terme de temps passé mais en terme d'examen visuel. La culture bioponique se pilote autant « à l'œil » qu'en suivant des paramètres tels que pH et conductivité. Néanmoins, ceux-ci restent une information importante.

En bioponie, on produit peu de masse végétale par rapport au rendement mais, en compensation, davantage de sucres et de principes actifs.

pH

Le pH est plus difficile à stabiliser qu'en hydroponie minérale car d'excellents tampons ne sont pas admis sur la liste des produits certifiés bio (les règles de certification étant, dans certains cas, bien arbitraires). Le pH aura toujours tendance à monter. Toutefois, on peut le laisser dériver jusqu'à 7,5 environ sans constater de problème. Il faut le réajuster aux alentours de 6, mais progressivement, sur une période de quelques jours.

Pour une culture parfaitement biologique, il faut que le rectificateur de pH soit également biologique. Les pistes sont nombreuses. Certains tolèrent quelques millilitres d'un acide purifié. À éviter absolument : l'acide chlorhydrique et l'acide acétique (vinaigre, etc...)

Micro-organismes

Qu'ils soient dans un Bio Filtre® ou dans le support de culture, ils ne posent généralement pas de problème tant que leur milieu est oxygéné et humide. Il est bon, bien sûr, pour les protéger, d'éviter tout changement brusque, qu'il s'agisse de température ou de pH. Plus ils sont nombreux et heureux, mieux les plantes sont nourries.

Attention, une baisse importante de pH est un signal d'alarme qui indique la mort d'un grand nombre d'organismes. Dans ce cas, il faut en trouver la cause, la traiter et réensemencer.

Électroconductivité (EC)

C'est la partie la plus complexe car les molécules organiques n'ayant pas de charge électrique, elles ne sont pas visibles par le testeur d'EC. Quand on dilue l'engrais dans l'eau, une toute petite fraction est immédiatement transformée en ions, donnant une légère conductivité. Avec une dose de 4 à 5 ml par litre d'engrais et la conductivité normale des eaux de réseau, on obtient en général une valeur très basse, aux alentours de 0,65, qui est généralement suffisante. On ne rajoute de l'engrais que quand la conductivité baisse en dessous de cette valeur. Au fur et à mesure que des éléments sont libérés, d'autres sont absorbés. La conductivité tend à s'équilibrer autour de ces valeurs. Quand les réserves en matières organiques sont insuffisantes, elle baisse. C'est le moment de rajouter de l'engrais. Cela semble simple, mais pour obtenir un résultat optimal il faut anticiper cette baisse de conductivité et assurer une provision constante de matière organique. Et il ne faut pas non plus en mettre trop, car l'activité des micro-organismes varie incroyablement en fonction de la température. S'il y a trop de matière organique dans le système, une augmentation de température risquerait de faire monter la conductivité à un niveau qui pourrait tuer la plante. Il n'est pas toujours facile de trouver le juste milieu, et c'est là que l'œil de l'horticulteur averti fait la différence.

Filtration
Une simple mousse sur l'entrée de la pompe est suffisante. L'engrais ne bouche pas le filtre, mais un bon entretien est nécessaire. Le filtre doit être rincé au moins une fois par semaine. Il faut bien entendu arrêter le système lorsqu'on le nettoie.

En hydroponie, les plantes développent un volume de racines très important et facilement observable.

Quels sont les avantages à éliminer la terre ?

- → Meilleur contrôle des nutriments.
- → Meilleur contact entre les nutriments et les racines.
- → Meilleure oxygénation.
- → Meilleure répartition de l'eau et réduction de sa consommation.
- → Accès aux racines pour un examen visuel qui permet de déceler au plus tôt les problèmes racinaires.
- → Haute teneur en principes actifs.
- → Économie appréciable de place et de lourds sacs de terreau à transporter.

BIOPONIE, HYDROPONIE ET CULTURE BIO

Dans toutes les régions du monde où il y a peu de terres arables, où les sols sont très acides, très pauvres, où les ravageurs comme les nématodes sont très nombreux, l'hydroponie apporte une alternative intéressante. Cependant, cette alternative ne satisfait pas un public de plus en plus nombreux, soucieux de s'approvisionner en produits d'origine biologique. La bioponie pourrait permettre de réconcilier l'agriculture la plus traditionnelle avec les technologies de pointe utilisées aujourd'hui en serre.

6
Air, oxygène et CO_2

Il suffit de penser à l'air en intérieur et en extérieur pour mesurer tout ce qui les sépare. Dehors, l'air est libre et abondant ; il est aussi riche en gaz carbonique (CO_2). L'air frais, et le gaz carbonique, sont indispensables à la vie des plantes, et ce dernier est consommé en grande quantité par toutes les plantes à croissance rapide. Prenons un champs de maïs. Le maïs en pleine croissance en absorbe tellement que, par une journée sans vent, l'air au-dessus de ce champs peut ne contenir que le tiers de la quantité normale de gaz carbonique. D'autre part, quand le vent souffle sur ce même champs de l'air frais, riche en CO_2, éventuellement accompagné de pluie (peut-être acide), les plantes sont débarrassées de la poussière et autres particules ayant pu se déposer sur elles. L'extérieur est l'environnement parfait pour la croissance des végétaux. Que l'on cultive un jardin dans un espace clos, et il devient capital de contrôler l'air afin de reproduire les conditions extérieures. En intérieur, aucun des éléments naturels qui génèrent du CO_2 ne sont présents et c'est l'horticulteur qui doit s'en charger.

Le gaz carbonique et l'oxygène fournissent les éléments de construction nécessaires à la vie végétale. Les plantes utilisent l'oxygène pour respirer, pour brûler les hydrates de carbone et autres nourritures qui leur fournissent de l'énergie. Le gaz carbonique est nécessaire au processus de la photosynthèse. Privée de CO_2, une plante meurt. Le CO_2 combine l'énergie lumineuse et l'eau pour produire des sucres. Ces sucres sont utilisés pour alimenter la croissance et le métabolisme des plantes. Si la teneur en CO_2 est réduite, la croissance est quasiment nulle. Une plante libère plus d'oxygène qu'elle n'en consomme et utilise bien plus de CO_2 qu'elle n'en dégage, sauf pendant la nuit, où la consommation en oxygène augmente.

Les racines aussi ont besoin d'air. L'oxygène leur est nécessaire, tout comme l'eau, pour qu'elles puissent absorber les nutriments. Les sols tassés et saturés d'eau ne contiennent pas assez d'oxygène et l'absorption des nutriments par les racines en est diminuée.

Les plantes et les animaux (n'oublions pas que les humains font partie du règne animal) sont complémentaires. Ils vivent en symbiose. Les plantes libèrent de l'oxygène, essentiel à la vie animale. Les animaux inhalent l'air, utilisent l'oxygène pour accomplir leurs processus vitaux et exhalent du gaz carbonique. Sans les plantes, les animaux ne pourraient pas vivre ; sans les animaux, les plantes ne pourraient pas vivre.

RÈGLE D'OR

Un contrôle étroit de l'air (humidité, ventilation, température, circulation, spores de moisissures, niveau de CO_2) permet les meilleures récoltes.

Mouvements de l'air

La ventilation et la circulation de l'air sont des paramètres essentiels à la bonne santé d'un jardin. Sans air frais, les stomates étouffent et la croissance des plantes ralentit. En intérieur, l'air frais est l'un des facteurs les plus négligés. Pourtant, l'air frais est le moins cher des éléments essentiels à l'obtention d'une superbe récolte. Les horticulteurs expérimentés connaissent l'importance capitale de ce paramètre et prennent le temps d'installer un système de ventilation adéquat. Trois facteurs affectent les mouvements de l'air : les stomates, la ventilation et la circulation.

Stomates

Les stomates sont de microscopiques pores situés sur la face inférieure des feuilles, qui sont aux plantes ce que les narines sont aux animaux. Les animaux régulent la quantité d'oxygène inhalée, ainsi que le gaz carbonique et les autres éléments exhalés, par le biais des narines et des poumons. Chez une plante, les échanges gazeux sont régulés par les stomates. Plus la plante est grande et plus elle a de stomates pour absorber le gaz carbonique et libérer de l'oxygène. Plus les plantes sont volumineuses et plus elles ont besoin d'air frais riche en CO_2 pour entretenir une croissance rapide. Les stomates sales et partiellement obstrués limitent la quantité d'air absorbé. Or les stomates sont facilement bouchés par la poussière ou les pulvérisations qui laissent un film résiduel. En extérieur, les stomates sont maintenus propres par l'action de la pluie et du vent. En intérieur, l'horticulteur doit se substituer à la pluie en pulvérisant de l'eau, et au vent en installant un bon système de ventilation.

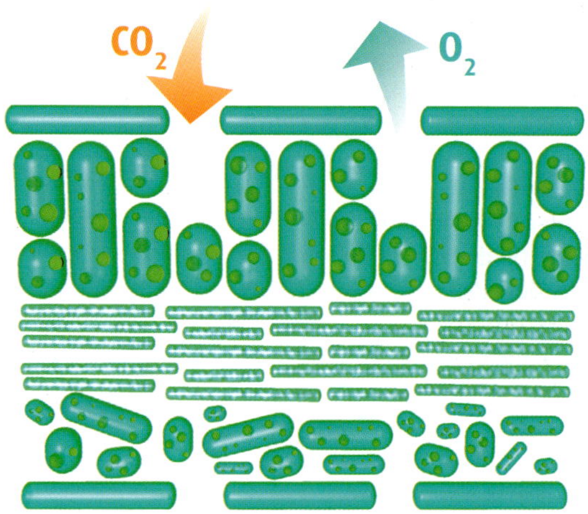

Pour que les plantes puissent pousser rapidement, les microscopiques stomates situés sur la face inférieure des feuilles ne doivent jamais être bouchés par la poussière ou un excès d'humidité.

Les stomates sont les narines des plantes : ces orifices microscopiques absorbent le gaz carbonique et libèrent de l'oxygène.

Circulation de l'air

Les feuilles utilisent tout le CO_2 disponible autour d'elles en quelques minutes. Il est capital que celui-ci soit renouvelé très vite pour que la croissance se maintienne. Sinon un espace d'air « mort » se forme autour de la feuille, le stomate suffoque et la croissance de la plante en souffre. De plus, l'air se répartit en strates autour des feuilles s'il n'est pas déplacé. L'air chaud reste près du plafond et l'air froid s'installe près du sol. Faire circuler l'air permet de mélanger ces strates. Il suffit pour cela d'ouvrir une porte, une fenêtre, ou d'installer un ventilateur oscillant. La circulation de l'air aide aussi à prévenir le développement de moisissures ou les attaques parasitaires. Les spores de moisissures, omniprésentes dans l'air, ont plus de mal à se poser et à se développer tant que l'air est brassé. Les insectes et les araignées rouges ne se plaisent pas vraiment non plus dans un environnement où les courants d'air sont constants.

Le CO_2 est vite consommé à proximité des feuilles. Il doit être remplacé au bout de quelques minutes, d'où la nécessité d'un bon brassage de l'air.

RÈGLE D'OR

Pulvériser de l'eau tiède sur les deux faces des feuilles au moins une fois par mois.

Ventilation

L'air frais est facile à trouver et bon marché. Placé au bon endroit, l'extracteur approprié évacue l'air chaud, humide et appauvri en CO_2. Un intracteur est nécessaire pour assurer une arrivée d'air frais. Un jardin de 3 mètres carrés consomme de 40 à 200 litres d'eau par semaine. La majeure partie de cette eau est transpirée dans l'air par les plantes. Chaque jour, les plantes à croissance rapide transpirent de plus en plus d'humidité. Si celle-ci n'est pas évacuée de la chambre de floraison, elle atteint un taux de 100 %, ce qui étouffe les stomates et interrompt la croissance des plantes. C'est aussi la porte ouverte aux attaques d'insectes et autres maladies dévastatrices. Que l'on remplace l'air humide par de l'air frais et sec, et la transpiration reprend, les stomates fonctionnent à nouveau correctement et la croissance redémarre. Un extracteur qui aspire l'air vicié en dehors de la pièce est la façon idéale de régler les problèmes d'humidité. À l'inverse, l'intracteur est nécessaire pour aspirer de l'air frais à l'intérieur de la chambre de culture.

La ventilation est d'une importance aussi capitale que l'eau, la lumière, la température et les engrais. Toutes les serres sont équipées de larges ventilateurs. Les espaces de culture intérieurs sont très similaires aux serres et doivent s'en inspirer. La plupart des chambres de culture sont déjà munies d'une ouverture facile à utiliser, comme une fenêtre, sur laquelle il suffit d'installer un extracteur. Si aucune ouverture n'est disponible, il faut en créer une.

ASTUCE CROISSANCE

S'assurer que l'air autour des feuilles est renouvelé régulièrement pour éviter l'apparition de strates d'air et l'appauvrissement en CO_2.

L'extracteur doit pouvoir renouveler l'air de la chambre de culture en moins de 5 minutes. Ventilateur et extracteur sont complémentaires.

AVERTISSEMENT

Le manque de ventilation ralentit la croissance des plantes et entraîne toutes sortes de problèmes : carences nutritives, invasions de moisissures et d'insectes, humidité et température trop élevées.

Les extracteurs de serres sont équipés de clapets afin d'empêcher l'air d'entrer par cette voie en cas de rafales. Ces rafales risqueraient d'appporter toutes sortes de maladies et insectes indésirables, et aussi de modifier la température de la pièce pendant les périodes chaudes ou froides. Installer un clapet est une précaution utile.

RÈGLE D'OR

Renouveler l'air d'une chambre de culture au moins deux fois par heure. Une bonne ventilation est indispensable au contrôle de la température et de l'humidité.

Tout espace de culture nécessite un système d'aération. Celui-ci peut se résumer à une porte ou une fenêtre ouverte destinée à assurer une circulation d'air frais. Mais les portes et fenêtres ne sont pas toujours disponibles, ou pratiques. La plupart des horticulteurs optent pour l'installation d'au moins un extracteur efficace. D'autres installent tout un système de ventilation comprenant des conduits et plusieurs ventilateurs. Un extracteur est capable d'*aspirer* l'air à l'extérieur de la pièce au moins quatre fois plus efficacement qu'un ventilateur n'est capable de le *pousser* au dehors. Les extracteurs sont classés selon le volume d'air, mesuré en mètre cube par minute, qu'ils peuvent déplacer. L'extracteur doit être à même de renouveler le volume d'air (longueur x largeur x hauteur = volume total en m^3) de la pièce entière en moins de 5 minutes. Une fois l'air évacué, de l'air frais est immédiatement aspiré dans la pièce par le biais d'un intracteur. Une porte ou une fenêtre ouvertes peuvent faire l'affaire, mais un intracteur est souvent nécessaire pour introduire un grand volume d'air frais. Tendre un filet à mailles très fines sur l'intracteur permet d'interdire l'accès de la pièce aux spores de moisissures ainsi qu'aux insectes. Certaines pièces ne sont pas hermétiques et sont pleines de fissures à travers lesquelles l'air peut passer. Ces espaces-là n'ont pas besoin d'intracteur.

Il ne faut pas croire qu'un simple ventilateur suffise à chasser l'air au-dehors par une bouche d'aération lointaine. Il faut un très, très gros ventilateur pour augmenter la pression de l'air au point de le chasser hors d'une pièce et le renouveler. Par contre, un extracteur change la pression de l'air rapidement.

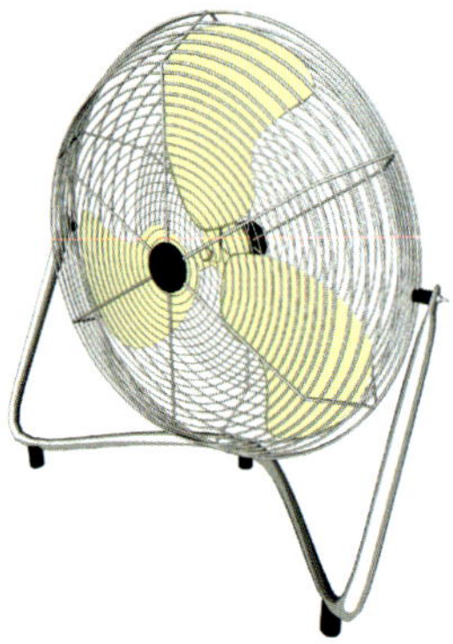

Un ventilateur est destiné à brasser l'air. Il complète l'extracteur mais ne le remplace pas.

Les extracteurs escargots sont très efficaces pour chasser l'air vicié mais présentent l'inconvénient d'être très bruyants. Les extracteurs frontaux bien équilibrés et bien huilés sont les plus silencieux. Des pastilles en feutre ou en caoutchouc peuvent atténuer les vibrations et réduire le bruit, de même que faire tourner le moteur à une allure réduite.

Les extracteurs frontaux sont faits pour s'emboîter parfaitement dans les gaines d'aération. Les hélices sont montées de telle sorte que le flux d'air augmente rapidement, sans effort, et aussi silencieusement que possible. Il existe une vaste gamme d'extracteurs frontaux de qualité qui tournent en silence. Pour réduire la nuisance sonore, il vaut toujours mieux acheter un extracteur et une gaine plus grands que ce qui semble nécessaire et faire tourner l'extracteur à vitesse réduite.

RÈGLE D'OR

Par respect pour le voisinage, choisir un extracteur silencieux, éviter les fuites de lumière et les odeurs fortes.

Maintenir la température à 24°C pendant la journée et aux alentours de 19°C la nuit. Mesurer la température en continu afin d'être sûr de sa constance. L'air chaud monte. On installe donc l'extracteur ou la bouche d'aération le plus haut possible.

Plus le diamètre du conduit est grand et plus le volume d'air qui peut y passer est important. En installant un gros extracteur fonctionnant lentement sur sa bouche d'aération, on évacue l'air chaud et vicié efficacement et en silence. Un extracteur qui tourne à 50 tours/minute est beaucoup plus silencieux qu'à 200 tours/minute. Il est donc plus sage d'installer un extracteur frontal et une gaine d'aération de 30 cm de diamètre. Les hélices à larges pales sont plus efficaces et plus silencieuses quand elles tournent lentement et évacuent l'air par une large sortie. Un extracteur à larges hélices placé au plafond d'un espace de culture peut évacuer un gros volume d'air en silence et avec efficacité.

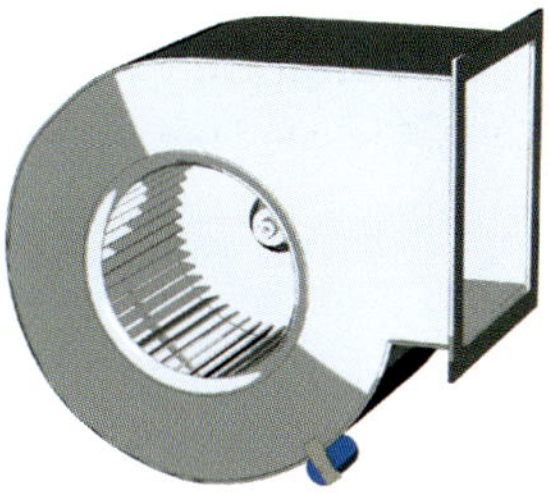

Un extracteur escargot aspire bien l'air mais est bruyant.

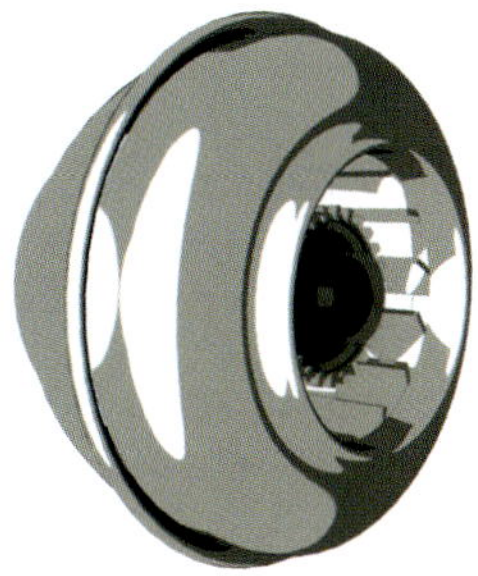

Les extracteurs frontaux sont recommandés pour la culture en intérieur. Ils déplacent de gros volumes d'air et sont relativement silencieux si on les fait tourner lentement.

INFO TECHNIQUE

La nuisance sonore augmente proportionnellement à la vitesse de rotation de l'extracteur. Pour en atténuer le bruit, le faire tourner lentement.

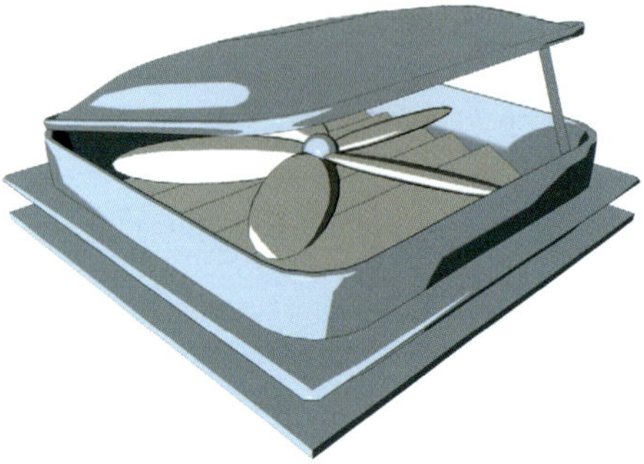

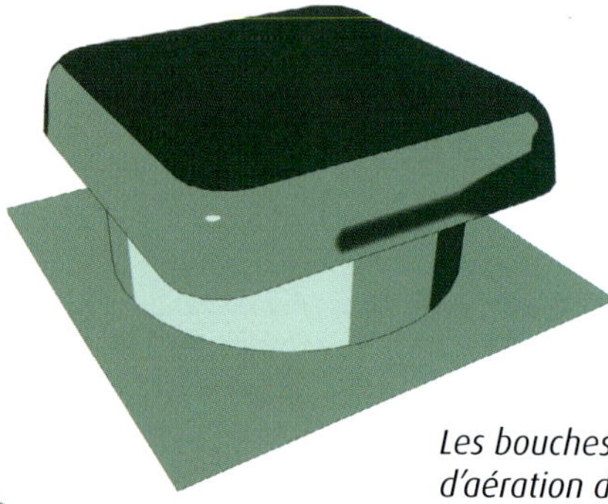

Les bouches d'aération de toiture simplifient la ventilation.

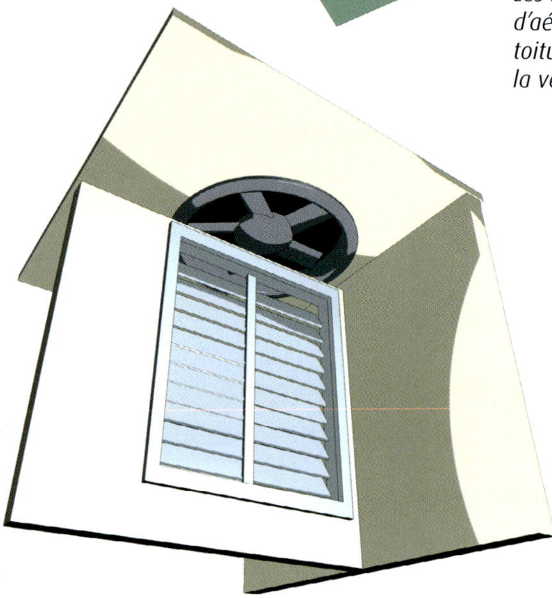

Ici un mur a été construit directement sous la bouche d'aération de façon à aérer deux chambres de culture distinctes.

Température

Un thermomètre est indispensable à toute chambre de culture. Les thermomètres au mercure ou autre liquide sont en général les plus précis. Ils sont bon marché et livrent des informations essentielles. Le thermomètre idéal est celui qui mesure les minima et les maxima, indiquant la température la plus froide de la nuit et la plus chaude de la journée. Les températures maximale et minimale sont très importantes dans une chambre de culture.

La température idéale en intérieur s'échelonne entre 22 et 25°C. La nuit, la température peut chuter de quelques degrés sans que la croissance en soit affectée. Cependant, elle ne doit pas chuter de plus de 10 degrés sans quoi l'excès d'humidité et les risques de moisissures qui en résultent risquent de poser problème. Les températures diurnes inférieures à 16°C et supérieures à 32°C ralentissent la croissance. Maintenir une température adéquate et constante dans la chambre de culture favorise une croissance rapide, harmonieuse et saine. Il faut s'assurer que les plantes ne sont pas trop près d'une source de chaleur comme un ballast ou une bouche de chauffage, sous peine de les voir se dessécher.

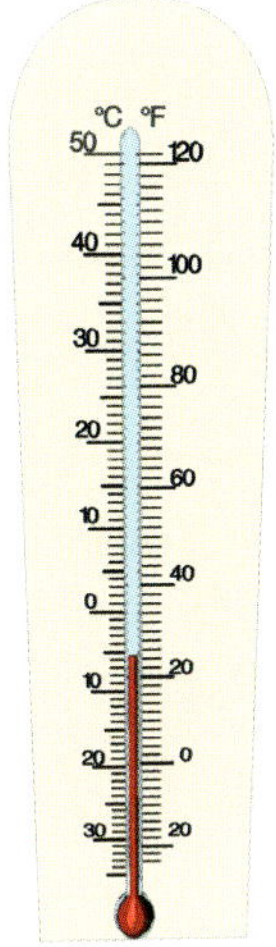

Certains thermomètres indiquent à la fois les degrés Celsius et les degrés Fahrenheit.

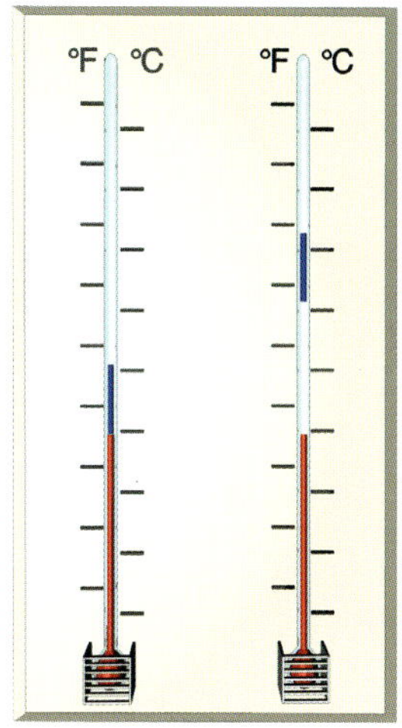

Un simple thermomètre indiquant les minima et les maxima permet de mettre en évidence une température trop élevée ou trop basse dans la chambre de culture.

Les températures supérieures à 30°C ne sont pas conseillées sauf si l'air est enrichi en CO_2, auquel cas la température peut s'élever jusqu'à 35°C, ce qui n'est pas recommandé. Lorsque les conditions s'y prêtent (mais elles sont très difficiles à maintenir), les températures élevées accélèrent le métabolisme et la croissance des plantes. Plus il fait chaud et plus l'air peut retenir d'humidité. Cet air humide limite souvent les fonctions de la plante et ralentit la croissance, plutôt qu'il ne l'accélère. D'autres problèmes peuvent résulter d'un excès d'humidité et de la condensation qui en résulte lorsque la température chute la nuit.

L'accumulation de chaleur par temps chaud peut prendre de court l'horticulteur. Dans l'idéal, les chambres de culture sont situées au sous-sol et bénéficient des qualités d'isolation de la terre. Avec la chaleur cumulée des lampes HID et du beau temps à l'extérieur, une chambre peut s'échauffer très rapidement. Plus d'un horticulteur a perdu sa récolte en s'absentant le temps d'un week-end caniculaire, car il y en a toujours qui omettent de laisser la ventilation allumée pendant leur escapade. La température monte facilement jusqu'à 40°C dans les espaces non isolés et mal ventilés. Plus il fait chaud et plus une bonne ventilation et une grande quantité d'eau sont impératives.

Le froid hivernal est un autre extrême. À Montréal, les horticulteurs se souviendront longtemps de la grande tempête qui a causé une coupure d'électricité dans toute la ville. L'eau a gelé dans les canalisations et le chauffage est tombé en panne. Les habitants ont dû quitter les lieux jusqu'à ce que l'électricité soit rétablie quelques jours plus tard. À leur retour, de nombreux horticulteurs ont retrouvé leur beau jardin tout flétri, avec ce vert sombre que seul le gel donne aux plantes, les conduites d'eau éclatées et de la glace partout. Il est certes difficile de lutter contre des catastrophes naturelles qui chassent les gens hors de chez eux, mais on veille si possible à toujours maintenir la température de la chambre de culture au-dessus de 0°C. Si la température descend plus bas, le gel risque de faire éclater les cellules des plantes. La croissance est très ralentie dès que la température descend au-dessous de 10°C. Les plantes stressées par le froid produisent moins globalement, mais produisent parfois proportionnellement plus de principes actifs. Quoiqu'il en soit, le stress par le froid n'est pas recommandé.

RÈGLE D'OR

Maintenir la température à 24°C pendant la journée et aux alentours de 19°C la nuit. Mesurer la température en continu pour être sûr qu'elle reste constante.

ASTUCE CROISSANCE

Contrôler la température en reliant l'extracteur à un thermostat. Régler le thermostat pour que l'extracteur maintienne la température voulue.

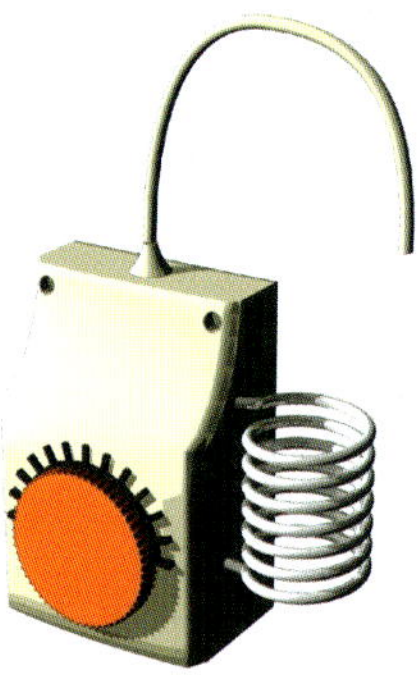

Un thermostat permet de contrôler un système de chauffage, ou de refroidissement, de façon à réguler la température d'une pièce. Quand il fait trop chaud, le thermostat met l'extracteur en route, ce qui évacue l'air vicié. L'extracteur reste allumé jusqu'à ce que la température souhaitée soit atteinte, puis le thermostat l'arrête. L'air conditionné peut fonctionner sur le même principe si c'est l'excès de chaleur ou d'humidité qui pose problème. Si le froid est excessif mais pas l'humidité, on utilise un système de chauffage qui n'assèche pas l'air. Ces chauffages à évaporation ne coûtent pas cher et maintiennent une température agréable.

Classiquement, il existe deux modèles de thermostats. Ceux à programmation simple et ceux à programmation double. Un thermostat à programmation simple contrôle un appareil de façon à ce que la température soit la même de jour comme de nuit. Les thermostats à programmation double sont plus chers mais permettent de contrôler une température de jour et une autre la nuit. Ils permettent de faire des économies de chauffage puisqu'une chute de quelques degrés la nuit n'affecte pas la croissance des plantes.

INFO TECHNIQUE

Des bidons pleins d'eau peuvent servir d'accumulateurs de chaleur. On les place à même le sol pour rafraîchir la pièce, et en hauteur pour la réchauffer.

Les bonbonnes en aluminium sont plus légères que celles en acier.

De nombreux tableaux de contrôle ont été mis au point ces 10 dernières années. Ces tableaux peuvent gérer tous les appareils électriques de la chambre de culture. Les plus sophistiqués contrôlent l'apport de CO_2, ainsi que l'extracteur et l'intracteur d'air. Des modèles plus abordables sont aussi en vente pour les espaces de culture plus modestes. Ils peuvent être utiles si la régulation de la température et de l'humidité pose problème.

Les espaces de culture qui ne sont pas isolés, ou qui sont soumis à d'importantes fluctuations de température, demandent un soin particulier. Avant d'établir un jardin intérieur dans ces conditions, l'horticulteur doit être certain de ne disposer d'aucune alternative. Avant de s'installer sous des combles qui cuisent au soleil dans la journée et où il fait froid la nuit, il faut au moins installer la meilleure isolation possible pour limiter les écarts de température, et fermer l'espace, pour pouvoir le réchauffer ou le refroidir.

Quand l'air est enrichi en CO_2 de 0,12 à 0,15 % (1 200 à 1 500 ppm), une température de 30°C favorise les échanges gazeux. La photosynthèse et la synthèse de la chlorophylle se déroulent à un rythme plus soutenu et les plantes poussent plus vite. Attention, ces 5 degrés supplémentaires augmentent aussi la consommation d'eau, de nutriments et la place nécessaire à leur croissance. Les plantes qui poussent dans une atmosphère enrichie en gaz carbonique ont quand même besoin d'une bonne ventilation pour éliminer l'air vicié et humide et entretenir une croissance saine.

RÈGLE D'OR

Augmenter la température de près de 5 degrés quand l'air est enrichi en CO_2. Veiller à augmenter en conséquence les apports en eau et nutriments.

Les graines germent plus vite et les boutures s'enracinent mieux quand la température est comprise entre 28 et 30°C. On augmente la température ambiante, ainsi que l'humidité, en couvrant les graines en germination ou les jeunes boutures avec une feuille en plastique. On la retire dès que les semis sortent de terre pour permettre une bonne circulation d'air, sans quoi les semis pourraient souffrir de la maladie du pythium (fonte des semis). Par contre, les boutures doivent garder cette protection jusqu'à ce qu'elles soient enracinées. On les découvre plusieurs fois par jour pour renouveler l'air et on les observe soigneusement pour guetter l'apparition éventuelle de signes de moisissure ou de pourriture. Une circulation d'air frais apporte du CO_2 et aide à prévenir les attaques de moisissures.

ASTUCE CROISSANCE

Les boutures prennent racine plus vite quand la température de l'air avoisine 22 à 24°C et que celle du support de culture est comprise entre 25 et 27°C.

La température de la chambre de culture est harmonieuse du sol au plafond lorsque l'air est mis en circulation par un ventilateur oscillant. Dans un espace clos, l'éclairage HID et son ballast réchauffent l'atmosphère. Placer le ballast sur une étagère séparée ou sur un petit banc aide à mélanger les strates d'air par le mouvement ascendant de l'air chaud. Les chambres de culture aménagées sous des climats froids restent chaudes pendant la journée quand la température extérieure est la plus élevée, mais refroidissent souvent plus qu'il le faudrait quand les froides températures nocturnes s'installent. Pour y remédier, les horticulteurs nordiques inversent la photopériode : ils allument les lampes la nuit pour réchauffer la pièce et les éteignent le jour.

Il fait parfois trop froid pour que la chaleur de l'éclairage et du ballast suffise à maintenir une température satisfaisante. Les chambres de culture situées dans les maisons sont souvent équipées d'une bouche de ventilation pour le système de chauffage central ou la climatisation. Cette aération est habituellement contrôlée par un thermostat central qui régule la température de la maison. En réglant le thermostat sur 22 ou 23°C et en ouvrant la porte de la chambre de culture, on maintient la température aux alentours d'un confortable 22°C. Cependant, consommer autant d'électricité coûte cher. Avec la chaleur générée par le système HID, on doit obtenir, en réglant le thermostat du chauffage central entre 16 et 19°C, une température avoisinant 24°C dans la chambre de culture. Les autres sources de chaleur, comme les ampoules à incandescence (peu performantes pour l'horticulture) et les chauffages électriques, coûtent cher en consommation électrique et demandent un voltage supplémentaire. Néanmoins, ces chauffages d'appoint permettent une régulation rapide de la température. Un chauffage au propane ou autre gaz naturel augmente la température tout en brûlant l'oxygène de l'air et en dégageant du CO_2 et de la vapeur d'eau. Ce double avantage en fait une alternative économique et pratique au générateur de CO_2.

Les chauffages au pétrole (kérosène) sont performants pour ce qui est de la chaleur et du CO_2. Il faut veiller à ce que la combustion soit complète et qu'il n'y ait pas de fuite. Une flamme bleue est le signe d'une combustion propre. Une flamme rouge signifie que seule une partie du carburant est brûlée. Il ne faut jamais utiliser un vieux chauffage au kérosène qui brûle mal. En cas d'utilisation d'un chauffage à combustion quel qu'il soit, la pièce doit être ventilée régulièrement pour éviter l'accumulation toxique de monoxyde de carbone, autre sous produit de la combustion.

Le fuel (diesel) est communément utilisé comme combustible pour chauffer les intérieurs. De nombreuses chaudières utilisent ce combustible pourtant sale et polluant.

Le bois constitue une bonne source de chaleur. Un bon système de ventilation est extrêmement important pour l'apport d'air frais dans une pièce chauffée par une chaudière à combustible polluant.

Les populations d'insectes et les colonies de champignons sont sensibles à la température. En règle générale, plus il fait froid et plus la reproduction et la propagation des insectes et champignons est lente. Le contrôle de la température joue un rôle important dans la lutte contre les insectes et les champignons.

Humidité

L'humidité ambiante est relative ; c'est-à-dire que l'air retient des quantités d'eau variables en fonction de la température. L'humidité relative est le rapport entre la quantité d'humidité de l'air et la quantité maximale d'humidité que l'air pourrait contenir à la même température. Plus il fait chaud et plus l'air peut retenir d'humidité ; plus il fait froid et moins il en retient. Quand la température d'une chambre de culture chute, l'humidité relative augmente et se condense. Par exemple, un espace d'environ 22 m^3 retiendra environ 400 g d'eau à 21 °C avec un taux d'humidité relative de 100 %. Si la température s'élève à 38 °C, le même volume retiendra un peu plus de 1 500 g d'eau à 100 % d'humidité relative. Cela fait près de quatre fois plus d'eau. Où va donc toute cette eau quand la température tombe ? Elle se condense, comme la rosée qui résulte de la condensation de l'humidité en extérieur.

INFO TECHNIQUE

La capacité de l'air à retenir l'humidité double chaque fois que la température augmente d'une dizaine de degrés.

L'air contenu dans une chambre de culture d'environ 22 m^3 peut absorber :

- → 10 cl d'eau à 0 °C
- → 20 cl d'eau à 10 °C
- → 40 cl d'eau à 21 °C
- → 50 cl d'eau à 27 °C
- → 80 cl d'eau à 32 °C
- → 1,6 l d'eau à 38 °C

AVERTISSEMENT

L'air peut contenir 450 g d'eau à 24 °C mais seulement 300 g à 16 °C, d'où une condensation de 150 g d'eau dans la pièce.

L'humidité relative augmente quand la température chute pendant la nuit. Plus les variations de température sont grandes et plus les variations de l'humidité relative le sont aussi. La nuit, si la température chute de plus d'une dizaine de degrés, il est préférable de ventiler la pièce ou de la réchauffer. Les plantes poussent mieux dans une fourchette d'humidité relative de 40 à 60 %. Une température et une humidité régulières favorisent une croissance saine et harmonieuse. Le taux d'humidité relative affecte le processus de transpiration par les stomates. Quand l'humidité est élevée (supérieure à 60 %), l'eau s'évapore lentement. Les stomates se ferment, la transpiration ralentit ainsi que la croissance. L'eau s'évapore plus vite dans une atmosphère plus sèche. Les stomates sont incités à s'ouvrir, la transpiration augmente, la circulation des fluides et la croissance de la plante sont accrues.

Dans une atmosphère sèche, la transpiration ne sera élevée que si les racines peuvent puiser suffisamment d'eau. S'il n'y en a pas assez, les stomates se referment pour protéger la plante de la déshydratation. Il en résulte un ralentissement de la croissance.

Mesurer l'humidité relative

Le contrôle de l'humidité relative fait partie intégrante d'une action préventive contre les insectes et les champignons. Une humidité supérieure à 80 % décourage les invasions d'araignées rouges mais favorise l'apparition de champignons, le pourrissement des racines et de la tige. Une humidité inférieure à 50 % réduit les risques de champignons ou de pourriture des racines.

L'humidité relative se mesure à l'aide d'un hygromètre. Cet instrument de toute première utilité épargne aux horticulteurs beaucoup de frustration et d'attaques fongiques. Connaître la teneur exacte de l'air en humidité permet de ramener celle-ci à la valeur sûre de 50 %, valeur qui encourage la transpiration mais décourage l'apparition de champignons.

Il existe deux sortes d'hygromètres :

- → Les modèles à ressort, fiables dans une marge de 5 à 10 %. Ces modèles sont bon marché et conviennent bien à la plupart des jardins amateurs où l'essentiel consiste à maintenir l'humidité aux alentours de 50 %.
- → Un hygromètre professionnel coûte plus cher mais apporte une précision supplémentaire. Les modèles qui mesurent l'humidité relative grâce à un bulbe humide et sec sont excellents pour garder un œil vigilant sur le taux d'humidité relative. Il existe aujourd'hui de nombreux modèles high-tech qui, en plus, ont une mémoire.

Un hygromètre mesure le taux d'humidité relative. Mesurer et contrôler l'humidité d'une chambre de culture est essentiel pour une belle récolte.

Pour exercer un contrôle précis sur le climat d'une chambre de culture, on peut relier un hygrostat et un thermostat à un extracteur d'air. Dès que l'humidité ou la température sont trop élevées, l'extracteur se met en route automatiquement.

Un hygrostat fonctionne comme un thermostat mais régule l'humidité au lieu de la température. Les hygrostats sont des instruments merveilleux qui facilitent le contrôle de l'environnement. Le coût modeste d'un hygrostat est vite amorti par l'abondance de la récolte. On peut raccorder un hygrostat et un thermostat en ligne avec l'extracteur. Chacun d'entre eux peut commander seul la mise en marche de l'extracteur. Dès que l'humidité (ou la température) n'est plus dans des valeurs acceptables, l'extracteur se met en route pour aérer la pièce en chassant l'excès d'humidité (ou de chaleur).

Les lampes HID et leur ballast dégagent de la chaleur, ce qui abaisse l'humidité. En règle générale, la chaleur du système HID et le raccordement de l'extracteur à un thermostat/hygrostat suffisent au contrôle de l'humidité. Les sources de chaleur sèche comme celle dégagée par une chaudière ou un poêle à bois permettent d'assécher l'air et d'abaisser l'humidité. Attention à ne pas laisser un courant d'air chaud souffler directement sur les plantes, car cela les déshydraterait rapidement. Pour absorber l'humidité excessive dans une chambre de culture de taille très réduite, on peut utiliser des sachets de silicone comme ceux que l'on trouve dans les sacoches pour appareil photo. Ces sachets sont placés dans la chambre de culture pour absorber l'humidité et on les fait sécher tous les jours en les plaçant au soleil (ou dans un four peu chaud) pendant quelques heures.

RÈGLE D'OR

Un extracteur est la meilleure façon de contrôler le taux d'humidité dans la plupart des chambres de culture.

Pour élever le taux d'humidité, on peut pulvériser de l'eau ou bien remplir un seau d'eau qui s'évapore progressivement. Un humidificateur est pratique et ne coûte pas très cher, mais consomme de l'électricité. Les humidificateurs évaporent de l'eau dans l'air. Il suffit de régler le variateur sur le débit souhaité. Le taux d'humidité atteint le niveau désiré quand l'humidificateur a évaporé suffisamment d'eau. Cependant, le recours à un humidificateur n'est nécessaire qu'en cas de sécheresse extrême de l'air. Rares sont les problèmes qui se règlent de cette façon. Bien souvent, au contraire, l'air est saturé d'humidité en raison du système d'irrigation et de la transpiration des plantes. Si le système d'aération s'avère insuffisant pour éliminer cet excès d'humidité, un déshumidificateur peut être la solution.

Un humidificateur ultrasonique évapore de l'eau dans une atmosphère trop sèche.

Un déshumidificateur absorbe l'excès d'humidité en la condensant. Une fois que l'eau est séparée de l'air, elle est recueillie dans un réceptacle amovible, qui doit être vidé quotidiennement. Il est facile de condenser et de recueillir 300 g d'eau dans un espace de 22 m^3 quand la température chute seulement de 5 à 6°C.

On peut toujours utiliser un déshumidificateur pour prévenir l'apparition de moisissures. Il suffit de régler le variateur sur le taux d'humidité souhaité, et voilà, l'hygrométrie est parfaite. Les déshumidificateurs sont plus complexes et plus coûteux que les humidificateurs, mais valent l'investissement pour les horticulteurs qui n'arrivent pas à résoudre leur problème d'humidité avec la seule utilisation d'un extracteur. Il est aussi possible de louer un déshumidificateur si le problème n'est que passager. On peut aussi parcourir l'annuaire pour trouver un gros déshumidificateur à louer pour une courte période.

Les jeunes semis et les boutures prospèrent dans une humidité comprise entre 70 et 100 %. Le système racinaire sous-développé d'une bouture n'est pas en mesure de lui apporter suffisamment d'eau pour assurer sa survie si l'air est trop sec (voir « Bouturage », pages 322-332).

ÉTAPE PAR ÉTAPE

Installer un extracteur

1. Calculer le volume total de la chambre de culture.
Longueur x largeur x hauteur = volume total (L x l x h = m^3). Par exemple, une chambre de culture qui mesure 3 x 3 x 2,40 m a un volume total de 21,6 m^3.

2. Choisir un extracteur capable de renouveler la totalité du volume d'air de la pièce en moins de 3 minutes. Acheter un extracteur qui peut être facilement installé au mur ou raccordé frontalement au conduit d'aération. Les extracteurs droits déplacent plus d'air et font moins de bruit que les extracteurs escargot. Ces deux avantages méritent la dépense supplémentaire. Dans les petites chambres de culture, on peut utiliser un extracteur raccordé à un tuyau pour sèche-linge de 10 cm de diamètre.

3. Placer l'extracteur le plus haut possible pour qu'il évacue l'air chaud et humide.

4. Si possible, pratiquer une ouverture dans le mur pour y insérer l'extracteur. Une installation particulière est nécessaire dans la plupart des cas (voir les étapes 5 à 9 ci-dessous).

5. Pour installer un extracteur sur une fenêtre, couper une planche de contreplaqué de 10 mm d'épaisseur aux dimensions de l'embrasure de la fenêtre. Rendre la fenêtre opaque avec de la peinture ou tout autre type de matériau qui ne laisse pas passer la lumière. Installer l'extracteur dans la partie haute de la planche de contreplaqué. Fixer solidement le contreplaqué et l'extracteur dans l'embrasure de la fenêtre à l'aide de vis.

6. Une autre possibilité pour installer un extracteur qui ne laisse pas passer la lumière est d'utiliser de la gaine flexible de 10 cm. Raccorder une des deux extrémités de la gaine avec l'extérieur et l'autre à un petit extracteur escargot.

S'assurer que le raccord entre l'extracteur et la gaine est bien hermétique en utilisant un collier de serrage. Étirer la gaine afin que sa surface intérieure soit la plus lisse possible. Les surfaces irrégulières provoquent des turbulences et peuvent diminuer de moitié la puissance de l'extraction.

7 Une autre solution consiste à évacuer l'air par un conduit de cheminée ou dans un grenier. Si un conduit de cheminée est utilisé pour évacuer l'air, il faut d'abord le faire ramoner.

8 Raccorder l'extracteur à un thermostat/hygrostat ou autre appareil de contrôle de l'humidité et de la température pour qu'il évacue à l'extérieur l'air trop chaud ou trop humide. Programmer l'appareil de contrôle sur une température de 24°C et une humidité de 50 %. La plupart des appareils de contrôle comportent des instructions de raccordement électrique. Les tableaux de contrôle plus élaborés ont des prises électriques sur lesquelles il suffit de brancher les périphériques. L'illustration page 242 montre un thermostat et un hygrostat contrôlant le même extracteur.

9 On peut aussi raccorder l'extracteur à un *timer* pour qu'il fonctionne pendant une période prédéterminée. C'est la méthode utilisée lorsque l'air est enrichi en CO_2. L'extracteur est programmé pour évacuer l'air vicié et appauvri en CO_2 juste avant que l'air soit à nouveau enrichi en CO_2.

Enrichir l'air en CO_2

Le gaz carbonique (CO_2) est un gaz incolore, inodore et non inflammable, constamment présent autour de nous. L'air que nous respirons en contient de 0,03 à 0,04 %. Les plan-

Il faut étirer la gaine d'aération pour éviter les coudes et pour que sa surface intérieure soit la plus lisse possible, afin de ne pas diminuer la puissance de l'extraction.

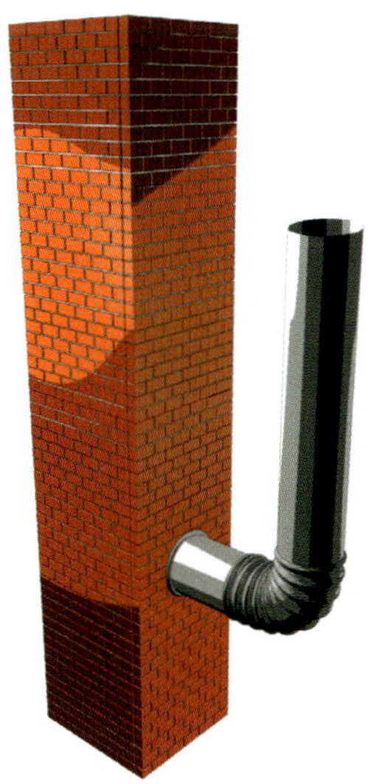

Une ouverture déjà existante dans un conduit de cheminée peut être utilisée pour évacuer l'air (mais l'angle droit dans le tuyau est à proscrire car il diminue la circulation d'air de 60 %).

tes à croissance rapide peuvent consommer tout le CO_2 disponible dans une pièce en quelques heures. La photosynthèse et la croissance ralentissent, puis s'interrompent, quand le taux de CO_2 tombe en dessous de 0,02 %.

Depuis plus de 40 ans déjà, les horticulteurs enrichissent l'air en CO_2 dans les serres commerciales. Enrichir l'air en CO_2 stimule la croissance des plantes. Les plantes à croissance rapide peuvent utiliser davantage de CO_2 que les 0,03 à 0,04 % (300 à 400 ppm) naturellement présents dans l'air. Lorsque le CO_2 est amené à un niveau compris entre 0,12 et 0,15 %, (1 200 à 1 500 ppm), taux considéré comme optimal par la plupart des horticulteurs professionnels, les plantes poussent deux à trois fois plus vite, à condition que la lumière, l'eau et les nutriments soient présents en quantité suffisante. Enrichir l'air en CO_2 n'a pratiquement pas d'effet sur les plantes cultivées sous néons car ceux-ci ne fournissent pas suffisamment de lumière pour que les plantes puissent utiliser ce surplus de CO_2. Par contre, les lampes HID distribuent largement assez de lumière pour qu'elles fassent bon usage du CO_2 supplémentaire. Une chambre de culture dont l'air est enrichi en CO_2 et où la lumière, l'eau et la nutrition sont adéquates donnera des résultats extraordinaires. En fait, dans ces conditions, les plantes à croissance rapide poussent encore plus vite qu'en extérieur. Si les plantations s'enchaînent bien, on peut arriver à faire jusqu'à six récoltes par an.

ASTUCE CROISSANCE

Enrichir l'air en CO_2 pour accélérer la croissance des plantes, en augmentant l'apport en eau et en nutriments, ainsi que la température et l'humidité.

AVERTISSEMENT

Le CO_2 peut faire tourner la tête quand il dépasse 5 000 ppm, et il devient toxique à très haute dose (quand le CO_2 s'élève à ce point, l'air manque toujours d'oxygène).

Les plantes cultivées dans un environnement enrichi en CO_2 ne sont pas plus concentrées en principes actifs. Elles produisent davantage de masse, si bien que davantage de principes actifs sont produits globalement. Comme elles poussent plus vite, elles réclament davantage d'attention. Il leur faut à peu près deux fois plus d'espace, de nutriments et d'eau. Une température plus élevée, aux alentours de 30°C, aide à stimuler le métabolisme des plantes enrichies en CO_2. Ainsi entretenu, le jardin pousse si vite et prend tellement de place que la floraison doit être induite plus tôt que d'habitude.

La croissance des racines est également stimulée par un air enrichi en CO_2. Le CO_2 est absorbé par les feuilles, et la croissance globale de la plante, y compris celle des racines, est stimulée.

Les plantes enrichies en CO_2 consomment plus d'eau en raison de leur croissance accélérée mais le CO_2 leur permet aussi une meilleure rétention de l'eau. Celle-ci monte par les racines et est libérée dans l'atmosphère par les mêmes stomates qui servent à absorber le CO_2. Pour rester turgescente et se maintenir à la verticale, une plante doit équilibrer l'absorption d'eau par les racines avec la perte d'eau par transpiration.

Un végétal qui transpire plus vite qu'il ne boit ne tarde pas à se flétrir. L'eau monte davantage que ce qui est équilibré par la pression atmosphérique car l'évaporation au niveau des feuilles produit une succion qui fait monter l'eau des racines.

La transpiration des plantes est affectée par un air enrichi en CO_2. Les stomates se ferment partiellement. Cela ralentit la perte de vapeur d'eau dans l'air. Les feuilles des plantes enrichies en CO_2 sont significativement plus épaisses et gorgées d'eau. Elles sont aussi plus lentes à faner que les feuilles des plantes qui poussent dans une atmosphère non enrichie.

Le CO_2 affecte la morphologie végétale. La tige et les branches poussent plus vite et les cellules de ces parties de la plante sont plus concentrées. Les tiges supportent un plus grand poids de fleurs sans plier. Les branches étant plus nombreuses, la plante peut porter un plus grand nombre de fleurs.

ASTUCE CROISSANCE

Enrichir l'air en CO_2 peut augmenter de 5 % le nombre de fleurs femelles.

Pour certains horticulteurs, enrichir l'air en CO_2 est source de frustration. Les plantes poussent si vite que les horticulteurs non avertis sont dépassés. Si l'air est enrichi en CO_2 mais que les autres besoins vitaux des plantes ne sont pas satisfaits, elles n'en profitent pas. Leur croissance peut être limitée par un seul paramètre. Les plantes consomment l'eau et les nutriments à un rythme bien plus soutenu lorsque l'air est enrichi en CO_2. Elles peuvent aussi avoir besoin d'un pot de plus grande taille. Si leurs besoins ne sont pas satisfaits au bon moment, elles risquent de souffrir.

RÈGLE D'OR

Enrichir l'air en CO_2 signifie :

- → **Passer davantage de temps à s'occuper des plantes.**
- → **Récolter de 1 à 2 semaines plus tôt.**

ASTUCE CROISSANCE

Enrichir l'air de la chambre de culture en CO_2 peut augmenter le volume de la récolte de 20 à 30 %, à condition que tous les autres facteurs soient au niveau optimal.

Accroître l'intensité lumineuse en ajoutant une HID supplémentaire aide à accélérer la croissance mais n'est pas forcément nécessaire. Il se peut même qu'ajouter une lampe accélère la croissance du jardin au point qu'il soit difficile de continuer à l'entretenir comme il se doit. En tous cas, enrichir l'air en CO_2 ne signifie pas qu'il faille exposer les plantes à plus d'heures de lumière par jour. Pour entretenir une croissance saine et harmonieuse, la photopériode doit rester normale.

Pour être le plus efficace, le niveau de CO_2 doit être maintenu aux alentours de 1 500 ppm de manière uniforme. Il est donc nécessaire que la chambre de culture soit complètement close. Si les murs présentent des fissures de plus de 3 mm, celles-ci doivent être bouchées pour empêcher les fuites. L'espace doit aussi être équipé d'un extracteur muni d'un clapet. L'extracteur évacue l'air vicié qui est remplacé par un air enrichi en CO_2. Le clapet aide à ce que l'air enrichi reste dans la pièce. Les besoins en ventilation diffèrent selon le type de système d'enrichissement en CO_2.

Mesurer la teneur en CO_2

Mesurer et contrôler les niveaux de CO_2 dans l'air est assez cher et souvent inutile pour les petits horticulteurs équipés de trois ou quatre lampes. Pour les espaces équipés de dix lampes et plus, le contrôle des taux de CO_2 aide au maintien d'une teneur régulière (pour suivre l'évolution des produits destinés à contrôler les teneurs en CO_2, voir les sites Internet spécialisés).

Les kits jetables utilisés pour tester la teneur en CO_2 à l'aide de réactifs colorimétriques sont faciles à utiliser, fiables et bon marché. Ils contiennent une seringue et des ampoules. On casse chaque extrémité d'une ampoule et on l'insère dans la seringue fermée. On aspire ensuite 100 cm^3 d'air dans la seringue et on note le changement de la couleur dans le cylindre où l'élément actif réagit avec le CO_2 de l'air aspiré. Ces kits sont fiables à 40 ppm près, ce qui est largement suffisant.

Des kits de mesure du CO_2 contenant une seringue en plastique et deux ou trois ampoules sont en vente dans les magasins d'articles pour la culture en intérieur.

RÈGLE D'OR

Produire du CO_2 en abondance coûte moins cher que s'équiper d'un appareil pour le mesurer.

Les systèmes à réaction électrochimique mesurent la conductivité électrique d'un échantillon d'air dans une solution alcaline ou dans de l'eau distillée. Ces systèmes sont relativement abordables mais présentent plusieurs inconvénients : fiabilité limitée et sensibilité à la température et aux polluants présents dans l'air.

Les systèmes de contrôle à infrarouges sont plus fiables et plus souples d'utilisation. Ils mesurent le CO_2 avec précision et peuvent être synchronisés avec un tableau de contrôle qui gère la température, la ventilation, et le générateur de CO_2. Ils coûtent cher, mais ils permettent de résoudre les problèmes liés aux teneurs en CO_2 avant même qu'ils n'apparaissent et ils sont le garant de conditions de culture optimales. Certains magasins spécialisés dans la vente d'articles pour l'horticulture en intérieur vendent ces systèmes de contrôle à infrarouges.

Les horticulteurs qui ne veulent pas mettre le temps et l'énergie nécessaires au contrôle des taux de CO_2 peuvent utiliser une balance et quelques calculs simples pour déterminer la quantité approximative de CO_2 dans l'air. Cette estimation ne tient pas compte de l'aération, des fuites d'air et autres paramètres qui pourraient fausser les résultats. Il est plus facile de mesurer le taux de CO_2 produit que de mesurer la quantité de CO_2 présent dans l'air.

Produire du CO_2

Il y a plusieurs façons d'accroître la teneur en CO_2 d'un espace clos. Le CO_2 est un sous-produit de la combustion. Les horticulteurs peuvent brûler n'importe quel carburant dérivé du pétrole (à base de carbone) exceptés ceux qui contiennent du dioxyde de soufre et de l'éthylène, qui sont nocifs aux plantes. Pour mesurer la quantité de carburant utilisée, il suffit de peser la bonbonne avant de l'allumer, de l'utiliser pendant 1 heure, puis de la peser de nouveau. La différence en poids correspond à la quantité de gaz ou de carburant consommé. Pour estimer la quantité de CO_2 présent dans la pièce, il faut savoir que **150 g de carburant produisent 450 g de CO_2**.

Le CO_2 est également un sous-produit de la fermentation et de la décomposition organique. En forêt, au niveau du sol couvert de matière organique en décomposition, la teneur en CO_2 peut atteindre des valeurs deux ou trois fois supérieures à la normale. Mais introduire dans une pièce une pile de compost en décomposition n'est pas forcément une solution viable.

La neige carbonique n'est autre que du CO_2 congelé. Celui-ci est libéré lorsque la neige carbonique entre en contact avec l'atmosphère. Si la chambre de culture est importante, l'enrichir en CO_2 à partir de neige carbonique est coûteux et compliqué.

Il y a toutes sortes de retombées positives à la mise en œuvre de ces principes généraux, dont certains fonctionnent mieux que d'autres. Il est difficile de calculer la quantité de CO_2 libéré dans l'atmosphère par la fermentation, la décomposition de matière organique ou la neige carbonique sans s'équiper d'un appareil de mesure scientifique qui coûte plus cher que de produire le CO_2. La neige carbonique fond très, très vite. Le CO_2 produit par fermentation est rapidement libéré dans l'atmosphère, et difficile à réguler, sauf pour ceux qui brassent leur bière chez eux (voir plus bas pour ces différentes méthodes).

RÈGLE D'OR

Faire démarrer les semis avec un air enrichi en CO_2 leur donne une avance qu'ils conservent toute leur vie.

Distributeurs de CO_2 en bonbonne

Les systèmes à CO_2 comprimé sont quasiment sans danger vu qu'ils ne dégagent ni gaz toxique, ni chaleur, ni eau. Ces systèmes sont aussi très précis au niveau de la quantité de CO_2 qu'ils libèrent. Le CO_2 émane d'une bonbonne contenant du gaz carbonique comprimé et équipée d'un détendeur, d'une électrovanne et d'un diffuseur.

Il existe deux sortes de systèmes à CO_2 comprimé : ceux à émission continue et ceux à émission intermittente. Les bonbonnes en métal contenant du CO_2 sous pression de 450 à 900 kilos par centimètre carré (selon la température) peuvent être achetées dans les magasins pour matériel de soudure ou de fournitures pour boissons. Elles existent en différentes tailles. Les bonbonnes doivent être vérifiées et certifiées conformes chaque année. La plupart des fournisseurs échangent les bonbonnes vides pour des pleines ou les remplissent. Les compagnies qui commercialisent des extincteurs ou des fournitures pour boissons les remplissent en général sur le champ. Si l'on s'est procuré une bonbonne en aluminium, plus solide et plus légère, il faut s'assurer que celle qu'on récupère est bien en aluminium. Pour tester l'équipement avant de se décider à l'achat, on peut louer une grosse bonbonne dans un magasin spécialisé. Ces grosses bonbonnes sont lourdes mais réduisent le nombre d'allers et retours nécessaires pour le remplissage. Une fois pleine, une bonbonne en acier de 20 kilos en pèse près de 80, ce qui peut être trop lourd, en particulier s'il y a des escaliers à monter ou à descendre. Par contre, une bonbonne en aluminium de 15 kilos, une fois pleine, ne pèse que 35 kilos et le modèle de 10 kilos en aluminium ne pèse plus que 25 kilos une fois plein. Acheter un système de distribution complet dans un magasin spécialisé en hydroponie est le meilleur choix pour les petites chambres de culture. Il est aussi possible de fabriquer soi-même son propre système de distribution du CO_2 en suivant les indications ci-dessous mais cela peut revenir plus cher que d'en acheter un tout fait.

RÈGLE D'OR

Ne fabriquer son propre système de distribution de CO_2 que s'il est impossible d'en acheter un tout fait dans un magasin spécialisé.

Les cadrans indiquent la pression et le débit du gaz carbonique.

INFO TECHNIQUE

Utiliser un distributeur de CO_2 lorsqu'il y a moins de 1 000 watts d'éclairage dans une chambre de culture où il fait trop chaud pour utiliser un générateur de CO_2.

AVERTISSEMENT

S'assurer que la valve des bouteilles de CO_2 est bien munie d'un collier de protection. Si celle-ci sautait suite à une chute, la pression dégagée serait suffisante pour expulser tout le haut du système (détendeur, électrovanne, diffuseur, etc.) à travers une voiture.

Les fournisseurs de matériel de soudure ont aussi des régulateurs/variateurs de débit. Les régulateurs de débit réduisent et contrôlent le débit en mètres cubes par heure. Les détendeurs contrôlent la pression par centimètre carré. Les modèles à petits débits (de 0,28 à 1,7 m^3 par heure) sont préférables pour le jardinage. Il vaut mieux acheter un régulateur/variateur de débit de qualité, et tous les composants à la fois, après s'être assuré qu'ils sont compatibles.

Autant il est essentiel que la bonbonne soit équipée d'un régulateur de débit, autant l'utilisation d'une électrovanne et d'un *timer* demeure optionnelle. Cependant, les horticulteurs qui n'en ont pas gaspillent du CO_2. L'électrovanne et le *timer* régulent le flot de CO_2, ce qui peut aussi être fait manuellement par ceux qui ont un emploi du temps assez souple. Une électrovanne fonctionne électriquement et sert à mettre en route et interrompre le flot de gaz du régulateur/variateur. Les *timers* les plus abordables sont en plastique et habituellement utilisés pour les systèmes d'arrosage automatique. Ces systèmes sont disponibles en 115, 24 et 12 volts. Ils coûtent à peu près le même prix mais les modèles 12 volts offrent une plus grande sécurité par rapport aux décharges électriques.

Pour faire fonctionner le système, il faut un *timer* à programmation intermittente qui ouvre la vanne pour de courtes périodes plusieurs fois par jour. Les *timers* classiques sont conçus pour rester allumés au moins une heure ou une demi-heure à la fois, ce qui est bien trop long pour un distributeur de CO_2. Les *timers* à programmation courte ont des cycles de 10 minutes ou moins. Ecotechnics propose un *timer* à programmation intermittente de 220 volts idéal pour des cycles courts et répétés.

Pour contrôler la quantité exacte de CO_2 libéré dans la chambre de culture, on joue à la fois sur le débit et la durée de l'émission du CO_2. Pour déterminer le laps de temps pendant lequel la valve doit rester ouverte, on divise le volume du gaz exprimé en cm^3 par le débit. Si le compteur de débit est réglé à 0,283 m^3/heure, et que l'on souhaite par exemple 0,012 m^3 de CO_2, la valve devra rester ouverte 2,5 minutes pour que la pièce atteigne 1 500 ppm (0,012 ÷ 0,283 x 60 minutes).

Il faut garder à l'esprit que le CO_2 s'échappe de la pièce. En moyenne, le niveau de CO_2 redescend à 300 ppm en 3 heures en raison de la consommation des plantes et des fuites de CO_2 en dehors de la chambre de culture. On maintient un taux de CO_2 relativement stable en fractionnant la quantité de CO_2 nécessaire par heure pour la distribuer à intervalles plus rapprochés (toutes les demi-heures ou tous les quarts d'heure).

Pour diffuser le CO_2 dans la pièce, on a le choix entre deux méthodes : le tuyau ou le ventilateur. On peut faire pendre du plafond un tuyau en plastique léger préalablement perforé pour disperser le CO_2. Le tuyau part de la bonbonne de gaz et arrive jusqu'au centre de la chambre de culture. Le tuyau principal peut être connecté à plusieurs tuyaux plus petits pour alimenter toute la surface du jardin. Le CO_2 est plus lourd et plus frais que l'air et descend vers les plantes.

Pour être sûr que le tuyau distribue le CO_2 de manière uniforme, il suffit de mettre le tuyau dans l'eau (pour rendre le gaz visible) et de le percer de trous jusqu'à ce que la distribution de CO_2 soit harmonieusement répartie sur toute sa longueur. Ainsi il est facile de déterminer le diamètre des trous à percer pour créer le flot de CO_2 idéal sur le jardin.

Un ventilateur de plafond peut être utilisé pour répartir le CO_2 de façon homogène dans la pièce. Dans ce cas, on fait en sorte que le CO_2 soit libéré directement sous le ventilateur. Grâce au mouvement de l'air, le CO_2 est brassé dans toute la pièce.

Le CO_2 comprimé ne présente pour ainsi dire aucun danger mais son prix est relativement élevé, surtout pour les chambres de culture de taille importante. Le gaz comprimé d'un distributeur de CO_2 coûte bien plus cher que le carburant consommé par un générateur de CO_2. Vu le coût de l'équipement et du carburant, les systèmes de distribution de CO_2 comprimé sont moins économiques que les générateurs de CO_2.

L'installation comprend une bonbonne (1) de gaz CO_2, un détendeur (2), une électrovanne (3) et un diffuseur (4). Ce système de distribution libère du CO_2, plus lourd que l'air. La répartition au-dessus du jardin est harmonieuse.

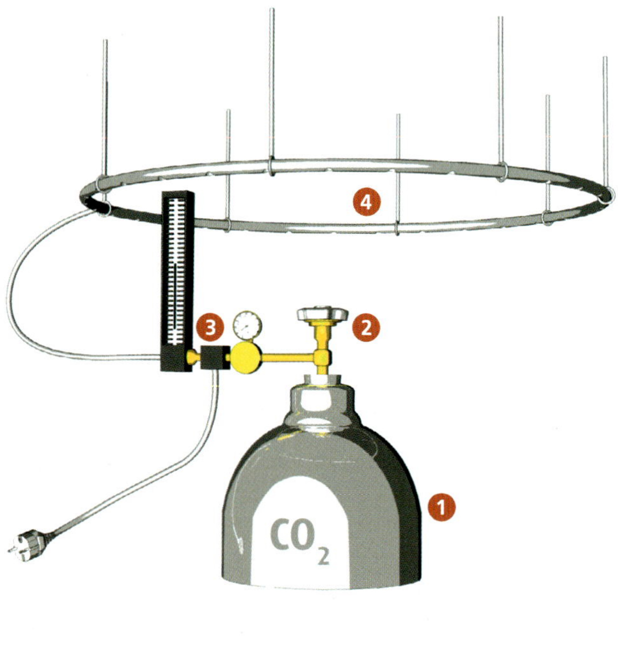

RÈGLE D'OR

Utiliser un générateur de CO_2 dans une chambre de culture équipée d'une lampe ou plus. Si la température s'élève au-dessus de 35°C, cesser de l'utiliser car il crée trop de chaleur.

INFO TECHNIQUE

Les générateurs de CO_2 produisent des gaz chauds ($CO_2 + H_2O$). Le CO_2 est plus lourd que l'air, mais il est aussi plus chaud, si bien qu'il monte. Il est indispensable que la chambre de culture soit équipée d'un bon système de ventilation pour une distribution homogène du CO_2.

AVERTISSEMENT

Utiliser du CO_2 comprimé exige de la prudence. Le gaz qui s'échappe de la bonbonne est si froid qu'une pulvérisation même brève peut abîmer la peau ou les yeux. Si le débit est supérieur à 0,56 m^3 par heure, le régulateur peut geler.

Générateurs de CO_2

Les générateurs de CO_2 sont utilisés par les horticulteurs professionnels. La marque Green Air propose une gamme de générateurs de CO_2 à prix abordable, qui brûlent du gaz naturel ou du propane pour produire le CO_2. Toutefois de l'eau et de la chaleur sont générés lors de cette combustion. Les générateurs utilisent une veilleuse avec un variateur de débit et un brûleur. L'intérieur du générateur est similaire à celui d'une cuisinière à gaz avec une veilleuse située à l'intérieur d'un boîtier de protection. Il faut qu'il y ait un couvercle au-dessus de la flamme allumée. Il est possible de mettre le générateur en marche à la main ou bien de le relier à un *timer* qui l'allumera et l'éteindra à heures fixes en même temps que d'autres dispositifs électriques de la chambre de culture, comme l'extracteur par exemple.

Les générateurs de CO_2 peuvent brûler tous les combustibles fossiles – kérosène, propane, ou gaz naturel. Les kérosènes de mauvaise qualité ont une teneur en soufre qui peut atteindre 0,1 %, ce qui est suffisant pour engendrer une pollution au dioxyde de soufre. On veillera donc à n'utiliser que du kérosène de qualité même s'il coûte plus cher. On utilise toujours du kérosène de qualité « K1 ». Le coût d'entretien d'un générateur au kérosène est élevé de par la présence d'électrodes, de pompes, et de filtres à carburants. Pour la plupart des chambres de culture, les brûleurs au propane ou au gaz naturel sont ce qu'il y a de mieux.

Certains de ces générateurs peuvent fonctionner soit au propane soit au gaz naturel et doivent être réglés pour l'un ou l'autre. Ils ne coûtent pas cher à l'entretien puisqu'ils n'utilisent pas de filtres ou de pompes. Le coût initial d'un générateur est légèrement plus élevé que celui d'un distributeur de CO_2 qui utilise des bouteilles de gaz comprimé. Néanmoins, les horticulteurs préfèrent utiliser les générateurs au propane ou au gaz naturel parce qu'ils coûtent quatre fois moins cher à l'emploi que les distributeurs de CO_2. Quatre litres de propane qui coûtent quelques euros contiennent 1 000 litres de gaz et plus de 2 800 litres de CO_2.

Pour déterminer combien il faut de combustible pour arriver au niveau idéal de 1 500 ppm dans une pièce à 20°C, il faut se souvenir que le niveau normal se situe autour de 300 ppm, si bien qu'il faut en ajouter 1 200. Puis il faut calculer le volume de la pièce en multipliant la longueur (L) par la largeur (l) par la hauteur (H) : **L x l x H = volume de la pièce en m³.** Par exemple, une pièce de 2 mètres de long sur 2 mètres de large, sur 2,5 de haut occupe un volume de 10 mètres cubes (2 m x 2 m x 2,5 = 10 m³).

Avoir 1 200 ppm de CO_2 dans un mètre cube signifie que l'on dispose de 0,0012 m³ de CO_2 par m³ d'air. Pour connaître la quantité (le volume) de CO_2 qu'il faut produire pour maintenir la pièce au niveau désiré, on multiplie donc le volume de la pièce par 0,0012.

Le volume de CO_2 que l'on doit produire = Volume de la pièce x 0,0012. Dans notre exemple : 10 m³ x 0,0012 = 0,012 m³ de CO_2.

Pour calculer la quantité de combustible qu'il faut brûler pour produire la quantité de CO_2 désirée, il faut savoir que :
0,33 kg de combustible produit 1 kilo de CO_2.
1 kilo de CO_2 occupe approximativement 0,5 m³.

Il faut donc diviser la quantité de CO_2 désirée par 0,5 et la multiplier par 0,33 pour déterminer la quantité de carburant nécessaire.

Volume de CO_2 à produire ÷ 0,5 x 0,33 = quantité de combustible à brûler. Dans notre exemple : 0,012 ÷ 0,5 x 0,33 = 0,00792 kg de combustible.

Autrement dit, il faut brûler près de 8 grammes de combustible. Mais comme il faut répéter l'opération trois fois au cours de 12 ou 18 heures pour maintenir un niveau à peu près constant de CO_2, au fur et à mesure qu'il s'échappe de la pièce, la quantité globale de carburant à brûler sera : 8 x 3 = 24 grammes.

DÉTERMINER LE VOLUME DE CO_2 SOUHAITÉ

Trouver la quantité de CO_2 nécessaire pour obtenir une concentration de 1500 ppm dans une pièce.

Volume de la pièce = longueur x largeur x hauteur = mètres cubes

→ Vol. = ... x ... x ... = ... m³

Volume du CO_2 nécessaire = volume de la pièce x 0,0012

→ ... m³ x 0,0012 = ... m³ de CO_2

Poids de combustible nécessaire = (volume du CO_2 ÷ 0,5) x 0,33

→ (... ÷ 0,5) x 0,33 = ... kilo de combustible nécessaire.

AVERTISSEMENT

Pour localiser d'éventuelles fuites dans le brûleur, enduire les raccords d'un mélange à parts égales de détergent et d'eau. Si des bulles se forment, c'est qu'il y a une fuite. Ne pas utiliser un système qui fuit car il est dangereux.

Les générateurs de CO_2 coûtent moins cher à l'entretien et sont moins encombrants que les distributeurs de CO_2 comprimé, mais ils ont leurs inconvénients : 100 g de carburant produisent 150 g d'eau et 5 000 BTU de chaleur. On ne peut donc pas utiliser de générateur de CO_2 pour des chambres de culture de moins de 12 m³. Même dans les espaces de plus grande taille, la hausse de chaleur et d'humidité doit être maîtrisée pour ne pas nuire aux plantes. Sous les climats chauds, les générateurs ne sont pas viables en raison de leur trop grande production de chaleur et d'humidité.

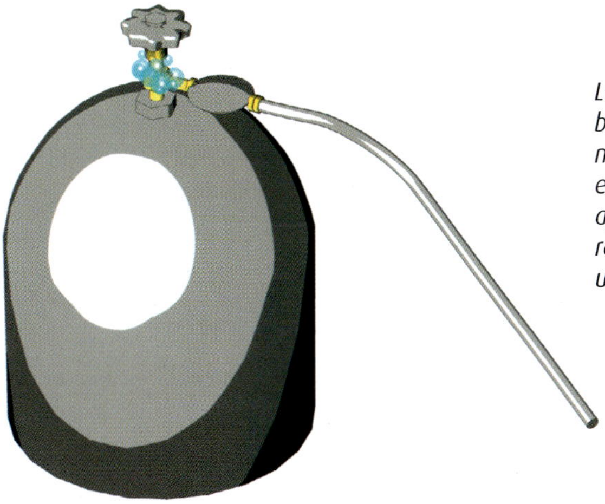

La présence de bulles dans le mélange d'eau et de détergent appliqué sur les raccords indique une fuite.

Si le carburant ne se consume pas complètement ou pas proprement, un générateur de CO_2 peut produire des gaz toxiques, y compris du monoxyde de carbone, qui se dispersent dans la chambre de culture. Le protoxyde d'azote, un autre sous-produit de la combustion du propane, peut lui aussi s'élever à des niveaux toxiques. Les générateurs de CO_2 bien conçus sont équipés d'une veilleuse et d'un *timer*. Si une fuite ou une autre défaillance se produit, le générateur s'éteint automatiquement.

AVERTISSEMENT

Ne jamais traîner une bonbonne par le tuyau, qui pourrait se rompre et déclencher un incendie.

INFO TECHNIQUE

Un moniteur servant à contrôler le taux de CO_2 dans l'air peut être nécessaire pour ceux qui sont sensibles à une forte concentration de ce gaz. Les alarmes digitales ou à variation colorimétrique (utilisées dans les avions) sont une alternative économique.

AVERTISSEMENT

Le monoxyde de carbone est un gaz mortel dont la présence peut être détectée par une alarme. Ces appareils de détection sont en vente dans les magasins de bricolage.

Il est indispensable d'inspecter fréquemment les générateurs artisanaux y compris les chauffages au kérosène ou à gaz. Le propane et les gaz naturels font une flamme bleue quand ils se consument bien. Une flamme jaune indique que tout le gaz n'est pas consumé (ce qui crée du monoxyde de carbone) et qu'il lui faut plus d'oxygène pour brûler proprement. Les fuites peuvent être détectées en enduisant tous les raccords avec un mélange à parts égales de détergent et d'eau. Si des bulles se forment, c'est qu'il y a une fuite de gaz. Il ne faut jamais utiliser un système qui fuit.

De l'oxygène est également consumé pendant ce processus, et si l'oxygène n'est plus présent en quantité suffisante dans la pièce, le gaz brûle incomplètement, avec une flamme jaune. Une fois de plus, l'approvisionnement en air frais est indispensable.

Autres solutions pour enrichir l'air en CO_2

Il existe de nombreuses façons de produire du CO_2. Dans de petites chambres de culture, on peut maintenir allumée une lampe à kérosène (ou « lampe à pétrole »). Les Norvégiens étudient les brûleurs au charbon de bois comme source de CO_2. Une fois perfectionné, ce système combine les avantages des générateurs et ceux du gaz comprimé. Le charbon de bois coûte bien moins cher que le gaz comprimé ; il est aussi moins dangereux que les générateurs en termes de toxicité des sous-produits. De nouvelles technologies sont également à l'étude pour extraire ou filtrer le CO_2 à partir de l'air.

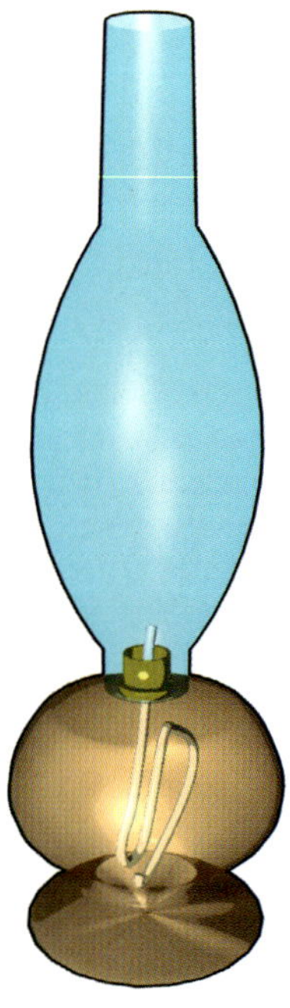

Une lampe à pétrole produit une petite quantité régulière de CO_2 qui peut être profitable aux semis dans un espace réduit.

INFO TECHNIQUE

**500 g de fuel libère 1,5 kg de CO_2.
Chaque kilo de CO_2 occupe approximativement 0,5 m^3.**

AVERTISSEMENT

Avant de remplir une bonbonne de propane, il faut d'abord vider le gaz inerte qui la protège de la rouille. On ne doit jamais la remplir complètement. Le propane se dilate et se contracte avec les variations de températures, et du gaz inflammable pourrait fuir si la bonbonne était trop pleine.

Compost et supports de culture organiques

Les matériaux organiques en décomposition comme les copeaux de bois, le foin, les feuilles et les fumiers dégagent de grandes quantités de CO_2. Il est possible de capturer le CO_2 issu de cette décomposition. Mais un tas de compost en décomposition est difficile à imaginer en intérieur, et de plus, il faudrait retourner un tas frais deux fois par jour pour libérer suffisamment de CO_2.

Fermentation

Certains horticulteurs utilisent la fermentation pour produire de petites quantités de CO_2. Il suffit pour cela de mélanger de l'eau, du sucre et de la levure. La levure mange le sucre, en libérant du CO_2 et de l'alcool. La bière est obtenue par fermentation ; il est possible de brasser soi-même, moyennant un matériel très simple, une bière artisanale dont la fabrication dégage du CO_2 pendant plusieurs jours (voir http://brewdusud.nuxit.net).

Il est aussi possible de récolter du CO_2 par fermentation sans brasser de bière. Il faut pour cela 1 tasse de sucre, un sachet de levure et 3 litres d'eau tiède dans un bidon de 4 litres (la levure de boulanger déshydratée en sachets est disponible dans n'importe quel supermarché). Il peut être nécessaire de tâtonner un peu pour trouver la bonne température de l'eau. Dans une eau trop chaude, la levure meurt tandis que dans une eau froide, elle n'est pas activée. Une fois que la levure est activée, le CO_2 est libéré dans l'air par intermittence. La mixture mousse et dégage une odeur forte mais libère une quantité de CO_2 honorable. On perce un petit trou dans le bouchon du bidon et on le place dans un endroit chaud (entre 27 et 35°C) de la chambre de culture. De nombreux horticulteurs utilisent un barboteur spécialement conçu pour les fermentations (que l'on trouve pour moins de 10 euros parmi le matériel destiné à brasser la bière), qui empêche les poussières ou la mouche du vinaigre de s'infiltrer à l'intérieur et permet mieux de juger le volume de CO_2 dégagé, car il passe à travers de l'eau où il fait des bulles. L'inconvénient de cette méthode est qu'il faut renouveler la mixture une à quatre fois par jour. On vide la moitié du mélange, que l'on renouvelle avec 1,5 litre d'eau et 1 autre tasse de sucre. Tant que la levure continue à se développer et à faire des bulles, la mixture peut durer indéfiniment. Lorsque la levure commence à mourir, on se contente d'ajouter un nouveau sachet. Cette formule de base peut être adaptée. Les proportions peuvent être diminuées ou augmentées. Plusieurs bidons répartis dans la pièce ont un impact tangible sur les niveaux de CO_2 de l'air. Pour s'y mettre vraiment, il faut environ 20 litres, dont près de la moitié est renouvelée toutes les 2 heures. Le mélange dégage une odeur forte.

La fermentation est une alternative bon marché pour produire du CO_2, et elle peut convenir pour de petites chambres de culture (les semis qui démarrent avec du CO_2 prennent une avance qu'ils semblent garder toute leur vie). De plus, elle ne dégage ni chaleur, ni gaz toxiques, ni eau, et ne consomme pas d'électricité. Cependant, étant donné la difficulté à évaluer le CO_2 ainsi libéré, il est quasiment impossible de maintenir des taux homogènes tout au long de la journée.

Neige carbonique

Les horticulteurs utilisent depuis des années de grands récipients isolés remplis de neige carbonique pour enrichir l'atmosphère en CO_2. La neige carbonique est du gaz carbonique à l'état gelé et comprimé. Lorsqu'elle fond, elle passe d'un état solide à un état gazeux. Pour une bonne répartition dans la chambre de culture, le CO_2 gazeux peut être mélangé à l'air par des ventilateurs. Dans une pièce de 3 x 3 m, 1 kilo de neige carbonique fait monter le niveau de CO_2 à 2 000 ppm pendant environ 24 heures. La neige carbonique donne des résultats satisfaisants à petite échelle, sans bonbonne ni convertisseur. Elle est facilement disponible (il suffit de consulter les Pages Jaunes) et ne coûte pas cher à l'achat. Étant donné que le CO_2 n'a pas de stade liquide, le passage d'un état solide à un état gazeux au fur et à mesure que la neige fond se fait facilement. Par ailleurs, il est facile de déterminer approximativement la quantité de CO_2 libéré. Un kilo de neige carbonique est égal à 1 kilo de CO_2 liquide. Déterminer combien de temps un volume donné de neige carbonique met à fondre permet d'estimer la quantité de CO_2 libéré lors d'une période donnée. Pour ralentir la fonte, on peut placer la neige carbonique dans un récipient isolant dont le couvercle et les parois latérales ont été perforés pour permettre la diffusion du CO_2. La taille et le nombre des trous permettent de contrôler la vitesse à laquelle les blocs fondent et libèrent le gaz carbonique.

INFO TECHNIQUE

En moyenne, 2,5 kg de neige carbonique en blocs mettent près de 24 heures à fondre.

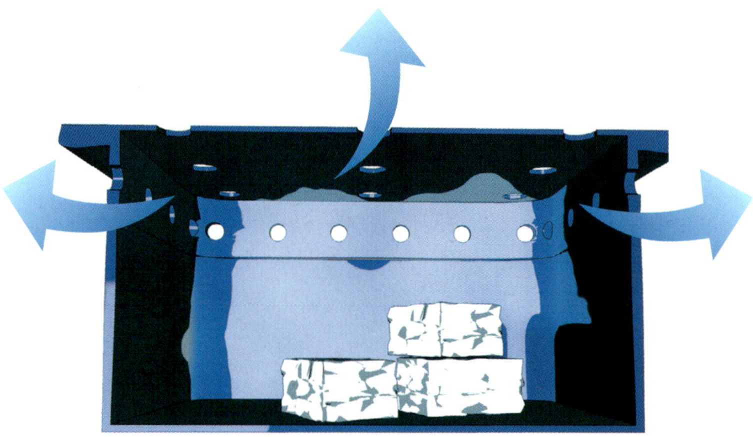

On place la neige carbonique dans un récipient isolant pour ralentir l'évaporation du CO_2.

La neige carbonique est économique et sans danger, ne libérant ni gaz toxiques, ni chaleur, ni eau, et elle est d'usage beaucoup plus facile que les bonbonnes de gaz comprimé. Pourtant, une difficulté majeure subsiste : le stockage. Grâce à l'isolation, la fonte peut être ralentie mais pas stoppée. Il faut rester prudent quand on la manipule car, en raison de sa basse température, la neige carbonique peut brûler la peau lors d'un contact prolongé.

Vinaigre et bicarbonate de soude

Pour les petites chambres de culture, il est possible d'utiliser du vinaigre d'alcool (le vinaigre le moins cher) et du bicarbonate de soude pour produire du CO_2. Cette méthode élimine les problèmes de chaleur excessive et de vapeur d'eau et ne nécessite que quelques articles ménagers. On monte une installation où le vinaigre (acide acétique) goutte sur un lit de bicarbonate de soude. Le principal inconvénient de cette méthode est l'irrégularité de la production de CO_2. Il faut un temps considérable avant qu'il y ait suffisamment de CO_2 pour qu'il soit utile aux plantes. À l'inverse, une fois les valeurs optimales atteintes, le niveau peut continuer à s'élever jusqu'à des proportions nocives pour les plantes. Pour ceux qui ont tout le loisir d'expérimenter, il est possible de mettre au point un système de goutte-à-goutte contrôlé par une électrovanne et un *timer* à programmation courte. De cette manière, le CO_2 peut être libéré en petites quantités et à intervalles réguliers, synchronisés avec les cycles de ventilation.

Du vinaigre gouttant sur du bicarbonate de soude est une source de CO_2 exploitable, bien que difficile à mettre en place en continu.

Odeurs, ionisateurs et charbon actif

Un bon ventilateur avec une bouche d'aération ouverte sur l'extérieur est la meilleure façon de neutraliser les odeurs. Si la bouche d'aération pose problème, un ionisateur, ou générateur d'ions négatifs, est une aide précieuse : il produit des ions négatifs qui purifient l'air et le débarrassent des odeurs. Un ionisateur produit une charge électrique négative, ou ions négatifs, qui circulent dans l'air et attirent les particules (polluants, spores de champignons, etc.) qui y sont présentes et les neutralisent. Ces générateurs d'ions peuvent être utilisés de manière continue pour maintenir l'air propre. Les plantes qui poussent dans ce genre d'environnement sont en général très saines. Le générateur utilise très peu d'électricité. Il suffit de nettoyer le filtre à quelques jours d'intervalles. Par ailleurs, le charbon actif est utilisé aussi bien pour nettoyer l'eau que pour purifier l'air. Les filtres à charbon actif s'insèrent directement dans les conduits d'aération où ils fixent les particules chargées d'odeurs.

Générateurs d'ozone

Les générateurs d'ozone rajoutent un atome à l'oxygène (O_2) naturellement présent dans l'air. Les molécules d'ozone sont formées de trois atomes d'oxygène (O_3). Cette forme d'oxygène est très intéressante et a beaucoup d'application. L'ozone est utilisé à faible dose pour stériliser les aliments et l'eau ainsi que pour éliminer les odeurs de l'air au niveau moléculaire. Le générateur produit de l'ozone en saturant l'air contenant de l'oxygène (O_2) avec des ultraviolets (UV). **Les ultraviolets sont très dangereux**. Une lumière ultraviolette intense peut brûler les yeux et la peau au-delà de toute réparation en quelques nanosecondes. Pour cette raison, il ne faut jamais, sous aucun prétexte, regarder la lampe à UV d'un générateur d'ozone. Jeter un coup d'œil à la lampe à UV d'un générateur d'ozone peut coûter la vue. L'ozone peut aussi brûler les poumons. À faible dose, il n'y a pas de problèmes ; à haute dose, le danger est grand. **Il ne faut jamais utiliser trop d'ozone.**

L'ozone à une odeur particulière qui rappelle celle de l'air après la pluie. Quiconque a senti l'odeur de l'ozone s'en souviendra, et la reconnaîtra. L'ozone est de l'oxygène (O_2) enrichi d'un atome d'oxygène (O_3). La molécule d'ozone est toujours chargée positivement, ses électrons étant toujours prêts à se lier à des ions chargés négativement. Les odeurs sont des ions chargés négativement. Quand l'atome d'oxygène supplémentaire se lie à un ion négatif, l'odeur est neutralisée. La réaction prend quelques minutes, raison pour laquelle le traitement de l'air doit se faire dans un environnement clos.

AVERTISSEMENT

Ne jamais regarder la lampe à UV d'un générateur d'ozone sous peine de devenir aveugle. La regarder, même très brièvement, peut brûler la rétine de façon irréversible.

Avant d'acheter un générateur d'ozone, on s'assure qu'il s'agit bien d'un modèle autonettoyant, facile à entretenir et sur lequel il est simple de remplacer la lampe. Il faut aussi qu'il soit pourvu de systèmes de sécurité, comme un interrupteur servant à éteindre la lampe à UV lors de l'entretien afin de protéger la rétine de l'utilisateur contre toute exposition fortuite aux rayons ultraviolets. Lorsque la lumière ultraviolette entre en contact avec l'humidité présente dans l'air, de l'acide nitrique est produit. Cet acide nitrique poudreux et blanc s'accumule au niveau des points de raccord. C'est un acide très corrosif qui peut brûler gravement la peau et les yeux.

Air Tiger™, fabriqué par Rambridge est un investissement de qualité pour les horticulteurs. C'est l'un des modèles les plus sûrs et faciles d'entretien. Un interrupteur automatique rend impossible le contact direct des yeux avec la lumière ultraviolette émise par le tube de 25 cm. L'ozone corrosif est maintenu hors de contact du câblage intérieur et l'humidité ne risque pas de pénétrer la coque protectrice et de se combiner avec l'ozone pour former de l'acide nitrique. Les générateurs d'ozone sont classés selon le volume d'air qu'ils peuvent traiter. Pour connaître le nombre de mètres cube d'une chambre de culture, il suffit de multiplier la longueur par la largeur et par la hauteur de la chambre ($L \times l \times h = m^3$). Certains horticulteurs installent le générateur d'ozone dans la chambre de culture elle-même. Il faut savoir que cette pratique peut réduire l'arôme des plantes qui y sont cultivées. Il peut donc être préférable d'installer le générateur dans un cabinet attenant et d'y faire passer l'air expulsé de la chambre de culture pour qu'il y soit traité avant d'être définitivement évacué à l'extérieur. Une fois l'ozone généré, il lui faut 1 à 2 minutes pour neutraliser les odeurs. Il existe des générateurs d'ozone (Ozone Industries) qui fonctionnent sans ultraviolets, avec des plaquettes de céramique.

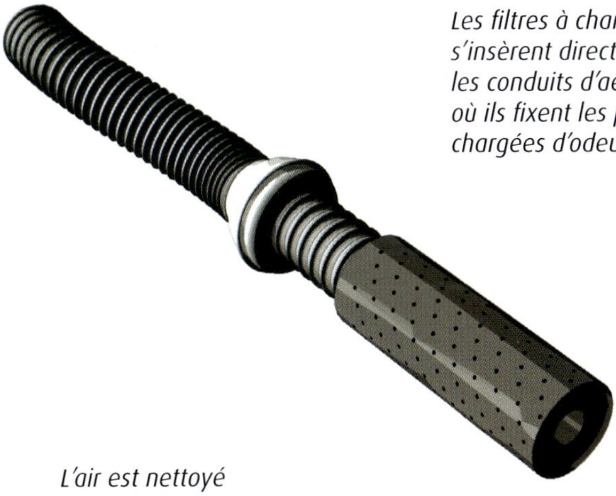

Les filtres à charbon actif s'insèrent directement dans les conduits d'aération où ils fixent les particules chargées d'odeurs.

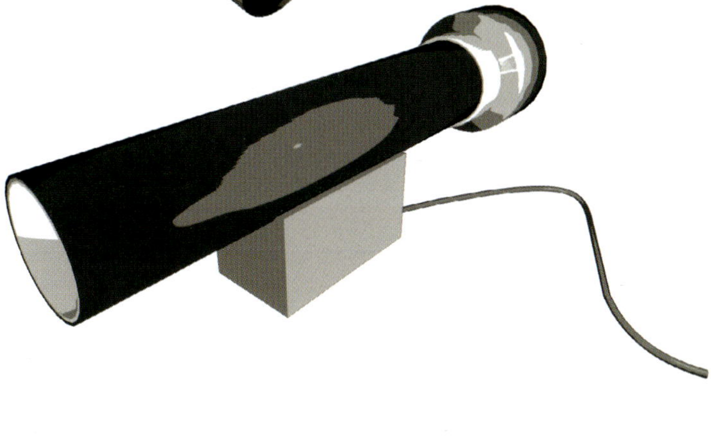

L'air est nettoyé par un générateur d'ozone qui neutralise les odeurs en 1 à 2 minutes.

Après un passage d'une minute dans une chambre à ozone, l'air ressort propre et désodorisé.
La molécule d'ozone O_3 perd un atome et redevient une molécule d'oxygène O_2.

7
Insectes et maladies

Acariens, insectes et asticots s'infiltrent dans les chambres de culture, où ils mangent, se reproduisent et abîment les plantes. En extérieur, ils vivent partout où ils le peuvent. En intérieur, ils vivent partout où l'horticulteur leur en laisse l'opportunité. Les spores de champignons sont présentes dans l'air en permanence. Elles peuvent être introduites par une plante infectée ou par des courants d'air. Elles s'installent et se développent si les conditions leur sont favorables. Il est possible de prévenir les invasions d'insectes ravageurs et les maladies cryptogamiques (champignons). Cependant, si on les laisse prendre le jardin d'assaut, on risque d'être obligé de recourir à des mesures draconiennes pour les éradiquer.

Prévention et progression de la lutte

Propreté et ventilation

La propreté est la clé de toute prévention contre les ravageurs et les maladies cryptogamiques. La chambre de culture doit être totalement close pour permettre un meilleur contrôle de l'environnement. Le sol doit être maintenu propre. Tous les débris qui y tombent doivent être ramassés. En intérieur, il est préférable de ne pas utiliser de *mulch* (couverture végétale répandue à la surface du sol). Les ravageurs et les champignons raffolent des merveilleuses cachettes qu'ils trouvent dans les recoins humides, les feuilles ou le *mulch* en décomposition. Les horticulteurs et leurs outils transportent souvent quantités de maladies, d'insectes nuisibles et de champignons susceptibles d'anéantir le jardin. Bien sûr, il ne s'agit pas de tomber dans l'excès inverse et d'exiger que l'horticulteur et ses outils soient aussi stériles qu'à l'hôpital (pourtant cela serait utile !). En revanche, il est clair que les précautions sanitaires de base doivent être respectées. Les horticulteurs qui portent des vêtements propres et utilisent des outils tout aussi propres réduisent grandement les risques de contamination. Un jeu complet d'outils réservé au jardin intérieur est facile à maintenir propre (les maladies et les ravageurs voyagent de plante en plante en passant par les outils souillés). Pour désinfecter les outils, on les plonge dans de l'alcool à brûler ou on les lave à l'eau chaude savonneuse lorsqu'on les a utilisés sur une plante malade. Une autre façon de désinfecter rapidement des outils métalliques est de les passer à la flamme d'un chalumeau.

La propreté personnelle est fondamentale pour tenir à l'écart maladies et ravageurs. Il faut se laver les mains avant de toucher au feuillage, de même qu'après avoir manipulé une plante malade. Les horticulteurs avisés ne déambulent pas dans le jardin extérieur, naturellement truffé d'insectes, avant de venir à l'intérieur ; ils font l'inverse. Avant d'entrer dans la chambre de culture, il est bon de s'interroger sur l'éventualité d'une contamination. Vient-on de traverser la pelouse infestée de rouille, ou de caresser le chien qui rentrait d'une promenade dans le jardin ? Vient-on de toucher le philodendron du salon, sur lequel sont installées quelques araignées rouges ? Pour éviter ces problèmes, il est utile de se laver les mains, de changer de chemise, de pantalons et de chaussures avant de passer la porte de la chambre de culture.

Lorsqu'une plante a terminé son cycle de vie dans un terreau ou un support de culture inerte, on se débarrasse de ces derniers. Certains horticulteurs se vantent d'utiliser le même terreau indéfiniment. Sans le savoir, ils le payent par une diminution de leur récolte. Les supports usagés peuvent abriter des maladies et des insectes nuisibles qui ont développé une résistance aux pulvérisations. Commencer une nouvelle récolte avec un support de culture neuf coûte plus cher au démarrage mais évite l'apparition de bien des problèmes. Les terreaux déjà utilisés en intérieur sont recyclés à merveille dans la terre du jardin extérieur. Une fois usagé, le terreau perd beaucoup de son « gonflant ». Il est trop tassé, ce qui apporte de sérieux problèmes. Les racines pénètrent difficilement les sols compactés, qui ne contiennent que peu d'oxygène et limitent l'absorption des nutriments. Les terreaux usagés sont dépourvus de nutriments. Or, une plante lente au démarrage est la cible parfaite pour les maladies, et en plus elle ne produit que de faibles quantités.

Dans une chambre de culture, la propreté constitue la clé de voûte de la prévention des maladies.

En extérieur, le voisinage de différentes espèces dont l'association est mutuellement bénéfique (plantes compagnes) décourage la prolifération d'insectes. En intérieur, les insectes nuisibles n'ont aucun autre endroit où aller et l'association de différentes espèces végétales n'est pas un moyen de lutte viable dans un espace restreint et clos.

RÈGLE D'OR

Prévenir l'apparition des maladies et des insectes nuisibles est beaucoup plus facile que de les éradiquer.

RÈGLE D'OR

Prévoir toujours 10 % de plantes en plus de ce que l'on compte récolter. Si une plante sur dix tombe malade, il suffit de l'enlever. Enlever toute la plante est le meilleur moyen d'isoler et de contrôler la plupart des maladies et insectes nuisibles.

Une bonne mesure préventive consiste à ne planter que des variétés résistantes aux ravageurs et aux moisissures. Il est important de vérifier cette information sur les sachets de graines. En général les variétés *indica* sont plus résistantes aux insectes ravageurs, et les variétés *sativa* sont plus résistantes aux champignons. Vérifier que les plantes mères choisies sont sans insectes ou maladies, et les inspecter régulièrement. Si une plante présente des symptômes douteux, l'isoler immédiatement.

On veille aussi à entretenir les plantes pour qu'elles restent saines et poussent rapidement. Les maladies s'en prennent d'abord aux plantes faibles. Les plantes robustes ont tendance à se développer plus vite que les insectes nuisibles et les maladies.

Brasser l'air activement complique la vie aux ravageurs. Les insectes détestent le vent. S'accrocher aux plantes devient difficile et les déplacements en vol se font au petit bonheur la chance. Quant aux spores de champignons, elles n'ont que peu de temps pour s'installer sous la brise et ne se développent pas bien sur la terre, les feuilles ou les tiges asséchées par le vent.

La ventilation permet de changer rapidement le niveau d'humidité d'une pièce. Un extracteur raccordé à un hygrostat est souvent la meilleure façon de contrôler l'humidité.

Les moisissures posaient de nombreux problèmes dans un espace de culture qui n'avait pas d'extracteur. Dès l'entrée dans la pièce, on était assailli par un air saturé en humidité. L'environnement était si humide que des racines poussaient sur la tige des plantes. L'horticulteur finit par installer un extracteur pour aspirer l'air humide et confiné. L'humidité tomba de près de 100 % à 50 %. Les problèmes de moisissures disparurent et le volume de la récolte augmenta.

Les horticulteurs qui mettent en place toutes les mesures préventives rencontrent moins de problèmes d'insectes et de maladies. En intérieur encore plus qu'ailleurs, mieux vaut prévenir que guérir. Si les insectes et les maladies ne sont pas contrôlés, ils peuvent dévaster une chambre de culture en quelques semaines à peine.

Progression des moyens de lutte

Il arrive que, malgré toutes les mesures préventives, les ravageurs et les maladies s'infiltrent et élisent domicile dans un jardin d'intérieur. Tout d'abord, ils s'installent sur une proie facile : une plante affaiblie. À partir de cette base, ils partent à la conquête de la chambre de culture toute entière. Une invasion peut survenir en quelques jours.

La plupart des ravageurs pondent des centaines d'œufs en un clin d'œil. Ces œufs éclosent et deviennent adultes en quelques semaines. Si 100 minuscules insectes mâcheurs pondent chacun 1 000 œufs pendant leurs 2 semaines de vie et que ceux-ci deviennent des adultes matures 2 semaines plus tard, cela fait 100 000 jeunes adultes prêts à pondre leurs 1 000 œufs chacun...

Souvent les pulvérisations ne détruisent que les adultes. En règle générale, il faut pulvériser peu de temps après l'éclosion des œufs pour que les jeunes adultes soient fauchés pendant qu'ils sont encore fragiles. L'application d'huile minérale (de faible viscosité) destinée à l'horticulture donne de bons résultats, seule ou comme adjuvant, pour éliminer les larves et les œufs.

L'élimination manuelle consiste tout simplement à écraser tous les insectes ravageurs visibles ainsi que leurs œufs entre le pouce et l'index, ou avec une éponge, ou à les noyer dans un jet d'eau.

Les pulvérisations naturelles à base de pyrèthre ou d'huile de neem (deux bons insecticides naturels) sont efficaces. Il est préférable de faire tout son possible pour éviter les pesticides chimiques de synthèse, et ne les utiliser que si tous les autres moyens ont échoué. En tout cas, ne jamais utiliser de produits systémiques (qui pénètrent dans le système de la plante).

Toute pulvérisation, aussi bénigne soit-elle, semble toujours ralentir un peu la croissance des plantes. Quand une plante est traitée par pulvérisation, elle se couvre d'un film résiduel, les stomates sont plus ou moins bouchés et le restent jusqu'à ce que la pulvérisation soit rincée. Les insecticides les plus puissants sont souvent toxiques pour les plantes et risquent de brûler leur feuillage. Si l'on doit absolument traiter avec un insecticide chimique, on commence par lire scrupuleusement la notice, de façon à n'utiliser que des pulvérisations acceptables pour les plantes comestibles et à utiliser les plus petites quantités possibles. On évite de traiter les boutures qui n'ont pas encore de racines, on attend que les semis soient âgés d'un mois au moins et, d'une manière générale, on s'abstient de pulvériser pendant les 2 semaines précédant la récolte.

L'horticulteur attentif limite les chances d'avoir à recourir aux pesticides chimiques en respectant les principes de prévention :

→ Veiller à la propreté des lieux et à la propreté en général.

→ Changer le support de culture à chaque nouvelle plantation, ou le désinfecter.

→ Réserver un jeu d'outils à la culture en intérieur.

→ Cultiver des variétés résistantes aux maladies.

→ Maintenir les plantes en bonne santé et veiller à leur équilibre nutritionnel (pH, EC, proportion N/P/K, etc.).

→ Contrôler les conditions climatiques (humidité, température, ventilation).

→ Interdire l'accès de la chambre de culture aux animaux.

→ Installer des moustiquaires aux fenêtres et autres ouvertures.

En cas d'échec de la prévention, il existe une progression logique dans la lutte contre les ravageurs :

→ Élimination mécanique des insectes ravageurs (avec les doigts, à l'éponge, au jet d'eau), élimination des plantes malades.

- Pulvérisations naturelles (pyrèthre, huile de neem, etc.).
- Introduction de prédateurs naturels («lutte biologique»).
- En dernier recours, pulvérisation de produits chimiques de synthèse.

Produits naturels (ou presque)

Abamectine

Composition : l'abamectine est produite par des champignons du sol ; ses dérivés synthétiques sont, entre autres, l'émamectine et la milbemectine. Pas de bioaccumulation. Utilisée de façon extensive sur le houblon, l'abamectine n'est pas vraiment systémique : le produit est absorbé par le feuillage de surface puis redistribué au reste du feuillage, surtout aux jeunes feuilles.
Indication : les araignées rouges, les fourmis rouges, les mouches mineuses et les nématodes.
Préparation : diluer dans de l'eau. Une cuillère à thé pour 4 litres. Utiliser un agent mouillant (savon liquide doux).
Application : en pulvérisation. Donne les meilleurs résultats quand la température est supérieure à 21 °C. Renouveler l'application tous les 7 à 10 jours.
Persistance : une journée.
Forme : liquide.
Toxicité : toxique pour les mammifères, les poissons et les abeilles en fortes concentrations. Lutte contre les insectes suceurs.
Précaution : porter des gants, un masque et des lunettes de protection.

Acide borique

Composition : disponible sous la forme de savon et de poudre de borax.
Indication : mortel au contact ou après ingestion pour les perce-oreilles, les cafards, les criquets et les fourmis.
Mise en garde : phytotoxique lorsqu'il est appliqué au feuillage.
Préparation : mélanger le savon de borax à parts égales avec du sucre en poudre pour faire un appât empoisonné.
Application : disposer l'appât sur la terre près du pied des plantes.
Persistance : éviter de mouiller l'appât car il se disperse rapidement.
Forme : poudre.
Toxicité : non toxique pour les oiseaux et les abeilles.
Précaution : éviter de respirer la poudre.

Algues marines

Composition : de nombreux éléments, dont des nutriments, bactéries et hormones.
Indication : les particules en suspension dans les algues endommagent et tuent les insectes et les araignées rouges en provoquant des lésions. Les particules incisent les insectes à peau souple ce qui provoque une fuite des fluides corporels.
Préparation : diluer comme indiqué pour une utilisation en engrais pour sol.

Application : pulvériser sur le feuillage, surtout sur le dessous des feuilles, là où vivent les araignées.
Persistance : jusqu'à 2 semaines quand on utilise un agent dispersant/adhérant.
Forme : poudre ou liquide.
Toxicité : non toxique pour les mammifères, les oiseaux et les poissons. Insecticide non sélectif, tue les insectes bénéfiques.
Précaution : porter un masque et des gants.

Bacillus thuringiensis (*Bt*) et autres espèces de *Bacillus*

Composition : le *Bacillus thuringiensis (Bt)* est la plus connue de plusieurs bactéries qui sont fatales aux chenilles, larves et asticots. Les chenilles, les larves et les asticots mangent la bactérie *Bt*, administrée par pulvérisation, par poudrage ou en granules. Injecter la bactérie sous forme liquide dans les tiges pour éliminer les insectes térébrants (qui creusent des galeries). Peu après ingestion, leur appétit est coupé et ils arrêtent de manger. En quelques jours, ils se recroquevillent et meurent.

Les *Bt* contenues dans les produits du commerce ne se reproduisent pas à l'intérieur du corps des insectes, aussi plusieurs applications peuvent être nécessaires pour éradiquer une invasion. Les bactéries *Bt* sont dénuées de toxicité pour les animaux (humains compris), les insectes bénéfiques et les plantes. Cependant, certaines personnes développent une réaction allergique. Les produits proposés dans le commerce ne contiennent pas la bactérie vivante. La toxine de *Bt* étant extrêmement périssable, il faut conserver ces produits aux températures indiquées et les appliquer en suivant les instructions. Très efficace sur les chenilles, les larves et les asticots ; à appliquer dès la première détection.

Pour tirer le meilleur résultat de ces applications de *Bt*, on y associe un inhibiteur d'UV, un agent dispersant/adhérant et un stimulateur d'appétit comme Entice®, Konsume® ou Pheast®. La bactérie *Bt* est complètement détruite par les UV en 1 à 3 jours.

Autres espèces de *Bacillus* :

- → *B. thuringiensis* var. *kurstaki (Btk)*, introduite sur le marché au début des années 1960, est la plus populaire des *Bt*. Elle est toxique pour de nombreuses larves d'acariens et de chenilles y compris la plupart des espèces qui se nourrissent de fleurs et de légumes. Vendue sous de nombreuses appellations commerciales (DiPel®, BioBit®, Javelin®, etc.) la *Btk* est aussi disponible sous forme micro encapsulée (M-Trak®, Mattch®, etc.). L'encapsulation permet d'allonger la durée de vie sur le feuillage à plus d'une semaine.
- → *B. thuringiensis* var. *aizawai (Bta)* est efficace contre les insectes térébrants et les ravageurs qui ont développé une résistance au *Btk*.
- → *B. thuringiensis* var. *israelensis (Bti)* est efficace contre les mouches du terreau. Elle est commercialisée sous les marques Gnatrol®, Vectobac® et Bacrimos® qui sont toutes fatales aux larves. Les adultes ne sont pas affectés par ces produits. Au stade d'asticots, les mouches du terreau font des dégâts dans les racines et peuvent les faire pourrir. Dès que leur présence est détectée, on s'en débarrasse grâce aux *Bti*.

- *B. thuringiensis* var. *morrisoni*, nouvelle bactérie *Bt* à l'étude, est efficace contre les larves d'insectes dont les boyaux ont un pH élevé.
- *B. cereus* aide à lutter contre la fonte des semis et le champignon des racines. Il s'épanouit dans les milieux saturés en eau et encourage le développement de champignons bénéfiques qui s'attaquent aux maladies.
- *B. subtilis* est une bactérie qui habite dans la terre et qui lutte contre les champignons *fusarium*, *pythium* et *rhizoctonia*, qui sont à l'origine de la fonte des semis. Elle est commercialisée sous les appellations suivantes : Epic®, Kodiac®, Rhizo-Plus®.
- *B. popilliae* colonise le corps des larves qui les mangent. Celles-ci prennent une coloration d'un blanc laiteux avant de mourir. Cette bactérie est souvent appelée « maladie de la spore laiteuse ». Elle est d'une très grande efficacité contre les scarabées du Japon.

Bicarbonate de soude

Composition : bicarbonate de sodium.
Indication : l'oïdium.
Mise en garde : le bicarbonate de soude tue les champignons en changeant le pH à la surface du feuillage. Il agit comme inhibiteur de développement des champignons et non pas comme fongicide qui les éradique.
Préparation : jusqu'à saturation dans l'eau.
Application : pulvérisé ou saupoudré sur le feuillage.
Persistance : 1 à 3 jours.
Forme : en poudre.
Toxicité : aucune pour les mammifères, les poissons et les insectes bénéfiques.
Précaution : porter un masque pour éviter d'inhaler la poudre.

Bouillie bordelaise

Composition : eau, soufre, cuivre (sulfate de cuivre) et chaux (hydroxyde de calcium).
Indication : la plupart du temps utilisée comme fongicide foliaire. Lutte aussi contre les bactéries et repousse certains insectes.
Mise en garde : phytotoxique sur les jeunes semis ou le feuillage quand il fait froid et humide.
Préparation : appliquer dès que préparé.
Application : agiter souvent le mélange lors de la pulvérisation pour que les ingrédients ne se déposent pas au fond.
Persistance : jusqu'à ce qu'il soit lavé.
Forme : poudre, liquide, etc.
Toxicité : non toxique pour les humains et les animaux mais toxique pour les abeilles et très toxique pour les poissons.
Précaution : porter masque, gants et manches longues.

Cuivre

Composition : les composés (sulfate, oxychloride, hydroxyde et oxyde de cuivre) sont des formes courantes de cuivre stabilisé utilisées comme fongicide. Elles sont moins toxiques que le cuivre (pur) non stabilisé.
Indication : la pourriture grise, les champignons foliaires, l'anthracnose, l'alternariose,

le mildiou et l'oïdium ainsi que de nombreuses maladies bactériennes.
Mise en garde : attention à ne pas surdoser. Risque de brûlure du feuillage et d'intoxication de la plante.
Préparation : appliquer immédiatement après la préparation.
Application : agiter souvent le mélange pendant la pulvérisation pour que les composants ne se déposent pas au fond. Température souhaitable pour l'application : entre 18,5°C et 29,5°C.
Persistance : 2 semaines ou plus en intérieur sans nettoyage.
Forme : poudre ou liquide.
Toxicité : toxique pour les poissons ; non toxique pour les oiseaux, les abeilles et les mammifères.
Précaution : porter un masque, des gants et couvrir la peau et les cheveux.

Eau

Composition : un jet d'eau froide, de préférence au pH compris entre 6 et 7, élimine par lessivage mécanique les insectes, les acariens et leurs œufs qui, souvent, en meurent.
Indication : un jet d'eau froide constitue un excellent moyen de lutte contre les araignées rouges, les pucerons et autres insectes suceurs. La vapeur lutte contre les araignées rouges, les insectes et les maladies, aussi bien sur les pots que dans les supports et sur toutes les surfaces des chambres de culture.
Mise en garde : éviter de pulvériser de l'eau sur les fleurs déjà formées. L'eau piégée dans la fleur pourrait favoriser une attaque de pourriture grise.
Préparation : aucune.
Application : diriger un jet d'eau froide sur la face inférieure des feuilles pour noyer les araignées rouges ou les pucerons suceurs. Appliquer l'eau sous forme de pulvérisation lorsque des acariens prédateurs ont été introduits. Les conditions d'humidité accrue portent atteinte aux acariens parasites (dont on veut se défaire) et favorisent la bonne santé des acariens prédateurs (nos alliés). Louer une décolleuse à papier peint. La faire chauffer et diriger le jet de vapeur sur toutes les fissures et surfaces de la chambre de culture.
Persistance : aucune.
Forme : liquide, vapeur.
Toxicité : non toxique pour les mammifères, les poissons et les insectes bénéfiques.
Précaution : ne jamais diriger de jets d'eau vers les yeux, le nez ou les oreilles.

Eau de Javel

Composition : hypochlorite de sodium.
Indication : nombreuses bactéries et champignons.
Mise en garde : éviter le contact avec la peau et l'inhalation. Concentrée, elle brûle la peau et tache les vêtements.
Préparation : diluer dans de l'eau pour obtenir une solution à 5 ou 10 %.
Application : utiliser pour désinfecter les bacs ou pots, les murs, les outils, etc.
Persistance : s'évapore en 2 jours en laissant peu de résidu.
Forme : liquide.
Toxicité : toxique pour les humains en cas d'ingestion ou de projection dans les yeux, toxique pour les poissons et les insectes bénéfiques.
Précaution : porter un masque et des gants lors de la manipulation du produit concentré. Éviter le contact avec la peau et l'inhalation.

Huile de neem

Composition : extrait purifié de graines de neem. N'acheter que l'huile de neem de première pression à froid, qui contient le principe actif du neem, l'azadirachtine (ne pas utiliser d'huile ayant subi un traitement par la chaleur). Elle est commercialisée sous les marques Neemguard®, Triact®, Huile de brillance®, Neem Oil® et Einstein Oil®.
Indication : efficace contre les araignées rouges, les larves de mouches du terreau et les pucerons. Elle prévient aussi le développement des moisissures comme l'oïdium et la rouille.
Préparation : à mélanger juste avant l'emploi dans une eau au pH inférieur à 7 avec un agent adhérant/dispersant (produit pour la vaisselle par exemple). Agiter constamment pendant l'utilisation pour maintenir en émulsion. Jeter le surplus.
Application : pulvériser sur le feuillage surtout sur la face inférieure où vivent les araignées rouges. En appliquer tous les quelques jours afin que les larves qui viennent d'éclore en ingèrent immédiatement. Pulvériser en abondante quantité pour que les araignées n'aient pas d'autre choix que d'en manger. Éviter la pulvérisation quelques jours avant la récolte car certains horticulteurs rapportent qu'elle laisse un mauvais goût si elle est administrée juste avant la récolte.
Persistance : en pulvérisation, elle reste sur le feuillage jusqu'à un mois ou jusqu'au lavage. Elle reste dans le système de la plante pendant près d'un mois si elle est absorbée par les racines.
Forme : concentré émulsifiable.
Toxicité : reconnue toxique pour les insectes bénéfiques. Non toxique pour l'homme.
Précaution : irrite les yeux. Porter un masque et des gants.
Les produits à base de neem ont de nombreuses autres applications (voir www.neemfoundation.org et www.hometown.aol.com/neemassoc).

Huile d'horticulture

Composition : souvent méconnue, et oubliée en tant qu'insecticide et acaricide, l'huile d'horticulture connaît un regain de popularité parmi les horticulteurs en intérieur. Similaires à l'huile minérale médicinale, les huiles d'horticulture sont faites à partir d'huiles animales (poissons), de plantes ou de graines et d'huiles pétrolifères raffinées dont l'essentiel de la portion toxique aux plantes a été éliminée. L'huile fine (viscosité 60–70) est moins toxique pour les plantes. L'huile végétale est aussi une huile d'horticulture.
Indication : pratiquement invisible, l'huile d'horticulture tue les insectes suceurs immobiles ou qui se déplacent lentement, les araignées rouges et leurs œufs par étouffement, suffocation ainsi qu'en altérant généralement leur cycle de vie.
Mise en garde : ne jamais utiliser d'huile lubrifiante comme les huiles pour moteur.
Préparation : mélanger les 3/4 d'une cuillère à thé par litre d'eau – la concentration de la solution doit toujours être inférieure à 1 %. Une concentration supérieure pourrait brûler les tendres feuilles des jeunes pousses.
Application : pulvériser sur le feuillage dans son intégralité, y compris la face inférieure. Appliquer jusqu'à 2 semaines avant la récolte. Si besoin est, répéter les applications (trois sont habituellement nécessaires). Une application tous les 5 à 10 jours contrôle les insectes et les acariens. Les résidus d'huile fine s'évaporent rapidement.
Persistance : disparaît en 1 à 3 jours dans des conditions normales.
Forme : liquide.
Toxicité : insecticide sans danger et non polluant. Peut devenir phytotoxique si elle est

trop lourde (viscosité), appliquée trop généreusement, si la température est inférieure à 21°C ou encore si l'humidité est trop élevée.
Précaution : porter un masque et des gants.

Huile végétale

Composition : acides gras et glycérides.
Indication : l'huile végétale fine tue les insectes suceurs immobiles ou à déplacement lent, les araignées rouges et leurs œufs par étouffement et suffocation ainsi qu'en perturbant leur cycle de vie.
Mise en garde : l'huile végétale n'est pas aussi efficace que l'huile d'horticulture.
Préparation : mélanger 2 gouttes d'huile par litre d'eau (la solution doit rester à concentration inférieure à 1 %).
Application : pulvériser sur l'intégralité du feuillage y compris les faces inférieures des feuilles. Cesser la pulvérisation 2 semaines avant la récolte.
Persistance : plusieurs jours.
Forme : liquide.
Toxicité : non toxique pour les mammifères et les poissons.
Précaution : porter un masque et des gants.

Neem

Composition : Le neem est utilisé en médecine ayurvédique et comme insecticide en Inde et en Asie du Sud-Est depuis plus de 4 siècles. Extrait de l'arbre neem indien (*Azadirachta indica*) ou du lilas des Indes (*Melia azedarach*), le neem interfère avec le cycle de vie des insectes. Ces arbres sont connus pour être « la pharmacie du village », procurant des remèdes aux hommes et aux animaux ainsi qu'un moyen sûr de lutte contre de nombreux ravageurs et champignons. La poudre de neem est faite à partir des feuilles. Le principe actif, l'azadirachtine, déroute les hormones de croissance des insectes qui n'arrivent pas à une maturité suffisante pour se reproduire. Le neem est particulièrement efficace contre les jeunes insectes et se trouve en différentes concentrations. Il contient aussi les précieux N/P/K et des oligoéléments.
Indication : particulièrement efficace contre les chenilles et autres insectes immatures, y compris les larves de mouches blanches, celles des mouches du terreau, des cochenilles farineuses et des mouches mineuses.
Mise en garde : le neem n'est pas aussi efficace contre les araignées rouges que l'huile de neem.
Préparation : souvent mélangé à de l'huile de ricin. Préparer juste avant l'utilisation dans une eau de pH 7 et utiliser un agent adhérant/dispersant. Agiter constamment lors de la pulvérisation pour maintenir en émulsion. Jeter le surplus.
Application : pulvériser, tremper la plante dans la préparation, ou en ajouter à la solution nutritive pour que le neem pénètre les tissus de la plante et ait une action systémique. Donne de meilleurs résultats dans les pièces à 60 % d'humidité et plus.
Persistance : utilisé en pulvérisation sur les feuilles, le neem reste sur le feuillage jusqu'à près d'un mois ou jusqu'à ce qu'il soit lavé. Il reste dans le système de la plante jusqu'à un mois quand il est absorbé par les racines.
Forme : concentré émulsifiable.
Toxicité : non toxique pour les abeilles, les poissons et les vers de terre. Non toxique pour les insectes bénéfiques aux concentrations qui tuent normalement les insectes nuisibles.
Précaution : irrite les yeux. Porter un masque et des gants.

Pesticides maison

Composition : une odeur forte, un goût piquant et une poudre ou un liquide dessicatif sont les principaux ingrédients des concoctions pesticides ou fongicides maison.
Indication : les préparations artisanales luttent contre les ravageurs y compris les pucerons, les thrips, les araignées rouges, les cochenilles etc.
Mise en garde : prudence lorsqu'une nouvelle formule est à l'essai. Faire un essai sur une seule plante et attendre quelques jours pour en mesurer les effets avant d'en appliquer à toutes les plantes.
Préparation : élaborer une formule concentrée en mélangeant les ingrédients répulsifs avec un peu d'eau dans un mixer. On passe ensuite ce mélange concentré à travers un bas Nylon ou une toile fine et on le dilue avec de l'eau avant de l'administrer aux plantes.
Application : pulvériser sur le feuillage jusqu'à ce qu'il ruisselle.
Persistance : quelques jours.
Forme : liquide.
Toxicité : Les doses mortelles pour les ravageurs sont en général non toxiques pour les humains.
Précaution : porter un masque, des gants et couvrir la peau et les cheveux. Éviter tout contact avec les yeux, le nez, les lèvres et les oreilles.

Ingrédients pour pesticides maison

Agrumes
Les huiles essentielles d'agrumes (citron, orange, pamplemousse) ont un effet insecticide remarquable.

Ail
Utiliser un presse ail pour en extraire le jus et l'incorporer au mélange. À utiliser sans modération.

Alcool
Utiliser de l'alcool à brûler. À faire entrer dans la composition des préparations à pulvériser pour une action desséchante sur les insectes.

Cannelle
Diluer de l'huile essentielle de cannelle dans de l'eau. N'en utiliser que quelques gouttes pour un demi-litre comme insecticide.

Chaux hydratée
Mélanger la chaux dans de l'eau jusqu'à saturation pour une action fongicide.

Détergent
Les produits pour la vaisselle ou le savon mou (le savon noir) s'utilisent comme insecticide et comme agent humectant. Diluer dans l'eau.

Eau de Javel
Utiliser une solution à 5 % comme désinfectant général.

Huile végétale
Toutes les huiles de table sont principalement composées d'acides gras et de glycérides. À mélanger à de l'alcool pour l'émulsifier dans l'eau. Excellent ingrédient.

Menthe
L'huile essentielle de menthe fait fuir les insectes. Diluer quelques gouttes par demi-litre d'eau.

Origan
Hacher la plante fraîche et l'utiliser comme répulsif, mélangée à de l'eau.

Piment
Diluer du Tabasco® ou tout autre produit concentré dans de l'eau.

Raifort
Odeur forte. Utiliser la racine fraîche, comme l'ail.

Tabac
Mélanger le tabac à de l'eau chaude pour en extraire l'alcaloïde toxique. Ne pas le faire bouillir. Diluer le concentré avec de l'eau.

Chauffer ou cuire les préparations peut détruire les composants actifs. Pour extraire les principes actifs, hacher la plante et la faire macérer dans de l'huile minérale pendant 1 ou 2 jours. Ajouter cette huile à de l'eau après l'avoir préalablement mélangée à un peu de détergent (produit pour la vaisselle) pour l'émulsifier. Les savons et détergents biodégradables sont de bons agents humectants/adhérents à incorporer dans ces préparations artisanales. Le savon liquide (type savon noir) se dissout mieux si 1 cuillère à thé d'alcool par litre d'eau y est ajoutée.

Les fleurs de chrysanthèmes, de soucis et de capucines, l'ail, la ciboulette, le piment, le jus d'insectes (prélever quelques-uns des insectes dont on désire se débarrasser et les passer au mixer), le raifort, la menthe, l'origan, les feuilles de tomates et les résidus de tabac repoussent tous les insectes y compris les pucerons, les chenilles, les acariens et les mouches blanches.

Les préparations à pulvériser faites avec des insectes broyés au mixer et émulsifiées dans de l'eau ont la réputation de repousser les insectes en question. À utiliser pour les gros insectes. Ne pas mélanger ce jus d'insectes à d'autres ingrédients, sauf de l'eau. Les propriétés insecticides de cette préparation se dégradent vite si elle est mélangée à d'autres ingrédients. Les mélanges qui contiennent du tabac tuent les ravageurs s'ils sont assez concentrés. Ces mélanges peuvent varier en proportions mais il faut toujours filtrer le concentré avant de le diluer dans de l'eau pour la préparation finale. La filtration évite notamment de boucher le pulvérisateur.

Recettes de pesticides maison

Recette 1
Mélanger 3 cuillères à soupe de chacun des ingrédients suivants : alcool à brûler, jus de citron, jus d'ail, jus de raifort, savon liquide. Ajouter quelques gouttes de Tabasco® et d'huiles essentielles de menthe et de cannelle. Mélanger tous les ingrédients dans un bol jusqu'à émulsion. Diluer cette émulsion à raison d'une cuillère à thé par demi-litre d'eau et mélanger dans un shaker. C'est une préparation puissante.

Recette 2
Mettre 1 cuillère à thé de piment ou de Tabasco® et quatre gousses d'ail dans un mixer avec un demi-litre d'eau et mixer. Filtrer à travers un bas Nylon ou une toile fine avant d'utiliser en pulvérisation.

Recette 3

Une préparation composée de 1/8 à 1/4 de tasse de chaux hydratée combinée à un litre d'eau donne une pulvérisation efficace contre les insectes et les acariens. Mélanger un savon non caustique à la chaux. Le savon agit à la fois comme agent adhérant et insecticide. La chaux peut être toxique pour les plantes à forte dose. Toujours tester la pulvérisation sur une plante témoin et attendre quelques jours pour vérifier qu'aucun effet secondaire nocif ne s'est manifesté avant de pulvériser sur d'autres plantes.

Recette 4

L'eau de Javel est un bon fongicide général, mais il ne faut pas l'appliquer sur les plantes. Préparer une solution diluée à 5 ou 10 %. Elle est irritante pour les yeux et la peau, il faut donc porter des gants et des lunettes de protection lorsqu'on la manipule. Diluer 1 volume de Javel dans 9 volumes d'eau pour obtenir une solution à 5 %. Diluer 1 volume d'eau de Javel dans 4 volumes d'eau pour obtenir une solution à 10 %. Utiliser cette solution comme désinfectant tout usage pour les outils de jardinage, la chambre de culture et spécifiquement sur les blessures des plantes. L'eau de Javel se dégrade très rapidement et n'a qu'un effet résiduel très limité, voire nul.

Les insecticides maison à pulvériser sont élaborés, entre autres, à partir de liquide vaisselle, d'ail, de piment et d'huile de table mixés avec de l'eau.

Pièges

Les pièges collants, comme White Fly Glue Trap™, les résines Tanglefoot™, les panneaux bleus ou jaunes Chromatic™, peuvent être placés dans des lieux stratégiques permettant aux insectes de se rendre d'un point à un autre. Lorsqu'ils s'y posent, ils y restent collés.

Indication : maintient la population des araignées rouges et autres insectes aptères (non ailés) dans les limites acceptables. Maîtrise le développement des populations de mouches du terreau et aide dans la lutte contre les thrips. Les autres insectes se font coller par accident.

Mise en garde : ne jamais toucher les substances collantes car elles sont difficiles à retirer.

Préparation : suivre les instructions.

Application : placer les pièges, étaler les résines ou les glues sur le pourtour du pot, à la base de la tige et aux extrémités des fils lors du séchage pour créer une barrière pour les acariens et les insectes. Cette simple précaution aide à tenir les acariens en respect. Cependant, les araignées rouges, pleines de ressources, peuvent tisser un fil au bout duquel elles se balancent pour franchir l'obstacle, ou encore surfer de plante en plante sur les courants d'air créés par les ventilateurs.

Persistance : jusqu'à ce qu'elles soient retirées ou complètement saturées d'insectes morts.

Forme : glue.

Toxicité : non toxique pour les mammifères et les insectes. Les insectes et les acariens pris au piège meurent de faim.

Précaution : porter des gants.

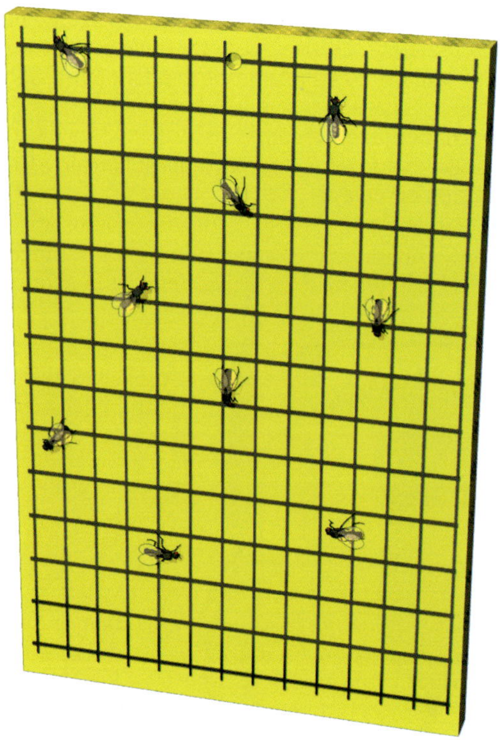

Les insectes volants restent englués sur les pièges collants.

Pyrèthre et pyréthrines

Composition : les pyréthrines, les plus connus des pesticides botaniques, sont extraits des fleurs de pyrèthre, plante du genre chrysanthème (*Chrysanthemum coccineum* et *C. cinerariifolium*). Les pyréthrines (pyréthrines, cinérines et jasmolines) sont des insecticides de contact. Il faut faire la distinction entre le pyrèthre, plante dont on extrait les pyréthrines, et les pyréthroïdes de synthèse fabriqués par l'homme (voir ci-dessous). Le pyrèthre est souvent associé au ryania pour une efficacité accrue.
Indication : insecticide de contact à large spectre, le pyrèthre tue les pucerons, les aleurodes (mouches blanches), les araignées rouges et autres insectes, y compris ceux qui sont bénéfiques. Très efficace contre les insectes volants, à condition de leur administrer une dose suffisante pour que la paralysie provoquée ne soit pas temporaire.
Mise en garde : ne pas mélanger le pyrèthre au soufre, à la chaux, au cuivre ou aux savons. Le pH élevé de ces substances le rendrait inefficace. Le cas échéant, les éliminer en lavant le feuillage avec de l'eau (au pH inférieur à 7) avant d'appliquer le pyrèthre.
Préparation : mélanger à de l'eau dont le pH est inférieur à 7 et utiliser un agent dispersant/adhérant (produit pour la vaisselle par exemple).
Application : pulvériser localement sur les plantes infestées. Les aérosols sont plus efficaces, surtout sur les araignées rouges, mais ils peuvent brûler le feuillage (la pulvérisation est glacée) s'ils sont tenus à moins de 30 cm de distance. Les aérosols contiennent souvent un agent synergique, le pipéronyl-butoxide (PBO) ou le MGK 264, toxique pour l'homme. Les pyréthrines se dégradent très vite au contact de l'air, de la lumière du jour ou de l'éclairage HID et perdent alors toute efficacité. Pulvériser sur les plantes en fin de journée, juste avant d'éteindre les lampes HID, et laisser ventilateurs et extracteurs éteints pour la nuit. Un fabricant propose du pyrèthre encapsulé en aérosol sous l'appellation Exclude®. Lors de la pulvérisation, une bulle se forme autour de chaque goutte de pyrèthre pulvérisé. Cette bulle protectrice empêche la dégradation du pyrèthre et prolonge sa durée de vie pendant plusieurs jours. Quand un insecte ravageur touche la bulle, elle éclate et libère le pyrèthre.
Persistance : efficace pendant quelques heures après l'application si les lumières sont allumées. L'efficacité est prolongée si l'application est faite en début de période nocturne et que la ventilation est éteinte.
Forme : poudre soluble, liquide, poudre, appât granuleux et aérosol.
Toxicité : non toxique pour l'homme et les animaux quand il est ingéré, il devient toxique pour l'homme quand il est inhalé. Il est toxique pour les poissons et les insectes bénéfiques.
Précaution : porter un masque et une tenue de protection lors de la pulvérisation, particulièrement à l'aérosol, mais aussi dans tout autre cas où l'insecticide risque d'être inhalé. Les aérosols contiennent du PBO et du MGK 464 qui risquent d'être inhalés et sont considérés comme cancérigènes.

Pyréthroïdes de synthèse

Composition : les pyréthroïdes de synthèse (comme la perméthrine et la cyperméthrine) sont des analogues synthétiques des pyréthrines naturels. Ils agissent comme insecticides de contact à large spectre. Il existe plus d'une trentaine de pyréthroïdes de synthèse disponibles sous différentes formules. La deltaméthrine se présente sous la forme d'une peinture collante qui est utilisée comme piège sur les tiges et les objets colorés. Parmi les autres pyréthroïdes, on trouve l'alléthrine, la cyflutrine, la fenpropathine, la phénothrine, la sumithrine, la résimithrine et la téfluthrine.

Indication : pucerons, aleurodes (mouches blanches), thrips, scarabées, cafards, chenilles et araignées rouges.

Note : de nombreux insectes et acariens sont résistants aux pyréthroïdes de synthèse.

Mise en garde : les pyréthroïdes tuent sans distinction les insectes bénéfiques et les abeilles.
Préparation : suivre les instructions indiquées sur l'emballage.
Application : suivre les instructions. Voir « application » du pyrèthre, ci-contre.
Persistance : 1 à 3 jours. Les pyréthroïdes plus récents comme la perméthrine restent actifs plus longtemps.
Forme : poudre, liquide, aérosol.
Toxicité : toxiques pour tous les insectes. Légèrement toxique pour les mammifères.
Précaution : porter un masque et une tenue de protection lors des pulvérisations, surtout par aérosol, ou de toute autre préparation susceptible d'être inhalée. Les aérosols contiennent du pipéronyl-butoxide (PBO) ou du MGK 464, tous deux toxiques et considérés comme cancérigènes, qui sont facilement inhalés.

Quassia

Composition : substance extraite du bois amer d'une plante tropicale d'Amérique du Sud, le quassia (*Quassia amara*), et de l'arbre de paradis (*Ailanthus altissima).*
Indication : poison paralysant qui agit par ingestion ou par contact sur les insectes à peau souple comprenant les pucerons, les mineuses des feuilles et certaines chenilles.
Préparation : se présente sous forme d'écorce, de copeaux de bois. Faire tremper 170 g de copeaux par demi-litre d'eau pendant 24 heures puis porter à ébullition pendant 2 heures. Ajouter un savon à base de potassium pour en accroître l'efficacité. Filtrer et laisser refroidir avant de pulvériser.
Application : pulvériser sur le feuillage jusqu'à saturation.
Persistance : 2 à 5 jours à la surface des plantes.
Forme : écorce et copeaux.
Toxicité : sans danger pour les mammifères (et probablement pour les insectes bénéfiques).
Précaution : porter un masque et des gants.

Roténone

Composition : extraite des racines de plusieurs légumineuses *(Derris, Lonchocarpus* et *Tephrosia*), c'est un insecticide qui agit par contact et par ingestion. C'est un poison lent pour le système nerveux.
Indication : lutte non sélective contre les scarabées, les chenilles, les mouches, les moustiques, les thrips, les charançons et les insectes bénéfiques, mais d'action extrêmement lente : selon certaines recherches, les insectes peuvent en consommer jusqu'à 30 fois la dose mortelle avant de mourir !
Mise en garde : tue les insectes bénéfiques. Des recherches récentes indiquent que la roténone pourrait être toxique pour l'homme et liée à la maladie de Parkinson. **À éviter !**
Préparation : suivre les instructions indiquées sur l'emballage.
Application : suivre les instructions indiquées sur l'emballage.
Persistance : se dégrade en 3 à 10 jours.

Forme : poudre, poudre à dissoudre, liquide.
Toxicité : indéterminée pour les mammifères. Une exposition chronique pourrait induire la maladie de Parkinson. Toxique pour les oiseaux, les poissons et les insectes bénéfiques.
Précaution : porter un masque et des gants et couvrir la peau et les cheveux. Éviter le contact avec la peau.

Ryania

Composition : cet alcaloïde est un poison stomacal et de contact extrait de la tige et des racines de l'arbuste tropical *Ryania speciosa.*
Indication : toxique pour les pucerons, les thrips, les pirales du maïs, les foreurs, les coléoptères sauteurs, les chrysopes vertes, et de nombreuses chenilles. Une fois que les ravageurs en consomment, ils cessent de s'alimenter et meurent en 24 heures.
Mise en garde : légèrement toxique pour les insectes bénéfiques et les mammifères.
Préparation : suivre les instructions indiquées sur l'emballage.
Application : suivre les instructions indiquées sur l'emballage. Administrer par poudrage.
Persistance : 2 semaines ou plus.
Forme : poudre ou poudre hydrosoluble.
Toxicité : toxique pour les mammifères, les oiseaux, les poissons et les insectes bénéfiques.
Précaution : porter un masque, des gants, des lunettes de protection et couvrir la peau et les cheveux. Éviter le contact avec la peau.

Sabadilla

Composition : cet alcaloïde est extrait des feuilles d'un lys tropical, le *Schoenocaulon officinale*, originaire d'Amérique centrale et du Sud, et d'un ellébore européen le *Veratum album.*
Indication : poison stomacal et de contact utilisé depuis des siècles contre les pucerons, les scarabées et les sauterelles.
Mise en garde : très toxique pour les abeilles et assez toxique pour les mammifères.
Préparation : suivre les instructions indiquées sur l'emballage.
Application : efficacité maximale quand il est appliqué à une température de 24 à 27°C. Suivre les instructions indiquées sur l'emballage.
Persistance : 2 à 3 jours.
Forme : poudre, liquide.
Toxicité : plutôt toxique pour les mammifères ; toxique pour les abeilles.
Précaution : porter un masque, des gants, des lunettes de protection et couvrir la peau et les cheveux. Éviter le contact avec la peau, les yeux, le nez et les oreilles. Irrite les yeux et le nez.

Savons liquides ou mous

Composition : les savons liquides, ou mous comme le savon noir, sont fabriqués à partir d'acides gras d'origine animale ou végétale, et sont biodégradables.
Indication : les insectes à peau souple comme les pucerons, les cochenilles, les araignées rouges, les thrips et les aleurodes (mouches blanches) dont ils bouchent les membranes corporelles.

Mise en garde : ne pas utiliser de savons décapants, trop caustiques.
Préparation : ajouter quelques cuillères à thé de savon noir à un litre d'eau pour faire une pulvérisation. Les savons liquides doux peuvent aussi être utilisés comme agent adhérant/dispersant à incorporer dans les autres préparations pour augmenter leur adhérence.
Application : pulvériser dès l'apparition d'insectes nuisibles. Répéter les pulvérisations tous les 4 à 5 jours.
Persistance : les savons doux se dégradent en 1 ou 2 jours.
Forme : liquide ou semi-liquide.
Toxicité : sans danger pour les abeilles, les animaux et l'homme.
Précaution : porter un masque et des gants.

Soufre

Composition : soufre. Mélangé à de la chaux, le soufre est plus toxique pour les insectes mais également pour les plantes.
Indication : fongicide utilisé depuis des siècles, il est efficace contre les rouilles et l'oïdium.
Mise en garde : ne pas appliquer si la température dépasse 27°C et que l'humidité est inférieure à 50 % sous peine de brûler le feuillage.
Préparation : suivre les instructions indiquées sur l'emballage.
Application : appliquer en faible concentration. Phytotoxique, surtout en période chaude (27°C et plus) et sèche.
Persistance : reste sur le feuillage jusqu'au lessivage.
Toxicité : non toxique pour les abeilles, les oiseaux et les poissons.
Précaution : porter un masque, des gants, des lunettes de protection et couvrir la peau et les cheveux. Éviter le contact avec la peau, les yeux, le nez et les oreilles. Irrite les yeux, les poumons et la peau.

Tabac et nicotine

Composition : la nicotine dérivée du tabac (*Nicotiana tabacum*) est un insecticide non persistant. C'est un poison stomacal, respiratoire et de contact. Ce composé très toxique affecte le système neuromusculaire des ravageurs, provoquant des convulsions et la mort. Le sulfate de nicotine en est la forme la plus courante.
Mise en garde : puissant poison à n'avaler en aucun cas. Éviter le contact avec la peau. Ne pas utiliser à proximité des plantes de la famille des solanacées (aubergine, tomate, poivron, pomme de terre, etc.) qui pourraient contracter le virus de la mosaïque du tabac.
Indication : insectes piqueurs/suceurs et insectes mâcheurs.
Préparation : utiliser un agent dispersant/adhérant.
Application : rarement phytotoxique lorsque les indications sont respectées. Combiner à du savon insecticide pour en accroître l'effet.
Persistance : 1 semaine à 10 jours.
Forme : liquide.
Toxicité : bien que dérivée d'une plante, la nicotine est très toxique pour la plupart des insectes bénéfiques, les abeilles, les poissons et les humains lorsqu'elle est ingérée sous forme concentrée.
Précaution : porter masque et gants. Éviter le contact avec la peau et les yeux.

Terre de diatomées

Composition : la terre de diatomées naturelle est composée des restes de coques siliceuses fossilisées de microscopiques algues brunes unicellulaires appelées diatomées. Elle contient 14 oligoéléments sous forme chélatée (disponible).
Indication : bien que non répertoriée parmi les pesticides et les fongicides, la terre de diatomées a une action abrasive sur la couche cireuse des carapaces et la peau des ravageurs, y compris des pucerons et des limaces, ce qui provoque une fuite des liquides corporels. Après ingestion, les particules aux contours coupants comme des rasoirs entaillent les intestins des ravageurs et provoquent leur mort.
Mise en garde : ne pas utiliser la terre de diatomées de piscine. Traitée chimiquement et par la chaleur, elle contient de la silice cristalline dangereuse pour la santé en cas d'inhalation car le corps est incapable de dissoudre cette silice cristalline, qui provoque une irritation chronique.
Préparation : aucune. Saupoudrer ou encercler les plantes attaquées pour créer une barrière.
Application : appliquer en pulvérisation en cas d'invasion de ravageurs.
Persistance : persiste sur le feuillage pendant quelques jours ou jusqu'au lavage.
Forme : poudre.
Toxicité : les vers de terre, les animaux, les humains et les oiseaux peuvent ingérer la terre de diatomées sans effets nocifs. Éviter le contact avec les yeux et la peau.
Précaution : porter un masque et des lunettes de protection lors de la manipulation afin de prévenir les irritations respiratoires et oculaires.

CLASSIFICATION EPA
SELON LE DEGRÉ DE TOXICITÉ AIGUË DES PESTICIDES

CLASSE	EFFETS SUR LES YEUX	EFFETS SUR LA PEAU	DOSE LÉTALE (MORTELLE) POUR UN RAT (MG/KG)		
			INHALÉE	DERMIQUE	ORALE
IV	• Pas d'irritation	Petite irritation pendant 72 heures	> 20	> 20 000	> 5 000
III	• Irritation réversible sous 7 jours	Irritation modérée pendant 72 heures	> 2	> 2 000	> 500
II	• Irritation persistante pendant 7 jours • Opacité de la cornée réversible sous 7 jours	Irritation grave pendant 72 heures	> 0,2	> 200	> 50
I	• Corrosif • Opacité irréversible de la cornée	Corrosif	< 0,2	< 200	< 50

Les produits de classe I sont des poisons violents (le simple fait d'en goûter peut être mortel). Les produits de classe II sont également des poisons violents (une dose de 1 cuillère à thé à 1 cuillère à soupe est mortelle). Les produits de classe III et IV sont eux aussi mortels, mais à des doses beaucoup plus importantes.

NIVEAU DE TOXICITÉ DES PESTICIDES NATURELS

INGRÉDIENT ACTIF	FORME	TOXICITÉ EPA
Bacillus	G, P, PH	IV
Bicarbonate de soude	P	IV
Huile pour l'horticulture	H	IV
Hypochlorite de sodium (eau de Javel)	L	II, III
Neem	H, LE	IV
Pyréthrines	A, L, PH	III, IV
Quassia	PH	IV
Roténone	P, PH, LE	II, III
Ryania	P, PH	IV
Sabadilla	P	IV
Savon insecticide	L	IV
Soufre	P, PH	IV
Sulfate de cuivre (bouillie bordelaise)	P, PH	III
Sulfate de cuivre/chaux	P, PH	III
Sulfate de nicotine	L, P	II
Terre de diatomées	P	IV

A = aérosol, L = liquide, P = poudre, PH = poudre humectable, LE = liquide émulsifiable, H = huile, G = granules.

INSECTICIDES ET ACARICIDES CHIMIQUES SYSTÉMIQUES

PRODUIT ACTIF	APPELLATION COMMERCIALE*	TOXICITÉ EPA	NOTES
Abamectine	Avid®	III	Produit par des champignons du sol (les Streptomyces)
Acephate	Orthene®	II	Insecticide/acaricide systémique Ne pas utiliser
Aldicarb	Temik®	I	Acaricide systémique Ne pas utiliser
Dicofol	Ketlthane®	IV	Acaricide de la famille du DDT Ne pas utiliser
Dienochlore	Pentac®	III	Action lente mais ciblée sur les araignées rouges
Méthomyle	Subdue®	III	Insecticide systémique Ne pas utiliser

** Toutes les appellations commerciales ne sont pas listées. Regarder sur l'emballage pour connaître le nom du produit chimique actif. Règle de base : ne pas utiliser de produits systémiques.*

PESTICIDES CHIMIQUES SYSTÉMIQUES

APPELLATION	EMPLOI
Avid	Insecticide
Carbaryl	Fongicide
Funginex	Fongicide
Griséofulvine	Fongicide
Nitrates	Engrais foliaire
Orthene	Insecticide
Pentac	Acaricide
Streptomycine	Bactéricide
Temik	Fongicide, bactéricide, acaricide
Tetracycline*	Bactéricide
Vitavax	Fongicide

* *Ce pesticide est semi-systémique.*

TRAITER LES PLANTES PAR PULVÉRISATION

N'utiliser que des pulvérisations dont l'utilisation est approuvée pour la consommation humaine. **Ne jamais utiliser de produits chimiques systémiques, trop toxiques.** Lire l'étiquette attentivement, et jusqu'au bout, avant toute pulvérisation. La toxicité et la vie active du produit figure sur l'étiquette. **Attendre au moins deux fois plus longtemps que ce qui est conseillé et rincer abondamment les parties à consommer.** En l'absence de soleil et autres facteurs naturels, les produits toxiques mettent au moins deux fois plus longtemps à se dégrader en intérieur qu'en extérieur.

Pour les mesures, utiliser un verre gradué propre et doser avec précision.

Contrairement aux engrais que l'on peut utiliser plusieurs semaines après les avoir préparés, les pesticides se préparent juste avant l'utilisation. Après usage, se débarrasser avec soin du surplus.
Les poudres humectables et les cristaux solubles doivent être dissous dans une petite quantité d'eau chaude avant que le reste de l'eau tiède soit incorporé.

Les pesticides naturels sont eux aussi toxiques (*naturellement* toxiques) et doivent être utilisés avec modération. Toute pulvérisation d'un produit chimique est à éviter dans un espace clos ; si elle est inévitable, la faire avec le plus grand soin.

Les pulvérisations peuvent être une aide précieuse, à condition de ne pas en abuser. Toute pulvérisation bouche partiellement les stomates des plantes et ralentit leur croissance. Dans les 24 à 48 heures après une pulvérisation, soigneusement rincer à l'eau les deux faces des feuilles jusqu'à ce qu'elles ruissellent. Dans les semaines qui précèdent la récolte, éviter tout recours aux traitements qui laissent un dépôt résiduel. Les pulvérisations augmentent les risques d'apparition de la pourriture grise (botrytis) lorsque des fleurs denses sont déjà formées.

On dit qu'une pulvérisation est phytotoxique lorsqu'elle endommage les plantes. Un feuillage brûlé, ou flétri, est un symptôme de phytotoxicité. Par précaution, procéder à la pulvérisation sur une seule plante et attendre quelques jours. Si elle semble avoir souffert, diluer la pulvérisation de moitié. Arroser les plantes avant tout traitement. La phytotoxicité d'un produit est moindre quand les tissus des plantes sont hydratés.

Lors de la pulvérisation, porter un masque de protection, surtout avec les aérosols. Traiter le matin pour que le feuillage ait le temps de sécher. Attention : pulvériser moins de 2 heures avant l'extinction des lampes augmente les risques d'apparition de champignons.
Traiter la plante entière : les deux faces des feuilles, la tige, le support de culture et le pot. Attention aux jeunes pousses qui sont facilement brûlées par les produits agressifs.

Un petit pulvérisateur de 1 ou 2 litres, muni d'un embout qui se dévisse et se nettoie, convient parfaitement. Garder un trombone à portée de main pour déboucher l'embout au besoin. Un pulvérisateur d'une contenance de 4 à 8 litres convient mieux pour les espaces plus importants. La lance et la pomme d'arrosage raccordées à un tuyau flexible facilitent la pulvérisation de la face inférieure des feuilles, celle où vivent la plupart des insectes. Les cuves en plastiques ont l'avantage de ne pas rouiller.

Les pulvérisateurs électriques sont précieux pour les grandes surfaces. La pulvérisation se fait à pression forte et constante, ce qui permet une bruine très fine.

Soigneusement laver le matériel après chaque utilisation. On peut utiliser le même récipient pour les engrais et les insecticides.
Ne jamais mélanger un insecticide à un fongicide ou à quoi que ce soit. Mélanger des produits chimiques entre eux risque de provoquer une réaction imprévue.

Note : techniquement, les **pesticides** (terme générique) regroupent les **insecticides** (qui tuent les insectes), les **acaricides** (qui tuent les acariens), et les **fongicides** (qui détruisent champignons et moisissures) ; mais le langage courant ne distingue pas les araignées et acariens (qui ont huit pattes) des insectes (qui en ont six), et le terme insecticide est utilisé globalement. Les pesticides peuvent être naturels (produits par la nature) ou synthétiques (élaborés par l'homme). Les pesticides systémiques pénètrent le système de la plante, contrairement aux pesticides de surface qui peuvent être lessivés.

Un pulvérisateur de taille importante permet d'obtenir une bonne pression et une bruine plus fine.

AVERTISSEMENT

Prendre le temps d'écarter soigneusement les lampes HID avant toute pulvérisation. La moindre goutte du liquide froid sur l'ampoule chaude pourrait la faire exploser, avec un risque de brûlure des yeux ou de la peau. Si l'ampoule se brise, il faut immédiatement débrancher l'éclairage.

RÈGLE D'OR

Isoler la chambre de culture en installant des moustiquaires aux entrées et sorties.

AVERTISSEMENT

Les produits toxiques mettent deux fois plus longtemps à se dégrader en intérieur qu'en extérieur.

Lutte biologique

On appelle lutte biologique l'introduction d'espèces parasites ou prédatrices des insectes ravageurs contre lesquels on lutte. Les insectes et acariens utilisés pour endiguer la prolifération des insectes ravageurs sont nommés auxiliaires. La disponibilité de ces prédateurs et parasites sur le marché a beaucoup augmenté ces 10 dernières années. Les conditions d'achat, de port, d'utilisation et d'entretien varient d'une espèce à l'autre et sont normalement spécifiées en détail par le fournisseur.

Celui-ci doit pouvoir répondre aux questions suivantes :

- Nom latin de l'insecte ou acarien auxiliaire pour éviter toute confusion sur son identité.
- Ravageur cible.
- Cycle de vie du prédateur ou du parasite.

→ Climat de prédilection (température et humidité).

→ Quantité et fréquence d'introduction.

Par définition, un **prédateur** doit manger plus d'une victime avant l'âge adulte. Les prédateurs sont munis d'organes buccaux destinés à mâcher, comme la coccinelle et la mante religieuse qui mangent leur proie toute entière, ou d'organes buccaux piqueurs/suceurs, comme la larve de chrysope verte qui suce les fluides corporels de sa proie.

En revanche, un **parasite** ne consomme qu'un individu hôte avant d'atteindre l'âge adulte. Une fois adultes, les parasites pondent en général un seul œuf à l'intérieur du corps de nombreux ravageurs. Une fois cet œuf éclos, il en sort une larve qui se met à manger son hôte de l'intérieur, en gardant les organes vitaux pour le dessert. La plupart du temps, la larve devient chrysalide à l'intérieur du corps de l'hôte et n'en sort qu'une fois adulte.

Cette punaise microscopique est un parasite de l'aleurode.

Contrairement aux prédateurs, les parasites chassent jusqu'à ce que la population de leurs proies soit presque entièrement décimée. Les prédateurs, eux, préfèrent être entourés d'une population de proies abondantes. Quand la population des proies commence à diminuer, les prédateurs partent en chercher une mieux fournie. Ils n'éradiquent donc jamais complètement les ravageurs. Pour cette raison, les prédateurs sont surtout utiles comme mesure préventive. Ils mettent du temps à enrayer une invasion.

La vitesse à laquelle les prédateurs et les parasites maîtrisent une invasion est directement proportionnelle à leur nombre par rapport aux proies. Plus ils sont nombreux, et plus ils sont efficaces. Les prédateurs et les parasites se reproduisent très vite, si bien que leur nombre dépasse rapidement celui des proies.

Le site Internet d'une des meilleures compagnies commercialisant les insectes parasites et prédateurs (www.naturescontrol.com) regorge de précieuses informations sur la façon de les introduire. De toute évidence, il faut les récupérer le plus vite possible et ne pas prendre le risque de les faire attendre dans une boîte aux lettres exposée au soleil où la température peut dépasser 50°C.

Lorsque des prédateurs ou des parasites sont introduits dans une chambre de culture, toutes les mesures nécessaires à leur bien-être doivent être prises. On cesse toute pulvérisation insecticide au moins 2 semaines avant leur introduction. Le pyrèthre et les savons peuvent encore être appliqués quelques jours auparavant, à condition que les résidus en soient rincés à l'eau. On cesse évidemment toute pulvérisation après leur introduction.

Les prédateurs et les parasites se plaisent mieux dans les jardins qui ne sont pas stérilisés entre deux cultures. Ceux qui leur conviennent le mieux fonctionnent sur le principe de la récolte continue.

Les prédateurs et parasites qui ne volent pas donnent les meilleurs résultats en intérieur. Les insectes volants ont tendance à foncer droit sur les lampes HID et à s'y griller. Les coccinelles en sont un exemple typique. Si l'on introduit 500 coccinelles le lundi, il ne restera plus, le vendredi suivant, que quelques survivantes. Lorsqu'on introduit malgré tout des prédateurs ou des parasites volants, il faut le faire de nuit pour qu'ils vivent plus longtemps.

Les prédateurs sont souvent très petits et doivent être introduits sur chaque plante individuellement. L'introduction de prédateurs dans un jardin demande un peu de temps et de patience. Les prédateurs ont des exigences climatiques particulières. Il faut être attentif à leurs besoins pour obtenir les meilleurs résultats.

Produits chimiques de synthèse

Il ne faut jamais utiliser de pesticides chimiques de synthèse (fongicides, insecticides ou acaricides) sur les plantes destinées à la consommation humaine. La plupart des pulvérisations qui ne pénètrent pas le système de la plante (et ne sont donc pas systémiques) sont d'usage autorisé sur les plantes destinées à la consommation humaine, moyennant un certain nombre de précautions (voir « Traiter les plantes par pulvérisation », pages 283-284). Ces produits sont cependant toxiques, et mieux vaut les éviter (voir tableaux pages 281-283). Il existe bien des façons de lutter contre les ravageurs et les maladies cryptogamiques sans faire appel aux produits chimiques.

AVERTISSEMENT

Ne pas utiliser de produits systémiques.

Un piège à lumière noire attire et détruit les insectes volants, désirables ou non.

Ravageurs

Abeilles et guêpes

Identification : les abeilles et les guêpes qui piquent mesurent habituellement de 1 cm à plus de 2,5 cm. La plupart d'entre elles, mais pas toutes, ont des rayures jaunes sur l'abdomen. Elles sont attirées par les jardins intérieurs quand le temps commence à se rafraîchir au dehors.

Dégâts : elles n'endommagent pas les plantes mais peuvent être une nuisance en intérieur et leur piqûre fait très mal.

Contrôle : problématiques à l'occasion, les abeilles et les guêpes sont facilement contrôlées à l'aide de pulvérisations.

Lutte mécanique et culturale : elles entrent dans la chambre de culture par les aérations et les fissures, attirées par les plantes en croissance qui représentent pour elles un vrai luxe au milieu du froid hivernal. Grillager toutes les entrées. Installer un plus grand nombre de ventilateurs pour rendre leur vol difficile. Les pièges à guêpes, les pièges collants à mouches et le Tanglefoot™ aident aussi à s'en débarrasser. Elles s'envolent vers les lampes HID qui les attirent, et elles meurent à leur contact.

Lutte biologique : inutile.

Lutte chimique : le pyrèthre est recommandé. Lorsque leurs nids sont petits, on peut les faire glisser dans un pot à large ouverture, la nuit, pendant que les guêpes sont au repos, et les placer dans le freezer pour quelques heures. N'utiliser du Sevin (carbaryl) qu'en cas de problème sérieux avec un nid de guêpes.

Aleurodes (mouches blanches)

Identification : le moyen le plus simple de détecter la présence de ces insectes est de saisir une branche et de la secouer. S'il y a des mouches blanches, elles s'envolent de la face inférieure des feuilles. Les aleurodes sont de petites mouches blanches d'un mm de long. Les adultes sont ailés. Ils apparaissent généralement au sommet de la plante la plus faible puis descendent sur cette plante ou bien volent vers une autre pour l'infester. Les œufs, souvent disposés en cercle, sont pondus sur la face inférieure des feuilles auxquelles ils sont arrimés par de petits crochets.

Dégâts : le dessus des feuilles attaquées par les mouches blanches est parfois marqué de points blanchâtres qui sont les traces laissées par leur succion, comme avec les araignées rouges. La plante perd de sa vigueur et sa production de chlorophylle diminue au fur et à mesure que l'infestation progresse.

Lutte mécanique et culturale : difficiles à éliminer manuellement puisqu'il s'agit d'insectes volants. Les adultes sont attirés par la couleur jaune. On peut fabriquer une plaque anti-aleurodes en étalant une substance collante comme du Tanglefoot® sur un objet de couleur jaune vif. Disposer les pièges au-dessus des pots, au milieu des plantes. Ces pièges donnent de très bons résultats. On les change lorsqu'ils sont saturés d'insectes.

Lutte biologique : la guêpe *Encarsia formosa* est le parasite le plus efficace. Ces petites guêpes n'attaquent que les aleurodes et ne piquent pas l'homme. Comme la guêpe

Encarsia formosa est plus petite que l'aleurode (elle mesure moins d'un millimètre), il lui faut un certain temps pour maîtriser une population d'aleurodes. La guêpe parasite pond un œuf dans la larve d'aleurode. Une fois l'œuf éclos, la larve d'*Encarsia* qui en sort mange la larve d'aleurode de l'intérieur. La mort est lente. Introduire deux parasites par plante dès que la première mouche blanche est détectée. Renouveler l'introduction toutes les 2 à 4 semaines tout au long du cycle de vie des plantes.

Le champignon *Verticillium lecanii* (ou *Cephalosporium lecanii*) dont l'appellation commerciale est Mycotal®, est aussi très efficace contre les aleurodes.

Lutte chimique : la mouche blanche est facilement éradiquée avec des pulvérisations maison appliquées avec 5 à 10 jours d'intervalle. Avant la pulvérisation, retirer toutes les feuilles dont la surface est atteinte à plus de 50 % et les brûler. On peut aussi utiliser du savon noir ou du pyrèthre (en aérosol), appliqués avec un intervalle de 5 à 10 jours.

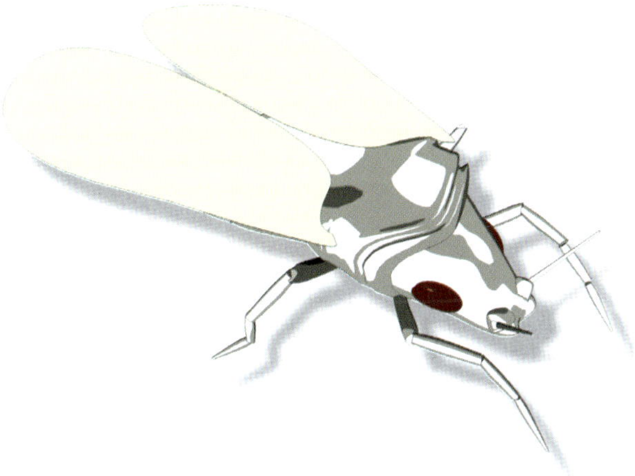

Les minuscules mouches blanches cachées sous les feuilles s'envolent dès qu'on secoue les branches.

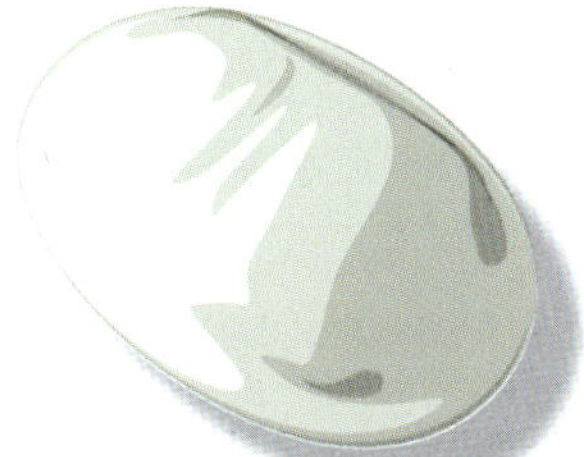

Les œufs des mouches blanches forment de petits points blancs sous les feuilles.

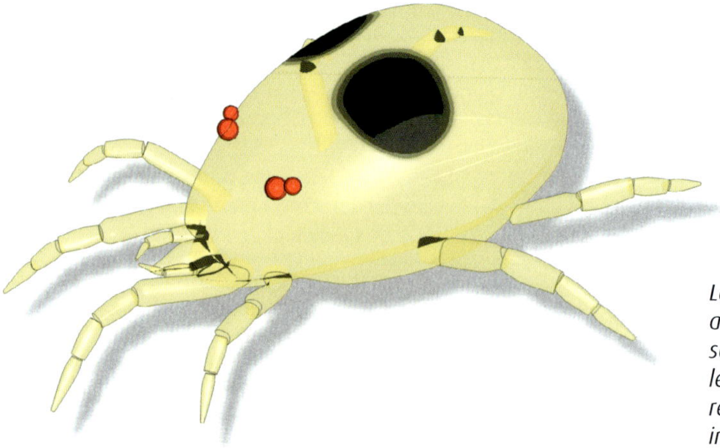

Les microscopiques araignées rouges sont les ravageurs le plus souvent rencontrés en intérieur.

Araignées rouges

Identification : l'araignée rouge est le ravageur le plus fréquemment rencontré en intérieur et celui qui pose le plus de problèmes. Les araignées rouges ont huit pattes et sont classées dans les acariens plutôt que les insectes qui, eux, ont six pattes. On peut observer les microscopiques araignées rouges sur la face inférieure des feuilles où elles sucent la sève des plantes. L'œil inexpérimenté a tout d'abord du mal à les repérer ; elles ne forment qu'un minuscule point sous les feuilles. Cependant, il est facile de repérer la marque de leur présence : la face supérieure de la feuille est criblée de points jaunes/blanchâtres. Une inspection méticuleuse révèle la présence de minuscules toiles d'araignées (bien visibles lorsqu'on pulvérise de l'eau) sur la tige et la face inférieure des feuilles, au fur et à mesure que l'invasion progresse. Une loupe ou un microscope faiblement grossissant (x10 à x30) aide à identifier l'araignée qui peut être de couleur jaune, blanche, brune, rouge ou tachetée de deux points, ainsi que ses œufs transparents. L'araignée la plus souvent rencontrée en intérieur est celle qui porte deux taches. Après un accouplement unique, les femelles sont fertilisées à vie et pondent 75 % d'œufs femelles pour 25 % d'œufs mâles. Une femelle pond environ 100 œufs.

Dégâts : les araignées sucent la sève vitale des plantes provoquant une perte de vigueur et un ralentissement de la croissance. Les feuilles sont d'abord criblées de petites morsures, puis commencent à jaunir car elles ne parviennent plus à produire de chlorophylle. Devenues jaunes, les feuilles tombent. Une fois qu'une plante est envahie, l'invasion progresse à grands pas. Les cas sévères se soldent par la mort de la plante.

Contrôle : la propreté. C'est le point le plus important dans le contrôle de l'araignée rouge. Garder la chambre de culture et les outils propres et désinfectés. Les plantes mères sont souvent porteuses d'araignées rouges. Les pulvériser régulièrement à l'aide d'une préparation contre les acariens, et systématiquement 3 jours avant de prélever des boutures. Une fois qu'une invasion est hors contrôle et que les pulvérisations acaricides restent d'une efficacité limitée, il ne reste plus qu'à vider et nettoyer toute la chambre de culture et à la désinfecter à l'aide d'une préparation acaricide et d'eau javellisée à 5 %. La désinfection par la vapeur est aussi possible mais trop compliquée dans la plupart des cas.

Des petits points blancs criblant les feuilles signalent la présence d'araignées rouges. Celles-ci sucent la sève des plantes et les affaiblissent.

Invisibles au début, les araignées rouges finissent par tisser un épais cocon. Les cas les plus sévères se soldent par la mort de la plante.

Lutte mécanique et culturale : les araignées rouges prospèrent dans un climat chaud et sec, entre 21°C et 27°C, et se reproduisent tous les 5 jours à des températures supérieures à 27°C. Créer un environnement hostile en abaissant la température à 16°C et en pulvérisant un jet d'eau froide sur le feuillage, surtout en dessous des feuilles. Cela arrache littéralement les araignées et, en plus, augmente l'humidité de la pièce. Leur cycle reproductif s'en trouve ralenti et on a encore une chance de les éradiquer avant qu'elles ne causent trop de dégâts. Les retirer à la main peut suffire pour les toutes petites populations. Écraser toutes les araignées visibles entre les doigts et laver les feuilles en les prenant en sandwich entre deux éponges. Prendre soin de ne pas contaminer les autres plantes avec des mains ou une éponge souillées.

Retirer les feuilles lorsque plus de la moitié de la surface est atteinte, et les sortir de la chambre de culture en s'assurant que les acariens et leurs œufs ne risquent pas d'y pénétrer à nouveau. Si les araignées n'ont attaqué qu'une plante ou deux, les isoler et les traiter séparément. Il est très crucial de ne pas contaminer les autres plantes en retirant les feuilles infestées. Toute plante sérieusement atteinte doit être sortie de la chambre de culture et détruite.

Étaler une couche de Tanglefoot™ (résine collante) sur le pourtour des pots et en bas de la tige des plantes pour créer une barrière. Cela aide à cantonner l'invasion.

Lutte biologique : *Neoseiulus (Amblyseius) californicus* et *Mesoseiulus (Phytoseiulus) longipes* sont les deux prédateurs les plus courants et les plus efficaces. Les prédateurs *Phytoseiulus persimilis, Neoseiulus (Amblyseius) fallacius, Galendromus (Metaseiulus) occidentalis, Galendromus (Typhlodromus) pyri* sont aussi disponibles (voir Phytoseiulus System™).

Quand ils sont introduits correctement et bien entretenus, les prédateurs de l'araignée rouge sont efficaces. Il faut, quand on les utilise, prendre en considération plusieurs points. Tout d'abord, les prédateurs ne peuvent consommer qu'un nombre limité d'araignées par jour. Un prédateur moyen ne peut manger que 20 œufs et 5 adultes par jour. Dès que la population sur laquelle le prédateur se nourrit commence à se tarir, certaines araignées prédatrices meurent de faim, alors que d'autres survivent en mangeant d'autres insectes ou du pollen. Consulter le fournisseur pour connaître les conditions d'introduction spécifiques à chaque espèce. En général, 20 prédateurs par plante est un bon début. Les araignées prédatrices ne se déplacent pas facilement d'une plante à l'autre, aussi est-il nécessaire de les introduire sur chaque plante séparément. L'humidité et la température sont des facteurs à réguler pour que les prédateurs prospèrent. Lorsque les araignées rouges ont infesté un jardin, les prédateurs ne peuvent pas les manger assez rapidement pour maîtriser le problème. Les araignées prédatrices sont surtout indiquées pour les petites populations d'araignées rouges. Introduire les prédateurs dès que les araignées sont repérées pendant la croissance végétative et en introduire de nouveau tous les mois, afin de donner une chance aux prédateurs de les contenir. Avant d'introduire les prédateurs, rincer toutes les plantes abondamment afin d'être certain que les résidus de pulvérisations insecticides et fongicides sont éliminés. Le champignon *Hirsutella thompsonii* (nom commercial Mycar®) tue les araignées rouges.

Lutte chimique : les pulvérisations maison (le plus souvent préparées en mélangeant du savon liquide, de l'ail, du piment, de l'huile essentielle de citron et des algues marines liquides) manquent parfois de puissance pour éradiquer une invasion mais peuvent être utilisées pour repousser les araignées.

Si la préparation maison ne suffit pas à les dissuader en 4 ou 5 applications, il faut passer à quelque chose de plus fort : huile de neem, pyrèthre, huile d'horticulture, sulfate de nicotine ou cinnamaldéhyde.

→ Le pyrèthre est le meilleur moyen de lutte contre les araignées rouges. Elles sont éliminées après deux ou trois applications espacées de 5 à 10 jours, si les conditions sanitaires et les mesures de précaution sont respectées. Les œufs éclosent en 5 à 10 jours.
La deuxième pulvérisation est destinée à tuer les insectes qui viennent d'éclore ainsi que les adultes qui auraient survécu à la première. La troisième

application et les suivantes se chargent d'éliminer les nouvelles venues (les araignées développent rapidement une résistance aux pyréthroïdes synthétiques).

→ L'huile de neem donne de bons résultats.

→ L'huile d'horticulture étouffe les œufs et peut être incorporée à des pulvérisations maison ou à du pyrèthre pour accroître les chances d'extermination.

→ Le cinnamaldéhyde, extrait de la cannelle *Cinnamonum zeylanicum*, tue les araignées. Pour augmenter l'action des acaricides (anti-acariens), on peut aussi utiliser une hormone de synthèse qui les attire.

→ Les acaricides chimiques de synthèse destinés à éradiquer les araignées ne sont pas recommandés pour des plantes destinées à la consommation. Au cas où un acaricide de ce type serait néanmoins utilisé, s'assurer qu'il s'agit d'un acaricide de contact et non pas systémique.

ÉTAPE | PAR | ÉTAPE

Lutter contre les araignées rouges

1. Veiller à la propreté : nettoyer la chambre de culture quotidiennement, désinfecter les outils, prendre soin de ne pas introduire d'acariens par des vêtements contaminés, des visites d'animaux domestiques, etc.
2. Créer un environnement hostile : humidité, température, pulvérisation d'eau.
3. Créer des barrières : étaler de la glue sur le pourtour du pot, au pied des tiges, sur les cordes de séchage.
4. Traiter les boutures et les plantes au stade de croissance végétative : tremper les petites plantes dans du pyrèthre, de l'huile d'horticulture, de l'huile de neem.
5. Retirer les feuilles abîmées à plus de 50 %.
6. Pulvérisations au pyrèthre, à l'huile de neem. **Varier les pulvérisations pour éviter que les araignées ne développent une résistance.**
7. Si l'on doit introduire des prédateurs, le faire avant que l'invasion soit hors de contrôle.
8. N'utiliser les acaricides chimiques que si toutes les autres méthodes ont échoué, et jamais de systémiques de synthèse.

RÈGLE D'OR

Utiliser du pyrèthre ou de l'huile de neem contre les araignées rouges.

INTÉRIEUR LUMIÈRE SUPPORTS EAU HYDROPONIE AIR MALADIES CROISSANCE PLANTES SUIVI

Chenilles et arpenteuses

Identification : longues de 1 à 10 cm, les chenilles et les arpenteuses ont la forme de cylindres à pattes. Elles sont souvent vertes mais peuvent être de n'importe quelle autre couleur, du blanc au noir. Les chenilles ont une rangée de pattes des deux côtés, sur toute leur longueur, tandis que les arpenteuses n'ont que deux paires de pattes à chaque extrémité du corps. Les arpenteuses avancent en accordéon, s'arquant pour ramener les pattes arrières jusqu'aux pattes avant. Certaines ont des rayures, des points ou autres motifs qui leur servent de camouflage. Rarement problématiques en intérieur, les chenilles et les arpenteuses se trouvent entre le stade de larve et celui de papillon (de jour ou de nuit). Pour détecter la présence de chenilles ou d'arpenteuses, on peut pulvériser du pyrèthre en aérosol sur une plante, puis la secouer. La pulvérisation ayant un effet anesthésiant fulgurant, la plupart des chenilles tombent de la plante.

Dégâts : elles mâchent et grignotent le feuillage, y laissant des traces de morsures caractéristiques. Certaines chenilles s'enroulent dans les feuilles. Dans un premier temps, une invasion de chenilles ou d'arpenteuses endommage les feuilles et ralentit la croissance. Dans un second temps, elle fait tomber les feuilles et stoppe la croissance des plantes puis peut finir par les tuer.

Lutte mécanique et culturale : les retirer à la main.

Lutte biologique : les guêpes *Trichogramma spp*, et les gendarmes (*Podisus maculiventris*, commercialisé sous le nom de Podibug®).

Lutte chimique : les pulvérisations maison (répulsif, piment, ail), les bactéries *Bt*, et le pyrèthre.

Les chenilles sont rares en intérieur, sauf dans les régions où elles abondent en extérieur.

Contrairement aux chenilles, les arpenteuses n'ont de pattes qu'à l'avant et à l'arrière du corps.

Cicadelles

Identification : parmi les cicadelles, on trouve de nombreux petits insectes de 3 mm de long, en forme de coin, habituellement verts, blancs ou jaunes. Certaines espèces arborent de minuscules rayures sur les ailes et le corps. Les ailes forment comme la charpente d'un toit au-dessus du corps quand elles sont au repos. Les cicadelles sucent la sève des plantes pour se nourrir et sécrètent un miellat collant. Leurs larves s'enroulent dans les feuilles et s'enduisent d'un liquide salivaire (sève de la plante).

Dégâts : criblage du feuillage similaire à celui causé par les araignées rouges et les thrips. Les feuilles et les plantes présentent une perte de vigueur puis, dans les cas sévères, meurent.

Lutte mécanique et culturale : la propreté, encore et toujours.

Lutte biologique : le champignon *Metarhizium anisopliae* est disponible dans le commerce sous l'appellation commerciale Metaquino®.

Lutte chimique : le pyrèthre et la sabadilla.

Les cicadelles sucent la sève des plantes pour se nourrir et sécrètent un miellat collant.

Cochenilles

Les cochenilles farineuses des serres : pas très communs en intérieur, ces insectes d'un blanc cireux, de forme oblongue et mesurant de 2 à 7 mm se déplacent très peu, grandissent lentement et vivent en colonies généralement établies à la fourche des branches. Comme les pucerons, les cochenilles farineuses excrètent un miellat collant.

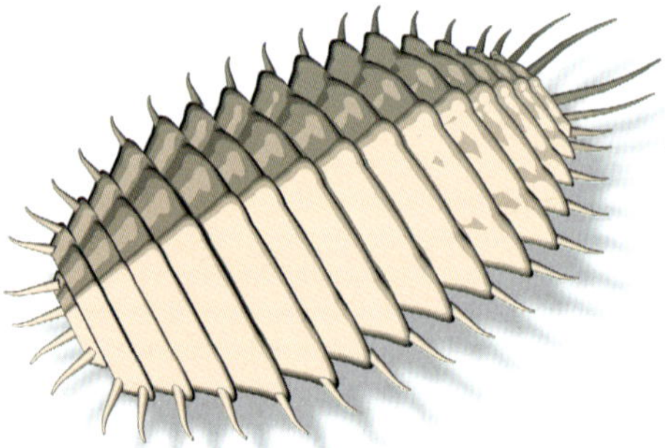

Les cochenilles : aussi peu courantes en intérieur que les cochenilles farineuses, auxquelles elles ressemblent, les cochenilles se comportent de la même façon, mais sont en général plus rondes qu'oblongues. Les cochenilles, fermement collées à leur hôte végétal, peuvent être blanches, jaunes, brunes, grises ou noires. Leur solide coquille protectrice mesure 2 à 4 mm de largeur.

Les cochenilles ne se déplacent pratiquement pas. On détecte leur présence près des embranchements où elles vivent en colonies et où elles sécrètent parfois un miellat collant.

Les cochenilles ne se déplacent pas et adhèrent si fortement aux tiges qu'on a parfois du mal à les décoller.

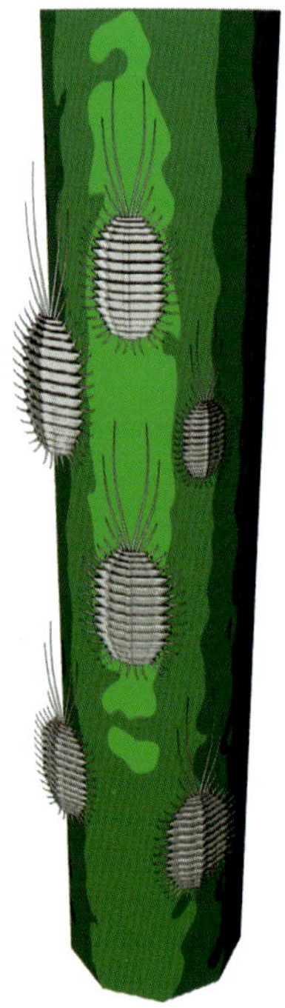

Dégâts : ces ravageurs sucent la sève, ce qui ralentit la croissance des plantes. Elles sécrètent aussi un miellat collant dont les fourmis sont friandes et qui favorise l'apparition d'une moisissure, la fumagine.

Contrôle : ces ravageurs posent peu de problèmes en intérieur. Il est facile de s'en débarrasser manuellement. En intérieur, il est tout à fait exceptionnel d'avoir à recourir aux prédateurs.

Lutte mécanique et culturale : le retrait manuel est un peu fastidieux mais très efficace. On trempe un coton tige dans de l'alcool à brûler et on le frotte sur les cochenilles. Un petit couteau, un ongle ou une pince à épiler peuvent s'avérer nécessaires pour décoller les cochenilles qui restent solidement cramponnées même une fois frottées à l'alcool.

Lutte biologique : il existe de nombreuses espèces de cochenilles. Chacune a ses prédateurs naturels parmi lesquels on compte certaines coccinelles (*Cryptolaemus montrouzieri*) et guêpes prédatrices ou parasites.

Lutte chimique : les pulvérisations maison contenant de l'alcool, de la nicotine et du savon tuent ces ravageurs. Le savon insecticide, le pyrèthre et l'huile de neem sont aussi recommandés.

Coléoptères térébrants

Identification : les larves de plusieurs espèces de coléoptères térébrants creusent des galeries ou des trous dans les tiges et les racines. Leur présence est trahie par un trou d'entrée à la surface de la tige, entouré de matière végétale morte ou de poudre, et par une décoloration. Les coléoptères térébrants se rencontrent plus fréquemment en extérieur qu'en intérieur.

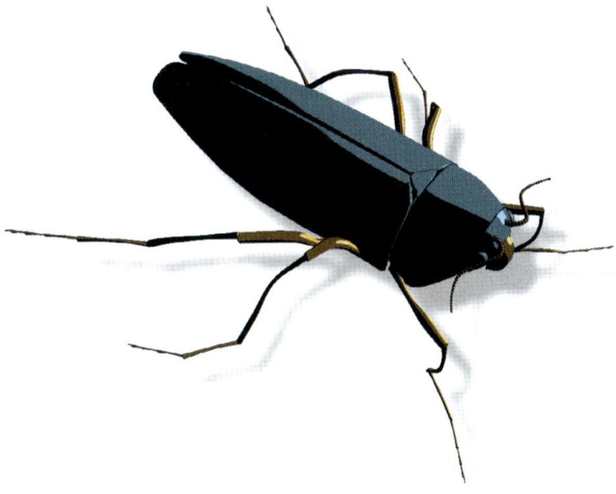

Les coléoptères térébrants se rencontrent plus fréquemment en extérieur qu'en intérieur.

Dégâts : les tunnels creusés à l'intérieur de la tige et des racines réduisent le flux de sève, provoquant le flétrissement de certaines parties de la plante. Si l'insecte endommage sérieusement la tige principale, la circulation de sève bloquée entraîne la mort de la plante.

Contrôle : rarement un problème en intérieur, les insectes térébrants peuvent endommager une tige au point qu'il soit nécessaire de détruire la plante.

Lutte mécanique et culturale : prélever à la main toutes les larves de coléoptères.

Lutte biologique : plusieurs associations de nématodes bénéfiques luttent contre la présence de ces coléoptères dans la terre. Les pulvérisations de *Bacillus popilliae* sont bénéfiques. Cette bactérie s'attaque spécifiquement aux coléoptères.

Lutte chimique : injection individuelle de roténone dans chaque tige (mais la roténone est à éviter car suspectée d'être liée à la maladie de Parkinson).

Mineuses des feuilles

Identification : adultes, les mouches mineuses pondent des œufs qui éclosent pour donner des asticots noirs ou verts de 3 mm. On découvre en général les tunnels qu'ils creusent dans les feuilles avant d'apercevoir les asticots eux-mêmes. Les mineuses des feuilles sont plus fréquentes dans les serres et en extérieur qu'en chambre de culture.

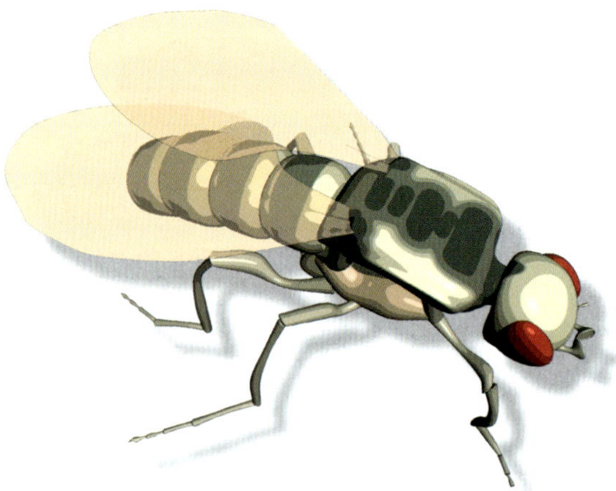

Les mineuses des feuilles sont plus courantes dans les serres que dans les chambres de culture.

Dégâts : les tunnels creusés dans l'épaisseur de la feuille par ces minuscules asticots laissent apparaître des lignes bien visibles à la surface. Les dégâts touchent habituellement surtout les jeunes feuilles et sont rarement fatals, sauf si l'on n'intervient pas. Ils causent un ralentissement de la croissance et, si on ne s'en occupe pas, la floraison est prolongée et les fleurs demeurent petites. Les blessures sur les feuilles encouragent le développement de maladies.

Contrôle : ces ravageurs causent peu de problèmes aux cultures en intérieur. Le moyen de lutte le plus efficace consiste à se débarrasser des feuilles qui abritent l'asticot ravageur.

Les tunnels creusés dans l'épaisseur de la feuille par ces minuscules asticots laissent apparaître des lignes claires bien visibles.

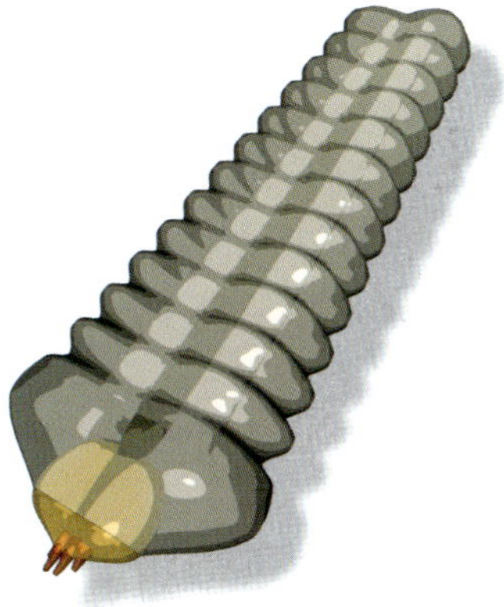

Lutte mécanique et culturale : écraser entre les doigts les petits asticots pris dans la feuille. Si l'infestation est sévère, écraser toutes les larves visibles et se débarrasser des feuilles atteintes. Les composter ou les brûler. Installer des pièges collants jaunes pour capturer les adultes.

Lutte biologique : la guêpe parasite (*Opius pallipes*), la guêpe branchid (*Dacnusa sibirica*) et la guêpe chalcid (*Diglyphus isaea*).

Lutte chimique : les repousser avec des pulvérisations d'huile de neem et de pyrèthre. Mais les asticots sont à l'abri à l'intérieur des tunnels et les pulvérisations s'avèrent souvent peu efficaces. Mieux vaut arroser les plantes avec une dilution d'huile de neem à 0,4 % ; ainsi absorbée, cette solution donne des résultats rapides et son action se prolonge pendant 3 semaines.

Mouches du terreau

Identification : les asticots (larves) au corps transparent et à la tête noire atteignent 4 à 5 mm de long. Les adultes ailés sont gris ou noirs, mesurent de 2 à 4 mm de long, avec de grandes pattes. Pour détecter leur présence, on inspecte les alentours du pied des plantes en terre ou sur support inerte. Les mouches du terreau raffolent des environnements frais et humides qu'offrent la laine de roche et les systèmes NFT des jardins hydroponiques. Les adultes femelles pondent à peu près 200 œufs tous les 7 à 10 jours.

L'asticot de la mouche du terreau se nourrit des minuscules poils absorbants des racines.

On voit parfois à la surface du sol détrempé les larves transparentes des minuscules mouches du terreau.

Dégâts : les asticots de mouches du terreau infestent les supports de culture et les racines proches de la surface. Ils mangent les poils des racines et s'attaquent aux racines elles-mêmes, provoquant une perte de vigueur de la plante et une décoloration du feuillage. Les parties atteintes des racines sont plus susceptibles d'être attaquées par des champignons comme le *fusarium* (fusariose) et le *pythium*, surtout si les plantes souffrent d'un stress nutritionnel et poussent dans des conditions très humides. Les asticots apprécient particulièrement les parties de plantes mortes ou en décomposition mais ils aiment aussi les algues vertes qui se développent sur la laine de roche imbibée d'eau lorsqu'elle est exposée à la lumière. Les adultes et les larves peuvent facilement se développer dans des proportions difficiles à contrôler, surtout dans les systèmes hydroponiques où les supports de culture sont imbibés d'eau.

Contrôle : on peut utiliser du Vectobac®, du Gnatrol® et du Bactimos® ou le *Bacillus thuringiensis* var. *israelensis* (*Bt-I*). Cette variété de *Bt* lutte contre les asticots des mouches du terreau. Malheureusement, elle est rarement disponible chez les pépiniéristes et seulement en grand conditionnement de près de 4 litres. Il est préférable de se renseigner auprès des magasins qui commercialisent des articles de culture hydroponique.

Lutte mécanique et culturale : ne pas arroser trop abondamment et maintenir l'humidité ambiante à un faible niveau. Ne pas laisser le support de culture s'imbiber d'eau outre mesure. Couvrir le support de culture pour que les algues vertes ne se développent pas. Les adultes se font pendre dans les pièges collants jaunes placés horizontalement à quelques centimètres (2 à 5 cm) au-dessus du support de culture.

Lutte biologique : le *Bt-I* mentionné plus haut donne les meilleurs résultats. Parmi les alternatives, on trouve l'araignée prédatrice de terre *Hypoaspis* (*Geolaelaps*) *miles* et le nématode *Steinernema feltiae*.

Lutte chimique : plonger le support de culture dans du neem ou une préparation insecticide.

Nématodes

Identification : parmi les centaines de milliers d'espèces de nématodes microscopiques (les plus gros sont quelquefois appelés anguillules) seuls quelques-uns sont nuisibles aux plantes. La plupart du temps, les nématodes nuisibles s'attaquent aux racines et se trouvent dans la terre. Cependant, il existe aussi des nématodes des tiges ou des feuilles. On peut observer les nématodes sur les racines, et autour d'elles, à l'aide d'un petit microscope (x30). Souvent les horticulteurs sont amenés à diagnostiquer leur présence sans les avoir vus.

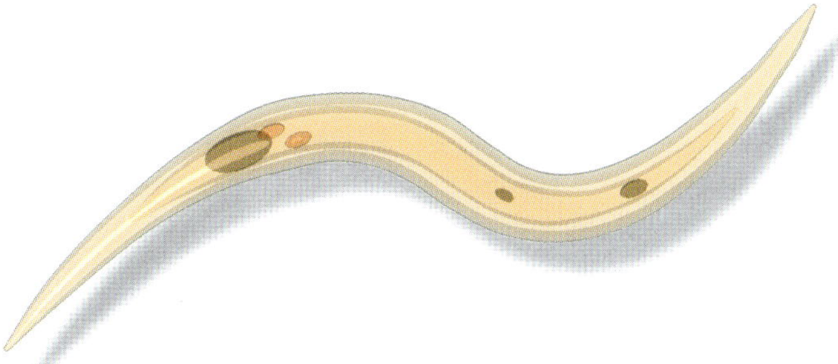

Les nématodes sont très rares dans les supports de culture neufs ou stérilisés.

Dégâts : croissance ralentie, chlorose des feuilles et flétrissement pendant plusieurs heures dans la journée par manque de circulation des fluides. Les symptômes peuvent être difficiles à différencier de ceux d'une carence en azote. Les racines sont souvent déjà sévèrement atteintes quand on les examine. Le nématode à nœud de racines est l'un des pires. Les racines sont déformées par les galles. D'autres nématodes grattent et coupent les racines, dégâts aggravés par les attaques fongiques. Les racines deviennent molles et spongieuses.

Contrôle : la propreté. Utiliser un terreau de rempotage ou un support inerte stérile pour bloquer l'accès aux nématodes. En intérieur, les nématodes sont rarement un problème dans les espaces propres.

Lutte biologique : les œillets d'Inde (*Tagetes patula* ou *nana*) repoussent les nématodes de terre, ainsi que le champignon *Myrothecium verrucaria,* vendu sous l'appellation commerciale De Tera ES®.

Lutte chimique : faire tremper le support de culture dans du neem.

Pucerons

Identification : aussi appelés poux des plantes, les pucerons sont à peu près de la taille d'une tête d'épingle. Ils sont faciles à repérer à l'œil nu, mais une loupe (x10) permet de confirmer l'identification. Présents sous tous les climats où poussent des plantes, ils peuvent être de n'importe quelle couleur du vert au rose mais sont habituellement gris ou noir. Ils s'attaquent aux plantes. La plupart des pucerons n'ont pas d'ailes, mais quand ils en ont, celles-ci mesurent quatre fois la taille de leur corps. Les pucerons peuvent pondre, sans accouplement, de 3 à 100 larves affamées par jour, presque toutes femelles, qui commencent à se reproduire peu de temps après leur naissance. Les pucerons sont le plus souvent rencontrés en intérieur dans les régions où ils abondent à l'extérieur. Installer des pièges collants jaunes au

Les fourmis aiment tellement le miellat collant sécrété par les pucerons qu'elles en font des élevages.

pied de quelques plantes, et au sommet de quelques autres, pour contrôler l'invasion des pucerons volants, souvent les premiers à pénétrer à l'intérieur. En mangeant, les pucerons sécrètent un miellat collant qui attire les fourmis, lesquelles s'en nourrissent. Les fourmis aiment tellement ce miellat qu'elles prennent les pucerons en otage pour les forcer à en produire. Il suffit de regarder les colonnes de fourmis en marche près des plantes pour trouver des pucerons.

Dégâts : les pucerons sucent la sève vitale du feuillage qui finit par flétrir et jaunir. Au fur et à mesure que l'infestation progresse, on découvre des traces du miellat collant secrété par les pucerons. Ils préfèrent s'attaquer aux plantes faibles et stressées. Certaines espèces préfèrent les jeunes pousses tandis que d'autres recherchent le feuillage plus ancien ou encore les fleurs. On les trouve en général sous les feuilles, agglutinés sur les nœuds de la tige ou sur les extrémités en croissance. Ce ravageur transporte des bactéries, des champignons et des virus. Les pucerons véhiculent plus de virus que n'importe quel autre vecteur. Une moisissure destructrice, la fumagine, se développe aussi sur le miellat qu'ils sécrètent. Toute lutte contre les pucerons doit inclure la lutte contre les fourmis, s'il y en a.

Les pucerons sont rares en intérieur, sauf dans les régions où ils abondent en extérieur.

Contrôle : retirer manuellement les petites populations. Pulvériser précisément sur les petites invasions. Lutter contre les fourmis. Introduire des prédateurs si le problème persiste.

Lutte mécanique et culturale : les retirer manuellement est facile et efficace. Quand ils sont sur le feuillage en train de sucer la sève, les pucerons sont incapables de bouger et faciles à écraser avec les doigts ou entre deux éponges trempées dans une solution insecticide.

Lutte biologique : les chrysopes vertes (de la famille des *Chrysoperla*) sont parmi les prédateurs en vente les plus efficaces contre les pucerons. Selon le degré d'infestation, introduire de une à vingt chrysopes par plante, dès l'apparition des pucerons. Répéter chaque mois. Les œufs mettent quelques jours à éclore pour donner des larves qui exterminent les pucerons. Des moucherons, les *Aphidoletes aphidimyza,* sont disponibles sous l'appellation commerciale Aphidend®, et des guêpes parasites, les *Aphidius matricariae,* sont disponibles sous le nom Aphidpar®.

Les coccinelles (*Hippodamia convergens* ou *Adalia bipuncta*) aussi sont efficaces contre les pucerons. On peut facilement se procurer des coccinelles adultes auprès des pépiniéristes durant les mois d'été. Le seul inconvénient est leur attirance pour la lumière des lampes HID. Introduire près de cinquante coccinelles par plante. Au moins la moitié d'entre elles s'envolent immédiatement en direction des lampes HID, se cognent à

Les coccinelles sont de grandes dévoreuses de pucerons.

l'ampoule et meurent. En 1 ou 2 semaines, elles ont toutes succombé aux lampes ; il faut donc les remplacer fréquemment.

Le champignon *Verticillium lecanii* en vente sous l'appellation commerciale Vertalec® est spécifique du puceron et très efficace.

Contrôler les fourmis en mélangeant du savon de borax ou de la poudre de borax avec du sucre en poudre. Les fourmis mangent ce mélange sucré et sont tuées par le borax. Elles excrètent un mélange sucré contenant du borax au sein de la fourmilière ; les autres fourmis le mangent et en meurent aussi.

Lutte chimique : les pulvérisations maison et le savon insecticide donnent de très bons résultats. Le pyrèthre (en aérosol) s'administre à deux ou trois reprises espacées de 5 à 10 jours.

Thrips

Identification : plus fréquents dans les serres qu'en intérieur, ces minuscules bestioles ailées et rapides sont difficiles à observer mais pas à repérer. Mesurant de 1 à 1,5 mm de long, les thrips peuvent être blancs, gris, ou de couleurs sombres, parfois avec de fines bandes. On les déniche sur la face inférieure des feuilles en secouant les plantes. S'il y a beaucoup de thrips, ils préfèrent sauter et courir plutôt que voler pour se mettre à l'abri. Souvent, ils forment un petit troupeau de points qui se hâtent à travers le feuillage. Les femelles font des trous dans le tendre tissu des plantes pour y déposer leurs œufs qui sont pratiquement invisibles à l'œil nu. Comme ils ont des

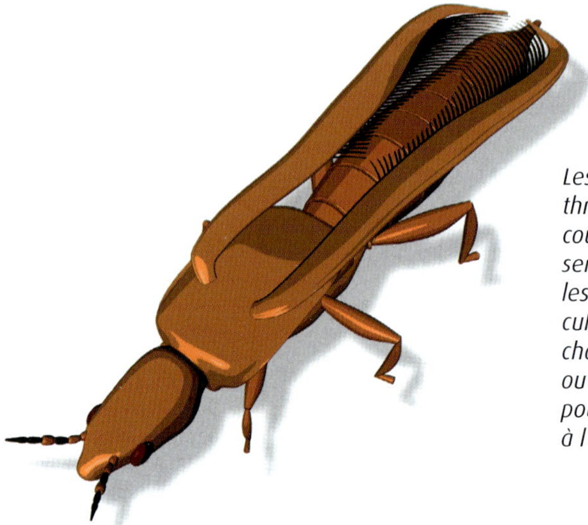

Les minuscules thrips, plus courants dans les serres que dans les chambres de culture, peuvent choisir de sauter ou de voler pour échapper à l'horticulteur.

ailes, les thrips peuvent facilement se déplacer d'une plante contaminée au reste de la chambre de culture.

Dégâts : les thrips incisent le tissu des feuilles et des fleurs puis sucent la sève des plantes pour s'alimenter. De petites taches blanches apparaissent sur les feuilles. La production de chlorophylle diminue et les feuilles deviennent friables. On peut aussi repérer les petits points noirs que font leurs fèces et leurs larves.

Lutte mécanique et culturale : une fois encore, la propreté. Les plaques collantes bleues ou roses, et les pulvérisations à l'eau pour diminuer leur capacité à se déplacer. Le retrait manuel donne des résultats si la population se limite à quelques individus, mais ils sont difficiles à attraper. La lutte contre les thrips peut s'avérer étonnamment difficile une fois qu'ils sont installés.

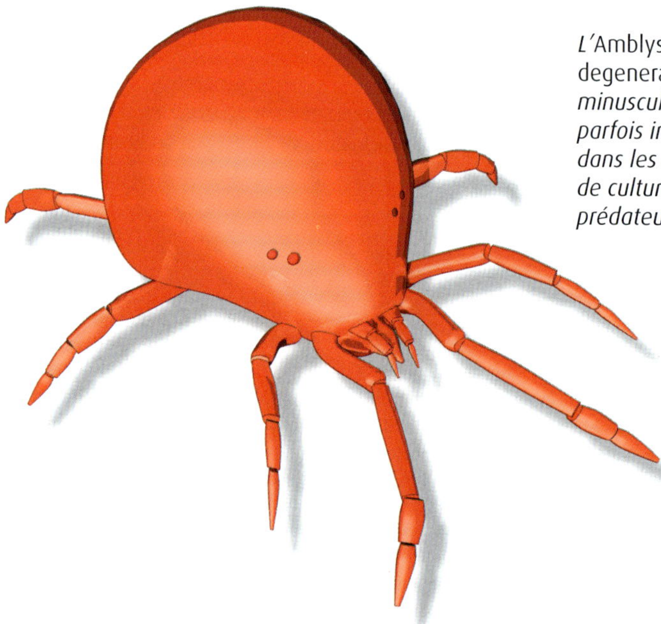

*L'*Amblyseius degenerans *est un minuscule acarien parfois introduit dans les chambres de culture comme prédateur des thrips.*

Lutte biologique : des acariens prédateurs (*Amblyseius cucumeris* et *Amblyseius barkeri, Neoseiulus cucumeris, Iphiseius degenerans, Neoseiulus barkeri* et *Euseius hibisci*), des guêpes parasites (*Thripobis semiluteus, Ceranisus menes, Goetheana shakespearei*), les colléoptères de l'espèce *Orius* et le champignon *Verticillium lecanii* sont efficaces.

Lutte chimique : les pulvérisations maison (à base de tabac), le pyrèthre, les pyréthroïdes synthétiques, le savon insecticide. Appliquer 2 à 4 fois avec 5 à 10 jours d'intervalle.

Maladies cryptogamiques

Les champignons sont des plantes primitives qui ne produisent pas de chlorophylle, substance qui donne aux plantes leur couleur verte. Les champignons se reproduisent en disséminant de microscopiques spores plutôt que des graines. Une quantité impressionnante de ces spores est constamment en suspension dans l'air. Lorsque ces microscopiques spores portées par l'air trouvent des conditions à leur convenance, elles se déposent, s'arriment et se développent. Certains champignons, comme le botrytis responsable de la pourriture grise, sont tellement prolifiques qu'ils peuvent se propager à toute une récolte en l'espace de quelques jours à peine. Dans une chambre de culture qui se trouvait située à proximité d'un marais où les spores de botrytis étaient omniprésentes, les plantes contractaient la pourriture grise, si bien que les tiges et les fleurs étaient réduites à une tige poussiéreuse en un rien de temps. Le pauvre horticulteur perdit ainsi quatre récoltes consécutives avant de se décider à déménager vers de plus verts pâturages, où il n'eut plus aucun problème de champignons. Un support de culture non stérile et imbibé d'eau, avec un air humide et stagnant, constituent l'environnement idéal pour le développement de la plupart des champignons. Bien qu'il en existe quantités d'espèces, les moyens de prévention sont similaires pour tous.

Prévention des maladies cryptogamiques

La prévention est la clé de voûte de la lutte contre les champignons. Au chapitre 1 (pages 20-22, « Installer une chambre de culture »), il est conseillé d'éviter la présence, dans la chambre de culture, de tous rideaux, tissus ou détritus quelconques qui seraient susceptibles d'abriter des champignons. Si le sol est tapissé de moquette, la couvrir d'une bâche en plastique. Si les murs présentent des traces de moisissures, leur appliquer une pulvérisation fongicide, les laver avec une eau javellisée à 5 %, et appliquer une couche de peinture contenant un agent antifongique. Il existe des peintures spécialement conçues pour les conditions humides, qui contiennent un fongicide et sont attirées par l'humidité. Lorsqu'on en applique sur les murs craquelés et humides d'un sous-sol, la peinture est aspirée par la fissure.

RÈGLE D'OR

Débarrasser les murs de toute moisissure et les laver avec une eau javellisée à 5 % avant d'appliquer une peinture antifongique.

La propreté et la maîtrise des conditions climatiques sont les deux facteurs clés dans la prévention des maladies cryptogamiques. Les espaces de culture propres et bien aérés sont rarement attaqués. À l'inverse, les chambres de culture humides et mal entretenues connaissent des problèmes cryptogamiques qui se soldent par une réduction de la récolte.

L'installation d'un extracteur suffisamment puissant pour éliminer rapidement l'air humide, de façon à maintenir l'humidité à un maximum de 50 %, est incontournable. Un extracteur est l'équipement le plus efficace et le moins cher pour maîtriser le taux d'humidité. Les générateurs de CO_2 augmentent la quantité de vapeur d'eau présente dans l'air. Relativement abordables, les déshumidificateurs donnent des résultats satisfaisants pour contrôler l'humidité dans les espaces clos. Cependant, ils augmentent la consommation électrique et il faut éliminer tous les jours l'eau qui s'y condense. Le bois, le charbon et les chauffages électriques fournissent tous une chaleur sèche qui fait baisser le taux d'humidité. La plupart des climatiseurs peuvent être réglés sur un taux d'humidité choisi. Si la chambre de culture dispose d'une bouche d'aération pour le chauffage central ou la climatisation, celle-ci peut être utilisée pour contrôler la température et réguler l'humidité.

Contrôle des maladies cryptogamiques

Pour prévenir le développement des champignons et moisissures, il faut contrôler tous les facteurs qui contribuent à leur apparition —supprimer leurs cachettes, maintenir une propreté irréprochable, maintenir l'humidité à 50 % et faire circuler l'air. Si la prévention est négligée et que des champignons apparaissent, des mesures plus drastiques deviennent nécessaires. On commence par retirer soigneusement les feuilles mortes et les détruire sans oublier de se laver les mains après avoir manipulé des feuilles contaminées. Si le problème ne touche qu'une ou quelques plantes, on les isole et on les traite séparément. Les maladies cryptogamiques se propagent aussi vite qu'un feu de forêt quand les conditions s'y prêtent. Si, malgré toutes les mesures préventives, une maladie cryptogamique se répand, on peut être obligé à une pulvérisation de toute la chambre de culture avec le fongicide spécifique.

RÈGLE D'OR

Identifier une maladie cryptogammique pour appliquer le fongicide spécifique.

PRÉVENTION ET LUTTE CONTRE LES MALADIES CRYPTOGAMIQUES

1. Prévention

→ Propreté.

→ Faible humidité.

→ Ventilation.

2. Lutte

→ Mise en quarantaine ou élimination des plantes contaminées.

- Pulvérisation au sulfate de chaux ou de cuivre.
- En dernier recours, utilisation d'un fongicide spécifique.

Algues vertes

Identification : les algues vertes visqueuses ont besoin de nutriments, de lumière et d'une surface humide sur laquelle se développer. On les rencontre souvent sur la laine de roche ou autre support à la fois humide et exposé à la lumière. Elles causent peu de dégâts mais attirent les mouches du terreau et autres créatures qui s'attaquent aux racines. Une fois que les racines sont touchées, c'est la porte ouverte aux maladies.

Lutte : couvrir les supports inertes humides comme la laine de roche de façon à exclure la lumière. Ajouter un algicide à la solution nutritive ou arroser avec un algicide.

Alternariose

Identification : maladie cryptogamique qui apparaît quelques semaines à peine avant la récolte et qui peut être causée par divers champignons de l'espèce *Alternaria*. Les premiers symptômes de l'alternariose se traduisent par l'apparition de taches sombres sur le feuillage, une croissance ralentie, un flétrissement et la mort de la plante. En général, la maladie se propage rapidement à d'autres parties de la plante.

Contrôle : la propreté. Utiliser un support de culture stérile. Limiter l'apport en azote. Cultiver les plantes dans un support qui draine bien afin de minimiser les risques d'accumulation toxique de sels dans le support de culture.

Lutte biologique : utiliser Serenade® (*Bacillus subtilis*) contre l'alternariose à taches brunes, et Binab®, Bio-Fungus®, RootShield®, Supresivit®, Trichoderma®, Trichopel® (*Trichoderma virens*) ou SoilGuard®.

Lutte chimique : pulvériser de la bouillie bordelaise à intervalles réguliers (chaque mois). À un stade avancé, il est difficile d'éradiquer l'alternariose ; la meilleure solution est de retirer les plantes malades et de les détruire.

Fonte des semis

Identification : cette maladie cryptogamique aussi appelée *pythium* (nom d'un des champignons qui en est souvent la cause) est souvent présente dans la terre ou le support de culture. Le *pythium* s'attaque aux semences avant même qu'elles aient émergé, ou bien aux semis, qui se mettent à pourrir au niveau du sol. Les semis s'étiolent, prennent une coloration sombre puis s'affaissent et meurent. La fonte des semis peut aussi s'attaquer aux boutures qui prennent racines. Généralement causée par une des deux ou trois espèces de *pythium*, cette maladie peut aussi être le résultat d'un autre champignon comme le botrytis, ou le *fusarium*. Une fois apparue, la maladie est fatale pour la plante.

Contrôle : la fonte des semis résulte de la réunion de plusieurs facteurs : (1) présence de spores dans le support ou dans l'eau, (2) support trop imbibé d'eau (arrosage excessif ou mauvais drainage), (3) une humidité ambiante excessive. La maladie peut être évitée en contrôlant l'humidité du sol. L'arrosage excessif est la cause première de la fonte des semis, c'est aussi la clé de la prévention. Un contrôle journalier de l'humidité est indispensable pour le démarrage des graines ou des boutures. Les faire démarrer dans un support stérile à drainage rapide, comme du sable grossier ou des cubes d'enracinement en laine de roche, Oasis™, ou Jiffi™, qu'il est difficile d'arroser en excès. Ne pas placer de tente de germination au-dessus des semis ; en revanche les boutures sont moins sensibles à la fonte des semis et bénéficient de l'humidité supplémentaire qu'elle apporte. Maintenir la température de germination entre 21°C et 30°C. La fonte des semis est inhibée par une lumière intense ; faire pousser les semis sous une lampe HID plutôt que sous un néon. Maintenir la fertilisation à un niveau minimal pendant les 2 premières semaines de croissance. Faire germer les graines entre deux serviettes en papier et ne les mettre en terre qu'une fois qu'elles ont germé. Ne pas les enfouir trop profondément mais les recouvrir d'une couche de terre de la même épaisseur qu'elles. Utiliser un support de culture neuf et stérile ainsi que des pots propres pour prévenir l'apparition et le développement de champignons pathogènes.

Lutte biologique : appliquer des granules de Polygangron® (*Pythium oligandrum*) au support et aux graines. Bak Pak®, Intercept® s'appliquent directement dans le support tandis que Deny® ou Dagger® (*Burkholderia cepacia*) s'appliquent sur la graine. Bio Magix®, Epic®, Kodiac®, Quantum 4000®, Rhizo Plus®, System 3®, Serenade®, Vital® éliminent aussi la plupart des agents causant la fonte des semis.

Lutte chimique : saupoudrer les graines avec du Captan®. Éviter les fongicides à base de benomyle, fatal aux organismes bénéfiques du sol.

Fumagine

Identification : la fumagine est une maladie cryptogamique qui se développe sur le miellat collant et sucré sécrété par les pucerons, les cochenilles, les cicadelles, les aleurodes. En intérieur, la fumagine ne pose problème que si des insectes ont sécrété du miellat. Cette moisissure, qui ressemble à un enduit noir, entrave le bon développement de la plante, ralentit la croissance et diminue le volume de la récolte.

La fumagine est une maladie cryptogamique qui se développe sur le miellat collant sécrété par les pucerons.

Contrôle : éliminer les insectes qui sécrètent du miellat. Sans miellat, la moisissure meurt. Éliminer le miellat et la fumagine à l'aide d'un savon liquide biodégradable. Rincer à l'eau quelques heures plus tard.

Fusariose

Identification : la fusariose débute par l'apparition de petites taches sombres sur les feuilles du bas de la plante. Les feuilles touchées deviennent rapidement chlorotiques. La pointe des feuilles peut s'enrouler sur elle-même avant de flétrir et se dessécher d'un seul coup. Des parties de la plante, ou la plante entière, se flétrissent. Le processus est si rapide que des feuilles mortes et jaunes pendent des branches. Cette maladie démarre dans le xylème (tissu vasculaire de la plante) où le champignon se développe et finit par obstruer la circulation de la sève au point de flétrir la plante. Il suffit de couper l'une des tiges principales en deux pour y voir la couleur brun rouge caractéristique.

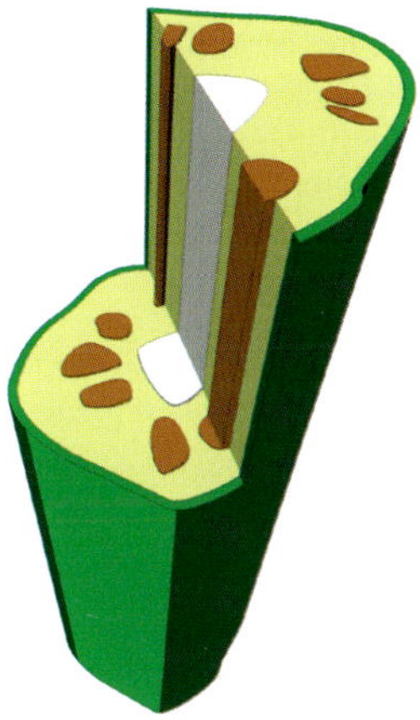

Coupe d'une tige atteinte de fusariose. La fusariose attaque l'intérieur de la tige — le xylème.

Contrôle : la propreté. Utiliser un support de culture neuf et stérile. Limiter l'apport d'engrais azoté.

Lutte biologique : Mycostop® (*Streptomyces griseoviridis*), Deny® ou Dagger® (*Burkholderia cepacia*) et les espèces de *Trichoderma*.

Lutte chimique : traiter les graines avec des fongicides chimiques afin d'éradiquer les infections portées par la graine. Les fongicides chimiques ne sont pas efficaces en application foliaire.

Maladies des taches

Identification : les maladies des taches, parmi lesquelles on compte la septoriose, sont caractérisées par l'apparition de taches, de couleur variable selon la maladie, sur la tige et les feuilles. Petit à petit, la circulation des fluides vitaux est entravée. Les taches s'étendent sur les feuilles qui jaunissent et tombent. La croissance est ralentie, la floraison prolongée et dans les cas les plus sévères, la plante meurt. Le terme « maladie des taches » englobe diverses maladies qui peuvent être causées par des bactéries, des champignons ou des nématodes. Les taches ou les lésions causées par les moisissures passent par différentes couleurs au cours de leur progression. Les pulvérisations d'eau froide sur le feuillage sous un éclairage HID bien chaud sont souvent responsables de l'apparition de taches sur les feuilles. Le choc thermique provoque une altération du feuillage et les taches qui en résultent sont un lieu de prédilection pour l'apparition d'une maladie.

Contrôle : la propreté. Utiliser un support de culture stérile pour chaque nouvelle culture. Éloigner l'éclairage HID du sommet des plantes au moins une demi-heure avant toute pulvérisation pour leur éviter un choc thermique. Ne pas pulvériser pendant les 4 heures qui précèdent l'extinction des lampes ; l'excès d'humidité se condense sur le feuillage et favorise le développement des moisissures. Éviter de mouiller le feuillage pendant l'arrosage. Ne pas arroser à l'excès. Abaisser l'humidité ambiante à 50 % maximum. Contrôler l'humidité de jour comme de nuit. Avoir recours à une source de chaleur sèche pour que la température de nuit soit inférieure d'environ 5°C à celle de la journée, et maintenir un niveau d'humidité plus constant. Espacer suffisamment les plantes pour permettre une bonne circulation d'air. Retirer les feuilles attaquées. Limiter la fertilisation azotée.

Lutte chimique : la bouillie bordelaise peut aider à lutter contre les maladies des taches mais elle est phytotoxique en applications régulières.

Mildiou

Identification : causé par divers champignons apparentés, le mildiou touche les plantes en végétation ou en floraison. On voit apparaître des taches d'un blanc jaunâtre sur la face supérieure des feuilles tandis que, sur leur envers, on observe, en dessous des taches pâles, un feutrage de couleur grise. Le mildiou peut se développer très rapidement, provoquant une perte de vigueur et un ralentissement de la croissance ; les feuilles jaunissent, meurent et tombent. La maladie est à l'intérieur de la plante et se manifeste à l'extérieur. Elle est très contagieuse, souvent fatale, et peut dévaster un jardin très rapidement.

Des taches d'un blanc jaunâtre sur la face supérieure des feuilles et un feutrage gris sur leur face inférieure indiquent la présence de mildiou.

Lutte : la propreté. Utiliser un support de culture stérile. Retirer ou détruire les plantes malades, et pas seulement le feuillage atteint.

Lutte biologique : appliquer du Serenade® (*Bacillus subtilis*). La bouillie bordelaise est assez efficace.

Oïdium

Identification : l'apparition de points farineux sur la face supérieure des feuilles est le premier signe d'une attaque d'oïdium. Par la suite, toute la surface de la feuille se tapisse d'un feutrage poudreux gris blanc. L'oïdium est limité à la surface supérieure des feuilles. Au fur et à mesure que la maladie progresse, la croissance est ralentie et les feuilles jaunissent. Quelquefois fatale en intérieur, cette maladie est aggravée chez les plantes dont les racines sont desséchées mais le feuillage humide. Les plantes sont infestées plusieurs semaines avant l'apparition des premiers symptômes.

L'oïdium se manifeste par l'apparition de points farineux sur la face supérieure des feuilles.

Contrôle : la propreté. L'oïdium est favorisé par des conditions humides et froides avec une trop faible intensité lumineuse. Un air stagnant dans un espace mal éclairé lui sont favorables. Augmenter la circulation et le renouvellement de l'air ainsi que l'intensité lumineuse. Maintenir un espace suffisant entre les plantes pour permettre à l'air de circuler librement. S'assurer que le feuillage a le temps de sécher avant d'éteindre les lampes. Retirer et détruire les feuilles touchées à plus de 50 %. Éviter l'excès de fumure azotée.

Lutte biologique : pulvériser avec du Serenade® (*Bacillus subtilis*).

Lutte chimique : pulvériser avec de l'eau saturée au bicarbonate de soude. Le bicarbonate de soude modifie le pH à la surface de la feuille, ce qui entrave le développement de l'oïdium. On peut aussi pulvériser de la bouillie bordelaise.

Pourriture des racines

Identification : les racines, blanches quand elles sont saines, prennent une coloration marron clair. Au fur et à mesure que la maladie progresse, les racines deviennent

La pourriture des racines se rencontre surtout dans les sols imbibés d'eau.

de plus en plus foncées. Les feuilles deviennent chlorotiques et la plante entière se flétrit. La croissance est ralentie. Dans les cas les plus sévères, la pourriture se propage jusqu'au collet de la plante qui devient sombre. La pourriture des racines est le plus couramment rencontrée dans les cultures mal entretenues où les racines sont privées d'oxygène. Les insectes et acariens piqueurs, suceurs ou mâcheurs abîment les racines et créent des plaies qui sont autant de portes ouvertes pour les maladies cryptogamiques. Observer la couleur des racines ainsi que leur état général à l'aide d'une loupe (x10) pour détecter d'éventuels dégâts causés par des ravageurs. Les racines atteintes ne sont plus couvertes de poils absorbants et peuvent prendre une apparence gélatineuse et luisante.

Contrôle : la propreté. Utiliser un support de culture neuf à chaque nouvelle plantation. Veiller à un apport en calcium adéquat et limiter la fertilisation azotée. Maintenir le pH au-dessus de 6,5 en terre et aux alentours de 6 en hydroponie. Lutter contre tous les ravageurs et autres maladies bactériennes et cryptogamiques qui s'attaquent aux racines.

Lutte biologique : Binab®, Bio-Fungus®, RootShield®, Supresivit®, Trichopel® (*Trichoderma harzianum*) et SoilGuard® (*Trichoderma virens*).

Lutte chimique : sans efficacité.

Pourriture grise (botrytis)

Identification : le champignon le plus souvent rencontré en intérieur, la pourriture grise, s'épanouit sous les climats humides fréquents dans les chambres de culture. Les dégâts provoqués par le botrytis sont fonction de l'humidité ambiante (50 % d'humidité et plus). La pourriture grise se développe à l'intérieur de la fleur, ce qui la rend difficile à voir dans un premier temps. Elle donne une coloration grise, blanchâtre ou vert bleutée et se présente comme un léger feutrage. Au fur et à mesure que la pourriture progresse, le feuillage devient plus ou moins visqueux. Des taches brun rouge peuvent aussi ap-

La pourriture grise (à gauche) est le champignon le plus couramment rencontré en intérieur. Il aime les climats frais et très humides. Il peut également causer la maladie du pied noir (à droite).

paraître sur les fleurs dans les environnements moins humides. Sèches au toucher, les zones atteintes par le botrytis s'émiettent si on les froisse. La pourriture grise attaque toutes sortes de plantes cultivées, et les spores sont omniprésentes dans l'air. Elle s'en prend le plus couramment aux fleurs denses et gonflées, mais peut aussi s'attaquer aux tiges, aux feuilles, aux graines, causer la maladie du pied noir et décomposer des fleurs sèches en conservation. Elle se transmet aussi par les graines.

Dégâts : les fleurs sont vite réduites en gelée visqueuse quand les conditions sont froides et humides, ou en poussière dans les espaces chauds et secs. Le botrytis peut anéantir toute une récolte en moins d'une semaine quand les conditions s'y prêtent, si aucune mesure n'est prise. Les cas où le botrytis s'attaque d'abord à la tige plutôt qu'aux fleurs sont rares en intérieur. Dans ce cas, les tiges tournent d'abord au jaune puis des chancres se développent. La partie située au-dessus de la plaie se fane, parfois la tige se plie en deux.

Lutte : abaisser l'humidité (50 % ou moins) et veiller à ce que la circulation et le renouvellement de l'air soient excellents. Éviter de cultiver des variétés aux fleurs denses et compactes, qui offrent des conditions parfaites pour le développement de la pourriture (certaines variétés ne connaissent pas ce problème). Les croisements sont souvent plus résistants que les variétés *indica* pures. Récolter quand les glandes résineuses sont encore transparentes, car la menace de pourriture grise augmente de façon importante une fois qu'elles prennent une couleur ambrée.

Les climats frais (moins de 17°C) et humides (humidité supérieure à 50 %) conviennent parfaitement à la présence endémique de pourriture grise. Prendre soin de retirer le pétiole avec les feuilles mortes pour éviter les épidémies de botrytis, souvent abrité par du feuillage en décomposition. Ventiler davantage et maintenir l'espace absolument propre. Utiliser un support de culture neuf et stérile pour chaque nouvelle culture.

Lutte mécanique et culturale : dès que le champignon apparaît, utiliser des sécateurs stérilisés à l'alcool pour couper les fleurs infestées au moins 3 cm au-dessous des dégâts visibles. Certains horticulteurs assurent une marge de sécurité plus importante et coupent de 5 à 10 cm sous la zone infestée. Ne pas laisser la moindre partie contaminée entrer en contact avec les plantes saines. Retirer les parties atteintes, les sortir du jardin et les détruire. Se laver les mains et nettoyer les outils après l'opération. Faire monter la température à 26°C et abaisser l'humidité au-dessous de 50 %. Les excès d'azote et de phosphore donnent un feuillage tendre, plus fragile face au botrytis. Veiller à ce que le pH reste autour de 6 pour faciliter l'assimilation du calcium. Un éclairage de faible intensité favorise une croissance frêle et l'apparition de pourriture grise. Éviter de trop serrer les plantes sous les lampes et veiller à ce qu'elles aient toutes assez de lumière. Le botrytis a besoin de lumière ultraviolette pour mener à bien son cycle de vie. Sans lumière ultraviolette, il ne peut subsister.

Lutte biologique : pulvériser les plantes avec le champignon *Gliocladium roseum* et les espèces de *Thrichoderma*. Prévenir l'apparition de la maladie du pied noir avec des pulvérisations de *Gliocladium roseum* et des espèces de *Thrichoderma*. On peut expérimenter avec les levures *Pichia guilliermondii* et *Candida oleophila* ou la bactérie *Pseudomonas syringae* pour lutter contre le type de botrytis qui s'attaque aux plantes après la récolte.

Lutte chimique : la bouillie bordelaise est efficace dans les stades précoces, à condition que seul le feuillage soit atteint. Il n'est pas conseillé de pulvériser sur les fleurs peu de temps avant la récolte. Une couche de Captan® protège les graines du botrytis.

Pythium

Voir « La fonte des semis », pages 307-308.

Verticillium

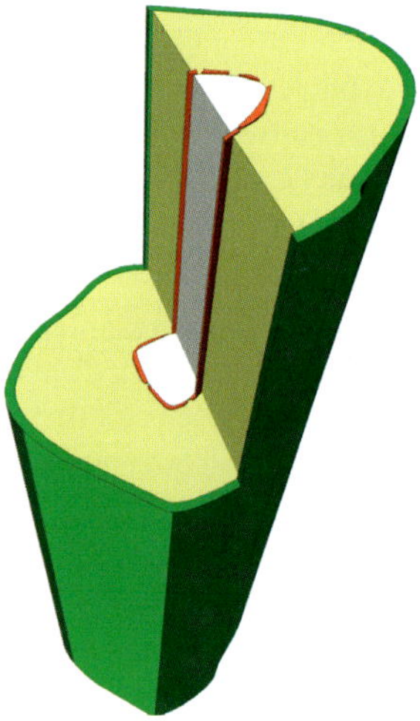

Coupe d'une tige atteinte de verticillium. Les plantes qui en sont atteintes ont tendance à flétrir le jour et à se requinquer pendant la nuit.

Identification : les feuilles du bas deviennent chlorotiques sur leur pourtour et entre les nervures avant de virer au marron sale. Les plantes flétrissent pendant la journée et se requinquent une fois les lumières éteintes. Le flétrissement gagne progressivement toute la plante. Si l'on coupe la tige en deux, on peut voir la couleur brune du xylème caractéristique du verticillium. Le champignon entrave la circulation des fluides et cause le flétrissement.

Contrôle : la propreté. Utiliser un support stérile à chaque nouvelle plantation. Choisir un support qui draine bien. Veiller à apporter l'azote sous forme d'ammonium. Ne pas surfertiliser.

Lutte biologique : Bio-Fungus® (espèces de *Trichoderma*), Rhizo-Plus® (*Bacillus subtilis*).

Lutte chimique : sans efficacité.

Virus

Identification : les virus demeurent un mystère. Ils se comportent comme des organismes vivants dans certains cas et comme des substances chimiques dans d'autres cas. Les virus peuvent être véhiculés par les insectes, les acariens, les plantes, les animaux et les humains. Les pucerons et les mouches blanches (aleurodes) comptent parmi les pires vecteurs. Les outils contaminés transportent aussi les virus d'une plante à une autre. Les symptômes typiques d'une infection virale sont une croissance chétive et une récolte diminuée. Les maladies virales détruisent le système vasculaire de la plante ce qui se traduit souvent par des taches, voire un criblage des feuilles. Une fois la plante contaminée par un virus, il n'y a plus grand chose à faire.

Contrôle : la propreté. Toujours utiliser un support de culture stérile. Après avoir taillé une plante, désinfecter les outils de jardinage avant de travailler sur une autre. Détruire toute plante contaminée par un virus.

Lutte biologique : aucune.

Lutte chimique : sans efficacité.

8
Étapes de la croissance

Dans la nature, **les plantes annuelles dioïques** connaissent trois périodes dans leur cycle de vie. Le stade des semis dure environ un mois. Pendant cette première période, la graine germe, établit un système racinaire ainsi qu'une tige et quelques feuilles. Durant la deuxième phase, celle de la croissance végétative, la plante produit une masse de feuilles vertes et un système racinaire suffisant pour subvenir à ses besoins. La croissance végétative dure de quelques jours à plus d'une année.

Lorsqu'elles sont pollinisées par le pollen des plantes mâles, les fleurs femelles développent des graines. En revanche, si elles ne sont pas pollinisées, elles complètent leur cycle de vie sans produire de graines.

En intérieur, les horticulteurs contrôlent la photopériode. Pendant la période des semis et celle de la croissance végétative, les plantes reçoivent 18 heures de lumière par période de 24 heures. La floraison et la fructification, troisième phase du cycle de vie des plantes, est induite avec un cycle de 12 heures de jour par période de 24 heures.

Graines et semis

Les plantes annuelles dioïques originaires de différents continents ont des caractéristiques spécifiques. Celles qui sont originaires des Amériques, d'Afrique et d'Asie (les variétés de type *sativa*), atteignent souvent 4 ou 5 mètres de haut en quelques mois. Elles se distinguent par un grand espace entre chaque nœud, un système extensif de racines, des feuilles étroites et des fleurs abondantes mais légères. Pour la culture en intérieur, ces variétés remarquables présentent l'inconvénient de devenir trop volumineuses. Atteignant 3 mètres de haut en 3 mois, elles sont vite trop grandes pour être éclairées correctement en lumière artificielle. De plus, leurs fleurs mettent quelques semaines ou même quelques mois de plus à atteindre la maturité que certaines variétés originaires d'Afghanistan, du Pakistan, et d'Inde (variétés dites *indica*). Ces dernières, plus quelconques à maints égards, se prêtent mieux à la culture en intérieur, avec leur courte stature, leur tige épaisse, leur système racinaire compact, leurs feuilles larges et leurs grosses fleurs denses qui arrivent rapidement à maturité. La plupart des variétés cultivées aujourd'hui en intérieur sont des hybrides visant à marier la qualité des premières avec la facilité de culture sous lumière artificielle des secondes.

Une graine contient tous les caractères génétiques d'une plante. Les graines sont le résultat d'une reproduction sexuée et contiennent les gènes des deux parents, un mâle et une femelle. Chez **les plantes dioïques**, les fleurs mâles et femelles sont portées par des pieds différents. Certaines plantes, que l'on nomme **hermaphrodites**, portent à la fois des fleurs mâles et des fleurs femelles.

Les gènes contenus dans la graine déterminent la taille de la future plante, sa résistance aux maladies et aux parasites, le type de racines, de tige, de feuillage et de fleurs qu'elle va avoir, ainsi que leur contenu en principes actifs, et bien d'autres caractères encore. Le patrimoine génétique d'une plante est le facteur le plus déterminant quant à la facilité avec laquelle elle poussera en intérieur et sa teneur en principes actifs.

Typiquement, un horticulteur qui vient d'acquérir un sachet de dix graines de première qualité auprès d'une compagnie réputée les met toutes à germer. Quand elles ont germé, il les plante soigneusement et les cultive jusqu'à leur maturité. Dans l'ensemble, une dizaine de graines donnent, à l'âge adulte, quelques mâles, quelques plantes un peu maigrichonnes, et deux ou trois belles femelles. Parmi celles-ci, l'une est encore plus robuste que ses sœurs. Cette « super femelle » est prête à devenir la mère de nombreuses boutures.

Une simple photographie de graine laisse apparaître un embryon qui contient les gènes, et un réservoir de nourriture, tous deux enveloppés par une coque protectrice. Les graines mûres à la coque dure, d'une teinte allant du beige au brun sombre, tachetées ou tigrées, sont celles qui ont le meilleur taux de germination. Les graines souples, de couleur pâle ou verte, sont en général immatures et à éviter. Les graines immatures germent mal et donnent souvent des plantes faibles. Les graines matures et sèches, âgées de moins d'un an, germent vite et deviennent des plantes robustes.

Les graines qui ont plus d'un an mettent plus de temps à germer et ont une moins grande capacité germinative. On garde les graines dans un endroit sombre, frais et sec, comme un congélateur. Certaines graines restent viables pendant 5 ans ou plus.

ASTUCE CROISSANCE

Démarrer avec de bonnes graines pour obtenir une belle récolte.

RÈGLE D'OR

Démarrer avec des graines de première qualité pour obtenir une récolte exceptionnelle.

Germination

Les graines n'ont besoin que d'eau, de chaleur et d'air pour germer. Correctement soignées, elles germent, sans lumière, en 2 à 7 jours, à des températures qui vont de 21 à 32°C. Les températures supérieures à 32°C portent préjudice au processus germinatif. Lors de la germination, la couche extérieure protectrice de la graine se divise et un petit germe blanc apparaît. Ce germe est la racine pivotante de la plante. Le cotylédon (paire de fausses feuilles propres à la graine), émerge lui aussi et commence à monter en quête de lumière.

QUELQUES MÉTHODES COURANTES DE GERMINATION

- → Faire tremper les graines toute la nuit dans un verre d'eau pour activer la germination, en prenant soin de ne pas les laisser tremper plus de 24 heures, sous peine de les voir absorber trop d'eau, manquer d'oxygène et pourrir.
- → Dans un endroit chaud (entre 20 et 30°C), placer les graines entre deux feuilles de papier absorbant ou dans un morceau de tissu, en prenant soin de les maintenir dans l'obscurité. Pour un meilleur drainage, on peut placer le papier ou le tissu sur une grille, elle-même disposée sur une assiette.
- → Humidifier quotidiennement le papier ou le tissu pour le maintenir humide, tout en s'assurant que l'excédent d'eau est bien drainé. Les graines germent en quelques jours. Elles contiennent tous les nutriments nécessaires à la germination, mais les humidifier à l'aide d'une solution très légèrement fertilisée accélère leur croissance. Dans les climats très humides où les moisissures sont fréquentes, on peut humidifier les graines avec une eau javellisée à 2 % ou avec une solution fongicide, pour prévenir l'apparition de moisissures. Dès que les graines ont germé et que le germe blanc est visible, les prélever une par une en prenant soin de ne pas les exposer durablement à l'air ou à une lumière intense, et les planter avec la pointe blanche (la racine) tournée vers le bas. Couvrir la graine germée de quelques millimètres d'un support de culture fin et aéré.
- → Semer les graines (qui ont simplement trempé dans l'eau pendant une nuit, ou bien qui ont déjà germé) dans un plateau de pépiniériste, dans des cubes d'enracinement, des pastilles de tourbe, ou des godets remplis d'un support de culture fin et aéré. Maintenir le support uniformément humide.
- → Transplanter les cubes d'enracinement ou les pastilles de tourbe dans des récipients plus grands au bout de 2 ou 3 semaines, ou lorsque les racines apparaissent sur les côtés. Utiliser une cuillère à soupe pour prendre la boule de racines dans les godets ou dans le plateau de pépiniériste sans la casser. Fertiliser à l'aide d'une solution diluée de moitié.

Un semis émerge d'une petite motte de tourbe. Le cotylédon (paire de feuilles propre à la graine) sort avant la première paire de vraies feuilles. Couper le filet qui entoure la motte de tourbe avant de transplanter.

INTÉRIEUR LUMIÈRE SUPPORTS EAU HYDROPONIE AIR MALADIES CROISSANCE PLANTES SUIVI

Pour maintenir un microclimat humide sur un récipient contenant des semis, on le couvre d'un sac plastique ou d'une feuille de cellophane. Cette petite tente maintient une humidité et une température élevée si bien que les graines n'ont besoin d'être arrosées qu'une fois. Il faut impérativement retirer le film plastique dès que les premiers germes sortent de terre, sous peine de voir apparaître toutes sortes de complications, dont la fonte des semis.

On peut mettre les pots contenant les graines semées sous lampes HID le temps de la germination pour leur apporter une chaleur sèche. La chaleur assèche le sol, qui doit être arrosé plus souvent. Placer un tapis ou un câble chauffant sous le support de culture accélère la germination. Les graines germent mieux lorsque la température de l'air est de 21°C et que celle du sol est comprise entre 24 et 26°C.

RÈGLE D'OR

Maintenir la température du milieu de culture entre 24 et 26°C, de jour comme de nuit, pour accélérer l'enracinement des boutures.

ASTUCE CROISSANCE

Maintenir la température du milieu de culture entre 24 et 26°C, avec une température de l'air inférieure de 3 à 5 degrés, de jour comme de nuit, pour accélérer prodigieusement le développement des racines.

Un arrosage trop abondant est le problème le plus fréquemment rencontré lors de la germination des graines et le démarrage des semis. Il faut maintenir le sol uniformément humide, mais pas imbibé d'eau. Installer les cubes d'enracinement ou les nattes à semis sur une grille permet un bon drainage. Un plateau à semis peu profond sous lequel on a placé un tapis ou un câble chauffant peut avoir besoin d'un arrosage quotidien alors qu'un pot d'une contenance d'environ 5 litres n'aura besoin d'être arrosé que tous les 3 jours ou plus. Un plateau de cubes de laine de roche bien humide n'a besoin d'un arrosage que tous les 3 à 5 jours pendant la germination. Lorsque la surface est sèche sur quelques millimètres de profondeur, il est temps d'arroser. À ce stade de développement précoce, la plantule a encore très peu de racines pour absorber l'eau, et elles sont très délicates.

Semis

Lorsqu'une graine germe, une petite racine blanche émerge en premier, suivie de près par le cotylédon (la paire de fausses feuilles qui accompagne la graine). Le cotylédon s'entrouvre tandis que la tige s'allonge. Au bout de quelques jours, les premières feuilles véritables apparaissent, et la petite plante devient officiellement un semis. Ce stade de développement dure de 3 à 6 semaines. Pendant la croissance du semis, un réseau de racines et de radicelles se développe rapidement alors que la croissance de la partie verte au-dessus du sol reste lente. L'arrosage et la chaleur sont déterminants à ce stade critique de développement. Le système racinaire est encore peu développé et il a besoin d'un apport modéré mais constant en chaleur et en eau. Trop d'eau risque de noyer les racines et d'entraîner la fonte des semis. À l'inverse, un manque d'eau va rapidement dessécher le jeune système racinaire. Certains semis ont une croissance plus rapide et semblent plus robustes. Un peu de chaleur à ce stade les aide à prendre un bon départ. D'autres germent plus lentement et sont plus frêles. Les plantules chétives doivent être éliminées sans pitié et l'attention doit se tourner entièrement vers les plus vigoureuses. Les semis sont assez développés pour que le jardinier opère cette sélection au bout de 3 à 5 semaines de croissance. Mais elle est d'autant plus difficile à faire que chaque graine a coûté cher, et nombre d'horticulteurs les mènent toutes à maturité.

Les semis ont besoin d'un minimum de 16 heures de lumière chaque jour. Cependant ils ont besoin d'une lumière de moindre intensité et poussent bien sous néons pendant les 2 ou 3 premières semaines, après quoi une lumière plus intense est nécessaire pour une croissance saine.

Le stade du semis s'achève lorsque la croissance rapide du feuillage commence. La croissance rapide au-dessus du sol signe le début de la croissance végétative. À ce stade, les plantes ont besoin de plus de place pour grandir et sont souvent transplantées dans des conteneurs plus grands.

ÉTAPE PAR ÉTAPE

Semer une graine

1. Se procurer le nombre de godets propres voulu.
2. Remplir les godets à l'aide d'un support de culture bien mélangé, jusqu'à 2,5 cm du bord.
3. Arroser avec de l'eau tiède jusqu'à ce que la terre ou autre support soit saturé d'eau et que le surplus s'écoule librement par les trous de drainage. Attendre 15 minutes et répéter l'opération pour s'assurer de la saturation en eau.
4. Faire avec le doigt un petit trou de 1 cm de profondeur. Y placer une graine germée en prenant soin d'orienter la petite pousse blanche vers le bas (c'est le début d'une racine). Recouvrir de terre humide et tasser doucement. Placer une serviette en papier sur la surface semée pour empêcher que la terre ou autre support soit déplacé par l'eau pendant l'arrosage.
5. Arroser doucement. S'assurer que les graines restent à la profondeur requise et qu'elles ne sont pas déplacées par l'eau.
6. Maintenir la surface du sol uniformément humide. Vérifier deux fois par jour.
7. Retirer la serviette en papier dès qu'une pousse perce la surface du sol.

Croissance végétative

Dès que les racines sont bien développées et que la croissance du feuillage augmente rapidement, les semis entrent dans la phase de croissance végétative. À ce stade, la production de chlorophylle est à son apogée, et la plante produit autant de feuillage que la lumière, le CO_2 et les nutriments le lui permettent. Bien entretenues, les plantes peuvent grandir de 1 à 2 cm par jour. Une plante dont le développement est ralenti pendant cette période peut mettre des semaines à retrouver une croissance normale. Un bon système racinaire, libre de se développer pleinement, est indispensable pour que la plante absorbe toute l'eau et les nutriments dont elle a besoin. Une croissance végétative qui ne connaît pas de facteur limitant est la clé d'une bonne récolte. Pendant la croissance végétative, les besoins d'une plante en eau et en nutriments évoluent. La transpiration augmente, il faut donc plus d'eau. De grandes quantités d'azote sont nécessaires. Le potassium, le phosphore, le calcium, le magnésium, le soufre et les oligoéléments sont tous consommés beaucoup plus rapidement. Plus la plante est grande, plus son système racinaire est développé et plus le sol sèche vite. De puissantes branches latérales apparaissent, qui pourront porter de belles sommités fleuries.

Dans leur phase végétative, les plantes à croissance rapide peuvent grandir de 1 à 2 centimètres par jour si elles reçoivent assez d'eau, de CO_2 et de nutriments.

RÈGLE D'OR

Une croissance végétative qui ne connaît pas de facteur limitant est la clé d'une bonne récolte.

Une période d'éclairage sous lampe HID d'une durée de 18 heures (par période de 24 heures) est parfaite pour la croissance végétative. Certains horticulteurs laissent les lampes allumées 24 heures sur 24, convaincus que la croissance en est accélérée. Ces 6 heures d'éclairage supplémentaires sont dépensées en pure perte. Après 18 heures d'éclairage, un point de saturation est atteint au-delà duquel l'absorption de la lumière chute rapidement.

Les plantes restent en croissance végétative aussi longtemps qu'elles sont exposées à 18 heures de lumière par jour : pendant un an, ou même davantage (en théorie pour toujours). C'est par la photopériode (le nombre d'heures éclairées sur un cycle de 24 heures) que les horticulteurs en intérieur exercent un contrôle sur la croissance végétative et la floraison.

La germination d'une graine ou l'enracinement d'une bouture, puis la croissance végétative et la floraison sont trois périodes distinctes de la vie d'une plante, chacune avec des besoins spécifiques.

Une fois que le sexe d'une plante est déterminé, elle peut devenir une mère, un mâle reproducteur, elle peut être récoltée, ou même « régénérée » en repartant sur un cycle de croissance végétative. Le bouturage, la transplantation, la taille ou la flexion des branches se pratiquent pendant la croissance végétative.

Préparer tout le matériel nécessaire avant de se lancer dans le bouturage.

Boutures

Les plantes se multiplient par reproduction sexuelle ou par propagation non sexuelle. Les graines sont le résultat d'une reproduction sexuelle ; les boutures sont le produit d'une propagation non sexuelle (les boutures sont parfois nommées clones bien que, d'un point de vue purement technique, le clonage consiste à prélever une cellule sur une plante et à la faire croître jusqu'à ce qu'elle devienne une plante à part entière). Faire une bouture, c'est tout simplement couper une pousse et lui faire prendre racine. Il suffit pour cela de prendre une pousse portant 4 ou 5 feuilles et de la couper en oblique (45 à 60 degrés) avec une lame bien tranchante. On débarrasse la bouture ainsi prélevée de la première ou des deux premières feuilles au-dessus de la coupe et on la plante. Les boutures sont la méthode de propagation la plus efficace et la plus économique. Une fois que la plante est âgée de 2 mois ou plus, l'horticulteur peut pratiquer l'art et la science incroyablement productive du bouturage.

Un dôme à humidité accélère l'enracinement des boutures.

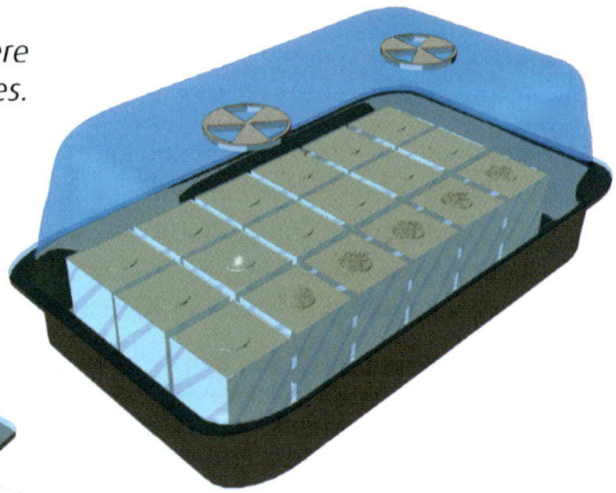

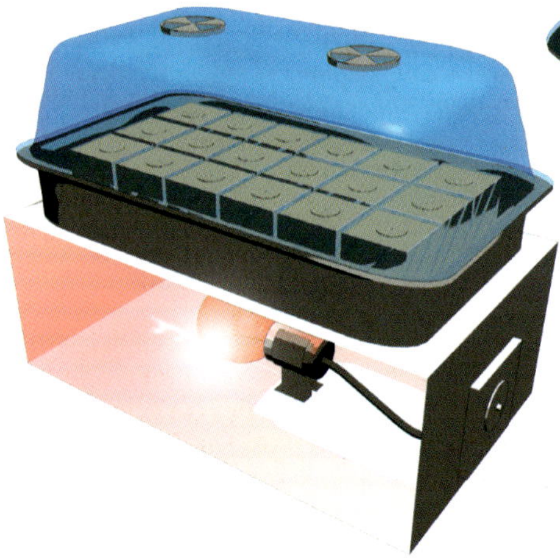

Poser les boutures sur une boîte renfermant une ampoule à incandescence reliée à un rhéostat permet un contrôle précis de la température du support de culture.

Plantes mères

Toute plante peut devenir « la mère » d'un stock de boutures, quel que soit son âge. La plante mère peut être issue d'une graine ou être elle-même la bouture d'une bouture. Bien des horticulteurs ont fait des boutures de boutures sur plus de 20 ans. Les boutures B1 sont prises sur une femelle originale, obtenue à partir de graines. Ces boutures sont cultivées en croissance végétative, et des boutures B2 sont prises sur les précédentes (B1). Les boutures B1 sont mises en floraison 2 semaines plus tard et de nouvelles boutures (B3) sont prises à partir des secondes (B2). Et ainsi de suite, au-delà de vingt générations, sans qu'apparaisse aucune diminution de la puissance ou de la vigueur des plantes obtenues. Le point capital pour le bouturage est de ne jamais laisser une plante mère fleurir. Une plante mère qui a fleuri et que l'on « régénère » en la remettant en croissance végétative a tendance à être moins puissante et moins robuste.

Plusieurs plantes mères maintenues en croissance végétative sont une bonne source de boutures. Les mères robustes produisent des boutures fortes et saines. Il est sage de faire démarrer de nouvelles mères à partir de graines chaque année, car les boutures ont plus de chance d'être en bonne santé quand les mères n'ont subi aucun stress.

Les plantes mères doivent recevoir au moins 18 heures de jour par 24 heures pour garder un ensemble de caractéristiques génétiques distinct et prononcé. On peut faire une analogie avec une page de livre. Faîtes-en une photocopie, photocopiez cette photocopie, puis photocopiez la photocopie de la photocopie. Le texte original est encore clair, mais plus tout à fait aussi dense sur la dernière photocopie que sur la première. Le document n'est plus tout à fait identique. De la même façon, une dégradation intervient sur les boutures au cours des années, due en particulier au stress occasionné chez une plante par le retour à la croissance végétative après une phase de floraison. Il se produit alors une perte d'intégrité génétique. Les plantes mères que l'on oblige à fleurir puis à retourner en croissance végétative produisent moins et, qui plus est, elles sont stressées et déboussolées.

Réplique génétique exacte

Une bouture est la réplique génétique exacte de la plante mère. Une plante femelle produit 100 % de femelles exactement semblables à leur mère. Lorsqu'elles sont cultivées dans le même environnement, les boutures d'une même mère ont exactement la même apparence. Mais des boutures cultivées dans des conditions différentes ont souvent une apparence différente. Par exemple, une bouture trop peu fertilisée et cultivée dans un environnement un peu sec aura une toute autre apparence que sa réplique génétique exacte fertilisée à souhait et cultivée dans une atmosphère humide. Toutefois, des mutations génétiques peuvent se produire, et un stress environnemental peut entraîner l'apparition occasionnelle d'une fleur mâle sur une plante femelle.

Une bouture d'un mois qui a été prélevée sur une plante âgée de 6 mois n'a pas vraiment un mois ; elle est âgée de 6 mois, comme la plante mère. Ce phénomène n'est pas totalement compris mais il est reconnu. On se souvient des premiers clones faits sur des animaux, avec Dolly la brebis. Elle avait été obtenue par reproduction asexuée à partir d'ADN prélevé sur les glandes mammaires d'une brebis. Les cellules prélevées avaient été nourries et multipliées jusqu'à devenir une brebis. Un phénomène imprévu s'était alors produit : les cellules avaient conservé leur âge chronologique, à savoir celui de la « mère », ou plus exactement celui du « donneur » d'ADN.

Une plante de 6 mois produit davantage de principes actifs qu'une plante âgée de 1 mois ; faire des boutures permet d'obtenir une plante qui produit très vite des principes actifs. Une bouture de 1 mois se comporte comme une plante âgée de 4 mois et passe en floraison très facilement.

Le bouturage réduit le temps nécessaire à une plante pour parvenir à maturité. La méthode de production la plus productive consiste à utiliser deux chambres de culture, la première (occupant à peu près le quart de l'autre) destinée aux boutures et à la croissance végétative, la seconde utilisée pour la floraison. Les petites plantes en croissance végétative occupent moins de place que les plantes plus âgées en floraison. Par exemple, une lampe MH de 250 ou 400 watts éclaire parfaitement des boutures et de jeunes plantes en croissance végétative qui rempliraient une chambre de floraison éclairée par trois lampes HP sodium de 600 watts chacune. Les néons, plus économiques, sont adéquats pour l'enracinement des boutures.

La méthode la plus productive consiste à combiner des cycles de floraison et de récolte de 8 semaines avec un prélèvement continu de boutures, de manière à obtenir une récolte continue. Il est possible de prélever une bouture tous les 2 jours et de récolter une plante 1 jour sur 2. À chaque fois qu'on récolte une plante, une nouvelle bouture enracinée quitte la chambre de croissance végétative et vient la remplacer. Ce régime suppose qu'il y ait 60 boutures en floraison, et qu'il s'écoule 90 jours entre le moment où une bouture est prélevée et le moment où elle est récoltée. Dans ce cas de figure, l'horticulteur cultive à tout moment 45 boutures et 30 plantes en floraison.

Les boutures sont mises en floraison lorsqu'elles mesurent entre 10 et 30 centimètres. Des plantes courtes font une utilisation beaucoup plus efficace de la lumière des lampes HID. L'intensité de la lumière diminue proportionnellement au carré de la distance, ce qui signifie que le feuillage placé à 1,75 mètre d'une ampoule ne reçoit plus que 1/14e (oui, un quatorzième seulement !) de la lumière disponible à 30 centimètres de distance. Les feuilles qui n'ont pas assez de lumière poussent lentement et sont étiolées.

Une bouture – peu importe son âge – devient toujours plus grande qu'une plante obtenue à partir de graines ; en revanche, son système racinaire est proportionnellement plus compact, ce qui la rend particulièrement adaptée à la culture en pot. Quand les racines d'une plante obtenue par bouturage commencent à être limitées par la taille du conteneur, c'est en général que le moment est venu de récolter. À l'inverse, une plante de 5 ou 6 mois obtenue à partir de graines est vite limitée par la taille du pot,

La tige des plantes nées de graines est rectiligne alors que celle des plantes issues de boutures forme parfois des zigzags.

ce qui entraîne un ralentissement de sa croissance. Ce ralentissement de la croissance va souvent de pair avec des attaques de ravageurs ou des carences nutritives.

Des boutures qui reçoivent toute la lumière dont elles ont besoin poussent vite et ont moins de chance d'être touchées par les ravageurs ou les maladies. En fait, des boutures qui poussent au mieux de leur potentiel se développent plus vite que ne se reproduisent les araignées rouges. Les plantes sont récoltées avant que les araignées rouges aient eu le temps de s'établir fermement.

Lorsque les boutures sont petites, il est également facile de les tremper dans une solution acaricide avant de les passer en chambre de floraison, ce qui limite les populations d'araignées rouges.

Par ailleurs, une population de boutures courtes dans de petits pots est beaucoup plus facile à entrer et sortir d'une chambre de culture que de grandes plantes dans de grands pots, ce qui simplifie le nettoyage et la stérilisation de l'espace. Les chambres de cultures qui sont désinfectées régulièrement ont moins de problèmes de ravageurs et de maladies.

Enfin, l'expérimentation est plus facile avec des boutures car, étant toutes génétiquement identiques, elles réagissent de la même façon lorsqu'elles sont soumises à des stimuli donnés (engrais, éclairage, flexion des branches, etc.). Après avoir fait l'expérience de plusieurs récoltes provenant de la même mère, un horticulteur commence à avoir une idée précise des conditions qui leur conviennent le mieux.

Aspects négatifs

Cependant, les boutures présentent aussi des inconvénients. La plante mère donne des boutures qui lui sont identiques en tous points. Si elle n'est pas résistante aux maladies ou qu'elle a un faible rendement, les boutures auront les mêmes faiblesses. Cette faiblesse est décuplée lorsqu'on ne cultive qu'une variété à la fois : un ravageur ou une maladie cryptogamique non maîtrisés peuvent détruire une récolte entière.

Préparation au bouturage

On peut multiplier les plantes par bouturage, quelque soit leur âge ou leur stade de croissance. Il est conseillé de prélever les boutures sur une plante âgée d'au moins 2 mois, car les boutures prélevées sur des plantes plus jeunes ont parfois un développement moins harmonieux et plus lent. Lorsqu'elles sont prélevées sur des plantes en floraison, les boutures s'enracinent vite mais elles mettent au moins un mois à retourner à la croissance végétative.

Le bouturage est l'expérience la plus traumatisante qu'une plante puisse traverser. Un morceau de plante coupée doit subir une transformation phénoménale pour devenir une plante enracinée. Toute sa physiologie se modifie ; la tige qui faisait des feuilles doit maintenant faire des racines pour survivre.

Il est plus facile pour les boutures d'élaborer rapidement un système racinaire bien dense quand les tiges contiennent une bonne quantité d'hydrates de carbone et peu d'azote. Pour augmenter leur teneur en hydrates de carbone, on rince copieusement le support de culture de la plante mère avec de l'eau, afin de lessiver les nutriments qui s'y trouvent. Le support de culture doit drainer parfaitement pour supporter ce rinçage sans rester imbibé d'eau. Une application « d'engrais foliaire inversé » permet d'éliminer l'azote au niveau des feuilles. Pour cela, on pulvérise de l'eau pure sur les plantes mères tous les matins pendant 3 ou 4 jours. La croissance ralentit au fur et à mesure que les réserves en azote s'épuisent et que les hydrates de carbone s'accumulent ; les feuilles les plus anciennes peuvent prendre une couleur plus claire. C'est dans les branches du bas, plus âgées et plus mûres, que la teneur en hydrates de carbone est la plus élevée.

Pendant l'enracinement, les boutures n'ont besoin que de très peu d'azote mais d'une quantité de phosphore plus importante. Un engrais de floraison (à forte teneur en phosphore) peut être utilisé. Les traitements par pulvérisations doivent être évités pendant l'enracinement car ils aggravent le stress des plantes. Avec un peu d'expérience et de rigueur, la plupart des horticulteurs obtiennent 100 % de survie pour leurs boutures.

Fendre la tige d'une bouture augmente la surface du cambium situé sous l'écorce et qui est la seule partie de la plante capable de générer de nouvelles racines.

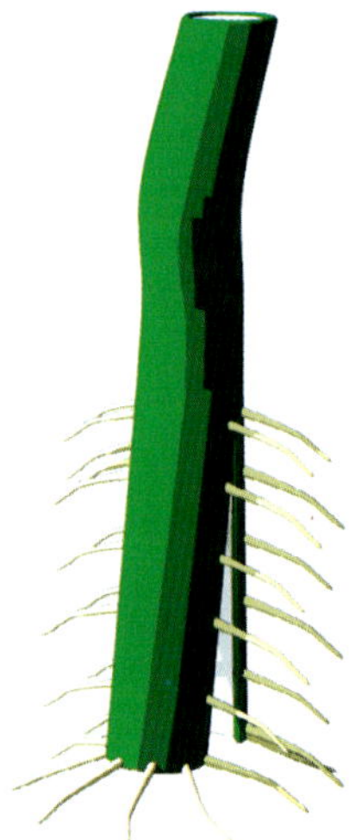

Hormones de bouturage

Certaines hormones favorisent l'enracinement en accélérant le processus de transformation en cours. Pour faire des racines, la tige doit réorienter son activité, arrêter d'élaborer des cellules de tige pour fabriquer, dans un premier temps, des cellules indifférenciées, puis des cellules de racines. Les hormones de bouturage accélèrent le processus de multiplication des cellules indifférenciées. Une fois qu'elles sont indifférenciées, les cellules se transforment rapidement en cellules racinaires. Les trois substances suivantes stimulent le développement de cellules indifférenciées : l'acide naphtylacétique (NAA), l'acide indolebutyrique (IBA) et l'acide 2,4-dichlorophénoxiacétique (2,4-D). Les hormones de bouturage vendues dans le commerce contiennent un ou plusieurs de ces ingrédients synthétiques, souvent additionnés d'un antifongique pour prévenir la fonte des semis.

Les hormones de bouturage sont disponibles sous forme liquide, en gel ou en poudre. Elles sont plus polyvalentes, mieux absorbées et plus pratiques sous la forme de liquide ou de gel. Les hormones en poudre adhèrent moins bien à la tige et sont moins facilement absorbées, ce qui peut entraîner une croissance inégale des racines et un taux de survie diminué.

Certains horticulteurs font tremper les boutures pendant 24 heures dans une solution diluée d'hormones de bouturage. En général ces solutions contiennent entre 20 et 200 ppm d'IBA ou de NAA. Les résultats obtenus avec cette méthode varient. Des facteurs tels que la température, l'éclairage et l'humidité affectent la capacité de la tige à assimiler le stimulateur d'enracinement pendant que la tige trempe.

On peut utiliser des solutions plus concentrées pendant un temps très bref (5 à 20 secondes) avec une absorption uniforme. Pour connaître la concentration en hormones en parties par million (ppm), on multiplie le pourcentage indiqué par le fabricant par 10 000. Par exemple, un produit affichant 0,9 % d'IBA en contient 9 000 ppm.

Les hormones de synthèse vendues sous forme de poudre sont composées d'un mélange de talc et d'IBA et/ou de NAA. Elles coûtent moins cher que les formules liquide ou gélifiée. Pour les appliquer, on roule la partie inférieure de la tige humide dans la poudre de façon à l'enrober d'une couche uniforme. Qu'il soit en poudre ou liquide, le produit peut être facilement souillé par une bouture contaminée, c'est pourquoi on ne trempe jamais directement la tige de la bouture dans le récipient originel. On en verse une petite quantité dans un récipient à part, et on jette le surplus quand on a terminé. On tapote la tige pour éliminer le surplus de poudre qui pourrait entraver l'enracinement, puis on fait un trou assez large dans le support de culture pour que la poudre de bouturage ne soit pas éliminée par friction quand on y insère la bouture. Avec les variétés plus difficiles à bouturer, on peut aller jusqu'à sceller la base de la tige avec une miette de laine de roche ou un mélange tourbe/perlite en s'aidant d'une pince à épiler.

Clonex® a été le premier gel de bouturage commercialisé aux États-Unis. C'est un cocktail de 7 vitamines, 11 minéraux, 2 agents bactéricides et des hormones de bouturage dans une concentration de 3 000 ppm. Le gel adhère aux tissus de la bouture dès l'application, ce qui réduit les chances d'infection et d'obstruction.

Dip-N-Grow® contient de l'IBA et du NAA ainsi que des agents bactéricides et fongicides. C'est un produit extrêmement bon marché.

Earth Juice Catalyst® est un produit biologique élaboré à partir de son d'avoine, de kelp, de molasses, d'un complexe de vitamines B, d'acides aminés, d'hormones et de faibles quantités de nutriments.

Ecolizer Root Up® est populaire auprès des horticulteurs qui utilisent les engrais biologiques formulés pour l'hydroponie par Ecoplanet.

Hormex® est une poudre à base d'IBA disponible en six concentrations différentes, de 1 000 à 45 000 ppm.

Hormodin® est une poudre disponible en trois concentrations : 1 000, 3 000 et 8 000 ppm. Son ingrédient le plus actif est l'IBA.

Maxicrop® est un mélange liquide d'algues marines ne contenant ni IBA ni NAA, et qui a la réputation d'être un excellent stimulateur naturel de racines. On fait tremper les boutures une nuit dans une solution contenant 60 g de Maxicrop® pour 4 litres d'eau. Après la plantation, on continue à arroser avec cette solution.

Nitrozyme® est extrait d'une plante similaire aux algues marines (*Ascophylum nodosum*) et contient quantités d'hormones parmi lesquelles des cytokinines et des auxines, des enzymes, de la giberrelline et des éthylènes. Nitrozyme se pulvérise sur les plantes mères pendant les 2 semaines qui précèdent le prélèvement des boutures.

NutriRoot® est un gel d'enracinement qui peut être utilisé pour la micropropagation, la culture de tissus, les boutures de tige ou de feuilles de plantes à bois dur ou tendre. Il contient un mélange équilibré d'oligoéléments, de sucres, de vitamines, de minéraux et d'hormones régulant la croissance.

Olivia's Cloning Solution® et Olivia's Cloning Gel® sont des hormones de bouturage très populaires, disponibles sous forme liquide ou en gel. Les utilisateurs rapportent un taux de réussite élevé avec ces produits.

PowerThrive® contient du kelp, de la vitamine B_1, de la cytokinine, et de nombreux autres stimulateurs de croissance, hormones et nutriments.

Rhizopon AA® est disponible en comprimés solubles dans l'eau, en dosages allant de 500 à 20 000 ppm. Rhizopon B.V. est la plus grande compagnie au monde entièrement consacrée à la recherche (et à la production) de produits pour l'enracinement.

Rootech Cloning Gel® de Tecknaflora est un produit excellent dans lequel les boutures prennent vite racine tout en étant protégées des chocs. Il contient de l'IBA, de nombreuses vitamines et un savant mélange de nutriments.

StimRoot® se présente sous forme liquide et contient de l'IBA et du NAA.

Super Thrive® de Vitamin Institute, qui contient plus de cinquante vitamines et hormones naturelles, fonctionne comme stimulateur d'enracinement et comme fortifiant générique.

Wilson's Roots® contient de l'IBA, du NAA, du 5-ethoxy-3-trichlormethyl-1,2,4-thiadiazole, et un fongicide. Disponible en poudre ou en gel.

Vita Grow® contient de l'IBA et du NAA et, d'après de nombreux utilisateurs, « il ferait prendre racine à un bâtonnet de crème glacée ».

AVERTISSEMENT

Certains de ces produits sont déconseillés (ou interdits) pour les plantes destinées à la consommation humaine. Lire attentivement les instructions sur l'emballage avant de se décider à utiliser un produit.

La macération de saule induit naturellement l'enracinement. La substance, commune à tous les saules, qui favorise la croissance des racines est mal connue mais les succès à répétition ont prouvé qu'elle augmente le développement des racines de 20 % par rapport à l'eau simple. Le saule contient une substance proche de l'aspirine. Cette macération, mélangée à des hormones de bouturage du commerce, donne des résultats extraordinaires.

Pour préparer une macération de saule destinée à stimuler l'enracinement des boutures, trouver un saule de n'importe quelle variété, prélever quelques branches de l'année ayant un diamètre de 2 à 4 cm. Retirer les feuilles et débiter les branches en tronçons de 2,5 cm de long. Les placer à la verticale les uns contre les autres dans un bocal d'un litre afin d'en faire tenir le maximum. Remplir le bocal d'eau et laisser tremper pendant 24 heures. Recueillir l'eau et l'utiliser comme hormone de bouturage en faisant tremper les boutures dedans pendant 24 heures avant de les planter. Si l'on souhaite utiliser une hormone de bouturage en complément, on la dilue dans la macération de saule au lieu d'eau.

Différentes marques proposent des produits qui contiennent des trichodermes, une bactérie réellement efficace pour stimuler la croissance des racines et favoriser l'absorption des nutriments.

Les boutures s'enracinent plus vite lorsque le support de culture est un peu plus chaud que l'air. Un support plus chaud augmente l'activité biochimique souterraine, et une température de l'air un peu moins élevée que celle du sol réduit la transpiration. Pour obtenir les meilleurs résultats, on maintient la température du support de culture entre 24 et 27°C et celle de l'air environ 4 degrés en dessous. Les pulvérisations d'eau sur les boutures rafraîchissent le feuillage et réduisent la transpiration, ce qui aide les boutures traumatisées à retenir l'eau qu'elles ne peuvent pour l'instant absorber, faute de racines.

RÈGLE D'OR

S'entraîner sur quelques boutures avant de se lancer dans la production.

AVERTISSEMENT

Une bulle d'air coincée dans la tige peut causer une embolie et provoquer la mort d'une bouture. Les gels bouchent la coupure, ce qui réduit les risques d'embolie, de stress ou d'infection. Pour diminuer les risques d'embolie, tremper les boutures dans le gel dès qu'elles sont coupées ; pour les éliminer complètement, prélever les boutures sous l'eau. Les embolies sont difficiles à détecter. Les plantes qui en souffrent peuvent mourir au bout d'une semaine, ou avoir l'air en parfaite santé pendant plus d'un mois et s'écrouler d'un seul coup, pourries à la hauteur du sol.

ÉTAPE PAR ÉTAPE

Bouturer

1 Choisir une plante mère âgée d'au moins 2 mois et mesurant au moins 60 cm de hauteur. Certaines variétés se bouturent facilement, même lorsqu'elles sont bourrées d'engrais. Si une variété est difficile à bouturer, rincer quotidiennement son support de culture avec 8 litres d'eau pour 4 litres de support, tous les matins pendant 1 semaine, avant de prélever les boutures (veiller à ce que le support draine bien), et pulvériser de l'eau sur les feuilles en abondance tous les matins. Ces deux pratiques réduisent les teneurs en azote. Ne pas ajouter d'engrais.

2 L'extrémité des branches anciennes est la partie qui s'enracine le plus facilement. À l'aide d'une lame bien affûtée, sectionner en biseau (à 45°) des pousses dont les tiges font de 3 à 6 mm de diamètre et qui mesurent de 5 à 10 cm de long. Trancher à mi-distance entre deux nœuds, en prenant soin de ne pas écraser la tige. Ôter deux ou trois paires de feuilles, et des nœuds le cas échéant : une fois plantée dans son support, la bouture doit avoir une ou deux paires de feuilles au-dessus du sol tandis que le morceau de tige enfoncé dans le support comporte un ou deux nœuds. Plonger la tige dans de l'eau propre et tiède pour empêcher qu'une bulle d'air vienne se loger dans la partie creuse au centre de la tige. Au fur et à mesure que l'on prélève les boutures, on les plonge dans l'eau le temps d'en prélever d'autres.

3 Les cubes d'enracinement (en tourbe, laine de roche ou autres) coûtent un peu plus cher que les mélanges de supports inertes vendus en sac de plusieurs litres mais sont très pratiques pour l'entretien et la transplantation. On peut aussi remplir des godets en tourbe ou en plastique, ou un plateau de pépiniériste, avec du sable grossier bien lavé, de la vermiculite fine, ou même, si rien d'autre n'est disponible, un terreau fin. Saturer le support d'eau tiède avant d'y introduire un crayon ou une baguette pour y faire un trou d'un diamètre légèrement supérieur à celui de la tige. Le fond du trou doit être situé à 4 cm de la base du pot pour permettre aux racines de se développer.

4 Si l'on utilise une hormone de bouturage, on la prépare juste avant l'utilisation. Avec les liquides, on emploie la dilution adaptée aux boutures de bois tendres. Il suffit de plonger la tige dans la solution d'hormone pendant 5 à 10 secondes, puis de la placer dans le trou déjà préparé. Les hormones de bouturage en gel ou en poudre n'ont pas besoin d'être préparées avant l'emploi. Il suffit de plonger la tige dans un peu de gel ou de la rouler dans un peu de poudre. En plaçant la tige dans son trou, on s'assure qu'elle reste enrobée d'une couche de gel ou de poudre pendant que l'on tasse le support autour d'elle.

5 Arroser légèrement avec une solution pour la transplantation à base de vitamine B_1 jusqu'à ce que toute la surface soit uniformément humide. Arroser autant qu'il est nécessaire.

6 Les boutures prennent plus vite racine lorsqu'elles sont exposées à un éclairage fluorescent (néons) pendant 18 à 24 heures. Si les boutures sont exposées à un éclairage HID, les installer en périphérie du jardin (là où la luminosité est moins intense), ou les ombrager avec un tissu ou un sac plastique.

7 Les boutures prennent racine plus rapidement quand le taux d'humidité avoisine les 95 ou 100 % pendant les 2 premiers jours et redescend progressivement à 85 % la semaine suivante. Une serre de bouturage maintient l'humidité aux alentours de 90 %. On peut bricoler une installation en couvrant le plateau de bouturage à l'aide de film plastique ou d'une plaque de verre, tout en laissant une fente d'aération pour que les boutures puissent respirer. Une alternative consiste à pulvériser de l'eau sur les boutures plusieurs fois par jour. Ôter toute feuille abîmée.

8 La température de l'air doit rester inférieure de 4°C à celle du support (qui doit être entre 24 et 27°C). Placer les boutures dans un local chaud pour augmenter la température ambiante et utiliser des câbles ou tapis chauffants ou des ampoules à incandescence pour réchauffer le support de culture par en dessous.

9 Quelques boutures peuvent se flétrir un peu au début mais elles doivent avoir récupéré leur vigueur en quelques jours. Les boutures qui sont encore flétries au bout d'une semaine peuvent prendre racine trop lentement pour rattraper les autres. Il peut être préférable de s'en débarrasser.

10 En l'espace de 1 à 3 semaines, les boutures doivent avoir pris racine. La pointe des feuilles jaunies, des racines sortant par les trous au fond du pot et la reprise de la croissance verticale signalent un bon enracinement. Pour obtenir les meilleurs résultats, attendre pour transplanter que le système racinaire atteigne les côtés et le fond des cubes d'enracinement, ou qu'il commence à sortir du pot.

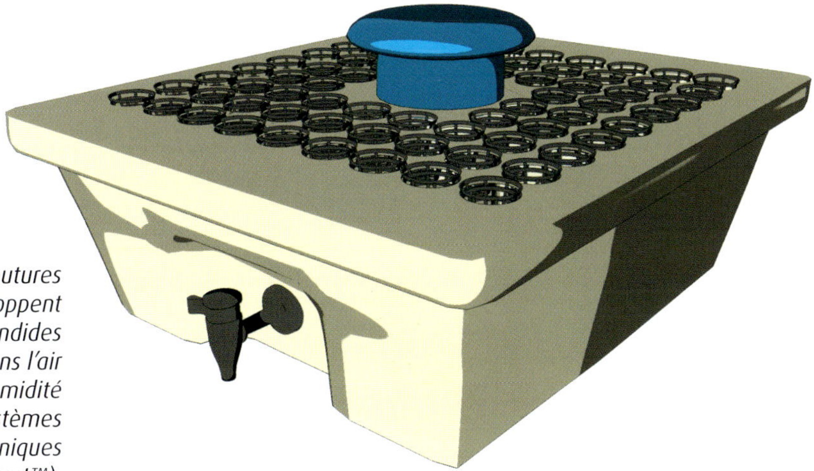

Les boutures développent de splendides racines dans l'air saturé d'humidité des systèmes aéroponiques (ici, un Rainforest™).

Transplantation

Lorsque les plantes deviennent trop grandes pour leur conteneur, elles doivent être transplantées pour maintenir une croissance rapide. Si le système racinaire est limité par la taille du pot, la croissance est ralentie et la plante souffre. Une plante longiligne, une croissance lente, avec un allongement de la distance entre deux nœuds, et des branches qui dépassent à peine la verticale du pot, signalent qu'une plante est à l'étroit et souffre. On obtient confirmation de ce diagnostic en retirant délicatement la plante de son pot : les racines confinées tapissent le fond et les côtés de la motte.

Lorsque l'on cultive des plantes qui atteignent leur pleine maturité en moins de 90 jours, il n'est pas nécessaire d'utiliser des pots d'une contenance supérieure à 12 litres. Les plantes mères, qui vivent un an ou plus, ont besoin d'un pot plus grand.

On transplante en gardant le même type de support de culture, afin d'éviter un différentiel de pression entre les deux supports qui pourrait ralentir la croissance des racines. Démarrer les semis ou les boutures dans des cubes d'enracinements en laine de roche, ou dans des pastilles ou des godets de tourbe, facilite la transplantation : pour transplanter, il suffit de placer le cube ou le godet dans un trou préparé dans le support, puis de le refermer en s'assurant que le support est en contact étroit avec le cube ou le godet. Ne pas oublier de maintenir le sol humide après avoir transplanté dans un support inerte ou en terre, car la différence entre la capacité de rétention d'eau des deux supports peut empêcher la croissance des racines au-delà du cube d'enracinement. Il est possible de transplanter directement les cubes d'enracinement en laine de roche, avec leur bouture ou semis, dans les billes d'argile d'un bac hydroponique.

Après le bouturage, la transplantation est la deuxième expérience la plus traumatisante qu'une plante puisse endurer. L'opération requiert une attention particulière et une certaine dextérité. Les minuscules poils absorbants sont très délicats et facilement détruits par l'air, la lumière et les manipulations brutales. Les racines poussent dans l'obscurité, dans un milieu dense et protecteur. Quand elles sont exposées à l'air trop longtemps, elles se dessèchent et meurent.

Il faut faire en sorte que la transplantation dérange les racines le moins possible. Elles ont besoin d'être en contact permanent avec un sol humide pour y puiser l'eau et les nutriments nécessaires à la plante.

Après une transplantation, la photosynthèse et l'élaboration de chlorophylle sont ralenties, tout comme l'absorption d'eau et de nutriments par les racines. Il vaut mieux transplanter en fin de journée pour que les plantes aient toute la nuit pour se remettre. Les transplantées récentes ont besoin d'un éclairage adouci afin de maintenir leur croissance au rythme auquel les racines peuvent les approvisionner en eau et en nutriments. Mieux vaut ombrager les plantes transplantées pendant 2 jours. Si des néons sont disponibles, on les utilise comme éclairage pendant cette période avant de rallumer la lampe HID.

Dans l'idéal, les plantes devraient être aussi saines que possible avant de subir le traumatisme d'une transplantation. Cependant, la transplantation dans un conteneur plus grand (le rempotage) a guéri plus d'une plante chétive. Après la transplantation, les plantes ont besoin de peu d'azote et de potassium mais de quantités accrues de phosphore. Un engrais de floraison convient donc mieux pendant la semaine qui suit la transplantation. Tout produit comprenant des bactéries trichodermes ou de la vitamine B_1 adoucit le choc de la transplantation. La plante a besoin de quelques jours pour s'acclimater et rétablir une bonne circulation des fluides à partir des racines vers les parties aériennes. Lorsque la transplantation se fait en douceur et que les racines sont peu dérangées, aucun flétrissement n'apparaît.

Plonger les parties aériennes des plantes dans un seau rempli de solution acaricide diluée dès qu'elles ont repris leur croissance. Ce trempage rapide les protégera des féroces petites araignées.

On peut plonger tout le feuillage d'une plante dans une solution acaricide. Il faut aussi traiter le support de culture.

ÉTAPE PAR ÉTAPE

Transplanter

Cet exemple utilise une bouture âgée d'un mois, que l'on a démarrée dans un godet de 3 cm^3 de support inerte, et que l'on transplante dans un pot d'une contenance de 12 litres.

1. Deux jours avant la transplantation, arroser la bouture avec une solution à la vitamine B_1 diluée de moitié.
2. Remplir jusqu'à 5 cm du bord un pot d'une contenance de 12 litres avec un terreau riche ou un support inerte.
3. Saturer le terreau ou le support de culture dans lequel la plante va être transplantée à l'aide d'un engrais hydroponique dilué. Une partie de la solution doit s'écouler librement par le fond du pot.
4. Faire délicatement rouler le godet entre les mains pour décoller la motte. Coiffer le godet d'une main, avec les doigts écartés de part et d'autre de la tige. Retourner l'ensemble et laisser la motte glisser hors du godet pour se poser dans la paume de la main. Faire bien attention à garder la motte entière.
5. Placer la motte avec précaution dans le trou creusé pour l'accueillir dans le nouveau conteneur de 12 litres. S'assurer que toutes les racines pointent vers le bas.
6. Remblayer autour de la motte en tassant le support doucement mais fermement.
7. Arroser avec une solution à base de bactéries trichodermes et de vitamine B_1. Le support doit être saturé d'eau mais doit drainer parfaitement.
8. Placer les plantes récemment transplantées en périphérie d'une zone éclairée par une lampe HID ou les ombrager légèrement pendant 2 ou 3 jours. Passé ce délai, elles peuvent être de nouveau installées en pleine lumière.
9. Fertiliser les supports inertes après la transplantation à l'aide d'un engrais hydroponique complet contenant des nutriments chélatés solubles. Le terreau de rempotage neuf contient en général suffisamment de nutriments pour les 2 premières semaines de croissance, après quoi il faut fertiliser avec une solution nutritive.
10. Voir le tableau « Taille du conteneur selon l'âge de la plante », page 141.

Dès que les racines apparaissent sous le pot il est temps de transplanter (ici l'horticulteur a attendu un peu trop longtemps).

Préparer le pot de taille supérieure.

Extraire délicatement la motte en prenant soin de ne pas endommager les racines.

Placer la motte dans le trou préparé à cet effet.

Ramener la terre autour de la plante, tasser légèrement et bien arroser.

BOUTURER POUR CONNAÎTRE LE SEXE

On peut déterminer le sexe d'une plante annuelle dioïque avec certitude grâce au bouturage. Pour cela, on prélève deux boutures sur chacune des plantes concernées (deux, au cas où l'une mourrait). Indiquer l'identité des boutures (éventuellement le nom des deux parents), avec un feutre indélébile, sur une étiquette imperméable.

Une fois que les boutures sont enracinées, les mettre en floraison (12 heures de lumière par cycle de 24 heures). La façon la plus rapide de déclencher la floraison est de les mettre sous néons pendant la première semaine, puis sous lampes HID. Après 12 heures d'éclairage, on les place dans l'obscurité pendant 24 heures (dans un placard, ou sous un carton retourné). L'obscurité doit être totale et ininterrompue.

Le sexe des boutures se manifeste en général en 2 semaines. Supprimer les mâles, sauf ceux que l'on veut utiliser pour la reproduction. Maintenir les petites femelles en floraison et leur mère en croissance végétative (18 heures de lumière par cycle de 24 heures). Pour préserver l'intégrité génétique, on ne « régénère » jamais les mères en les faisant passer d'une phase de floraison à une phase de croissance végétative.

Pour les horticulteurs qui ne disposent que d'une seule chambre de culture, il est possible d'enraciner les boutures dans un plateau de pépiniériste que l'on couvre toutes les nuits pendant 12 heures avec une boîte en carton retournée. Mieux vaut ôter le carton une fois que les lumières sont éteintes pour augmenter la circulation d'air et éviter les problèmes liés à une mauvaise ventilation.

Tailler et fléchir

La taille et la flexion modifient le processus de croissance des plantes et ont un effet sur leur forme, sur la circulation des fluides et sur les hormones de croissance. L'effet de la taille est beaucoup plus drastique que les modifications relativement subtiles apportées par la flexion. Lorsqu'on taille une branche, deux branches repoussent à partir du nœud situé en dessous de la coupe. Cela ne veut pas dire que la plante va pousser deux fois plus vite. Les plantes d'intérieur à croissance rapide sont déjà poussées au maximum de leur potentiel, et les tailler ne fait que ralentir leur croissance. Le cycle de vie de la plupart d'entre elles ne dépassant pas 90 jours, elles doivent croître sans interruption pour être pleinement productives.

AVERTISSEMENT

Tailler une plante à croissance rapide n'augmente pas sa productivité.

La flexion des branches a ceci en commun avec la taille qu'elle modifie la circulation des hormones et neutralise efficacement l'hormone inhibitrice de croissance. La flexion est beaucoup plus douce pour les plantes que la taille. Pour fléchir une branche, il suffit de la placer dans la position désirée et de l'attacher pour la maintenir en place. Les branches peuvent supporter une forte flexion sans casser. Même si on plie une branche au point de la casser, tant qu'elle n'est pas séparée de la plante, on peut la remettre en position, l'attacher — et elle guérit. Les jeunes branches souples supportent mieux la flexion que les vieilles branches rigides. Maintenir les branches en position horizontale favorise le développement vertical des fleurs, qui poussent vers la lumière. Chaque fleur sera plus dense et épanouie, comme si la plante n'avait plus une tête centrale mais plusieurs, grâce au supplément de lumière reçu par chacune. Une jardinière prolongée par un treillis vertical offre un excellent arrimage.

On peut choisir de lester la tige principale pour la fléchir de façon à ce qu'elle développe une série de pousses verticales.

On peut acheter chez les pépiniéristes des bandelettes flexibles contenant du fil de fer souple, comme celles qui servent à fermer les sacs de pain sous emballage plastique. Ces bandelettes sont prédécoupées, ou destinées à être coupées à la longueur voulue. Le fil électrique a les mêmes caractéristiques, et ne coûte rien. Ces matériaux à la fois souples et rigides permettent d'attacher les branches d'une simple torsion tout en laissant à la plante la place nécessaire pour respirer librement (des liens trop serrés entravent la circulation des fluides, et endommagent les plantes).

Lorsque l'on fléchit les branches, il faut être doux, même si la plupart des plantes peuvent survivre à bien des tortures. Si l'on est brutal, il peut arriver qu'un embranchement se fende en deux, ou qu'une branche casse ; dans un cas comme dans l'autre, la circulation des fluides est interrompue. Cependant, on peut réparer ces fractures à l'aide d'une petite attelle en bois étroitement maintenue en place par du fil de fer gainé ou du ruban adhésif, de manière à redresser la branche cassée. On peut même emballer la partie blessée dans une éponge que l'on garde humide le temps de la guérison.

Certains horticulteurs combinent taille et flexion. Il est facile de trop tailler, mais difficile de trop fléchir. Tailler une plante lui donne un aspect plus touffu. Les branches situées sous le bourgeon le plus récent se développent plus rapidement lorsque celui-ci est coupé. Le fait d'ôter le bourgeon terminal modifie la concentration en hormones inhibitrices de croissance. Ces hormones, appelées auxines, empêchent les bourgeons latéraux de se développer rapidement. Plus une branche est éloignée des hormones présentes dans la pointe supérieure de la plante, et moins les auxines ont d'effet sur elle. La croissance des branches du bas est donc beaucoup moins inhibée que celle des branches situées plus près du sommet. C'est la raison pour laquelle de nombreuses variétés de plantes à croissance rapide prennent la forme d'un sapin de Noël lorsqu'elles poussent sans interférence.

Couper le bourgeon terminal encourage la croissance de bourgeons latéraux.

La plupart des horticulteurs qui font de belles récoltes ne taillent jamais leurs plantes, surtout s'ils élèvent une population de boutures dont la taille se situe entre 70 cm et 1,20 m. Lorsque les plantes sont de petite taille, il n'est pas nécessaire de les tailler pour permettre une meilleure pénétration de la lumière jusqu'aux branches du bas, ou pour modifier le profil global de la plantation. Cette méthode est la plus simple et probablement la plus productive.

Si l'on décide de tailler, il est important de toujours utiliser des accessoires rigoureusement propres. Une lame de rasoir qui ne coupe que d'un côté, un cutter, un sécateur ou des ciseaux bien affûtés font tous l'affaire, mais il faut réserver cet outil à la chambre de culture. Les sécateurs utilisés en extérieur véhiculent aussi bien des araignées rouges que de la crotte de chien. Si un accessoire utilisé en extérieur doit être utilisé en intérieur, le stériliser d'abord à l'alcool à brûler.

Quelques techniques de taille

On peut retirer les branches étiolées du bas qui reçoivent peu de lumière. L'élagage des branches inférieures concentre les auxines dans les branches du haut qui sont incitées à pousser en hauteur. On coupe à raz pour ne pas laisser de moignon susceptible de pourrir et d'attirer les maladies et les insectes. Si l'on souhaite faire une petite récolte précoce, couper les branches du bas est ce qui aura le moins d'impact sur la production globale.

Cependant, ne pas tailler présente plusieurs avantages. Les hormones florales peuvent se concentrer librement au bout des branches, ce qui donne de plus belles fleurs. Il est facile de serrer des plantes non taillées sur une petite surface. Les plantes serrées les unes contre les autres sont limitées dans leur développement latéral et ont tendance à pousser à la verticale. Les boutures sont placées dans la chambre de floraison après avoir passé entre 1 et 30 jours en croissance végétative. Les petites boutures sont placées les unes contre les autres dans des pots de 12 litres. Ainsi chaque plante occupe le moins de place possible pendant le moins de temps possible, de façon à produire le plus abondamment possible. Chacune bénéficie d'une lumière plus intense et porte de belles fleurs avec peu de grandes feuilles en éventail.

« **Pincer** » le bout de chaque branche a pour effet de diffuser les hormones florales et de rendre la plante plus touffue. Pour pincer une branche, il suffit de retirer son extrémité à la première paire ou à la deuxième paire de feuilles. Pincer la tige principale encourage le développement des branches latérales, et du bas. Pincer toutes les tiges stimule la croissance de toute la partie inférieure de la plante. Pincer de manière continue, comme on le fait quand on prélève des boutures sur une plante mère, favorise l'apparition de nombreuses petites branches et finit par donner à la plante la même allure que si elle faisait partie d'une haie. La plupart des horticulteurs ne pince pas car cela diminue le nombre de belles fleurs, ce qui n'a sans doute pas d'impact sur le poids global de la récolte.

Une plante taillée en quatre branches centrales donne quatre grosses fleurs.

Autre possibilité : ôter toutes les branches pour ne laisser que les quatre tiges principales. Pour cela, on coupe la tige centrale juste au-dessus des quatre branches les plus basses. Le fait de retirer la tige centrale concentre les hormones florales dans les quatre branches restantes. Du fait qu'il y a moins de branches, elles sont plus fortes, et portent davantage de grosses fleurs. On ôte donc la tige centrale au-dessus des quatre branches inférieures, mais en prenant garde de ne pas retirer les feuilles sur ces branches. Cette opération se pratique sur des plantes âgées d'environ 6 semaines, qui ont trois nœuds sur la tige principale. On sectionne juste en dessous du nœud supérieur, de façon à laisser deux branches en place sur la tige principale. On fait passer les plantes en chambre de floraison lorsqu'elles mesurent entre 15 et 30 cm, selon les variétés.

Le fait de retirer toutes les branches, ou plus de 20 % du feuillage en peu de temps, inflige un stress trop important aux plantes, et diminue le volume de la récolte. Cependant, s'il s'agit de prélever un lot de boutures, certains horticulteurs font le choix de tailler sévèrement la plante mère, puis de la laisser récupérer pendant un mois ou plus.

Une taille trop importante sur une période trop longue modifie les concentrations hormonales de telle manière que la plante finit par s'étioler. C'est souvent le cas des plantes mères sur lesquelles on prélève trop de boutures. On doit laisser aux mères le temps de s'étoffer et de retrouver de l'opulence, car les petites branches trop fines s'enracinent mal.

Éviter de tailler de façon importante pendant le mois qui précède le passage à la floraison, car la taille diffuse les hormones florales, ce qui retarde la floraison d'au moins une semaine. Cela peut prendre jusqu'à un mois avant que la concentration en hormones florales revienne au même niveau qu'avant la taille.

ASTUCE CROISSANCE

Ne pas retirer les feuilles vertes en bonne santé. Ne retirer que des feuilles mortes, ou celles dont plus de la moitié est abîmée.

Il faut laisser les feuilles vivre leur vie. Retirer les feuilles n'est pas tailler, mais dépouiller les plantes. Certains horticulteurs mal informés pensent que retirer les grandes feuilles améliore la productivité en apportant plus de lumière au cœur de la plante. C'est faux. Ils font un mauvais calcul. Les plantes ont besoin de toutes leurs feuilles pour produire le maximum de chlorophylle et de sucres. Retirer les feuilles ralentit la production de chlorophylle, stresse la plante et retarde sa croissance. Le stress est un inhibiteur de croissance.

Stress

Les plantes poussent mieux et sont plus productives quand elles bénéficient d'un environnement stable. Les plantes stressées produisent moins. Une plante peut subir de nombreux types de stress — eau stagnant dans le support de culture, fluctuations de la photopériode, manque de lumière, excès d'ultraviolets, carences ou excès en nutriments, température trop chaude ou trop froide de l'air ou du sol, mutilations diverses, surdosage en hormones de croissance comme la B_9, la gibberelline, la cytokinine, l'acide absicique, l'éthylène, la colchicine (qui induit des polyploïdes), etc., etc. — et je crois qu'aucun n'en vaut la peine.

Le stress peut amener une plante à produire davantage de principes actifs, mais il réduit aussi la croissance globale. Retirer les grandes feuilles vertes permet une meilleure pénétration de la lumière, mais ralentit la croissance. Plus le nombre de feuilles retirées est important et plus la croissance est ralentie et le volume global de la récolte diminué. Ne retirer que les feuilles dont plus de la moitié est abîmée par les insectes, les maladies, les carences ou les excès en nutriments. Il arrive que des feuilles partiellement jaunies reverdissent une fois le stress passé. Ôter les petites branches du bas, qui reçoivent peu de lumière, stresse beaucoup moins les plantes que de leur retirer les feuilles et accélère même le développement du feuillage dans la partie supérieure.

Mutiler les plantes en enfonçant un coin de bois dans leur tige, les torturer ou les malmener de diverses façons peut certes augmenter la production de principes actifs, mais retarde la croissance et cause d'autres problèmes. De même, le fait de les assécher délibérément leur fait peut être produire plus de principes actifs, mais limite la croissance et la production de feuilles, de tiges et de fleurs. Le stress hydrique empêche les boutures de prendre racine. Si les boutures ont trop de feuilles et transpirent trop, la croissance des racines est extrêmement lente. De même, un support de culture imbibé d'eau ne laisse pas de place pour l'air, et la croissance des racines en est ralentie ou interrompue.

La fertilisation s'accomplit lorsque les minuscules grains de pollen issus du mâle glissent à l'intérieur des pistils de la femelle.

Floraison

Les plantes annuelles doivent fleurir pour compléter leur cycle de croissance. Les plantes **dioïques** sont soit mâles (elles produisent du pollen), soit femelles (elles produisent des ovules). Occasionnellement, une plante **hermaphrodite,** portant à la fois des fleurs mâles et femelles, peut faire son apparition.

Quand une fleur femelle est pollinisée, l'un des très nombreux minuscules grains de pollen provenant de la fleur à étamines du mâle atterrit sur le pistil d'une fleur femelle. Les fleurs femelles sont une masse de calices, comprenant chacun un ovule surmonté de pistils. La pollinisation se produit effectivement lorsqu'un grain de pollen glisse à l'intérieur du pistil et s'unit à l'ovule à l'intérieur du calice. Une fois que la fertilisation s'est produite, les pistils brunissent et une graine se forme à l'intérieur des bractées. Les graines résultent de cette propagation sexuelle et contiennent le matériel génétique des deux parents. Dans la nature, il y a 50 % de chances pour qu'une graine produise une plante mâle ou femelle. Une fois qu'elles ont été pollinisées, les plantes femelles mettent toute leur énergie dans la production de graines viables et robustes. Quand les fleurs contiennent de nombreuses graines mûres, la femelle meurt, ayant complété son cycle de vie. Le mâle meurt quand il a produit tout son pollen, et que celui-ci est parti avec le vent à la recherche de pistils féminins réceptifs.

Dans la nature, le cycle de vie des plantes annuelles prend fin à l'automne, après les longues et belles journées de l'été. À l'automne, les nuits qui rallongent et les jours qui raccourcissent signalent aux plantes qu'il est temps de fleurir. Le développement des plantes et leur chimie interne se modifient. Les tiges s'allongent, la production de principes actifs diminue, puis reprend à nouveau et la formation de fleurs, rapide dans un premier temps, ralentit. Les besoins nutritionnels changent. Les plantes se concentrent sur la production de fleurs plutôt que sur la croissance végétative. La production de chlorophylle, si gourmande en azote, ralentit, et l'absorption du phosphore augmente pour permettre l'élaboration de fleurs.

En intérieur, on induit la floraison en donnant aux plantes des jours plus courts et des nuits plus longues. En faisant passer l'éclairage de 18 à 12 heures par cycle de 24 heures, on induit des signes de floraison visibles en 2 semaines (sauf pour les annuelles dioïques de variétés *sativa* pures qui peuvent prendre beaucoup plus longtemps). Les horticulteurs qui entretiennent deux chambres de culture, l'une pour la croissance végétative, éclairée 18 heures par jour, et l'autre pour la floraison, éclairée 12 heures par jour, imitent en même temps l'été et l'automne, ce qui leur permet de faire de belles récoltes toutes les 7 à 8 semaines tout au long de l'année.

Pendant la période de floraison, les besoins en eau sont un peu moins importants que pendant la croissance végétative. Néanmoins, un approvisionnement correct en eau est nécessaire à la chimie interne des plantes. Limiter l'apport en eau est un stress inutile qui interfère avec leur croissance et leur productivité.

Retirer les larges feuilles pour permettre à la lumière d'atteindre les petites fleurs cachées est une erreur. Ces grandes feuilles sont nécessaires à la bonne santé des plantes. Il ne faut retirer que des feuilles mortes, ou presque.

Floraison des mâles

La meilleure façon de savoir quelles plantes sont mâles ou femelles dès le stade du semis et de la croissance végétative est de prélever des boutures et d'induire la floraison par une photopériode de 12 heures puis d'attendre que les fleurs mâles deviennent clairement visibles (voir « Bouturer pour connaître le sexe », page 337).

Les mâles atteignent la maturité et commencent à fleurir 1 à 2 semaines avant les femelles. Ils continuent à fleurir et à disséminer leur pollen, qui ressemble à une poudre jaune, produite par des fleurs en forme de clochettes, longtemps après le début de la floraison des femelles, pour assurer la pollinisation. Les fleurs mâles mesurent quelques millimètres de long et leur couleur va du vert pastel au jaune. Elles commencent à se développer dans la partie supérieure de la plante, à la base des branches, et apparaissent graduellement de plus en plus bas. Au bout de 2 à 6 semaines d'une photopériode de 12 heures de lumière sur 24, les fleurs mâles pleinement formées s'ouvrent et libèrent leur pollen.

Les plantes mâles sont souvent plus grandes que les plantes femelles, avec des troncs plus épais, moins de branches et moins de feuilles. La pesanteur et le vent emportent le pollen des mâles les plus élevés et fertilisent les femelles. Par rapport aux femelles, les mâles produisent moins de fleurs, et celles-ci contiennent moins de principes actifs.

Les mâles fertilisent les femelles, ce qui fait démarrer la production de graines et interrompt la production de principes actifs. On ôte les mâles, sauf ceux que l'on veut utiliser pour la reproduction, dès que leur sexe est déterminé et avant qu'ils aient eu l'occasion de répandre leur pollen. Quelques sacs à pollen prématurés se forment fréquemment et demeurent cachés parmi les feuilles, si bien que l'on risque de ne les découvrir que trop tard. Si l'on élève des plantes pour la production de graines, il est particulièrement important d'éliminer les mâles non souhaités.

RÈGLE D'OR

Neutraliser le pollen des mâles en pulvérisant de l'eau sur leurs fleurs.

Floraison des femelles

Les plantes femelles idéales sont trapues, avec des branches rapprochées les unes des autres et un feuillage dense. De 1 à 2 semaines après le passage à une photopériode de 12 heures de lumière sur 24, les premiers signes de floraison apparaissent chez les femelles. Leurs fleurs commencent à se développer près du bout de la tige centrale, puis apparaissent sur les branches inférieures, en commençant par leur extrémité et en se rapprochant graduellement du centre de la plante. Les fleurs portent des paires de pistils blancs et poilus de près d'un centimètre de long, en forme de V. Ces pistils sont attachés à la base de l'ovule contenu dans une petite gousse vert pâle nommée calice. Les calices bourrés de pistils forment des bouquets serrés le long des branches. La masse de calices se développe rapidement pendant 4 à 5 semaines, puis leur croissance commence à se ralentir. C'est surtout leur poids qui augmente pendant les 2 ou 3 dernières semaines, période pendant laquelle ils gonflent considérablement. Les variétés de pures *sativa* peuvent continuer à fleurir pendant plusieurs semaines encore. Une fois que l'ovule a été fertilisé par le pollen des mâles, la formation de calices et la production de principes actifs s'interrompt et la croissance des graines commence.

Les femelles qui n'ont pas été pollinisées continuent à fleurir jusqu'à ce que la formation de calices atteigne son apogée, 6 à 10 semaines après le passage à 12 heures de lumière. Ces fleurs ne formeront pas de graines. Pendant ces 6 à 10 semaines, les calices se développent, gonflent le long des tiges et continuent à produire des fleurs gorgées de principes actifs. Il suffit, pour obtenir ce résultat, de retirer les plantes mâles dès qu'elles sont identifiées. Retirer les plantes mâles à temps est la garantie que les fleurs femelles ne seront pas pollinisées.

LES GRAINES FÉMINISÉES

Les graines dites féminisées donnent naissance à près de 100 % de plantes femelles (un mâle ou une plante hermaphrodite peut occasionnellement faire son apparition).

L'environnement influence le sexe des plantes. Les plantes femelles ne le deviennent pas dans toutes les circonstances.Les facteurs environnementaux commencent à influencer le sexe dès que le semis a trois paires de vraies feuilles (sans compter le cotylédon). Voici une liste (non exhaustive) des facteurs qui influencent la détermination du sexe :

→ **Le taux d'azote** et de **potassium** dans le support de culture. Augmenter le niveau d'azote pour obtenir plus de femelles, l'abaisser pour obtenir plus de mâles. Augmenter le niveau de potassium pour augmenter le nombre de mâles, l'abaisser pour encourager les plantes femelles. Un niveau d'azote plus élevé et un niveau de potassium diminué pendant les 2 premières semaines augmente le nombre de femelles.

→ **Une température** plus basse augmente le nombre de plantes femelles ; une température plus élevée augmente le nombre de mâles.

→ **Une forte humidité** de l'air augmente le nombre de plantes femelles ; une humidité plus faible de l'air, ou du support de culture, augmente le nombre de mâles.

→ **La couleur du spectre lumineux** intervient aussi : une lumière plus bleue augmente le nombre de femelles, une lumière plus rouge augmente le nombre de mâles.

→ **La photopériode** a également une influence : moins de lumière par cycle de 24 heures (par exemple 14 heures) augmente le nombre de femelles. Des jours plus longs (par exemple 18 heures) augmente le nombre de mâles.

→ **Le stress** joue un rôle certain, et tout stress environnemental se traduit par une augmentation du nombre des mâles.

Hermaphrodites

Les hermaphrodites portent des fleurs mâles et des fleurs femelles sur le même pied.

Une inversion naturelle des sexes peut se produire lorsqu'on cultive exclusivement des plantes femelles. Mère nature prévoit qu'il y ait des plantes mâles et femelles. Retirer toutes les plantes mâles désoriente et stress les femelles, car elles n'ont plus de partenaires masculins avec qui assurer la perpétuation de l'espèce. Il arrive que certaines femelles réagissent à cette situation en produisant quelques fleurs mâles, dans le but de mener à bien la pollinisation et la formation de graines. Cette tendance à assurer la survie de l'espèce est plus marquée chez certaines variétés. Lorsqu'une variété particulièrement appréciée produit des hermaphrodites, les horticulteurs ont tendance à retirer manuellement les fleurs mâles au fur et à mesure qu'elles sont découvertes.

Certains laissent le pollen de ces hermaphrodites fertiliser les femelles. Les graines qui résultent de cette union vont donner une proportion plus importante de femelles. Mais ces plantes risquent d'avoir elles-mêmes tendance à devenir hermaphrodites et leur qualité tend à décroître de génération en génération.

Les hermaphrodites suscitent beaucoup de discussion. Il est possible de créer des graines « féminisées » en collectant le pollen d'hermaphrodites latentes soigneusement sélectionnées et en l'utilisant pour polliniser de vraies femelles. C'est un procédé qui demande du temps et de la patience mais qui donne 100 % de femelles s'il est effectué correctement.

L'expérimentation sur les hermaphrodites est très difficile à contrôler et les résultats sont difficilement prévisibles. Certaines hermaphrodites sont mâles à 10 % et femelles à 90 %. Pour se lancer dans l'expérimentation, il faut utiliser des plantes à prédominance féminine. Les hermaphrodites sont des anomalies et résultent souvent de conditions stressantes.

En intérieur, l'environnement est fabriqué de toutes pièces et le cycle normal des plantes est modifié. Si l'on expose des plantes femelles en floraison à une période de 48 à 72 heures d'obscurité ininterrompue, la plupart d'entre elles produisent quelques fleurs mâles. D'autres facteurs environnementaux peuvent induire cette inversion du sexe, comme un environnement trop humide, une taille trop sévère ou un âge avancé.

Recréer un climat estival en plein mois de décembre, prélever des boutures, prolonger le cycle de vie et rincer le sol — toutes ces choses merveilleuses que l'on peut réaliser en intérieur ont tendance à perturber les plantes, aussi résistantes soient-elles. Quand ce stress vient s'ajouter à des graines de mauvaise qualité, il en résulte des plantes de mauvaise qualité. Si une plante femelle se met à faire des fleurs mâles, c'est probablement qu'elle a subi un stress trop important.

AVERTISSEMENT

L'entre-nœud — partie de la tige comprise entre les nœuds où s'insèrent les feuilles — s'allonge si la température dépasse 30°C de façon prolongée. Elle doit rester en dessous de 35°C pendant toute la floraison.

Récolte

Tout le travail de l'horticulteur, les recherches qu'il a menées, l'argent qu'il a déboursé, les efforts qu'il a fournis, prennent finalement leur sens quand vient le moment de la récolte.

Les plantes provenant de semis ou de boutures en bonne santé, et cultivées avec soin, sont celles qui donnent les récoltes les plus abondantes. Il ne faut surtout pas arracher les feuilles prématurément. Une fois que les plus grandes feuilles sont bien formées, leur concentration maximale en principes actifs est atteinte. Celle-ci va demeurer stable. Tant que les feuilles demeurent vertes et en bonne santé, elles sont utiles à la plante. Par contre, on peut les retirer si elles jaunissent rapidement bien qu'elles reçoivent suffisamment d'engrais, ou si elles montrent des signes de maladie. Une fois qu'elles commencent à jaunir, leur déclin est entamé et leur puissance commence à décroître. Ceci est particulièrement vrai des feuilles en forme d'éventail qui poussent avant les fleurs. Ces feuilles jaunissent souvent juste avant que les fleurs atteignent leur maturité.

Une récolte bien organisée peut être un véritable plaisir, et le travail s'en trouve certainement allégé. Certaines variétés produisent davantage de feuilles lorsqu'elles poussent dans un sol bourré de matière organique riche en azote que lorsqu'elles grandissent sur un support hydroponique pauvre en azote mais riche en phosphore. Avoir à ôter ce feuillage abondant à la main peut facilement doubler le temps nécessaire à la récolte. Les horticulteurs méticuleux séparent les branches de la tige principale avant de préparer les fleurs. Elles sont coupées individuellement puis suspendues sur une corde pour sécher.

Une autre méthode consiste à arracher la plante entière, ou à la couper à la base, et à l'accrocher la tête en bas. Lorsqu'elles sont suspendues dans un endroit sombre et frais (entre 10 et 16°C), les fleurs sèchent en 1 semaine, ou même plus vite. Il faut les observer tous les jours. Le temps de séchage varie selon les variétés, la quantité d'air en circulation, la température et l'hygrométrie. Un séchage lent est impératif pour un résultat de qualité.

INFO TECHNIQUE

Trois types de glandes sont présentes sur les feuilles et les fleurs. Le trichome capité à tige (qui ressemble à un piquet surmonté d'une boule) est le plus actif dans la production de principes actifs.

Récolte des mâles

Les fleurs mâles peuvent commencer à produire du pollen moins de 2 semaines après le passage à un éclairage de 12 heures sur 24. Quelques fleurs s'ouvrent avant toutes les autres. Les petits sacs de pollen commencent à s'ouvrir entre 3 et 6 semaines après le début de la floraison, et la production continue pendant plusieurs semaines. C'est quand les fleurs mâles sont clairement visibles mais pas encore ouvertes que la concentration en principes actifs est la plus forte. C'est donc le meilleur moment pour les récolter. Une fois que les mâles commencent à répandre leur pollen, le processus de dégradation est entamé et s'accélère rapidement, puis les fleurs tombent.

Il faut récolter les mâles avec de grandes précautions, surtout s'ils se trouvent à proximité de femelles. On coupe les plantes à la base en prenant soin de ne pas les secouer. Pour éviter la pollinisation accidentelle d'une femelle par une fleur mâle, on encapuchonne la plante mâle dans une grande poche en plastique que l'on noue soigneusement à la base. Ou, si l'on a repéré un sac de pollen déjà ouvert, on peut le neutraliser en vaporisant de l'eau. Les mâles sélectionnés pour la reproduction sont maintenus aussi loin que possible des femelles en fleur. On place un tissu fin devant les bouches d'arrivée d'air, et on le maintient humide pour limiter les risques de pollinisation accidentelle. Les mâles sont maintenus à l'écart jusqu'au moment où l'on en a besoin. Au bout d'un mois, ils retournent au stade végétatif, même s'ils portent encore des sacs de pollen.

On peut aussi les reproduire par bouturage et les maintenir dans un espace faiblement éclairé jusqu'à ce qu'on ait besoin d'eux. On déclenche la floraison environ 3 semaines avant le moment où l'on souhaite utiliser le pollen (il leur faut entre 3 et 5 semaines pour se couvrir de sacs de pollen viable).

On peut prolonger la floraison des mâles en ôtant les sacs de pollen un par un à la main, ou avec une pince à épiler, au fur et à mesure de leur apparition. De nouvelles fleurs apparaissent pour remplacer celles qui sont détruites. On continue ainsi à les ôter jusqu'à ce que les femelles soient à 2 semaines de la pleine floraison.

Ôter les fleurs mâles une à une est un procédé laborieux et qui prend beaucoup de temps ; de plus il est très facile d'en rater une ou deux. Il est beaucoup plus pratique de récolter presque toutes les branches portant des fleurs et de n'en garder qu'une ou deux sur la plante. Une seule fleur mâle contient assez de pollen pour fertiliser de nombreux ovules et une ou deux branches fleuries suffisent en général à assurer la reproduction.

Pour récolter du pollen en évitant une fertilisation accidentelle des plantes femelles, on enveloppe les fleurs mâles dans une grande poche plastique soigneusement fermée avant de les couper.

Récolte des femelles

Les fleurs qui n'ont pas été fécondées atteignent leur maturité entre 6 et 12 semaines après le moment où la photopériode passe à 12 heures d'éclairage par cycle de 24 heures. Le meilleur moment pour les récolter est celui où la production de principes actifs a atteint son apogée, et avant que le processus de dégradation s'amorce.

Les variétés destinées à la culture en intérieur sont sélectionnées pour que la plante entière atteigne ce maximum en même temps (les fleurs situées en bas de la plante, qui reçoivent moins de lumière, contiennent en général moins de principes actifs et peuvent prendre plus longtemps à mûrir).

Les variétés qui mûrissent d'un seul coup et assez uniformément du haut en bas traversent en général une période de 4 ou 5 semaines pendant laquelle les fleurs se forment de façon intensive, avant que cette activité décroisse.

La récolte se fait entre 1 et 3 semaines après ce ralentissement de la croissance. Les plantes annuelles dioïques de variétés *indica* pures, et de nombreux croisements *indica/sativa*, atteignent leur pic 6 à 8 semaines après le déclenchement de la floraison, alors que les croisements à dominance *sativa* peuvent mettre plus de 10 semaines. Les *sativa* pures, comme les variétés thaïlandaises ou asiatiques cultivées à partir de graines provenant de leur région d'origine, mettent longtemps à fleurir à partir du moment où l'éclairage passe à 12 heures par jour. Il peut s'écouler 4 mois, ou même

INTÉRIEUR LUMIÈRE SUPPORTS EAU HYDROPONIE AIR MALADIES CROISSANCE PLANTES SUIVI

davantage, avant que les fleurs atteignent leur pleine maturité. Ces variétés ont tendance à produire des fleurs de façon continue, sans déclin marqué. Rares sont ceux qui ont la patience de cultiver des *sativa* pures en intérieur, malgré leurs qualités uniques, parce que leur période de floraison est plus longue, qu'elles sont plus hautes et moins productives. Les têtes situées en haut de la plante atteignent couramment leur pic quelques jours (et jusqu'à 2 semaines) plus tôt que celles situées en bas. Originaires des régions équatoriales, les pures *sativa* ont tendance à fleurir de façon continue, et il peut être nécessaire de les récolter en plusieurs fois.

Les horticulteurs professionnels récoltent parfois les fleurs avant leur pleine maturité, après 6 semaines de croissance seulement, de manière à caser une récolte supplémentaire par année.

Il existe deux méthodes courantes assez efficaces pour déterminer le moment où la puissance maximale de la plante est atteinte :

→ **L'efficacité décroissante**, c'est lorsque que l'on constate, en observant la base des fleurs, que le nombre des pistils (les poils blancs) qui brunissent est supérieur au nombre des nouveaux pistils qui apparaissent au sommet. À ce stade, la production maximale en principes actifs est atteinte et elle commence à décroître. C'est la méthode la plus fiable pour déterminer la maturité d'une fleur à l'œil nu.

→ **L'observation scientifique** se réalise grâce à un microscope bon marché (de x20 à x50). Il existe différents modèles de microscopes de poche dont le prix ne dépasse pas quelques dizaines d'euros. Ils permettent une observation rapide des fleurs sans qu'il soit nécessaire de les récolter.

Cet examen permet de déterminer de la manière la plus simple et la plus fiable le moment précis où la production maximale de principes actifs est atteinte. Il suffit de prélever un petit morceau mince sur une fleur bien mûre et de le placer sous l'un de ces microscopes de poche, avec éventuellement une lumière d'appoint (certains d'entre eux contiennent une ampoule et une pile).

Trois sortes de trichomes sont visibles :

→ **Les trichomes capités à tige** ressemblent à un piquet surmonté d'une boule. Il faut les examiner soigneusement car ce sont ceux qui contiennent la plus forte concentration en principes actifs. Ils se forment sur les fleurs et sur les petites feuilles. Le moment idéal pour récolter est celui où leur tête est sphérique et où ils sont encore transparents. Ils brunissent et leur taille diminue quand ils commencent à vieillir. On observe les trichomes capités à tiges tous les jours à partir de la 6e semaine de floraison, et sur les fleurs de plantes différentes, afin de déterminer le moment optimal pour récolter.

→ **Les trichomes bulbeux** se trouvent sur les feuilles, en général sur leur face inférieure. Ils ont la forme de petits bulbes transparents, sans tiges. Ils apparaissent assez tôt dans la phase de croissance végétative.

→ **Les trichomes à cystolithes** sont pointus, souvent longs et minces comme des poils. Ils produisent des substances insecticides, repoussent les insectes indésirables et enduisent leur bouche de glue, mais ils ne contiennent pas de principes actifs.

ÉTAPE PAR ÉTAPE

Récolter

1. Arrêter tout apport d'engrais 1 ou 2 semaines avant la récolte, faute de quoi ceux-ci s'accumulent dans le feuillage et lui communiquent leur goût. Le support de culture doit être lessivé afin d'en ôter tous les engrais résiduels, et cela pendant au moins 1 semaine avant la récolte.
   Note : il est possible d'apporter des engrais jusqu'à 3 jours avant la récolte si l'on utilise un produit comme Final Flush®, destiné à accélérer l'élimination des engrais accumulés dans la plante. Il en existe même qui sont aromatisés (à la banane, à la framboise etc.).

2. Vaporiser de l'eau sur les plantes, assez abondamment pour lessiver tout résidu indésirable accumulé sur le feuillage. Cette douche ne nuit nullement à la production de principes actifs. Procéder à cette toilette assez tôt dans la journée pour que l'eau résiduelle ait le temps de sécher avant la nuit, afin d'éviter le développement de moisissures. Si celles-ci menacent, s'abstenir de vaporiser.

3. Récolter toute la plante (ou une branche à la fois) en la coupant à l'aide d'un sécateur, de préférence lorsque la lumière s'éteint, pour profiter jusqu'au dernier instant de son effet sur la production de principes actifs. Arracher la plante n'est pas nécessaire et peut causer des dégâts inutiles (les racines ne produisent pas de principes actifs).

4. Suspendre la plante (ou les branches) à l'envers. Quand la plante reste entière, le séchage se produit de manière beaucoup plus lente et harmonieuse, ce qui est préférable pour la qualité finale. Cela permet aussi aux grandes feuilles de jouer le rôle de gaine protectrice pour les fleurs fragiles.

5. Quand la plante est sèche, retirer les grosses feuilles, séparer les fleurs le plus délicatement possible et les préparer en ôtant toutes les petites feuilles avec des ciseaux. Lorsqu'on prépare les fleurs une fois sèches, il est facile de les endommager car elles sont fragiles ; cette approche est en général utilisée quand la récolte est volumineuse.

6. Une autre façon de récolter consiste à débiter chaque branche en tronçons d'une longueur de 15 à 60 centimètres, puis de préparer les fleurs fraîchement récoltées en ôtant toutes les petites feuilles au sécateur ou avec des ciseaux. Préparer les fleurs quand le feuillage est encore frais et souple les endommage moins.

Il est possible d'ôter toutes les grandes feuilles 1 jour ou 2 avant de couper les plantes, ce qui présente l'avantage de réduire et de faciliter le travail de préparation des fleurs.

Prévoir le temps nécessaire pour faire la récolte soigneusement. On compte en général de 2 à 5 heures par livre récoltée (500 gr), en comptant la récolte à proprement parler, ainsi que la préparation des fleurs.

Récolte des graines

On récolte les graines quand celles-ci sont grosses et mûres. Souvent, les graines font éclater leurs bractées en mûrissant. Jusqu'à la pollinisation, les fleurs femelles se couvrent de nombreux calices prêts à être fécondés. Les graines mûrissent au bout de 6 à 8 semaines. Une fois qu'elles ont été fécondées, les femelles mettent toute leur énergie dans la production de graines. Les plantes peuvent rester sur pied jusqu'au moment où les graines commencent à faire un bruit de grelot dans leur cosse lorsqu'on les secoue. Il faut être attentif et guetter l'apparition éventuelle de moisissures, d'araignées rouges, ou d'insectes prêts à dévaliser les femelles et leur trésor de graines mûres.

Les horticulteurs se bornent souvent à polliniser une ou deux branches. Les fleurs non pollinisées sont récoltées quand elles sont mûres, alors qu'on laisse les fleurs pollinisées portant des graines continuer à mûrir pendant 1 ou 2 semaines.

Lorsque les graines sont mûres, on les retire de leur cosse en les frottant entre les mains. On les sépare des débris végétaux et on les entrepose dans un endroit sec et frais. Les graines sont viables et prêtes à être semées dès leur récolte mais elles risqueraient de donner naissance à des plantes chétives. Il est préférable de laisser sécher les graines quelques mois avant de les semer. Les graines qui ont une coquille bien dure sont celles qui germent et poussent le mieux.

Récolte secondaire et régénération

Il est possible de faire une deuxième récolte en laissant sur les plantes déjà récoltées les branches du bas peu développées, avec leurs feuilles. C'est une option intéressante pour les horticulteurs qui font leur première récolte. De nouvelles feuilles, et au bout du compte de nouvelles fleurs, poussent sur les tiges de ces branches.

Lorsqu'on laisse sur une plante les branches du bas peu développées et qu'on la remet en croissance végétative, chaque branche coupée est remplacée par deux nouvelles pousses.

Il existe deux techniques pour récolter une deuxième fois sur la même plante.

→ **Technique 1 :** On maintient la photopériode de 12 heures sur 24 et on laisse quelques branches sous-développées sur la plante, avec leurs feuilles et leurs fleurs. Les fleurs s'étoffent un peu. On les récolte après 1 ou 2 semaines. Cette méthode convient particulièrement bien aux plantes de type *sativa*, qui mûrissent lentement.

→ **Technique 2 :** On remet la chambre de culture sur une photopériode de 18 heures sur 24, tout en laissant sur les plantes quelques branches avec leurs feuilles et les fleurs pas encore mûres. On leur donne une bonne dose d'engrais azoté pour stimuler la pousse de verdure. Les plantes retournent en croissance végétative en 1 mois environ. De nouvelles feuilles vertes apparaissent sur les branches et parmi les fleurs. On laisse les plantes ainsi « régénérées » grandir jusqu'à la taille désirée puis on les fait à nouveau passer en cycle de 12 heures de jour. Il ne faut toutefois pas les laisser trop grandir, car elles ne feraient que des fleurs maigrichonnes. Il est possible, à ce stade, de prélever des boutures pour sauvegarder une variété, mais cela n'est pas recommandé car les plantes ont subi un stress important.

Séchage

Le séchage évacue environ 75 % de la plante récoltée sous forme de vapeur d'eau et de gaz. De nombreuses transformations se produisent aussi au niveau des principes actifs. Ceux-ci sont à leur apogée au moment de la récolte. L'exposition prolongée à une lumière vive, la manipulation et des conditions humides sont à éviter car ils endommagent les fleurs fragiles.

Les principes actifs sont produits au niveau des feuilles et des fleurs. Les tiges et la racine n'en contiennent pas. On accroche la plante entière la tête en bas, car c'est la meilleure façon d'obtenir un séchage lent et progressif, qui donne un produit de meilleure qualité. Mais il est aussi possible, pour économiser du temps ou de la place, de retirer d'emblée le « tronc » de la plante pour ne garder que les tiges moins importantes et les mettre à sécher, la tête en bas elles aussi, pour un séchage plus harmonieux.

Si l'on est vraiment pressé, on peut utiliser un four à micro-ondes (par petites sessions successives, de 15 à 30 secondes chacune, jusqu'à ce que le degré de séchage désiré soit atteint) ou un four à gaz ou électrique. Dans ce cas, on sèche pendant 10 à 15 minutes, en réglant le thermostat sur 60°C, en prenant bien soin de ne pas dépasser cette température sous peine d'endommager la récolte.

Les meilleurs résultats s'obtiennent avec un séchage lent et une bonne circulation d'air sec, à une température comprise entre 10 et 15°C. Ce séchage lent, pendant 2 ou 3 semaines, permet à l'humidité de s'évaporer graduellement, avec un séchage uniforme de la plante. Il en résulte une préservation parfaite des principes actifs et des arômes, et une vraie douceur en bouche. Les plantes doivent être observées soigneusement tous les jours pour s'assurer qu'il n'y a pas de signe d'une attaque de moisissures (botrytis).

On suspend des ficelles près du plafond dans une pièce sombre (la lumière nuit aux fleurs une fois qu'elles sont récoltées), avec un ventilateur oscillant au sol (sans qu'il soit dirigé directement sur les plantes car il les ferait sécher trop vite).

Il est facile de construire un placard ou une chambre pour le séchage en montant quelques feuilles de contreplaqué mince sur des tasseaux. Certains horticulteurs utilisent la chambre de culture comme chambre pour le séchage après la récolte. Une boîte en carton convient parfaitement pour les petites récoltes. Il suffit de prendre de la ficelle à rôti, ou toute autre ficelle assez mince pour s'enfiler sur une grosse aiguille, et de la passer à travers les parois du carton pour confectionner des supports. Si la boîte est suffisamment haute, on peut créer différents niveaux de séchage. Quand les tiges fleuries sont en place, il n'y a plus qu'à refermer le carton. Il faut l'inspecter soigneusement tous les jours. Si les fleurs sèchent trop vite, on place la boîte dans un endroit plus frais ; dans le cas contraire on laisse les rabats de la boîte ouverts.

Les plantes suspendues la tête en bas dans un local fermé et de taille réduite, avec un ventilateur brassant l'air chargé d'humidité, sèchent lentement et uniformément.

Placer les plantes à sécher dans la partie ombragée au-dessus des lampes HID d'une chambre de culture n'est pas une bonne idée. D'abord parce qu'il faut deux types de climat différents pour faire pousser les plantes et pour les sécher correctement. Et puis des moisissures et des araignées rouges risqueraient de migrer des plantes en séchage vers les plantes vivantes. Dans tous les cas, on doit être très attentif à tout signe de moisissures ou d'araignées rouges, aussi bien sur les plantes en croissance que sur les plantes récoltées.

La lumière, la chaleur et la friction détériorent les fleurs séchées et en sont les principaux ennemis. Un bocal en verre hermétiquement fermé (comme ceux qui servent pour les conserves) et placé au réfrigérateur est la meilleure méthode de conservation (ou des boîtes en plastique hermétiques placées au congélateur). Un zest d'orange ou de citron peuvent y être ajoutés si l'on veut renforcer les arômes d'agrume.

Les petites feuilles et fleurs sèchent bien dans un sac en papier kraft. Il suffit de les y placer et de fermer le sac, puis de le mettre dans un endroit frais. On inspecte le contenu et on le brasse doucement mais fréquemment. Il doit être sec au bout d'une semaine.

RÈGLE D'OR

La lumière, la chaleur et la friction sont les grands ennemis des fleurs séchées. Les garder dans un endroit frais et les manipuler le moins possible.

9
Choix de plantes, bonsaïs et autres

Violettes africaines (*Saintpaulia*), bégonias (*Begoniaceae*) et Impatientes (*Balsaminaceae*) fleurissent en continu sous lumière artificielle. Toutes les plantes annuelles, qu'elles soient indigènes comme le lin (*Camelina sativa*) ou exotiques comme les nigelles de Damas (*Nigella sativa*), poussent à merveille sous éclairage artificiel. Tous les oxalis, les géraniums (*Geraniaceae*), les fougères, les arbres ou arbustes comme le jasmin (*Jasminum*), le gardénia (*Gardenia*), le grenadier (*Punica granatum*), le manguier (*Mangifera indica*), les agrumes (*Citrus*) et les figuiers (*Ficus*) poussent très bien sous lampes HID.

Les plantes développent leur plein potentiel sous la lumière des lampes HID : les plantes aromatiques d'intérieur sont spécialement gorgées de saveurs et de parfums (raison pour laquelle certains restaurateurs choisissent de s'approvisionner en plantes aromatiques cultivées en intérieur) ; les couleurs des fleurs comme du feuillage sont particulièrement vives ; et les plantes médicinales sont spécialement riches en principes actifs (à l'instar des plantes médicinales de montagne, plus riches en principes actifs que celles qui ont poussé en plaine).

Double page suivante :
Cet entrepôt destiné à la culture de plantes médicinales a été divisé en 6 chambres mesurant approximativement 9 m sur 3,50 m. Les murs ont été peints en blanc (sur un primer antifongique).
Chaque chambre contient 18 lampes de 1 000 watts chacune, avec leur propre système de refroidissement par l'air. Le courant de 240 volts arrive par une ligne triphasée de 400 ampères, soit l'équivalent de 1 200 ampères monophasés. L'électricité parvient à chaque chambre en 220 volts triphasés. Chaque chambre dispose de 2 tableaux électriques, l'un de 125 ampères, l'autre de 100 ampères. Le tableau principal alimente les lumières latérales, les ventilateurs, les pompes ainsi qu'un timer *contrôlant le commutateur du tableau secondaire (alimentant les lampes principales). Les fils électriques courent à l'extérieur des murs, dans des tuyaux métalliques placés à 1,85 m du sol.*
Chaque chambre compte 6 plateaux de 3 m² contenant chacun 21 pots, soit un total de 756 plantes. Dans chaque chambre, 4 tuyaux d'aération longent le plafond sur toute sa longueur. Chacun d'entre eux est divisé en deux et comprend un tuyau pour l'évacuation de l'air et un autre pour l'approvisionnement en air frais ; 8 ventilateurs de 30 cm de diamètre sont placés le long des murs. Un système de contrôle de la température situé au plafond assure une température ne dépassant pas 25°C.

Culture de plantes médicinales (voir légende page 357).

Le coléus blumei est une plante d'ombre mais, à condition d'être copieusement arrosé, il peut recevoir une lumière vive qui intensifie la couleur de ses feuilles.

Le basilic (Ocimum basilicum), la ciboulette (Allium schoenoprasum), l'origan (Origanum laevigatum)... et toutes les plantes aromatiques cultivées en hydroponie sont particulièrement parfumées.

Aubergines (*Solanum melongena*)

Originaires d'Asie et d'Afrique, les aubergines ont besoin de beaucoup d'eau pour fructifier, ainsi que d'une température comprise entre 19 et 32°C pour une croissance rapide et vigoureuse. Si la température descend en dessous de cette fourchette, leur croissance s'interrompt et elles ne produisent pas.

Les variétés de forme allongée et de couleur violette sont les plus courantes, mais les aubergines peuvent également être vertes, bleues, blanches, jaunes ou rayées et de forme ronde ou cylindrique.

Données de base

→ Un gramme de graines comprend approximativement 200 graines. Elles demeurent viables pendant environ cinq ans.

→ Production par pot de 20 litres : de 10 à 20 aubergines.

→ Temps nécessaire entre le semis et la récolte : de 52 à 75 jours.

Collecte des semences

On récolte les graines sur des aubergines trop mûres pour la consommation, dont la peau est dure.

Les aubergines les plus connues sont violettes mais elles peuvent également être vertes, bleues, blanches, jaunes ou rayées.

Climat
Les aubergines ont besoin de beaucoup de lumière et de chaleur pendant 90 jours consécutifs. Plus elles reçoivent de chaleur et plus elles produisent. On leur donne 9 000 mWm2 dès que les premières vraies feuilles apparaissent puis pendant tout leur cycle de vie.

Sol
Les aubergines aiment un sol riche et un engrais bio complet. Le pH doit être compris entre 5,6 et 6,8.

Semis et plantation
Placer les graines à une profondeur de 1,5 cm.

La germination dure de 4 à 10 jours. La température du support ne doit pas descendre en dessous de 16°C ni dépasser 35°C, avec une température optimale de 29°C.

Entretien
Maintenir le sol humide tout en ayant soin de ne pas trop arroser. Les racines aiment un sol chaud. Les plantes qui ont manqué d'eau sont moins productives et donnent des aubergines déformées.

Récolte

→ Récolter les aubergines quand elles ont cessé de grossir et que leur peau est encore fine et brillante, avant la pleine maturité. C'est le moment où elles ont le plus de goût.

→ Sectionner la tige au moyen d'un sécateur dès qu'elles sont prêtes pour la récolte. Les laisser sur la plante au-delà du moment optimal pour la récolte ralentit la formation de nouveaux fruits.

Azalées (*Azalea*)

Sous une lumière de 6 000 mWm², et un éclairage de 18 heures par jour, les boutures d'azalées poussent rapidement et de manière uniforme. On force les fleurs en leur donnant un niveau de lumière de 3 000 mWm² pendant 16 heures par jour.

Il existe des centaines d'azalées, qui vont de la plante naine au buisson arborescent.

Bégonias (*Begoniaceae*)

Les bégonias aiment une lumière filtrée et peuvent être placés dans les coins un peu sombres d'une chambre de culture éclairée par des lampes HID. Ces vivaces natives de régions tropicales ou subtropicales ont des feuilles épaisses de différentes couleurs. Les fleurs très colorées sont comestibles, avec un goût légèrement citronné. Les bégonias poussent très bien dans des paniers suspendus dans une chambre de culture ou dans une serre.

Les bégonias ont besoin d'un sol riche qui draine bien. Pour une floraison optimale, ils aiment une fertilisation légère et constante. Le sol doit rester humide mais pas détrempé, avec un taux d'humidité compris entre 40 et 80 %. Si l'atmosphère est sèche, placer un lit de billes d'argile sur un plateau, le remplir d'eau et poser les pots sur les billes d'argile en s'assurant qu'il y a toujours de l'eau dans le plateau.

Il est facile de multiplier les bégonias de manière asexuelle par bouturage de feuille, de tige ou de rhizome. En l'absence de lumière naturelle, un peu d'éclairage additionnel favorise le bouturage pour les variétés Rieger, Elatior et Lorraine. Un niveau de 6 000 mWm2 est recommandé, à raison de 18 heures par jour pour la croissance des plantules et pour accélérer la floraison. L'enracinement des boutures est stimulé par la lumière artificielle.

Il existe une très grande diversité de bégonias, il y en a vraiment pour tous les goûts, qu'il s'agisse de bégonias très résistants et formant des cannes comme les *Hiemalis*, *Multiflora*, *Rex*, *Rhizomatous* et *Semperflorens*, qu'ils poussent en buisson, en liane ou qu'ils produisent des tubercules.

Les fleurs de bégonias sont comestibles et d'un goût légèrement citronné. En revanche leurs feuilles ne peuvent être consommées qu'après vingt minutes de cuisson.

Bonsaïs

Pratiqué en Chine depuis l'Antiquité, l'art des bonsaïs, qui a atteint son apogée au Japon, s'est vraiment popularisé en Occident depuis quelques décennies à peine. Dans leur plus simple expression, les bonsaïs sont des arbres miniatures (mesurant de 30 à 50 centimètres de haut pour la plupart). Cependant les bonsaïs harmonieux répondent à de nombreux critères esthétiques, obtenus en particulier par taille et ligature des branches.

Un beau bonsaï est le symbole vivant de l'harmonie entre l'homme et la nature. Son volume s'inscrit dans le triangle formé par trois lignes, nommées ligne de terre, ligne de l'homme et ligne du ciel. Ainsi les Japonais ont-ils répertorié au cours des siècles une vingtaine de formes particulièrement désirables, définies notamment par leur volume et l'emplacement ou la longueur des branches (forme « du lettré », forme en radeau, en cascade, en balai, en forêt, à troncs multiples, sur un rocher, battu par les vents, etc.).

Les bonsaïs de qualité donnent le sentiment du passage du temps. Différentes techniques sont mises en œuvre pour obtenir l'apparence d'arbres vénérables (tronc noueux ou même percé, racines partiellement visibles, écorce patinée ou comme crevassée par les intempéries, branche partiellement écorcée, etc.).

On démarre les bonsaïs à partir de semis, de boutures, de marcottes ou de greffes. On estime en général qu'il faut un minimum de quatre ou cinq ans pour obtenir un jeune bonsaï. Mais le plus beau reste à venir et résulte d'une interaction quasi constante au fil des ans.

Contrairement à une idée répandue, la plupart des bonsaïs sont des plantes d'extérieur — destinées à la cour ou au balcon — qui ont besoin de froid l'hiver et de chaleur l'été. Il s'agit soit d'arbres feuillus (différents érables, charme, hêtre, orme, gingko, mélèze, micocoulier), soit d'arbres à aiguilles ou feuilles persistantes (différents pins et genèvriers, if, thuya, buis, houx), soit d'arbres à fleurs et à fruits (pommier, prunier, glycine, forsythia, jasmin, cognassier du Japon).

Il existe aussi des bonsaïs d'intérieur. Ce sont des variétés d'arbres originaires de la Chine du Sud, qui ont besoin toute l'année d'un climat subtropical humide, avec une température comprise entre 18 et 24°C (*Ficus retusa, Ficus benjamina, Ficus deltoides, Ficus triangularis, Polyscias fructicosa, Schefflera actinophylla, Rhapis humilis, Podocarpus « Maki », Murraya paniculata, Carmona microphylla, Caragana, Crassula arborescens*).

Éclairage

La plupart des bonsaïs d'intérieur supportent la lumière directe d'une lampe HID une fois qu'ils y ont été progressivement accoutumés. Ils se plaisent avec 10 à 12 heures de lumière par jour (les lampes étant statiques, il faut tourner les bonsaïs presque tous les jours).

Sol

Un mélange de 1/4 de terre de jardin légèrement argileuse (préalablement séchée puis tamisée) et de 3/4 de terreau horticole convient aux bonsaïs d'intérieur. On évite de leur donner de la tourbe ou tout autre support trop rétenteur d'eau car la terre doit bien drainer (on peut lui ajouter un peu de sable).

Les bonsaïs d'intérieur apprécient une atmosphère légèrement humide ; il faut les

Différentes techniques sont mises en œuvre pour donner aux bonsaïs l'apparence d'arbres vénérables.

placer sur un lit de billes d'argile dans des plateaux d'évaporation ou avoir recours à un humidificateur.

Arrosage
Les pots larges et peu profonds des bonsaïs présentent une grande surface d'évaporation ; le volume important de leurs racines a tôt fait d'assécher la terre, si bien qu'un arrosage copieux et régulier est indispensable à leur développement harmonieux.

Si la terre est vraiment desséchée, placer le pot dans une bassine d'eau pendant une vingtaine de minutes puis l'égoutter soigneusement avant de le remettre en place.

Arroser avec une eau non calcaire, pour éviter la formation de traces blanches inesthétiques et surtout l'alcalinisation du sol. Laisser reposer l'eau du robinet dans un arrosoir pendant 24 heures en l'agitant de temps en temps pour en éliminer le chlore.

Taille et rempotage
Les bonsaïs d'intérieur ne traversent pas de période hivernale de repos mais poussent tout au long de l'année. Ils grandissent donc plus vite que les variétés d'extérieur, si bien qu'il faut les avoir à l'œil et les tailler fréquemment pour leur conserver leur caractère. Ils ont également besoin d'être rempotés plus souvent (tous les deux ou trois ans).

Contrairement à ce que l'on croit souvent, la taille des racines n'a aucun effet de miniaturisation sur l'arbre ; elle est cependant capitale pour le maintenir dans le pot plat et peu profond qui met en valeur ses qualités esthétiques. Contrairement aux autres plantes, les bonsaïs se rempotent dans le même pot.

Avant de transplanter, on laisse ressuyer (sécher) la motte. Si la terre est moussue, on ôte soigneusement la mousse (pour la replacer une fois l'opération terminée), puis on démoule la motte comme un gâteau, en s'aidant au besoin d'un couteau peu tranchant.

À l'aide de deux baguettes de bambou (c'est l'outil parfait), on enlève ensuite délicatement le plus possible de terre usée, en commençant par la surface, puis sur le pourtour, et enfin au-dessous. Une fois l'opération terminée, il ne doit rester que le tiers central de la motte. Avec un sécateur bien affûté, on taille toutes les racines visiblement trop longues ou abîmées, sans craindre de tailler franchement.

Une fois le pot nettoyé et séché, recouvrir les orifices de drainage avec des carrés découpés dans de la moustiquaire en plastique (pour retenir la terre). Passer un fil d'aluminium par l'un des trous de drainage en allant de l'intérieur vers l'extérieur du pot, puis le faire remonter à l'intérieur par l'autre trou. Écarter les extrémités du fil d'aluminium pour qu'ils ne gênent pas le rempotage (ils sont destinés à amarrer l'arbre dans la terre pendant qu'il fait de nouvelles racines).

Étaler une fine couche de sable sur le fond du pot puis déposer en son centre un monticule de nouvelle terre. Y enfoncer la motte de racines en la faisant légèrement pivoter et en la positionnant de façon à ce que le tronc dépasse un peu plus de la terre qu'avant le rempotage. Rajouter un peu de terre en surface puis nouer les fils d'aluminium par dessus la terre, fermement mais discrètement. Finir de remplir le pot en bouchant les interstices à l'aide des baguettes. Tapoter légèrement la terre sans la tasser puis plonger le pot 15 minutes dans une bassine d'eau.

Égoutter soigneusement puis, pendant une bonne quinzaine de jours, placer le pot au repos sur un plateau d'évaporation, dans un coin clair de la chambre de culture, à l'abri de la lumière directe des lampes HID, en vaporisant fréquemment le feuillage pendant les premiers jours.

Après un rempotage, attendre 4 mois avant de fertiliser à nouveau.

Broméliacées (*Bromeliaceae*)

Les broméliacées, originaires des régions tropicales ou équatoriales, regroupent des plantes comestibles, comme l'ananas, ou purement décoratives, comme l'aechméa aux fleurs roses et bleus ou le vriéséa, aux fleurs jaunes et rouges. Les semis et jeunes plantes poussent vigoureusement avec un éclairage de 18 heures par jour. Un éclairage d'appoint (4 500 mWm^2 par jour) est souvent apporté aux plantes plus volumineuses (certaines variétés atteignent 1 mètre de hauteur), en combinaison avec diverses méthodes destinées à stimuler la formation florale.

Plantes épiphytes originaires des régions tropicales, les broméliacées sont surtout appréciées pour leurs qualités décoratives, même si certaines d'entre elles sont comestibles, comme l'ananas.

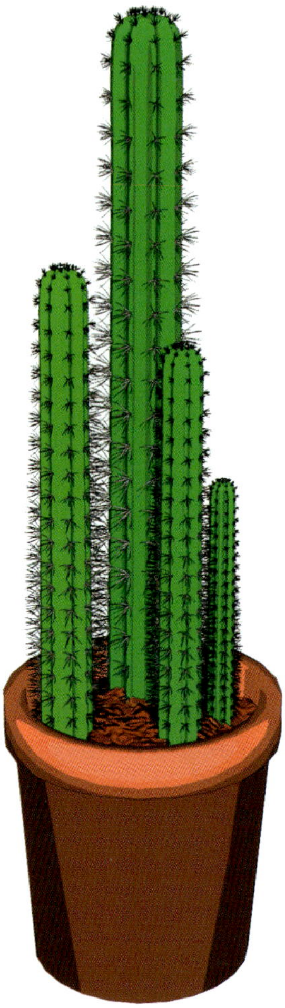

Une lumière intense pendant 18 heures par jour donne des résultats spectaculaires sur les cactus.

Cactus (*Cactaceae*)

La famille des cactus comprend de nombreuses plantes grasses. Les uns comme les autres sont, pour la plupart, dépourvus de feuilles. Leurs tiges s'insèrent sur des cylindres en forme de barrils, d'articulations ou de coussins qui retiennent l'eau en période de sécheresse. Leur peau épaisse réduit l'évaporation. La plupart des cactus ont des épines qui les protègent des prédateurs. Leurs fleurs sont souvent larges et de couleurs vives, leurs fruits, colorés et parfois comestibles.

Pratiquement tous les cactus sont originaires du continent américain. Ils peuvent mesurer de quelques centimètres à 12 mètres de haut. Les petites variétés de cactus sont populaires en intérieur et dans les serres. Faciles à cultiver pour la plupart, ils exigent un sol qui draine rapidement.

On donne très peu d'eau aux cactus et plantes grasses nouvellement plantés pour éviter la pourriture des racines, tant que celles-ci n'ont pas entamé une croissance vigoureuse. Au bout de quatre à six semaines, une fois que la croissance des racines a commencé, inonder le sol, puis attendre qu'il ait bien séché avant d'arroser à nouveau. Réduire les arrosages à l'automne pour préparer l'hibernation. Fertiliser une fois par mois pendant la période de croissance active.

On peut obtenir de très beaux cactus sous lampes HID. Les cactus et les plantes grasses comme l'arbre de jade, les crassulas, le cactus de Noël (*Schlumbergera*), le cactus de Pâques (*Hatiora gaertneri*), le figuier de Barbarie (*Opuntia ficus indica*) sont ce qu'il y a de plus facile à faire pousser sous lumière artificielle. Ils demandent peu de soins et d'arrosage mais beaucoup de lumière forte.

Un niveau de 9 000 mWm2 pendant 18 heures par jour produit des résultats phénoménaux aussi bien avec les plantules et les boutures qu'avec les plantes adultes.

Calcéolaires (*Scrophulariaceae*)

Les calcéolaires sont natives du Chili et du Mexique. Les fleurs en forme de bourses s'organisent en grappes lâches. Elles sont le plus souvent jaunes, mais peuvent être de couleur bronze, rouge ou brun-rouge. Les branches nombreuses portent des feuilles plissées de couleur vert sombre.

Le groupe des *C. herbeohybrida* et *C. integrifolia* sont les variétés les plus populaires de cette vivace fragile, généralement cultivée comme une annuelle.

On obtient une floraison plus rapide en leur donnant une lumière supplémentaire (3 000 mWm2) pendant 24 heures par jour dès l'apparition des premiers boutons floraux et jusqu'à la pleine floraison. Maintenir la température entre 16 et 19°C pour une productivité maximale.

On reconnaît les calcéolaires à leurs fleurs en forme de bourses.

Chrysanthèmes (*Compositae*)

Les chrysanthèmes sont des vivaces ou des annuelles principalement originaires de Chine, d'Europe et du Japon. Quelques-uns sont originaires du continent américain. Ils sont faciles à cultiver, surtout dans les sols humides et drainant plutôt bien, à des températures modérées (entre 15 et 22°C), avec une humidité relative de 40 à 70 %.

Les chrysanthèmes sont parmi les fleurs qui répondent le mieux à un apport de lumière supplémentaire, quel que soit leur cycle de croissance. En hiver, on donne aux plantes mères 9 000 mWm2 pendant 20 h par jour. Un apport de lumière supplémentaire pendant le premier mois de croissance végétative augmente la formation de têtes et la production de feuillage. Le chrysanthème demande 20 h de lumière pendant le premier mois de croissance végétative et une alternance de 12 h de lumière (4 500 mWm2) et 12 h d'obscurité ininterrompue pour une bonne floraison.

Tous les chrysanthèmes sont comestibles — mais seules les feuilles et les fleurs de certaines variétés sont réellement savoureuses.

Concombres et cornichons (*Cucumis sativus*)

Qu'ils poussent en forme de buisson ou de liane, les concombres sont très populaires, en salade ou en conserve (cornichons à la russe ou au vinaigre). Originaires du sud de l'Asie, les concombres sont de formes et de tailles très variées. Ceux que l'on utilise pour les conserves peuvent être courts et minces comme le petit doigt, ceux que l'on mange frais sont couramment larges et longs comme l'avant-bras, avec une peau vert sombre et lisse. Il existe également des variétés sphériques et jaunes.

Les concombres ont un goût inégalé lorsqu'on les mange dans les heures qui suivent leur récolte.

Les variétés de concombres courantes dans les serres poussent très bien dans les chambres de culture (il faut éviter la pollinisation par les abeilles pour qu'ils gardent leur forme et leur goût). L'une de mes variétés préférées, Sweet Success, est douce au goût et sans graines. C'est une variété femelle, mais les fleurs n'ont pas besoin de pollinisation. Les concombres arméniens sont en réalité une variété de melons extrêmement minces qui peuvent atteindre un mètre de long. Les concombres arméniens et les variétés asiatiques sont en train de gagner en popularité.

Tous les types de concombres ont des goûts distinctifs. Ceux des variétés courtes destinées à la conserve sont amers lorsqu'on les mange frais. Certaines variétés destinées à la salade ont une peau épaisse et amère qu'il faut peler pour atteindre la chair tendre et douce. Comme les concombres sont essentiellement composés d'eau, les variétés commerciales sont parfois recouvertes d'une fine couche de cire, ou d'un film plastique, pour empêcher la déshydratation. Pour profiter au maximum du goût des concombres, il faut les manger dans les heures qui suivent la cueillette.

Disponibles en forme buissonnante ou grimpante, les concombres sont faciles à cultiver dés lors qu'ils ont assez de chaleur. Les variétés buissonnantes se tiennent toutes seules, mais les variétés grimpantes ont besoin d'un treillis auquel s'accrocher. J'apprécie particulièrement les concombres à larges feuilles, et je les utilise comme plante « indicatrice » car leurs feuilles manifestent en général les carences avant les autres types de plantes.

Données de base

- Les graines germent entre 6 et 10 jours. La température du sol doit être comprise entre 16 et 40°C, avec une température optimale de 35°C.
- 10 grammes de graines contiennent environ 65 graines. Elles demeurent viables pendant 5 ou 6 ans.
- Temps estimé entre le semis et le début de la récolte : entre 48 et 60 jours pour les variétés destinées à la conserve, entre 52 et 72 jours pour les variétés destinées à la salade.
- Production par pot de 20 litres : entre 20 et 30 concombres.
- Production au mètre carré : entre 100 et 200 fruits (il leur faut un treillis).

Collecte des semences

Les concombres ont des fleurs mâles et femelles séparées. Les fleurs mâles se développent en premier, à la base de la plante, et sont facilement reconnaissables : chaque fleur est perchée au bout d'une longue tige et ne comprend que des étamines. Les fleurs femelles forment de larges ovaires qui ressemblent à de petits fruits. Une fois que les premières fleurs femelles sont pollinisées, la plante forme des fleurs mâles et des fleurs femelles.

Les concombres (ainsi que certains melons et de nombreux types de courges) sont sujets aux pollinisations croisées. Pour récolter des graines vigoureuses, il faut cultiver une seule variété à la fois, et polliniser à la main en coupant une fleur mâle pour la secouer au-dessus d'une fleur femelle (ou en touchant l'intérieur d'une plante femelle du bout d'un petit pinceau avec lequel on a prélevé un peu de pollen sur une fleur mâle).

Climat

Cette annuelle a besoin de beaucoup de lumière et de chaleur (un minimum de 21°C). Les températures plus fraîches ralentissent la croissance et interrompent l'apparition des fleurs et des fruits. Les plantules poussent particulièrement bien sous les lampes HID. On leur donne 4 500 mWm2 pendant les dix premiers jours de croissance, pendant 24 heures par jour. Puis on passe à 6 000 mWm2 pendant 16 heures par jour.

Sol

Utiliser un support inerte ou un terreau de qualité. Ajouter de la fleur de chaux dolomitique pour neutraliser le pH à 7. Le sol doit retenir l'humidité tout en drainant bien. Utiliser un fertilisant bio complet pendant la période de croissance puis passer à un fertilisant ne contenant pas trop d'azote après l'apparition des fruits.

Ne pas cultiver dans un sol qui a déjà porté des concombres, des melons, des pastèques ou des courges (courgettes, potirons, potimarrons, etc.).

Semis et plantation

- Placer les graines à 1,5 cm de profondeur et maintenir le sol relativement humide, avec une température modérée (entre 15 et 22°C) et une humidité relative de 40 à 80 %. Le sol doit être à 16°C au moins pour une bonne germination et une croissance vigoureuse.
- Maintenir les plantules assez humides pour éviter le flétrissement, mais ne pas trop arroser pour éviter les maladies cryptogamiques.
- Maintenir une irrigation constante et régulière dès l'apparition des fruits pour éviter qu'ils soient mal formés ou amers. Les fruits contiennent 90 % d'eau et doivent être arrosés généreusement pour atteindre leur pleine taille.

→ Supprimer les pousses secondaires ou latérales favorise la formation de fruits plus gros et qui mûrissent plus vite.

Récolte
Pour une production maximale, il faut récolter les concombres dès qu'ils sont mûrs. Lorsqu'on les laisse trop longtemps sur la plante, ils jaunissent, deviennent amers et ralentissent le mûrissement des autres fruits.

Les concombres destinés à la conserve doivent être récoltés lorsqu'ils mesurent entre 6 et 12 centimètres de long pour rester fermes et bien se conserver. Si les concombres destinés à la salade deviennent trop longs ou commencent à jaunir, ils deviennent durs et amers. Les concombres ronds doivent être récoltés lorsqu'ils atteignent la taille d'un petit citron.

Cyclamens (*Primulaceae*)

Les cyclamens sont natifs d'Asie et d'Europe. Chaque belle fleur contournée est portée par une tige se dressant à partir de feuilles groupées à la base. Leurs couleurs vont du blanc à différents tons de rose et de rouge.

Ces plantes en pots très populaires apprécient des températures fraîches (12°C), aussi bien pour leur croissance que pour leur floraison. Elles deviennent dormantes pendant la saison chaude et perdent souvent toutes leurs feuilles.

Les cyclamens poussent très bien dans les jardins d'intérieur frais ou dans les serres. Il leur faut un sol plutôt riche en humus et qui draine bien. Leur grosse racine tubéreuse

Cultivés à partir de graines, les cyclamens mettent de 15 à 18 mois pour croître et fleurir.

aime recevoir de légères doses d'un fertilisant complet. Ne pas travailler la terre en surface ou à proximité de la racine.

Les cyclamens sont en général achetés en pots à l'âge adulte car les graines mettent de 15 à 18 mois pour croître et fleurir.

Les plantules qui reçoivent un supplément de lumière (6 000 mWm2) ont une croissance plus uniforme et sont moins sujettes aux attaques fongiques (botrytis, *pythium*, *fusarium*). On donne aux jeunes plantes 18 heures de lumière par jour.

Géraniums (*Geraniaceae*)

Géranium est le nom communément donné aux pélargoniums.

La plupart des variétés sont originaires d'Afrique du Sud. Les bouquets fleuraux sont de diverses couleurs, parmi lesquelles différents tons de rose et de rouge, ainsi que le blanc, sont les plus courants. La plupart des géraniums fleurissent sur une longue période. Les feuilles rondes ou plissées peuvent être unies ou panachées. Lorsqu'elles sont manipulées, les feuilles des variétés odorantes libèrent un parfum rappelant la menthe ou le citron.

Ces plantes fleuries ont besoin d'un sol de bonne qualité et qui draine bien, riche en matière organique. Fertiliser régulièrement pour favoriser une floraison abondante et prolongée. Les géraniums se plaisent dans des climats très variés et poussent très bien en intérieur sous lumière artificielle. Ne pas les rempoter trop fréquemment car ils fleurissent particulièrement bien dans des pots plutôt petits pour leur taille.

Les pucerons et les araignées rouges en sont les ravageurs les plus courants.

Ce sont les feuilles des géraniums qui sont agréablement odorantes ; certaines variétés sont d'ailleurs cultivées pour le parfum de leurs feuilles.

Les géraniums peuvent être multipliés par semences ou par boutures.

On donne aux plantes mères 18 heures de lumière à raison de 6 000 mWm2 pour augmenter la production de boutures. Les boutures reçoivent une lumière moins vive, pendant 18 heures par jour également. Les géraniums fleurissent lorsque les jours raccourcissent ou que la température rafraîchit.

Les hybrides F1 multipliés par semences peuvent recevoir 6 000 mWm2 pendant 24 heures par jour dès le début de leur vie. Ces hybrides n'ont pas besoin de jours courts pour fleurir.

Gloxinias (*Gesneriaceae*)

Originaires du Brésil, les gloxinias ont de larges feuilles légèrement pointues et forment des plantes trapues, d'une trentaine de centimètres de hauteur et de largeur. Les fleurs très visibles, en forme de cloche d'une largeur de 12 centimètres, forment un bouquet en haut des plantes. Leur couleur va du bleu au rouge en passant par le blanc, le rose et diverses teintes de pourpre. Certaines d'entre elles sont mouchetées de points sombres ou parcourues de bandes de couleurs contrastées.

Les gloxinias aiment la chaleur. Ils prospèrent lorsqu'ils ont 21 ou 22°C dans la journée et pas moins de 18°C la nuit. Ils aiment un sol composé d'un mélange à parts égales de tourbe, de perlite et de compost.

Arroser très légèrement les graines jusqu'à l'apparition des feuilles puis augmenter graduellement la quantité d'eau jusqu'à ce qu'un bon système de racines se soit déve-

On peut multiplier les gloxinias à partir de semences, de boutures ou de tubercules.

loppé. Ne pas arroser les feuilles pour éviter le pourrissement. N'arroser que la terre, ou la laisser absorber l'eau à partir d'une soucoupe placée sous le pot. Fertiliser toutes les deux semaines avec un engrais complet dilué de moitié.

Une fois que la floraison est achevée, laisser le sol ressuyer (sécher). Placer les plantes à une température de 16°C, en maintenant le feuillage légèrement humide pour qu'il ne flétrisse pas. Rempoter à l'apparition du nouveau feuillage.

Donner aux gloxinias un niveau de lumière de 6 000 mWm2 pendant 18 h par jour pour favoriser la croissance et le développement des semis et des jeunes plants puis passer à 4 500 mWm2 pour favoriser la floraison de fleurs vigoureuses.

Qu'il s'agisse de variétés fleurissant naturellement au printemps ou à l'automne, les gueules-de-loup doivent recevoir 12 heures de lumière par 24 heures pour atteindre leur plein potentiel de floraison.

Gueules-de-loup (*Antinhinum majus*)

Les gueules-de-loup fleurissent naturellement au printemps et à l'automne. Il en existe deux familles génétiquement distinctes. Les groupes I et II sont dits « à floraison hivernale » et les groupes III et IV « à floraison estivale ». Pour obtenir une floraison précoce, on donne aux plantules une lumière supplémentaire, à raison de 9 000 mWm2 pendant 16 heures par jour. Cela leur donne environ quatre semaines d'avance. On obtient des résultats encore meilleurs en donnant aux plantes des groupes III et IV 24 heures de lumière, à raison de 4 500 mWm2, tout au long de leur existence. Lorsqu'elles ont environ deux mois, les plantes du groupe I et II doivent recevoir 12 heures de lumière par 24 heures pour atteindre leur plein potentiel de floraison.

Impatientes (*Balsaminaceae*)

Originaires de l'Himalaya aussi bien que de Nouvelle-Guinée, les Impatientes sont aujourd'hui l'une des plantes à fleurs les plus populaires dans les jardins, révérées pour leur

Les Impatientes sont ainsi nommées car elles ont la particularité, grâce à leur cosse élastique, d'éjecter les graines à bonne distance dès qu'elles sont effleurées.

longue période de floraison en extérieur l'été. Ce sont pour la plupart des annuelles ou des vivaces fragiles cultivées comme des annuelles. En intérieur, et sous lumière artificielle, leur période de floraison peut être étendue.

Les feuilles des Impatientes sont pointues ou légèrement arrondies et la taille des plantes va d'une trentaine de centimètres à 2 m de haut et 2,50 m de large.

Ce sont des plantes faciles, qui préfèrent un sol humide qui draine assez bien et des températures modérées, comprises entre 15 et 22°C, avec une humidité comprise entre 40 et 80 %. Elles se plaisent dans une portion de la chambre de culture où la lumière des lampes HID est moins intense.

Parmi les centaines de variétés d'Impatientes cultivées, seules les suivantes se rencontrent fréquemment dans les jardins : *I. balforii, I. balsamina, I. glandulifera, I. roylei, I. holstii, I. walleriana*, ainsi que les hybrides relativement nouveaux *I. New Guinea.* Les hybrides de Nouvelle-Guinée peuvent être de port érigé ou étalé, avec une hauteur qui va de 25 à 50 centimètres et une largeur équivalente. Leurs feuilles larges et pointues sont souvent panachées, avec des taches rouges ou de couleur crème. De grosses fleurs, larges de 10 à 15 centimètres, se dressent audessus du feuillage, avec des couleurs lavande, pourpre, rose, orange, rouge ou blanche.

Kalanchoés (*Crassulaceae*)

Originaires de Madagascar, les kalanchoés sont des plantes grasses qui poussent très bien en intérieur sous lampes. Leurs épaisses feuilles triangulaires mesurent de 12 à 24 centimètres de long et moitié moins de large. Les fleurs peuvent être de couleurs diverses, orange, jaune ou pourpre. Les kalanchoés sont d'une culture facile et poussent très bien dans un terreau ordinaire avec une température plutôt chaude.

On donne aux plantes mères 18 heures de lumière par jour pour les maintenir en phase de croissance et éviter la floraison.

La multiplication des kalanchoés se fait en général par bouturage. On donne aux boutures entre 18 et 24 heures de lumière à un niveau de 6 000 mWm2. On induit la floraison avec un cycle de 12 heures de lumière et 12 heures d'obscurité par jour.

Qu'ils appartiennent aux variétés les plus fréquemment rencontrées — à feuilles épaisses et fleurs rouges ou roses — ou à des variétés plus inhabituelles, les kalanchoés figurent parmi les plantes grasses les plus faciles à cultiver.

Laitues (*Lactuca sativa*)

Les laitues peuvent être cultivées par tous les jardiniers avec très peu d'efforts. La chaleur fait monter de nombreuses variétés en graines et leur donne un goût amer, mais il existe des variétés résistantes à la chaleur. La difficulté principale avec les laitues est de parvenir à une production régulière et constante. C'est la raison pour laquelle il faut faire des semis successifs. Les laitues ont besoin d'une fertilisation légère, elles demandent peu de lumière directe et elles poussent rapidement.

Données de base

- → Les graines germent entre 3 et 7 jours. Elles demeurent viables pendant environ 2 ans.
- → Température du sol pour la germination : entre 2 et 29°C, avec une température optimale de 24°C.
- → Un gramme de graines contient approximativement 700 graines.
- → Production par pot de 20 litres : entre 1 et 2 kilos.
- → Production par rangée de 3 mètres : entre 5 et 10 kilos.
- → Temps estimés entre le semis et la première récolte : entre 45 et 75 jours.
- → Faciles à cultiver tant que la température est modérée.

Collecte des semences

Isoler chaque variété. Récolter les graines lorsqu'elles sont bien sèches.

Climat

Cette annuelle monte en graines quand la température dépasse 29°C, sauf si l'on prend soin de choisir des variétés résistantes à la chaleur. Leur donner 6 000 mWm2 de lumière tout au long de leur vie. Une lumière plus intense risquerait de les faire monter en graines.

Sol

Le sol idéal pour les laitues est un terreau fertile et qui draine bien, avec un pH compris entre 5,8 et 6,8.

Semis et plantations

- → Semer les graines à 1 centimètre de profondeur, à raison d'une graine tous les centimètres. Semer deux ou trois variétés différentes pour qu'elles n'arrivent pas toutes à maturité en même temps.
- → La température de croissance idéale est de 19 à 21°C (elle peut chuter occasionnellement jusqu'à 7°C sans problème).
- → Transplanter en prenant soin de ne pas placer les plantules plus profondément dans le support qu'elles ne l'étaient avant la transplantation. Les planter trop profondément peut entraîner un pourrissement du collet.

Récolte

On peut récolter entre deux et quatre des grosses feuilles extérieures des romaines en cours de croissance avant de récolter la tête entière lorsqu'elle est bien formée. Récolter toute plante qui montre les premiers symptômes de monter en graines (soudaine poussée de croissance dans la partie centrale accompagnée d'une augmentation de l'amertume).

La laitue romaine, qui résiste mieux à la chaleur que la plupart des laitues, est l'une des variétés les plus anciennement cultivées.

Mur végétal

Le mur végétal est un jardin vertical qui permet de placer de la végétation là où l'on ne dispose pas d'espace au sol. En ville, la végétalisation des murs extérieurs permet de superposer un maillage végétal (donc un écosystème) au milieu urbain existant, ce qui entraîne une diminution de la pollution atmosphérique et une réduction des écarts de températures.

Les murs végétaux sont également de plus en plus présents en intérieur. Dans leur version la plus simple, ils sont réalisés à partir d'un mur préalablement protégé de l'humidité. On y applique d'abord une légère armature métallique, puis on lui attache un tissu de feutre épais, muni de poches. Les plantes, placées directement dans ces poches, sont arrosées et nourries par un système de goutte-à-goutte.

Diverses fougères et des cistes à fleurs blanches (Cistus parviflorus) *habillent ce mur végétal.*

Œillets (*Dianthus*)

Il existe plus de 300 espèces d'œillets, et de nombreux hybrides. Les fleurs sont simples, mi-doubles ou doubles, de couleur blanche ou de différents tons d'orange, de rose, de rouge ou de jaune, et nombre d'entre elles sont parfumées. L'œillet est l'une des fleurs coupées les plus populaires.

Tous les membres de la famille des *Dianthus* aiment les sols légers et qui drainent bien. Certains, comme les Carnations et les Sweet Williams, sont sujets à la rouille et à la fusariose.

Les œillets se reproduisent facilement par bouturage, avec un supplément de lumière. Les pousses secondaires prises sur des fleurs coupées font d'excellentes boutures. Une fois les boutures prélevées, on leur donne 16 heures de lumière (6 000 mWm2). Une exposition journalière plus longue à la lumière risque d'entraîner une floraison excessive. On peut leur donner jusqu'à 24 heures de lumière par jour pour obtenir une floraison de plus en plus abondante. Toutefois, au-delà de 18 heures par jour, l'exposition supplémentaire ne produit qu'une croissance minime.

Les pousses secondaires prises sur des œillets coupés font d'excellentes boutures.

Orchidées (*Orchidaceae*)

Les besoins en lumière des orchidées varient selon les espèces. Pour simplifier, on les regroupe en trois familles selon **l'intensité lumineuse** dont elles ont besoin.

→ **Lumière forte :** 3 000 lumens ou plus, ce qui équivaut à la lumière reçue par les plantes qui poussent au milieu d'un champ ensoleillé.

→ **Lumière moyenne :** entre 1 500 et 3 000 lumens, ce qui correspond à la lumière reçue par des plantes légèrement ombragées.

→ **Lumière faible :** inférieure à 1 500 lumens. Ces espèces poussent généralement dans l'ombre profonde de la forêt.

On peut également regrouper les différentes espèces d'orchidées en trois familles selon **la température** qui leur convient.

→ **Température chaude :** de 21 à 24°C le jour et de 15 à 18°C la nuit, ce qui correspond au climat rencontré en région côtière ou dans les basses terres des marais.

→ **Température tempérée :** de 18 à 21°C le jour et de 13 à 15°C la nuit, températures que l'on rencontre habituellement dans les régions de forêts et de champs vallonnés.

→ **Température froide :** de 15 à 18°C le jour et de 10 à 13°C la nuit, températures correspondant au climat de montagne.

Les orchidées peuvent alors être définies à partir de ces critères combinés. Certaines d'entre elles vont par exemple avoir besoin à la fois d'une lumière intense et d'une chaleur tempérée. Les *Cymbidium* illustrent parfaitement ce type d'orchidées. En

revanche, le genre *Phalaenopsis* requiert une faible exposition lumineuse et une température élevée.

Par ailleurs, toutes les orchidées peuvent être divisées en deux grands groupes : **les espèces** et **les hybrides**. L'hybridation permet généralement d'éliminer les facteurs limitants que le climat d'origine impose à une espèce. Par exemple, on peut hybrider une espèce qui a besoin de beaucoup de lumière et de chaleur avec une espèce qui aime une lumière tamisée et un climat tempéré pour obtenir un hybride qui pousse bien dans ces différentes conditions climatiques.

À la fois famille et ordre botanique, le groupe des orchidacées compte environ 15 000 espèces groupées en 500 genres répartis sur tout le globe.

Les orchidées diffèrent selon les climats. Leurs feuilles peuvent être très épaisses pour résister à la lumière, ou au contraire absentes pour limiter l'évaporation et résister à la sécheresse.

Poivrons et piments (*Capsicum annuum*)

Originaires de la région méditerranéenne, les poivrons et les piments appartiennent à la famille des solanacées. Ils ont besoin de beaucoup de chaleur pour croître et fructifier. Une température nocturne inférieure à 10°C retarde sérieusement leur croissance et ils ne s'en remettent pas toujours. Il existe de multiples variétés de poivrons et de piments, dont certains sont très doux et d'autres de légèrement à extrêmement piquants. Toutes les variétés se plaisent dans les jardins intérieurs bien chauds.

Données de base

- → 1 gramme de graines contient environ 140 graines. Elles demeurent viables pendant environ 2 ans.
- → Production par pot de 20 litres : de 10 à 30 gros poivrons.
- → Temps nécessaire entre le semis et la récolte : de 65 à 80 jours.
- → Culture facile à condition que la température reste comprise entre 10 et 32°C.

Les poivrons peuvent être verts, jaunes, oranges ou rouges et de formes variées ; lorsqu'ils sont piquants, ils reçoivent le nom de piments.

Collecte des semences
Les graines sont récoltées sur des fruits mûrs, puis séchés.

Climat
Annuels en extérieur, les poivrons et les piments peuvent être cultivés comme des vivaces en intérieur. La température idéale est de 21 °C la nuit et de 27 °C le jour. C'est le facteur crucial pour leur culture.

Sol
Les poivrons et les piments préfèrent un sol chaud, riche et bien drainé, au pH compris entre 6 et 6,8.

Semis et plantation

- → Durée de la germination : de 8 à 25 jours.
- → Température du sol pour la germination : entre 16 et 35 °C, avec une température optimale de 29 °C.
- → Placer chaque graine dans un godet, à une profondeur d'environ 1 cm. Maintenir le support humide jusqu'à l'apparition des plantules. Il leur faut la pleine lumière des lampes HID pour un bon développement.
- → Les poivrons et les piments se transplantent facilement et ne souffrent pas si la température du sol est d'au moins 16 °C et qu'on les manipule avec douceur. Les arroser généreusement après la transplantation et leur donner de l'ombre pendant quelques jours.

Soin
Le sol ne doit jamais être trop sec.

Les poivrons et les piments sont gourmands en azote, potassium, calcium et magnésium, particulièrement au moment de la formation des fruits. Leur donner un engrais de floraison (moins riche en azote) pour encourager leur formation.

Récolte
On encourage la production en récoltant les premiers poivrons et piments lorsqu'ils ont atteint la moitié de leur taille adulte. Sectionner la queue au moyen de ciseaux ou d'un sécateur.

La plupart des poivrons et piments sont d'abord verts, puis virent au jaune ou, selon les variétés, au rouge, leur pleine saveur n'étant atteinte que dans cette dernière phase. Les fruits qui mûrissent sur pied sont plus goûteux, mais leur présence sur la plante empêche l'apparition de nouveaux sujets.

Roses (*Rosa*)

Les roses adorent la lumière. Les roses miniatures poussent incroyablement bien sous lampes HID. Un niveau de 6 000 mWm^2 pendant 24 heures par jour augmente énormément la taille des fleurs, leur nombre et leur qualité. Un apport de gaz carbonique leur est très profitable.

Tomates (*Lycopersicum esculentum*)

Rien ne vaut le plaisir de cueillir la première tomate qui a mûri sur pied en intérieur, et de mordre dans sa chair charnue et parfumée. Les tomates que l'on fait pousser soi-même peuvent mûrir sur la plante et développent une pulpe riche et sucrée, avec une peau fine. Le choix de la variété est très important pour obtenir les meilleures saveurs, et l'on peut cultiver chez soi des variétés savoureuses, de couleur jaune, vert foncé, violette ou bigarrée, de forme ronde, ovale ou plissée, énormes ou minuscules, destinées à la salade ou à la sauce tomate – et introuvables dans le commerce. Certaines variétés produisent généreusement pendant un mois puis s'arrêtent alors que d'autres se comportent en vraie plante grimpante qu'il faut tuteurer sur toute sa longueur, et dans bien des cas, tailler.

Solanacée originaire d'Amérique du Sud, la tomate a besoin d'un climat chaud pour croître et fructifier. Les fleurs se détachent de la plante lorsque la température descend au-dessous de 10°C.

Données de base

→ Un gramme de graines comprend approximativement 300 graines. Elles demeurent viables pendant environ deux ans.

→ Production par pot de 20 litres : entre 5 et 10 kilos.

→ Temps nécessaire entre le semis et la récolte : de 55 à 110 jours.

→ La tomate est une culture facile, qu'il peut toutefois être nécessaire de tuteurer et de tailler.

→ Deux ou trois plantes suffisent aux besoins d'un consommateur.

Collecte des semences

Récolter des tomates très mûres. Les placer dans un bocal pendant 3 à 5 jours afin qu'elles fermentent. Mélanger tous les jours. Ne conserver que les graines qui descendent au fond du bocal. Les faire sécher sur une serviette en papier.

Climat

Les tomates ont besoin d'une température comprise entre 10 et 33°C pour fleurir et fructifier. Elles sont improductives en dehors de cette fourchette de température.

Il leur faut le plus de lumière HID possible.

Sol

Les tomates sont gourmandes, elles aiment un sol profond et fertile. Planter dans des pots d'au moins 20 litres. Le pH du support doit être compris entre 6 et 6.8.

Semis et plantations

Les graines germent entre 6 et 14 jours.

On transplante de manière à ce que la tige soit enfoncée de plusieurs centimètres par rapport à son positionnement initial dans les godets, afin que de nouvelles racines se forment à partir de la portion enfouie de la tige. On retire les cotylédons et une ou deux paires de vraies feuilles avant de transplanter les plantules dans un trou profond.

Entretien

Arroser régulièrement, sans permettre au sol de sécher. Les tomates ont besoin de beaucoup d'eau, surtout quand il fait chaud et qu'elles forment des fruits. Si elles manquent d'eau puis sont trop arrosées, les tomates se fendent ou ressemblent à un gant de boxe.

Fertiliser toutes les deux ou quatre semaines une fois que les plantes atteignent environ soixante centimètres de hauteur.

L'engrais supplémentaire doit être complet et comprendre du calcium si l'on n'a pas ajouté de chaux dolomitique à la plantation. Attention de ne pas donner un engrais trop riche en azote lorsque les fleurs apparaissent (l'azote stimule la formation de feuilles aux dépens de la production de fruits).

Tuteurer les pieds de tomates de variétés indéterminées pour encourager la production et pour éviter que les fruits touchent le sol (faute de quoi elles pourraient pourrir). Une technique commune et très productive consiste à tailler ces variétés indéterminées de manière à ne garder qu'une ou deux tiges que l'on attache à des tuteurs. Ainsi la lumière des lampes HID brille sur les fruits, hâtant leur mûrissement, et l'air circule dans toute la plante, ce qui la protège des attaques parasitaires.

Récolte
Ôter les tomates ou les grappes de tomates à la main en cassant simplement leur queue et en prenant garde de ne pas abîmer la tige. Récolter dès qu'elles sont mûres, tous les jours au besoin, afin d'encourager le mûrissement de nouveaux fruits (ceux du bas mûrissent en premier).

Les tomates mûrissent mieux avec un climat un peu frais lorsqu'elles sont exposées à la lumière des lampes HID ou du soleil.

Les plants de tomates atteignent facilement 2 mètres de hauteur sous lampes HID.

Violettes africaines (*Saintpaulia*)

Les violettes africaines sont parmi les plantes vivaces les plus populaires en intérieur. La plupart d'entre elles sont des hybrides développés à partir de variétés originaires d'Afrique de l'Est. Lorsque l'on s'en occupe correctement, elles fleurissent de façon quasi continuelle. Les feuilles veloutées, rondes ou pointues, sont disposées en rosettes. Les variétés originales vont du bleu pâle au bleu lavande ou pourpre. Les hybrides ont des couleurs variées : bleu, pourpre, blanc, ainsi que différents tons de rose ou de bordeaux. Les fleurs jaunes existent aussi mais elles retournent au rose ou au pourpre après avoir fleuri plusieurs fois. Quelques hybrides ont des bandes de couleur. Les fleurs peuvent être simples, mi-doubles, ou doubles, et avoir des pétales froncés.

Les violettes africaines aiment un sol drainant bien mais retenant l'humidité. Un mélange courant consiste en trois parties de tourbe ou de fibre coco pour une part de

Les violettes africaines détestent les courants d'air ; il ne faut jamais les placer près d'une fenêtre.

perlite. Il faut les garder dans des pots plutôt petits car elles fleurissent mieux quand leurs racines sont un peu à l'étroit.

Les violettes africaines ont besoin d'une lumière légère et poussent très bien sous les néons ou les lampes fluocompactes. On peut les placer à 5 ou 10 cm des lumières fluorescentes, ou dans un coin légèrement ombragé d'une chambre de culture éclairée par des lampes HID. On donne aux plantes mères et aux boutures 18 heures de lumière par jour, à raison de 6 000 mWm2. La floraison est induite par une photopériode de 12 à 14 heures de lumière.

On peut placer les violettes africaines sur des billes d'argile reposant dans un plateau plein d'eau. Ainsi les plantes béníficient de l'atmosphère humide qui leur convient sans que leurs racines entrent en contact avec l'eau stagnante.

Les violettes africaines préfèrent une température comprise entre 16 et 21°C et un taux d'humidité supérieur à 70 %. Si l'atmosphère est sèche, on place un récipient rempli de graviers ou de billes d'argile sous les pots et on les maintient humides pour augmenter le taux d'humidité autour des plantes. On peut arroser par en bas ou par en haut mais il faut prendre soin de ne pas laisser l'eau séjourner sur les feuilles ou sur la rosette centrale, car cela les fait pourrir. On irrigue avec de l'eau tiède pour ne pas causer de choc thermique. On arrose jusqu'à ce que le sol soit imbibé, puis on attend qu'il soit redevenu sec au toucher pour arroser de nouveau.

N'appliquer des engrais que lorsque le sol est humide. Utiliser un engrais légèrement acide toutes les deux, trois ou quatre semaines. Partir de graines ou multiplier en bouturant les feuilles ou encore en divisant les plantes.

Leurs ravageurs les plus courants sont les pucerons, les acariens, les thrips et les cochenilles farineuses.

10 Suivi

Une liste de choses à faire périodiquement crée une routine nécessaire, qui apporte de la stabilité à un jardin d'intérieur. La liste ci-dessous comprend des choses qui doivent être faites toutes les semaines pour que les plantes soient en bonne santé. Il est recommandé de prendre la peine, chaque semaine, de passer cette liste en revue point par point, et de pointer chacun d'eux au fur et à mesure qu'ils sont accomplis.

Les horticulteurs doivent impérativement passer au moins 10 minutes par lampe et par jour dans leur chambre de culture. Cela suffit à accomplir chacune des instructions de cette liste. Une bonne partie du travail consiste uniquement à observer avec attention. Il faut du temps pour obtenir un jardin productif. Si l'on pratique l'enrichissement de l'air en CO_2, ou la culture hydroponique, prévoir plutôt 20 minutes par lampe et par jour.

Mémo hebdomadaire

1. À vérifier :

- La ventilation (arrivée d'air frais, évacuation de l'air vicié).
- La circulation de l'air (son brassage).
- Le taux d'humidité de l'air (entre 40 et 50 %).
- La température diurne (entre 20 et 24°C) et nocturne (entre 12 et 16°C).
- L'humidité du support de culture (absence de poches sèches).
- Le pH du support de culture et de la solution nutritive.
- L'absence d'araignées rouges (en dessous des feuilles).
- L'absence de moisissures sur les plantes ainsi que sur les parois et les murs.
- L'absence de déficiences nutritives.
- Les horaires réguliers de la fertilisation.
- L'absence de surchauffe des systèmes HID (prises, *timers*, ballasts, plafond).

2. À faire :

- Ameublir la surface du sol.
- Tourner les plantes sur elles-mêmes.

- → Monter les lampes (les placer à une distance de 30 à 90 cm au-dessus des plantes).
- → Nettoyer, nettoyer, et encore nettoyer.

Symptômes, diagnostics et remèdes

Nous partons ici du principe que la chambre de culture est maintenue rigoureusement **propre** pour prévenir l'apparition des problèmes. Le tableau ci-dessous devrait permettre de résoudre la plupart des problèmes rencontrés.

Les boutures prennent en général facilement racine. Le taux de réussite repose sur une combinaison adéquate de différents facteurs : chaleur, humidité, éclairage, hormones de bouturage, teneurs en eau et en oxygène du support de culture. Plus l'équilibre entre ces facteurs est précis et plus les racines se développent vite et bien.

La croissance végétative est souvent le stade où les problèmes commencent à faire leur apparition. Il est important d'y remédier avant qu'ils ne s'aggravent. S'ils persistent pendant la floraison, la récolte est diminuée de manière substantielle.

La floraison, dernier stade du cycle de vie des plantes, ne dure que de 6 à 10 semaines. Les problèmes éventuels doivent absolument être résolus au cours des 2 premières semaines de floraison (à l'extrême rigueur, pendant la 3e). S'ils ne le sont pas, la récolte souffre proportionnellement à la sévérité du problème.

Note : Si des insectes ou des maladies sont repérés sur le feuillage, retirer les feuilles atteintes et les comparer aux illustrations qui figurent dans cet ouvrage. Chercher quelles peuvent être les causes spécifiques des symptômes manifestés par les plantes, y compris les carences, les intoxications et les mauvaises pratiques culturales.

SYMPTÔMES, DIAGNOSTICS ET REMÈDES AUX DIFFÉRENTS STADES DE CROISSANCE

GRAINES ET SEMIS

SYMPTÔMES	DIAGNOSTICS	REMÈDES
Les graines ne germent pas.	Fonte des semis.	Acheter de nouvelles graines et recommencer.
	Graines de mauvaise qualité ou trop vieilles.	Se faire rembourser.
	Mouches du terreau.	Imbiber le sol d'huile de neem ou d'huile d'horticulture.
Les graines germent mais on observe sur les semis des morsures ou des piqûres faites par des ravageurs.	Araignées rouges (feuilles criblées).	Faire des pulvérisations d'huile de neem ou de pyrèthre.
	Pucerons (sécrétion de miellat).	Faire des pulvérisations d'huile de neem, de savon insecticide ou de sulfate de nicotine.
La tige du semis noircit au niveau du collet ou la croissance du semis est chétive. Le semis flétrit ou s'effondre.	Fonte des semis.	Imbiber le sol de métalaxyl ou acheter de nouvelles graines.
	Fonte des semis ou autre maladie se soldant par un flétrissement.	Rare sur les boutures.
	Humidité trop forte ou trop faible.	Réguler et optimiser le taux d'humidité.
Les feuilles du semis présentent des taches jaunes, grises, noires ou vert foncé (couleurs de moisissures).	Anthracnose ou alternariose.	Se débarrasser des plantes et du support de culture.

BOUTURES

SYMPTÔMES	DIAGNOSTICS	REMÈDES
Les boutures flétrissent et meurent.	Déshydratation.	Utiliser une cloche ou une serre de bouturage, pulvériser de l'eau 4 à 6 fois par jour.
	Support imbibé.	Drainer le support, ne pas arroser, ne pas laisser d'eau dans la soucoupe ou le plateau sous le pot.
Les boutures ne prennent pas racine.	Le support est trop sec ou trop humide.	Voir « Les boutures flétrissent et meurent » ci-dessus.
	L'hormone de bouturage ne tient pas.	Opter pour une hormone de bouturage sous forme liquide ou en gel.

CROISSANCE VÉGÉTATIVE		
SYMPTÔMES	**DIAGNOSTICS**	**REMÈDES**
Plante longiligne et chétive.	Manque de lumière.	Ajouter une lampe, changer de réflecteur, rapprocher les lampes des plantes.
	Manque de ventilation.	Ajouter un ventilateur.
	Support imbibé d'eau.	Irriguer moins.
	Support trop sec.	Irriguer davantage.
	Accumulation toxique de nutriments dans le support.	Rincer abondamment le support* et renouveler la solution nutritive.
Plante demeurant petite et se développant mal.	Dégâts causés par des ravageurs. Racines pourries. Accumulation toxique de nutriments dans le support.	Faire des pulvérisations de pyrèthre.** Arroser moins. Rincer abondamment le support.*
Pointe des feuilles brûlée.	Accumulation toxique de nutriments dans le support.	Rincer abondamment le support* chaque semaine.
Coloration violette de la tige et traces de brûlure sur les feuilles.	Accumulation toxique de l'un ou plusieurs des nombreux nutriments.	Diminuer la concentration de la solution nutritive et rincer abondamment le support* chaque semaine.
Feuilles tachées, bord des feuilles brûlé, feuilles décolorées et pâles.	Intoxication nutritionnelle.	Rincer abondamment le support*, renouveler la solution nutritive, changer d'engrais, se référer aux problèmes nutritionnels spécifiques.
Feuilles criblées de petits points blancs.	Dégâts causés par les araignées rouges.	Faire des pulvérisations de pyrèthre**, d'huile de neem.
Dégâts visiblement causés par des insectes — feuilles partiellement mangées, insectes ou leurs œufs sur les plantes (inspecter la face inférieure des feuilles à l'aide d'une loupe x20).	Aleurodes (mouches blanches), pucerons, cochenilles, chenilles, larves, etc.	Faire des pulvérisations de pyrèthre** ou d'huile de neem.
Présence de champignons ou de moisissures sur le feuillage ou le support.	Forte humidité (> 60 %). Température élevée (> 26°C).	Ajouter un ventilateur. Pulvériser une solution à 5 % d'eau de Javel sur le support et rincer le jour suivant. Pulvériser une solution à 10 % de bicarbonate de soude sur les feuilles.
Flétrissement massif et soudain de la plante.	Fusariose ou verticillium.	Se débarrasser de la plante et de son support.
	Déshydratation.	Hydrater la plante en immergeant le pot.

FLORAISON		
SYMPTÔMES	**DIAGNOSTICS**	**REMÈDES**
Croissance ralentie et fleurs de petite taille.	Fertilisation excessive.	Rincer le support de culture abondamment.*
	Déséquilibre au niveau de l'eau, de la lumière ou de l'air.	Ajouter un ventilateur. Maintenir une hydratation uniforme du support.
	Racines « cuites » ou pourries.	Plus la période de la récolte approche et moins il est possible d'intervenir (le problème doit être résolu de 3 à 6 semaines avant la récolte).
Décoloration et atteinte des feuilles les plus âgées.	Carence en azote, potassium, phosphore et zinc.	Se référer à la partie consacrée aux nutriments.
Décoloration et atteinte des feuilles les plus jeunes.	Carence d'un ou plusieurs nutriments secondaires ou d'oligoéléments.	Se référer à la partie consacrée aux nutriments concernés.
Points de nécrose gris sur les fleurs.	Botrytis (pourriture grise).	Ôter la fleur entière en sectionnant à 2,5 cm au-dessous de la zone infestée. Réduire l'humidité de la pièce.
Odeur entêtante s'échappant de la chambre de culture.	Les fleurs mûres sentent davantage que les fleurs en formation.	Installer un filtre à charbon actif ou un générateur d'ozone dans les chambres de culture de grande taille. Utiliser un spray désodorisant pour les petits volumes.

** Rincer abondamment le support de culture à l'aide d'une solution nutritive très faiblement dosée (un quart des quantités habituelles). Rincer avec un volume de solution trois fois supérieur au volume du support de culture.*

*** Renouveler la pulvérisation au bout de 5 jours sur une période de 15 jours (3 pulvérisations au total). Utiliser du pyrèthre en aérosol, surtout sur la face inférieure des feuilles. Si le problème persiste, utiliser de l'huile de neem en alternance avec le pyrèthre.*

Index

A

B

C

D

E

F

G

H

I

J

K

L

Q

R

S

T

Jardino Scope®

ANNUAIRE

AGENDA

PUBLICATIONS

TABLE DES MATIÈRES

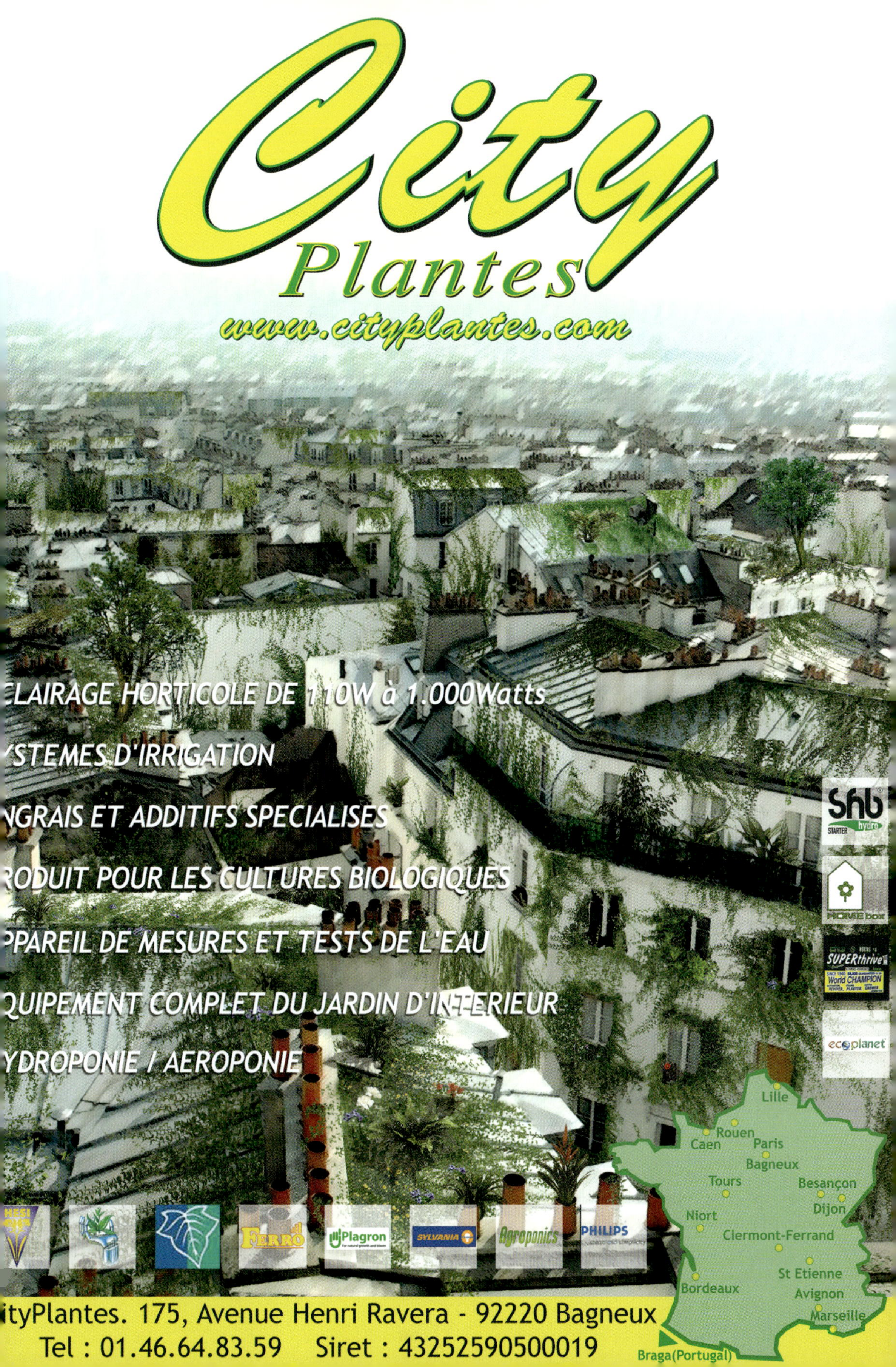
City
Plantes
www.cityplantes.com
ÉCLAIRAGE HORTICOLE DE 110W à 1.000Watts
YSTEMES D'IRRIGATION
NGRAIS ET ADDITIFS SPECIALISES
RODUIT POUR LES CULTURES BIOLOGIQUES
PPAREIL DE MESURES ET TESTS DE L'EAU
QUIPEMENT COMPLET DU JARDIN D'INTERIEUR
YDROPONIE / AEROPONIE
Shb hydro STARTER
HOME box
SUPERthrive World CHAMPION
ecoplanet
Ferro
Plagron
SYLVANIA
Agroponics
PHILIPS
Lille
Rouen
Caen
Paris
Bagneux
Tours
Besançon
Dijon
Niort
Clermont-Ferrand
St Etienne
Bordeaux
Avignon
Marseille
Braga(Portugal)
ityPlantes. 175, Avenue Henri Ravera - 92220 Bagneux
Tel : 01.46.64.83.59 Siret : 43252590500019

ANNUAIRE FRANCE

PARIS

Association Parisienne des Amateurs d'Orchidées
(affiliée à la Fédération Française des Amateurs d'Orchidées)
Réunion d'orchidophiles.
22 avenue de Laumière, 75019 Paris
www.ffao-orchid.com

Astredhor
Association nationale des structures d'expérimentation et de démonstration en horticulture.
44 rue d'Alésia
75682 Paris cedex 14
Tél. : 01 53 91 45 00
Fax : 01 45 38 56 72
info@astredhor.asso.fr
www.astredhor.asso.fr

City Plantes (18e)
Matériel de jardinage hydroponique et culture en intérieur.
14 rue Houdon, 75018 Paris
Tél. : 01 42 59 02 03
(voir pages 407 et 423)
pigalle@cityplantes.com
www.cityplantes.com

Conservatoire des Collections Végétales Spécialisées
(homologue britannique : National Council for Conservation of Plants and Gardens)
Préservation des espèces végétales par la culture.
84 rue de Grenelle, 75007 Paris
Tél. : 01 44 39 78 84
Fax : 01 44 39 78 85

Delbard
Plantes et matériel de jardinage.
De nombreuses jardineries en France (voir adresses sur leur site).
16 quai Mégisserie, 75001 Paris
Tél. : 01 44 88 80 10
Fax : 01 40 26 36 25
contact@delbard.com
www.delbard.com

Fédération Nationale des Métiers de la Jardinerie
Syndicats et ordres professionnels.
22 rue Esquirol, 75013 Paris
Tél. : 01 44 24 96 97
Fax : 01 44 24 01 24
fnmj@wanadoo.fr

Gamm Vert
Plantes et matériel de jardinage.
De nombreuses jardineries en France (voir adresses sur leur site).
83 avenue de la Grande Armée
75782 Paris cedex 16
Tél. : 01 40 66 22 22
Fax : 01 44 17 92 76
contact@gammvert.fr
www.gammvert.fr

Groupement National Interprofessionnel des Semences et Plants
(sous tutelle du Ministère de l'Agriculture).
Organisme officiel et interprofessionnel de l'activité semencière.
44 rue du Louvre, 75001 Paris
Tél. : 01 42 33 51 12
Fax : 01 40 28 40 16
gniscontact@gnis.fr
www.gnis.fr

Groupement Régional d'Animation et d'Information sur la Nature et l'Environnement (GRAINE)
Association organisant les Rencontres École & Nature et des programmes de formation.
17 rue Capron, 75018 Paris
Tél. : 01 45 22 16 33
Fax : 08 70 50 75 18
info@graine-idf.org
www.graine-idf.org

Hydropouss (5e)
Matériel de jardinage hydroponique et culture en intérieur.
24 boulevard Saint-Marcel
75005 Paris
Tél. / Fax : 01 45 84 75 13
(voir page 437)
hydropoussparis@hotmail.com
www.hydropouss.fr

Les Jardins Suspendus (5e)
Matériel de jardinage hydroponique, culture en intérieur.
17 rue de Jussieu, 75005 Paris
Tél. : 01 43 36 79 70
(voir page 443)
lesjardinssuspendus-5@wanadoo.fr
www.lesjardinssuspendus.com

Les Jardins Suspendus (9e)
Matériel de jardinage hydroponique, culture en intérieur.
62 rue de La Rochefoucauld
75009 Paris
Tél. : 01 48 78 59 90
the.growshop@wanadoo.fr
www.lesjardinssuspendus.com

Les Jardins Suspendus (11e)
Matériel de jardinage hydroponique, culture en intérieur.
47 rue Alexandre Dumas, 75011 Paris
Tél. : 01 44 93 41 73
Fax : 01 44 93 41 72
www.lesjardinssuspendus.com

Office National Interprofessionnel des Fruits, des Légumes et de l'Horticulture
Met en œuvre des actions destinées à renforcer l'efficacité économique des filières.
164 rue de Javel, 75015 Paris
Tél. : 01 44 25 36 36
Fax : 01 45 54 31 69
contact@oniflhor.fr
www.oniflhor.fr

L'Or Vert
Matériel de jardinage hydroponique et culture en intérieur.
17 rue Bertholet, 75005 Paris
Tél. / Fax : 01 45 35 27 24
(voir page 409)
contact@lorvert-paris.com
www.lorvert-paris.com

Phytoconseil
Conseils et expertises.
43 rue Lemercier, 75017 Paris
Tél. : 01 53 31 04 75
Fax : 01 53 31 04 76
contact@phytoconseil.com
www.phytoconseil.com

Plantes et Jardins
Plantes diverses (VPC).
18 rue du Faubourg du Temple
75011 Paris
Tél. : 08 92 16 40 50
Fax : 01 47 00 15 14
info@plantes-et-jardins.com
www.plantes-et-jardins.com

Robes Vertes
Association d'avocats pour le partage du plaisir du jardinage.
Palais de Justice
4 boulevard du Palais, 75001 Paris
http://perso.wanadoo.fr/robesvertes/

Société Française d'Orchidophilie (SFO)
(agréée par le Ministère de l'Ecologie).
Association pour la connaissance et la protection des orchidées.
17 quai de la Seine, 75019 Paris
Tél. : 01 40 37 36 46
Fax : 01 42 09 23 22
sfo@sfo-asso.com
www.sfo-asso.com

Société Nationale d'Horticulture de France (SNHF)
Association (reconnue d'utilité publique) pour la promotion de l'horticulture et la valorisation de l'art du jardin.
Important centre de documentation et d'information du monde végétal.
84 rue de Grenelle, 75007 Paris
Tél. : 01 44 39 78 78
Fax : 01 45 44 96 57
info@snhf.org
www.snhf.org

Truffaut
Plantes, engrais, matériel de jardinage.
De nombreux magasins en France (voir adresses sur leur site).
85 quai de la Gare, 75013 Paris
Tél. : 01 53 60 84 50
Fax : 01 53 60 84 51
www.truffaut.com

RÉGION PARISIENNE

Annuaire de l'Agence Bio
Annuaire sur Internet des professionnels notifiés en agriculture biologique, classés par départements et par productions.
6 rue Lavoisier
93100 Montreuil-sous-bois
Tél. : 01 48 70 48 30
Fax : 01 48 70 48 45
contact@agencebio.org
http://annuaire.agencebio.org/

Amis des Plantes et des Jardins d'Auffargis
Organisation d'une fête annuelle des plantes et jardins, bulletin semestriel, bibliothèque, visites guidées.
Hôtel de Ville, 78610 Auffargis
Tél. / Fax : 01 34 84 67 52
apja@wanadoo.fr
www.apja-garden.com

Association des journalistes du jardin et de l'horticulture
Développement de l'horticulture et du jardinage. Décerne le prix de la Rose et le prix Saint-Fiacre.
32 rue des Cailles, 91540 Mennecy
www.ajh.asso.fr

Benoist Horticulture
Plantes en pot et plantes à massif.
20 boulevard Louis Durand / BP 15
77515 Faremoutiers
Tél. : 01 64 82 10 00
Fax : 01 64 82 10 01
earl-benoist-horticulture@wanadoo.fr

CIS Products
Concepteur, fabricant, distributeur, matériel de jardinage hydroponique et culture en intérieur.
134 boulevard de Créteil
94100 Saint-Maur-des-Fossés
Tél. / Fax : 01 42 83 54 93
(voir page 411)
info@cisproducts.fr
www.cisproducts.fr

City Plantes (Bagneux)
Grossiste en matériel de jardinage hydroponique et culture en intérieur.
175 avenue Henri Ravera
92220 Bagneux
Tél. : 01 46 64 83 59
Fax : 01 46 64 77 53
(voir pages 407 et 423)
info@cityplantes.com
www.cityplantes.com

Colibri
Compositions florales exotiques.
7 rue Dispan
94240 L'Hay-Les-Roses
Tél. : 01 46 63 32 00
admin@colibrifleurs.com
www.colibrifleurs.com

Cuisine des fleurs
Recettes spécialisées.
12 rue de la Vallée, 78380 Bougival
Tél. : 01 30 82 70 72
Fax : 01 30 78 05 07
aclamber@club-internet.fr

Culture Indoor (Meaux)
Matériel de jardinage hydroponique et culture en intérieur.
25 quai de la Grande ile
77100 Meaux
Tél. / Fax : 01 60 09 11 85
cultureindoor@wanadoo.fr
www.cultureindoor.com

Culture Indoor (Saint-Gratien)
Matériel de jardinage hydroponique et culture en intérieur.
39 boulevard de la Gare
95210 Saint-Gratien
Tél. / Fax : 01 34 05 04 94
cultureindoor@wanadoo.fr
www.cultureindoor.com

Culture Indoor (Saint-Maur)
Concepteur, fabricant, distributeur, matériel de jardinage hydroponique et culture en intérieur.
134 boulevard de Créteil
94100 Saint-Maur-des-Fossés
Tél. / Fax : 01 42 83 54 93
(voir page 413)
cultureindoor@wanadoo.fr
www.cultureindoor.com

Culture Indoor (Villemomble)
Matériel de jardinage hydroponique et culture en intérieur.
21 avenue Outrebon
93250 Villemomble
Tél. / Fax : 01 48 94 74 95
cultureindoor@wanadoo.fr
www.cultureindoor.com

Earl de l'Ormoy Roosen
Plantes à massif annuelles et bisannuelles.
21 rue de l'Ormoy, 77720 Aubepierre
Tél. : 01 64 06 92 52
Fax : 01 64 06 56 69

Earl Turpin
Plantes à massif.
Les Fleurs de la Ruche
71 rue Division Leclerc
91360 Epinay-sur-Orge
Tél. : 01 69 09 16 94
Fax : 01 69 34 29 81
turpin.earl@wanadoo.fr

Etablissements Bedeau Jardins
Plantes à massif, plantes grimpantes et pépinières.
Route de Chalo Saint-Mars
91150 Etampes
Tél. : 01 69 78 00 99
Fax : 01 60 80 00 36

Etablissements Bourgoin
Plantes vertes, plantes fleuries, plantes en suspension.
Chemin du Petit Saclay, 91400 Orsay
Tél. : 01 69 41 13 66
Fax : 01 69 41 90 96
ets.bourgoin@wanadoo.fr

Etablissements Coudene
Plantes à massif annuelles et bisannuelles.
15 rue François Villon
95430 Auvers-sur-Oise
Tél. : 01 30 36 70 36
Fax : 01 30 36 11 89
contact@parisnordplantes.fr.st
http://parisnordplantes.fr.st

Etablissements Dekker
Plantes à massif, suspensions et fleurissements aériens pour les collectivités.
52 chemin de Vaillon Bernay Vilbert
77540 Rosay-en-Brie
Tél. : 01 64 25 65 75
Fax : 01 64 42 92 03
philippe.dekker@wanadoo.fr

Etablissements Devulder
Grande variété de végétaux.
69 rue de la Vallée, 95450 Sagy
Tél. : 01 34 66 33 32
Fax : 01 34 66 33 27
ets.devulder@wanadoo.fr

Etablissements Heron
Plantes à massif, plants à légumes.
10 bis rue de Paris, 78520 Limay
Tél. : 01 34 77 58 69
Fax : 01 30 92 32 53

Etablissements Lacombe Nonat
Plantes à massifs annuelles et bisannuelles, plantes vivaces, plantes aromatiques.
9 boulevard des Ursulines
95420 Magny-en-Vexin
Tél. : 01 34 67 04 30
Fax : 01 34 67 35 19
jean-luc.lacombe5@wanadoo.fr
http://perso.wanadoo.fr/lacombe.nonat/

Etablissements Masanell
Plantes à massif annuelles et bisannuelles.
4 route de Grignon, 78810 Davron
Tél. : 01 30 54 98 84
Fax : 01 34 59 07 02

Etablissements Merlin
Production horticole.
357 route de Conflans, 95220 Herblay
Tél. : 01 39 97 64 29
Fax : 01 39 78 51 25
alain.merlin@netcourrier.com

Etablissements Vion
Plantes à massif et en pot.
Route de l'Obélisque
77515 Faremoutiers
Tél. : 01 64 04 21 20
Fax : 01 64 03 92 51
vion.horticulture@wanadoo.fr

Eurodisflowers
Fleurs coupées, plantes vertes et fleuries, accessoires.
D 402 L'Epinette, 77131 Pezarches
Tél. : 01 64 75 80 70
Fax : 01 64 75 80 71
eurodis@eurodisflowers.fr
www.eurodisflowers.com

Floralia
Bruyères, cyclamens, fushias, poinsettias, hibiscus.
46 route des Bordes
91220 Le Plessis Pate
Tél. : 01 60 84 05 13
Fax : 01 69 88 96 95

France Qualité Stamens
Géraniums, chrysanthèmes.
22 domaine de Rosebrie
94520 Mandres les Roses
Tél. : 01 45 98 91 14
Fax : 01 45 98 77 34
info@stamens.fr
www.stamens.fr

Gaec Feron Frères
Plantes en pot, suspensions et fleurs ornementales.
1 rue Serret
95270 St Martin du Tertre
Tél. : 01 30 35 71 25
Fax : 01 30 35 75 09
feronfleurs@yahoo.fr

Graine de Voyage
Fleurs tropicales et exotiques (VPC).
17 rue de la butte de Ravanne
78730 Saint Arnoult en Yvelines
contact@grainedevoyage.com
www.grainedevoyage.com

Horticulture Arnaud
Plantes à massif, plantes de suspension et retombantes.
40 bis avenue du Général de Gaulle
Chemin des Coudriers
77610 Marles en Brie
Tél. / Fax : 01 64 25 28 32

Hortimandres
Plantes à massifs et mosaïcultures pour collectivités.
28 rue François Coppée
94520 Mandres les Roses
Tél. / Fax : 01 45 98 86 71

Hydro Center
Matériel de jardinage hydroponique
et culture en intérieur.
7 rue de la Rochette, 77000 Melun
Tél. : 01 64 39 72 06
(voir page 435)
info@hydrocenter.fr
www.hydrocenter.fr

Hydro Factory
Grossiste en matériel de jardinage
hydroponique et culture en intérieur.
47 boulevard de la Muette
95140 Garges les Gonesse
Tél. : 01 39 93 62 41
Fax : 01 39 93 43 49
(voir page 479))
pro@hydrofactory.com
www.hydrofactory.com

Hydroflore
Matériel de jardinage hydroponique
et culture en intérieur.
60 bis rue de l'Hermitage
95300 Pontoise
Tél. / Fax : 01 30 17 16 60
(voir page 440)
contact@hydroflore.net
www.hydroflore.net

Hydroïd
Grossiste en matériel de jardinage
hydroponique et culture en intérieur.
23-25 rue Pierre Curie
93230 Romainville
Tél. : 01 41 71 55 65
Fax : 01 41 71 11 72
stehydroid@wanadoo.fr
www.hydroid.fr

Hydrolab (Monthléry)
Matériel de jardinage hydroponique
et culture en intérieur.
ZAC des Echassons, 91310 Monthléry
Tél. / Fax : 01 64 49 33 98
hydrolab@free.fr
www.hydrolab.fr

Hydrolab (Etampes)
Matériel de jardinage hydroponique
et culture en intérieur.
15 rue de la Tannerie, 91150 Etampes
Tél. / Fax : 01 69 78 26 58
hydrolab@free.fr
www.hydrolab.fr

Hydropouss (Maurepas)
Matériel de jardinage hydroponique
et culture en intérieur.
12 place des Echoppes
78310 Maurepas
Tél. : 01 30 51 96 77
(voir page 437)
hydropouss78@aol.com
www.hydropouss.fr

Hydropouss (Melun)
Matériel de jardinage hydroponique
et culture en intérieur.
7 rue de la Rochette, 77000 Melun
Tél. : 01 64 39 72 06
hydrocenter@free.fr
www.hydropouss.fr

Hydropouss (Viry-Châtillon)
Matériel de jardinage hydroponique
et culture en intérieur.
15 rue Pasteur, 91170 Viry-Châtillon
Tél. : 01 69 05 55 78
Fax : 01 69 05 35 01
hydroviry@hotmail.com
www.hydropouss.fr

Indoor Gardens
Matériel de jardinage hydroponique
et culture en intérieur.
106-108 avenue du 8 mai 1945
93150 Le Blanc-Mesnil
Tél. : 01 48 67 79 62
Fax : 01 30 35 72 94
info@indoorgardens.fr
www.indoorgardens.fr

Indoor Grower
Matériel de jardinage hydroponique
et culture en intérieur.
44 avenue du Bois, 77290 Mitry Mory
contact@indoor-grower.com
www.indoor-grower.com

Jardiland
Végétaux d'intérieur et d'extérieur.
De nombreux magasins en France
(voir adresses sur leur site).
26 rue de la Maison Rouge
77437 Lognes
Marne la Vallée cedex
Tél. : 01 64 80 84 00
Fax : 01 64 80 84 01
info@jardiland.fr
www.jardiland.fr

Jardin de Campagne
Production de vivaces en conteneurs,
pépinières.
13 rue de Butel
95810 Grisy les Platres
Tél. : 01 34 66 62 87

Jardin du Maraîcher
Cultures de légumes, de fleurs
et de plantes à massif.
La Croix Saint-André
91810 Vert-le-Grand
Tél. / Fax : 01 64 56 25 38

Jardiniers de Paris
Plantes à massif bisannuelles.
Avenue Saint Rémi
91540 Fontenay le Vicomte
Tél. : 01 64 57 04 19
Fax : 01 64 57 24 43
jardiniersparis@wanadoo.fr

Jardishop
Graines florales et potagères.
Route d'Orgeval CD 45
78580 Les Alluets le Roi
Tél. : 01 39 75 55 60
Fax : 01 39 75 47 18
info@jardishop.com
www.jardishop.com

Jawad Exotiques
Fleurs et feuillages exotiques en
provenance des cinq continents.
Bâtiment C1 Fleurs 521
18 allée des Anémones
94639 Rungis cedex
Tél. : 01 46 86 78 26
Fax : 01 46 86 48 66
contact@jawad.fr
www.jawad.fr

La Ruée Verte (Viroflay)
Matériel de jardinage hydroponique
et culture en intérieur.
52 rue Rieussec
78220 Viroflay
Tél. / Fax : 01 30 24 40 64
(voir page 415)
viroflay@larueeverte.com
www.larueeverte.com

La Ruée Verte (Mantes-la-Ville)
Matériel de jardinage hydroponique
et culture en intérieur.
111 route de Houdan
78200 Mantes-la-Ville
Tél. / Fax : 01 34 77 17 26
mantes@larueeverte.com
www.larueeverte.com

larueeverte.com
VENTE EN LIGNE !
Paiement sécurisé CB
Livraison en 24/48 h*
dans toute la France
09 50 34 40 64
(prix d'un appel local depuis un fixe ou un portable)
LA RUEE VERTE
Growshop
Boutiques
Versailles / Viroflay
52 rue Rieussec
78220 Viroflay
Mantes en Yvelines
111 route de Houdan
78200 Mantes-la-Ville
* voir conditions de vente

LCDC - Green Cube
Grossiste en matériel de jardinage hydroponique et culture en intérieur.
Z.I. La Grande Haie
10 rue de La Grande Haie
77130 Montereau-Fault-Yonne
Tél. : 01 64 69 58 30
Fax : 01 64 69 06 73
(voir page 417)
info@e-greencube.com
www.e-greencube.com

Le Bretonnic Daniel
Horticulture.
101 rue des Rabats, 92160 Antony
Tél. : 01 42 37 58 79
Fax : 01 42 37 61 50
daniel.le-bretonnic@wanadoo.fr

Lemesle Alain
Plantes à massif.
10 rue du Peuplier - Dampierre
78720 Le Mesnil Sevin
Tél. : 01 34 61 04 27
Fax : 01 34 61 30 71

Les Jardins Suspendus (78)
Matériel de jardinage hydroponique, culture en intérieur.
4 rue de la Procession
78100 Saint-Germain-en-Laye
Tél. : 01 30 61 77 68
(voir page 443)
lesjardinssuspendussaintgermain@wanadoo.fr
www.lesjardinssuspendus.com

Les Jardins Suspendus (91)
Matériel de jardinage hydroponique, culture en intérieur.
10 route d'Arpajon, 91630 Avrainville
Tél. : 01 60 83 25 68
poma.l@free.fr
www.lesjardinssuspendus.com

Les Jardins Suspendus (92)
Matériel de jardinage hydroponique, culture en intérieur.
13 rue Raspail
92270 Bois-Colombes
Tél. : 01 42 42 17 58
ljsboiscolombes@yahoo.fr
www.lesjardinssuspendus.com

Les Jardins Suspendus (92)
Matériel de jardinage hydroponique, culture en intérieur.
91 rue Thiers
92100 Boulogne-Billancourt
Tél. / Fax : 01 46 04 51 34
ljs92@chacunsagraine.com
www.lesjardinssuspendus.com

Les Jardins Suspendus (93)
Matériel de jardinage hydroponique, culture en intérieur.
4 avenue du Consul Général Norling
93000 Livry-Gargan
Tél. : 01 43 30 56 23
www.lesjardinssuspendus.com

Les Jardins Suspendus (94)
Matériel de jardinage hydroponique, culture en intérieur.
77 avenue Paul Vaillant Couturier
94000 Vitry sur Seine
Tél. : 01 46 82 67 40
ljs.vitry@orange.fr
www.lesjardinssuspendus.com

Pépinières de l'Hurepoix
Pépinières ornementales.
14 rue des Botteaux
91810 Vert le Grand
Tél. : 01 64 56 03 09
Fax : 01 64 56 05 25
pepihurepoix@wanadoo.fr
www.pepinieresshurepoix.com

Pépinières de l'Ile de France
Pépinières.
Centre Commercial de l'Oseraie
95520 Osny
Tél. : 01 30 30 04 57
Fax : 01 34 24 18 64

Puteaux
Fournitures pour professionnels de l'horticulture.
20 rue Jacques Duclos / BP 83
78344 Les Clayes-sous-Bois cedex
Tél. : 01 30 07 79 20
Fax : 01 30 07 79 21
puteaux.sa@wanadoo.fr
www.puteaux-sa.fr

Saunier Jean-Louis
Plantes à massif et plantes fleuries.
Chemin des Meuniers - Verville
91640 Fontenay les Bris
Tél. : 01 60 83 89 32
Fax : 01 60 83 32 19

Scea Hemon
Plantes rustiques.
Chemin des Beurriers
95240 Cormeilles-en-Parisis
Tél. : 01 39 78 14 00
Fax : 01 39 31 14 05
scea.hemon@terre-net.fr

Sch Théart
Plantes à massif annuelles et bisannuelles.
Chemin des quarante arpents
78860 Saint-Nom-la-Bretèche
Tél. : 01 30 54 50 60
Fax : 01 30 54 57 27
ptheart@wanadoo.fr

Serres de Ballain
Plantes à massif annuelles et bisannuelles.
Route de la Grange aux cercles
91160 Ballainvilliers
Tél. : 01 69 34 22 01
Fax : 01 64 54 97 50

Serres de Maubuisson
Plantes florales en pots.
5 rue Alexandre Prachay
95310 Saint-Ouen L'Aumône
Tél. : 01 34 64 14 30
Fax : 01 34 48 89 16

Serres de Villemin
Plantes à massif.
Chemin des Guigniers
77166 Grisy Suisnes
Tél. : 01 64 05 95 76
Fax : 01 64 05 98 64

Société Botanique de France
Association (reconnue d'utilité publique) pour le progrès des disciplines de la botanique fondamentale et de terrain.
20 avenue de Longchamp
92210 Saint-Cloud
gana@bium.univ-paris5.fr
www.bium.univ-paris5.fr/sbf/

Touslesgrowshops.com
Annuaire Inernet des growshops (voir adresses sur leur site).
contact@touslesgrowshops.com
www.touslesgrowshops.com

Truffaut
Plantes et matériel de jardinage.
De nombreuses jardineries en France (voir adresses sur leur site).
Avenue des parcs
CP 8015 Lisses, 91008 Evry cedex
Tél. : 01 69 91 54 54
Fax : 01 69 91 54 50
www.truffaut.com

Vanacker Jean Pierre
Plantes à massif.
9 rue Louis Victor Dortée
77220 Favières
Tél. : 01 64 07 29 28
Fax : 01 64 42 03 47

Vacherot & Lecoufle
Espèces rares d'orchidées, multiplication et hybridation.
29 rue de Valenton
La Tuileries / BP 8
94471 Boissy-Saint-Léger
Tél. : 01 45 69 10 42
Fax : 01 45 98 30 14
lecoufle@aol.com

PROVINCE

7th Sense
Matériel de jardinage hydroponique et culture en intérieur.
70 rue Mon Désert, 54000 Nancy
Tél. : 06 13 57 97 13
Fax : 03 83 40 42 79
(voir page 424)
contact@7thsense-growshop.com
www.7thsense-growshop.com

ABC Cultures
Matériel de jardinage hydroponique et culture en intérieur.
13 rue Pothier, 45000 Orléans
Tél. / Fax : 02 38 54 07 36
(voir page 456)
contact@abccultures.fr
www.abccultures.fr

Advanta France
Cinquième semencier mondial.
ZI route de Lavardac / BP 58
47600 Nérac
Tél. : 05 53 97 60 00
Fax : 05 53 65 27 60
www.advanta.fr

Agaplantes
Aménagement de jardins.
Domaine des 7 fonts
Route de Sète, 34300 Agde
Tél. : 04 67 94 43 73
Fax : 04 67 21 30 05
agaplantes@wanadoo.fr
www.agaplantes.com

Agro-Business-Europe
Grossiste en matériel de jardinage hydroponique et culture en intérieur.
37 rue Ettore Bugatti
72650 La Chapelle St-Aubin
Tél : 02 43 57 01 61
Fax : 02 43 88 50 49
(voir page 419)
commercial@abeurope.fr
www.abeurope.fr

Agrolite / Florateck
Gamme complète d'éclairages horticoles.
5 allée des Jardinières, 86000 Poitiers
Tél. : 05 49 61 35 56
Fax : 05 49 61 52 91
(voir page 438)
florateck@wanadoo.fr
www.florateck.fr

Alternative Culture BHA
Matériel de jardinage hydroponique et culture en intérieur.
2 rue Bonaparte, 06000 Nice
Tél. : 04 93 56 14 66
Fax : 04 93 26 43 30
(voir page 420)
contact@alternativeculture.fr
www.alternative-culture.fr

Art Tech Plantes
Matériel de jardinage hydroponique et culture en intérieur.
108 rue Pinterie, 35300 Fougères
Tél. / Fax : 02 23 51 04 24
http://arttechplants.free.fr

Association des Pépiniéristes Collectionneurs
Collection de milliers de taxons, plantes aquatiques et cactées.
Lannenec, 56270 Ploemeur
Tél. : 02 97 85 26 94
Fax : 02 97 86 38 16
aspeco@wanadoo.fr
www.aspeco.net

Au Buisson Fleuri
Matériel de jardinage hydroponique et culture en intérieur.
20 rue d'Aubuisson, 31000 Toulouse
Tél. / Fax : 05 61 63 48 78
(voir page 424)
magasin@aubuissonfleuri.com
www.aubuissonfleuri.com

Au Jardin de Willemse
Plantes, matériel de jardinage, graines.
300 rue des Trois Pierres
59200 Tourcoing
Tél. : 08 92 700 205
Fax : 03 20 25 63 43
www.willemsefrance.fr

Bakker France
Graines florales, bulbes et tubercules, arbustes, rosiers (VPC).
13 rue Trieu du Quesnoy
59390 Toufflers
Tél. : 08 92 46 34 63
Fax : 03 20 66 12 99
www.bakker.fr

Ball Ducrettet
Graines florales, plantes vertes.
ZAE Les Cinq Chemins
74202 Thonon-les-Bains
Ligne graines : 08 20 38 43 74
Lignes jeunes plants / boutures : 08 20 38 42 88
Fax : 04 50 72 51 56
info@ballducrettet.com
www.ballducrettet.com

Bio & Hydro Company
Grossiste en matériel de jardinage hydroponique et culture en intérieur.
Parc d'activité Aliénor
20 rue de Suffren, 33000 Bordeaux
Tél. : 05 56 39 44 11
Fax : 05 56 39 50 27
(voir page 421)
info@biohydrocompany.com
www.biohydrocompany.com

Bio & Hydro Shop
Matériel de jardinage hydroponique et culture en intérieur.
Parc d'activité Aliénor
20 rue de Suffren, 33300 Bordeaux
Tél. : 05 56 39 43 93
Fax : 05 56 39 50 27
info@biohydroshop.com
www.biohydroshop.com

Bio Sensation
Matériel de jardinage hydroponique et culture en intérieur.
51 rue Pornichet
44600 Saint-Nazaire
Tél. / Fax : 02 40 70 51 58

Bioasis (Annecy)
Matériel de jardinage hydroponique et culture en intérieur.
Z.A. des Romains
29 rue du Jourdil, 74960 Cran-Gevrier
Tél. / Fax : 04 50 67 61 04
(voir page 434)
bioasis73@hotmail.com
www.bioasis-online.com

Bioasis (Chambéry)
Matériel de jardinage hydroponique et culture en intérieur.
883 faubourg de Montmélian
73000 Chambéry
Tél. / Fax : 04 79 69 30 61
bioasis73@hotmail.com
www.bioasis-online.com

Biopouss'
Matériel de jardinage hydroponique et culture en intérieur.
19 place Baratoux
22000 Saint-Brieuc
Tél. / Fax : 02 96 33 92 02
(voir page 424)
biopouss@club-internet.fr
www.biopouss.com

Bois Valor
Fabricant d'engrais liquides.
Site industriel St Antoine - Bât. 19
4 rue Jean le Rond d'Alembert
81000 Albi
Tél. : 05 63 45 00 20
Fax : 05 63 77 55 93
info@shbhydro.com
www.boisvalor.fr

Carliflore
Production et vente en gros de fleurs, feuillages et plantes tropicales.
35 boulevard Maignan Larivière
BP 0921, 80009 Amiens cedex 1
Tél. : 03 22 72 77 00
Fax : 03 22 91 70 89
carli@pony.fr
http://perso.wanadoo.fr/carliflore/

Chlorophylle / Les Jardins Divers
Matériel de jardinage hydroponique et culture en intérieur.
47 rue Colbert, 37000 Tours
Tél. : 02 47 64 76 30
Fax : 02 47 20 37 72
eurlchlorophylle@wanadoo.fr

City Plantes (Avignon)
Matériel de jardinage hydroponique et culture en intérieur.
150 boulevard Pierre Semard
84000 Avignon
Tél. : 04 90 87 18 90
(voir pages 407 et 423)
avignon@cityplantes.com
www.cityplantes.com

City Plantes (Besançon)
Matériel de jardinage hydroponique et culture en intérieur.
3 rue de Dôle, 25000 Besançon
Tél. : 03 81 21 24 15
besac@cityplantes.com
www.cityplantes.com

City Plantes (Bordeaux)
Matériel de jardinage hydroponique et culture en intérieur.
73 cours Balguerie Stuttenberg
33300 Bordeaux
Tél. : 05 56 43 19 73
bordeaux@cityplantes.com
www.cityplantes.com

City Plantes (Caen)
Matériel de jardinage hydroponique et culture en intérieur.
7 rue de la Miséricorde, 14000 Caen
Tél. : 02 31 50 26 12
caen@cityplantes.com
www.cityplantes.com

City Plantes (Clermont-Ferrand)
Matériel de jardinage hydroponique et culture en intérieur.
39 bis avenue Franklin Roosevelt
63000 Clermont-Ferrand
Tél. : 04 73 37 11 53
clermont@cityplantes.com
www.cityplantes.com

City Plantes (Dijon)
Matériel de jardinage hydroponique et culture en intérieur.
8 rue de l'Arquebuse, 21000 Dijon
Tél. : 03 80 66 83 97
dijon@cityplantes.com
www.cityplantes.com

City Plantes (Lille)
Matériel de jardinage hydroponique et culture en intérieur.
1 rue Fontaine del Saulx, 59000 Lille
Tél. : 03 28 04 86 97
lille@cityplantes.com
www.cityplantes.com

City Plantes (Marseille)
Matériel de jardinage hydroponique et culture en intérieur.
161 rue Saint-Pierre, 13000 Marseille
Tél. : 04 91 42 13 91
marseille@cityplantes.com
www.cityplantes.com

City Plantes (Niort)
Matériel de jardinage hydroponique et culture en intérieur.
348 bis avenue de Paris, 79000 Niort
Tél. : 05 49 24 18 86
niort@cityplantes.com
www.cityplantes.com

City Plantes (Rouen)
Matériel de jardinage hydroponique et culture en intérieur.
43 rue Camille Saint-Saëns
76000 Rouen
Tél. : 02 35 15 04 03
rouen@cityplantes.com
www.cityplantes.com

City Plantes (Saint-Etienne)
Matériel de jardinage hydroponique et culture en intérieur.
118 rue de la Montat
42000 Saint-Etienne
Tél. : 04 77 33 04 67
stetienne@cityplantes.com
www.cityplantes.com

City Plantes (Tours)
Matériel de jardinage hydroponique et culture en intérieur.
62 rue d'Entraigues, 37000 Tours
Tél. : 02 47 05 47 44
tours@cityplantes.com
www.cityplantes.com

Comptoir des Jardiniers
Rosiers, végétaux d'ornements, graines, équipements, gamme bio (VPC).
40 route d'Aulnoy / BP 559
59308 Valenciennes cedex
Tél. : 03 27 46 37 50
Fax : 03 27 29 08 12
contacts@jardiniersdefrance.com
www.jardiniersdefrance.com

Coulon Dimev
Plantes, jeunes plants, semences.
1786 Chemin des Astourets
83130 La Garde
Tél. : 04 94 21 20 70
Fax : 04 94 75 87 93
infos@coulon-dimev.com
www.coulon-dimev.com

Culture Kaya
Matériel de jardinage hydroponique et culture en intérieur.
22 rue Georges Clemenceau
10000 Troyes
Tél. / Fax : 03 25 43 13 90
(voir page 425)
culturekaya@aol.com
www.culturekaya.com

Dans ma serre
Matériel de jardinage hydroponique
et culture en intérieur.
72 boulevard Raymond Poincaré
06160 Antibes Juan les Pins
Tél. : 04 92 93 85 03
greenmanu@hotmail.fr
www.dansmaserre.com

Dr Green
Matériel de jardinage hydroponique
et culture en intérieur.
7 rue Lalande
01000 Bourg-en-Bresse
Tél. / Fax : 04 74 24 66 94
(voir page 425)
drgreen@netcourrier.r.com
www.drgreenshop.com

Eau Limpide
Matériel de jardinage hydroponique
et culture en intérieur.
21 avenue Franklin Roosevelt
11000 Carcassonne
Tél. / Fax : 04 68 25 17 90
(voir page 425)
eaulimpide@9business.fr

Eco6tm
Matériel de jardinage hydroponique
et culture en intérieur.
38 bis rue Grande Vallée
50100 Cherbourg
Tél. : 02 33 10 22 49
eco6tm@hotmail.com
www.eco6tm.fr.st

Fabre Graines
Sélectionneur, producteur et grainetier.
57748 Metz cedex 9
Tél. : 03 87 74 07 65
fabre.graines@wanadoo.fr
www.fabre-graines.com

Ferme de Sainte Marthe
Graines de fleurs et semences
potagères, lutte biologique, insecticides
naturels (label AB).
BP 10, 41700 Cour Cheverny
Tél. : 08 91 70 08 99
Fax : 02 54 44 21 70
www.fermedesaintemarthe.com

Florateck
Grossiste en matériel de jardinage
hydroponique et culture en intérieur.
5 allée des Jardinières, 86000 Poitiers
Tél. : 05 49 61 35 56
Fax : 05 49 61 52 91
(voir page 438)
florateck@wanadoo.fr
www.florateck.fr

Florimond Desprez
Créations variétales.
3 rue Florimond Desprez / BP 41
59242 Cappelle en Pévèle
Tél. : 03 20 84 94 90
Fax : 03 20 59 66 01
contact@florimond-desprez.fr
www.florimond-desprez.fr

Garance Voyageuse
Association pour l'étude et la protection
du monde végétal (plus de 2 000
ouvrages) ; revue trimestrielle.
48370 Saint-Germain-de-Calberte
Tél. : 04 66 45 94 10
Fax : 04 66 45 91 84
garance@wanadoo.fr
www.garancevoyageuse.org

Général Hydroponics Europe (GHE)
Fabricant d'engrais et de systèmes
de culture hydroponiques.
Biopole, 32500 Fleurance
Tél. : 05 62 06 08 30
Fax : 05 62 06 64 04
(voir page 455)
info@eurohydro.com
www.eurohydro.com

Goutte à Goutte
Matériel de jardinage hydroponique
et culture en intérieur.
39 cours Pasteur, 33000 Bordeaux
Tél. : 05 56 31 95 08
(voir page 428)
goutteagouttebx@free.fr

Graines Baumaux
Commercialisation de graines
de semences, potagères bio
et bulbes à fleurs (VPC).
BP 100, 54062 Nancy cedex
Tél. : 03 83 15 86 86
contact@graines-baumaux.fr
www.graines-baumaux.fr

Green Addict
Matériel de jardinage hydroponique
et culture en intérieur.
9 quai Claude Bernard
38000 Grenoble
Tél. / Fax : 04 76 26 46 30
(voir page 428)
greenaddict@hotmail.fr
www.greenaddict.fr

Green House
Matériel de jardinage hydroponique
et culture en intérieur.
Z.I. de Tiragon
06370 Mouans Sartoux
Tél. / Fax : 04 92 98 63 75
(voir page 428)
franz@greenhousegrowshop.com
www.greenhousegrowshop.com

Green Planet
Matériel de jardinage hydroponique
et culture en intérieur.
28 rue du Puit Neuf
13100 Aix-en-Provence
Tél. : 04 42 21 29 60
green-planet@wanadoo.fr

Green Spirit
Matériel de jardinage hydroponique
et culture en intérieur.
28 rue André Ampère
33140 Villenave d'Ornon
Tél. : 05 56 87 32 31
(voir page 429)
greenspirit33@hotmail.fr
www.greenspririt.fr

Growmaps.com
Annuaire Inernet des growshops
(voir adresses sur leur site).
www.growmaps.com

Growshops.fr
Vente en ligne, matériel
de jardinage hydroponique
et culture en intérieur.
(voir page 427)
info@growshops.fr
www.growshops.fr

Hanna Instruments
Fabricant de dispositifs
pour mesurer la qualité de l'eau.
Parc d'Activités des Tanneries
1 rue du Tanin / BP 133
67833 Tanneries cedex
Tél. : 03 88 76 91 88
Fax : 03 88 76 58 80
info@hannafr.com
www.hanna-france.com

Herbolistique Laboratoires
Plantes pour la santé
(plantes bio et non bio).
Pôle du Landreau, 85130 La Verrie
Tél. : 02 51 63 06 24
Fax : 02 51 63 08 85
laboratoiresherbolistique@wanadoo.fr
www.herbolistique.com

growshops.fr
votre magasin d'horticulture online
Les meilleurs prix du web associés à un service clientèle irréprochable.
7 euros de bienvenue aux nouveaux clients !
+
Parrainez vos amis et gagnez 10 % de leur 1ère commande en bon d'achat !
+
gagnez un cadeau growshops! saisissez le code "kultur"

Herborizer
Fabricant de vaporisateurs-inhalateurs pour la phytothérapie.
Place de l'Eglise
12130 Saint-Martin-de-Lenne
Tél. / Fax : 05 65 78 47 02
(voir page 429)
info@herborizer.com
www.herborizer.com

Hodnik
Plantes de collection tropicales et méditerranéennes à floraison longue ou à effet spectaculaire.
1 place du 19 Mars 1962
45700 Saint-Maurice-sur-Fessard
Tél. : 02 38 97 84 59
Fax : 02 38 97 89 39
contact@hodnik.com
www.hodnik.com

Horticolor
Édition, signalétique et emballage horticoles.
10 -12 espace Henry Vallée
69007 Lyon
Tél. : 04 72 80 82 50
Fax : 04 72 80 82 51
www.horticolor.com

Hortilien / Lien horticole
Site Internet de la filière horticole.
36 avenue Louis Pasteur
CS 40001, 34473 Pérols cedex
Tél. : 04 67 50 40 71
Fax : 04 67 50 19 02
info@hortilien.com
www.hortilien.com

House & Garden
Fabricant d'engrais pour la culture en intérieur.
Z.I. de Kergonan
2 rue de Kerbernard
29200 Brest
Tél. / Fax : 02 98 41 52 12
(voir page 431)
contact@house-garden.fr
www.house-garden.fr

HPS
Matériel de jardinage hydroponique et culture en intérieur.
11 rue Montant au Château
26200 Montélimar
Tél. / Fax : 04 75 51 57 89

Hydrobox (Aix)
Matériel de jardinage hydroponique et culture en intérieur.
20 avenue Louis Amouriq
13290 Aix les Milles
Tél. : 04 42 27 78 14
Fax : 03 20 07 20 20
(voir page 434)
aix@hydrobox.fr
www.hydrobox.fr

Hydrobox (Lens)
Matériel de jardinage hydroponique et culture en intérieur.
28 rue E. Bollaert, 62300 Lens
Tél. : 03 21 70 25 85
lens@hydrobox.fr
www.hydrobox.fr

Hydrobox (Lille)
Matériel de jardinage hydroponique et culture en intérieur.
14 rue du faubourg de Béthune
59000 Lille
Tél. : 03 20 07 02 02
Fax : 03 20 07 20 20
lille@hydrobox.fr
www.hydrobox.fr

Hydrobox (Strasbourg)
Matériel de jardinage hydroponique et culture en intérieur.
Rue du Birkenfels
67000 Strasbourg
(ouverture septembre 2007)
strasbourg@hydrobox.fr
www.hydrobox.fr

Hydrodiscount.com
Commerce horticole en ligne, matériel de jardinage hydroponique et culture en intérieur.
Tél. : 08 92 70 00 45
(voir pages 432-433)
contact@hydrodiscount.com
www.hydrodiscount.com

Hydro et Culture (Brest)
Matériel de jardinage hydroponique et culture en intérieur.
Z.I. de Kergonan
2 rue de Kerbernard, 29200 Brest
Tél. / Fax : 02 98 41 52 12
(voir page 429)
contact@hydro-et-culture.fr
www.hydro-et-culture.fr

Hydro et Culture (Lorient)
Matériel de jardinage hydroponique et culture en intérieur.
3 avenue de Kergroise, 56100 Lorient
Tél. / Fax : 02 97 36 28 28
contact@hydro-et-culture.fr
www.hydro-et-culture.fr

Hydro et Culture (Quimper)
Matériel de jardinage hydroponique et culture en intérieur.
128 bis avenue de la Libération
29000 Quimper
Tél. / Fax : 02 98 52 20 74
contact@hydro-et-culture.fr
www.hydro-et-culture.fr

Hydrokult
Cactus, matériel de jardinage hydroponique et culture en intérieur.
16 rue Sébastien Gryphe, 69007 Lyon
Tél. / Fax : 04 37 28 50 74
(voir page 440)
hydrokult@hotmail.fr

Hydro-Nature
Matériel de jardinage hydroponique et culture en intérieur.
441 rue Etienne Poulet
69400 Villefranche-sur-Saone
Tél. / Fax : 04 74 65 11 04
(voir page 440)
hydro-nature@cegetel.net
http://hydronature.site.voila.fr

Hydroparadise
Matériel de jardinage hydroponique et culture en intérieur.
9 rue des Pommiers
13520 Maussane
Tél. : 08 75 75 62 53
Fax : 04 90 93 13 26
info@hydroparadise.com
www.hydroparadise.com

Hydropassion
Grossiste en matériel de jardinage hydroponique et culture en intérieur.
BP 51, 48002 Mende cedex
Tél. / Fax : 04 66 47 77 50
(voir page 447)
pro@hydropassion.com
www.hydropassion.eu

Hydro discount .com
Simplicité
Efficacité
Rapidité
Economies
Conseils
Cliquez !
Recevez !
Cultivez !
Hydro discount .com CHARTE QUALITÉ
DECOUVREZ NOTRE RAYON
100% DISCOUNT
Produits neufs, jusqu' à 40% de remise !
Livraison OFFERTE*
* En France Métropolitaine à partir de 99€ d'achats.
WWW.HYDRODISCOUNT.COM
PHILIPS
nutriculture ltd
leading manufacturers of hydroponic systems
ruck VENTILATOREN
Hesi.nl
VAPORTEK
BIOBIZZ
Just because organic is best!
Dutch Formula
HYGROZYME
HOME box
HY-PRO

Hydro discount .com
LE MEILLEUR GROWSHOP
SUR INTERNET
CULTIVEZ
SANS VOUS RUINER !
PAYEZ À VOTRE RYTHME*
À PARTIR DE 1€/JOUR
OU DE 3X À 20X
1euro .com
WWW.HYDRODISCOUNT.COM
votre contrat. Le coût total du crédit dépend de son utilisation : il varie suivant le montant et la durée du découvert effectif du compte de l'emprunteur. Assurance
facultative : 0,65% du total dû mensuel. Offre réservée aux personnes résidant en France métropolitaine.Pour les paiements en plusieurs fois, dans la limite de votre
réserve disponible, les mensualités sont perçues séparément, et en plus de la mensualité de votre compte 1euro.com. En cas de non paiement, les mensualités ne
bénéficieront plus des conditions particulières accordées pour le paiement en plusieurs fois et produiront des intérêts aux conditions habituelles de votre compte
1euro.com.Ce contrat s'applique automatiquement dans le cas où vous ne nous renvoyez pas votre contrat signé dans un délai de 45 jours. La somme est débitée en
2 fois à un mois d'intervalle directement de votre compte bancaire, les frais s'élevant à un montant forfaitaire de 3€ euros. Voirconditions complètes sur ww.1euro.com
ETI
Adjust-A-Wings
CANNA
The solution for growth and bloom
OXY BOOST
HydroSystem
ATAMI
SYLVANIA
PREMIUM ORGANICS
BIOCANNA
The Bio Solution for growth and bloom
Advanced Hydroponics of Holland

HYDRO CENTER
MATERIEL DE JARDINAGE HIGH TECH
ECLAIRAGE,VENTILATION
SUBSTRATS,ENGRAIS,IRRIGATION
SYSTEMES HYDROPONIQUES
CHAMBRE DE CULTURE
APPAREILS DE MESURE: Ph,Ec
BIOBIZZ
Plagron
SYLVANIA
HANNA instruments
GHE
ETI
B'cuzZ PRODUCTS
HARVEST-MASTER
www.Hydrocenter.fr
7,rue de la rochette-77000 melun
tel:01.64.39.72.06 e-mail:info@hydrocenter.fr

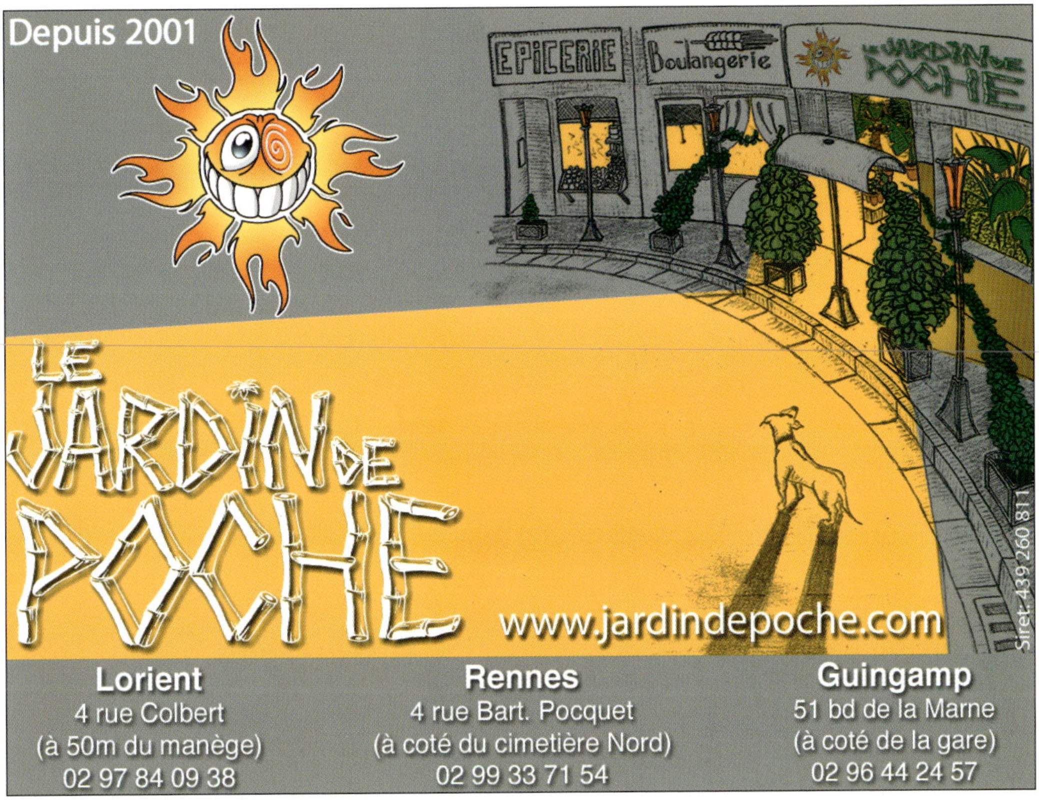
Depuis 2001
EPICERIE
Boulangerie
LE JARDIN DE POCHE
LE JARDIN DE POCHE
www.jardindepoche.com
Siret: 439 260 811
Lorient
4 rue Colbert
(à 50m du manège)
02 97 84 09 38
Rennes
4 rue Bart. Pocquet
(à coté du cimetière Nord)
02 99 33 71 54
Guingamp
51 bd de la Marne
(à coté de la gare)
02 96 44 24 57

Hydroponia
Matériel de jardinage hydroponique et culture en intérieur.
39 rue d'Hérimoncourt
25310 Hautechaux Roide
Tél. : 03 81 96 97 57
(voir page 441)
hydroponia@orange.fr
www.hydroponia.net

Hydroponie et Bio Culture (Nantes)
Matériel de jardinage hydroponique et culture en intérieur.
18 rue Saint-Léonard, 44000 Nantes
Tél. : 02 40 48 49 73
Fax : 02 51 82 04 81
(voir page 441)
contact@hbc-nantes.com
www.hbc-nantes.com

Hydroponie et Bio Culture (Rennes)
Matériel de jardinage hydroponique et culture en intérieur.
3 rue Emile Souvestre, 35000 Rennes
Tél. / Fax : 02 23 40 15 26
contact@hbc-rennes.com
www.hbc-rennes.com

Hydropouss (Aubenas)
Matériel de jardinage hydroponique et culture en intérieur.
7 rue des Cordeliers, 07200 Aubenas
Tél. : 06 37 75 50 35
(voir page 437)
skr1@free.fr
www.hydropouss.fr

Hydropouss (Montpellier)
Matériel de jardinage hydroponique et culture en intérieur.
9 rue Chaptal, 34000 Montpellier
Tél. : 04 34 50 44 87
hydropoussmontpellier@hotmail.fr
www.hydropouss.fr

Hydropouss (Nîmes)
Matériel de jardinage hydroponique et culture en intérieur.
12 rue Roussy, 30000 Nîmes
Tél. / Fax : 04 66 26 25 94
hydropoussnimes@hotmail.com
www.hydropouss.fr

Hydropouss (Reims)
Matériel de jardinage hydroponique et culture en intérieur.
33 bis rue Ernest Renan, 51100 Reims
Tél. : 03 26 83 95 69
hydropoussreims@hotmail.com
www.hydropouss.fr

Hydrozone (Angers)
Matériel de jardinage hydroponique et culture en intérieur.
188 avenue du Général Patton
49070 Angers - Beaucouze
Tél. : 02 41 48 71 95
(voir page 439)
hydro49@hydrozone.fr
www.hydrozone.fr

Hydrozone (La Rochelle)
Matériel de jardinage hydroponique et culture en intérieur.
3 rue Thalès
Z.A.C. de Belle Aire Sud
17440 La Rochelle - Aytré
Tél. : 05 46 51 71 12
hydro17@hydrozone.fr
www.hydrozone.fr

Hydrozone (Limoges)
Matériel de jardinage hydroponique et culture en intérieur.
12 rue Francois Chénieux
87000 Limoges
Tél. : 05 55 77 74 35
hydrolimoges@hydrozone.fr
www.hydrozone.fr

Hydrozone (Poitiers)
Matériel de jardinage hydroponique et culture en intérieur.
5 allée des Jardinières
86000 Poitiers
Tél. : 05 49 61 35 56
Fax : 05 49 61 52 91
info@hydrozone.fr
www.hydrozone.fr

Hydrozone (Roanne)
Matériel de jardinage hydroponique et culture en intérieur.
47 rue Emile Noirot, 42300 Roanne
Tél. : 04 77 71 16 72
hydro42@hydrozone.fr
www.hydrozone.fr

Hydrozone (Vannes)
Matériel de jardinage hydroponique et culture en intérieur.
30 bis rue Victor Basch
56000 Vannes
Tél. : 02 97 46 04 64
hydrovannes@hydrozone.fr
www.hydrozone.fr

Iris en Provence
Nombreuses variétés d'iris.
Route de l'Appie
Chemin des Maures
83402 Hyères cedex
Tél. : 04 94 65 98 30
Fax : 04 94 35 24 91
iris@iris-en-provence.com
www.iris-en-provence.com

Jah'rdin Hydroponique
Matériel de jardinage hydroponique et culture en intérieur.
6 place des Vosges, 56860 Séné
Tél. / Fax : 02 97 68 93 14
jahrdin@tiscali.fr

Jardin d'Eden
Matériel de jardinage hydroponique et culture en intérieur.
8 rue Jubin, 69100 Villeurbanne
Tél. / Fax : 04 78 68 09 44
eden.jardin@wanadoo.fr
http://www.jardin-eden.org

Jardin de Poche (Guingamp)
Matériel de jardinage hydroponique et culture en intérieur.
51 Boulevard de la Marne
22200 Guingamp
Tél. : 02 96 44 24 57
(voir page 435)
info@jardindepoche.org
www.jardindepoche.org

Jardin de Poche (Lorient)
Matériel de jardinage hydroponique et culture en intérieur.
4 rue Colbert, 56100 Lorient
Tél. : 02 97 84 09 38
info@jardindepoche.org
www.jardindepoche.org

Jardin de Poche (Rennes)
Matériel de jardinage hydroponique et culture en intérieur.
4 rue Barthélemy Poquet
35000 Rennes
Tél. : 02 99 33 71 54
Fax : 02 99 33 79 16
info@jardindepoche.org
www.jardindepoche.org

Jardinage-bio.com
Produits biologiques pour plantes (VPC).
B.P. 204
14209 Hérouville-Saint-Clair cedex
Tél. : 02 31 47 15 90
contact@jardinage-bio.com
www.jardinage-bio.com

Reseau de boutiques specialisees
ans les techniques de jardinage hors sol
Hydropouss
Commandez vos produits sur
www.hydropouss.fr
Decouvrez les boutiques :
Montpellier - 04 34 50 44 87
Viry chatillon - 01 69 05 55 78
elun - 01 64 39 72 06
Maurepas - 01 30 51 96 77
ris - 01 45 84 75 13
Nimes - 04 66 26 25 94
ms - 03 26 83 95 69
Aubenas - 06 37 75 50 35

Agrolite
L'innovation au service de la culture
Une gamme complète d'éclairage horticole...
HPS et MH 250, 400, 600, 1000W
Fluo compactes 105, 150 et 200W
Darknight, Ufo, Double bruleur...
disponible dans tous les bons growshops.
www.agrolite.com
Distribution France :
FLORATECK
5 Allée des Jardinières
86000 POITIERS - FR
Tél : +33(0)549 613 556
Fax : +33(0)549 615 291

HYDROFLORE
Cultivez facilement
vos plantes favorites...
60 Bis rue de L'Hermitage
95300 Pontoise - France
contact@hydroflore.net
www.hydroflore.fr
Boutique
spécialisée
dans l'hydroculture
et la culture en terre
Eclairage, Substrats
Systèmes, Testeurs
Engrais, Additifs
Irrigations
Tel: 01 30 17 16 60

Grow Shop
Vente de matériel hydroponique
Engrais bio, Vente d'orchidées et plantes carnivores
Devis Personnalisé
HYDRO
KULT
Horaires d'ouverture Du mardi au samedi
Non stop 10H30 à 19H00
16, rue Sébastien Gryphe 69007 Lyon
Tel/Fax. 04 37 28 50 74 hydrokult@hotmail.fr

HYDRO-NATURE
441 rue Etienne Poulet
69400 Villefranche sur saone
04.74.65.11.04
http://hydronature.site.voila.fr
11h00 a 19h00 non stop
HYDRO-NATURE@CEGETEL.NET

HYDROPONIA Growshop
Engrais, Terreau,
Système Hydroponique,
Lampes HPS/MH...
près de l'Alsace
la Suisse
le pays de
Montbéliard
votre growshop en nord franche-comté
engrais et nourriture pour vos plantes
prix attractifs, sur gros conditionnement
toutes les gammes
lampes - matériel hydroponique
39, rue d'Hérimoncourt 25310 AUTECHAUX ROIDE
conseils et suivi
06 07 22 15 53
03 81 96 97 57
www.hydroponia.net

HBC
HYDROPONIE & BIOCULTURE
• Devis, conseils et suivi
• Culture aéroponique, hydroponique et biologique
• Éclairages horticoles
• Fertilisants • Systèmes Co2
• Bouturage • Irrigation
Location systèmes de culture
Initiation
La réussite de ton jardin
NANTES
18 rue St Léonard 44000 Nantes
Tél. 02 40 48 49 73
Fax 02 51 82 04 81
www.hbc-nantes.com
Cultivez la différence
RENNES
3 rue Émile Souvestre
35000 Rennes
Tél./Fax 02 23 40 15 26
www.hbc-rennes.com

KULTURES
GROW SHOP
MATÉRIEL
DE JARDINAGE
HYDROPONIQUE ET BIOLOGIQUE
- 15/17 rue des Capucins - 69001 LYON
- Tél/Fax : 04 72 87 01 76
- 54 rue du 11 Nov. - 42000 ST-ETIENNE
- Tél/Fax : 04 77 47 17 22
- 117 cours Jean Jaurès - 38000 GRENOBLE
- Tél/Fax : 04 76 21 35 88
- 20 rue Rambuteau - 71000 MACON
- Tél/Fax : 03 85 39 19 47

Jardins de Sologne
Pépinières.
794 rue des Epinettes
41210 La Ferté Beauharnais
Tél. : 02 54 83 66 65
Fax : 02 54 83 72 49

K-Lott C'Kulturel
Matériel de jardinage hydroponique
et culture en intérieur.
22 rue des Vosges
ZI La Glacière
90150 Foussemagne
Tél. / Fax : 03 84 26 65 38

Kultures (Grenoble)
Matériel de jardinage hydroponique
et culture en intérieur.
117 cours Jean Jaurès
38000 Grenoble
Tél. / Fax : 04 76 21 35 88
(voir page 441)
kultures@wanadoo.fr
www.kultures.fr

Kultures (Lyon)
Matériel de jardinage hydroponique
et culture en intérieur.
15 -17 rue des Capucins
69001 Lyon
Tél. / Fax : 04 72 87 01 76
kultures@wanadoo.fr
www.kultures.fr

Kultures (Macon)
Matériel de jardinage hydroponique
et culture en intérieur.
20 rue Rambuteau, 71000 Macon
Tél. / Fax : 04 76 21 35 88
kultures@wanadoo.fr
www.kultures.fr

Kultures (Saint-Etienne)
Matériel de jardinage hydroponique
et culture en intérieur.
54 rue du 11 novembre
42000 Saint-Etienne
Tél. / Fax : 04 77 47 17 22
kultures@wanadoo.fr
www.kultures.fr

La Petite Boutique dans la Jungle
Matériel de jardinage hydroponique
et culture en intérieur.
59 rue du Mirail, 33000 Bordeaux
Tél. : 05 56 31 32 90
Fax : 05 56 92 01 85
(voir page 444)
danslajungle@aliceadsl.fr
www.danslajungle.com

Le Chaos Vert / Jungle Fever
Matériel de jardinage hydroponique
et culture en intérieur.
16 rue d'Italie, 13006 Marseille
Tél. / Fax : 04 91 48 26 35
(voir page 444)
lechaosvert@wanadoo.fr

Le Gros Shop
Matériel de jardinage hydroponique
et culture en intérieur.
12 Cour Léon Berard, 64000 Pau
Tél. : 06 61 88 05 97
legrosshop@hotmail.fr
www.legrosshop.fr

Les Jardins en Cascades
Matériel de jardinage hydroponique
et culture en intérieur.
15 avenue Jean Jaures
81160 Saint-Juéry
Tél. / Fax : 05 63 53 98 72
(voir page 444)
lesjardinsencascade@wanadoo.fr
www.lesjardinsencascade.com

Les Jardins Modernes
Vente en ligne de matériel de jardinage
hydroponique et culture en intérieur.
BP 51, 48002 Mende cedex
Tél. / Fax : 04 66 47 77 50
(voir page 447)
infos@hydropassion.com
www.hydropassion.fr

Les Jardins Suspendus (84)
Matériel de jardinage hydroponique,
culture en intérieur.
23 rue Pierre Semard
84000 Avignon
Tél. : 04 90 85 14 04
(voir page 443)
avignonjardinssuspendus@yahoo.fr
www.lesjardinssuspendus.com

Les Jardins Suspendus (60)
Matériel de jardinage hydroponique,
culture en intérieur.
29 rue du 27 juin, 60000 Beauvais
Tél. : 03 44 45 36 43
www.lesjardinssuspendus.com

Les Jardins Suspendus (18)
Matériel de jardinage hydroponique
et culture en intérieur.
26 rue des Arènes, 18000 Bourges
Tél. : 02 48 70 02 38
Fax : 02 48 70 01 06
ljsbourges@yahoo.fr
www.lesjardinssuspendus.com

Les Jardins Suspendus (06)
Matériel de jardinage hydroponique,
culture en intérieur.
Résidence les Lilas
14 avenue des Tuileries
06800 Cagnes-sur-mer
Tél. / Fax : 04 92 02 75 67
www.lesjardinssuspendus.com

Les Jardins Suspendus (83)
Matériel de jardinage hydroponique,
culture en intérieur.
La Cauquière
28 rue Marceau, 83000 Cogolin
Tél. / Fax : 04 94 53 86 59
www.lesjardinssuspendus.com

Les Jardins Suspendus (21)
Matériel de jardinage hydroponique
et culture en intérieur.
81 avenue du Maréchal Lyautey
21000 Dijon
Tél. : 03 80 74 22 50
lesjardinssuspendus21@wanadoo.fr
www.lesjardinssuspendus.com

Les Jardins Suspendus (59)
Matériel de jardinage hydroponique
et culture en intérieur.
9 rue de la Cloris, 59500 Douai
Tél. : 03 27 90 69 81
hydrosyl.developpement@wanadoo.fr
www.lesjardinssuspendus.com

Les Jardins Suspendus (38)
Matériel de jardinage hydroponique
et culture en intérieur.
3 bis rue Gabriel Péri, 38000 Grenoble
Tél. / Fax : 04 76 47 41 59
www.lesjardinssuspendus.com

Les Jardins Suspendus (13)
Matériel de jardinage hydroponique
et culture en intérieur.
15 rue Pastoret, 13006 Marseille
Tél. : 04 96 12 63 11
www.lesjardinssuspendus.com

Les Jardins Suspendus (13)
Matériel de jardinage hydroponique,
culture en intérieur.
43 rue du Vallon de Monte Bello
13006 Marseille
Tél. : 04 91 37 51 68
www.lesjardinssuspendus.com

Les Jardins Suspendus (34)
Matériel de jardinage hydroponique,
culture en intérieur.
21 rue de Verdun, 34000 Montpellier
Tél. : 04 67 58 04 47
www.lesjardinssuspendus.com

La petite boutique dans la jungle
Smartshop
Growshop
Lampes HPS, MH et Fluo
Système Hydroponiques
Engrais Biologique
Gestion Climatique
Plantes Rares
59 rue du mirail
33 000 Bordeaux
0556313290
du mardi au samedi
de 11h - 20h
www.danslajungle.com

Jungle Fever
LE CHAOS VERT
GROWSHOP
LECHAOSVERT@WANADOO.FR
16 RUE D' ITALIE 13006 MARSEILLE - FR
OH : MAR-SAM 10H-19H
P/F : 04 91 48 26 35

LES JARDINS EN CASCADE
www.lesjardinsencascade.com
growshop en ligne
DES PRIX, DU CHOIX, UN SUIVI...
Franco de port à partir de 100€
CB
VISA
MasterCard

NATURAL GROW
GROWSHOP
Anglet - Pays Basque
05 59 42 14 90

grow-Shop
Poco-Loco
dingue de plantes
Rhone
Valence
C'est là
pont r. Mistral
Guilherand
Granges
Lampes sodium, appareils de mesures, Engrais & terreaux bio
Matériel de Jardinage hydroponique et bio,
Plantes rares cactées & Orchidées
Infos, devis, conseils personnalisés
130 avenue de la république 07500 Guilherand Granges
04 75 40 55 02 growshop.pocoloco@tiscali.fr
www.growshop-drome-ardeche.com

L'Institut de beauté
des plantes
Plus de 350 références
Tout pour le bien être
de vos plantes
(intérieur et extérieur)
internet
toukipouss@wanadoo.fr
www.toukipouss.com
TouKiPousS
Engrais biologiques
(Biobizz, Versland, GHE)
Terreaux 100% naturel
Lampes horticoles
(HPS et MH)
Systèmes Hydroponiques
(Nutriculture & GHE)
21, rte de St Jean d'Angély
16710 ST YRIEIX s/charente
Tél/Fax. 05 45 39 30 22

Les Jardins Suspendus (44)
Matériel de jardinage hydroponique, culture en intérieur.
22 rue Paul Bellamy, 44000 Nantes
Tél. : 02 40 47 66 62
www.lesjardinssuspendus.com

Les Jardins Suspendus (30)
Matériel de jardinage hydroponique, culture en intérieur.
24 rue de l'Agau, 30000 Nîmes
Tél. : 04 66 26 93 75
www.lesjardinssuspendus.com

Les Jardins Suspendus (09)
Matériel de jardinage hydroponique, culture en intérieur.
44 rue Victor Hugo, 09100 Pamiers
Tél. : 05 34 01 21 70
hydr-orchid@wanadoo.fr
www.lesjardinssuspendus.com

Les Jardins Suspendus (64)
Matériel de jardinage hydroponique, culture en intérieur.
17 rue Emile Guichenné, 64000 Pau
Tél. : 05 59 82 89 25
lesjardinssuspendus64@yahoo.fr
www.lesjardinssuspendus.com

Les Jardins Suspendus (24)
Matériel de jardinage hydroponique, culture en intérieur.
8 rue de la Bride, 24000 Périgueux
Tél. : 05 53 35 47 23
ljsperigueux@hotmail.com
www.lesjardinssuspendus.com

Les Jardins Suspendus (51)
Matériel de jardinage hydroponique, culture en intérieur.
199 avenue Jean Jaurès
51100 Reims
Tél. : 03 26 88 52 67
jardinssuspendusreims@wanadoo.fr
www.lesjardinssuspendusreims.com

Les Jardins Suspendus (35)
Matériel de jardinage hydroponique, culture en intérieur.
2 bis boulevard Paul Painlevé
35000 Rennes
Tél. / Fax : 02 23 20 55 37
www.lesjardinssuspendus.com

Les Jardins Suspendus (35)
Matériel de jardinage hydroponique, culture en intérieur.
2 rue Jules Saffray, 35000 Saint Malo
Tél. : 02 23 18 21 04
ljs35@hotmail.fr
www.lesjardinssuspendus.com

Les Jardins Suspendus (31)
Matériel de jardinage hydroponique et culture en intérieur.
38 avenue Léon Blum
31000 Toulouse
Tél. : 05 34 25 11 63
hth@cegetel.net
www.lesjardinssuspendus.com

Les Jardins Urbains
Matériel de jardinage hydroponique et culture en intérieur.
17 rue Emile Normandin
17 000 La Rochelle
Tél. / Fax : 05 46 45 47 32
contact@lesjardinsurbains.com
www.lesjardinsurbains.com

Le Petit Hydroculteur (34)
Matériel de jardinage hydroponique et culture en intérieur.
32 avenue de la Croix du Capitaine
34070 Montpellier
Tél. / Fax : 04 67 73 65 01
renseignements@culture-hydroponique.com
www.culture-hydroponique.com

Le Petit Hydroculteur (69)
Matériel de jardinage hydroponique et culture en intérieur.
137 cours Tolstoï
69100 Villeurbanne
Tél. / Fax : 04 72 65 91 16
renseignements@culture-hydroponique.com
www.culture-hydroponique.com

Les Vaisseaux Libériens
Matériel de jardinage hydroponique et culture en intérieur.
78 cours de la Somme
33800 Bordeaux
Tél. / Fax : 05 56 94 28 64
(voir page 454)
www.lesvaisseauxliberiens.com

Manflower
Matériel de jardinage hydroponique et culture en intérieur.
60 rue Nationale, 72000 Le Mans
Tél. : 02 43 20 31 74
Fax : 02 43 76 18 41
manflower001@aol.com
www.manflower.fr

Meignaud Fleurs
Spécialiste de la rose d'Équateur.
Zone de Garolor
Rue le Douanier Rousseau / BP 77
57365 Ennery
Tél. : 03 87 73 00 48
Fax : 03 87 73 05 84
info@meignaud-fleurs.com
www.meignaud-fleurs.com

Meilland Richardier
Créateur et producteur de rosiers, vente de graines florales et potagères.
50 rue du Professeur Dupéret
69150 Tassin la Demi-Lune cedex
Tél. : 04 78 34 23 13
vpc@meillandrichardier.com
www.meillandrichardier.com

Moisan-Aviculture
Engrais organique universel.
Les Forrières, 22640 Plestan
Tél. : 02 96 34 11 27
Fax : 02 96 34 81 86
www.moisan-aviculture.com

Natural Grow
Matériel de jardinage hydroponique et culture en intérieur.
Centre Dronoz
45 avenue de Bayonne
64600 Anglet
Tél. : 05 59 42 14 90
Fax : 05 58 72 41 27
(voir page 445)
ngtrading@wanadoo.fr

Natural Mystic
Matériel de jardinage hydroponique et culture en intérieur.
27 rue Augustin Dumas, 83000 Toulon
Tél. : 04 94 24 55 49
reggaeshop@hotmail.com
www.natural-mystic.fr

Oxyboost / Hydropassion
Produits d'optimisation de l'eau pour la culture en intérieur.
BP 51 - 48002 Mende cedex
Tél. : 08 71 34 47 70
(voir page 447)
infos@oxyboost.fr
www.oxyboost.fr

Oh ! légumes oubliés
Légumes, plantes, fruits oubliés et leurs graines (certification Agriculture Biologique).
Château de Belloc, 33670 Sadirac
Tél. : 05 56 30 61 00
Fax : 05 56 30 60 30
contact@ohlegumesoublies.com
www.ohlegumesoublies.com

Orchidées Vacherot
Spécialiste des orchidées, matériel de culture.
Le Pont d'Argens
83520 Roquebrune-sur-Argens
Tél. : 04 94 45 48 59
Fax : 04 94 45 36 37
info@orchidees-vacherot.com
www.orchidees-vacherot.com

Pépinières de Bagatelle
Végétaux de collection originaires du monde entier (plantes, arbustes, etc.).
Chemin du Grand Etang
45510 Vannes / Cosson
Tél. / Fax : 02 38 58 01 70
pepiniere.bagatelle@wanadoo.fr
http://perso.wanadoo.fr/rodolphe.beaubois/pepiniere.bagatelle/

Pépinières Cavatore
Horticulteur, producteur, collectionneur de mimosas (VPC).
488 chemin de Bénat
83230 Bormes-les-Mimosas
Tél. : 04 94 00 40 23
Fax : 04 94 00 40 24
mail@pepinierescavatore.com
www.pepinierescavatore.com

Pépinières Delbard
Accueil des professionnels.
De nombreuses jardineries en France (voir adresses sur leur site).
03600 Malicorne
Tél. : 04 70 64 33 34
Fax : 04 70 64 58 61
pepiniere@delbardpro.com
www.delbard.com

Pépinières Grangier Frères
Spécialisé dans la sphaigne.
Cerise, le magasin dans la forêt
Quartier Moulin d'eau
83420 La Croix Valmer
Tél. : 04 94 56 41 51
Fax : 04 94 56 30 62
www.sphaigne-du-chili.com

Pépinières d'Iris Lanthelme Christian
Producteur hybrideur spécialiste des iris (VPC).
Les Ferrières
26160 Saint Gervais-sur-Roubion
Tél. : 04 75 53 96 35
Fax : 04 75 53 96 36
cl@irislanthelme.com
www.irislanthelme.com

Pépinières Lafitte
Végétaux d'ornement destinés aux particuliers, collectivités locales et entreprises.
64240 Mendionde
Tél. : 05 59 29 62 54
Fax : 05 59 29 10 89
info@lafitte.net
www.lafitte.net

Pépinières Raffard
Rosiers.
Boutique de la Rose
406 chemin des Gousseaux
45270 Quiers-sur-Bézonde
Tél. : 02 38 90 13 00
Fax : 02 38 90 25 31
info@boutique-de-la-rose.com
www.pepinieres-raffard.com

Pépinières le Sciellour
Vente en ligne de végétaux d'ornement, arbres, arbustes et plantes vivaces.
Le Guernol, 56920 Saint-Gonnery
Tél. : 02 97 38 49 06
Fax : 02 97 38 44 38
pepiniere-lesciellour@wanadoo.fr
www.pepiniere-le-sciellour.com

Phytosem
Semencier spécialisé dans la production d'espèces végétales pour les collectivités locales, les jardineries et les entreprises.
La Plaine de Lachaup, 05000 Gap
Tél. : 04 92 53 94 37
Fax : 04 92 53 33 93
info@phytosem.com
www.phytosem.com

Plantaco
Association pour répertorier et promouvoir les connaissances sur les plantes rares et de collection.
association@plantaco.org
www.plantaco.org

Plantasud Hydroculture
Paysagiste d'intérieur, location de plantes (réservé aux professionnels).
Parc Aliénor
Avenue Tourville, 33300 Bordeaux
Tél. : 05 56 43 17 95
Fax : 05 56 50 46 90
plantasud@aol.com
www.plantasud.com

Poco-Loco
Matériel de jardinage hydroponique et culture en intérieur.
130 avenue de la République
07500 Guilherand-Granges
Tél. / Fax : 04 75 40 55 02
(voir page 445)
growshop.pocoloco@tiscali.fr
www.growshop-drome-ardeche.com

Premium Organics
Fabricant d'engrais liquides organiques.
2 rue Bonaparte, 06000 Nice
Tél. : 04 93 56 14 66
Fax : 04 93 26 43 30
(voir page 449)
info@premium-organics.com
www.premium-organics.com

Produits Minute
Production de plantes en culture hors-sol.
46 rue Louis Coullet, 33700 Merignac
Tél. / Fax : 05 56 97 96 46
michelminute@aol.com

Proflor
Pépiniériste, floriculteur, paysagiste.
14 avenue Latécoère
31700 Cornebarrieu
Tél. / Fax : 05 61 85 92 36
info@proflor.fr
www.proflor.fr

Rosa Gallica
Association pour l'étude et la conservation des roses anciennes d'origine française. Organise chaque année une Journée de la Rose.
Roseraie de la Cour de Commerce
Conservatoire de variétés horticoles rares, 53470 Commer
Tél. : 02 43 04 13 62
Fax : 02 43 04 16 23
rosagallica@free.fr
http://rosagallica.free.fr/

LE MEILLEUR DE LA TECHNOLOGIE
POUR VOS CULTURES...
POWER PLANT
START COMPLEX
FOOD PLUS
MAGIC DUST
SUPER BLOOM
ENGRAIS & BOOSTERS
Premium Organics propose une gamme complète dont la formulation 100% organique et ultra concentrée garantie l'efficacité maximale de tous ses principes actifs.
Fruit de longues années de recherche et d'une collaboration franco hollandaise, Premium Organics représente la dernière génération en matière de nutriments et de stimulants.
Premium Organics permet d'atteindre de très hauts niveaux de rendement et de qualité en terme de récolte.
Toute la gamme est compatible avec tous les substrats, à l'exception de Food Plus qui est spécialement conçu pour la culture en terre.
Tous les produits Premium Organics sont compatibles avec l'agriculture biologique.
PREMIUM
ORGANICS
www.premium-organics.com

Secret Jardin
Chambres de culture en intérieur prêtes à l'emploi.
12 impasse Tréholières
50300 Avranches
Tél. : 02 33 58 46 80
Fax : 02 33 60 98 14
(voir page 451)
info@secretjardin.com
www.secretjardin.com

Serres de Mériot
Potées fleuries et suspensions.
5 rue Jean Jaurès
10403 Nogent-sur-Seine cedex
Tél. : 03 25 39 83 16
Fax : 03 25 39 09 40

Serres Montluçonnaises
Plantes vertes et fleuries (réservé aux professionnels).
21 rue des Métallurgistes
03100 Montluçon
Tél. : 04 70 03 86 86
Fax : 04 70 03 49 44
earl.serresmontluconnaises@wanadoo.fr
www.les-serres-montluconnaises.com

Techni-Pouss
Matériel de jardinage hydroponique et culture en intérieur.
70 chemin des Ormeaux
82000 Montauban
Tél. / Fax : 05 63 93 13 87
techni-pouss@hotmail.fr

Tela Botanica
Aide au montage de projets collectifs (en langue française) portant sur la botanique.
Institut de Botanique
163 rue Auguste Broussonnet
34090 Montpellier
Tél. / Fax : 04 67 52 41 22
accueil@tela-botanica.org
www.tela-botanica.org

Terra Acquatica
Fabricant d'engrais biologiques distribués par Général Hydroponics Europe (GHE).
(voir page 455)
Dépositaire du brevet sur la Bioponie.
ZI Route de Lectoure
32500 Fleurance
Tél. : 05 62 64 27 86
terra.acquatica@wanadoo.fr

Thompson & Morgan
Graines florales et potagères, arbustes.
BP 10
77401 Lagny-sur-Marne cedex
Tél. : 01 60 07 9148
tmfr@thompson-morgan.com
www.thompson-morgan.com

Toukipouss
Matériel de jardinage hydroponique et culture en intérieur.
21 route de St Jean d'Angély
16710 St Yrieix sur Charente
Tél. / Fax : 05 45 39 30 22
(voir page 445)
toukipouss@wanadoo.fr
www.toukipouss.com

Tout pour l'Horticulture Contrôlée (Angers)
Matériel de jardinage hydroponique et culture en intérieur.
42 rue du Mail, 49000 Angers
Tél. : 02 41 39 77 48
(voir pages 452-453)
angers@thc-france.com
www.thc.fr

Tout pour l'Horticulture Contrôlée (Brest)
Matériel de jardinage hydroponique et culture en intérieur.
62 ter rue de Lyon, 29200 Brest
Tél. : 02 98 80 48 16
brest@thc-france.com
www.thc.fr

Tout pour l'Horticulture Contrôlée (Caen)
Matériel de jardinage hydroponique et culture en intérieur.
36 avenue du 6 juin, 14000 Caen
Tél. : 02 31 84 48 80
caen@thc-france.com
www.thc.fr

Tout pour l'Horticulture Contrôlée (Rennes)
Matériel de jardinage hydroponique et culture en intérieur.
30 rue des Landelles, Z.I. du Sud Est
35135 Chantepie (Rennes)
Tél. : 02 99 32 17 58
rennes@thc-france.com
www.thc.fr

Tout pour l'Horticulture Contrôlée (Laval)
Matériel de jardinage hydroponique et culture en intérieur.
40 rue Echelle Marteau, 53000 Laval
Tél. : 02 43 49 39 95
laval@thc-france.com

Tout pour l'Horticulture Contrôlée (Le Mans)
Matériel de jardinage hydroponique et culture en intérieur.
11 rue du Pied Sec
Ancienne zone du Giat
72100 Le Mans
Tél. : 02 43 84 10 17
lemans@thc-france.com
www.thc.fr

Tout pour l'Horticulture Contrôlée (Chartres)
Matériel de jardinage hydroponique et culture en intérieur.
59 rue du Maréchal Leclerc
28110 Luce (Chartres)
Tél. : 02 37 30 77 89
chartres@thc-france.com
www.thc.fr

Tout pour l'Horticulture Contrôlée (Nantes)
Matériel de jardinage hydroponique et culture en intérieur.
109 boulevard Ernest Dalby
44000 Nantes
Tél. : 02 40 74 81 70
nantes@thc-france.com
www.thc.fr

Tout pour l'Horticulture Contrôlée (Orléans)
Matériel de jardinage hydroponique et culture en intérieur.
57 rue Xaintrailles, 45000 Orléans
Tél. : 02 38 52 14 92
orleans@thc-france.com
www.thc.fr

Tout pour l'Horticulture Contrôlée (Poitiers)
Matériel de jardinage hydroponique et culture en intérieur.
4, rue de la Cueille Mirebalaise
86000 Poitiers
Tél. :05 49 43 63 06
poitiers@thc-france.com
www.thc.fr

Secret Jardin
Fabricant de chambres de culture
Dark Room ®
Dark Room Street®
Dark Room Wide®
Dark Room ©
Spécialiste en chambre de culture
Secret Jardin
www.secretjardin.com

Tout pour l'Horticult
Tout ce que vous avez toujours voulu savoir sur la cultur
> éclairage horticole ///
> engrais biologique ///
> traitement de l'air ///
> systèmes hydroponiques ///
> mesures ///
thc.fr
Un lieu ressource pour les passionnés de la culture d'intérieur
adresses des boutiques
plans d'accès
nouveautés produits
conseils
Un lieu d'échange pour les amateurs d'horticulture
possibilité de participer à l'enrichissement de la 1ère encyclopédie horticole type "wikipédia"!
Bloom Up
Bloom Up

Tout pour l'Horticulture Contrôlée (Rouen)
Matériel de jardinage hydroponique et culture en intérieur.
22 rue Petit de Juleville, 76000 Rouen
Tél. : 02 35 70 43 24
rouen@thc-france.com - www.thc.fr

Tout pour l'Horticulture Contrôlée (Tours)
Matériel de jardinage hydroponique et culture en intérieur.
12 rue Jules Charpentier, 37000 Tours
Tél. : 02 47 20 49 31
tours@thc-france.com - www.thc.fr

Vaisseaux Libériens
Matériel de jardinage hydroponique.
78 cours de la Somme
33800 Bordeaux (voir page 454)
Tél. / Fax : 05 56 94 28 64
www.lesvaisseauxliberiens.com

Vegetal Hydro
Matériel de jardinage hydroponique et culture en intérieur.
16 rue de la République
31300 Toulouse (St Cyprien)
Tél. : 05 61 59 76 98
(voir page 454)
vegetalhydro@cegetel.net
www.vegetal-hydro.com

Vilmorin
Création de semences.
Route du Manoir, 49250 La Ménitré
Tél. : 02 41 79 41 79
www.vilmorin.com

Willemse France
Graines florales et potagères.
300 rue des Trois Pierres
59984 Tourcoing
Tél. : 08 92 700 205
www.willemsefrance.fr

DOM-TOM

Hydropouss (Guadeloupe)
Matériel de jardinage hydroponique.
18 bat. D / Résidence Grand Cannet
97190 Gosier, Guadeloupe
Tél. : 06 90 56 84 13
hydropoussguadeloupe@hotmail.fr
ww.hydropouss.fr

Karukera Orchidées
Vente d'orchidées de Guadeloupe.
BP17 / 97139 Gourbeyre, Guadeloupe
www.orchidees.fr

Wild Street
Matériel de jardinage hydroponique et culture en intérieur.
61 rue Marius et Ary Leblond
97410 Saint-Pierre, La Réunion
Tél. / Fax : 02 62 25 56 01
wildstreet974@hotmail.com

ANNUAIRE INTERNATIONAL

EUROPE FRANCOPHONE

Belgique

Akerne Orchids
Spécialiste de l'orchidée.
Laarsebeekdreef 4
B - 2900 Schoten
Tél. : + 32 36 51 40 36
Fax : + 32 36 53 06 76
info@akerne-orchids.com
www.akerne-orchids.com

Daniel Schmitz Roses
Spécialiste des roses du temps passé et des roses anglaises.
B - 4960 Bellevaux-Malmedy
Tél. : + 32 80 33 75 34
Fax : + 32 19 63 58 61
info@danielschmitz-roses.com
www.danielschmitz-roses.com

Flore et Pomone
Promotion de variétés anciennes de roses et de techniques pour les multiplier.
46 rue de Mazy
B - 5030 Gembloux
Tél. : + 32 81 81 60 44
pomone@tiscali.be
www.floreetpomone.be

Hydrobox (Bruxelles)
Matériel de jardinage hydroponique et culture en intérieur.
3 rue du Congrès
B- 1000 Bruxelles
Tél. : + 32 22 23 58 23
(voir page 434)
info@hydrobox.be
www.hydrobox.fr

JVH
Rosiers, plantes, arbustes, vivaces, végétaux rares.
Dendermondsesteenweg 120
B - 9260 Schellebelle
Tél. : + 32 93 69 31 70
Fax : + 32 93 69 46 56
jvh@jvh-nurseries.com
www.jvh-nurseries.com

Lens-Roses
Plus de huit cents variétés de roses.
Redinnestraat 11
B - 8460 Oudenburg
Tél. : + 32 59 26 78 30
Fax : + 32 59 26 56 14
info@lens-roses.com
www.lens-roses.be

Nature & Progrès, association européenne d'agriculture biologique
Recherche, expérimentation et diffusion du jardinage écologique, amélioration biologique des terres cultivées et de leurs produits. Promotion des moyens naturels et non chimiques.
520 rue de Dave
B - 5100 Jambes
Tél. : + 32 81 30 36 90
Fax : + 32 81 31 03 06
natpro@skynet.be
http://membres.lycos.fr/natpro/

Orchidophiles Réunis de Belgique
Association d'orchidophiles : culture, soins, reproduction, création de serres d'intérieur.
29 avenue Dailly
B - 1030 Bruxelles
lesorb@lesorb.com
www.lesorb.com

Pépinières Ecoflora
Production de plantes sauvages indigènes, plantes aromatiques et médicinales, bulbes à naturaliser et plantes aquatiques.
Produits pour le jardinage écologique.
Ninoofsesteenweg 671
B - 1500 Halle
Tél. : + 32 23 61 77 61
Fax : + 32 23 61 77 01
info@ecoflora.be
www.ecoflora.be

Pépinières La Roseraie
Plantes, rosiers, fougères, plantes aquatiques.
57-59 rue John Kennedy
B - 6250 Aiseau-Presles
Tél. : + 32 71 77 39 36
Fax : + 32 71 74 01 43
pepinièreslaroseraie@pro.tiscali.be
www.pepinièreslaroseraie.be

Pépinières de la Thyle
Spécialiste en hydrangeas, hellebores et hémérocalles.
Rue de Nivelles
B - 1490 Court-St-Etienne
Tél. / Fax : + 32 10 61 44 91
tderyckel@swing.be
www.pepinieredelathyle.com

Pépinières le Try
Collections reconnues par le CCVS (Conservatoire des Collections Végétales Spécialisées).
39 rue du Puits
B - 1341 Céroux (Ottignies L-L-N)
Tél. : + 32 10 61 40 92
Fax : + 32 10 61 82 79
letry@swing.be
www.letry.com

Vos 2 Spécialistes à Bruxelles
The GREEN Touch
www.the-greentouch.net
Le spécialiste de la culture indoor
Bld. de Smet de Nayer, 472 - B-1090 Bruxelles
Tél. 02 478 63 93 - 0476 231 802 - 0473 526 086
THC
www.thc.fr
Tout pour
l' Horticulture
Contrôlée
rue Elise, 47 - B-1050 Bruxelles
Tél.02 626 00 07 - 02 646 02 46

Pépinières Penninckx
Plantes exotiques, plantes d'ornement, plantes fruitières.
B - 7850 Marcq / Enghien
Tél. : + 32 23 95 96 25
Fax : + 32 23 95 61 65
info.penninckx@skynet.be
www.penninckx.com

Semailles
Semences potagères, biologiques et biodynamiques (label AB).
20 rue du Sabotier
B - 5340 Faulx-Les-Tombes
Tél. : + 32 81 57 02 97
Fax : + 32 81 23 03 87
semaille@semaille.com
www.semaille.com

The Green Touch
Matériel de jardinage hydroponique et culture en intérieur.
472 Bld de Smet de Nayer
B - 1090 Bruxelles
Tél. : + 32 24 78 63 93
(voir page 459)
thegreentouch@skynet.be
www.the-greentouch.net

Tout pour l'Horticulture Contrôlée (Bruxelles)
Matériel de jardinage hydroponique et culture en intérieur.
47 rue Elise, B - 1050 Bruxelles
Tél. : + 32 26 46 02 46
(voir page 459)
romaingosseries@hotmail.com
www.thc.fr

Willem Van Herreweghe
Rosiers, jeunes plantes, vivaces, plants forestiers, plants d'ornements.
Nieuwstraat 50
B - 9260 Serskamp
Tél. : + 32 93 69 01 76
Fax : + 32 93 66 19 57
info@willemvanherreweghe.be
www.willemvanherreweghe.be

Luxembourg

Ligue Française du Coin de Terre et du Foyer
Promotion des jardins familiaux, assistance technique et juridique.
20 rue de Bragance
L - 1255 Luxembourg
Tél. : + 35 24 53 231
Fax : + 35 24 53 412
office-international@jardins-familiaux.org
www.jardins-familiaux.org

Suisse

Bioplants
Production et commerce de légumes biologiques.
Route de Préverenges 1
CH - 1027 Lonay
Tél. : + 41 21 80 16 229
Fax : + 41 21 80 24 633
contact@bioplants.ch
www.bioplants.ch

Biosem
Semences rustiques de légumes et de fleurs, matériel et livres pour le jardinage écologique.
Case postale 4
CH - 2019 Chambrelien
web@biosem.ch
http://fr.biosem.ch/

Blue Tube
Fabricant d'extracteurs et de filtres pour la culture en intérieur.
Rue de l'industrie 52
CH - 1030 Bussigny (Lausanne)
Tél : +41 21 647 69 65
Fax : +41 21 647 69 64
(voir page 461)
info@bluetube.ch
www.bluecube.ch

Domaine du Paradis
Pépinière viticole pratiquant la culture de porte-greffes et greffons, boutures.
Route du Mandement 275
CH - 1242 Satigny
Tél. / Fax : + 41 22 75 31 855
info@domaine-du-paradis.ch
www.domaine-du-paradis.ch

E-Blue Cube
Grossiste en matériel de jardinage hydroponique et culture en intérieur.
Rue de l'industrie 52
CH - 1030 Bussigny (Lausanne)
Tél : +41 21 647 69 65
Fax : +41 21 647 69 64
info@e-bluecube.com
www.e-bluecube.com

Etablissements Horisberger
Production de plantes en pots, commerce et distribution de plantes provenant du monde entier.
Versvey
CH - 1852 Roche
Tél. : + 41 24 46 65 111
Fax : + 41 24 46 65 115
horisbergeryvorne@bluewin.ch
www.horisberger.net

Ethnic Culture (Chêne-Bourg)
Matériel de jardinage hydroponique et culture en intérieur.
84 rue de Genève
CH - 1225 Chêne-Bourg
Tél. : + 41 22 34 81 490
(voir page 462)
antoine@ethnic.ch

Ethnic Paradise (Meyrin)
Matériel de jardinage hydroponique et culture en intérieur.
30 promenade des Artisans
CH - 1217 Meyrin
Tél. / Fax : + 41 22 32 12 535
webmaster@ethnic.ch

Ethnic World (Direction)
Grossiste en matériel de jardinage hydroponique et culture en intérieur, distribution des livres Mama Editions en Suisse.
18 bld du Pont d'Arve
CH - 1205 Chêne-Bourg
Tél. / Fax : + 41 22 78 22 213
alain@ethnic.ch
www.ethnic.ch

Flowertower / Palm Paradise
Chambres de culture en intérieur prêtes à l'emploi.
Junggrüstr. 21
CH - 8907 Weetswill A.A.
(voir page 463)
verkauf@flowertower.ch
www.flowertower.ch

Grow Box
Matériel de jardinage hydroponique et culture en intérieur.
Altelsweg 9
CH - 3661 Uetendorf
Tél. : + 41 33 43 80 750
Fax : + 41 33 43 80 754
(voir page 463)
info@growbox.ch
www.growbox.ch

Grow System
Matériel de jardinage hydroponique et culture en intérieur.
St. Gallerstrasse 71
CH - 9500 Wil SG
Tél. : + 41 71 92 32 707
Fax : + 41 71 92 32 735
info@growsystem.ch
www.growsystem.ch

ETHNIC WORLD
ETHNIC WORLD
LE GROWSHOP QUI CULTIVE LES PETITS PRIX...
VENTE EN GROS ET AU DÉTAIL
BIOPONIE AÉRO & HYDRO-PONIQUE
ÉCLAIRAGE
VENTILATION
IRRIGATION
WWW.ETHNIC.CH
a different state of mind
ETHNIC WORLD SA
18, Bd du Pont d'Arve
1205 Genève - Suisse
0041 22 782.22.13

ETHNIC WORLD
ETHNIC WORLD
LE GROWSHOP QUI CULTIVE LES PETITS PRIX...
LA CULTURE, C'EST AUSSI LES LIVRES !
Culture en intérieur
Culture en intérieur Master Edition
Culture en intérieur Basic Edition
ETHNIC WORLD SA
18, Bd du Pont d'Arve
1205 Genève - Suisse
0041 22 782.22.13
WWW.ETHNIC.CH
a different state of mind

FLOWERTOWER – EFFICIENT, LOW-MAINTENANCE & SWISS MADE – WWW.FLOWERTOWER.CH
Are you looking for an efficient & low-maintenance tool for your plants?
Flowertower can be used wherever you like. This State of the Art growing-tool is easily operated and simply cleaned.
Due to the upright cultivation the system can bring up to 320 plants.
No matter where you use Flowertower, you'll gain the maximum harvest in the smallest amount of space!
For more Information: www.flowertower.ch
FLOWERTOWER
THE NEW GENERATION OF GROWING-SYSTEMS
We are looking for suitable distribution partners in the UK, Canada, France, Spain and Italy.
If you are interested please feel free to contact us on: distribution@flowertower.ch

GROW BOX
Altelsweg 9
CH-3661 Uetendorf
+41 (0) 33 438 07 50
Fax ++41 (0)33 438 07 54
Mail info@growbox.ch
www.growbox.ch
Multimodul
Das GROWBOX Multimodul besteht aus einem robusten Alurahmen, welcher mit Folie bespannt wird. Das System hat eine Türe und ein in der Höhe verstellbares Becken. Das Multimodul kann als Stecklings- und Mutterraum auf 2 Etagen oder als normale Blühbox verwendet werden. Dazu wird das Becken einfach in der gewünschten Höhe festgeschraubt. Mit Klarfolie bespannt kann das Multimodul auch als Outdoor-Treibhaus zum Einsatz kommen.
Wir empfehlen das Original GROWBOX Multimodul als die bessere Alternative zu den Home- und Easyboxen: das Sytem ist unbrennbar, rostet nicht, präsentiert sich mit einer Türe anstelle von billigem Reissverschluss, verfügt über die doppelte Anbaufläche und besticht durch ein schönes Design. Das Multimodul bietet dem anspruchsvollen Grower Qualität zu einem sehr fairen Preis.
Lieferumfang: Aluminiumrahmen mit Türe, schwarz-weiss Folie 160 Mikron mit Fixierwerkzeug und 2 Ventilatorhalterungen sowie eine Aufbauanleitung. Garantie auf Rahmen: 10 Jahre.
Abmessungen lxbxh : 1.10x1.20x1.90 m
www.growbox.ch

Interhydro
Fabricant de produits pour l'hydroculture.
Vordermärchligenweg 3
CH - 3112 Allmendingen b. Bern
Tél. : + 41 31 95 85 454
Fax : + 41 31 95 85 455
info@interhydro.ch
www.interhydro.ch

Jardin des Senteurs
Plantes aromatiques bio, stages.
Châble 1
CH - 2000 Neuchâtel
Tél. : + 41 32 75 32 810
Fax : + 41 32 72 13 635
info@jardin-des-senteurs.ch
www.jardin-des-senteurs.ch

Jungle-Boost
Fabricant d'engrais organiques.
Fbg. du Jura 17
CH - 2502 Biel / Bienne
Tél. : + 41 32 322 91 54
Fax : + 41 32 322 91 55
(voir page 464)
info@jungleboost.ch
www.jungleboost.ch

Les Jardins Suspendus
Matériel de jardinage hydroponique, culture en intérieur.
7 rue du Simplon
CH - 1006 Lausanne
Tél. : + 41 21 601 83 10
(voir page 443)
www.lesjardinssuspendus.com

Luwasa Hydroculture
Grossiste en plantes et systèmes hydroponiques.
Rue de Lausanne 65
CH - 1950 Sion
Tél. : + 41 79 40 92 441
Fax : + 41 27 32 33 552
interhydro@luwasa.ch
www.luwasa.ch

Riluma
Matériel de jardinage hydroponique et culture en intérieur.
Esslingerstrasse 32
CH - 8617 Mönchaltorf
Tél. : + 41 1 99 73 260
Fax : + 41 1 99 73 264
riluma@access.ch
www.riluma.com

Strippers
Fabricant d'effeuilleuses professionnelles.
Case postale 409
CH - 1530 Payerne
Tél. : + 41 79 798 89 05
Fax : + 41 26 660 06 21
(voir page 465)
info@strippers.ch
www.strippers.ch

EUROPE

Allemagne

GIB Lighting
Lampes pour culture en intérieur.
Flottenstr. 24c
D - 13407 Berlin
Tél. : + 49 30 34 436 42
Fax : + 49 30 34 436 52
(voir page 466)
info@gib-lighting.de
www.gib-lighting.de

Grow in (AG)
Grossiste en matériel de jardinage hydroponique et culture en intérieur.
Franklinstr. 26
D - 10587 Berlin
Tél. : + 49 30 34 99 80 70
Fax : + 49 30 34 99 80 73
info@grow-in-europe.de
www.grow-in-europe.de

HomeBox / EastSide-Impex
Chambres de culture en intérieur prêtes à l'emploi.
Liselotte-Herrmann-Str. 31
D - 10407 Berlin
Tél. : + 49 30 470 04 283
Fax : + 49 30 260 79 335
(voir page 467)
info@EastSide-Impex.de
www.the-homebox.net

Osram
Fabricant de lampes. De nombreux points de vente dans le monde (voir adresses sur leur site).
Hellabrunner Strasse 1
D - 81543 München
Tél. : + 49 89 62 13 0
Fax : + 49 89 62 13 20 20
webmaster@osram.info
www.osram.com

PlantaCult
Distributeur d'engrais et de fortifiants biologiques pour plantes.
Frick GbR
D - 88480 Achstetten
Tél. : + 49 73 92 91 12 95
Fax : + 49 73 92 91 12 96
info@plantacult.com
www.plantacult.de

Storz & Bickel / Volcano
Fabricant de vaporisateurs-inhalateurs pour la phytothérapie.
Rote Strasse 1
D - 78532 Tuttlingen
Tél. : + 49 74 61 96 97 070
Fax : + 49 74 61 96 97 077
(voir page 457)
info@storz-bickel.com
www.storz-bickel.com

Danemark

Grodan
Fabricant de supports de cultures.
Hovedgaden 501
2640 Hedehusene
Tél. : + 45 46 56 04 00
Fax : + 45 46 56 12 11
info@grodan.com
www.grodan.com

Espagne

Agrolite
Gamme complète d'éclairages horticoles.
(voir page 438)
info@agrolite.com
www.agrolite.com

Alchimia
Matériel de jardinage hydroponique et culture en intérieur.
Ronda Barcelona,102
ES - 17600 Figueres
Tél. / Fax : + 34 972 671 566
(voir page 468)
info@alchimiaweb.com
www.alchimiaweb.com

Biotops Grow Shop
Matériel de jardinage hydroponique et culture en intérieur
Carrer Nord, 31
ES - 17700 La Jonquera
Tél. : + 34 972 55 68 69
Fax : + 34 972 55 68 83
(voir page 469)
info@biotops.biz
www.biotops.biz

CO2Boost / Hortitec
Distributeur de CO2 pour la culture en intérieur.
Po Box 75
ES - 46680 Algemesi (Valence)
Tél. : + 34 962 42 63 70
Fax : + 34 962 42 63 71
(voir page 469)
info@horticultura-tecnica.com
www.co2boost.com

Hortitec
Grossiste en matériel de jardinage hydroponique et culture en intérieur.
Po Box 75
ES - 46680 Algemesi (Valence)
Tél. : + 34 962 42 63 70
Fax : + 34 962 42 63 71
(voir page 469)
info@horticultura-tecnica.com
www.hortitec.es

Jardin Botanique
5 000 espèces de plantes vivantes, plantes aromatiques, collection de roses anciennes et primitives, herbier de plus d'un million de feuilles, bibliothèque, centre de recherche, école de jardinage.
Plaza de Murillo, 2
ES - 28014 Madrid
Tél. : + 34 914 203 017
inforjb@ma-rjb.csic.es
www.rjb.csic.es

Advanced Hydroponics of Holland
The Profes
Gagnant multiple de nombreux concours horticoles
Advanced Hydroponics of Holland 1 GROW
Advanced Hydroponics of Holland 2 BLOOM
Advanced Hydroponics of Holland 3 MICRO
Alternative Culture- Nice
Tel.: 04-93561466
LCDC Green Cube-Paris
Tel.: 01-69039590
City Plantes, Bagneux
Tel: 01-46648359
Culture Indoor, Marne
Tel: 01-42835493

Choice of
sionals
Advanced Natural Power
Additives
100% Bio
root stimulator
Growth/Bloom excellarator
Final solution
Enzymes+
NATURAL POWER
Dutch Formula
info@advancedhydro.com
www.advancedhydro.com

Mundi Rosal
Variétés protégées, rosiers miniatures, rosiers, roses anglaises et botaniques.
Carretera N-III
Km 337 - Apdo 20
ES - 46370 Chiva
Tél. : + 34 961 804 147
Fax : + 34 961 804 353

Salvia de Canarias
Plantes ornementales et subtropicales.
Ctra. a Urb. Lomo Salas 10
ES - 35200 Telde - Gran Canaria
Tél. : + 34 928 681 392

Semillas Silvestre
Grainetier.
Finca «La Loma»
Ctra. Sta. Maria de Trassierra, Km 3,5
ES - 14012 Cordoba
Tél. : + 34 957 400 525
Fax : + 34 975 400 525

Pays-Bas

Advanced Hydroponics
Fabricant d'engrais liquides.
Hornweg 316
NL - 1432 GT Aaalsmeer
Tél. : + 31 297 363 404
Fax : + 31 297 363 401
(voir pages 470-471)
info@advancedhydro.com
www.advancedhydro.com

Advanced Nutrients Europe
Fabricant d'engrais liquides.
Postbus 56650
NL - 1040 AR Amsterdam
Tél. : + 31 207 703 483
Fax : + 31 207 780 453
(voir page 473)
info@advancednutrients.nl
www.advancednutrients.nl

Agro Trading
Grossiste en matériel de jardinage hydroponique et culture en intérieur.
Gooiland 1
NL - 1948 RC Beverwijk
Tél. : + 31 251 21 72 50
Fax : + 31 251 21 50 72
info@agrotrading.eu
www.agrotrading.eu

Atami
Fabricant d'engrais liquides et de supports de culture.
Huisbergenweg 7-9
NL - 5249 JR Rosmalen
Tél. : + 31 735 223 256
Fax : + 31 735 213 259
(voir page 474)
info@atami.com
www.atami.com

BioBizz
Fabricant d'engrais liquides.
Kolpingweg 7
Po Box 9569
NL - 9703 LN Groningen
Tél. : + 31 505 414 650
Fax : + 31 505 425 223
(voir page 475)
info@biobizz.com
www.biobizz.com

Biocanna
Fabricant d'engrais liquides et de supports de culture.
Po Box 161
NL - 4900 AD Oosterhout NB
Tél. : + 31 162 494 843
Fax : + 31 162 495 999
info@biocanna.com
www.biocanna.com

Bio-G-Power
Fabricant d'engrais liquides.
Antwoordummer 10951
NL - 4209 ZW Schelluinen
Tél. : + 31 184 654 466
Fax : + 31 184 654 191
info@bio-g-power.nl
www.bio-g-power.nl

Biogreen
Fabricant d'engrais liquides.
Postbus 1278
NL - 3600 BG Maarsen
Tél. : + 31 455 332 004
Fax : + 31 455 332 006
info@biogreen.nl
www.biogreen.nl

Bio Nova
Fabricant d'engrais liquides.
Elzenweg 13
NL - 5144 MB Waalwijk
Tél. : + 31 416 650 082
Fax : + 31 416 651 147
(voir pages 476-477)
info@bionova.nl
www.bionova.nl

CarbonActive
Fabricant de filtres à charbon actif.
Po Box 1196
NL - 9701 BD Groningen
Tél. : + 31 503 049 217
Fax : + 31 503 136 409
(voir page 479)
info@www.carbonactive.nl
www.carbonactive.nl

Cellmax
Fabricant d'engrais liquides.
Po Box 1196
NL - 9701 BD Groningen
Tél. : + 31 503 049 217
Fax : + 31 503 136 409
(voir page 482)
info@cellmax.nl
www.cellmax.nl

Ecolizer
Fabricant d'engrais liquides.
Postbus 60208
NL - 1320 AG Almere
Tél. : + 31 235 624 031
Fax : + 31 235 624 032
(voir page 484)
info@ecolizer.com
www.ecolizer.com

Eutech Instruments
Fabricant de dispositifs pour mesurer la qualité de l'eau.
Wallerstraat 125K
NL - 3862 CN Nijkerk
Tél. : + 31 332 463887
Fax : + 31 332 460832
info@eutech.nl
www.eutech.nl

G - Tools
Chambres de culture en intérieur prêtes à l'emploi.
Nijverheidslaan 1E
NL - 1382 LE Weesp
Tél. : + 31 294-458 202
Fax : + 31 294 458 203
(voir page 485)
info@g-tools.nl
www.g-tools.nl

Grodan
Fabricant de supports de cultures.
Po Box 1160
NL - 6040 KD Roermond
Tél. : + 31 475 353 020
Fax : + 31 475 353 716
info@grodan.nl
www.grodan.com

ATAMI
PRODUCT BOX
SUBSTRATES SOIL
Substrates Soil
Les substrats et terreaux Atami permettent de cultiver vos plantes dans une terre avec peu, moyennement ou beaucoup d'engrais. Possibilité de vitaliser votre terreau grâce à un lombricompost. Disponible en sacs de 50 et 20 litres.
GROW SYSTEMS
Grow Systems
Disponibles comme Wilma Tank & Rack 4, 8, 10, 16 et 20.
Et comme Wilma Tray et Propegator.
ATA ORGANICS
Ata Organics
Cette gamme de produits biologiques stimule la croissance des racines et des plantes. Les produits permettent un rendement maximal et améliorent également l'odeur et le goût des plantes.
WILMA TANK 4 - ATA TERRA - ATA SET
LE MEILLEUR KIT POUR LES DEBUTANTS
NOUVEAU
TERRA MAX
FOR THE BLOOM CYCLE
ATA
ATA-XL
ATAZYME
PK 13-14
TERRA LEAVES
FOR THE GROWTH CYCLE
ATA
ATA organics
B'cuzz PRODUCTS
ATAMI
NATURALLY INNOVATING
T: +31 (0)73 522 32
F: +31 (0)73 521 32
W: www.atami.cc
info@atami.cc

BioHeaven™

Peut-être utilisé dans tous les types de culture, le SOL, les SYSTÈMES HYDROPONIQUES et AEROPONIQUES

Stimulateur d'Énergie des Plantes

BioHeaven est un Propulseur d'énergie pour les Plantes spécialement formulé qui contient des stimulants biologiques sélectionnés, comme des acides-aminés. Les acides-aminés sont un composant basique dans le déroulement des protéines et enzymes essentielles pour la structure et le métabolisme des plantes. En conséquence, BioHeaven augmente l'activité et la mobilité des nutriments du mélange engrais et feuilles, et stimule le système antioxydant de la plante. Libère la plante des toxines accumulées durant les périodes de tension, répare la chloro-phylle et re-stimule la plante en général. Les acides-aminés L puissants contenus dans BioHeaven sont extraits de soja biologique et d'autres sources biologiques protéinées via l'hydrolyse et la fermentation enzymatique. Ce processus assure l'extraction des acides aminés sous la forme L, la seule absorbé et utilisé par les plantes.Sans compter les L-acides-aminés, BioHeaven contient l'humus vieilli naturellement, l'un des composants les plus versatiles de la terre. Ce composant, en combination avec d'autres substances opératives dans BioHeaven, augmente extrêmement la quantité de minerais dans le sol. Normalement, le pourcentage de prise des minerais se trouve autour du 5%-10%, les substances dans BioHeaven peuvent le soulever jusqu'à 95%. Ces processus augmentent le nombre d'éléments nutritionnels importants, qui sont capable de s'incorporer aux cellules de la plante.

Avantages:

- Hautement concentré.
- Une dose complète et rapide de nutriments basiques.
- Fourni une chélation accélérée des macros et micronutriments essentiels.
- Augmentation de la qualité et quantité de la récolte.
- Majoration de la rétention de liquides et réduction de son accumulation par excès.
- Stimule les systèmes enzymatiques des plantes en améliorant sa respiration.
- Pourvu d'une source précieuse de charbon pour les micro-organismes du substrat.
- Compatible avec toute type de programme et engrais; biologique, biomineral et synthétique.

base — Peut-être utilisé dans tous les types de culture, le sol, les systèmes hydroponiques et aeroponiques!

semaine	1	2	3	4	5	6	7	8	9	10	11
phase	croissance		floraison								
lumière	18 heure		12 heure								
BioHeaven	2 ml/l	2 ml/l	2 ml/l	2 ml/l	3 ml/l	4 ml/l	4 ml/l	5 ml/l	5 ml/l	5 ml/l	

Sert comme complément aux schémas habituels.

ALL-MIX — nutrition/dose

	1	2	3	4	5	6	7	8	9	10	11
Root Juice	1 to 4 ml/l										Arroser d'eau / Récolte
Bio-Grow						1 ml/l					
Bio-Bloom			1 ml/l	2 ml/l	2 ml/l	3 ml/l	3 ml/l	4 ml/l	4 ml/l	4 ml/l	
TopMax			1 ml/l	1 ml/l	1 ml/l	1 ml/l	1 ml/l	4 ml/l	4 ml/l	4 ml/l	

LIGHT-MIX — nutrition/dose

	1	2	3	4	5	6	7	8	9	10	11
Root Juice	1 to 4 ml/l										Arroser d'eau / Récolte
Bio-Grow		2 ml/l	2 ml/l	2 ml/l	3 ml/l	3 ml/l	4 ml/l	4 ml/l	4 ml/l	4 ml/l	
ALG-A-MIC			1 ml/l	2 ml/l	2 ml/l	3 ml/l	3 ml/l	4 ml/l	4 ml/l	4 ml/l	
Bio-Bloom			1 ml/l	2 ml/l	2 ml/l	3 ml/l	3 ml/l	4 ml/l	4 ml/l	4 ml/l	
TopMax			1 ml/l	1 ml/l	1 ml/l	1 ml/l	1 ml/	4 ml/l	4 ml/l	4 ml/l	

BIOBIZZ® WE CREATE NATURE

BioBizz BV - PO Box 9569, 9703 LN Groningen - The Netherlands
[t] +31 (0)50 541 46 50 - [f] +31 (0)50 542 52 23 - [e] info@biobizz.com - [h] www.biobizz.com

plus vert
BioNova, c'est d'abord l'exigence de la qualité pour tous ses produits. Et plus nos ambitions seront grandes, plus votre récolte sera importante. Pourquoi vous contenteriez vous de peu ? Grâce à des études approfondies et des années d'expérience, les professionnels de l'équipe Bio Nova connaissent précisément les performances optimales de chacun de leurs produits. Dans notre laboratoire aux équipements les plus perfectionnés, notre gamme est sans cesse améliorée et étendue. Bio Nova: pour un meilleur rendement. Toujours plus vert ! Pour votre seul profit.
BIO NOVA
natural fertilizers
WWW.BIONOVA.NL
Bio & Hydro Company
tel. +33 (0) 556 39 44 11
info@biohydrocompany.com
www.biohydrocompany.com

"Un minimum d'effort pour un maximum de résultat"

BioNova Bio Nova est impliqué dans la recherche environnementale High Tech et met en œuvre tout son savoir faire pour permettre le développement des meilleurs fertilisants et stimulants. Ainsi, VOUS aurez les moyens d'obtenir de meilleurs résultats sans le moindre problème.

Guanokalong
Guano de chauve-souris 100% naturel.
Tammeldijk 1
NL - 7122 LK Aalten
Tél. : + 31 543 46 68 58
Fax : + 31 842 24 85 24
(voir page 484)
info@guanokalong.nl
www.guanokalong.nl

Hesi
Fabricant d'engrais liquides.
Voltastraat 19
NL - 6372 CK Landgraaf
Tél. : + 31 455 690 420
Fax : + 31 455 690 421
(voir page 480)
info@hesi.nl
www.hesi.nl

Highfive
Grossiste en matériel de jardinage hydroponique et culture en intérieur.
De Steiger 148-149
NL - 1351 AN Almere - Haven
Tél. : + 31 36 531 26 66
Fax : + 31 36 521 67 65
(voir page 482)
info@growshop-highfive.com
www.growshop-highfive.com

House & Garden de Zwaan
Fabricant d'engrais liquides.
Zenkgresstraat 11
NL - 1313 LC Almere
Tél. : + 31 610 939 412
Fax : + 31 365 369 965
(voir page 431)
contact@house-garden.nl
www.house-garden.nl

Hy-Pro
Fabricant d'engrais liquides.
Sleutelstraat 12
NL - 5541 ND Reusel
Tél. : + 31 497 644 788
Fax : + 31 497 644 786
(voir page 478)
hypro@bart.nl
www.hy-pro.nl

Igrow-Box
Chambres de culture en intérieur prêtes à l'emploi.
De Rijn 7b
NL - 5684 PJ Best
Tél. : + 31 499 496 090
Fax : + 31 499 496 091
info@igrow.nl
www.igrow.nl

Indoor Garden Trading
Grossiste en matériel de jardinage hydroponique et culture en intérieur.
Rietbaan 11
NL - 2908 LP Capelle A/D Ijssel
Tél. : + 31 102 099 665
Fax : + 31 102 097 309
info@indoorgardentradingbv.com
www.indoorgardentradingbv.com

Interpolm
Matériel de jardinage hydroponique et culture en intérieur.
Jan van Galenstraat 20-22
NL - 1051 KM Amsterdam
Tél. : + 31 206 834 448
Fax : + 31 206 904 746
info@interpolm.nl
www.interpolm.nl

Metrop
Fabricant d'engrais liquides concentrés.
Po Box 169
NL - 3400 AD IJsselstein
Tél. : + 31 30 6877 274
Fax : + 31 30 6877 423
(voir page 483)
info@metrop.nl
www.metrop.nl

CarbonActive future filters

Nouveau filtre révolutionnaire !

- Facile à **installer** par **une** seule **personne**
- **Neutralise** l'odeur à **100%**
- **Nouvelle technique** de **filtrage**
- Plus petit et plus léger que les filtres conventionnels
- Housse à **filtre comprise**

Avantages supplémentaires Pro-line :

<- - Déjà équipé **de crochets de suspension**
- Revêtu d'une toile **métallique protectrice**
- **Durée** de vie jusque **2x fois plus longue**

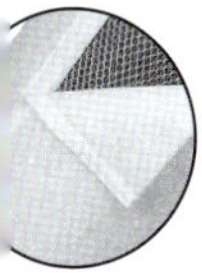

<- - Housse à filtre **équipée de velcro**
- Conditionnement pratique **dans une boîte**
- Aucune **perte de pression**

CarbonActive Mini-line:
Filtre pourvu de 2 couches de charbon. Convient parfaitement pour un usage dans les armoires et les lieux exigus.

CarbonActive Pro-line:
Filtre pourvu de 4 couches de charbon. En cas d'utilisation optimale, ce filtre dure jusque 2x plus longtemps qu'un filtre conventionnel.

Explication de la technique de filtrage :

Particule de carbone conventionnelle
Le pouvoir absorbant est déterminé par la superficie des particules de charbon actif. Dans des filtres conventionnels les granules de carbone sont relativement grands. Ils ont un volume faible à apprêter rapport, là pour une quantité de carbone beaucoup plus grande est nécessaire.

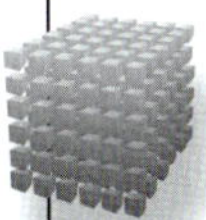

Particule de carbone **CarbonActive**
En fractionnant le carbone en petites parties, la surface s'agrandit. Et de ce fait, la capacité d'absorption et la durée de vie augmentent substantiellement.

Mini-line

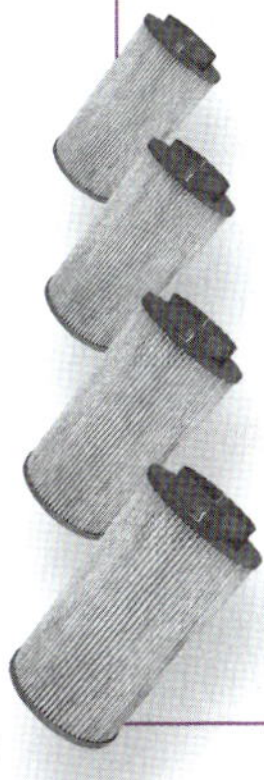

Mini 200
Jusqu'à 200 m³/h, 0,8 kg
h=200 Ø=200 mm.
raccordement=100mm

Mini 300
Jusqu'à 300 m³/h, 1 kg
h=290 Ø=200 mm.
raccordement = 125mm

Mini 400
Jusqu'à 400 m³/h, 1,3 kg
h=340 Ø=200 mm.
raccordement = 125mm

Mini 500
Jusqu'à 500 m³/h, 2 kg
h=450 Ø=200 mm.
Raccordement = 125mm

Pro-line

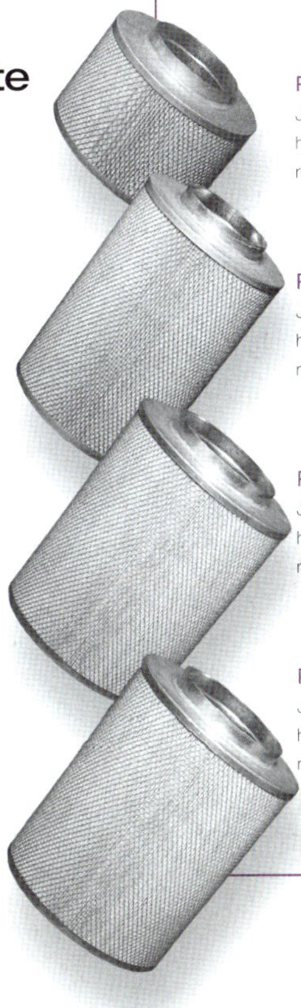

Pro 1000
Jusqu'à 1000 m³/h, 10 kg
h=280 Ø=430 mm.
raccordement=250 mm.

Pro 1500
Jusqu'à 1500 m³/h, 12 kg
h=460 Ø=430 mm.
raccordement=250 mm.

Pro 2000
Jusqu'à 2000 m³/h, 15 kg
h=600 Ø=430 mm.
raccordement=250 mm.

Pro 3000
Jusqu'à 3000 m³/h, 18 kg
h=600 Ø=500 mm.
raccordement=250 mm.

Superior solution for growth & bloom
HESI
Bienvenue
Hesi
MOST POWERFUL GROWING KIT
Starterbox
Hydro
Terre
COCO
Hesi TERRE
Periode de culture
Hesi HYDRO
Periode de culture
Hesi Coco
Periode de culture
FLORAISON
Rincer avec l'eau
HESI TNT complex
HESI Complexe de floraison
HESI Phosphore Plus
HESI HYDRO Croissance
HESI HYDRO Floraison
HESI PK 13/14
HESI COCO
POWER Zyme
HESI Complexe racinaire
SUPER VIT
CLONFIX
www.hesi.nl
HESI planten voeding
Hesi plantenvoeding BV, www.hesi.nl
Landgraaf (NL) tel +31 45 5690420,
fax +31 45 5690421, hesi@home.nl

GROWTH SOLUTIONS
NIRVANA
ABSOLUTE ORGANIC
GROWTH SOLUTIONS
SOYA LECITHIN & PHOSPHATE
NEEM OIL
GARLIC EXTRACT
www.nirvana.nl
NIRVANA
Nirvana
Wholesale Shop
St. Antoniesbreestraat 14, 1011 HB Amsterdam
the Netherlands, Tel. 0031 (0)20 6275113
Fax. 0031 (0)20 6271361, Mobile 0031 (0)654951609
info@nirvana.nl

CELLMAX
FLOWER STIMULATOR
- 100% BIO.
- Photosynthèse optimisée.
- Rendements maximum.
- Des plantes plus fortes.
150 ML / 250 ML / 0,5L / 1L
100% ORGANIC
HIGHER YIELDS
OPTIMISED PHOTOSYNTHESIS
STRONGER PLANTS
FLOWER STIMULATOR
THE FUTURE IS GROWING
FLOWER STIMULATOR
WWW.CELLMAX.NL

HIGH FIVE
DISTRIBUTOR OF
GHE
Adjust-A-Wings®
Super-Spreader
www.GROWSHOP-HIGHFIVE.com
De Steiger 148 - 149 1351AN Almere-Haven phone: +31 (0) 36-5312666 The Netherlands

Ne vous laissez plus rouler
Compact et superléger
350 emplacements pour les plantes, dans des pots de 3,5 litres à drainage
Simple et rapide à monter/démonter
Arrivée et évacuation d'eau séparées pour chaque plante par le cadre
Distance par rapport à la lampe identique pour chaque plante
Complet avec pots
Avec
Pi Rack®
cultivez de vraies fleurs !
Enfin un système de culture éprouvé !
De nombreuses personnes vous ont précédé et ont obtenu des résultats spectaculaires avec ce système de culture compact et superléger.
WINNER 1 ST. PRICE BEST PRODUCT HIGHLIFE 2006! RAI AMSTERDAM
PiTechnics®
www.pi-technics.com

NO BULLSHIT
Metrop®
fertilisants liquides concentrés
Cultiver avec Metrop vous donnera une meilleure récolte qu'avec les fertilisants traditionnels. Vous en voulez la preuve? Alors coupez l'angle de cette publicité et envoyez la à Metrop, P.O. 169, 3400 AD, IJsselstein, Pays-Bas avec votre adresse. Vous recevrez un échantillon gratuit de la gamme complète de nos fertilisants chez vous et vous en aurez la preuve! (offre valable pour échantillon complet de la gamme par adresse).
LE PETIT HYDROCULTEUR®
LCDC s.a.r.l.
GREEN CUBE
www.e-greencube.com
GROW BOX
NO BULLSHIT
www.metrop.nl info@metrop.nl
COUPEZ

ANNUAIRE FRANCE
ANNUAIRE INTERNATIONAL
AGENDA FRANCE
AGENDA INTERNATIONAL
PUBLICATIONS

Nirvana Growth Solutions
Fabricant d'engrais liquides.
St Antoniesbreestraat 14
NL - 1011 HB Amsterdam
Tél. : + 31 20 627 5113
Fax : + 31 20 627 1361
(voir page 481)
info@nirvana.nl
www.nirvana.nl

Organic Earth
Matériel de jardinage hydroponique
et culture en intérieur.
Brusselse street 83
NL - 6211PC Maastricht
Tél. : + 31 43 325 96 59
Fax : + 31 43 325 91 24
info@organicearth.nl
www.organicearth.nl

Pi-Technics BV
Chambres de culture en intérieur
prêtes à l'emploi.
Celsiusstraat 34, NL - 6003 DG Weert
(voir page 483)
info@pi-technics.com
www.pi-technics.com

Plagron
Fabricant d'engrais liquides.
Po Box 10188, NL - 6000 GD Weert
Tél. : + 31 495 631 559
Fax : + 31 495 626 834
info@plagron.nl
www.plagron.nl

Pollinator
Spécialiste des plantes rituelles
et de leur transformation.
Nieuwe Herengracht 25
NL - 1011 RL Amsterdam
Tél. : + 31 204 708 889
Fax : + 31 204 715 242
info@pollinator.nl
www.pollinator.nl

Pronta
Lampes HID et réflecteurs.
Schaapmanstraat 51
NL - 6000 GB Weert
Tél. : + 31 495 542 630
wholesale@prontabv.nl
www.prontabv.nl

Top Zeef
Passoires à tambours, mixers.
Streek 19
NL - 8821 LL Kimswerd
Tél. / Fax : + 31 517 642 123
(voir page 484)
info@top-zeef.com
www.top-zeef.com

République Tchèque

Prima Klima Trading
Fabricant pour culture en intérieur,
filtres charbon, cool tubes, réflecteurs.
Radnice 594
CZ - 33828 Radnice u Rokycan
Tél. : + 420 371 795 340
Fax : + 420 371 795 343
(voir page 487)
info@primaklima.biz
www.primaklima.biz

Royaume-Uni

Grow Systems Network
Matériel de jardinage hydroponique
et culture en intérieur.
34 - 36 St. Augustine's Street
UK - NR3 3BZ Norwich, Norfolk
Tél. : + 44 1603 662 655
Fax : + 44 1603 482 675
info@growsystems.co.uk
www.growsystems.co.uk

Grow Systems Network
Matériel de jardinage hydroponique
et culture en intérieur.
489 a Lincoln Road
UK - PE1 2PE Peterborough, Cambs
Tél. : + 44 1733 891 525
www.growsystems.co.uk

Grow Systems Network
Matériel de jardinage hydroponique
et culture en intérieur.
412 Foxhall Road
UK - IP3 8EJ Ipswich, Suffolk
Tél. : + 44 1473 720 555
www.growsystems.co.uk

Grow Systems Network
Matériel de jardinage hydroponique
et culture en intérieur.
18 Hartshill Road
UK - ST4 7QU Stoke-on-Trent,
Staffordshire
Tél. : + 44 1782 414 448
info@growsystems.co.uk
www.growsystems.co.uk

Growth Technology
Matériel de jardinage hydroponique
et culture en intérieur.
Unit 66, Taunton Trading Estate
Norton Fitzwarren, Taunton
UK - Somerset TA2 6RX
Tél. : + 44 1823 325 291
Fax : + 44 1823 325 487
(voir page 489)
info@growthtechnology.com
www.growthtechnology.com

Henry Doubleday Research Association
Association pour le jardinage,
les produits biologiques et l'agriculture
à petite échelle dans les pays
en voie de développement.
Ryton Organic Gardens
Coventry
UK - CV8 3LG Warwickshire
Tél. : + 44 2476 303 517
Fax : + 44 2476 639 229
enquiry@hdra.org.uk
www.hdra.org.uk

Hydrogarden
Grossiste en matériel de jardinage
hydroponique et culture en intérieur.
Binley Industrial Estate
Unit 2
Progress Way
UK - CV3 2NT Coventry
Tél. : + 44 2476 6080 72
Fax : + 44 2476 6510 60
(voir page 488)
info@hydrogarden.co.uk
www.hydrogarden.co.uk

Nutriculture
Fabricant de systèmes hydroponiques.
3-5 Paddock road
West Pimbo
Skelmersdale
UK - WN8 9PL Lancashire
Tél. : + 44 1695 554 080
Fax : + 44 1695 554 081
sales@nutriculture.com
www.nutriculture.com

Secret Seeds
Spécialiste de plantes rares.
Cove
Tiverton
UK - EX16 7RU Devon
Tél. / Fax : + 44 1398 331 946
info@secretseeds.com
www.secretseeds.com

Thompson & Morgan
Graines florales, potagères et arbustes.
Poplar Lane
Ipswich
UK - IP8 3BU Suffolk
Tél. : + 44 1473 695 200
Fax : + 44 1473 680 199
ccare@thompson-morgan.com
www.thompson-morgan.com

Quality leads to success
PRIMA KLIMA
CARBON FILTER
LuxGear 600W
Prima Klima Trading CZ s.r.o. • www.primaklima.biz

Vivez le futur de L`Hydroponique...
Aujourd`hui!
Pour tout renseignement
contactez nous par tel au
0044 2476 608072
Ou par fax 0044 2476 651060
Ou e-mail emilie.d@hydrogarden.co.uk
HYDROGARDEN
www.hydrogarden.com
AutoPot POWERPLANT BIOBIZZ grodan FLEXIMIX Jiffy EARTH JUICE GHE VITALINK

MONDE

Australie

Australian Institute of Horticulture
Association de professionnels de l'horticulture, recherche et développement horticoles.
Unit 1C
260 Manns Road
AU - NSW 2250 West Gosford
Tél. : + 61 243 254 088
Fax : + 61 243 242 563
info@aih.org.au
www.aih.org.au

Canada

Au Jardin de Jean-Pierre
Végétaux divers, mini-jardin botanique.
1070 rang 1 ouest
Sainte-Christine
CA - J0H 1H0 Québec
Tél. : + 1 819 858 2142
Fax : + 1 819 858 2783
info@jardinjp.com
www.jardinjp.com

BC Northern Lights
Chambres de culture en intérieur prêtes à l'emploi.
Unit 107, 13060 80th Ave
CA - V3W 3B2 Surrey, BC
Tél. : + 1 866 933 3269
info@bcnorthernlights.com
www.bcnorthernlights.com

Biofloral
Distributeur de produits bio en hydroculture et horticulture.
675 Montée St-François
Laval
CA - H7C 2S8 Québec
Tél. : + 1 450 664 4844
Fax : + 1 450 664 4544
(voir page 490)
service@biofloral.com
www.biofloral.com

Brite-Lite Group (Direction)
Grossiste en matériel de jardinage hydroponique et culture en intérieur.
940 Bergar, Laval
CA - H7L 4Z8 Québec
Tél. : + 1 450 667 3803
Fax : + 1 450 669 9772
(voir page 491)
contact@hydroponix.com
www.hydroponix.com
www.optimum-hydroponix.com

Brite-Lite / Indoor Garden
Matériel de jardinage hydroponique et culture en intérieur.
1671 Cyrville Road, Gloucester
CA - K1B 3L7 Ontario
Tél. : + 1 613 842 8999
contact@hydroponix.com
www.hydroponix.com

Brite-Lite / Indoor Garden
Matériel de jardinage hydroponique et culture en intérieur.
Applewood Village 10
1077 North Service Rd, Mississauga
CA - L4Y 1A6 Ontario
Tél. : + 1 905 270 7705
contact@hydroponix.com
www.hydroponix.com

Produits Optimum
pour des résultats Optimum
OPTIMUM®
HYDROPONIX
GROW • CROISSANCE
FLOWERING • FLORAISON
SUPERMAN B1
1-2-1
Fulvex
0.3-0.5-1
Humex
0.4-0.3-1
Sonic Boost
0-39-27
5-0-2
1-5-8
6-0-3
1-4-8
1-5-6
1-3-7
ENCORE
Optimum HydroponiX® est un chef de file avec plus de 20 ans d'expertise manufacturière. Nos produits sont offerts en vente à l'échelle de l'Amérique du Nord. La minuterie à cycle répétitif Encore est maintenant offerte en Europe.
En grande primeur : notre formulation nutritive conçue exclusivement pour la culture avec de la fibre de coco. Deux nouveautés sont aussi offertes : blocs de coco compressés et disques de propagation en coco.
www.optimum-hydroponiX.com

Brite-Lite / Indoor Garden
Matériel de jardinage hydroponique et culture en intérieur.
4373 Steeles O. North York
CA - M3N 1V7 Ontario
Tél. : + 1 416 663 2999
contact@hydroponix.com
www.hydroponix.com

Brite-Lite / Indoor Garden
Matériel de jardinage hydroponique et culture en intérieur.
1491 Merivale, Ottawa
CA - K2E 6Z5 Ontario
Tél. : + 1 613 723 6669
contact@hydroponix.com
www.hydroponix.com

Brite-Lite / Qué-Pousse
Matériel de jardinage hydroponique et culture en intérieur.
1636 bld Saint-Martin ouest, Laval
CA - H7S 2M9 Québec
Tél. : + 1 450 667 3809
contact@hydroponix.com
www.hydroponix.com

Brite-Lite / Qué-Pousse
Matériel de jardinage hydroponique et culture en intérieur.
2215 Walkley
Montréal
CA - H4B 2J9 Québec
Tél. : + 1 514 489 3803
contact@hydroponix.com
www.hydroponix.com

Brite-Lite / Qué-Pousse
Matériel de jardinage hydroponique et culture en intérieur.
13B Maple
Grenville
CA - J0V 1J0 Québec
Tél. : + 1 819 242 5310
contact@hydroponix.com
www.hydroponix.com

Brite-Lite / Qué-Pousse
Matériel de jardinage hydroponique et culture en intérieur.
1860D boulevard des Sources
Pointe-Claire
CA - H9R 5B1 Québec
Tél. : + 1 514 426 5057
contact@hydroponix.com
www.hydroponix.com

Brite-Lite / Qué-Pousse
Matériel de jardinage hydroponique et culture en intérieur.
4394 Bourque, Rte. 112
Rock Forest
CA - J1N 1S3 Québec
Tél. : + 1 819 563 0353
contact@hydroponix.com
www.hydroponix.com

Brite-Lite / Qué-Pousse
Matériel de jardinage hydroponique et culture en intérieur.
6264 Route 132
Sainte-Catherine
CA - J0L 1E0 Québec
Tél. : + 1 450 635 4881
contact@hydroponix.com
www.hydroponix.com

Brite-Lite / Qué-Pousse
Matériel de jardinage hydroponique et culture en intérieur.
462 Montée Kavanagh
Mont-Tremblant
CA - J8E 2P2 Québec
Tél. : + 1 819 429 6145
contact@hydroponix.com
www.hydroponix.com

La solution hydroponique complète !
GroWall
Passez à la vitesse supérieure !
Utilisez toutes les surfaces disponibles...
www.hydrosystem.ca

Brite-Lite / Qué-Pousse
Matériel de jardinage hydroponique et culture en intérieur.
709A 14e avenue sud
Saint-Antoine
CA - J7Z 4B8 Québec
Tél. : + 1 450 436 3803
contact@hydroponix.com
www.hydroponix.com

Can-Filters / Can-Fan
Fabricant d'extracteurs et de filtres à charbon.
2722 Highway 3A
CA - V1L 6L6 Nelson, BC
Tél. : + 1 250 825 2722
Fax : + 1 250 825 2723
(voir page 485)
info@canfilters.com
www.canfilters.com

Canadian Horticultural Therapy Association
Thérapie par l'horticulture.
100 Westmount Road
CA - N1H 5H8 Guelph, ON
hort_therapy@hotmail.com
www.chta.ca

Cinagro
Fabricant d'engrais organiques.
1320 rue Gay Lussac, Local 106
CA - J4B 7G4 Boucherville
Québec
Tél. : + 1 450 449 0052
Fax : + 1 450 449 0055
(voir page 495)
info@cinagro.ca
www.cinagro.ca

Fédération des Sociétés d'Horticulture et d'Ecologie du Québec
Regroupement de sociétés et organismes dédiés à l'horticulture, l'écologie et l'environnement.
Conférences, ateliers et expositions.
4545 avenue Pierre de Coubertin
CP 1000, succursale M
CA - H1V 3R2 Montréal
Tél. : + 1 514 252 3010
Fax : + 1 514 251 8038
fsheq@fsheq.com
www.fsheq.com

Grotek Manufacturing
Fabricant de matériel de jardinage hydroponique et engrais biologiques.
210 St street
CA - V1M 2Y2 Langley
Tél. : + 1 604 882 7686
Fax : + 1 604 882 7659
info@grotek.net
www.grotek.net

Hanna Instruments
Fabricant de dispositifs pour mesurer la qualité de l'eau.
3156, boul. industriel
Laval
CA - H7L 4P7 Québec
Tél. : + 1 450 629 1444
Fax : + 1 450 629 3335
info@hannacan.com
www.hannacan.com

Hydro System
Fabriquant de systèmes hydroponiques.
480 rue Hébert
CA - J6S 2B4 Salaberry-de-Valleyfield
Tél. : + 1 450 371 7000
Fax : + 1 450 371 7002
(voir page 493)
infos@hydrosystem.ca
www.hydrosystem.ca

Hydromax
Matériel de jardinage hydroponique et culture en intérieur.
9300 Lajeunesse
Montréal
CA - H2M 1S4 Québec
Tél. : + 1 514 381 0111
Fax : + 1 514 381 0119
info@hydromax.ca
www.hydromax.ca

Hydromax
Matériel de jardinage hydroponique et culture en intérieur.
3522 Notre-Dame
Montréal
CA - H4A 1Y1 Québec
Tél. : + 1 514 481 3939
Fax : + 1 514 481 2426
info@hydromax.ca
www.hydromax.ca

Hydromax
Matériel de jardinage hydroponique et culture en intérieur.
295 Curé Labelle, Laval
CA - H7L 2Z9 Québec
Tél. : + 1 450 628 8380
Fax : + 1 450 628 3763
info@hydromax.ca
www.hydromax.ca

Hydromax
Matériel de jardinage hydroponique et culture en intérieur.
3-1695 Atmec (porte 6)
Gatineau
CA - J8P 7G7 Québec
Tél. : + 1 819 663 7470
Fax : + 1 819 663 3679
info@hydromax.ca
www.hydromax.ca

Hydromax
Matériel de jardinage hydroponique et culture en intérieur.
1674 Chemin Gascon
Terrebonne
CA - J6X 4H9 Québec
Tél. / Fax : + 1 450 492 7447
info@hydromax.ca
www.hydromax.ca

Hydromax
Matériel de jardinage hydroponique et culture en intérieur.
388 rue Hébert
Mont-Laurier
CA - J9L 2X2 Québec
Tél. : + 1 819 623 6623
Fax : + 1 819 623 0990
info@hydromax.ca
www.hydromax.ca

Hydromax
Matériel de jardinage hydroponique et culture en intérieur.
6157 rue Corbeil
Trois Rivières O.
CA - G8Z 4P8 Québec
Tél. : + 1 819 372 0500
Fax : + 1 514 381 0119
info@hydromax.ca
www.hydromax.ca

BASIC EDITION
JORGE CERVANTES
Culture en intérieur
BASIC EDITION
240 ILLUSTRATIONS COULEUR
2007 2008
NOUVEAU
L'ABC DU JARDINAGE INDOOR
JardinoScope
L'essentiel de l'horticulture high-tech
Étape par étape, une édition Basic pour tout cultivateur, y compris débutant.
CULTURE EN INTÉRIEUR + JARDINOSCOPE 2007-2008,
DE JORGE CERVANTES. BASIC EDITION,
448 PAGES COULEUR, 240 ILLUSTRATIONS ET SCHÉMAS,
500 CONTACTS PROFESSIONNELS,
ISBN 978-2-84594-022-2
En vente dans les growshops et jardineries
MAMA
MAMAEDITIONS.COM
WWW.JARDINOSCOPE.COM

CINAGRO
continue d'innover...
Découvrez
Saupoudrer les sols avec :
BIOTOP™
produit d'aggradation des sols
Arroser ou vaporiser avec :
BIOTIK™
Inoculum de micro-organismes aérobies bénéfiques
CINAGRO.CA

Hydrotek
Grossiste en matériel de jardinage hydroponique et culture en intérieur.
12300 rue de l'Avenir
Mirabel Saint-Janvier
CA - J7J 2K4 Québec
Tél. : + 1 450 433 3336
Fax : + 1 450 433 6494
(voir page 492)
info@hydrotek.ca
www.hydrotek.ca

Mega Watt Hydroculture
Equipements pour l'horticulture.
636 Route 364, Morin Heights
CA - J0R 1H0 Québec
Tél. : + 1 450 226 2515
Fax : + 1 450 226 7843
(voir page 485)
info@megawatthydro.com
www.megawatthydro.com

Omega Garden
Chambres de culture en intérieur prêtes à l'emploi.
Tél. : + 1 604 322 5111
Fax : + 1 604 325 0558
info@omegagarden.com
www.omegagarden.com

Optimum Hydroponix
Fabricant d'engrais et de matériel de culture en intérieur.
940 Bergar, Laval
CA - H7L 4Z8 Québec
Tél. : + 1 450 667 3803
Fax : + 1 450 669 8854
(voir page 491)
contact@optimum-hydroponix.com
www.optimum-hydroponix.com

Quebecvert.com
Annuaire sur Internet conçu pour les professionnels de l'horticulture.
www.quebecvert.com

Quick Grow
Chambres de culture en intérieur prêtes à l'emploi.
541 Howe Street Suite 300
CA - BC V6C 2C2 Vancouver
Tél. : + 1 144 1244 579 166
info@quickgrow.ca
www.quickgrow.ca

Rotogro
Chambres de culture en intérieur prêtes à l'emploi.
Tél. : + 1 905 880 2226
Fax : + 1 905 880 4373
info@rotogro.com
www.rotogro.com

Semences Solana
Semences de fleurs, de légumes et de plantes exotiques (VPC).
17 place Léger, Repentigny
CA - J6A 5N7 Québec
solana@aei.ca
www.solanaseeds.netfirms.com

Sylvania
Fabricant de lampes HID.
2001 Drew Road, Mississauga
CA - L5S 1S4 Ontario
Tél. : + 1 905 673 6171
Fax : + 1 905 671 5584
communications@sylvania.com
www.sylvania.com

Trimpro
Fabricant d'effeuilleuses professionnelles.
Tél. : + 1 514 287 2772
info@trimpro.ca
www.trimpro.ca

États-Unis

American Horticultural Society
Organisation éducative pour la promotion de l'horticulture.
7931 East Boulevard Drive
US - VA 22308 Alexandria
Tél. : + 1 703 768 8700
webmaster@ahs.org
www.ahs.org

American Society for Horticultural Science
Organisme de recherche ; édite les revues Hortscience et Journal of the American Society for Horticultural Science.
113 South West Street, Suite 200
US - VA 22314-2851 Alexandria
Tél. : + 1 703 836 4606
Fax : + 1 703 836 2024
webmaster@ashs.org
www.ashs.org

General Hydroponics
Fabricant d'engrais et de systèmes de culture hydroponiques.
Po Box 1576
US - 95473 CA Sebastopol
Tél. : + 1 707 824 9376
Fax : + 1 707 824 9377
(voir page 497)
info@genhydro.com
www.generalhydroponics.com

Gualala Robotics
Luminaires et rails pour culture en intérieur.
2535 Copper Ridge Dr.
Po Box 774288
US - CO 80477 Steamboat Springs
Tél. : + 1 303 861 1266
sales@lightrail3.com
www.lightrail3.com

Pyraponic Industries
Chambres de culture en intérieur prêtes à l'emploi.
13435 St. Main Street
US - 90061 CA Los Angeles
Tél. : + 1 800 651 2837
Fax : + 1 310 352 4370
sales@phototron.com
www.phototron.com

Storz & Bickel / Volcano
Fabricant de vaporisateurs-inhalateurs pour la phytothérapie.
1155 5th Street 104
US - CA 94607 Oakland
Tél. : + 1 510 451 1553
Fax : + 1 510 451 2053
(voir page 457)
oakland@storz-bickel.com
www.storz-bickel.com

Supercloset
Chambres de culture en intérieur prêtes à l'emploi.
7 Del Vale
US - 94127 CA San Francisco
Tél. : + 1 877 402 4639
Fax : + 1 415 462 2993
info@supercloset.com
www.supercloset.com

Sylvania
Fabricant de lampes HID.
100 Endicott Street
US - MA 01923 Danvers
Tél. : + 1 978 777 1900
Fax : + 1 978 750 2152
communications@sylvania.com
www.sylvania.com

GENERAL HYDROPONICS®
GENERAL HYDROPONICS
FloraMicro
5-0-1
FloraBloom
0-5-4
FloraGro
2-1-6
GENERAL HYDROPONICS
FLORA NOVA
GENERAL HYDROPONICS
FLORA NOVA
GENERAL HYDROPONICS
Diamond Nectar
0-1-1
GENERAL HYDROPONICS
Rapid Rooter
50
Net Weight 970g (2.14 lbs)
Fournit a vos plantes le meilleur de l'hydroponie depuis plus de 30 ans.
GHE
eurohydro.com
GH
genhydro.com
©2007 General Hydroponics, Inc.

AGENDA FRANCE

PARIS

Ateliers de jardinage : tout au long de l'année

Dans les serres d'Auteuil, les enfants réalisent eux-mêmes, en miniature, le jardin de leurs rêves. Animations sur site, expositions, documentation.
Lieu : Jardin Botanique
3 avenue de la Porte d'Auteuil
1 avenue Gordon Bennett
75016 Paris
Organisateur :
Service municipal - Mairie de Paris
Paris - Nature
Jardin Botanique des Serres d'Auteuil
3 avenue de la Porte d'Auteuil
75016 Paris
Tél. : 01 43 28 47 63
Fax : 01 43 65 57 94
www.paris.fr

Jardins, jardin : juin

www.jardinsjardin.com
Rendez-vous annuel dédié au jardin et au paysage (producteurs, paysagistes, éditeurs, auteurs, etc.).
Lieu, s'adresser à :
contact@jardinsjardin.com
Organisateur :
Association « Jardins, jardin »
Vauluceau, 78870 Bailly
Tél. : 01 39 63 48 47

Salon Hortilivre : novembre

www.snhf.org
Une vingtaine d'exposants (éditeurs, libraires et associations) rencontrent amateurs ou professionnels.
Ouvrages et périodiques anciens ou contemporains, neufs ou d'occasion, consacrés à l'horticulture, au jardinage, à la botanique.
Lieu : Société Nationale d'Horticulture de France (SNHF)
84 rue de Grenelle
75007 Paris
Tél. : 01 44 39 78 78
info@snhf.org
www.snhf.asso.fr
Organisateur : idem

Salon Jardin et paysage : septembre (tous les deux ans)

www.salons-automne.com
Salon professionnel du jardin, des espaces verts et du végétal.
Lieu : Parc des Expositions
Porte de Versailles, 75015 Paris
Tél. : 01 72 72 17 00
Fax : 01 53 68 71 71
communication@parisexpo.fr
Organisateur : Exposium
1 rue du Parc
92593 Levallois-Perret cedex
Tél. : 01 49 68 51 00
Fax : 01 49 68 54 49

RÉGION PARISIENNE

Fête des plantes vivaces : avril

www.domsaintjeanbeauregard.com
Des pépiniéristes venus de toute l'Europe propose une gamme exceptionnelle de plantes rares. Conférences, stands, presse et librairies horticoles.
Lieu :
Domaine Saint-Jean-de-Beauregard
91940 Saint-Jean-de-Beauregard
Tél. : 01 60 12 00 01
Fax : 01 60 12 56 31
info@domsaintjeanbeauregard.com
Organisateur : idem

Journées des plantes de Courson : tous les ans en automne et au printemps

www.coursondom.com
Professionnels européens de la botanique et de l'horticulture exposent des végétaux pour tout sol à travers des collections, des mises en scène thématiques ou des pépinières spécialisées. Conseils, conférences et tables rondes.
Lieu : Domaine de Courson
91680 Courson-Monteloup
Tél. : 01 64 58 90 12
Fax : 01 64 58 97 00
coursondom@aol.com
Organisateur : idem

Salon Hortiflor : mars

www.hortiflor-expo.com
Salon européen de la fleuristerie et de la jardinerie.
Lieu : Parc des Expositions
Paris Nord - Villepinte / BP 68004
95970 Roissy cedex
Tél. : 01 48 63 30 30
Fax : 01 48 63 33 70
info-salons@etai.fr
Organisateur : Idexpo
48-50 rue Benoit Malon
94250 Gentilly
Tél. : 01 41 98 40 00
Fax : 01 41 98 40 01
info@idexpo.com

Salon Nature et Jardins : septembre

Exposition-vente sur le thème du jardin.
Lieu : Parc de Bois Préau
Avenue de l'Impératrice Joséphine
92500 Rueil-Malmaison
Tél. : 01 47 32 36 62
Organisateur :
Mairie de Rueil-Malmaison
13 boulevard Maréchal Foch
92500 Rueil-Malmaison

Semaine du jardinage pour les écoles (opération d'animation à l'échelle nationale) : tous les ans au printemps
www.gnis.fr
Activités scolaires autour du jardin et des plantes.
Organisateurs :
Groupement National Interprofessionnel des Semences et Plants
44 rue du Louvre, 75001 Paris
Tél. : 01 42 33 51 12
Fax : 01 40 28 40 16
gniscontact@gnis.fr
www.gnis.fr
Office National Interprofessionnel des Fruits, des Légumes et de l'Horticulture
164 rue de Javel
75739 Paris cedex 15
Tél. : 01 44 25 36 36
Fax : 01 45 54 31 69
www.oniflhor.fr
Fédération Nationale des Métiers de la Jardinerie
22 rue Esquirol, 75013 Paris
Tél. : 01 44 24 96 97
Fax : 01 44 24 01 24
fnmj@wanadoo.fr

Versailles Côté jardin : septembre
www.mon-salon.com/versailles/
Salon regroupant des activités de formation, associations professionnelles, éditeurs et producteurs de fleurs et végétaux.
Lieu : Cour du Potager du Roi
1 rue Maréchal Joffre
78000 Versailles
Tél. : 01 39 50 35 34
Fax : 01 30 21 69 30
Organisateur : Medevco
14 rue Richaud, 78000 Versailles
Tél. : 01 39 51 46 62
Fax : 01 39 50 97 04
contact@medevco.fr

PROVINCE

Effeuillage, Festival de l'écrit de jardin : mars
www.mairie-cahors.fr
Ouvrages en rapport avec le thème du jardin ; stands, libraires et animations florales.
Lieu : Grenier du chapitre
Cloître de la cathédrale
30 rue Chantrerie
46000 Cahors
Tél. : 05 65 35 27 80
Organisateur :
Service espaces verts Les Giganties
46090 Pradines
Tél. : 05 65 22 09 15
Fax : 05 65 35 65 98

Festival International des Jardins de Chaumont-sur-Loire : tous les ans de mai à octobre
www.chaumont-jardins.com
Concours de création de jardins pour les paysagistes, architectes, designers, ingénieurs, scénographes et étudiants paysagistes. Événements et week-ends.
Lieu : Château de Chaumont-sur-Loire
41150 Chaumont-sur-Loire
Tél. : 02 54 51 26 26
Organisateur :
Conservatoire international des parcs et jardins et du paysage
Ferme du château
41150 Chaumont-sur-Loire
Tél. : 02 54 51 26 26
Fax : 02 54 20 91 16
cipjp.chaumont@wanadoo.fr

Mondial du Dahlia : septembre
www.educagri.fr/actions/Easurweb/actetab/dahlia06.htm
Jury professionnel constitué de membres de l'horticulture française.
Lieu : Serres-école de la Quibouquière
Lycée agricole et horticole
Route de Montmartin / BP 722
50207 Coutances cedex
Tél. : 02 33 45 13 44
Organisateur :
EducAgri (Ministère de l'Agriculture et de la Pêche)
78 rue de Varenne, 75349 Paris 07
Tél. : 01 49 55 49 55
www.educagri.fr

Salon Floralies de Bourg : novembre (tous les trois ans)
Floralies internationales de Bourg.
Lieu : Ainterexpo
25 avenue du Maréchal Juin
01000 Bourg-en-Bresse
Tél. : 04 74 22 12 33
Fax : 04 74 22 02 33
accueil.info@ainterexpo.com
www.ainterexpo.com
Organisateur : Saem Sogepea (même adresse)

Salon Florissimo : (tous les cinq ans)
www.florissimo.fr
Exposition florale dédiée aux plantes et fleurs exotiques du monde entier.
Lieu : Dijon Congrexpo
Parc des Expositions et Congrès de Dijon - Centre Clemenceau
3 boulevard de Champagne
BP 67827, 21078 Dijon cedex
Tél. : 03 80 77 39 00
Fax : 03 80 77 39 39
Organisateur : idem

Salon Habitat et Jardin : avril
www.habitat-jardin.com
Salon professionnel annuel.
Lieu : Parc des Expositions
1725 avenue Grand Arietaz
73000 Chambéry
Tél. : 04 79 62 22 80
Fax : 04 79 69 30 11
Organisateur : Savoiexpo (même adresse)

Salon Hortimat : septembre (tous les deux ans)
www.hortimat.biz
Salon international des matériels et des techniques de production horticoles et maraîchères.
Lieu : Parc des Expositions
1 rue du Président Schuman
45074 Orléans cedex
Tél. : 02 38 56 97 10
Fax : 02 38 51 30 10
Organisateur : Exposium
1 rue du Parc
92593 Levallois-Perret cedex
Tél. : 01 49 68 51 00
Fax : 01 47 37 75 09

Salon Jardin Passion : avril
www.parcexpo-larochelle.net
Rendez-vous annuel des horticulteurs et pépiniéristes qui présentent production et conseil.
Lieu : Parc des Expositions
Avenue Jean-Paul Sartre
17043 La Rochelle cedex 1
Tél. : 05 46 30 08 50
Fax : 05 46 30 08 54
contact@parcexpo-larochelle.net
Organisateur :
Comité des Fêtes, Foires et Salons de La Rochelle
Parc des Expositions

17043 La Rochelle cedex 1
Tél. : 05 46 30 08 50
Fax : 05 46 30 08 54

Salon Sival : janvier
www.sival-angers.com
Salon des cultures spécialisées et de l'horticulture, vitrine nationale de l'agriculture de demain.
Lieu : Angers Parc Expo
Parc des Expositions
49480 Saint Sylvain d'Anjou
Tél. : 02 41 93 40 40
Fax : 02 41 93 40 50
Organisateur : idem

Salon du Végétal : février
www.salon-du-vegetal.com
Echanges commerciaux entre les producteurs, horticulteurs, pépiniéristes et les acheteurs professionnels sur le marché national et international.
Lieu : Route de Paris
49044 Angers cedex 01
Tél. : 02 41 93 40 40
Fax : 02 41 93 40 50
Organisateur :
Bureau Horticole Régional (BHR)
Avenue Amiral Chauvin
49130 Les-Ponts-de-Cé
Tél. : 02 41 79 14 17
Fax : 02 41 45 29 05
salon@bhr-vegetal.com

Week-end des Jardiniers du Lude : 1er week-end de juin
www.lelude.com
L'art du jardin et pratique du jardinage.
Prix du meilleur livre de jardin.
Lieu : Château du Lude
72800 Le Lude
Tél. : 02 43 94 60 09
info@lelude.com
Organisateur : idem

AGENDA INTER NATIONAL

EUROPE

Allemagne

Salon FloraSax : septembre
www.gartenbau-sachsen.de
Lieu : Exhibition Centre Leipzig
D - 04007 Leipzig
Tél. : + 49 341 678 8180
Fax : + 49 341 678 8182
Organisateur :
Leipziger Messe
Messe-Allee 1
Postfach 10 07 20
D - 04007 Leipzig
Tél. : + 49 341 67 80
Fax : + 49 341 678 87 62
info@leipziger-messe.de
www.leipziger-messe.de

Salon Floriga : février
www.gartenbau-sachsen.de/floriga.htm
Lieu : Exhibition Centre Leipzig
Tél. : + 49 341 678 8180
Organisateur :
Leipziger Messe
Tél. : + 49 341 67 80

Salon Floristica : juillet
www.messe-dresden.de
Salon de l'horticulture et du jardinage.
Lieu : Messe Dresden
Dresdner Ausstellungsgesellschaft mbH, Messering 6
D - 01067 Dresden
Tél. : + 49 351 4458 0
Organisateur : idem

Salon Gafa : septembre
www.gafa-koeln.de
Salon du jardinage.
Lieu : Köln Messe Gmbh Messeplatz 1
www.koelnmesse.de
Organisateur : Gafa - Kölnmesse
Délégation française
12 rue Chernoviz, 75016 Paris
Tél. : 01 45 25 82 11
Fax : 01 45 25 63 96
koelnmesse@wanadoo.fr

Salon Garten München : mars
www.garten-muenchen.de
Un des salons de jardinage les plus populaires d'Allemagne.
Lieu : New Munich Trade Fair Centre
Messegelände, D - 81823 München
Tél. : + 49 89 9 492 30 23
Fax : + 49 89 9 492 30 29
info@icm-muenchen.de
Organisateur : Messe München
Messegelände, D - 81823 München
Tél. : + 49 89 51 07 219
info@messe-muenchen.de

Salon de l'Horticulture (plantes et techniques) et de la Fleuristerie (IPM) : février
www.ipm-essen.de
Une partie végétaux (floriculture et pépinière), une partie matériels et techniques et un volet fleuristerie.
Lieu : Messe Essen GmbH
Messehaus Ost Norbertstrasse
Postfach 10 01 65, D - 45001 Essen
Tél. : + 49 201 72 44 245
Fax : + 49 201 72 44 248
info@messe-essen.de
Organisateur : idem

Salon Iflo : septembre
www.iflo-messe.de
Salon de la fleuristerie.
Lieu : Messe Essen
info@messe-essen.de
Organisateur : idem

Belgique

Exposition des arrangements floraux : octobre (tous les deux ans)
www.br.fgov.be
Concours international d'art floral.
Lieu :
Jardin Botanique National de Belgique
Domaine de Bouchout
Nieuwelaan 38, B - 1860 Meise
Tél. : + 32 02 260 09 70
info@br.fgov.be
Organisateur :
Belgian Flower Arrangement Society
Tél. : + 32 09 222 77 07

Salons de la Décoration d'intérieur, du Jardin et de l'Art floral, Florex - Decoforce - Europacado : février (salon semestriel)
www.europacado.be
www.florex.be
www.decoforce.be
Nouvelles tendances en matière de décoration d'intérieur, de jardin et d'art floral.
Lieu : Brussells Exhibition Centre
Tél. : + 32 02 474 82 63
Organisateur :
Brussels Fairs and Exhibitions
FLorex-Europacado-Decoforce
Place de Belgique, B - 1020 Bruxelles
Tél. : + 32 2 474 85 36
Fax : + 32 2 474 83 99
decofleur@bfe.be

Salon Green Expo : septembre
www.mopro.be
Salon professionnel européen du jardin, des espaces verts et de la distribution.
Lieu : Kortrijk Xpo
Doorniksesteenweg 216
B - 8500 Kortrijk
Tél. : + 32 56 24 11 11
Fax : + 32 56 21 79 30
Organisateurs : Mo Productions
Hoornstraat 16B, B - 8780 Beernem
Tél. : + 32 50 25 01 70
Fax : + 32 50 25 01 71
Fedagrim
Tél. : + 32 22 62 06 00

Espagne

Salon Iberflora : octobre
http://iberflora.feriavalencia.com
Salon international d'horticulture ornementale.
Lieu : Feria Valencia
Avenida de las ferias
E - 46035 Valencia
Tél. : + 34 963 861 100
Fax : + 34 963 636 111
Organisateur : idem

Salon Obertplant - Maresme : février
www.obertplant.com
Producteurs et centrales d'achat.
Lieu : Mercat de Flor de Catalunya
Vilassar-de-Mar, Barcelone
Organisateur :
CHOC - Confédération
de l'Horticulture Ornementale
de Catalogne
Ctra Nacional II, PQ 639,5
E - 08340 Vilassar-de-Mar
Tél. : + 34 93 750 00 00
Fax : + 34 93 750 11 98
obertplant@obertplant.com

Irlande

Salon Spring House & Garden Show : mars
www.expo-events.com/SHG
Salon du jardinage : plantes, matériel de jardinage, luminaires.
Lieu : Royal Dublin Society Main Hall
Complex, Ballsbridge, Dublin 4
Tél. : + 353 1 668 0866
Fax : + 353 1 660 4014
Organisateur : Expo Exhibitions Ltd
Expo House
8/9 Sandyford Office Park
Sandyford, Dublin 18
Tél. : +353 1 295 8181
Fax : +353 1 295 8187

Italie

Salon Fioritec - Festival dei Fiori : janvier
www.fioritec.it
Une section pour les nouveautés, équipements et services de la floriculture, et une section Festival des fleurs.
Lieu : Mercato dei Fiori
Via Q. Mansuino 12
Sanremo
Organisateur : Floriviera
Via Q. Mansuino 12
18038 Sanremo (IM)
Tél. : + 39 184 51 03 62
Fax : + 39 184 51 30 69
info@fioritec.it

Salon Flormart - Miflor : février
www.flormart.it
Salon floral.
Lieu : Padova Fiere
Via Tommaseo 59
35131 Padova
Tél. : + 39 049 840 111
Fax : + 39 049 840 570
flormart@padovafiere.it
Organisateurs :
Padova Fiere (même adresse)
Fiera Milano International Spa
Piazzale Giulio Cesare
20145 Milano
Tél. : + 39 02 49971
Fax : + 39 02 49977963

Salon Macfrut : mai
www.macfrut.com
Salon professionnel d'horticulture.
Lieu : Cesena Trade Fair distric
Via Dismano, 3845
47020 Pievesestina di Cesena (FC)
Organisateur :
Agri Cesena Spa (même adresse)
Tél. : + 39 547 317435
Fax : + 39 547 318431

Salon Ortogiardino : mars
www.fierapordenone.it
Salon de l'horticulture et du jardinage.
Lieu : Padova Fiere
Tél. : + 39 049 840 111
infofiere@fierapordenone.it
Organisateur : Pordenone Fiere
Viale Treviso 1
33170 Pordenone
Tél. : + 39 0434 23 21 11
Fax : + 39 0434 57 04 15

Salon TecnoHortus : décembre
www.tecnohortus.it
Salon professionnel d'horticulture.
Lieu : Padova Fiere
Tél. : + 39 049 840 111
estero@padovafiere.it
Organisateur : idem

Luxembourg

Salon Jardirêve : mars
www.luxexpo.lu/f/foiresal/jardireve/
Nouveaux produits et matériel de jardinage.
Lieu :
Parc des Expositions de LuxExpo
10 circuit de Foire Internationale
L - 1347 Luxembourg-Kirchberg

Pays-Bas

Salon Agriflor : novembre
www.agriflor.com/floriculture/
Salon professionnel international de la floriculture.
Lieu :
RAI International Exhibition and Congress Centre
NL - 1070 MS Amsterdam
Tél. : + 31 20 549 1212
Fax : + 31 20 549 1889
mail@rai.nl
Organisateur : HPP Worldwide
Saxen Weimarlaan 54-hs
NL - 1075 CE Amsterdam
Tél. : + 31 20 662 2482
Fax : + 31 20 675 2326

CNB - Midwinterflora : janvier
www.cnb.nl/midwinterflora/
Salon des bulbeuses à fleurs et plantes tubéreuses.
Lieu : Marché floral CNB-Hallen
NL - 2160 Lisse
info@midwinterflora.nl
Organisateur : CNB Grachtweg 75A
Postbus 31, NL - 2160 Lisse
Tél. : + 31 252 431 316
Fax : + 31 252 431 320
info@cnb.nl

FloraHolland Trade Fair : mars
www.floraholland.nl
Salon des plantes pour les exportateurs, producteurs et détaillants.
Lieu : Middel Broekweg 29
Postbus 220, NL - 2670 AE Naaldwijk
Tél. : + 31 174 63 3333

Fax : + 31 174 63 2222
info@floraholland.nl
Organisateur : FloraHolland
(même adresse)

Salon International Horti Fair : novembre
www.hortifair.nl/opmaak/buitenframe_uk.htm
Salon international de l'horticulture.
Lieu :
RAI International Exhibition and Congress Centre
info@hortifair.nl
Organisateur : Amsterdam RAI
Po Box 77777
NL - 1070 MS Amsterdam
Tél. : + 31 20 549 1212
Fax : + 31 20 549 1889

Portes ouvertes chez les producteurs néerlandais de boutures : juin
Les producteurs de bouture présentent les nouveautés en plantes fleuries et plantes à massifs.
Lieu : Dans les entreprises
Organisateur :
Moerheim New Plant
Weteringweg 3a
NL - 2155 Leimuiderbrug, Pays-Bas
Tél. : + 31 172 50 67 00
Fax : + 31 172 50 66 75
moerheim@moerheim.com
www.moerheim.com

Royaume-Uni

Salon Chelsea Flower Show : mai
www.rhs.org.uk/events/
Grande exposition de fleurs du monde.
Lieu : Royal Hospital Chelsea
UK - SW3 4SR Londres
Tél. : + 44 20 7881 5200
info@chelsea-pensioners.org.uk
Organisateur :
Royal Horticultural Society
80 Vincent Square,
UK - SW1P 2PE Londres
Tél. : + 44 20 7834 4333
info@rhs.org.uk

Salon Glee : septembre
www.gleebirmingham.com
Nouveaux produits pour les professionnels du jardinage.
Lieu : National Exhibition Centre
W Midlands
UK - B40 1NT Birmingham
Tél. : + 44 121 780 4141
Fax : + 44 121 780 2517
Organisateur :
Emap Business Europe & Trade Promotion Services Ltd
19th Floor Leon House
233 High Street
UK - CR0 9XT Croydon
Tél. : + 44 20 8277 5844
Fax : + 44 20 8277 5887
glee@emap.com

Salon Hampton Court Palace Flower Show : juillet
www.rhs.org.uk/events/
Plantes, jardinage et accessoires.
Lieu : Hampton Court Palace
UK - KT8 9AU Surrey
Tél. : + 44 870 752 7777
Organisateur :
Royal Horticultural Society
Tél. : + 44 20 7834 4333

Salon RHS Flower Show Tatton Park : juillet
www.rhs.org.uk/events/
Salon de l'horticulture.
Lieu : Tatton Park, Knutsford
UK - WA16 6QN Cheshire
tatton@cheshire.gov.uk
Organisateur :
Royal Horticultural Society
Tél. : + 44 20 7834 4333

Suisse

Salon Giardina : mars
www.giardina.ch
Design de jardin et agencement de terrasses.
Lieu : Foire de Zurich
Zurich-Oerlikon
Organisateur :
MCH Foire de Bâle SA, Giardina Zürich
CH - 4005 Bâle
Tél. : + 41 58 200 20 20
Fax : + 41 58 206 21 71
info@giardina.ch

MONDE

Afrique du Sud

Salon Gardenex and Growtech : mars
www.rai.co.za
Lieu : The Coca Cola Dome Northgate
Po Box 540, North Riding
2162 Gauteng
Tél. : + 27 11 794 5800
Fax : + 27 11 794 5808
Organisateurs :
Thebe Exhibitions, Ground Floor
24 Peter Place, Lyme Park, Sandton
Afrique du Sud
Tél. : + 27 11 549 8300
Fax : + 27 11 549 8500
info@thebeexhibitions.co.za
Amsterdam RAI, Po Box 77777
NL -1070 MS Amsterdam, Pays-Bas
Tél. : + 31 20 549 1212
Fax : + 31 20 549 1889

Arabie saoudite

Salon Saudi Gardentech : septembre
www.recexpo.com
Salon professionnel international des jardins, produits et services.
Lieu : Riyadh Exhibition Centre
Po Box 56010, Riyadh 11554
Kingdom of Saudi Arabia, Riyadh
Tél. : + 966 1 454 1448
Fax : + 966 1 454 4846
esales@recexpo.com
Organisateur : idem
(Riyadh Exhibitions Co. Ltd)

Argentine

Salon Agriflor : juin
www.agriflor.com
Salon professionnel international de la floriculture.
Lieu : TBD, Buenos Aires
Organisateur : HPP WorldWide
info@hpp.nl

Biélorussie

Salon Flowers, Seeds, Garden : avril
www.greenexpo.by
Equipement des jardins, design de jardin d'intérieur.
Lieu : MinskExpo
14 Masherov Avenue, 220035 Minsk
Tél. : + 375 17 226 91 93
Fax : + 375 17 226 91 92
minskexpo@brm.minsk.by
Organisateurs : MinskExpo
GreenExpo, Box 242 Minsk
220015 Belarus
Tél. : + 375 17 2 10 21 34
Fax : + 375 17 2 51 54 29
info@greenexpo.by

Brésil

Salon Agriflor : septembre
www.agriflor.com/floriculture/

Salon professionnel international
de la floriculture.
Lieu : Caera Convention Center
Fortaleza, Caera
Organisateur : HPP Worldwide
info@hpp.nl

Salon Fiaflora : octobre
www.fiaflora.com.br
Salon international du jardinage
et de la floriculture.
Lieu :
Centro de Exposições Imigrantes
Rod. dos Imigrantes, km.1,5
04329-900 Sâo Paulo/SP
Tél. : + 55 11 5073 7799
Fax : + 55 11 5058 9400
Organisateur :
Alcantara Machado, Rua São Paulo
252 Alphaville
Tél. : + 55 11 3826 9111
Fax : + 55 11 3667 3626
info@alcantara.com.br

Bulgarie

Salon Flora Spring : mars
www.bulgarreklama.com
Salon international des fleurs et graines.
Lieu :
Bulgarreklama International Exhibition Centre
147 Tsarigradsko Shaussee
1784 Sofia
Tél. : + 359 2 9655286
Fax : + 359 2 9655231
iec@bulgarreklama.com
Organisateur : Bulgarreklama Agency
(même adresse)

Corée

Salon Goyang Korea World Flower Show (WFEK) : avril-mai
www.cha-hort.com
Salon mondial des fleurs.
Lieu :
Goyang Flower Exhibition Center
Organisateur :
World Flower Exhibition Goyang
906 Janghang-dong, Ilsan-gu
KR Goyang City - Gyeonggi-Do
Tél. : + 82 31 908 77 58
Fax : + 82 31 908 77 60
sjkim430@naver.com

États-Unis

Congrès mondial et exposition d'orchidées : février - mars (tous les trois ans)
www.southfloridaorchidsociety.org
Lieu : Convention Center
Miami Beach, Florida
orchidexhibition@19woc.com
Organisateurs :
The Fort Lauderdale Orchid Society
Po Box 4677
FL - 33338 Ft. Lauderdale
The South Florida Orchid Society
1550 NE 12th St.
FL - 33033 Homestead
Tél. : + 1 786 385 2616
orchidmom@juno.com

Salon Northwest Flower and Garden Show : février
www.gardenshow.com
Salon des fleurs et des jardins.
Lieu : Washington State Convention & Trade Center, 800 Convention Place
US - WA 98101-2350 Seattle
Tél. : + 1 206 694 5000
Fax : + 1 206 694 5399
nwflowershowsf@gardenshow.com
Organisateur :
Western Exhibitors, LLC
2181 Greenwich Street
US - CA 94123-3493 San Francisco
Tél. : + 1 800 346 1212
Fax : + 1 415 346 4965

Salon San Francisco Flower and Garden Show : mars
www.gardenshow.com
Salon des fleurs et des jardins.
Lieu : Cow Palace
Geneva Avenue and Santos Street
Po Box 34206
US - CA 94134-0206 San Francisco
Tél. : + 1 415 404 4111
Fax : + 1 415 469 6111
Organisateur :
Western Exhibitors, LLC
Tél. : + 1 800 346 1212

Salon Tropical Plant Industry Exhibition (TPIE) : janvier
www.tpie.org
Feuillages, fleurs et plantes tropicales
avec un espace réservé
aux nouveautés.
Lieu :
Broward County Convention Center
Fort Lauderdale, Floride
Organisateur : TPIE
1533 Park Center Drive
Linda Adams, FL - 32835 Orlando
Tél. : + 1 407 295 79 94
Fax : + 1 407 295 16 19
info@fnga.org

World Floral Expo : mars
www.agriflor.com
Salon annuel des importateurs,
distributeurs et grossistes en fleurs.
Lieu :
Sheraton Mart and Convention Center
711 Northwest 72nd. Avenue
FL - 33126 Miami
Tél. : + 1 305 261 3800
Fax : + 1 305 261 7665
Organisateur : HPP Worldwide
Po Box 625, NL - 1000 Amsterdam
Pays-Bas
Tél. : + 31 20 662 2482
Fax : + 31 20 675 2326
info@hpp.nl

Hongrie

Salon Hortus Hungaricus : septembre
www.hortushungaricus.info.hu
Salon de l'horticulture.
Lieu : Flora Hungaria Market
Szigetszentmiklos, Budapest
Organisateur :
Flora Hungaria - Ex Horto, Po Box 14
HU - 2310 Szigetszentmiklos
Tél. : + 36 24 445 445
Fax : + 36 24 443 323
exhorto@invitel.hu

Israël

Salon Hortec - Agriflor : mars
www.agriflor.com/floriculture/
Salon professionnel international
de la floriculture.
Lieu :
Israel Trade Fairs & Convention center
Rokach Blvd. Po Box 21075
The Exhibition Gardens
61210 Tel-Aviv
Tél. : + 972 3 6404402
Fax : + 972 3 6404494
Organisateurs : HPP Worldwide
Po Box 625, NL - 1000 Amsterdam
Pays-Bas
Tél. : + 31 20 662 2482
Fax : + 31 20 675 2326
Israel Export Institute
29 Hamered St., 68125 Tel-Aviv
Tél. : + 972 3 514 2868
Fax : + 972 3 514 2881

Japon

Salon East Asia Horticultural Fair : juin

www.jma.or.jp
Salon de l'horticulture pour l'Asie de l'Est.
Lieu : Nippon Convention center Makuhari Messe
Organisateur :
JMA (Japan Management Association)
3-1-22 Shibakoen, Minato-ku
Tokyo 105
Tél. : + 81 3 3434 0093
Fax : + 81 3 3434 8076
convention@jma.or.jp

Salon Ifex Japan : octobre

www.ifex.jp/
Salon professionnel international couvrant l'industrie des fleurs, des plantes ornementales et des jardins.
Lieu :
Tokyo International Exhibition Center (Tokyo Big Sight)
3-21-1 Ariake, Koto-ku
Tokyo 135-0063
Tél. : + 81 3 5530 1111
Fax : + 81 3 5530 1222
Organisateurs :
Reed Exhibitions Japan Ltd
18F Shinjuku-Nomura
1-26-2 Nishishinjuku
Shinjuku-ku, Tokyo 163-0570
Shinagawa-Ku, Tokyo 141
Tél. : + 81 3 3349 8501
Fax : + 81 3 3349 4900
Reed Exhibitions Companies
2nd Floor, Oriel House
26 The Quadrant, Richmond
UK - TW9 1DL Surrey
Royaume-Uni
Tél. : + 44 181 910 7910
Fax : + 44 181 940 2171
ifex@reedexpo.co.jp

Kenya

Salon Hortec - Agriflor : mars

www.agriflor.com/floriculture/
Salon professionnel international de la floriculture.
Lieu : Kenyatta International Conference Center, Nairobi, Kenya
Tél. : + 254 2 332 383
Fax : + 254 2 252 779
Organisateurs : HPP Worldwide
Po Box 625, NL - 1000 Amsterdam
Pays-Bas
Tél. : + 31 20 662 2482
Fax : + 31 20 675 2326
info@hpp.nl
ECO
(Event & Conference Organisers Ltd.)
97 James Gichuru Road
Po Box 47768, Nairobi, Kenya
Tél. : + 254 2 494 824
Fax : + 254 2 48 062
info@eventsafrica.com

Lettonie

Salon Darzs un flora : avril

www.bt1.lv
Salon du jardin et exposition florale.
Lieu :
Riga International Exhibition Centre
8 Kipsalas St, Riga
Organisateur :
International Exhibition Company BT 1
Šmerla iela 3, 338 Riga, LV
1006 Latvija
Tél. : + 371 7542585
Fax : + 371 7540316
info@bt1.lv

Liban

Salon The Garden Show : mai

www.hospitalitynewsmag.com
Salon du jardinage.
Lieu : Hippodrome de Beyrouth
Liban
garden@hospitalityservices.com.lb
Organisateur : Hospitality Services
Po Box 90155
Jdeidet-el-Metn,1202 2020
Tél. : + 961 1 502 983
Fax : + 961 1 482 876
info@hospitalityservices.com.lb

Mexique

Salon Agrihortec : avril

www.agriflor.com
Salon de l'horticulture.
Lieu : Cemeexpo, Toluca
Organisateur : HPP WorldWide
info@hpp.nl

Pologne

Salon Hortiflora Europe : mars (tous les deux ans)

www.hortiflora.pl
Salon des fleurs et des plantes, de l'horticulture professionnelle et des produits pour les fleurs.
Lieu :
Warsaw International Expocentre
Ul. Trebacka 4, 00-074 Warsaw
Tél. : + 48 22 630 9751
Fax : + 48 22 630 9755
wiec@expocentres.pl
Organisateur : BTO Beurs
Grote Markt 167
NL - 1315 JD Almere, Pays-Bas
Tél. : + 31 36 533 0580
Fax : + 31 36 530 6087

Roumanie

Salon Expo Flowers : novembre

www.indagra.ro
Salon international des fleurs, des plantes d'agrément et du jardinage.
Lieu : Romexpo
65/67 Marasti Blvd., 71331 Bucarest
Tél. : + 40 21 224 31 60
Fax : + 40 21 224 04 00
romexpo@romexpo.org
www.romexpo.org
Organisateur : idem

Russie

Salon Garden and Park Design : avril

www.lenexpo.ru
Salon international des parcs et jardins.
Concours de spécialistes de la flore et des plus beaux parcs.
Lieu : Lenexpo Fairgrounds
103 Bolshoy Prospect
199106 St. Petersburg
Tél. : + 7 812 217 2047
Fax : + 7 812 355 1985
flowers@lenexpo.ru
Organisateur : idem (Lenexpo)

Salon Garden Russia : avril

www.ite-expo.ru
Salon international des jardins.
Lieu : Expocentr' Krasnaya Presnya Fairgrounds, 1A Sokolnicheski Val
123100 Moscou
Tél. : + 7 095 255 37 23
Fax : + 7 095 205 80 55
centr@expocentr.ru
Organisateurs : ITE LLC Moscow
Schepkina St., 42 - building 2a
129110 Moscou
Tél. : + 7 095 935 7350
Fax : + 7 095 935 7351
webadmin@ite-expo.ru
GIMA, Eiffestraße 585
D - 20537 Hambourg, Allemagne
Tél. : + 49 40 2 35 24 0
Fax : + 49 40 2 35 24 400
info@gima.de

Salon Hoga : mars - avril

www.expodom.ru
Salon du jardinage.
Lieu : Exhibition Halls P. Alabin Museum, Samara
Tél. : + 7 8462 330 320
Organisateur : ExpoDom
Samara, Chapaevskaya street, 232
443010 Russia
Tél. : + 7 8462 704 100
Fax : + 7 8462 704 172
info@expodom.ru

Salon Sibflower : août

www.sibfair.ru
Salon des graines, de l'horticulture, des équipements pour serres, de l'aménagement des parcs et jardins.
Lieu : World Trade Center Novosibirsk
220-10 Krasny Prospect
630049 Novosibirsk
Tél. : + 7 383 226 9802
Fax : + 7 383 225 9845
welcome@sibfair.nsk.su
Organisateur : Siberian Fair
Novosibirsk, Krasny prospekt 220-10
Tél. : + 7 3832 106 290
Fax : + 7 3832 259 845

Slovaquie

Salon Flora : avril - mai

www.kulla.biz
Salon des fleurs et de l'horticulture.
Lieu : Bratislava Exhibition Ground Incheba, JSC, Viedenská cesta c. 7
852 51 Bratislava 5
Tél. : + 421 2 6727 1111
Fax : + 421 2 6727 2055
incheba@incheba.sk
Organisateur :
Kulla, Trnavská cesta 100
83104 Bratislava
Tél. : + 421 2 4341 3329
Fax : + 421 2 4341 3855
kulla@nextra.sk

Turquie

Salon Flowers Show : mars

www.flowerfairs.com
Salon international des plantes ornementales.
Lieu : Izmir Culture-Park exhibition flair Efiref Boulevard, No:50
Kültürpark
35230 Montrö / Yzmyr
Tél. : + 90 232 445 39 94
Fax : + 90 232 484 90 55
Organisateur :
Forza Fair Organization Inc.
Mesrutiyet Cad. No : 29-14
06420 Kizilay-Ankara, Turquie
Tél. : + 90 312 419 19 32
Fax : + 90 312 419 19 37
forumfuar@forumfuar.com

Ukraine

Salon Kiev Agrihort : février

www.pe.com.ua/
Salon professionnel international de l'agriculture et de l'horticulture.
Lieu :
Kiev International Exhibition Center
15, Brovarsky Ave., UA - 02660 Kiev
Tél. / Fax : + 380 44 201 1156
info@pe.com.ua

PUBLICATIONS

FRANCOPHONES

France

100 idées jardin
(supplément Marie Claire)
Magazine de conseils en jardinage.

35 000 plantes
Une compilation Société Nationale d'Horticulture de France / Ulmer.

Acta Botanica Gallica
Revue d'audience internationale.
Faculté de Pharmacie
Département de Botanique
3 rue du Professeur Laguesse
BP 83
59006 Lille Cedex

Ami des jardins et de la maison
Magazine de conseils en jardinage.

Annuaire des matériels, fournitures et services Éditions Lien Horticole
Pour la production de végétaux horticoles, de pépinières, et pour l'entretien de ces végétaux.

Annuaire des végétaux horticoles et des pépinières Éditions Lien Horticole
Pour trouver un végétal précis, en identifier le producteur, sa capacité de production et sa zone de commercialisation.

Annuaire vert Éditions Ocep
Guide annuel publiant la liste des professionnels du secteur nature, par catégorie et par département.

Au jardin
Magazine de conseils en jardinage.

Bibliothèque du Muséum d'Histoire Naturelle
Bibliothèque publique et de recherche, spécialisée dans les sciences naturelles, riche de 800 000 volumes imprimés, 7 000 vélins et 3 000 manuscrits.
38 rue Geoffroy Saint-Hilaire
75005 Paris
Tél. : 01 40 79 36 27
bcmweb@mnhn.fr
www.mnhn.fr

Cahiers de potager
Magazine de conseils en jardinage.

Couleurs jardin
Magazine de conseils en jardinage.

Détente jardin
Magazine de conseils en jardinage.

Editions Terre Vivante
Ouvrages sur le jardinage, l'alimentation, la nature, la santé.
Terre Vivante est aussi un Centre d'Ecologie ouvert au public d'avril à octobre.
Domaine de Raud
38710 Mens
Tél. : 04 76 34 80 80
Fax : 04 76 34 84 02
infos@terrevivante.org
www.terrevivante.org

Fleurs & saisons
Magazine de conseils en jardinage.

Gazette des Jardins, les jardiniers parlent aux jardiniers
Feuille d'Or 2002 de la meilleure revue horticole.
www.gazettedesjardins.com

Hommes et Plantes, revue trimestrielle du Conservatoire Français des Collections Végétales Spécialisées (CFCVS)
Reportages sur l'histoire de la botanique, la vie de collectionneurs, des lieux réputés pour leur intérêt botanique, etc.

Hortilien l'annuaire Éditions Lien Horticole
Pour les contacts et les échanges entre les différents acteurs de la filière.

Jardin magazine
Magazine de conseils en jardinage.

Jardins passion décoration
Magazine référençant les jardins les plus réputés.

Jardin pratique
Magazine de conseils en jardinage.

Journal de Botanique
Publication trimestrielle, éditée par la Société Botanique de France.
Diffusion exclusivement par abonnement réservé aux membres.
Centre d'Etudes et de Conservation des Ressources Végétales (CECRV)
Citadelle 2
1 allée Feuillerat
64100 Bayonne
cecrv.bayonne@wanadoo.fr

Librairie ancienne Art des Jardins
Monographies botaniques, dictionnaires de sciences naturelles, traités d'histoire du jardinage.
34 Galerie de Montpensier
Jardin du Palais-Royal
75001 Paris
Tél. / Fax : 01 42 60 40 76

Librairie Cart-Tanneur
Livres anciens, du XVIe au début du XXe siècle, relatifs à la botanique, à l'art des jardins, à l'horticulture et au monde végétal.
10 rue des Sœurs
89580 Migé
Tél. : 03 86 41 78 45
Fax : 03 86 41 70 99
carttanneurd@wanadoo.fr

Librairie La Maison Rustique
Fondée en 1836. Ouvrages sur la botanique, l'horticulture, l'histoire des jardins, etc.
50 000 volumes du monde entier, ainsi qu'un espace enfants avec des livres d'initiation au jardinage.
26 rue Jacob
75006 Paris
Tél. : 01 42 34 96 60
Fax : 01 42 34 96 62
contact@lamaisonrustique-librairie.com
www.librairie-maisonrustique.com

Librairie du Musée
Sélection de livres sur le jardinage en intérieur, les plantes rituelles et la spiruline.
7 rue Pache
75011 Paris
Tél. : 01 43 73 50 34
Fax : 01 43 73 39 35
librairie@mamaeditions.com
www.mamaeditions.com

Librairie René Thomas
Spécialisée en sciences naturelles avec un fonds de plus de 10 000 références, tant en langue française qu'en langues étrangères.
28 rue des Fossés-Saint-Bernard
75005 Paris
Tél. : 01 46 34 11 30
Fax : 01 43 29 78 64
librairie.thomas@wanadoo.fr
www.librairie-thomas.com

Librairie Verte
Recense les livres sur le jardinage, les jardins, l'horticulture, la biologie végétale, etc.
36 avenue Louis Pasteur
CS 40 001
34473 Pérols cedex
Tél. : 04 67 50 42 67
Fax : 04 67 50 65 89
contact@librairieverte.com
www.librairieverte.com

Librairie La Vie à la Campagne
Livres anciens d'horticulture (par correspondance et sur rdv).
La Lande-Saint-Léger
27210 Beuzeville
Tél. : 02 32 57 89 57

Lien Horticole
Hebdomadaire pour les professionnels de la filière horticole.
www.hortilien.com

Maison et jardin passion
Magazine de conseils en jardinage.

Mama Editions
Édition, diffusion et vente en ligne de livres sur le jardinage en intérieur, les plantes rituelles et la spiruline.
7 rue Pache
75011 Paris
Tél. : 01 43 73 24 34
Fax : 01 43 73 24 35
info@mamaeditions.com
www.mamaeditions.com

Mon jardin & ma maison
Magazine de conseils en jardinage.

PHM, revue horticole
Revue horticole s'adressant aux producteurs (pépiniéristes, horticulteurs, maraîchers) et aux utilisateurs de végétaux (paysagistes, etc).

Plaisir du potager
Magazine de conseils en jardinage.

Plaisirs du jardinage
Série de quatre DVDs (un par saison).

Polia, revue de l'art des jardins
Publication scientifique consacrée à l'histoire des jardins. Présentation semestrielle d'études, découvertes et événements traitant de l'art des jardins.
revue.polia@wanadoo.fr
www.polia.fr

Pour nos jardins
Revue mensuelle des jardiniers de France.

Quatre Saisons du Jardinage
Revue bimestrielle de jardinage biologique et d'écologie pratique, vendue par abonnement et dans les magasins de produits biologiques.

Rustica
Magazine consacré à la nature et au jardin.
service-lecteurs@rustica.fr
www.rustica.fr

Société Nationale d'Horticulture de France (SNHF)
Association (reconnue d'utilité publique) pour la promotion de l'horticulture et la valorisation de l'art du jardin. Important centre de documentation et d'information du monde végétal.
84 rue de Grenelle
75007 Paris
Tél. : 01 44 39 78 78
Fax : 01 45 44 96 57
info@snhf.asso.fr
www.snhf.asso.fr

Univers magazine
Hebdomadaire professionnel dédié aux secteurs du jardinage (et du bricolage) : circuits de distribution, fournisseurs, acheteurs et prescripteurs.

Belgique

Plantindex
Site Internet référençant les pépiniéristes et magasins de matériel de jardinage en Europe.
Floraguide Benelux
Sparrenstraat 21
B - 9950 Waarschoot
Tél. : + 32 93 77 99 10
Fax : + 32 93 77 99 85
gointernet@plantindex.com
www.plantindex.com

Valériane
Revue bimestrielle sur la culture biologique, le jardinage, les plantes oubliées.

Suisse

Jardin Roman
Revue de Suisse romande sur le jardinage.

Canada

Bibliothèque de l'Université de Montréal
Bibliothèque consacrée aux domaines fondamentaux de la biologie végétale.
www.irbv.umontreal.ca

Fleurs, plantes et jardins
Magazine de conseils en jardinage.

Les Beaux jardins
Magazine horticole sur Internet.
www.lesbeauxjardins.com

ANGLOPHONES

Canada

Canadian Gardening
Magazine de conseils en jardinage.
letters@canadiangardening.com
www.canadiangardening.com

Maximum Yield
Magazine gratuit
sur le jardinage hydroponique.
info@maximumyield.com
www.maximumyield.com

États-Unis

Botany.com
Encyclopédie des plantes et fleurs
sur Internet.
www.botany.com

Council on Botanical and Horticultural Libraries
Organisation internationale
de particuliers et d'institutions
concernés par le développement,
l'entretien et l'utilisation
des bibliothèques sur la botanique
et l'horticulture.
Hunt Institute for Botanical
Documentation
Carnegie Mellon University
US - PA 15213-3890 Pittsburgh
Tél. : + 1 412 268 7301
Fax : + 1 412 268 5677
carseneault@ville.montreal.qc.ca
www.cbhl.net

Plants.usda
Guide des plantes sur Internet.
plants@plants.usda.gov
www.plants.usda.gov

Van Patten Publishing
Maison d'édition spécialisée
sur la culture en intérieur.
www.gardeningindoors.com

Royaume-Uni

Gardens Illustrated
Magazine référençant les jardins
les plus réputés.

European Botanical and Horticultural Libraries
Association destinée à faciliter
la coopération entre les bibliothèques
et les dépôts d'archives botaniques
ou horticoles en Europe.
Library & Archives
Royal Botanic Gardens, Kew
Richmond
UK - TW9 3AE Surrey
Tél. : + 44 20 8332 5412
Fax : + 44 20 8332 5430
info@kew.org
www.kew.org

Achevé d'imprimer en juin 2007
sur les presses de l'imprimerie Laballery à Clamecy (France)
N° d'imprimeur 705094
Dépôt légal juin 2007
ISBN 978-2-84594-018-5

Une suggestion ?
Votre avis nous intéresse !

....

....

....

....

....

....

....

....

....

....

....

....

....

....

....

SVP, RETOURNER À :
Mama Éditions
Jardinoscope 2008/2009
7 rue Pache, 75011 Paris (France)
Fax (+33) 01 43 73 24 35

info@jardinoscope.com